SHANQU QIAOSUI JIQUN GAOSU GONGLU JIANSHE
GUANJIAN JISHU YU GUANLI

# 山区桥隧集群高速公路建设关键技术与管理

主 编 彭 强
副主编 刘和能 罗锦刚

人民交通出版社股份有限公司
北 京

## 内 容 提 要

本书以华丽（华坪至丽江）高速公路工程为依托，阐述了山区峡谷特大悬索桥及桥隧集群工程建设的关键技术与管理经验。全书共5篇，分别是综述篇、设计篇、施工篇、科研篇和管理篇，在总结、吸收近20年来山区复杂环境下大型桥隧建设经验的基础上，较为全面地介绍了金安金沙江特大钢桁梁悬索桥、石格拉特长隧道等控制性工程的设计、施工、科研和管理成果。

本书内容丰富、叙述详尽，可供从事桥梁和隧道工程设计、施工、科研、管理工作的人员和高等院校相关专业师生参考。

**图书在版编目(CIP)数据**

山区桥隧集群高速公路建设关键技术与管理／彭强主编．— 北京：人民交通出版社股份有限公司，2023.6
ISBN 978-7-114-18436-9

Ⅰ.①山… Ⅱ.①彭… Ⅲ.①山区—高速公路—道路建设 Ⅳ.①U412.36

中国国家版本馆 CIP 数据核字(2023)第 000363 号

| | |
|---|---|
| 书　　　名： | 山区桥隧集群高速公路建设关键技术与管理 |
| 著　作　者： | 彭　强 |
| 责任编辑： | 李　坤 |
| 责任校对： | 孙国靖　魏佳宁 |
| 责任印制： | 张　凯 |
| 出版发行： | 人民交通出版社股份有限公司 |
| 地　　　址： | (100011)北京市朝阳区安定门外外馆斜街3号 |
| 网　　　址： | http://www.ccpcl.com.cn |
| 销售电话： | (010)59757973 |
| 总 经 销： | 人民交通出版社股份有限公司发行部 |
| 经　　　销： | 各地新华书店 |
| 印　　　刷： | 北京印匠彩色印刷有限公司 |
| 开　　　本： | 787×1092　1/16 |
| 印　　　张： | 30.5 |
| 字　　　数： | 723千 |
| 版　　　次： | 2023年6月　第1版 |
| 印　　　次： | 2023年6月　第1次印刷 |
| 书　　　号： | ISBN 978-7-114-18436-9 |
| 定　　　价： | 188.00元 |

(有印刷、装订质量问题的图书，由本公司负责调换)

# 编写委员会

**主　　　编：** 彭　强
**副 主 编：** 刘和能　罗锦刚
**顾　　问：** 王　俊　滕爱国　潘令生　刘泽雄　李　凡
**委　　员：** 王奇锐　张　林　张广志　肖　利　云瑞俊
　　　　　　丁大洋　吴家华　赵华祥　刘　斌　王少飞
　　　　　　贾英凯　江锡山　张明闪　丁亚辉　艾国清
　　　　　　王连彬　舒大勇　夏赞良　刘　攀　张少雄
　　　　　　杨振华　马俊虎　范连东　邹海峰

# 序

  进入21世纪以来,我国中西部地区交通基础设施建设发展迅速,山区特大悬索桥及桥隧集群高速公路建设成果突出,陆续建成了湖北四渡河大桥、湖南矮寨大桥、贵州坝陵河大桥和清水河大桥、四川大渡河大桥、连接云南和贵州的北盘江大桥等一批大跨径钢桁梁悬索桥,以及西柞高速公路秦岭终南山隧道、雅西高速公路拖乌山双螺旋隧道、邵怀高速公路雪峰山隧道等一批复杂地质条件下的超长隧道。

  多年来,我国在大跨径悬索桥及复杂地质环境下的隧道建造方面不断积累经验,山区峡谷桥隧集群工程建造技术更是突飞猛进。近十年,我国结合山区桥隧集群工程项目,组织开展了山区特大跨钢桁梁悬索桥、连拱式隧道和分岔式隧道设计和建造技术的探索攻关。有关高等院校、科研机构和设计、施工企业投入了大量的人力、物力进行试验研究和工程实践,在不断消化和吸收国外桥隧工程设计、建造技术的基础上,结合我国云贵川山区峡谷的自然条件和交通构成特点,深入研究、不断改进,在山区钢桁梁悬索桥、连拱式隧道和分岔式隧道方面取得诸多创新性成果,逐步形成中国特色的山区桥隧工程建设技术体系。

  对于山区桥隧工程的设计和建造,必须高度重视实施过程标准化和专业化。峡谷悬索桥有着复杂的地层条件和峡谷风环境,隧道的规划和设计须遵循"充分发挥隧道功能、安全且经济"的建设原则,隧道线位的总体布设应尽量避开不良地质段和环境影响敏感区。

这些高标准的性能要求以及苛刻的设计、施工条件,要求专业化的设计流程、精细化的施工流程和高水准的质量控制体系。同时,这些精细化、专业化、标准化的实施流程,也是检验科研工作的有效手段。在我国云贵川山区建造的公路桥隧工程,是在不同专家团队通过长期不懈的理论和试验研究基础上发展而来的。广大科技工作者将科研工作与工程实践密切结合,不断提升我国山区桥隧集群公路工程的建造技术水平。

  我国中西部地区山高谷深,自然条件复杂,建造桥梁和隧道受到诸多因素的限制,困难重重,这就需要建设者针对具体条件采取相应的措施,既要将工程建成,又要将工程建好,为中西部经济的腾飞提供助力。中国交通建设股份有限公司云南华丽(华坪—丽江)高速公路项目总经理部所带领的建设团队,依托华丽高速公路项目重点完成了山区峡谷特大悬索桥及桥隧集群高速公路建设技术与管理方面的研究。科技团队心怀"交通强国"的使命,坚忍不拔,百折不挠,孜孜以求,取得了丰硕的成果。这些成果都在本书中一一展示,供相关技术人员参考。

  工程技术的进步永无止境,需要广大从业者共同努力。交通人当始终秉承"逢山开路、遇水搭桥"的无畏精神,为我国交通基础设施的建设和完善贡献心力。

中国工程院院士
全国工程勘察设计大师
2022 年 10 月

# 前言

自20世纪90年代至今,我国桥隧集群高速公路建造技术得到迅速发展,一批工程相继落成。针对我国云贵高原群山连绵、山高谷深、山间盆地交错分布的特点,相关科研机构、高等院校、工程企业开展了一系列研究和实践,在云贵高原建成多项桥隧集群公路工程,积累了丰富的建设经验。

本书依托云南华丽(华坪—丽江)高速公路项目,从设计、施工、科研、管理四个方面介绍该工程涉及的关键技术、创新成果和管理经验。

全书共分5篇:第1篇为综述篇,主要介绍悬索桥发展历程及云南华丽高速公路项目概况;第2篇为设计篇,主要介绍华丽高速公路控制性工程金安金沙江大桥设计和隧道设计情况;第3篇为施工篇,主要介绍山区峡谷特大悬索桥施工技术和隧道施工技术;第4篇为科研篇,主要介绍悬索桥技术创新成果和隧道技术创新成果;第5篇为管理篇,主要介绍项目组织机构和项目管理经验。

本书由中国交通建设股份有限公司云南华丽高速公路项目总经理彭强担任主编,副总经理刘和能、罗锦刚担任副主编,王俊、滕爱国、潘令生、刘泽雄、李凡担任顾问。编写工作由彭强组织统筹。

在编写过程中,得到中国交通建设股份有限公司总承包经营分公司、中交第三航务工程局有限公司、中交第二公路工程局有限公司、中交第二航务工程局有限公司、中交一公局集团有限公司、中交第三公路工程局有限公司、中交机电工程局有限公司、云南省交通规划设计研究院有限公司的大力支持,并得到中交公路长大桥建设国家工程研究中心有限公司副总工程师付佰勇和北京工业大学刘越老师的协助,在此一并表示感谢!

本书可供从事道路、桥梁、隧道科研、设计、施工等工作的技术人员参考,也可作为高等院校路桥相关专业学生的课外读物。

桥隧集群公路工程的设计、施工涉及多学科的知识,且技术在不断进步,本书难以尽述。限于编写时间和作者水平,书中疏漏之处在所难免,请读者不吝指正。

编写委员会
2022 年 10 月

# 目录

## 第1篇 综 述 篇

**第1章 悬索桥与桥隧集群工程概述** ······ **003**
  1.1 悬索桥 ······ 003
  1.2 钢桁梁悬索桥 ······ 004
  1.3 山区桥隧集群高速公路 ······ 007

**第2章 华丽高速公路项目概况** ······ **011**
  2.1 工程概况 ······ 011
  2.2 项目管理 ······ 016

## 第2篇 设 计 篇

**第1章 路线设计** ······ **021**
  1.1 项目的特点及难点 ······ 021
  1.2 方案比选 ······ 023

**第2章 金安金沙江大桥设计** ······ **040**
  2.1 概述 ······ 040
  2.2 总体设计 ······ 046
  2.3 索塔和基础设计 ······ 053
  2.4 隧道锚设计 ······ 055
  2.5 缆索系统设计 ······ 057
  2.6 索鞍设计 ······ 058
  2.7 主桥上部结构设计 ······ 059

2.8 引桥设计 063

### 第3章　隧道设计 065

3.1 概述 065
3.2 隧道设置情况 065
3.3 内轮廓设计 065
3.4 洞口工程及洞门设计 066
3.5 支护设计 066
3.6 抗震与减震设计 070
3.7 防排水设计 071
3.8 路面设计 071
3.9 特殊设计 072

### 第4章　阿肯动大桥设计 073

4.1 概述 073
4.2 危石区基本特征 073
4.3 岩体结构特征 076
4.4 危岩变形破坏特征 078
4.5 处治方案 078

## 第3篇　施　工　篇

### 第1章　山区峡谷特大悬索桥施工技术 083

1.1 概述 083
1.2 施工方案及施工重难点 083
1.3 索塔与基础施工 085
1.4 小净距大倾角隧道锚施工 105
1.5 大跨度缆索系统施工 126
1.6 高强度螺栓施工 161
1.7 加劲梁施工 168
1.8 桥面铺装施工 193
1.9 引桥施工 201
1.10 施工监控 214
1.11 施工步骤及工期安排 224

### 第2章　其他桥涵施工技术 225

2.1 概述 225
2.2 阿肯动大桥施工技术 225

2.3　金安立交桥施工技术 ·················································· 231
　　2.4　下穿既有铁路客运专线框架涵施工技术 ························ 240

**第3章　隧道施工技术** **244**
　　3.1　概述 ······································································· 244
　　3.2　无中导洞连拱隧道施工 ············································· 244
　　3.3　松散堆积体段隧道施工 ············································· 258
　　3.4　隧道富水围岩段施工 ················································ 263
　　3.5　小半径曲线隧道二次衬砌施工 ···································· 268
　　3.6　特长隧道反坡排水施工 ············································· 272
　　3.7　隧道大变形段施工控制 ············································· 275

**第4章　其他施工技术** **284**
　　4.1　概述 ······································································· 284
　　4.2　长大隧道路面施工技术 ············································· 284
　　4.3　路面施工智能管控技术 ············································· 288
　　4.4　无人机辅助消防高位水池及管线定位技术 ···················· 296

# 第4篇　科　研　篇

**第1章　山区峡谷特大悬索桥技术创新研究** **301**
　　1.1　创新技术研究概况 ···················································· 301
　　1.2　高烈度超大跨钢桁梁悬索桥静动力性能研究 ················· 302
　　1.3　深切峡谷区超大跨钢桁梁悬索桥抗风性能试验研究 ······· 307
　　1.4　全熔透焊板桁结合加劲梁抗疲劳性能研究 ···················· 314
　　1.5　超大跨钢桁梁悬索桥铺装性能提升关键技术研究 ··········· 323
　　1.6　深切峡谷区双隧道锚及隧道群洞设计及施工关键
　　　　技术研究 ································································· 332
　　1.7　1500m级智能缆索起重机系统研发及应用 ···················· 338
　　1.8　钢桁梁悬索桥超高桥塔横梁施工关键技术研究 ·············· 349
　　1.9　钢桁梁拼装及吊装施工关键技术研究 ··························· 354
　　1.10　施工步道及主缆架设施工关键技术研究 ······················ 361

**第2章　隧道技术创新研究** **369**
　　2.1　创新技术研究概况 ···················································· 369
　　2.2　偏压无中隔墙连拱隧道支护结构受力特征与安全
　　　　保护技术 ································································· 370

2.3 偏压无中隔墙连拱隧道爆破减震与快速开挖技术……… 374
   2.4 偏压无中隔墙连拱隧道开挖面稳定性特征
       与失稳控制技术…………………………………………… 378
   2.5 堆积体地层隧道进洞管棚加固技术研究………………… 382
   2.6 松散堆积体分离式偏压隧道施工力学行为
       与施工技术………………………………………………… 386
   2.7 小净距软岩隧道开挖围岩及支护结构力学
       响应研究…………………………………………………… 392
   2.8 小净距软岩隧道施工及支护优化技术研究……………… 395
   2.9 小半径特长隧道反坡施工通风技术研究………………… 398

第3章 其他技术创新研究………………………………………………… **404**
   3.1 创新技术研究概况………………………………………… 404
   3.2 高边坡监测试验研究……………………………………… 404
   3.3 全线 BIM 应用……………………………………………… 414

# 第5篇 管 理 篇

第1章 项目管理策划……………………………………………………… **425**
   1.1 项目组织机构……………………………………………… 425
   1.2 总体管理目标……………………………………………… 426
   1.3 集中管理…………………………………………………… 429

第2章 项目管理实践……………………………………………………… **437**
   2.1 概述………………………………………………………… 437
   2.2 合约管理…………………………………………………… 437
   2.3 技术管理…………………………………………………… 442
   2.4 进度管理…………………………………………………… 450
   2.5 安全管理…………………………………………………… 456
   2.6 质量管理…………………………………………………… 461
   2.7 环保管理…………………………………………………… 468

**参考文献** …………………………………………………………………… **472**

# 第 1 篇
# 综述篇

SHANQU QIAOSUI JIQUN GAOSU GONGLU JIANSHE
GUANJIAN JISHU YU GUANLI
山区桥隧集群高速公路建设
关键技术与管理

SHANQU QIAOSUI JIQUN GAOSU GONGLU JIANSHE
GUANJIAN JISHU YU GUANLI

山区桥隧集群高速公路建设
关键技术与管理

# 第1章 悬索桥与桥隧集群工程概述

## 1.1 悬索桥

传统的悬索桥由两个主塔将作为主要承重构件的主缆索架起,再用固定在主缆索上的吊杆作为桥面承重构件将加劲梁悬吊住。因此,作用在桥面上的竖向移动载荷,就可以通过加劲梁和吊杆施加于主塔并传递到地基。吊杆和主缆索在力的传递中承受着很大的拉力,此拉力由两岸桥台后修筑的大型锚碇来平衡。悬索桥的承重结构为主缆,主缆采用的都是高强度钢丝,其抗拉强度比普通钢丝要高很多。因悬索桥的主缆承受的是拉力,不存在失稳破坏的问题,故可以充分发挥高强度材料的超高抗拉强度,实现比斜拉桥更大的跨径。

跨径为21m的雅各布溪桥(Jacob's Creek Bridge)是世界上第一座用吊杆悬吊桥面的近代悬索桥,该桥由詹姆斯·芬利(James Finley)于1801年在美国宾夕法尼亚州主持修建,其具备了悬索桥的主要构件,是近代悬索桥的雏形。1826年,跨径为176m的梅奈海峡桥在英国建成。19世纪30年代至80年代,瑞士和美国分别修建了一些跨径为200~400m的悬索桥。悬索桥成为超大跨径桥梁形式的首选。

1940年美国塔科马桥发生事故之后,美国乃至世界各国的悬索桥建设停止了10年之久。但以此为契机,成立了塔科马桥事故调查委员会,利用风洞进行三维模型试验,肯定了无衰减的反复力逐渐累积起来以后可以发生极度的共振乃至破坏整座大桥。1950年按原有跨径重建塔科马新桥。在新桥的设计中,利用风洞试验对加劲梁作了反复研究比较后,决定将加劲梁改为钢桁梁,梁的高跨比从1/350提高到1/85、宽跨比从1/72提高到1/47,并在桥面部分开有若干带状孔隙,以进一步改善抗风性能。通过塔科马新桥的设计,悬索桥的模型风洞试验从此在设计中成为必要的手段。

20世纪50年代,美国吸收了风灾事故的教训后,重整旗鼓,再度致力于修建大跨径悬索桥。1951年美国在威明登建成主跨为655m的特拉华纪念桥。1964年美国再显身手,在纽约海湾建成主跨为1298.45m的维拉扎诺海峡桥。维拉扎诺海峡桥曾保持世界桥梁第一大跨径纪录长达17年之久,直到1981年才被英国主跨为1410m的恒伯尔桥打破。

在欧洲,1970年丹麦建成主跨为600m的小贝尔特桥;1973年土耳其在伊斯坦布尔建成主跨为1074m的博斯普鲁斯海峡大桥;1981年英国建成当时世界第一大跨径(1410m)的恒伯尔桥,并将此纪录保持到1998年,也长达17年之久。除此之外,土耳其于1988年又建成主跨为1090m的博斯普鲁斯海峡第二大桥。

20世纪90年代初,我国进入建设大跨径悬索桥的队伍之中,建成的主跨为1385m的江阴大桥和主跨为1377m的香港青马大桥曾跻身世界大跨径桥梁序列中的第六位和第七位。除了上述两座跨径大于千米的悬索桥之外,我国在20世纪90年代建成的悬索桥还有:主跨为648m的福建厦门海沧大桥、主跨为900m的湖北西陵长江大桥、主跨为888m的广东虎门大桥等。

## 1.2 钢桁梁悬索桥

### 1.2.1 发展概况

在悬索桥的发展历程中,美国首先走在了世界的前列。美国于1883年在纽约建成的布鲁克林桥,主跨达486m。在布鲁克林桥的建设过程中,首次采用加劲梁和斜拉索组合确保刚度的措施,20世纪建设大跨径悬索桥的基本技术在布鲁克林桥的建设中均得到体现。1903年,主跨为487.5m的威廉斯堡桥竣工,该桥采用钢桁架加劲梁,它是采用弹性理论设计的最后一座悬索桥。

1909年,跨径为450m的曼哈顿桥竣工,它是采用挠度理论设计的第一座悬索桥,带来了悬索桥的飞速发展。

1931年,乔治·华盛顿桥一跃突破了桥梁跨径的千米大关,其采用的加劲桁架梁在设计过程中进行了长期的理论研究和模型试验,最终桁架高8.84m,比只有一半跨径的威廉斯堡桥的12.2m高的桁架要低得多。在乔治·华盛顿桥竣工后不久,当时世界第一大跨径悬索桥——金门大桥也开工了,金门大桥跨径1280m,历时4年施工完毕。从曼哈顿桥到金门大桥,短短20多年间,悬索桥的跨越能力提高了近3倍。在此期间,美国修建的悬索桥加劲梁均采用钢桁架形式。

20世纪60年代,欧洲迎来了悬索桥发展的第二次高峰。1964年9月,跨径为1006m的英国福斯公路桥建成通车;1966年8月,跨径为1013m的葡萄牙塔古斯桥建成。这两座桥也采用钢桁架形式的加劲梁。之后,欧洲主要采用翼形、箱形断面的加劲梁形式,建造了斜吊杆的塞文桥和亨伯尔桥以及竖直吊杆的博斯普鲁斯第二大桥。

1970年,日本成立了本州四国联络桥公司,专门进行本州与四国间的桥梁工程建设,并在1973年建成第一座跨径超过700m的悬索桥,即跨径为712m的关门桥。1988年,日本建成第一座超千米的悬索桥,即跨径为1100m的南备赞濑户大桥,同时完工的还有跨径为990m的北备赞濑户大桥。这些桥梁均采用钢制主塔和钢桁架加劲梁。1998年,日本建成主跨为1991m的明石海峡大桥,其加劲梁选用钢桁梁形式,以获得足够的气动稳定性。

近现代国外部分具有代表性的悬索桥见表1-1-1。

近现代国外部分具有代表性的悬索桥　　　　　　　　　　表1-1-1

| 序号 | 国家或地区 | 桥　　名 | 主跨跨径(m) | 加劲梁 | 建成年份 |
|---|---|---|---|---|---|
| 1 | 美国 | 曼哈顿大桥 | 448 | 钢桁梁 | 1909 |
| 2 | | 本杰明·富兰克林桥 | 533 | 钢桁梁 | 1926 |
| 3 | | 乔治·华盛顿桥 | 1067 | 钢桁梁 | 1931 |
| 4 | | 旧金山奥克兰海湾桥 | 705 | 钢桁梁 | 1936 |
| 5 | | 金门大桥 | 1280 | 钢桁梁 | 1937 |
| 6 | | 麦基纳克桥 | 1158 | 钢桁梁 | 1957 |
| 7 | | 维拉扎诺大桥 | 1298 | 钢桁梁 | 1964 |
| 8 | 欧洲 | 坦卡维尔桥 | 608 | 钢桁梁 | 1959 |
| 9 | | 福斯公路桥 | 1006 | 钢桁梁 | 1964 |
| 10 | | 四月二十五号大桥 | 1013 | 钢桁梁 | 1966 |
| 11 | 日本 | 因岛大桥 | 770 | 钢桁梁 | 1983 |
| 12 | | 大鸣门桥 | 876 | 钢桁梁 | 1985 |
| 13 | | 下津井濑户大桥 | 940 | 钢桁梁 | 1988 |
| 14 | | 南备赞濑户大桥 | 1100 | 钢桁梁 | 1988 |
| 15 | | 明石海峡大桥 | 1991 | 钢桁梁 | 1998 |

我国悬索桥起步较晚，第一座大跨径钢桁梁悬索桥是重庆丰都长江大桥，于1997年建成，其主跨为450m。我国悬索桥主要是学习欧洲的风格，以扁平钢箱梁作为加劲梁，已建成的千米级悬索桥大多采用钢箱梁形式。但随着国民经济的持续发展，西部大开发的不断深入，西部山区陆续修建多座大跨径悬索桥，钢桁梁悬索桥几乎成为山区大跨径悬索桥首选的形式。截至2021年底，我国建成或在建的跨径超过千米的钢桁梁悬索桥见表1-1-2。

我国已建成或在建的主跨跨径超**1000m**的钢桁梁悬索桥　　　　　　　表1-1-2

| 序号 | 桥　　名 | 主跨跨径(m) | 竣工年份 | 地理位置 |
|---|---|---|---|---|
| 1 | 杨泗港长江大桥 | 1700 | 2019 | 湖北 |
| 2 | 岳阳洞庭湖二桥 | 1480 | 2017 | 湖南 |
| 3 | 金安金沙江大桥 | 1386 | 2020 | 云南 |
| 4 | 六盘水大河特大桥 | 1250 | 在建 | 贵州 |
| 5 | 赤水河大桥 | 1200 | 2019 | 四川 |
| 6 | 矮寨大桥 | 1176 | 2012 | 湖南 |
| 7 | 清水河大桥 | 1130 | 2015 | 贵州 |
| 8 | 泸定大渡河大桥 | 1100 | 2018 | 四川 |
| 9 | 五峰山长江大桥 | 1092 | 2021 | 江苏 |
| 10 | 坝陵河大桥 | 1088 | 2009 | 贵州 |
| 11 | 巧家金沙江大桥 | 1060 | 在建 | 云南 |

### 1.2.2 工程案例

1) 金门大桥(1937年建成)

金门大桥北起加利福尼亚,南至旧金山半岛,整体涂装为橘红色。两侧的引桥中,一侧为钢高架桥,另一侧为钢拱桥;高架桥采用拱桥设计方案。主桥为双塔悬索桥。桥塔结构为格栅式多室钢塔,设四道横梁,采用由闭合格组成的截面,在表面上组成显著的肋形线条;缆索为钢缆索体系,呈半圆弧状,在两个缆索之间设置多个吊索进行固定。

金门大桥的立面如图1-1-1所示。金门大桥中的悬索桥段全长为1970m,主跨长1280m,边跨长345m。

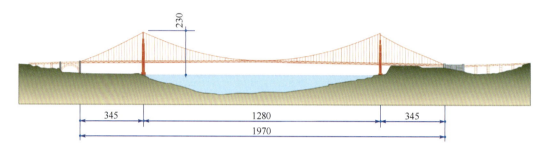

图1-1-1 金门大桥纵断面图(尺寸单位:m)

金门大桥加劲梁为平弦式桁梁(高7.62m),主缆间距为27.43m。桁梁由上平联、下平联(20世纪50年代安装的)连接成整体。加劲桁梁的每个节点都用吊索吊住。桥面板支承在桁梁的每个节点上。悬吊结构通过风阀(把竖向力变换成横向力),用主塔和支柱支承。主跨的风阀容许发生纵向移动、横向及竖向转动,边跨约束主塔的纵向移动。主缆索支承在主塔的铸钢鞍座上,在桥梁的两侧穿过空心的桥墩。

主塔由多室柱形杆件组成。各柱形杆件中:车道以上者用横向连接杆件相互约束,车道下面用两组对角斜撑约束,基础部分由下部宽大的钢筋混凝土桥墩支承。

在悬索桥发展的历史长河中,金门大桥首次突破了4000ft(1219m)的技术界限,具有里程碑式的意义,其建造技术与运营管理经验,为全世界同类工程的建设提供了范本,其克服桎梏走向创新的做法也给我国悬索桥的工程创新提供了思路。

2) 明石海峡大桥(1998年建成)

明石海峡大桥位于日本本州侧神户市垂水区与淡路岛侧津名郡淡路町之间的明石海峡上,是神户—淡路—鸣门线路上的主要桥梁。大桥主桥采用三跨两铰加劲钢桁梁悬索桥,跨径组成为960m+1990m+960m,全长3910m。

明石海峡大桥的加劲梁采用桁架构造,桁架上层设置道路,下层附设输水管路、通信线路、电力线路。此外,在神户侧的桁架内部还设置备用设施空间。其主体结构的上下弦杆、上下横联各杆、主体结构的斜杆等大部分的结构尺寸由风荷载控制。主结构宽度,即两片主桁间的距离为35.5m;主结构高度满足加劲桁架的抗扭需要,为14m;横向主桁架结构采用更为经济且后期维护简便的大片桁架组形式;弦杆截面按位置有所不同,标准截面为750mm×840mm,最大板厚34mm;装配板间距约为14m;铺装厚75mm。

3)杨泗港长江大桥(2019年建成)

杨泗港长江大桥位于武汉长江大桥上游8km的武桥水道河段、鹦鹉洲长江大桥和白沙洲长江大桥之间,西接汉阳国博立交,东连武昌八坦立交,全长约4.13km,跨江主桥采用主跨1700m的单跨双层钢桁架悬索桥,主缆跨径布置为465m+1700m+465m,如图1-1-2所示。鉴于两岸接线条件较好,同时考虑过江通道资源稀缺,大桥选择双层布置方式,上层布置双向6车道,两侧设置观光人行道;下层布置双向四车道,两侧设置非机动车专用道和人行道,是目前武汉市交通功能最齐全的跨江桥梁。

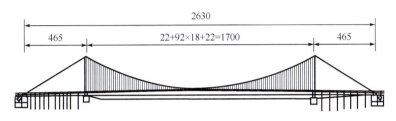

图1-1-2 杨泗港长江大桥(尺寸单位:m)

杨泗港长江大桥主桁架为华伦式桁架结构,主桁架的桁高为10m,标准节间长为9m,两片主桁中心间距为28m。上弦杆、下弦杆及斜腹杆均采用箱形截面,竖腹杆采用H形截面。主桁架的上、下弦杆设有整体节点板,腹杆通过整体节点板与上、下弦杆连接。加劲梁立面竖曲线由上弦杆节间距伸长形成,弦杆和腹杆仍交会于节点中心。

## 1.3 山区桥隧集群高速公路

### 1.3.1 发展概况

世界上最早修建高速公路的是德国,早在20世纪30年代初,德国就建成了从波恩至科隆的世界第一条高速公路,全长约30km。随后德国人在第二次世界大战期间发现了高速公路强大的运输价值与潜力,高速公路的建设标准和基本配置也在此时基本确定下来。第二次世界大战后,各国进入经济恢复期,社会运输需求持续增长,汽车的保有量也屡创新高,高速公路也进入快速建设期,欧美日等发达国家和地区相继掀起了建设高速公路的热潮。20世纪80年代末,亚洲、拉丁美洲和非洲的一些发展中国家也开始大规模修建高速公路。

截至2021年底,全世界已有约100个国家或地区拥有高速公路,高速公路通车里程超过40万km。世界各国(地区)高速公路总里程排名情况为:第一位是中国,拥有16.1万km高速公路;第二位是美国,拥有约9.59万km高速公路,并且已建成完善的州际高速公路网;第三位是欧盟,拥有8.42万km高速公路;第四至第七位分别是加拿大(约1.70万km)、英国(约1.24万km)、巴西(约1.10万km)和墨西哥(约0.95万km)(图1-1-3)。虽然高速公路在各国公路网中所占的比例较低,却在综合运输中发挥着极其重要的作用。

我国高速公路里程从2011年底的7.4万km发展到2021年底的16.1万km,增长迅速,短时间内便超过了其他国家。其中,公路隧道里程占总里程的比例从0.133%提高到了

0.378%，其建设水平也取得了长足的发展。许多重大公路隧道的建设不断推动着中国山区高速公路的发展。

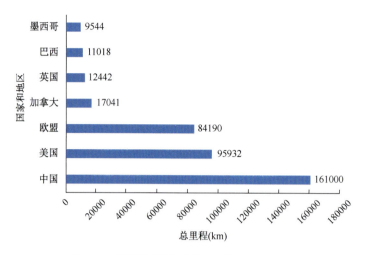

图 1-1-3　排名前七的国家及地区高速公路总里程

在我国中西部地区，山区地形占其总面积的 80% 以上。随着国家政策和资金支持力度的不断增大，近年来，中西部地区的公路基础设施建设取得了较大的进步，有的省区市形成了比较完善的公路网，但是与东部地区相比，西部的基础设施建设仍然薄弱，加上自然地理条件的限制，大部分公路等级都不高，而且路况较差。

随着工程技术水平不断发展，山区高速公路建设从山间盆地中心城市向山岭区的纵向延伸。山区高速公路隧道越建越多，其设计施工技术也发生了质的变化。在过去十几年中，得益于国家公路网改善战略的实施，我国中西部地区隧道工程建设飞速发展。截至 2021 年底，我国长度超过 10km 的山区公路隧道见表 1-1-3。

我国已建与在建长度超过 10km 的山区公路隧道　　表 1-1-3

| 序号 | 隧道名称 | 所属公路 | 隧道长度(m) | 建成年份 |
|---|---|---|---|---|
| 1 | 秦岭终南山隧道 | 西柞高速公路(陕西) | 18020 | 2007 |
| 2 | 麦积山隧道 | 宝天高速公路(甘肃) | 12290 | 2009 |
| 3 | 西山隧道 | 太古高速公路(山西) | 13654 | 2012 |
| 4 | 虹梯关隧道 | 长平高速公路(山西) | 11387 | 2014 |
| 5 | 新二郎山隧道 | 雅康高速公路(四川) | 13459 | 2017 |
| 6 | 米仓山隧道 | 巴陕高速公路(四川—陕西) | 13833 | 2018 |
| 7 | 秦岭天台山隧道 | 宝坪高速公路(陕西) | 15560 | 2020 |
| 8 | 营盘山隧道 | 华丽高速公路(云南) | 11306 | 2021 |
| 9 | 天山胜利隧道 | 乌尉高速公路(新疆) | 22035 | 在建 |
| 10 | 圭嘎拉隧道 | 拉萨至泽当快速路(西藏) | 12798 | 在建 |
| 11 | 高楼山隧道 | 武九高速公路(甘肃) | 12272 | 在建 |

### 1.3.2 工程案例

1）雅西高速公路

(1) 简介

雅西（雅安—西昌）高速公路，为我国四川省境内连接雅安市与西昌市的高速公路，是我国"十一五"重点公路建设项目，也是我国高速公路网"7918"中的第四条首都放射线京昆（北京—昆明）高速公路（国家高速G5）中的四川境内重要路段。雅西高速公路于2007年3月19日动工兴建，于2012年4月28日全线通车运营，于2020年8月28日通过竣工验收。

雅西高速公路跨越青衣江、大渡河、安宁河等水系和12条地震断裂带，整条线展布在崇山峻岭之间，山峦重叠。线路全长239.844km，全线桥隧比高达55%。有桥梁270座，其中特大桥23座，大桥168座；有隧道25座，其中特长隧道2座，长隧道16座。

(2) 特点

雅西高速公路地势极其险峻、地质结构极其复杂、气候条件极为多变、生态环境极其脆弱、建设条件极其艰苦、安全营运难度极大，被国内外专家学者公认为国内乃至全世界自然环境最恶劣、工程难度最大、科技含量最高的山区高速公路之一，被称作"天梯高速公路""云端上的高速公路"。

为了使雅西高速公路满足相关规范的纵坡要求，工程师们设计了一种"半盘山道"，也就是螺旋道路。它充分利用了盘山道的"省力、费距离"原理，但并不是贴着山体修建，而是距离山体外一段距离修建桥梁。这样既可以保证坡度不太大，又可以缩短公路的距离，同时还避免了道路紧贴山体被地质灾害破坏。干海子隧道与干海子桥梁一段，以60km的时速行驶，耗时仅10min，就可以以2.9%的坡度完成326.79m的爬升，并不受地形的限制。这段精妙的设计被工程界称为"亚洲第一螺旋"。工程师们用一条世界公路史上首创的双螺旋隧道，克服了高差，避开了断裂带和季节性冰冻带。这种应用于高速公路的设计目前全世界仅此一举，堪称奇迹。

干海子大桥全长1811m，与相连的干海子螺旋隧道一起，是雅西高速公路的控制性工程，也是世上罕见的螺旋形桥隧工程。它是世界上最长的钢管混凝土桁架梁桥，同时也是桥梁建设中难度最高的弯桥。它的结构设计与施工技艺创造了多项世界第一，使之在世界著名大桥中享有一席之地。

2）西柞高速公路

(1) 简介

西柞（西安—柞水）高速公路是国家规划的内蒙古包头至广东茂名高速公路陕西省境内西康高速公路的一部分，也是陕西省"三纵四横五放射"高速公路路网中贯通陕西省南北中轴线的重要路段。路线全长43.5km（不包括秦岭终南山隧道及其连接线），以秦岭为界，岭北路线长30.2km，岭南路线长13.3km。

洞穿巍巍秦岭的终南山特长公路隧道为西柞高速公路控制性工程，是世界上最长的双洞高速公路隧道，单洞全长18.02km，双洞共长36.04km。工程于2004年2月开工建设，2007年1月20日建成通车。

(2)特点

秦岭终南山高速公路隧道是我国高速公路隧道的示范工程和标志性工程,隧道设置照明、通风、消防、通信、救援、交通安全控制、供配电、监控等八大系统,创造了我国高速公路隧道建设史上的六项之最:目前世界上最长的双洞高速公路隧道;第一座由我国自行设计、自行施工、自行监理、自行管理,综合技术水平最高的高速公路特长隧道;拥有目前世界口径最大、深度最大的竖井通风工程;拥有目前世界上高速公路隧道最完备的监控和防灾救援系统;拥有目前世界上高速公路隧道最先进的特殊灯光带,缓解视觉疲劳,保证行车安全;首次创造性提出策略管理理论,并运用了首套策略自动生成软件,对火灾、交通事故、养护等方面发生事件进行自动监测和管理。

项目建设过程中组织开展的课题研究如岩层处理方面、断层方面、阻水方面,特别是运营之后的通风、消防、救助方面,都突破了世界级的重大难题,集中体现了我国的隧道建设能力和技术水平。

3)乌尉高速公路

(1)简介

乌尉(乌鲁木齐—尉犁)高速公路总长323.8km,其中天山胜利隧道全长22.11km,最大埋深1112.6m,是目前世界在建最长的高速公路隧道。天山胜利隧道为项目控制性工程,属于特长高寒高海拔公路隧道,其打通了天山南北的交通屏障,成为北疆、南疆之间安全、舒适、快捷、高效的运输通道。

(2)特点

乌尉高速公路天山山地路段隧道分布广,数量大。全线共有17座隧道,隧道全长47.655km,隧道工程量巨大。其中,天山胜利隧道具有"一长、二新、五高、二深"的特点,施工技术难度极大。"一长"即世界最长的高速公路隧道,全长22.11km,折合单洞约66km。"二新"即采用"三洞四竖井"方案,其中中导洞采用TBM(全断面硬岩隧道掘进机)法施工,为国内高速公路隧道施工首次使用TBM法;双主洞采用钻爆法,隧道主洞施工通过中导洞开辟辅助工作面实现长隧短打,此工艺亦为国内高速公路隧道施工首次应用。"五高"即高地应力、高地震烈度、高环保等级、高寒、高海拔。"二深",竖井深,竖井深达702m,是世界上最深的高速公路竖井;隧道埋深大,最大埋深达1112.6m。

隧道穿越天山,处于高海拔高寒地区,施工环境和施工条件不利。隧道进出口、竖井海拔高。隧道所在地区常年积雪,冬季温度在-30℃以下。建设周期长,施工组织难度大。在如此复杂的地质和自然环境下,传统掘进机施工很难满足施工要求。该项目采用全球首创压注工法(DTSES)、新型TBM掘进机"胜利号",顺利完成了敞开式掘进与压注混凝土工法切换,并以10m/d的速度完成了200m断裂带压注法施工,效果完全达到设计预想,此举推动了复杂地质条件下超长隧道建设的技术进步。TBM于2020年4月28日下线,实现了TBM在国内高速公路隧道中的首次应用,隧道预计于2025年建成通车。

# 第2章 华丽高速公路项目概况

## 2.1 工程概况

### 2.1.1 工程简介

华丽(华坪—丽江)高速公路属国家高速公路网 G4216 成都至丽江高速公路的一段,位于滇西北的丽江市境内,起于华坪县荣将镇,止于玉龙县拉市乡,通过拉市海枢纽互通与大理至丽江高速公路相连,全长 150.908km。华丽高速公路中国交通建设股份有限公司(简称"中国交建")自建段桥隧比高达 75%(其中隧道占 55.92%),主要结构物包括:桥梁 75 座,其中金安金沙江大桥(主跨为 1386m 悬索桥)为主要桥梁;隧道 14 座,其中 3km 以上 4 座,双连拱 4 座;互通立交 5 处;沿线设施等。初步设计批复概算 287 亿元,项目建设周期为 4.8 年,运营期为 30 年;自 2017 年 4 月 5 日开工,于 2020 年 12 月 31 日 24 时建成并正式通车。项目地理位置及路线如图 1-2-1 所示,主要桥梁设置情况见表 1-2-1,隧道设置情况见表 1-2-2。

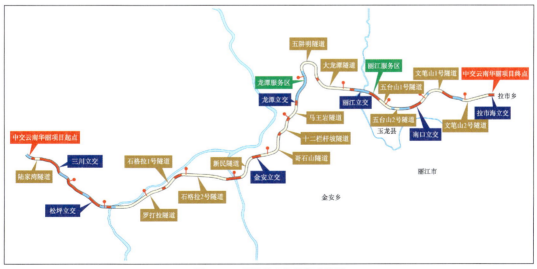

图 1-2-1 项目地理位置及路线图

主要桥梁设置一览表　　　　　　　　　　　　　　　　　表1-2-1

| 序号 | 名称 | 类型 | 主跨跨径(m) |
|---|---|---|---|
| 1 | 金安金沙江大桥 | 悬索桥 | 1386 |
| 2 | 阿肯动1号大桥 | 梁桥 | 172.6 |
| 2 | 阿肯动2号大桥 | 梁桥 | 151.6 |
| 3 | 龙潭立交A匝道1号桥 | 梁桥 | 148.04 |
| 3 | 龙潭立交A匝道2号桥 | 梁桥 | 328.04 |
| 3 | 龙潭立交A匝道3号桥 | 梁桥 | 66.08 |
| 4 | 龙潭1号大桥左幅 | 梁桥 | 774.09 |
| 4 | 龙潭1号大桥右幅 | 梁桥 | 448.58 |
| 5 | 龙潭2号大桥左幅 | 梁桥 | 806.08 |
| 5 | 龙潭2号大桥右幅 | 梁桥 | 307.08 |
| 6 | 龙潭3号大桥 | 梁桥 | 796.08 |
| 7 | 金安立交左幅主线大桥 | 梁桥 | 1026.08 |
| 7 | 金安立交右幅主线大桥 | 梁桥 | 982.08 |

隧道设置一览表　　　　　　　　　　　　　　　　　　表1-2-2

| 序号 | 名称 | 布置形式 | 左线长度(m) | 右线长度(m) |
|---|---|---|---|---|
| 1 | 陆家湾隧道 | 连拱式 | 5098.000 | 5205.000 |
| 2 | 总管田1号隧道 | 分离式 | 1585.000 | 1618.000 |
| 3 | 总管田2号隧道 | 分离式 | 1155.000 | 1170.000 |
| 4 | 罗打拉隧道 | 分离式 | 2790.000 | 2785.000 |
| 5 | 石格拉1号隧道 | 分离式 | 1430.000 | 1475.000 |
| 6 | 石格拉2号隧道 | 分岔式 | 4890.388 | 4817.206 |
| 7 | 新民隧道 | 分岔式 | 2549.000 | 2534.000 |
| 8 | 哥石山隧道 | 分离式 | 3523.000 | 3567.000 |
| 9 | 十二栏杆坡隧道 | 分离式 | 1786.656 | 1905.000 |
| 10 | 马王岩隧道 | 分离式 | 1715.000 | 1750.000 |
| 11 | 五阱明隧道 | 分离式 | 3465.000 | 3410.000 |
| 12 | 大龙潭隧道 | 分离式 | 3750.204 | 3783.551 |
| 13 | 五台山1号隧道 | 分离式 | 1520.000 | 1460.000 |
| 14 | 五台山2号隧道 | 连拱式 | 505.000 | |

### 2.1.2　自然条件

项目区域地处云贵高原西缘及西北缘,属横断山脉与滇西北高原接壤地带,地表崎岖,群山连绵。高原峡谷、山地、河谷平原和山间盆地相互交错,山区面积占总面积的95%。平均海拔1910m,地势东部及西北部高,南部较低。路线经过区海拔低点为睦科(约1562m),海拔最高为鸡冠山(2543.7m),最高点与最低点相对高差为981.7m。总体地势为北高南低,气候特征表现为高原性气候,气候垂直分带特征较明显;气候特征表现为干湿季节分明,山区气温较低,金沙江河谷两岸较炎热。据其差异性可分为三个带:①河谷亚热带,气候炎热,年平均气温18℃;②盆地暖温带,气候温暖湿润,年平均气温13℃;③山区温凉带,一般较冷,冬雪夏雨,常阴云多雾。

本项目区域内的气候条件主要表现为旱季雨季分界明显,雨季对施工影响大,雨雪、冰雹、大风是影响本项目的主要气候因素。

### 2.1.3 工程特点

1)总体特点

本工程主线桥隧比高,公路桥梁、隧道工程量大,工程任务艰巨。主要有以下特点:

(1)项目路线属深切高中山峡谷地貌,部分地段形成悬崖峭壁。存在滑坡与崩塌及危岩落石等不良地质现象,施工便道修建、维修、保养困难。

(2)本项目深挖路堑段落分布广,段落长,路基高边坡较多,达40处,最高达67m,为六级边坡。

(3)项目多座隧道设计为双连拱,后行洞施工对先行洞二次衬砌影响较大,需控制爆破施工工艺,爆破过程中,安全风险大。隧道开挖过程中存在突泥、涌水、堆积体等不良地质,开挖过程中存在安全风险。

(4)项目位于高山峡谷地带,地形陡峭,场地狭小,场内外便道修建条件差(特别是阿肯动大桥);仅有陆路运输(省道S308线和施工便道),省道S308线冬季易结冰,已有施工便道不满足进场要求。

2)主要桥梁特点

本项目桥梁根据形式可划分为悬索桥和梁桥,其中悬索桥的主跨梁为钢桁梁,而梁桥主梁有预应力混凝土T梁、普通钢筋混凝土现浇箱梁、钢箱梁、先简支后连续小箱梁等多种形式。本节主要阐述金安金沙江大桥、阿肯动大桥、金安立交桥特点。

(1)金安金沙江大桥

金安金沙江大桥(图1-2-2)为华丽高速公路项目中的重要桥梁,该大桥是世界范围内在"三高地区"(高海拔、高落差和高地震烈度)建设的最大跨径的峡谷钢桁架悬索桥;主缆采用三跨布置,理论跨径为1921m,主跨跨径为1386m;主缆及钢桁梁架设受场地地形及条件限制,对便道运输条件和拼装场地要求较高;河谷作业大风及雨季影响严重,钢桁梁吊装困难,高空施工安全风险大。

主跨梁属于钢桁梁,索塔采用钢筋混凝土门形框架结构,主缆采用预制平行钢丝索股(PPWS),吊索为钢丝绳吊索,锚碇结构形式为隧道式锚碇,并采用预应力锚固系统。该悬索桥连接了华坪与丽江两岸的高速公路,为跨越金沙江而设,是整个项目的控制性工程。

(2)阿肯动大桥

阿肯动大桥(图1-2-3)位于华丽高速公路丽江境内十二栏杆坡隧道与哥石山隧道之间,连接十二栏杆坡隧道和哥石山隧道,为预制T梁桥。该大桥左幅长172.6m,右幅长151.6m,共有桩基26根。大桥横穿V形峡谷,附近山体坡度接近90°,有的山壁还凹陷进去,形成视觉死角,谷底则是奔腾的金沙江,人员下到谷底进行定点放线测量的难度极高。此外桥址三面峭壁,施工便道无法修建,在大桥两端隧道贯通前,人员及设备均无法通行,给施工带来了极大的困难。

图1-2-2 金安金沙江大桥

图1-2-3 阿肯动大桥

(3)金安立交桥

金安立交桥(图1-2-4)主线桥宽28.5~31m、匝道桥宽9m,其上部结构包含现浇箱梁、钢箱梁及T梁等类型。金安立交桥右幅主线、左幅主线和A匝道3号桥的上部结构均包含T梁结构。此外,箱梁采用等截面直腹板单箱多室断面,应用在左幅主线大桥、右幅主线大桥、A匝道1号桥、A匝道2号桥、A匝道3号桥和A匝道4号桥上,共计15联。

金安立交桥的地质条件差,现场地形陡峭,桩基施工难度大,相邻桥墩高差较大,增加了支架搭设难度;桥梁平面位于曲线上,外形控制要求高;施工工艺复杂,模板支架投入大;工期紧、任务重、施工场地狭小;施工高峰期交叉作业点多、特种设备多、安全风险高等一系列不利因素让施工进程充满挑战。

3)主要隧道特点

本项目隧道根据设置形式分为连拱式隧道、分岔式隧道和分离式隧道,包括1座短隧道($L \leqslant 500m$,$L$为隧道长度)、1座中长隧道($500 < L < 1000m$)、8座长隧道($1000 \leqslant L \leqslant 3000m$)、4座特长隧道($L > 3000m$),隧道最长约4800m。本节主要阐述陆家湾隧道、新民隧道、大龙潭隧道、五阱明隧道、石格拉2号隧道及马王岩隧道的特点。

(1)陆家湾隧道

陆家湾隧道(图1-2-5)布置形式为双连拱式隧道,全长413m,其中Ⅵ级围岩共140m,Ⅴ级围岩共273m,围岩等级较差,隧道出口受地形偏压的影响,承受不对称荷载,隧道所在路段纵坡为+2%;隧道最大埋深约56m。该隧道在施工时面临围岩地质复杂、支护结构受力条件较差、相邻洞室爆破影响显著等诸多不利因素影响。

图1-2-4 金安立交桥

图1-2-5 陆家湾隧道

(2) 新民隧道

新民隧道(图 1-2-6)毗邻金安金沙江大桥丽江岸引桥,结构形式为"无中导连拱—小净距—分离式隧道",设计总长 2534m,其中连拱段长 954m,连拱段分岔处采用不对称设计,所需工期长。该隧道区高程介于 1700~2200m 之间,相对高差 500m;属构造剥蚀及构造岩溶低中山地貌,地形较为陡峻,地表植被发育一般。该隧道在施工时面临围岩的节理裂隙发育、自稳性差等问题,存在小塌方的危险。

(3) 大龙潭隧道

大龙潭隧道(图 1-2-7)为分离式隧道,全长 3.7km,最大埋深 571m,位于丽江市古城区七河镇龙潭村,全线位于回头曲线上,线形呈"北斗七星"状,是华丽高速全线的控制性工程之一。该隧道围岩复杂,穿越两处大的断裂带,在穿越破碎带时,隧道大量涌水,单日最大涌水量达到 25320m³,施工难度大、安全风险大。

图 1-2-6　新民隧道

图 1-2-7　大龙潭隧道

(4) 五阱明隧道

五阱明隧道(图 1-2-8)为一座两车道分离式隧道,位于丽江市古城区七河镇龙潭村。隧道右幅起点里程 K130+920,止点里程 K134+330,全长 3410m;左幅起点里程 K130+920,止点里程 K134+385,全长 3465m。隧道最大埋深约 278m。隧道处于回头曲线上,最小半径 775m。

(5) 石格拉 2 号隧道

石格拉 2 号隧道(图 1-2-9)采用"分离式—小净距—连拱"的形式,隧址位于永胜县城北西约 35km 处。左幅起点桩号 K109+590,终点桩号 K113+880,全长 4817.206m;右幅起点桩号 K109+510,终点桩号 K113+880,全长 4890.388m。石格拉 2 号隧道围岩分级划分为Ⅲ~Ⅴ级,隧道洞口(进、出口)开挖时,因洞口碎石、块石土层较厚,边坡、仰坡稳定性差。

图 1-2-8　五阱明隧道

图 1-2-9　石格拉 2 号隧道

（6）马王岩隧道

马王岩隧道为一座分离式隧道。右幅起点里程 K124+825，止点里程 K126+580，全长 1755m；左幅起点里程 ZK124+815，止点里程 ZK126+565，全长 1750m。隧道最大埋深约 185m。隧道区高程介于 1927~2188m 之间，相对高差约 260m，构造剥蚀及构造岩溶低中山地貌。隧道区地形较为陡峭，地形起伏较大，地表植被发育，交通不便。此外，马王岩隧道施工段有软弱围岩，包括膨胀泥岩、砂质泥岩。施工期间，正处云南丽江雨季，在持续降雨的影响下，软岩遇水极易液化变形，围岩等级在很短里程范围就可能发生变化，施工难度大。

## 2.2 项目管理

项目管理是贯穿项目施工全过程的监督、协调、引导等工作的总称，以施工合同作为管理依据，对工程项目的资源配置、成本管控、进度安排、施工安全等进行全面控制和管理，确保工程建设有序、科学地进行。

工程施工项目管理涉及工程施工的方方面面，是对施工质量进行人为管控的主要手段。首先，项目管理能够保证项目的有序进行。施工项目管理对工程的场地、技术、设备、安全、人力资源、资金等及时进行协调和调动，促进了工程各领域的有效沟通和协同一致，避免出现衔接不畅而无法进展的情形。其次，工程施工项目管理是相关企业健康发展的保障。企业在投标成功以后，承担了工程项目施工的主要职责，采用施工项目管理这种措施，将企业经营目标与施工实际对接，实现二者的相互促进、相互监督功能，形成以项目管理提升施工质量、以施工质量优化企业形象、以企业形象吸引招标的良性循环，促进企业的长期发展。本项目采用多种创新管理模式，具体有以下几点：

（1）PPP 模式创新管理

华丽项目为云南省首批公私合营模式（PPP）高速公路项目，由中国交通建设股份有限公司、中国建筑股份有限公司、云南省交通发展投资有限责任公司合作成立特殊目的实体（SPV 公司），下设中交、中建两个指挥部，负责各自管段的建设管理。中国交通建设股份有限公司作为云南华丽项目（中交段）总承包施工单位，组建了中国交建云南华丽高速公路项目总经理部，代表中国交建对华丽项目实施管理，履行总承包管理的职责，实行"一套人马、两块牌子"的管理模式。在总承包管理过程中始终坚持"做好生产服务、抓好过程监督、搞好内部协调"的管理理念。

（2）桥梁跨度大，专项研究

金安金沙江大桥位于云南省丽江市境内，金沙江水道之上。大桥东起石格拉 2 号隧道，跨金沙江水道，西接金安隧道至金安互通，大桥起止点中心里程分别为 K113+837、K115+599。主桥长 1681m，主跨 1386m，桥面为双向四车道高速公路。途经大桥的线路为成丽（成都—丽江）高速公路，形成专项研究。

（3）质量问题严督实导，专项整治

针对质量问题建库销号，充分发挥质量问题库在质量管理中的高效、快捷、准确处理的功能，形成问题录入、过程监督、整改销号闭环管理模式。其次，对检测单位进行集中管理，监控量测数据每日汇总报告,对异常情况预警通报,及时采取相应措施。最后,以点带面,推行对标管理,开展施工现场观摩会等活动落实"对标"管理理念,全面提升隧道的整体业务水平。

(4)基于 BIM 的项目信息化管理

集成项目管理与质量管理应用系统,通过将建筑信息模型(BIM)构件划分与分部分项工程划分进行动态关联,获取标段、单位、分部、分项工程所登记的质量责任人信息,工程划分对应的质量检查信息(质量检查记录、质量问题整改情况),检验批、质量评定资料,以及监理日志、监理指令、施工方案等业务信息;实现基于 BIM 的质量可视化查询管理。

# 第 2 篇
# 设计篇

SHANQU QIAOSUI JIQUN GAOSU GONGLU JIANSHE
GUANJIAN JISHU YU GUANLI

山区桥隧集群高速公路建设
关键技术与管理

# 第1章 路线设计

## 1.1 项目的特点及难点

1)自然环境特点

(1)本项目地形条件极其复杂,峡谷切割深,地形陡峻,相对高差大。项目地处云贵高原西缘及西北部,属横断山脉区域,地表崎岖,群山连绵。高原峡谷、山地、河谷平原和山间盆地交错,山区面积占总面积的95%左右。沿线区域平均海拔1910m,为典型的山区高速公路。路线经过区海拔低点为金沙江金安桥(约1305m),海拔高点为玉龙雪山主峰(5596m),路线高点与低点相对高差为1000~1500m。区域内山峰和河谷组成一系列南北走向的高山河谷重叠的地形,呈现为中山或中高山地形地貌特征。路线布设受陡峻地形、较大高差、不良地质、环境敏感点、水电工程和多条铁路建设等因素制约。

(2)活动断裂地带广布,地质条件复杂,地震多发,烈度高,不良地质众多。本项目与大理—丽江活动断裂、程海活动断裂交会,走廊带多沿金沙江及其支流展布,地形切割深且强烈,走廊带狭窄陡峻穿两山跨两江,高差起伏大,岩体松散破碎;路线所经区域程海和金沙江两大活动断裂地带及五郎河泥石流带,滑坡、崩塌、泥石流、岩堆、岩溶等不良地质发育、地震活动较为频繁且烈度高。

(3)沿线环境敏感点多,生态脆弱,环保要求高。项目区域不仅有八百余年的国家一级历史文化名城"丽江古城",还有国家5A级风景名胜区玉龙雪山和程海自然保护区等环境敏感点。

(4)气候垂直变化显著。项目区域属低纬度高原南亚季风气候区,地理环境特殊,高差大,地貌差异悬殊,气候垂直变化极为明显,立体气温突出,昼夜温差大,有着独特的"一山分四季、十里不同天"的立体气候。

2)社会人文环境特点

(1)本项目是内地和云南边境口岸的陆路通道。项目位于云南省丽江市境内,向南沿G5高速公路可达昆明,向北沿G5高速公路可达西昌、成都、西安等地延伸至北京。止点南沿G5611高速公路连大理,北沿G0613高速公路可达香格里拉、芒康、昌都、玉树、玛多、共和、西宁,东与成都—西昌—攀枝花—昆明高速公路相连,西与丽江—大理—昆明高速公路相连,对于加密国家西南部高速公路网起到十分重要的作用。

(2)区域社会人文环境独特,旅游资源丰富。路线所经区域居民有藏族、纳西族、傈僳族、彝族、白族、回族等多个少数民族,民族文化特色突出,社会人文环境独特,设计阶段要充分尊重沿线民族习惯,保护好民族宗教设施等敏感物体。丽江作为旅游名城,同时作为大香格里拉旅游圈的重要节点,设计中要做到公路与周围环境的和谐。

(3)沿线坝区耕地稀少、人口密度大、经济落后,保护耕地十分重要。路线走廊带位于金沙江、五郎河等河谷,河漫滩及河谷阶地欠发育,沿线又密集分布着碧泉、哨丫口、三川镇、五郎河、塔库、腊美、关坡、拉市海等村镇,耕地稀少,保护耕地十分重要。

3)工程方案特点

(1)短距离相对高差大,展线困难,地质复杂,抗灾要求高。项目处于高烈度地震区,沿线沟壑纵横、断层密布,地形地质条件极其复杂,干热河谷,低云多雾地质灾害和气象灾害问题突出,防灾抗灾要求高。

(2)工程规模大,重点、难点工程多,工程艰巨、集中,造价高。本项目建设里程长、桥隧占比高,达到75.63%,工程艰巨,造价高。桥隧路段比较集中,五郎河至关坡垭口段桥隧比更高,达到92%。其中,控制性工程金安金沙江大桥(主跨1386m的悬索桥)和石格拉特长隧道(4901m)受场地条件限制,施工难度较大。

(3)沟谷狭窄,弃土困难。路线走廊带位于金沙江及其支流河谷,河谷形态以V形谷为主,沟壑纵横,沟谷狭窄,滑坡等不良地质发育,弃土场地难觅。而沿线隧道弃渣量非常大,约1369万$m^3$。

(4)高速公路、地方道路、河流电站、铁路干扰因素多,施工组织复杂。路线走廊带狭窄,沿线交叉省道S303、大丽铁路、丽香铁路、仁丽铁路、丽攀铁路、村镇、河流及众多电站和通信电缆等设施,需要处理好与这些设施之间的相互干扰问题。

(5)互通选址困难。本标段金安互通及龙潭互通,地形纵横向较陡,互通设置场地条件有限,立交规模较大且构造物设置困难。

4)勘察设计难点

(1)金安金沙江大桥位于高烈度地震带上,跨度大,结构复杂,对设计和施工的要求高。建设过程中将面对岸坡稳定、陡峻山谷加劲梁高空吊装、地形地势引起的锚隧布置冲突、山区超大跨径钢桁架综合效应影响等四个方面的问题。

(2)断裂带路、桥、隧道抗震。路线所经区域程海和金沙江两大活动断裂地带,五郎河至关坡垭口泥石流带的滑坡、崩塌、泥石流、岩堆、岩溶等不良地质发育。

(3)五郎河至关坡垭口段,路线走廊带位于金沙江及其支流河谷,河谷形态以V形谷为主,不良地质发育,该段落桥隧比达到92%,因此选择合理的路线方案对控制工程规模尤为重要。

(4)不良地质处理。项目区域构造作用强烈,局部地带岩体强烈破碎,风化严重,地表松散岩体极其丰富,地表植被稀疏,沟谷发育,在地震或暴雨的激发下极易形成泥石流、滑坡、崩塌等地质灾害,对不良地质的有效处治是勘察设计的一个重点。

(5)山区立交、沿线服务管理处所设置困难。地形陡峻、横坡陡,地质条件极其复杂,需兼顾省道 S303、大丽铁路、丽香铁路、仁丽铁路、丽攀铁路、村镇，避让河流及众多电站和通信电缆等设施，立交设置困难；五郎河至关坡垭口段，桥隧比大，隧道常常直接与桥梁相接，洞口位置沟壑纵横，隧道变电所管理处选址困难。因此，山区立交和沿线服务管理处所的设置也是本项目的难点。

（6）干扰因素多、施工组织复杂。本项目沿线多处与省道 S303，大丽铁路，中石油管道存在交叉，施工期间应合理安排施工组织，保证交通畅通。同时路线走廊带内分布多条 500kV、220kV、110kV 高压输（变）电线路及各乡镇 35kV、10kV 电力线路，路线多次与其交叉。合理选择路线方案、灵活运用技术指标以尽量避让铁路、石油管道及减少电力线路的拆迁也是本项目的重点和难点。

## 1.2 方案比选

### 1.2.1 走廊带的拟定

结合区域路网规划布局、沿线地形地质条件、地形图和现场踏勘调查情况，全面深入研究华坪至丽江高速公路路线走廊及总体方案。经系统研究，归纳、整理，在路线经过永胜—程海南北向谷地时，拟定了南（S）、北（N）、中（M）走廊带，同时对北（N1）局部走廊带进行比较，如图 2-1-1 所示。

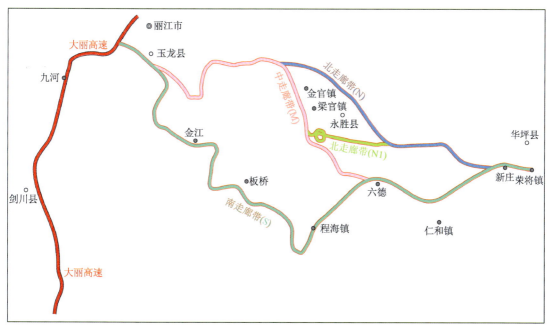

图 2-1-1　走廊带分布图

1）南走廊带（S）

南走廊带起于华坪（荣将），经新庄、营盘山、仁和、六德、崀峨、程海、金沙江（中江街）、丽江机场，止于丽江西（拉市海），路线全长约 188.5km。

主要控制点：华坪（荣将）、新庄、仁和、六德、崀峨、程海、板桥、金沙江（龙开口）、七河、文笔山、拉市海。

2）北走廊带（N）

北走廊带起于华坪（荣将），经新庄、营盘山、通达、他留人坟、灵源地震台、三川坝北、五郎河、大村（金沙江）、金安、龙潭、关坡、文笔山，止于丽江西（拉市海），路线全长约148.1km。

主要控制点：华坪（荣将）、新庄、通达、他留人坟、灵源地震台、三川坝南、五郎河、大村（金沙江）、金安、龙潭、关坡、文笔山、拉市海。

3）北走廊带比较方案（N1）

北走廊带N1比较方案起于北走廊带（N）方案他留人坟文物保护基地南，路线由东向西展布，上跨马过河水电站，向三川坝降坡，设4650m特长隧道穿过黎明大山梁，经过永胜坝南，在大梨园山设一特长隧道螺旋展线降坡，至三川坝南哨丫口后，路线转而向北沿三川坝西山脚布设，经过金官，至松坪附近接上北走廊带，长链10.5km。

主要控制点：他留人坟、黎明、永胜南、三川坝南、大梨园、哨丫口、金官、松坪。

4）中走廊带（M）

路线在经过程海—三川坝时作出中走廊带，即南、北走廊带的组合方案。路线总体自东向西沿新庄河南岸布线，路线自起点（荣将）—新庄—营盘山—仁和—六德段路线与南走廊带重合。之后，路线开始向三川坝降坡，经过衙门口，过陈家村设特长隧道穿山梁，经程海北东马场，至哨丫口。进入三川坝路线转而向北沿三川坝西山脚布设，经过金官、松坪。此后，路线在五郎河北侧山幅以桥隧方式向金沙江缓慢升坡展布，设石格拉特长隧道穿过山脊，设主跨1380m悬索桥跨越金沙江。路线沿金沙江西岸南向升坡展布，经过金安北，至龙潭，设忠义特长隧道回头展线，接着又设大龙潭特长隧道穿过山脊，至丽江关坡后，路线沿丽江坝区南端山脚展布，穿过文笔山，路线止点于丽江西拉市海，接上大丽高速公路。中走廊路线全长153.3km。

主要控制点：华坪（荣将）、新庄、仁和、六德、程海北（哨丫口）、三川镇、五郎河、三川坝南、五郎河、大村（金沙江）、金安、龙潭、关坡、文笔山、拉市海。

### 1.2.2 走廊带比选

1）南走廊带（S）

南走廊带主要优点：从区域路网规划布局看，南走廊带方案往程海南侧布线，有利于将来大理至攀枝花高速公路在程海南衔接，缩短攀枝花至大理方向的高速公路运输里程；距大理州鹤庆县、丽江机场近，有利于带动该区域经济发展；跨金沙江龙开口一带地形相对较好。

南走廊带主要缺点：南走廊带绕行较远，与国家高速公路网G4216成都至丽江高速公路总体走向相符性差，在南、中、北三个走廊带中建设里程及运营里程最长，工程规模较大，运输效率低；路线在丽江机场北七河附近需设螺旋隧道展线升坡，平面技术指标较差，存在行车安全隐患问题；施工条件相对较差；远离永胜县最为重要的控制点永胜县程海—三川坝等重要经济区，不利于促进丽江市及永胜县经济发展。

2）北走廊带（N）

北走廊带主要优点：从华坪—永胜—丽江总体走向上看，北走廊带最顺，在3个走廊带中里程最短，运输效率高。距永胜县、通达镇城近，立交连接线兴建规模小；对已有地方道路干扰相对较小。

北走廊带主要缺点：区域地质条件复杂，断层较多，岩体破碎，滑坡、崩塌、岩堆等不良地质较为发育；路线在黑塘河路段设螺旋隧道展线升坡，平面线形较差，存在运营、管理及安全隐患问题；施工条件相对较差；远离永胜县最为重要的控制点程海—三川坝等重要经济带，不利于促进丽江市及永胜县经济发展；北走廊带靠近永胜灵源地震台和他留人文物保护基地。

3）北走廊带比较方案（N1）

北走廊带N1比较方案为北走廊带与中走廊带的组合局部方案。为直接照顾到永胜、程海、三川坝一带的经济发展，设一特长隧道，采用螺线曲线展线降坡，平纵面技术指标较差，运输效率低，存在很大运营安全隐患；N1方案较N方案里程长10.5km，桥隧比例高，建设规模大。综合各种因素，不采纳该走廊带方案。

4）中走廊带（M）

中走廊带主要优点：从华丽高速公路总体走向看，中走廊带相符性较好，不存在大的路线绕长情况。中走廊带不采用回旋曲线布线，路线平纵面技术指标优于南北走廊，行车安全性相对较高。

中走廊带路线从程海—三川坝交界处通过，符合区域沿线成熟经济带，其北设连接线衔接永胜县城，向南辐射至程海南及大理州宾川县一带经济开发区，又照顾到云南省"农村八大集市"之一的金官街（三川镇）。走廊带兼顾的经济点较多，对带动地方经济极为有利。中走廊带路线避开了灵源地震台和他留人文物保护基地敏感点，不存在干扰因素。

中走廊带建设规模适中，投资相对最少。路线走廊地方道路网较多，施工进场便利，施工条件相对较好。中走廊带对地方经济发展促进作用大。但是中走廊带沿金沙江支流五郎河一带地质条件同样较差，自然横坡陡峭。

综合考虑区域路网布局、地质、工程规模、工程建设条件、地方政府的意见等多方面因素，结合近期路网建设及远期规划，推荐中走廊带方案。

### 1.2.3 路线及方案比选

1）地质选线注意问题

（1）高烈度地震区若设置隧道，应尽量通过峡谷地段，尽量避免以傍山明线方式通过，减少陡坡路基长度，以减轻危岩、崩塌、滑坡、岩堆等重力不良地质对工程的影响。

（2）隧道洞口、桥梁墩台和路基工程应避开斜坡不稳定、不良地质发育或可能发生重大地震次生灾害的地段或地貌部位。

（3）线路以隧道通过可溶岩地段时，应尽量傍山靠河，抬高线路高程，使线路走行于地下水垂直渗流带或分水岭地带，以减轻岩溶水对工程的危害。

（4）大跨度或特殊结构桥梁的桥位应选择对抗震设防有利、岸坡稳定、岩石强度高的地段。

（5）与断层并行的隧道应与断层保持一定的距离，减小断层对工程的影响，改善隧道洞身地质条件。

(6)尽量缩短隧道在崩、坡积物和岩堆体等松散堆积体内通过的长度,改善隧道成洞条件。

2)路线的确定

公路项目前期研究尽管深度有限,但对后续设计的指导意义非常重大。影响后期路线方案的地质问题不在于区域地质论证,而在于影响路线局部方案的不良地质研究,因此,在公路前期研究中深化工程地质选线是必要的,须加大对工程地质选线的投入。

本工程大的路线方案通过对比五郎河峡谷中沿五郎河高、低岸行进的两组方案来确定,即 K、D3 方案(五郎河路段)的比较;出五郎河峡谷后沿金沙江右岸行进的方案按不同高程的工程地质和水文地质特性又进行了 D1、D2 和 D3 方案的比较;顺金沙江右岸一直延伸,从羊见到建乐一段重力不良地质灾害极其发育,因此在该段进行 K、D3 方案(羊见—建乐路段)的比较。

(1)K、D3 方案(五郎河路段)工程地质条件比较

本段属深切高中山峡谷地貌,地形陡峻。平缓地段覆盖第四系全新统崩积和残坡积粉质黏土、碎石土;下伏基岩主要为二叠系玄武岩及凝灰岩,裸露的玄武岩节理裂隙发育,贯通度较好,风化残留痕迹严重,岩体极破碎,地表水及地下水较为发育。受地层岩性、区内河流切割以及区域气候环境因素影响,区内危岩落石、坡面碎石流及崩塌等不良地质灾害十分发育,对路线方案影响较大。K 方案通过该段主要采用桥梁形式沿五郎河两岸展布,D3 方案通过该段主要采用隧道形式绕避危岩落石及泥石流灾害区,具体情况如图 2-1-2 所示。

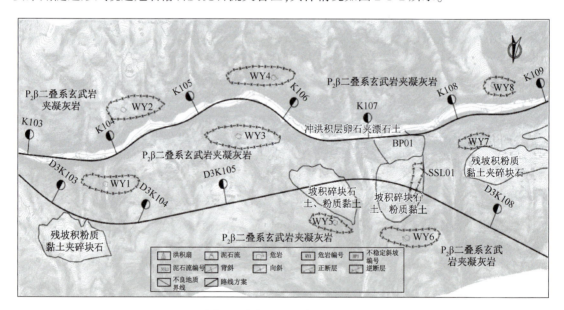

图 2-1-2　K 方案、D3 方案(五郎河路段)工程地质选线平面图

本段危岩分布范围较广,共发育 8 处危岩,发育于二叠系玄武岩组中的玄武岩。地形陡峭,裸露的玄武岩节理裂隙发育,贯通度较好,风化残留痕迹严重,岩体极破碎,局部岩石受深切割影响,呈垂直状或凹岩腔状,易见落石,块径 0.5~3.0m。本段危岩体区分布于拟建高速公路左右两侧,局部崩落块石对拟建高速公路有直接影响,且不易处治。

综合评价：通过对两个方案进行工程地质比较（表2-1-1），两方案的工程地质条件及水文地质条件基本一致，但不同的路线方案受本段重力地质灾害影响不同。K方案沿五郎河峡谷地带行进，设计高程较低，工程形式多以桥梁为主，五郎河两岸危岩落石及泥石流不良地质对工程施工和后期运营安全影响巨大。D3方案线路沿无量河右岸中部多以长大隧道通过，设计高程抬高，有效地减轻了五郎河峡谷段危岩落石及泥石流不良地质对工程的影响，以及地震可能引发的次生地质灾害对工程的影响，且路线高程抬高对环境工程的影响亦最小。总体上，D3方案工程地质条件略优于K方案。

K方案、D3方案（五郎河路段）工程地质选线比较一览表　　　　表2-1-1

| 方案 | K方案<br>K102+000～K110+000 | D3方案<br>D3K102+000～D3K110+000 |
|---|---|---|
| 地质概况 | 路线沿五郎河峡谷行进，属深切高中山峡谷地貌，该段地表覆盖层较薄，主要以崩坡积碎块石为主，五郎河阶地以冲洪积块石、卵石为主。下伏二叠系玄武岩夹凝灰岩等。地质构造较为复杂，地表水及地下水较发育，重力不良地质灾害发育 | 路线沿五郎河峡谷区以长大隧道行进。属深切高中山峡谷地貌，该段地表覆盖层较薄，主要以崩坡积碎块石为主，下伏下二叠系玄武岩夹凝灰岩。地质构造较复杂。地表水及地下水较发育，区内基岩裂隙水泉点出露较多，重力不良地质灾害发育 |
| 主要工程地质问题 | 路线附近发育有褶皱带，受构造、河流切割及风化作用影响，岩体破碎。路线主要以桥梁形式通过该段，地表崩塌、危岩落石（8处）、坡面碎石流（1处）、泥石流等不良地质发育；特别是该段发育多处危岩落石及坡面碎石流，对工程施工及后期运营都影响较大 | 路线附近发育有褶皱带，断层及褶曲构造发育，受构造影响，岩体破碎。路线主要以隧道形式通过该段，地表滑坡、崩塌、危岩落石（2处）、岩堆等不良地质对路线影响较小，但本段地下水丰富，路线附近有多处玄武岩基岩裂隙水泉点，隧道施工中存在一定突水、突泥风险 |
| 地质评价 | 差 | 较差 |
| 比选意见 | （1）K方案大段沿五郎河峡谷地带行进，危岩落石、坡面碎石流及崩塌等重力不良地质灾害对工程施工和后期运营安全影响较大。<br>（2）D3方案多以长大隧道通过，有效地减轻了五郎河峡谷段危岩落石对工程的影响，以及地震可能引起的崩塌对工程的影响。<br>（3）综合评价，D3方案工程地质条件略优于K方案 | |

（2）K、D3方案（羊见—建乐路段）工程地质条件比较

本段属深切高中山峡谷地貌，地形陡峻。平缓地段覆盖第四系全新统坡积、残坡积粉质黏土、碎石土；下伏基岩主要为下第三系灰质角砾岩、灰岩、白云质灰岩、砂岩、泥岩等，岩性较杂，岩层较破碎，地质构造复杂，路线平行于龙头村正断层布置，断层及褶曲构造发育。地表水及地下水发育，区内岩溶泉出露较多。受区域构造地质及水文地质影响，区内重力地质灾害极其发育，巨型滑坡众多，对路线方案影响巨大。K方案通过该段主要采用隧道和路基的形式下穿或向滑坡上缘偏移绕避羊见—建乐滑坡群，D3方案通过该段主要采用桥梁和路基的形式从滑坡群中、上部进行穿越。本段对路线方案影响巨大的主要为羊见—建乐滑坡群，具体情况如图2-1-3所示。

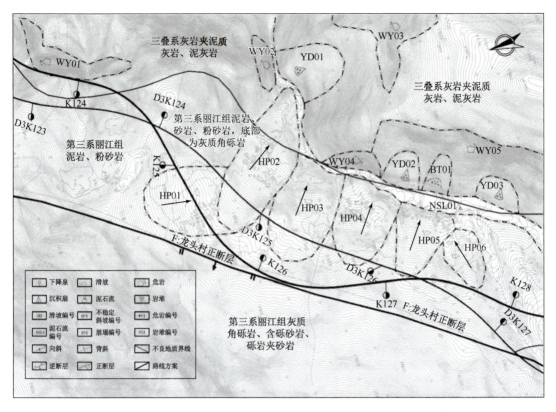

图 2-1-3　K 方案、D3 方案(羊见—建乐路段)工程地质选线平面图

①HP01:滑坡纵长约710m,横坡宽约450m,厚15～50m,体积约 $7.5×10^6m^3$,为巨型深层牵引式滑坡。中部台坎、张裂缝明显,中部最长一条长约250m,两侧呈羽状多条分布,长20～100m。缝宽0.5～3m,深1～5m,局部深不见底。据了解,裂缝在新中国成立前就存在,至今仍在发展。滑体为块石夹碎石,稍密～中密状;前缘以粉质黏土夹碎块石为主,前缘新近坍滑迹象极为明显;滑床为灰质角砾岩、砾岩,主滑方向为130°,滑坡体中前缘多处见地下水渗出,最大泉点流量约20L/s。主要为前缘冲沟深切形成临空面,在地震及暴雨同时作用下形成。该滑坡目前处于临界稳定状态(蠕变阶段),表面物质较松散,前缘蠕动变形迹象极为明显,对拟建高速公路桥梁影响大。前缘沟槽深切,滑坡体厚且规模大,处治困难。

②HP02:滑坡纵长约1100m,横坡宽约440m,厚15～50m,体积约 $1.2×10^7m^3$,为巨型深层牵引式滑坡。滑坡后缘呈圈椅状,前缘舌状伸入冲沟(曾阻沟使冲沟改道)。滑体为块石夹碎石,中密～密实状;表层5～20m为粉质黏土夹碎块石。前缘沟坎以碎块石为主,局部见胶结;滑床为灰质角砾岩、砾岩,主滑方向为135°,滑坡体中前缘多处见地下水渗出,局部新近坍滑明显。主要为斜坡陡峻、土质松软,前缘冲沟深切形成临空面,在地震及暴雨同时作用下形成。该滑坡目前处于蠕变阶段,表面物质较松散,局部见有滑动迹象,对拟建高速公路路基及大桥影响大。前缘沟槽深切,滑坡体厚且规模大,处治困难。

③HP03:滑坡纵长约580m,横坡宽约425m,厚10～40m,体积约 $6.1×10^6m^3$,为巨型深层牵引式滑坡。滑坡中部蠕动变形迹象及新近坍滑明显,多处滑动使地表植被倾伏。滑体为块

石夹碎石,稍密~中密状;前缘以粉质黏土夹碎块石为主。地表新近坍滑明显。已有4户村民受滑坡危害搬迁他处。主滑方向为127°,主要为斜坡陡峻、土质松软,前缘冲沟深切形成临空面,在地震及暴雨同时作用下形成。该滑坡目前处于临界稳定状态(蠕变阶段),表面物质较松散,多处已发生坍滑使地表植被倾伏,对拟建高速公路桥梁影响大。前缘沟槽深切,滑坡体厚且规模大,处治困难。

④HP04:滑坡纵长约600m,横坡宽约300m,厚10~50m,体积约$5.6×10^6m^3$,为巨型深层牵引式滑坡。滑坡后缘呈圈椅状,中前缘多处形成滑坡平台,前缘鼓丘、新近坍滑变形明显。滑体前缘以粉质黏土夹块碎石为主,中后缘以块碎石夹粉质黏土为主;滑床为灰质角砾岩、砾岩、泥岩,主滑方向为123°,主要为斜坡陡峻、土质松软,前缘冲沟深切形成临空面,在地震及暴雨同时作用下形成。该滑坡目前处于极限平衡状态(蠕变阶段),表面物质较松散,局部见有滑动迹象,对拟建高速公路路基及大桥影响大。前缘沟槽深切,滑坡体厚且规模大,处治困难。

⑤HP05:滑坡纵长约900m,横坡宽约350m,厚10~40m,体积约$7.5×10^6m^3$,为巨型深层牵引式滑坡。滑坡后缘呈圈椅状,中前缘多处形成滑坡平台,前缘鼓丘,新近坍滑变形明显。滑体前缘以粉质黏土夹块碎石为主,中后缘以块碎石夹粉质黏土为主;滑床为灰质角砾岩、砾岩、泥岩,主滑方向为105°,主要为斜坡陡峻、土质松软,前缘冲沟深切形成临空面,在地震及暴雨同时作用下形成。该滑坡目前处于极限平衡状态,中前缘蠕变明显,表面物质较松散,局部有滑动迹象。滑坡体前缘距拟建高速公路约100m,对拟建高速公路影响不大。前缘沟槽深切,滑坡体厚且规模大,处治困难。

⑥HP06:滑坡体轴向长约174m,宽约113m,厚0~8m,体积约$7.8×10^4m^3$,前缘沟心见基岩。滑体为粉质黏土、碎石,为中型滑坡。滑床为砂岩,主滑方向为185°,主要为沟槽切割,形成临空面,上部土体在暴雨下失稳而形成。该滑坡目前处于极限平衡状态,破坏及影响范围较小。该滑坡处治较为困难。

综合评价:通过对两个路线方案进行工程地质比较(见表2-1-2),K方案、D3方案工程地质条件均较差,均有优、缺点。但由于羊见—建乐滑坡群规模巨大,处治困难,建议绕避羊见—建乐滑坡群,以隧道形式下穿滑坡体下部稳定岩体,做好水文地质勘测预测工作,积极采取防、排水措施,则地质条件相对较好。总体上,K方案工程地质条件优于D3方案。

K方案、D3方案(羊见—建乐路段)工程地质选线比较一览表　　　　表2-1-2

| 方案 | K方案<br>K122+000~K129+000 | D3方案<br>D3K122+000~D3K129+000 |
|---|---|---|
| 地质概况 | 属深切高中山峡谷地貌,地形陡峻。平缓地段覆盖第四系全新统坡积、残坡积粉质黏土、碎石土;下伏基岩主要为下第三系灰岩、白云质灰岩、砂岩、泥岩等,岩性较杂,岩体破碎。地质构造复杂,路线平行于龙头村正断层,断层及褶曲构造发育。地表水及地下水发育,区内岩溶泉出露较多 | |
| 主要工程地质问题 | (1)本段断层及褶曲构造发育,岩体破碎。受地质构造、地层岩性及水文地质条件影响,不良地质为滑坡(6处)、崩塌(1处)、危岩落石(5处)、岩溶等。<br>(2)路线以隧道的形式穿行于可溶岩地区,隧道受岩溶影响严重,存在较大突水、突泥危害;且隧道几乎平行于龙头村正断层布置,距离断层破碎带较近,受断层影响,隧道整段围岩级别较低,工程量大 | (1)本段断层及褶曲构造发育,岩体破碎。受地质构造、地层岩性及水文地质条件影响,不良地质极其发育,主要为滑坡(6处)、崩塌(1处)、危岩落石(5处)、岩溶等。<br>(2)路线以桥梁和路基的形式穿越巨型滑坡中、上部,滑坡规模巨大,处治极其困难,且在地震或极端天气作用下极易形成多次滑动,对公路将是毁灭性的损坏 |

续上表

| 方案 | K 方案<br>K122+000～K129+000 | D3 方案<br>D3K122+000～D3K129+000 |
|---|---|---|
| 地质评价 | 较差 | 差 |
| 比选意见 | （1）K 方案、D3 方案位于相同地貌单元,地质条件相似。<br>（2）K 方案路线右移以隧道绕避羊见村附近 HP01、HP02、HP03、HP04,从 HP05、HP06 上部通过;但隧道平行于龙头村正断层且距离较近,有涌水、涌泥的可能,地质条件较差。<br>（3）D3 方案在本段以路基和桥梁通过 HP01、HP02(为巨型土质深层滑坡)前缘陡坎地带,对滑坡稳定不利,进行抗滑处治极其困难,且易产生多次滑动。<br>（4）综合评价:由于羊见—建乐滑坡群处治极其困难,宜采用 K 方案进行绕避 | |

（3）D1 方案、D2 方案、D3 方案工程地质条件比较

本段属深切高中山峡谷地貌,地形陡峻。平缓地段覆盖第四系全新统坡积、残坡积块石、碎石、角砾、粉质黏土等;下伏基岩主要为二叠系~三叠系玄武岩、凝灰岩、灰岩、白云质灰岩、砂岩、泥岩等,岩性较杂,岩层较破碎,地质构造复杂,路线斜交于三古断裂带和老虎山向斜核部布置,断层及褶曲构造发育。地表水及地下水发育,区内岩溶泉出露众多。受区域构造地质、岩性及水文地质影响,区内不良地质发育,特别是岩溶十分发育,水文地质和环境地质问题突出,对路线方案影响较大。D1、D2、D3 方案通过该段均采用隧道的形式绕避重力地质灾害,但该段岩溶发育,地下水丰富,隧道可能出现岩溶管道水,有较大的突水、突泥风险,因此 D1、D2、D3 方案采用不同的设计高程通过该段,具体情况如图 2-1-4 和图 2-1-5 所示。

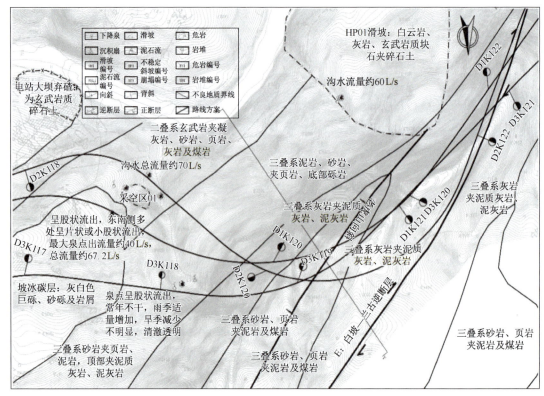

图 2-1-4　D1、D2、D3 方案工程地质选线平面图

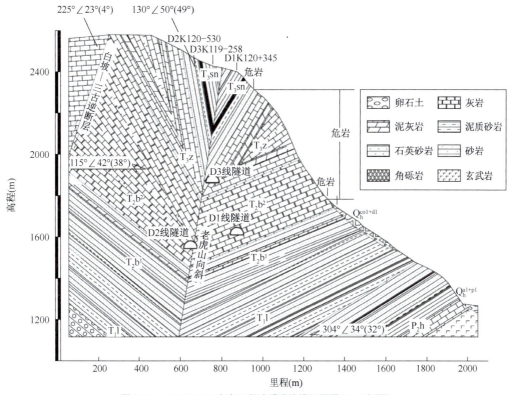

图 2-1-5　D1、D2、D3 方案工程地质选线横剖面图（A-A'剖面）

三个方案的工程地质比较见表 2-1-3。

D1 方案、D2 方案、D3 方案工程地质选线比较一览表　　表 2-1-3

| 方案 | D1 方案<br>D1K117+000～D1K122+000 | D2 方案<br>D2K117+000～D2K122+000 | D3 方案<br>D3K117+000～D3K122+000 |
|---|---|---|---|
| 地质概况 | 路线沿金沙江右岸行进。地表一般覆土较薄，主要为崩积及残坡积碎石、块石、角砾、粉质黏土。下伏三叠系～二叠系玄武岩、灰岩、白云质灰岩、砂岩、泥岩等，岩性较杂。地质构造复杂，路线多穿行三古断裂带及老虎山褶皱带，断层及褶曲构造发育。地表水及地下水发育，区内岩溶泉出露众多 | | |
| 主要工程地质问题 | （1）路线多穿行三古断裂带和老虎山褶皱带，断层及褶曲构造发育，受构造影响岩体破碎，隧道围岩较差。地表滑坡、崩塌、危岩落石、岩堆等不良地质发育。<br>（2）D1 方案距离老虎山向斜核部潜在储水带距离较远，受褶皱带影响较小，路线设计高程高于 D2 方案低于 D1 方案，穿行于可溶岩的隧道受岩溶影响较严重，存在较大突水、突泥危害 | （1）路线多穿行三古断裂带和老虎山褶皱带，断层及褶曲构造发育，受构造影响岩体破碎，隧道围岩较差。地表滑坡、崩塌、危岩落石、岩堆等不良地质发育。<br>（2）D2 方案位于老虎山向斜核部潜在储水带位置，受褶皱带影响巨大，路线设计高程为三个方案最低，穿行于可溶岩的隧道受岩溶影响极其严重，存在严重的突水、突泥危害 | （1）路线多穿行三古断裂带和老虎山褶皱带，断层及褶曲构造发育，受构造影响岩体破碎，隧道围岩较差。地表滑坡、崩塌、危岩落石、岩堆等不良地质发育。<br>（2）D3 方案位于距离老虎山向斜核部潜在储水带距离较近，受褶皱带影响较大，路线设计高程为三个方案最高，穿行于可溶岩的隧道受岩溶影响较大，存在一定的突水、突泥危害 |
| 地质评价 | 差 | 极差 | 较差 |

续上表

| 方案 | D1 方案<br>D1K117+000~D1K122+000 | D2 方案<br>D2K117+000~D2K122+000 | D3 方案<br>D3K117+000~D3K122+000 |
|---|---|---|---|
| 比选意见 | （1）D1 方案与 D2 方案相比较，D2 方案线路最长，路线高程最低，位于老虎山向斜核部潜在储水带，隧道受构造裂隙水及岩溶水的影响最大，且围岩稳定性差，故 D1 方案工程地质条件优于 D2 方案。<br>（2）D1 方案与 D3 方案相比较，D3 方案线路最短，路线高程最大，距离老虎山向斜核部潜在储水带较近，隧道受构造裂隙水影响 D1 方案较 D3 方案小，但隧道受岩溶水的影响 D3 方案较 D1 方案小，隧道高程均大于区内出露的泉点高程。考虑本区段地下水主要类型为岩溶水，故 D3 方案工程地质条件优于 D1 方案。<br>（3）综合评价，D3 方案工程地质条件略优于 D1 和 D2 方案 | | |

3）路线方案综合比选

路线方案比选是在走廊带比选的基础上，结合区域路网、工程地质和水文条件、工程规模、平纵指标、城镇规划、环境保护等因素，对区域内可行的路线方案进行综合评价比选，以下用三川坝及金沙江两点路线方案的比选，来说明路线方案比选的重要性。

（1）三川坝段路线方案比选

本段路线涉及与永胜县城的连接、三川坝区过境、程海环境保护等。针对上述主要影响因素，结合工程规模和投资、环境保护、路线指标、地方意见等，拟定了 K、C1、C2 方案比选，具体情况如图 2-1-6 所示。

K 方案路线走向：K 方案沿马过河升坡展线至衙门口，设永胜互通式立交连接永胜县城及省道 S303。此后，路线离开马过河开始降坡，过陈家村设特长隧道（5010m）穿山梁至程海北东马场，路线向北过哨丫口进入三川坝。路线沿坝区西侧山脚布设直达五郎河，在 K83+700 设程海互通式立交连接程海，K92+300 设三川互通式立交连接三川镇及省道 S303，K98+500 设松坪互通式立交连接省道 S303。

C1 方案路线走向：C1 方案起于 K 方案衙门口（起点 C1K60+200 = K60+200），路线继续沿马过河升坡展线到达永胜南（碧泉），设永胜立交连接永胜县城后开始降坡，设特长隧道（长 4570m）穿越大梨园山至三川坝南侧山腰文祥村，然后沿三川坝东侧山腰降坡展线，于三川镇东侧板山河降至三川坝，路线继续沿三川坝东侧山脚由南向北布线后到达五郎河接上 K 方案（止点 C1K96+597 = K99+992）。C1 方案长 36.397km，较对应 K 方案长 2.008km。

C1 方案、K 方案为沿三川坝东、西侧过境两种不同方案的比选。

①地形地质条件

C1 方案经过的东侧地形陡峻，受大梨园环形断裂控制并长距离（10km）与环形断裂交会近距离平行，岩体破碎，滑坡、崩塌、岩堆等不良地质发育，地形地质条件较为恶劣。总体而言，K 方案地形地质条件明显优于 C1 方案。

②与区域路网的衔接

从路网布局看，K 方案形成三川坝西侧交通新通道，与国道 G303 分别位于三川坝东西两侧，两线"并行而不重合"，项目建成后作为云南省"农村八大集市"之一的三川镇，将形成交通环线，区域路网结构有效优化，K 方案与永胜县城连接的同时兼顾了程海的衔接。

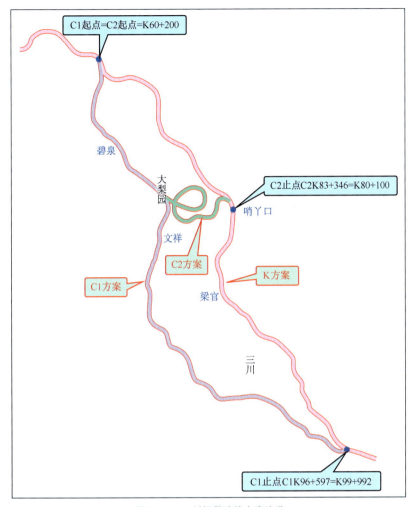

图 2-1-6 三川坝段路线方案比选

③对带动地方经济的作用

三川镇是一个以产粮食为主的农业大镇,是省、市、县商品粮基地之一;三川镇作为永胜北片区经济、文化中心,其镇政府所在地金官街被誉为云南省"农村八大集市"之一,年交易额达2亿元。

国道 G353 和 K 方案分别从三川坝东、西两侧经过,和联络线一起在坝四周形成交通环线,对三川镇乃至永胜县的进一步发展起到极大推动作用。C1 方案和国道 G353 均位于三川坝东侧,线位重叠,对三川坝经济发展的推动作用明显不如 K 方案。

同时 K 方案从程海北侧哨丫口一带通过,被誉为滇西北高原明珠的程海湖是云南省九大高原湖泊之一,也是世界三大自然生长螺旋藻的湖泊之一。K 方案更有利于程海湖的开发。

④对环境的影响

三川坝翠湖龙潭是周边居民重要的灌溉及农村饮用水源,同时以翠湖龙潭湿地公园为核心的三川坝田园风光是永胜县重点开发的"五大景区"之一。C1 方案从翠湖龙潭东侧约 500m 的水源补给区通过,对翠湖龙潭的保护带来不利的影响。K 方案东马厂至哨丫口路段属程海汇水区域,涉及程海环境保护问题,根据《云南省程海保护条例》,通过区域属二级保护区,该段路线主要以桥隧方式通过,可收集路面水,集中排放至汇水区外等工程措施减少对环境的不利影响。

⑤主要技术指标及规模投资

两方案平纵指标基本相当,C1方案略低;C1方案连续长陡下坡路段更长。C1方案主线较K方案长2km,隧道规模较K方案小,但桥梁工程规模大,特殊路基处治路段长,主线投资规模大;因C1方案更靠近永胜县城,立交连接线缩短5km,受地形限制,无法设置程海立交和三川立交,综合立交及连接线考虑,两方案投资总体规模基本相当。

⑥综合评价

相较于K方案,C1方案具有离永胜县城近,不经过程海汇水区域的优点。但缺点明显:路线里程长,主线总体规模大,投资高;路网布局不尽合理,对三川坝的经济社会发展带动有限;涉及龙潭水源保护;长距离平行构造断裂,建设运营安全隐患大等。经综合比选,推荐K方案。

⑦C2方案与K方案比选

为解决C1方案长距离平行于构造断裂和K方案穿越程海汇流区域的问题,拟定C2方案,形成C1方案与K方案的组合方案。

C2方案走向:C2方案衙门口至大梨园段路线走向同C1方案,起于K方案衙门口(起点C2K60+200=K60+200),路线继续沿马过河升坡展线到达永胜南(碧泉),设永胜立交连接永胜县城后开始降坡,设特长隧道(长4370m)穿越大梨园山后,利用鸡冠山螺旋展线降坡至哨丫口接上K方案(止点C2K83+346=K80+100)。C2方案长23.146km,较对应K方案长8.649km。

C2方案与K方案比选结论:C2方案采用螺旋展线,经大梨园接上K方案,避免了C1方案与构造断裂平行带来的地质病害问题;在三川坝西侧过境,路网布局合理,也能有效辐射带动地方经济发展。但路线仍需穿越程海汇水区域,且主线路线里程较K方案绕长8.649km,桥梁、路基工程大幅增加;长陡下坡路段长,平均纵坡大,采用隧道螺旋展线,线形指标较差,运营安全性差。相较于K方案,仅具有穿越程海汇水区域略短的优点,但在工程规模投资、运营安全等方面劣势明显,经综合比较,推荐K方案。

(2)金沙江段备选方案比选

金沙江是本项目路线布设的重要控制因素,集中克服高差大,围绕金安金沙江大桥跨江桥位选择、桥型选择、施工难度,和金沙江电站的关系,东西两岸地质条件,拟定了K方案、D1方案、D2方案、D5方案、D7方案、D8方案等路线方案进行比选,具体情况如图2-1-7所示。

K方案到达哨丫口后,沿三川坝西侧继续展线降坡后,于梁官西侧降坡至坝区,路线沿坝区西侧山脚由南向北布线至三川坝北端五郎河。此后,路线折向西,在五郎河北侧山幅,以桥隧方式向金沙江升坡展布,至金沙江边,以主跨1380m悬索桥(设计高程1760m)在金安大坝上游1400m处跨越金沙江。

跨江后,路线沿金沙江西岸南向升坡展布。设长隧道过新民后于金安设置互通式立交连接金安镇及省道S303,到达龙潭,设互通式立交连接龙潭。设忠义特长隧道(长4640m)回头展线过大龙潭村后,路线西北向布设,出大龙潭特长隧道(长3770m)到达丽江南(关坡)寿南村。

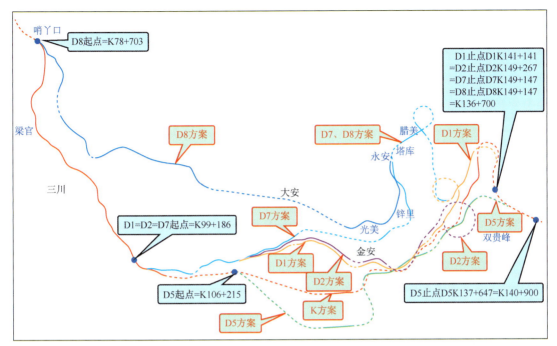

图 2-1-7　金沙江段路线方案比选

D1 方案起于三川坝北端五郎河，路线沿五郎河南岸降坡布设，过五郎河一级水电站后跨河，沿五郎河北侧山幅平缓升坡展布至五郎河口，以主跨 870m 悬索桥（设计高程 1616m）在金安大坝下游 1000m 处跨越金沙江。跨江后，路线沿金沙江西岸南向顺流升坡展布。设长隧道至金安，过马王岩至白岩，绕白岩山螺旋展线升坡至龙潭。过龙潭后设特长隧道回头展线至大龙潭村接上 K 方案。路线全长 41.955km，较对应 K 方案长 4.441km。

D2 方案起于三川坝北端五郎河，路线顺五郎河南岸降坡布设，过五郎河一级水电站，于 D2K114 跨河至五郎河北岸，继续降坡展布至五郎河口，以主跨 480m 钢箱桁架拱桥（设计高程 1478m）在金安大坝下游 1300m 处跨越金沙江。跨江后，路线沿金沙江西岸南向顺流升坡展布。经金安至马王岩，采用螺旋方式展线升坡至白岩接上 D1 方案。此后路线走向同 D1 方案：绕白岩山螺旋展线升坡至龙潭。过龙潭后设特长隧道回头展线至大龙潭村接上 K 方案。路线全长 50.081km，较对应 K 方案长 12.567km。

D5 方案起于五郎河北岸半山石格拉，路线到达石格拉附近转向北以特长隧道（长 9280m）经看毛牛到达金沙江，跨越金沙江至西岸。以主跨 1540m 悬索桥（设计高程 1858m）在金安大坝上游 4000m 处跨越金沙江。跨江后在西岸设隧道向南经三古村、阿子明，到达阿肯动，过马王岩至大龙潭村，路线右转设大龙潭特长隧道（长 3880m）到达丽江南（关坡）寿南村接上 K 方案。路线全长 31.432km，较对应 K 方案短 3.253km。

D7 方案起于三川坝北端五郎河，路线沿五郎河南岸降坡布设，过五郎河一级水电站至新民，设特长隧道（长 6620m）离开五郎河至金沙江东岸下梓里。路线沿金沙江东岸顺流升坡展线，经梓里到达塔库，以主跨 1200m 悬索桥（设计高程 1730m）在金安大坝下游 15.4km 处跨越金沙江。跨江后在腊美利用地形螺旋展线，然后沿金沙江西岸逆流升坡展线，在白岩、龙潭回头展线，在大龙潭村接上 K 方案（止点 D7K149+146＝K136+700）。路线全长 49.960km，较对应 K 线长 12.446km。

D8 方案起于三川坝南端哨丫口,路线沿三川坝西侧升坡展线,经水平、宝坪后设大安特长隧道(长 6860m)穿越大安。然后路线沿山腰降坡展线,经光美、永安后到达金沙江东岸塔库。以主跨 1200m 悬索桥(设计高程 1730m)在金安大坝下游 15.4km 处跨越金沙江。跨江后在腊美利用地形回头展线,然后沿金沙江西岸逆流升坡展线,在白岩、龙潭回头展线,在大龙潭村接上 K 方案,路线全长 63.036km,较对应 K 方案长 5.039km。

考虑到推荐路线走廊带位于金安桥水电站附近,该工程是金沙江中段"一库八级"水电开发方案中的第五级电站,水坝的建设本身就会对上下游的生态、地质环境造成影响,如果大桥桥位与其距离过近,将进一步加剧不利影响。同时两个大型基础设施距离过近,也不符合国防安全的需求,工程可行性研究阶段在金安桥水电站上下游共搜寻了四个可能的桥位。

四个桥位方案中,D5 方案桥位设计高程最高,路线里程最短;D2 方案桥位设计高程最低,路线里程最长。在桥型选择上,D2 方案桥位可采用 480m 上承式拱桥,桥梁规模最小,其余均为悬索桥;D5 方案桥梁规模最大,主跨 1540m;K 方案主跨 1380m;D7 方案、D8 方案主跨 1200m;D1 方案主跨 870m。D7 方案、D8 方案桥位远离金安桥水电站大坝,不受电站泄洪和蓄水影响,但丽江岸位于岩堆体上,规模巨大,分布有巨大危岩,在永胜岸约 10km 的路段分布有冰积层;D1 方案桥位、D2 方案桥位位于电站大坝下游,与金安桥水电站干扰严重;K 方案桥位和 D5 方案桥位位于金安桥水电站库区。

根据以上分析论证,D7 方案、D8 方案桥位区地质病害严重,丽江岸分布有巨型岩堆,工程措施无法处治,桥位适当调整可以避让,但丽江岸路线必须穿越,存在重大制约因素。D5 方案桥位金安金沙江大桥主桥采用主跨 1540m 悬索桥,其主桥跨径已达到世界第四大、中国第二大,工程造价和实施难度巨大,且桥位丽江岸 F65 逆断层(忠义村逆断层)与桥轴线交叉,恰好从锚碇与主塔基础之间穿过,对工程安全影响较大。D1 方案、D2 方案桥位与金安桥水电站干扰严重,K 方案桥位受电站影响相对较小,但桥梁规模较大。三桥位方案需结合整个比较段中路线总长、桥隧数量、地质条件、实施难度、工程总造价等因素进行综合论证,比选确定。

D7 方案为减少金安桥水电站对金沙江大桥的影响,桥位选择于电站大坝下游 15.4km处。相较于 K 方案,两方案在路网布局,对沿线经济发展辐射带动作用方面基本相当。D7 方案具有金沙江桥位不受电站影响、桥梁规模相对较小的优势。但路线跨江后需在腊美螺旋展线,白岩、龙潭回头展线,路线较 K 方案长 12.446km;路段总体桥梁工程较 K 方案增加近 12km,总体投资规模大;桥位区地质灾害发育,巨型岩堆无法避绕,存在重大工程制约因素。因此放弃 D7 方案。

针对 D7 方案路线绕行问题,拟定 D8 方案。D8 方案过哨丫口后,经水平、大安至塔库接上 D7 方案,路线比 D7 方案短 7.407km,但对比 K 方案仍绕长 5.039km。总体桥梁工程较 K 方案增加约 5km,隧道工程增加 4km,总体投资规模更大;路线方案远离三川镇,以特长隧道形式过大安镇,对沿线经济社会发展辐射带动作用非常有限;桥位方案同 D7 方案,存在重大工程制约因素。因此放弃 D8 方案。

D5 方案在该段所有备选方案中具有路线里程最短(较 K 方案短 3.253km),桥位受电站影响相对较小的优势。相较于 K 方案,总体桥梁长度、路基工程基本相当,隧道工程略有减少。但金安金沙江大桥主跨 1540m,已达到世界第四大、中国第二大,工程造价和实施难度巨大，路段总体投资规模大，且逆断层穿越锚碇与主塔基础之间桥轴线，对工程安全影响较大。D5方案总体投资规模大，金安金沙江大桥实施难度巨大，且受构造影响，存在较大的安全隐患。因此放弃D5方案。

D1方案、D2方案与K方案三个方案中，K方案里程最短，平纵指标最高；D1方案绕长4.441km，需螺旋展线；D2方案绕长12.567km，需"8"字形展线；D1、D2方案平纵指标均较低，特殊展线，行车安全性差。沿线地质条件方面，D1、D2方案均需穿越滑坡群，路线从滑坡群中下沿穿过，无法处治。且D1方案、D2方案桥位位于电站大坝下游1km附近，桥位区人工构造物众多，主要包括水电站专用公路、公路隧道、五郎河水电站引水隧道以及隧道的支洞等，大桥与既有构造物相互干扰极其严重，施工运营期间均存在较大的安全隐患，同时与金安桥水电站的扩容规划相干扰；K方案桥位位于大坝上游1.4km处，受电站的影响主要为库区蓄水引发的次生灾害有可能影响桥区岸坡总体和局部稳定。由于电站已建成蓄水近2年时间，岸坡已趋于稳定，影响较小。

经综合比选后，推荐采用K方案。

4）同精度路线方案比选

路线方案比选以前期论证的路线走廊带、主要控制点及金安金沙江大桥桥位研究结论为基础，首先在1∶10万、1∶5万地形图上且辅助以卫星影像，大范围寻找所有可通行的路线走廊带，对各走廊带内地形、地质、路线里程、社会经济影响、矿场、资源、环保等条件进行分析比较，确定推荐走廊带。在此基础上利用1∶1万地形图对路线方案进行研究，根据拟定的路线方案进行1∶2000地形图测绘，然后利用1∶2000地形图对路线方案进行精细优化，同时利用地质调绘、现场调研、初勘成果等所掌握的情况对路线方案进行修正。经过前期走廊带、大的路线方案比选之后，再根据平纵指标、工程规模的不同，对局部路段难于取舍的、具有比较价值的路线方案进行同精度比较。以项目的石格拉特长隧道对隧道规划的比较以及金安至关坡集中升坡段对不同平纵指标、工程规模的比较说明同精度比较的重要性，以供决策者做出正确的选择，控制好工程投资及项目安全。

（1）石格拉隧道方案比选

本段控制性工程为石格拉隧道，由于K方案石格拉隧道长7.01km，需要设置1.12km长的斜井，工程规划较大，为减短石格拉隧道的长度，控制隧道规模，提出了D15方案进行技术经济比较。

K方案、D15方案走向一致，K方案于K106+765处设置石格拉隧道（特长隧道）穿过山体到达金安金沙江大桥；D15方案为了减小隧道长度，路线适当往山体外侧绕行，将K方案的石格拉特长隧道分为两座隧道布设，取消K方案石格拉隧道上的斜井，有效降低隧道规模及运营成本，具体情况如图2-1-8所示。

K方案平面指标略高于D15方案，纵面指标相当。K方案、D15方案穿越同一山体，总体地形、地质条件相当，但D15方案往山体外侧绕行，将石格拉隧道减至4.90km，在两座隧道之间有约1km的明线段，需要跨越几条坡面泥石流沟，需要加强工程整治。

K方案石格拉隧道长7.010km，为解决隧道通风问题，需设置一处1.12km的斜井；D15方案往山体外侧绕行后，石格拉隧道减至4.90km，有效改善了隧道通风，无须设置斜井，工程规模及运营成本得到有效降低。

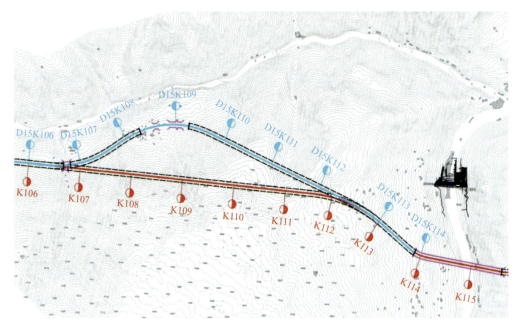

图 2-1-8　K 方案与 D15 方案比选

（2）金安到关坡集中升坡段

本段落为金安金沙江大桥至丽江关坡垭口，跨越金沙江后，升坡路段较长、高差较大，地形条件较差，是本项目工程最艰巨的段落。根据金安金沙江大桥桥轴线及大桥高程研究情况，提出了与 K 方案金安金沙江大桥相同桥轴、相同大桥高程，跨金沙江后集中升坡段采用不同平均纵坡的 D34 方案进行同深度比选，具体情况如图 2-1-9 所示。

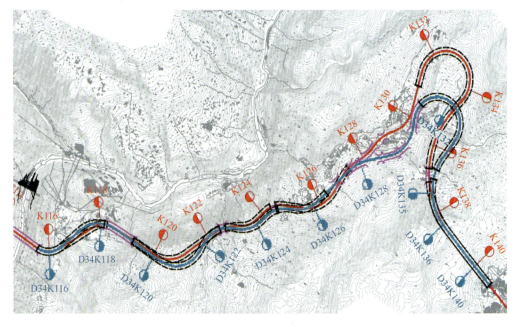

图 2-1-9　金安到关坡集中升坡段

K方案、D34方案走向一致,路线过了金安金沙江大桥后开始集中升坡,出新民隧道至金安,设置金安互通与省道S303相接,之后路线沿金沙江右岸西南向长坡展线,经过羊见至龙潭,于龙潭设置龙潭互通,之后路线设置五阱明隧道,转向西偏北继续展线升坡至丽江关坡垭口。

K方案、D34方案平面指标位于同一档位。K方案、D34方案集中克服高差624.116m,K方案长24.985km,平均纵坡2.50%,D34方案长22.648km,平均纵坡2.76%。K方案纵坡略优于D34方案。

K方案、D34方案金安金沙江大桥规模相同。D34方案采用较大的平均纵坡升坡,路线里程缩短2.337km,D34方案五阱明隧道(回头曲线隧道)由K方案的4.64km缩短到3.40km,有效地降低了工程规模,改善了通风条件(K方案五阱明隧道需设置通风斜井,D34方案五阱明隧道不用设置通风斜井)。在工程规模方面D34方案明显优于K方案。

综上所述,D34方案里程缩短明显,对五阱明回头曲线隧道的改善较大;工程规模较K方案降低明显,有效控制了工程造价。D34方案较K方案优势明显,推荐D34方案。该段路线以隧道群的方式穿过羊见村,然后路线集中升坡,下穿对门山后到关坡垭口,与鹤庆至关坡高速公路以十字枢纽立交相接。这个方案较好地避让了金沙江右岸崩塌、滑坡等不良地质段落,路线技术指标较为合理,工程经济性好。由于此条线路形似Ω,所以将其命名为"Ω展线",又开创了一个山区高速公路的选线新思路。故推荐方案为K+D15+K+D34+K,路线长86.262943km,相关技术指标见表2-1-4。

路线相关指标  表2-1-4

| 参 数 项 | 单 位 | 参 数 值 | 备 注 |
| --- | --- | --- | --- |
| 路线长度 | km | 86.262943 | |
| 平曲线最小半径 | m | 715 | 6处 |
| 平曲线占线路总长 | % | 66.261 | |
| 直线最大长度 | m | 3439.852 | |
| 最大纵坡 | % | 4 | 1处 |
| 最短坡长 | m | 500 | |
| 凸形竖曲线最小半径 | m | 14000 | |
| 凹形竖曲线最小半径 | m | 11000 | |
| 竖曲线占路线总长 | % | 23.572 | |

本项目地震烈度高,地质构造复杂,地质条件差,滑坡、崩塌、岩溶、危岩等不良地质现象十分发育。项目不仅有八百余年的国家一级历史文化名城"丽江古城",还有国家5A级风景名胜区的玉龙雪山和程海自然保护区等环境敏感点,生态环境十分脆弱。本项目桥隧比例达到75.91%,工程十分艰巨。金安金沙江大桥桥位处江水湍急、流量大,区域地质结构复杂,桥位选择困难;本项目路线多沿山坡布线,地势高、地形陡,互通设置艰难。根据以上特点和难点,华丽高速公路全体设计人员在项目设计全过程中坚持"以人为本",贯彻"安全、和谐、环保、示范"的设计理念,落实"全面、协调、可持续发展"的科学发展观,合理规划方案,用心、精心、细心设计,努力使本项目设计达到"安全第一、服务社会、尊重地区、整体协调自然"的效果,将本项目建设成为云南乃至全国山区的"安全、智慧、绿色、人文"示范工程。

# 第2章 金安金沙江大桥设计

云南地区与内陆平原地区的桥梁建设环境不同,桥址多位于水系穿过的宽深峡谷地带,地形地质条件极其复杂,建设桥墩的难度很大,且不经济,因此在桥型选择方面多采用大跨度悬索桥一跨跨越深谷。

金安金沙江大桥为大跨度悬索桥,是华丽高速公路项目的控制性工程,其工程设计尤为重要。本章主要阐述金安金沙江大桥的建设条件、总体设计、索塔和基础设计、隧道锚设计、缆索系统设计、索鞍设计、主桥上部结构设计、引桥设计等内容。设计过程中充分考虑了新技术、新工法、新材料、新标准的要求,可为我国山区峡谷特大悬索桥建设提供参考。

## 2.1 概述

### 2.1.1 主要技术指标

(1)道路等级:双向四车道高速公路。
(2)计算行车速度:80km/h。
(3)车辆荷载等级:公路-Ⅰ级。
(4)检修道人群荷载标准:2.5kN/m²。
(5)温度荷载:设计基准温度取20℃;钢结构正温差取+31℃,负温差取-29℃,线膨胀系数为$1.2\times10^{-5}$;混凝土结构与钢结构温差小于10℃,线膨胀系数为$1.0\times10^{-5}$。
(6)桥面布置:
①主桥布置如图2-2-1所示。
长度:2×[0.75(吊索区)+1.25(检修道)+0.5(护栏)+2.5(硬路肩)+2×3.75(行车道)+0.5(路缘带)+0.5(中央分隔带)]=27.0(m)。
②华坪岸引桥布置如图2-2-2所示。
第1~5孔长度:2×[0.5(护栏)+2.75(硬路肩)+2×3.75(行车道)+0.5(路缘带)+1.0(中央分隔带)]=24.5(m)。

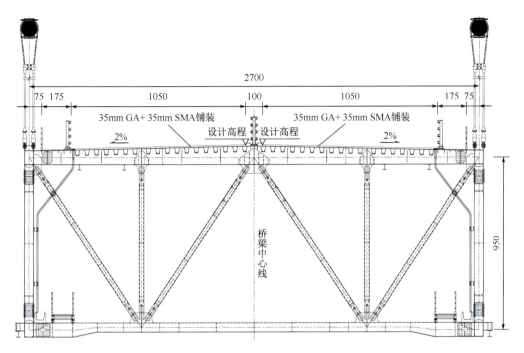

图 2-2-1 钢桁梁标准横断面(尺寸单位:cm)

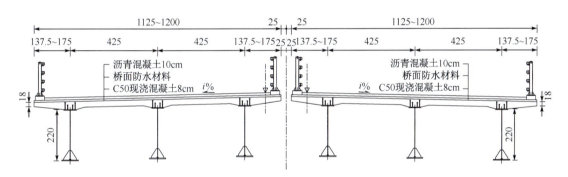

图 2-2-2 华坪岸引桥横断面(尺寸单位:cm)

第6孔长度:2×[0.5(护栏)+2.5~2.75(硬路肩)+2×3.75(行车道)+0.5(路缘带)+0.5~1.0(中央分隔带)]=23.0~24.5(m)。

③丽江岸引桥布置如图 2-2-3 所示。

长度:2×[0.5(护栏)+2.5~2.75(硬路肩)+2×3.75(行车道)+0.5(路缘带)+0.5~1.5(中央分隔带)]=23.0~25.5(m)。

(7)桥面横坡:主桥 2.0%,引桥≤2.0%。

(8)纵坡:双向 1.0%,竖曲线 $R=30000$m。

(9)设计洪水频率:1/300。

(10)设计基本风速:27.2m/s。

(11)抗震设防烈度:8度。地震动峰值水平加速度为0.2$g$,场地类别为Ⅱ类,地震动反应谱特征周期为0.4s。大桥按地震动参数专题研究成果进行结构抗震分析,抗震设防标准见表2-2-1。

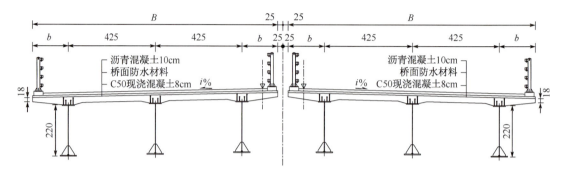

图2-2-3 丽江岸引桥横断面(尺寸单位:cm)

抗震设防水准与目标 表2-2-1

| 桥梁结构 | 作用等级 | 地震作用 | 重现期(年) | 峰值加速度 | 性能目标 |
|---|---|---|---|---|---|
| 主桥悬索桥 | E1 | 100年超越概率10% | 950 | 0.341$g$ | 全桥结构保持在弹性阶段 |
| | E2 | 100年超越概率4% | 2450 | 0.442$g$ | 局部可发生可修复的损伤,地震发生后,基本不影响车辆的通行 |
| 引桥 | E1 | 50年超越概率10% | 475 | 0.263$g$ | 可修复的损伤,地震发生后,基本不影响车辆通行 |
| | E2 | 50年超越概率3% | 1640 | 0.404$g$ | 结构不倒塌,地震后可以修复,可供紧急救援车辆通过 |

### 2.1.2 工程建设条件

1)地形地貌

桥区为金沙江深切河谷地貌(图2-2-4),河谷为N—S走向,河面宽100~400m(水电站蓄水后),两岸地形陡缓不一呈不对称状,两岸均有多级缓坡平台及陡崖交错发育,陡崖上玄武岩出露,缓坡上普遍发育较厚(5~35m)崩塌堆积而成的粉质黏土、碎石土、碎块石等土层,植被不发育(局部有小块人工开垦的旱地庄稼地);两岸岸坡上有多条深浅不一的横向沟谷。金沙江边两岸有民居分布,均有公路通达。桥位处于火成岩(玄武岩)溢出区,区内无大断层发育,构造发育不明显。

桥位区最高峰体高程3000m,在桥位线上最低高程(河床)约1400m,最大高差1600m。桥位处两岸地形均为上缓下陡呈凹型坡:华坪岸地形坡度10°~50°,锚碇附近坡度10°~20°,主塔附近坡度35°~55°;丽江岸地形坡度10°~70°,锚碇附近坡度10°~20°,主塔附近坡度35°~55°;两岸地形对锚碇施工有利,对索塔施工不利。

2)气象

金安金沙江大桥地处云贵高原西北缘,属横断山脉与滇西北高原接壤地带,总体地势西北高东南低。处于亚热带季风气候和高原山地气候接壤带。气候总的特点是干湿季节分明,垂直变化显著。根据气候的垂直差异可分为三个垂直气候带,可以划分为上部高台地寒冷带(高程3200~5596m)、中部半山区及坝区温凉带(高程1700~3200m)、下部河谷炎热带(高程1100~1700m)。桥位区地处下部河谷炎热带。

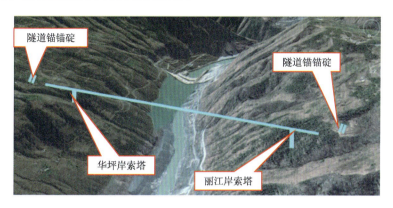

图 2-2-4　金沙江大桥地貌

3）水文

华丽路线经过的主要河流有金沙江、五郎河、仙人河、马过河、新庄河等河流及其众多支流水系,主要电站有金安桥水电站。沿线小河、冲沟、小水库及小电站分布较广泛,河流均不通航。桥址区附近则主要水系为金沙江和五郎河。

金沙江从玉龙县塔城乡进入丽江境内,从华坪县石龙坝乡腊乌渡出境,市内全长615km。云南省境内的金沙江段,属于金沙江中游河段。石鼓水文站资料:平均流量$1300.4m^3/s$,迳流率$5.56L/(s·km^2)$;金沙江水文站:平均流量$1815m^3/s$,最大平均流量$3565.4m^3/s$;迳流率$7.26L/(s·km^2)$。

金沙江在丽江流落差高达890m,在整个金沙江中游段共规划有八级巨型水电站,桥址区位于梯级电站中的第五级金安桥水电站上游1.5km,金安桥水电站是以发电为主的大型水电工程,总装机容量2400MW,装机4台,单机容量600MW,是"西电东送"战略目标的骨干电站之一。金安桥水电站工程总投资约150亿元,现已建成投产。金安桥水电站上下游方向均60km处也均建有水电站,分别对应于阿海水电站、龙开口水电站,且均已投产运营。

4）工程地质

区域内地层出露较全,从震旦系~第四系地层均有分布。震旦系零星分布于图幅东北部边缘的局部地段,以碳酸盐岩为主,次为碎屑岩。古生界出露齐全,广布全区,主要为碳酸盐岩、碎屑沉积岩和基性火山喷出岩。中生界全区均有分布,为碳酸盐岩、碎屑沉积岩。新生界第三系主要分布在东部,中部和北部局部地段亦有出露,为一套碎屑沉积岩;第四系主要分布在盆地、洼地、缓坡和河谷地带,成因类型有冲积、洪积、坡积、崩积和冰碛等。桥位区地层主要为二叠纪的火山岩、火山碎屑岩及第四系地层。其岩石类型主要见有致密块状玄武岩、杏仁状玄武岩、火山角砾熔岩(主要为玄武质角砾熔岩)和凝灰岩。区域内断裂发育且规模巨大、活动强烈,距桥位区较近的断裂主要有南北向的程海—宾川断裂、大具—丽江断裂、鹤庆—丽江断裂、丽江—小金河断裂、龙潭村逆断裂等活动性断裂,新活动迹象明显,为本区的主要发震构造,这些断裂的活动性对桥位均无直接影响。

5)地震及新构造运动

测区地处鲜水河—滇东地震带,属于青藏高原中部地震区。本带包括青海南部、川西、滇中和滇东地区,是一条强震发生带,地震活动不仅强度大,而且频度高,但震中分布极不均匀,集群性特征显著,强震与活动断裂分布的相关性极高。区域内小震活动的集群性、继承性非常明显,在有历史强震发生的地区小震密集呈丛,强度和频度的空间分布极不均匀,绝大多数小震沿活动断裂分布。路线位于该地震带的中部强震高发区地带,存在多条NS—NE向活动断裂。

桥位区地处青藏高原东南缘的滇西北地区,属于横断山褶皱带的中段。古新世以来,印度板块与欧亚板块强烈碰撞,不仅使始新统不整合于古新统和其他老岩层之上,而且使中生代、古生代岩层产生动力变质作用。根据《中国地震动参数区划图》(GB 18306—2015),测区地震动峰值加速为 $0.20g$,地震动反应谱特征周期 $0.40s$,抗震设防烈度8度。据国家地震局地质研究所成果,金安桥水电站大坝场地地震基本烈度为8度,大坝基岩场地设计水平加速度峰值50年超越概率5%和100年超越概率2%分别为 $0.246g$ 和 $0.399g$(表2-2-2)。

金安桥水电站大坝场地设计水平加速度峰值表　　　　表2-2-2

| 周期,超越概率$P(\%)$ | 50年,$P=10$ | 50年,$P=5$ | 50年,$P=2$ |
|---|---|---|---|
| 水平地震动加速度峰值 | $0.185g$ | $0.246g$ | $0.399g$ |

6)不良地质

桥位区内不良地质主要为崩塌、滑坡;此外,桥区的凝灰岩夹层、强卸荷发育带对大桥上下边坡存在一定的潜在的不同程度的影响。

(1)崩塌

工程内岸坡由于受地形和地层岩性、地质构造等多方面因素的影响,常发生崩塌作用,并形成一些崩塌堆积体。桥位区附近主要有B4、B5、B6三个崩塌体(图2-2-5),但均在桥轴线以外及索塔以下,崩塌体距离大桥桥轴线及索塔较远,对大桥无影响。

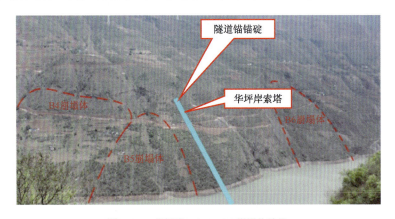

图2-2-5　华坪岸B4、B5、B6崩塌体地貌

(2)滑坡

主要集中分布在工程区丽江岸高程2000m附近的缓坡区,该区域为岸坡的地形地貌、地层岩性变化的部位,岸坡表部多被第四纪成因的松散堆积物覆盖,当遭受暴雨、坡面加载、坡脚切角开挖等不利工况时易发生变形滑动。

H6 滑坡(图 2-2-6):位于丽江岸索塔左上侧,滑坡左下边角与锚碇左后上角较近,分布高程 1860~1920m;平面上近似圈椅状,长约 150m,宽约 130m,平均厚度约 10m,体积约 15 万 $m^3$;坡体物质为残坡积成因的褐黄色粉质黏土及碎石土夹块石,地表为耕地果园,属覆盖层中型土质滑坡。据勘察,滑坡体上居民房屋无变形迹象,目前滑坡体处于整体稳定状态。但在其前缘北端、1870~1880m 高程间地表土存在局部塌滑变形,长约 30m,宽约 25m,厚约 2m,体积 1500$m^3$ 左右,塌滑坡脚处存在一处泉眼。

图 2-2-6 丽江岸锚碇左侧 H6 滑坡地貌

雨季地表坍滑有进一步扩大趋势,但由于滑坡位于锚碇左上侧、下滑方向与桥轴线近乎平行,滑坡下滑对隧道锚顶上表土牵引范围十分有限,故该滑坡及其浅表土层的坍滑对丽江岸隧道锚影响甚微,隧道锚洞口的开挖点距离滑坡较远,洞口的开挖对滑坡稳定的影响较小,可通过加强排水、适当防护加固将工程影响减至最低。

(3)凝灰岩夹层

凝灰岩软弱夹层属有一定厚度的软弱带,与周围岩体相比,凝灰岩软弱夹层压缩性较大而强度较低;软弱夹层的基本特征是,开挖后相对较容易风化崩解、抗软化能力较差、厚度一般比较薄,较相邻岩层厚度小,力学强度和变形模量也相对较低。

桥位区河道以上岸坡,华坪岸分布有 2 层不连续的凝灰岩薄层,厚度 0~5m;丽江岸分布有 8 层连续性较好的凝灰岩,单层厚一般为 0.5~2m,最厚可达 29m。凝灰岩岩石饱和抗压强度 $R_c$=3~20MPa,平均抗压强度为 14MPa,属于软岩。根据平面地质测绘和勘探揭露,凝灰岩层的空间展布不连续且起伏较大、厚度差异较大。因凝灰岩层是岸坡火山岩层中相对软弱的夹层,故在构造变动中易出现层间挤压性质的破劈理、层间错动泥化夹层等。本次勘察中未发现凝灰岩泥化、劈理现象。

(4)强卸荷裂隙

根据两岸平硐勘察及双管钻探成果,平硐深度处的华坪岸卸荷带宽度为 81m,坡体上强卸荷带宽度 30~81m,距离索塔较远(40m)而对索塔有利,而丽江岸卸荷带宽度为 32m,坡体上强卸荷带宽度 15~32m,接近索塔边缘而对索塔稍不利。两岸卸荷裂隙带主要顺坡向在两岸陡坡及之上、浅部岩层内发育,具体在索塔附近及下方陡坡段,而地形较缓的锚碇段卸荷裂隙不明显,取而代之的是丽江岸锚碇段浅部岩层强风化层发育较厚,华坪岸索塔之上及锚碇段的卸荷裂隙及强风化层均不明显。

7)岸(边)坡稳定性

金安金沙江大桥华坪岸地形较缓,覆盖层较厚,覆盖土层下为中风化硬质玄武岩,强风化层缺失,岩质边坡整体稳定性较好,对大桥工程有利,仅雨季时浅表松散覆盖土层有局部坍滑现象;丽江岸桥台以上地形较缓、土层稍厚,而桥台以下地形陡峭且覆盖土层薄,强风化厚度较大,在桥台附近及之下强卸荷带发育,浅表土层及浅部强风化、强卸荷带稳定稍差,对岸(边坡)坡稳定性稍不利,对工程开挖边坡不利,对大桥浅基础较不利;而其下中风化、弱卸荷带岩体总体上较完整、岩质坚硬,岩质边坡整体稳定性好,对大桥塔锚工程较有利。

## 2.2 总体设计

### 2.2.1 桥位选择及桥型方案比选

1)桥位比选

华坪至丽江段高速公路(SJ-2)根据地质调绘报告、实地踏勘、地形地质条件、克服高差情况、沿线产业布局、城镇规划和与水电设施之间的关系等因素,整个区段内划分为三个路段单元(图2-2-7):

(1)肖家坪(起点)至五郎河口段——地形、地质条件相对较好。
(2)五郎河口至关坡垭口段——地形、地质条件较差,高差大。
(3)关坡垭口至拉市海(止点)段——地形、地质条件相对较好,既有城市规划、景区对线位形成一定制约。路线于止点(拉市海附近)与大理—丽江高速公路相接。

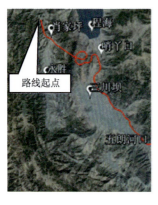  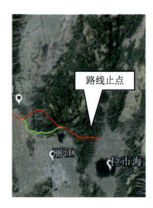

图 2-2-7　工程可行性研究的路线方案地理位置示意图

金安金沙江大桥所处路段单元为第二个路段单元,也即五郎河口至关坡垭口段。

工程可行性研究报告批复的中线走廊带,路线走廊主要控制点:华坪(荣将)、新庄、仁和、六德、程海北(哨丫口)、三川镇、五郎河、三川坝南、五郎河、大村(金沙江)、金安、龙潭、关坡、文笔山、拉市海。其中金安金沙江大桥是五郎河口至关坡垭口段路段单元设计受控的主要因素之一。

工程可行性研究中,一共选取了K、D1、D2、D5、D7、D8和D21线桥位。其中D7和D8桥位相同,接线稍有变化,而D21线为K线的高桥位方案。备选桥位位置如图2-2-8所示。

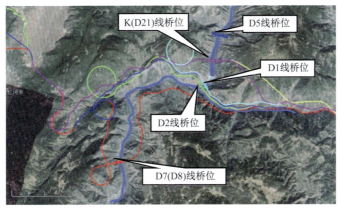

图 2-2-8 工程可行性研究的备选桥位位置示意图

综合多方面因素考虑,工程可行性研究最终批复桥位为工程可行性研究报告推荐的 K 线桥位,初步设计阶段以增明桥位(即工程可行性研究报告中的 K 线桥位)为推荐桥位展开工作。工程可行性研究推荐的 K 线桥型布置如图 2-2-9 所示。

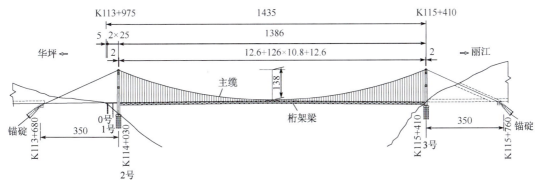

图 2-2-9 工程可行性研究报告推荐的 K 线桥型布置(尺寸单位:m)

2)桥型方案筛选

(1)桥型布设的制约因素

经过综合对比后的增明桥位虽然总体上绕避了主要地质病害,但对于桥位区域,地形地质仍较复杂,桥位地质纵断面示意如图 2-2-10 所示。

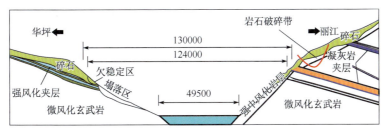

图 2-2-10 桥位典型地质断面示意(尺寸单位:cm)

通过对推荐桥位上下游 100m 范围内的勘探,桥位区域具有相当的共性特点:

① 岩层方向

华坪岸边坡平均坡度约 29°,丽江岸边坡平均坡度约 41°,其中华坪岸为顺层坡,层间距较小但岩石较完整,而丽江岸为反向坡,存在较厚的凝灰岩夹层,层间距相对较均匀但覆盖层下方岩石较破碎。

②华坪岸的覆盖层与欠稳定区

华坪及丽江两岸均有碎石土覆盖层,其中华坪岸覆盖层厚度达20~68m。在高程1650m以下存在卸荷裂隙带的欠稳定区,以及由于风化卸荷产生的崩积堆积区。

③陡峻的丽江岸

丽江岸在高程1690m以下区域地势陡峻,风化基岩外露,形成向江方向的深沟带状山脊地形,裂隙深度较大。在高程1690m以上区域存在6~18m厚碎石土覆盖层,覆盖层下方存在深度较大的岩石破碎带。

(2)主桥桥型比选

备选桥型特点:由于增明桥位江面净宽已达480m以上,常规梁式桥型已经不具备可行性。可能布置的桥型方案主要有拱桥、斜拉桥及悬索桥等大跨结构。

①拱桥方案(图2-2-11)

目前世界上已经修建的最大跨径拱桥为主跨552m的重庆朝天门长江大桥,正在修建的最大跨径拱桥为主跨667m的迪拜Sheikh Rashid bin Saeed Crossing大桥。由于增明线位的大桥高程达1754m,距水面高度336m,为了进一步减少拱桥方案的跨径,拱桥方案按上承式钢箱桁架拱布设,主桥跨径将达998m。引桥采用刚构/T构以解决高立柱稳定及强度问题。对于本桥位,拱桥方案存在以下难点:

a.与目前世界上最大跨径的拱桥相比,跨径至少增大到1.5倍,没有工程经验可以借鉴,不可预知风险因素较多。

b.拱桥方案对基础要求较高,而本桥位拱桥方案拱脚落于崩积堆积区等欠稳定区域,拱座开挖量大,边坡防护及整治范围大,风险较高。

c.拱桥为刚性支承体系,地震效应影响较大,在高地震烈度区修建超大跨度上承式拱桥难度较大,经济性较差。

d.主拱圈架设阶段,需设置大跨径大型缆索起重机及扣塔,施工起重机扣期较长,其间抗风、抗震需求高,施工难度大。

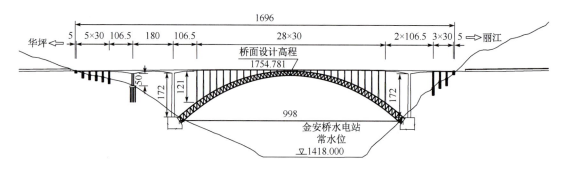

图2-2-11 拱桥方案立面布置(尺寸单位:m,高程单位:m)

②斜拉桥方案(图2-2-12)

目前世界上已经修建的最大跨径斜拉桥为主跨1104m的俄罗斯岛大桥,正在修建的最大跨径钢桁架斜拉桥为主跨1092m的沪通长江大桥。如图2-2-12所示,在本桥位由于受V形峡谷及路线高程控制,结合现场运输及施工条件,斜拉桥方案采用主跨720m的钢桁架主梁双塔斜拉桥。对于本桥位,斜拉桥方案存在以下难点:

a.下塔柱高度达285m以上,塔高达470m以上,施工困难,风险性大;而且在高地震烈度区域斜拉桥方案的实施难度大。

b.斜拉桥方案主塔落于崩积堆积区等欠稳定区域下方,基础开挖量大,边坡防护及整治范围大,风险较高。

c.主塔基础位于电站上游近水区域,施工环水保要求高,出渣困难;而且由于基础临近水域,存在水位变化对岸坡长期稳定影响问题。

d.梁段架设阶段,双悬臂施工期较长,其间抗风、抗震需求高,施工难度及施工风险均较大。

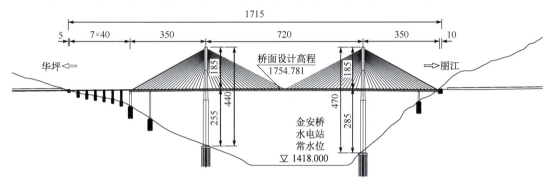

图 2-2-12　斜拉桥方案立面布置(尺寸单位:m)

③悬索桥方案(图 2-2-13)

目前,世界上已经修建的最大跨径悬索桥为主跨1991m的明石海峡大桥,正在修建的最大跨径钢桁架悬索桥为主跨1700m的杨泗港长江大桥。如上图所示,根据两岸的地形、地质情况,并结合现场建设、运输条件,布设为主跨1386m的钢桁架悬索桥方案。对于本桥位,悬索桥方案存在以下难点。

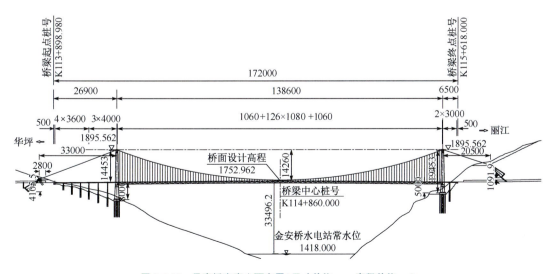

图 2-2-13　悬索桥方案立面布置(尺寸单位:cm,高程单位:m)

a. 桥梁跨径较大,经济性较斜拉桥及拱桥方案略低。

b. 悬索桥为柔性桥梁方案,对比斜拉桥或拱桥方案,虽然抗震能力较强,但更大的主跨使加劲梁需提高横向抗风能力,并需要进行抗风措施研究以提高加劲梁抗风动力特性。

c. 虽然主塔基础已经尽可能避开地质不利地带,但由于两岸均存在碎石覆盖层,仍需对边坡岸坡进行防护处理。

d. 在V形峡谷山腰设置悬索桥方案,由于两岸坡度接近边缆水平角,必然出现锚隧冲突问题,需要局部路线设计协调处理。

④主桥推荐桥型

结合增明桥位及桥型特点,各主桥备选桥型综合比较见表2-2-3。

桥型对比 表2-2-3

| 主桥桥型 | 拱桥 | 斜拉桥 | 悬索桥 |
| --- | --- | --- | --- |
| 拟设跨径(m) | 998 | 720 | 1386 |
| 抗风特性 | 自重大,刚性结构体系,抗风性能优异 | 主梁为轴压为主的半飘浮体系,抗风性能较好 | 需要进行抗风措施设计 |
| 抗震特性 | 推力性基础稳定需求高,抗震能力差 | 塔高较大,质点较高,抗震能力稍差 | 柔性体系,抗震性能好 |
| 地质条件 | 华坪岸基础位于崩积区,丽江岸基础位于陡坡,临近水域 | 华坪岸基础位于崩积影响区,丽江岸基础位于陡坡 | 基础避让欠稳区,锚碇前端岩石较破碎 |
| 岸坡防护 | 需要对两岸整个边坡进行防护卸荷处理,开挖量非常大 | 需要对两岸整个边坡进行防护卸荷处理,开挖量非常大,长期水位变化对稳定影响 | 需要对局部碎石覆盖层进行卸荷支护处理 |
| 经济性 | 一般 | 较好 | 一般 |
| 设计难度 | 没有成熟工程实例可以借鉴,设计较难 | 高墩抗震控制设计,无成熟经验,设计较难 | 抗风抗震控制设计,可以部分借鉴国内外桥梁建设经验,但建设条件远低于国内同类桥梁,存在一定设计难度 |
| 施工难度 | 没有成熟工艺、经验借鉴、施工精度要求高、难度大,施工风险高 | 塔高较大,双悬臂施工阶段抗风抗震要求高,施工风险大 | 虽然有多个工程经验支持,但地势陡峻,场地及工艺受限,存在一定施工难度 |
| 桥型评价 | 与同类桥梁相比,规模增长过大,设计施工难度大,可行性低 | 地质地形等建设条件基本不支持该桥型,可行性很低 | 虽然存在多方面难点,但均可采用构造、工艺及相关措施处理,可行性较高 |

通过综合比较,可知拱桥方案和斜拉桥方案在增明桥位基本不具备可行性,而悬索桥方案虽然存在运输条件及施工场地受限,局部地质病害需要处理,抗风抗震设计控制设计等多方面难点,但均可通过常规可靠的工艺、技术处理。因此,悬索桥方案是本桥位工程可行性最高的桥型方案。

### 2.2.2 结构设计要点

1）支挡工程及岸坡监测

（1）华坪岸边坡

对索塔下方设刚性支挡桩（A 排）对索塔承台地基进行支挡，索塔上方土质边坡设刚性支挡桩板墙（B 排）进行抗震预加固以减少开挖（以便提高引桥承台高度减少开挖、同时确保索塔上方土质边坡稳定以及上方施工便道的安全、减小上方便道施工车辆加载震动对边坡稳定的不利影响等），对桩顶以上土质边坡按 1：0.75 坡度进行放坡，并采用分台开挖及时防护加固（锚索框格梁）、设置碎落平台和截排水沟。在引桥 5 号和 4 号墩之间设一排刚性支挡桩（C 排），其目的是与下方的刚性支挡桩形成联合支挡。

（2）丽江岸边坡

将索塔承台基础置于基岩上，对索塔上方（沿升至隧道口仰坡）岩质边坡进行抗震预加固（锚索框格梁）以减少开挖（以便减少引桥承台少开挖、同时确保索塔上方破碎岩质边坡稳定以及上方引桥桥墩施工安全），对承台基坑以上边坡按 1：0.33 坡度进行放坡，采用分台开挖及锚索框格梁加固，开挖一级防护一级，并设置碎落平台和截排水沟。

索塔距离前下方陡崖较近（约 40m），受强卸荷带影响而浅部岩层较破碎、岩体完整性较差，在"降雨+地震"等极端情况下可能出现局部变形，故应对索塔前强卸荷带岩体采用锚索框格梁进行抗震加固，尽量减弱强卸荷带在"降雨+地震"极端情况下的向山体内的发展速度，防止强卸荷带长远期在"降雨+地震"等极端情况下进一步向山体内发展过快而影响索塔在长远期（大桥生命周期内）的安全与稳定。

（3）岸坡监测

使用 3 个深部位移监测钻孔对岸坡覆盖层及卸荷带深部位移量进行监测，深部位移监测孔中布设渗压计进行孔内水位监测。并在监测区域另外布设一个雨量监测点，进行降雨量实时监测。

2）主桥

金安金沙江大桥主桥的跨径组成为 330m+1386m+205m，由锚碇、索塔、索鞍、缆索和钢桁梁等分项工程有机地组成一体。由锚碇、索塔和主缆、索鞍等构成大桥的第一受力体系，它以主缆为主要受力结构，并形成全桥的强度和刚度，构成这一体系的构件属于悬索桥的一类构件，其寿命应大于全桥的设计寿命。由索夹、吊索和钢桁架梁等构成大桥的第二受力体系，其构成属于悬索桥的二类构件，容许其在大桥设计寿命内进行局部修复（钢桁梁）或更换（吊索）。桥面系等附属工程属于悬索桥的第三类构件，直接承受活载，并将荷载传递到钢桁梁上，不直接参与大桥的受力，可定期对其进行养护或更换。

（1）约束系统（图 2-2-14）

加劲梁梁端各设置 2 个竖向支座，全桥共计 4 个。在端主桁架上、下弦杆的外侧，对应端横桁架的上、下各设一个横向抗风支座，全桥共计 8 个。全桥共设置 4 个纵向阻尼器。纵向阻尼器塔上约束端与两岸桥塔下横梁连接，梁上约束端通过对应次端横梁下弦杆设置的节点板进行连接。单个纵向阻尼器额定荷载为 3000kN。钢桁梁跨中设置了 6 对柔性中央扣，中央扣通过上弦杆节点耳板及中央扣索夹进行连接。

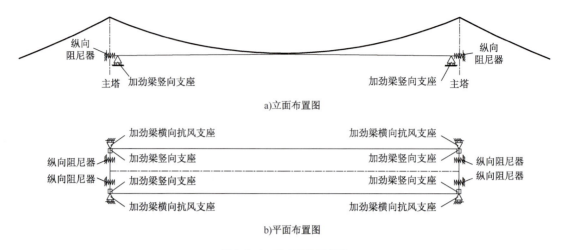

图 2-2-14　约束系统示意图

(2) 锚碇

两岸均采用隧道式锚碇,散索鞍支墩基础均为扩大基础。主要内容包括:隧洞开挖支护、锚碇结构、锚室防水、除湿系统布置,锚固系统和定位支架,附属构造等。

①锚体

隧道锚从结构受力和功能上可分为锚塞体、散索鞍基础、前锚室、后锚室四部分。锚塞体主要承受锚固系统传递的主缆索股拉力;散索鞍基础主要承受由散索鞍传递的主缆压力;前锚室指前锚面到洞门间的部分,为封闭空间,内设除湿系统,对主缆索股起保护作用;后锚室指后锚面之后的空间。

②锚固系统

锚固系统采用预应力锚固系统,预应力采用"环氧树脂全喷涂钢绞线+防腐油脂"的无黏结形式,预应力环氧树脂全喷涂钢绞线可以更换,锚固系统由索股锚固拉杆和预应力钢束锚固构造组成。在前锚面拉杆一端与索股锚头上的锚板相连接,另一端与被预应力钢束锚固于前锚面的连接器相连接。索股锚固连接构造分单索股锚固和双索股锚固两种类型。单索股锚固类型由2根拉杆和单索股锚固连接器组成,双索股锚固类型由4根拉杆和双索股锚固连接器组成。

③隧洞开挖和支护

锚碇开挖支护参数是根据围岩类别、工程地质、结构埋深及结构跨度等因素拟定。施工过程中应根据现场围岩监控量测信息对设计支护参数进行必要的调整。

(3) 索塔及基础

索塔采用门形框架结构,包括塔冠、上塔柱、下塔柱、上横梁、下横梁以及附属设施(索塔内爬塔、电梯、除湿系统、钢鞍罩、防雷系统、景观照明及排水系统等预埋件)。索塔整体造型以及各部分的断面形式考虑了受力、风阻系数以及景观方面的要求,同时尽可能便于施工。通过平面及空间计算分析,索塔在静、动荷载作用下,满足受力及稳定性要求。塔柱为钢筋混凝土结构,横梁为预应力混凝土结构。

(4) 缆索系统

每根主缆中,从东锚碇到西锚碇的通长索股有169股,边跨不设背索。每根索股由127根直径为 5.25mm、公称抗拉强度为 1770MPa 的高强度镀锌钢丝组成。主缆在架设时竖向排列成尖顶的正六边形，紧缆后主缆为圆形。索夹内直径为 849mm，索夹外直径为 860mm。索股两端设索股锚头，索股锚头采用热铸锚，在锚杯内浇注锌铜合金，使主缆钢丝与锚杯相连。本桥采用钢丝绳吊索，每一吊点设 2 根吊索。吊索与索夹为骑跨式连接；吊索与加劲梁为销铰式连接，长吊索销铰接头带有锡青铜衬套，跨中区域短吊索销铰接头带有关节轴承，以减小吊索的弯折。

（5）索鞍及格栅

主索鞍鞍体采用铸焊结合的混合结构；鞍槽用铸钢铸造，底座由钢板焊成。鞍体下设不锈钢板-聚四氟乙烯板滑动副，以适应施工中的相对移动。塔顶设有格栅底座，以安装主索鞍。格栅悬出塔顶以外，以便安置控制鞍体移动的千斤顶，鞍体就位后将格栅的悬出部分割除。

（6）钢桁架加劲梁

钢桁梁包含钢桁架和正交异性钢桥面板两部分，板桁结合。正交异性钢桥面板与钢桁架通过焊接方式组成整体，共同抵抗各工况荷载效应。钢桁架包含主桁架、横桁架和下平联。主桁架由上弦杆、下弦杆、竖腹杆和斜腹杆组成。横桁架由上横梁、下横梁、外斜腹杆、内斜腹杆和竖腹杆组成。

为满足大桥颤振稳定性的需求，在加劲梁横桁架内斜腹杆顶部设置抗风稳定板。抗风稳定板采用聚苯硫醚板材，宽度为 2250mm，板厚为 4.0mm，布置于上横梁下方 1050mm 处，横向共设置 2 块。钢板采用规格为 L80×8 的角钢加劲后，通过高强度螺栓栓接在横桁架的内斜腹杆上。

### 2.2.3 引桥基本情况

华坪岸引桥布置为 2×(3×41m) 钢板组合梁桥，桥梁宽度 12.0m（接主桥侧一孔由 12m 线性变化至 11.25m）；丽江岸引桥布置为 40m 简支钢板组合梁桥，接主桥侧桥面宽 11.25m，接桥台侧桥面宽 12.5m。桥梁平曲线由钢梁加工时沿路线参数加工形成，桥梁纵坡由钢梁沿路线参数竖向弯曲形成，横坡由纵向各断面处 3 片钢梁竖向安装位置形成。

桥梁平曲线由钢梁加工时沿路线参数加工形成，桥梁纵坡由钢梁沿路线参数竖向弯曲形成，横坡由纵向各断面处 3 片钢梁竖向安装位置形成。

## 2.3 索塔和基础设计

### 2.3.1 索塔基础和承台设计

根据受力要求，索塔采用 32 根 φ2.8m 的钻孔灌注桩基础（钢护筒内径 2.8m），行列式布置，按照嵌岩桩设计，考虑钢护筒与桩基础共同受力。承台为梯台状，上平面尺寸为 17.4m×17.4m，下平面尺寸 23.4m×23.4m，高度 8m。单个塔柱底的承台间通过系梁连接以保证基础整体稳定性。封底混凝土垫层厚度为 0.5m。

考虑到本桥位于高地震区,为提高基础的抗震性能,设计中采用了钢护筒桩基础,钢护筒壁厚为30mm,钢护筒在承台底以下的埋置深度根据受力要求、地质条件及相关规范规定综合确定为8m。为保证钢护筒与桩基及承台连接可靠牢固及提高桩基在地震荷载组合作用下的抗剪能力,钢护筒埋入承台中的深度为3.0m。为尽量避免切断承台主受力钢筋,在护筒高出承台底面0.15~2.45m范围内进行切条处理,结合承台底层钢筋布置;切割出宽度为29.32cm的钢板条,圆周分布,同时采用直径32mm的HRB400钢筋对钢板条进行加劲。

### 2.3.2 索塔设计

1) 索塔塔柱设计

华坪岸索塔总高度为222m(不含主索鞍室),其中上塔柱高158m(下横梁顶面以上),下塔柱高64m(下横梁顶面以下)。塔柱横桥向外侧面斜率为1/24.255,内侧面斜率为1/36.081,顺桥向侧面斜率为1/111。左右两侧塔柱中心间距:塔顶27m,塔底42.305m。塔柱均采用D形薄壁空心断面,华坪岸索塔顺桥向尺寸,由塔顶的9m直线变化到塔底的13m;横桥向尺寸,由塔顶的6m直线变化到塔底的9m。上塔柱在顺桥向和横桥向的壁厚均为1.0m,下塔柱在顺桥向和横桥向的壁厚均为1.2m。上横梁处塔柱壁厚为1.6m,下横梁处塔柱壁厚为2m。由于塔柱受力较为复杂,塔柱在上横梁底板和下横梁顶、底板交会处等受力较大的区段设置加厚段,塔底设置3m实心段。

为降低塔柱内外温差,改善通风状况,在上、下塔柱横桥向内侧设置$\phi10cm$的PVC管作为通气孔,通气孔沿塔高度按8m间距布置。通风孔由里向下倾斜3°。浇注混凝土时可用木塞堵住,初凝后拔出木塞,并清理孔壁,保持通畅。为便于通行和检修维护,塔冠、上塔柱在桥面处、下塔柱底部及上、下横梁顶面均设有进出索塔的人孔,塔柱、横梁的人孔均相互连通。索塔仅在下游塔柱内设有电梯,两侧上、下塔柱均设爬梯。

2) 索塔横梁

索塔在上塔柱顶设置了上横梁,采用箱形断面,为预应力混凝土结构,上横梁宽度为8m,高度为8m。上横梁顶、底、腹板壁厚1m。横梁顶面通过M20砂浆抹面,设置1%双向横坡以利于排水。

下横梁设置在加劲梁下方,采用箱形断面,为预应力混凝土结构,下横梁宽度为10m,高度为9m。顶、底和腹板壁厚均为1.0m。上横梁内布置48束$17\phi^s15.2mm$钢绞线,下横梁内布置64束$22\phi^s15.2mm$钢绞线,钢绞线采用两端张拉,锚下张拉控制应力采用$0.75R_y^b=1395MPa$,上横梁每束张拉力为3320kN,下横梁每束张拉力为4296kN。所有预应力锚固点均设在塔柱外侧,采用深埋锚工艺,施工塔身时应预先用泡沫塑料封堵套筒,以防施工时混凝土进入套筒内。预应力管道采用塑料波纹管、真空压浆工艺。预应力张拉时应使用特制的工具式过渡板在塔柱外壁进行张拉。

3) 索塔附属设计

华坪岸索塔两塔柱共设置两部人行爬梯(设计荷载均为$2.5kN/m^2$)和一部电梯。在路线前进方向左侧塔柱设置了电梯(额定载重量800kg,额定速度≥1.75m/s)。

## 2.4 隧道锚设计

### 2.4.1 锚碇的方案比选

1)设计原则和结构分析
(1)设计荷载
华坪岸锚碇处两根主缆恒载缆力为$5.37×10^5$kN,最不利荷载组合下最大缆力为$6.215×10^5$kN。
(2)锚碇结构安全度指标
采用1.1MPa的抗剪断强度,最大缆力状态下锚塞体整体抗拔安全系数$K_a>2.0$,满足《悬索桥设计规范》(JTG/T D65—2007)要求。采用0.7的摩擦因数,最大缆力状态下基础抗滑安全系数$K_a>2.0$,满足《悬索桥设计规范》(JTG/T D65—2007)要求。成桥后散索鞍转点水平位移小于20cm。
(3)锚固系统安全度指标
索股锚固连接构造的设计安全系数大于2.5,预应力钢绞线锚固构造的设计安全系数大于2.0,拉杆设计时考虑了10%的偏载系数。
(4)结构分析
锚体和锚固系统主要受力结构除采用常规方法计算分析外,还采用有限单元法(空间和平面)进行校核计算,并进行了钢筋布设,对局部应力集中的部位加强了配筋。
(5)模型试验
由于岩层地质的离散性,隧道锚施工前应进行洞内原位试验和相应的拉拔模型试验,模型尺寸1/8～1/12。
2)锚体设计
(1)锚塞体位于中风化玄武岩;散索鞍基础以中风化块状玄武岩($[f_{ao}]$=2000kPa)及中风化火山角砾岩($[f_{ao}]$=1800kPa)作为持力层。开挖后应进行原位试验,如地基承载力不能满足要求,则要求超挖至完整基岩再换填。
(2)隧道锚从结构受力和功能上可分为锚塞体、散索鞍基础、前锚室、后锚室四部分。锚塞体主要承受锚固系统传递的主缆索股拉力;散索鞍基础主要承受由散索鞍传递的主缆压力;前锚室指前锚面到洞门间的部分,为封闭空间,内设除湿系统,对主缆索股起保护作用;后锚室指后锚面之后的空间。
(3)前锚室洞口尺寸为11.6m×10m(宽×高),顶部为圆弧形,圆弧半径5.8m。前锚面尺寸为11.6m×14m(宽×高),顶部为圆弧形,圆弧半径5.8m;后锚面尺寸为17m×24m(宽×高),顶部圆弧半径为8.5m。锚塞体长度为40m,锚塞体最小净距为10m。后锚室端部尺寸为17m×21.299m(宽×高),长度为3m。散索鞍基础采用扩大基础。
(4)由于锚塞体尺寸较大,为避免浇注施工后出现脱空现象,提高混凝土密实度,锚塞体采用抗渗(P10)微膨胀混凝土。为抑制混凝土的收缩和龟裂、提高抗渗能力,在混凝土中掺入聚丙烯纤维。

（5）锚塞体、散索鞍基础均为大体积混凝土结构，除采用分层浇注外，尚应按大体积混凝土进行防裂及温度控制。

（6）为降低大体积混凝土水化热，锚塞体、散索鞍支墩及其基础采用低水化热水泥，并对集料进行预冷，同时充分考虑掺入粉煤灰后混凝土的后期活性，采用60d龄期的抗压强度作为设计强度。

（7）锚碇各部分的永久外露表面钢筋保护层内均设一层直径为6mm、间距为10cm×l0cm的带肋钢筋焊网，以增强表面抗裂性能。

### 2.4.2　锚固系统设计

大缆入射角为21.247°，在锚碇内大缆合力线与水平线间夹角为42°，散索鞍理论交点与前锚面间的散索长度为30m，前锚面与后锚面间的锚固长度为40m，散索鞍处大缆转角为20.776°，大缆在前锚面处最外侧索股与大缆中心线间的夹角在竖向平面内为10.117°，在水平面内为6.243°。

采用预应力锚固系统，预应力采用环氧树脂全喷涂钢绞线+防腐油脂的无黏结形式，预应力环氧树脂全喷涂钢绞线可以更换，锚固系统由索股锚固拉杆和预应力钢束锚固构造组成。在前锚面拉杆一端与索股锚头上的锚板相连接，另一端与被预应力钢束锚固于前锚面的连接器相连接。索股锚固连接构造分单索股锚固和双索股锚固两种类型。单索股锚固类型由2根拉杆和单索股锚固连接器组成，双索股锚固类型由4根拉杆和双索股锚固连接器组成。预应力锚固构造由预应力钢束和锚具组成，单、双索股锚固类型分别采用15-21和15-42预应力钢束及其相应的锚具，钢束由单根防腐低松弛钢绞线（环氧树脂全喷涂钢绞线）组成，每根大缆每端设37个单索股锚固连接和66个双索股锚固连接。

预应力钢束在距前锚面5m处进行弯折，空间平面内弯折半径为20m，圆曲线所在平面随大缆索股散开角度的不同而变化。预应力钢束在前、后锚面通过前、后锚面的预应力锚固槽口来保证预应力钢束锚固时与前、后锚面保证垂直。

锚固拉杆与相应索股方向一致，前锚面与后锚面均与主缆索股合力线垂直。施工结束后，在两端保护罩锚头表面涂80℃不流淌的油脂。锚固拉杆的误差通过球面螺母来调整。

### 2.4.3　隧洞的开挖和支护

锚碇开挖支护参数是根据围岩类别、工程地质、结构埋深及结构跨度等因素拟定。施工过程中应根据现场围岩监控量测信息对设计支护参数进行必要的调整。

建议的支护施工顺序为：初喷混凝土→架设钢架、挂设钢筋网→钻锚杆眼、安装锚杆、注浆→加固钢架（锚杆、连杆、顶铁）→喷射混凝土到设计厚度。为发挥钢架的强预支护能力，必须通过锚杆、纵向连杆、顶铁将各榀钢架连为一个整体，同时与围岩紧密相接。

前锚室穿过覆盖层和强风化岩层，洞室开挖后尽早施加初期支护，不能延迟。做到初期支护紧跟掌子面，一炮一支护。

## 2.5 缆索系统设计

本桥为主跨1386m的单跨双铰板桁结合式钢桁梁悬索桥,主缆由五跨组成,由东向西依次为:东锚跨、东边跨、中跨、西边跨、西锚跨。成桥状态时,跨径组成为22.294m+330m+1386m+205m+22.294m。主缆在成桥状态下的垂跨比为:华坪岸边跨1:154.5,中跨1:10.0,西边跨1:254.2。两根主缆中心距为27m。

吊索设置于中跨,两岸桥塔内侧加劲梁第一根吊索距桥塔中心线水平距离均为12.6m,其余吊索水平间距为10.8m。

### 2.5.1 主缆设计

根据国内制造、安装等方面的经验和设备条件,主缆采用预制平行钢丝索股(PPWS)。每根主缆中,从东锚碇到西锚碇的通长索股有169股,边跨不设背索。每根索股由127根直径为5.25mm、公称抗拉强度为1770MPa的高强度镀锌钢丝组成。主缆在架设时竖向排列成尖顶的正六边形,紧缆后主缆为圆形。索夹内直径为849mm,索夹外直径为860mm。索股两端设索股锚头,索股锚头采用热铸锚,在锚杯内浇注锌铜合金,使主缆钢丝与锚杯相连。锚杯内锚固锥体的锥角及锚固长度采用规范推荐的经验公式计算确定,锚固力及可靠性通过足尺试验验证。主缆紧缆完成后,先进行捆扎并安装索夹,待桥面系施工完成后,进行缠丝等防护工作。主缆在主索鞍鞍罩及锚室入口等处采用喇叭形缆套密封防护,主缆上方设置主缆检修道。

### 2.5.2 吊索和斜拉索设计

根据吊索受力特点,并综合考虑材料性能、制造加工、安装维护、后期更换等因素,本桥采用钢丝绳吊索,每一吊点设2根吊索。吊索与索夹为骑跨式连接;与加劲梁为销铰式连接,长吊索销铰接头带有锡青铜衬套,跨中区域短吊索销铰接头带有关节轴承,以减小吊索的弯折。吊索钢丝绳公称直径为54mm,公称抗拉强度为1670MPa,结构形式为8×55SWS+IWR。吊索两端锚头采用叉形热铸锚,锚头由锚杯与叉形耳板构成。锚杯内浇铸锌铜合金,叉形耳板与锚杯通过螺纹连接;每端叉形耳板与锚杯之间的螺纹各设有±20mm的调节量,用以消除制造、架设引起的吊索长度误差。锚杯口设有氯丁橡胶浇制的缓冲器,以改善吊索的弯折疲劳性能。为将吊索平行束紧,在主缆中心下2m处设置吊索夹具,吊索的相应部位设有锥形铸块,以定位支撑吊索夹具并保护吊索钢丝绳。为限制主缆和钢桁架的纵向水平位移,在主缆跨中设置3对柔性中央扣,中央扣斜拉索采用公称直径54mm的8×55SWS+IWR的钢丝绳,钢丝绳两端设热铸锚,锚固于钢桁架的上弦杆上。

### 2.5.3 索夹、缆套及附属构造设计

本桥为主跨1386m的单跨钢桁梁悬索桥,中跨设置吊索。中跨索夹的水平间距为

10.8m，大理岸边跨索夹的水平间距为 15.2m，永胜岸边跨索夹的水平间距为 15.0m。根据吊索的受力特点，并综合考虑材料性能、制造加工、安装维护、后期更换等因素，本桥采用钢丝绳吊索。吊索与索夹为骑跨式连接，每个吊点设 2 根吊索，每个有吊索索夹设两道承索槽。索夹均采用左右对合的结构形式，左、右两半索夹用螺栓相连并夹紧于主缆上，接缝处嵌填橡胶防水条防水。由于主缆和钢桁架之间存在纵向水平位移，在主缆跨中设置了 3 对柔性中央扣。柔性中央扣构造是加长竖向短吊索的索夹，在此索夹上另外加设两个能套挂短斜索的由凸肋条形成的凹槽。通过斜拉索将主缆与加劲钢桁架联结。

索夹除安装吊索的索夹外，还有夹紧边跨主缆的索夹和安装缆套的锥形索夹。中央扣索夹壁厚为 40mm。其余各索夹的设计壁厚均为 35mm。由于各跨索夹安装倾角不同，所需夹紧力、索夹长度及螺栓数量均不相同，为了制造方便，将全桥的索夹分为 7 种类型，其中有吊索索夹 5 种，无吊索索夹 2 种。各类索夹上均设有安装主缆检修道立柱的构造。

为了适应与主缆、钢桁梁相连的吊索在活载、温度及风作用下的顺桥向角变位，有吊索索夹承索槽的设计张角均为±3.5°。主缆检修道是主缆检修人员和主缆检修车在主缆顶面通行的通道。在主缆的两侧安装由钢芯钢丝绳制成的扶手索和栏杆绳，钢丝绳上端锚固于塔顶塔壁上，下端锚固于锚碇锚室前墙上。钢丝绳通过立柱支承于索夹上。主缆检修道的设计荷载考虑了自重荷载、检修人员侧向推力及检修车的竖向荷载等。

缆套是塔顶塔壁或锚室前墙对主缆防护的过渡装置，它的主要作用是保护索鞍出入口扩散段主缆钢丝，尽可能减少主缆因弯曲而引起的局部弯曲应力。缆套应具有良好的密封性能，在塔顶塔壁或锚室前墙之间允许有少量的伸缩活动，并使主缆钢丝保持一定长度不受缠丝的约束。

## 2.6 索鞍设计

### 2.6.1 主索鞍设计

主索鞍鞍体采用铸焊组合结构，鞍槽、纵肋、横肋和底板用铸钢铸造，侧板由钢板焊成。鞍体下设不锈钢板-聚四氟乙烯板滑动副，以适应施工中的相对移动。为增加主缆与鞍槽间的摩阻力，并方便索股定位，鞍槽内顺桥向设竖向隔板，在索股全部就位并调股后，在顶部用锌块填平，再将鞍槽侧壁用螺栓夹紧。

塔顶设有格栅底座，以安装主索鞍。格栅悬出塔顶以外，以便安置控制鞍体移动的千斤顶，鞍体就位后将格栅的悬出部分割除。为减轻吊装运输质量，将鞍体分成两半，吊至塔顶后用高强度螺栓拼接。半鞍体吊装质量不超过 60t。

### 2.6.2 格栅设计

(1) 格栅主要作用

①保证塔顶平面平整，与主鞍的下承板接触良好。
②使主鞍的垂直反力均匀分布于塔顶平面。
③与顶推千斤顶的反力架相连作为其传力构件。

④提高格栅内混凝土的承压能力。

（2）构造形式

格栅要求表面平整，与塔顶构成一体并具有足够的竖向弯曲刚度，故采用纵横向以竖直钢板焊成的格构，上、下设格状顶、底板，形成纵横两向均为工字形断面的网格，网格内设锚固钢筋并填浇混凝土。

### 2.6.3　散索鞍设计

散索鞍鞍体采用铸焊结合的结构方案。鞍槽用铸钢铸造，鞍体由钢板焊成。为增加主缆与鞍槽间的摩阻力，并方便索股定位，鞍槽内设竖向隔板，在索股全部就位并调股后，在顶部用锌填块填平，在压紧梁下放上垫板，然后上紧压紧梁，再将鞍槽侧壁用螺栓夹紧。

## 2.7　主桥上部结构设计

### 2.7.1　钢桁梁设计

1）结构概述

本桥上部结构为主跨1386m的单跨双铰板桁结合式钢桁梁悬索桥，主缆采用三跨布置，理论主缆跨径为330m+1386m+205m，横向缆距27m，中跨主缆成桥垂跨比取1/10，中心理论垂度138.6m。主桁架采用带竖腹杆的华伦式结构，桁高9.5m，标准节间长10.8m。两片主桁架弦杆，中心间距27.0m。

在钢桁梁主桁架端部下弦杆底面对应端竖腹杆的位置各设置一个竖向支座，全桥共计4个。在端主桁架上、下弦杆的外侧，对应端横桁架的上、下各设一个横向抗风支座，全桥共计8个。全桥共设置4个纵向阻尼器。纵向阻尼器塔上约束端与两岸桥塔下横梁连接，梁上约束端通过对应次端横梁下弦杆设置的节点板进行连接。单个纵向阻尼器额定荷载为3000kN。钢桁梁跨中设置了6对柔性中央扣，中央扣通过上弦杆节点耳板及中央扣索夹进行连接。

2）加劲梁及桥面系

钢桁梁包含钢桁架和正交异性钢桥面板两部分，板桁结合。正交异性钢桥面板与钢桁架通过焊接方式组成整体，共同抵抗各工况荷载效应。钢桁架包含主桁架、横桁架和下平联。主桁架由上弦杆、下弦杆、竖腹杆和斜腹杆组成。横桁架由上横梁、下横梁、外斜腹杆、内斜腹杆和竖腹杆组成。

3）主桁杆

上下主桁杆均采用尺寸800mm×560mm箱形进行设计。顶、底、腹板厚度均为32mm，腹板间距为528mm。上下弦杆每10.8m长一个节段，节段间采用螺栓方式连接。主弦杆间连接均采用M30高强度摩擦型螺栓，设计预紧力为355kN。主桁杆通过腹板上下延伸形成节点板的方式，与纵向腹杆、吊杆、中央扣、阻尼器构造进行连接。

主桁架采用两片主桁架的方式，上主桁杆横向通过桥面板整体结合式连接，下主桁杆横向通过下横梁及平联进行连接，其中平联采用K形连接的形式。

4）纵向竖腹杆及斜腹杆

纵向竖腹杆及斜腹杆均采用箱形截面设计。纵向竖腹杆标准尺寸为560mm×400mm，顶、底板厚度均为16mm，腹板厚度为12mm；纵向斜腹杆标准尺寸为560mm×450mm，顶、底、腹板厚度均为18mm。端梁段的纵向竖腹杆及斜腹杆均进行加强，其中端纵向竖腹杆尺寸为560mm×648mm，顶、底、腹板厚度均为25mm，端纵向斜腹杆尺寸为560mm×450mm，顶、底板厚度均为25mm，腹板厚度为20mm。

除端竖腹杆与上下弦杆节点采用四边对接式连接外，其余纵向腹杆杆件两端均采用箱形截面过渡至工字形截面，与上下弦杆节点板采用螺栓对接式连接。螺栓均采用M24高强度摩擦型螺栓，设计预紧力为225kN。

5）正交异性桥面板

桥面板采用正交异性板，顶板厚度为16mm。行车道区域加劲均采用U形加劲肋，U形加劲肋间距580mm、高度280mm、顶宽300mm、底宽160mm、厚度8mm。护栏及检修道区域均采用"一"字加劲肋，其中护栏区域加劲高度160mm，厚度16mm，上检修道区域加劲高度120mm，厚度12mm。

每10.8m标准钢桥面板节段设置三道纵梁、一道与横向桁架连接的主横梁和三道次横梁。其中为了模块化制造及满足运输吊装条件，桥面板主横梁1.3m宽度范围设为上横梁，标准段的后拼装桥面板宽度均为9.5m。桥面板顶板与上主桁杆横向延伸的端部变厚顶板采用全熔透焊接，桥面板各横梁与上主桁杆、桥面板横梁间及纵梁间的腹板及底板均采用M24高强度摩擦型螺栓，设计预紧力225kN。桥面板各加劲间均采用M22高强度摩擦型螺栓，设计预紧力为190kN。

6）下横梁

下横梁均采用箱形截面设计。其中标准横梁中部尺寸为500mm×440mm，顶、底板厚度均为20mm，腹板厚度为18mm，两端均变尺寸至800mm×440mm；次端横梁尺寸为800mm×440mm等高截面，顶、底、腹板厚度均为20mm；端横梁尺寸为800mm×628mm等高截面，顶、底、腹板厚度均为25mm。

下横梁两端与下弦杆节点板间采用四边对接式螺栓连接。螺栓采用M24高强度摩擦型螺栓，设计预紧力为225kN。

7）横向腹杆

横向腹杆均采用箱形截面设计。其中标准段横向腹杆尺寸为440mm×300mm，顶、底板厚度均为14mm，腹板厚度为14mm；端横桁横向腹杆尺寸为588mm×300mm，次端横桁腹杆横向腹杆尺寸为440mm×300mm，顶、底、腹板厚度均为18mm。

横向腹杆端部均采用箱形截面过渡至工字形截面，与上下横向节点板采用螺栓对接式连接。螺栓均采用M24高强度摩擦型螺栓，设计预紧力为225kN。

8）下平联

钢桁架梁下水平撑杆采用K平联方式，平联均采用箱形截面设计。其中标准平联中部尺寸均为520mm×450mm，顶、底板厚度均为18mm，腹板厚度16mm，与下弦杆连接处变尺寸至800mm×450mm；端梁段平联采用800mm×450mm等高截面，顶、底、腹板厚度均为18mm。平联杆端部均采用箱形截面过渡至工字形截面，与下横梁节点板采用螺栓对接式连接。螺栓均采用M24高强度摩擦型螺栓，设计预紧力为225kN。

9）支座及阻尼器连接构造

钢桁梁的竖向支座、横向抗风支座及纵向阻尼器均通过连接构造与主桁架的上、下弦杆连接。各连接构造中的连接板应再由支座及阻尼器厂家进一步确认,采购后统一制造匹配。

10）钢桁梁及桥面板防腐涂装

钢桁梁及桥面板涂装防腐满足《公路桥梁钢结构防腐涂装技术条件》（JT/T 722—2008）的规定,防腐涂装体系的寿命不少于25年。基于"高湿度和恶劣气氛的工业区（C5-I 工业腐蚀环境）"的桥梁使用环境,设计推荐涂装方案见表2-2-4。如实施方案与设计方案不符,须报监理和设计单位确认。

防腐涂装技术方案　　　　表2-2-4

| 结构部位 | 涂装体系 | 膜厚及涂装要求 | 涂装道数 |
|---|---|---|---|
| 箱形构件封闭内表面 | 表面处理 | Sa2.5　Rz=40~70μm | |
| | 醇溶性无机硅酸锌车间底漆 | 20μm | 1 |
| 桥面板上表面 | 表面处理 | Sa2.5　Rz=40~70μm | |
| | 醇溶性无机硅酸锌车间底漆 | 20μm | 1 |
| | 环氧富锌底漆 | 80μm | 1 |
| 构件外表面及桥面板其他外表面 | 表面处理 | Sa2.5　Rz=40~70μm | |
| | 醇溶性无机硅酸锌车间底漆 | 20μm | 1 |
| | 环氧富锌底漆 | 2×45μm | 1 |
| | 环氧封闭漆 | 20~25μm | 1 |
| | 环氧云铁中间漆 | 3×70μm | 2 |
| | 氟碳面漆 | 2×35μm | 2 |
| 箱形构件未封闭内表面 | 表面处理 | Sa2.5　Rz=40~70μm | |
| | 醇溶性无机硅酸锌车间底漆 | 20μm | 1 |
| | 无机富锌底漆 | 1×80μm | 1 |
| | 环氧封闭漆 | 1×30μm | 1 |
| | 环氧云铁中间漆 | 3×75μm | 3 |
| 高强度螺栓栓接面 | 表面处理 | Sa2.5　Rz=45~75μm | |
| | 醇溶性无机硅酸锌车间底漆 | 20μm | 1 |
| | 抗滑型无机富锌漆 | 100μm | 1 |
| 普通螺栓、螺母、垫圈、螺钉 | 热镀锌 | 600g/m² | |
| 高强度螺栓 | 高强度螺栓涂装与其连接处构造外表面相同,在施工完成后统一涂装 | | |

氟碳面漆应选用耐候性突出的四氟乙烯,氟碳面漆的溶剂可溶性物氟含量要求不小于24%。供应商应提供氟碳树脂类型的证据,如红外谱图、树脂供应商证明等。面漆颜色按照全桥景观设计的要求统一确定。钢桁梁杆件连接后,应对缝隙进行清理,采用聚硫密封胶对拼接缝隙先进行密封,然后刷涂与钢梁外表面相同体系及涂层厚度的中间漆和面漆。聚硫密封胶的技术指标参考《悬索桥缆系统防腐涂装技术条件》（JT/T 694—2007）执行。

### 2.7.2 桥面板设计

钢桁梁包含钢桁架和正交异性钢桥面板两部分,正交异性钢桥面板与钢桁架通过焊接方式组成整体,共同抵抗各工况荷载效应。钢桁架包含主桁架、横桁架和下平联。主桁架由上弦杆、下弦杆、竖腹杆和斜腹杆组成。横桁架由上横梁、下横梁、外斜腹杆、内斜腹杆和竖腹杆组成。

大桥采用正交异性钢桥面板具有自重轻、承载力高、装配化施工等优点,但受结构受力特性、荷载条件、结构体系和构造细节设计及加工制造等因素影响,其关键连接部位易出现损伤开裂等病害,严重影响桥梁结构的安全性及耐久性。本桥正交异性钢桥面板 U 肋与面板连接采用全熔透焊,并以此提出一份"U 肋与桥面板熔透焊缝专项验收指标"。

### 2.7.3 桥面系及附属构造设计

1)防撞护栏

主、引桥行车道防撞护栏均采用金属梁柱式护栏,防护等级为 SA 级。防撞护栏立柱标准间距为 1.8m,立柱间设置 4 根横梁。伸缩缝处设自成式防撞护栏,伸缩缝施工单位结合主引、桥过渡的伸缩缝处防撞护栏布置对伸缩缝局部构造进行详细设计,以同时满足伸缩缝的伸缩和转动变位要求及防撞护栏防护等级需求。主桥防撞护栏采用钢板底座,引桥防撞护栏采用混凝土底座。

2)路缘、挡水板

主、引桥行车道两侧均设置路缘,主桥路缘高为 170mm,在外侧防撞护栏立柱处设置挡水板,挡水板高 170mm。钢桁梁路缘及挡水板与桥面板或上横梁在工厂一起焊接。引桥路缘高为 270mm,采用 C30 混凝土浇筑而成。主桥路缘在焊接前应进行涂装,安装完毕后应进行补涂。

3)路缘钢桁梁检修道

钢桁梁上检修道位于桥面两侧,全桥共计 2 道。检修道护栏立柱间距 1.8m,高度 1.24m。钢桁梁设置钢质下检修道,全桥共计 2 道。下检修道纵向通道标准节段长为 10.8m,两个节段之间的断缝为 40mm。单幅下检修道纵梁中心间距为 1.2m。在主跨的 1/7、2/7、3/7 附近处设置共 6 条横向通道。

下检修道纵向通道由纵梁、立柱、横梁、扶手、平联、钢格栅面板、立柱底座、支座组成,钢格栅采用定型产品。下检修道护栏高 1.24m。纵向通道纵梁与主横桁架下横梁之间设置钢支座,钢支座由钢板焊成,支座的高为 170mm;横向通道纵梁与纵向通道纵梁通过节点板栓接,与下平联之间设置钢支座,钢支座由钢板焊成,支座的高为 170mm。

4)泄水管和纵向排水管

主桥采用集中排水方式。在外侧行车道路缘附近的集水槽进行收集,通过竖向泄水管排入设置在钢桁梁下弦杆上的纵向排水槽。纵向排水槽每侧设置一个。桥面集水经纵向排水槽先排入索塔下横梁处的集水箱,再沿固定于下塔柱的排水管排入污水处理池,经净化处理后排出。竖向泄水管直径 100mm;纵向排水槽断面为底宽 400mm、顶宽 500mm、高 450mm 的倒梯形,标准段长 10.8m,节段间采用焊接连接。

5)桥面铺装

主桥行车道铺装推荐采用 3.5cm GA(浇注式混凝土)+3.5cm SMA(沥青玛蹄脂碎石混合

料);引桥行车道铺装推荐采用10cm改性沥青混凝土。主桥钢桥面铺装方案应进行专项研究。上检修道铺装采用3.5cm防滑金刚砂。

6)伸缩装置

主桥两端共设置2道伸缩量为2100mm的单元式多向变位梳形板伸缩装置。

7)桥梁检修设备

为方便检修和维护,在主桥范围内共设置4台检查车:上层桥面板检查车两台,下层检查车两台,均可全桥行走。产品应由供应商根据具体设计图纸和设计参数加工制作。上层检查车的轨道采用HM300×200热轧型钢,通过连接座与钢桁梁的主横桁架上横梁和正交异性钢桥面板次横梁连接。轨道的预焊件应与钢桁梁在工厂一起加工制造。下层检查车的轨道采用HM350×250的型钢,通过连接座与钢桁梁连接。

8)防腐涂装

防撞护栏、上、下检修道栏杆、检查车轨道等各部件按表2-2-5的要求进行防腐涂装,表面涂装颜色根据景观设计的要求确定。

**防腐涂装技术方案**　　表2-2-5

| 结构部位 | 涂装体系 | 膜厚及涂装要求 | 涂装道数 |
|---|---|---|---|
| 防撞护栏各部件、钢桁梁路缘、上检修道栏杆、下检修道栏杆、下检修道纵梁、平联、钢格栅面板、立柱底座、支座、栏杆、集水槽、纵向排水槽 | 预处理 | Sa2.5　Rz=25～50μm | |
| | 醇溶性无机硅酸锌车间底漆 | 20μm | 1 |
| | 二次除锈 | Sa2.5　Rz=40～70μm | |
| | 无机富锌底漆 | 1×80μm | 1 |
| | 环氧封闭漆 | 1×30μm | 1 |
| | 环氧云铁中间漆 | 2×75μm | 2 |
| | 氟碳面漆 | 2×40μm | 2 |
| 高强度螺栓栓接面 | 表面处理 | Sa2.5　Rz=45～75μm | |
| | 醇溶性无机硅酸锌车间底漆 | 20μm | 1 |
| | 抗滑涂料 | 100μm | 1 |
| | 表面处理 | S2.5　Rz=45～75μm | |
| 普通螺栓、螺母、垫圈、螺钉 | 热镀锌 | 600g/m² | |
| 高强度螺栓 | 高强度螺栓涂装与其连接处构造外表面相同,在施工完成后统一涂装 | | |

## 2.8 引桥设计

### 2.8.1 引桥上部结构设计

1)总体布置

华坪岸引桥布置为2×(3×41m)钢板组合梁桥,桥梁宽度12m(接主桥侧一孔由12m线性变化至11.25m)。桥梁平曲线由钢梁加工时沿路线参数加工形成,桥梁纵坡由钢梁沿路线参数竖向弯曲形成,横坡由纵向各断面处3片钢梁竖向安装位置形成,具体参见图2-2-2。

接主桥侧一孔中间钢纵梁腹板中心线为桥面板两端中点连线,边钢纵梁为中间钢纵梁向两侧各偏置4.25m,钢纵梁为直线,横梁及横联垂直钢纵梁布置。桥面左幅右边缘及右幅左边缘距路中线宽度均为25cm,设计线位置距路中线宽度由引桥侧的100cm变化至主桥侧的50cm。

丽江岸布置为40m简支钢板组合梁桥,本桥桥面变宽设计,接主桥侧桥面宽11.25m,接桥台侧桥面宽12.5m。中间钢纵梁腹板中心线位于桥面板边缘线的角平分线上,边钢纵梁为中间钢纵梁向两侧各偏置4.25m,钢纵梁为直线,横梁及横联垂直钢纵梁布置。桥面左幅右边缘及右幅左边缘距路中线宽度为25cm,设计线位置距路中线宽度由50cm变化至150cm。桥梁平曲线由钢梁加工时沿路线参数加工形成,桥梁纵坡由钢梁沿路线参数竖向弯曲形成,横坡由纵向各断面处3片钢梁竖向安装位置形成,具体参见图2-2-3。

桥梁平曲线由钢梁加工时沿路线参数加工形成,桥梁纵坡由钢梁沿路线参数竖向弯曲形成,横坡由纵向各断面处3片钢梁竖向的安装位置形成。

2)钢梁

单幅桥跨设置3根主梁,端支点设置端横梁,中支点位置设置中横梁,跨间每隔5~6m设置1根中横梁,每跨共7道中横梁。除主桥侧一孔外全桥钢主梁中心线沿道路设计线布置,混凝土悬臂沿纵向等长。接主桥侧一孔中间钢纵梁腹板中心线为两端桥面中点连线,边钢纵梁为中间钢纵梁向两侧各偏置4.25m,钢纵梁为直线,横梁及横联垂直钢纵梁布置。

钢纵梁及横梁采用工字形断面,纵梁标准高度2.2m(为适应主桥伸缩缝槽口深度,在靠主桥侧梁端3800mm范围内纵梁高度降为1950mm)。上翼缘宽600~800mm,板厚分别为20mm、32mm;下翼缘板宽600~800mm,板厚分别为28mm、40mm、50mm,腹板厚分别为16mm、24mm。相关尺寸详见钢梁设计图纸。横向联系梁高800mm,腹板厚10mm;上下翼缘板宽度均为300mm,板厚12mm。主桥侧边支点处横隔板1650mm,腹板厚16mm;上下翼缘板宽度均为500mm,板厚24mm。其余边支点处横隔板1900mm,腹板厚16mm;上下翼缘板宽度均为500mm,板厚24mm。中支点处横隔板高1900mm,腹板厚16mm;上下翼缘板宽度均为500mm,板厚24mm。

3)混凝土板

主梁横向采用3片纵梁,纵梁间距为4.25m,纵梁之间的横向连接面板间距为5~6m,纵梁外侧不设挑臂。面板采用小横梁构造,单向受力,面板横向支承于纵梁上翼缘,并通过剪力钉与纵梁连接。面板横向连续跨径为4.25m,横向等高,高度为25cm,但在支点处设置承托,支承处高度为34cm,承托宽度沿纵向随钢梁翼缘宽度变化。

华坪岸引桥第1~5孔桥混凝土悬臂长为1.75m,第6孔桥悬臂长度沿路线前进方向由1.75m变化至1.375m。丽江岸引桥悬臂长度沿路线前进方向由1.495m变化至2.0m。为减小混凝土收缩、徐变对结构受力影响,应确保混凝土加载龄期不得小于10d。

### 2.8.2 引桥下部结构设计

华坪岸左幅1号、2号墩,右幅1号~3号墩为等截面方形双柱墩;左幅3号~5号墩,右幅4号、5号墩为变截面方形双柱墩,后退岸桥台为柱式台,全桥桩基均为钻孔灌注桩。丽江岸桥台为重力式桥台。

# 第3章 隧道设计

## 3.1 概述

隧道规划和设计应遵循能充分发挥隧道功能、安全且经济地建设隧道的基本原则。隧道线位的总体布设尽量避开不良地质段和环境影响敏感区,同时少占农田、耕地。隧道主体结构按设计使用年限为100年的永久性建筑设计,具有足够的强度、稳定性和耐久性;建成的隧道能适应运营的需要,并方便管理和养护。隧道土建设计坚持动态设计与信息化施工的思路,及时调整支护参数和施工方案,使支护结构适应工程实际情况,更加安全、经济。

以总体设计方案达到最优为指导思想,加强隧道主体工程设计与运营设施之间的协调,形成合理的综合设计。结合工程特点,积极、慎重地采用新技术、新材料和新工艺,把"技术"与"经济"有效结合,在满足既定的工程标准、功能、安全、环境、运营等因素的要求下,控制好工程投资。强化环境保护设计,尽量保护原有植被、维持原有水系,妥善处理弃渣和废水。

## 3.2 隧道设置情况

本项目起止点为K0+000~K52+979.27,共设置隧道12座。按隧道设置形式分:连拱隧道1座,分岔式隧道2座,分离式隧道9座;按隧道规模分:中隧道1座,长隧道7座,特长隧道4座。

## 3.3 内轮廓设计

内轮廓(净空断面)几何尺寸,在满足隧道(横通道)建筑限界要求的前提下,还应提供隧道(横通道)内装、通风、照明等附属设施所需的必要空间,并考虑一定预留富余量(施工误差)。本项目预留富余量主要按施工误差考虑,结合我国当期的施工水平,取最小预留富余量

5cm。为便于施工标准化与管养，本项目内隧道（横通道）轮廓方案根据路线平、纵面线形指标，采用标准化设计，即所有隧道（横通道）均采用相同的内轮廓形状与尺寸。

根据多年的山岭公路隧道工程设计实践与经验，本着"结构受力均匀、施工技术成熟、工程造价合理"的原则，本路段隧道主洞采用单心圆曲墙式断面；隧道紧急停车带采用三心圆曲墙式断面；横通道采用单心圆直墙式断面。此外，对软弱岩土体地段，均设置仰拱；仰拱采用大半径圆弧坦拱，其最小矢跨比按 1/12 控制；仰拱与侧墙间采用小半径圆弧（按最小半径为 120cm 控制）。

隧道内轮廓几何尺寸均按设计速度 80km/h 的要求拟定，主洞、紧急停车带及横通道的内轮廓主要尺寸参数如下：

（1）主洞：采用 $r_1=5.50$m 的单心圆衬砌断面，内轮廓净空宽度 11.00m，净空高度 7.10m。

（2）紧急停车带：采用 $r_1=8.00$m、$r_2=5.50$m 的三心圆衬砌断面，内轮廓净空宽度 14.00m，净空高度 7.60m。

（3）人行横通道：采用拱顶为 $r_1=1.20$m 半圆形、边墙为直墙的衬砌断面，内轮廓净空宽度 2.40m、净空高度 3.15m。

（4）车行横通道：采用拱顶为 $r_1=2.35$m 半圆形、边墙为直墙的衬砌断面，内轮廓净空宽度 4.70m、净空高度 6.25m。

（5）连拱隧道：隧道单洞采用 $r_1=5.50$m 的单心圆形衬砌断面，中隔墙宽度 2.0m，内轮廓净空宽度 24.00m、净空高度 7.10m。

## 3.4 洞口工程及洞门设计

1）洞口位置与洞门形式

洞口位置的确定本着"早进洞、晚出洞"的原则，并尽可能降低洞口边坡及仰坡的开挖高度，以保证山体的稳定，同时减小对洞口自然环境的破坏。

本项目隧道属山岭隧道，根据"弱化人工痕迹、融入自然风貌"的设计理念，对因洞口施工而破坏的自然环境，将尽可能结合洞口防护与绿化工程、洞门装饰及洞口景观设计对其进行恢复。

2）洞口外联络通道

分离式隧道洞口外尽可能设置转向联络通道，以便于隧道养护和维修及紧急情况时车辆换道与掉头。长、特长隧道在洞口外适当位置设置联络通道，联络通道形式采用"X"形；在连续隧道群、桥隧相连地段，路、桥、隧工程综合考虑，尽可能在一定区段内设置联络通道，但不宜设在隧道内。隧道前后 750~1000m 内设置有中央分隔带开口时，不设转向车道。

## 3.5 支护设计

1）明洞段支护设计

各隧道洞口段结合地形、地质、洞口排水以及道路交叉等情况均设置长度不等的明洞结构段。明洞均采用钢筋混凝土整体式衬砌结构。

为保证洞口稳定性和减少洞口开挖，隧道岩体结构类型呈散体状或碎裂状结构的 V 级围岩段均设置超前管棚作为辅助进洞措施。

2) 洞身段支护设计

隧道洞身段支护衬砌按新奥法原理设计，采用初期支护和二次衬砌相结合的复合式衬砌，即以锚杆、湿喷混凝土、格栅刚架、型钢刚架等为初期支护，模筑混凝土为二次衬砌。复合式衬砌分为洞口加强段/浅埋段复合式衬砌和深埋段复合式衬砌。

初期支护：对于 $V_1$、$V_2$、$IV_2$、$IV_3$ 级围岩，由喷射混凝土、径向锚杆、钢筋网及工字钢钢架（或格栅钢架）组成；对于 $IV_1$、$III_1$、$III_2$ 级围岩，由喷射混凝土、径向锚杆组成。钢架之间用纵向钢筋连接，并与径向锚杆及钢筋网焊为一体，与围岩密贴，形成承载结构。二次衬砌：当设计荷载较大，特别是在浅埋/软弱围岩地段，后期变形荷载较大，须采用钢筋混凝土结构，以确保隧道支护结构的安全；对于 $IV_1$、$IV_2$、$III_1$ 及 $III_2$ 级围岩段的二次衬砌，则采用素混凝土结构。在初期支护和二次衬砌之间铺设各类透水排水管、土工布及防水卷材。

衬砌结构支护方案设计采用工程类比法，结合构造要求，根据围岩级别和洞室埋深条件拟定相应的支护类型，并通过必要的理论分析计算（荷载—结构法、地层—结构法）进行校核，确定支护衬砌参数。隧道主要支护参数见表 2-3-1~表 2-3-4。

分离式隧道主要支护参数设计表　　　　表 2-3-1

| 支护类型 | 围岩级别 | 初期支护 | | | | | | | 二次衬砌 | | 预留变形量（mm） |
|---|---|---|---|---|---|---|---|---|---|---|---|
| | | 喷射混凝土厚度（cm） | | 锚杆 | | | 钢筋网（mm） | 钢架间距（cm） | 拱墙厚度（cm） | 仰拱厚度（cm） | |
| | | 拱墙 | 仰拱 | 位置 | 长度（m） | 间距（m） | | | | | |
| SFma | 对称明洞 | — | — | — | — | — | — | — | 60（钢筋混凝土） | — | — |
| SFmb | 偏压明挖明洞 | — | — | — | — | — | — | — | 60（钢筋混凝土） | — | — |
| SF5a | V级浅埋或 $V_2$ | 25 | 25 | 拱、墙 | 3.0 | 1.0×0.6 | φ8 @ 150×150（拱、墙部） | 60（I18） | 50（钢筋混凝土） | — | 150 |
| SF5b | $V_1$ 深埋 | 25 | 25 | 拱、墙 | 3.0 | 1.0×0.8 | φ8 @ 200×200（拱、墙部） | 80（I18） | 50（钢筋混凝土） | — | 120 |
| SF5c | V级断层 | 27 | 27 | 拱、墙 | 4.0 | 1.0×0.6 | φ8 @ 150×150（拱、墙部） | 60（I20a） | 60（钢筋混凝土） | — | 150 |
| SF4a | $IV_3$ | 22 | 22 | 拱、墙 | 2.5 | 1.0×0.8 | φ8 @ 250×250（拱、墙部） | 80（I16） | 45（钢筋混凝土） | — | 120 |
| SF4b | $IV_2$ | 22 | — | 拱、墙 | 2.5 | 1.0×1.0 | φ8 @ 250×250（拱、墙部） | 100（格栅） | 40（素混凝土） | — | 100 |
| SF4c | $IV_1$ | 15 | — | 拱部 | 2.5 | 1.2×1.2 | φ12 @ 250×250（拱部） | — | 35（素混凝土） | — | 80 |

续上表

| 支护类型 | 围岩级别 | 初期支护 喷射混凝土厚度(cm) 拱墙 | 初期支护 喷射混凝土厚度(cm) 仰拱 | 锚杆 位置 | 锚杆 长度(m) | 锚杆 间距(m) | 钢筋网(mm) | 钢架间距(cm) | 二次衬砌 拱墙厚度(cm) | 二次衬砌 仰拱厚度(cm) | 预留变形量(mm) |
|---|---|---|---|---|---|---|---|---|---|---|---|
| SF3a | Ⅲ₂ | 12 | — | 拱部 | 2.5 | 1.2×1.2 | — | — | 35（素混凝土） | — | 60 |
| SF3b | Ⅲ₁ | 10 | — | 拱部 | 2.0 | 1.5×1.5 | — | — | 35（素混凝土） | — | 30 |
| S5jt | Ⅴ级紧急停车带 | 27 | 27 | 拱、墙 | 3.5 | 1.0×0.6 | φ8 @ 150×150（拱、墙部） | 60（I20a） | 60（钢筋混凝土） | — | 150 |
| S4jt | Ⅳ级紧急停车带 | 24 | 24 | 拱、墙 | 3.5 | 1.0×0.8 | φ8 @ 200×200（拱、墙部） | 80（I18） | 50（钢筋混凝土） | — | 120 |
| S3jt | Ⅲ级紧急停车带 | 22 | — | 拱部 | 3.0 | 1.0×0.8 | φ8@ 250×250（拱部） | 80（I16） | 45（素混凝土） | — | 80 |

**小净距隧道主要支护参数设计表**　　　　表 2-3-2

| 支护类型 | 围岩级别 | 初期支护 喷射混凝土厚度(cm) 拱、墙 | 初期支护 喷射混凝土厚度(cm) 仰拱 | 锚杆 位置 | 锚杆 长度(m) | 锚杆 间距(m) | 钢筋网(mm) | 钢架间距(cm) | 二次衬砌 拱墙厚度(cm) | 二次衬砌 仰拱厚度(cm) | 预留变形量(mm) |
|---|---|---|---|---|---|---|---|---|---|---|---|
| SF5x | Ⅴ级小净距 | 25 | 25 | 拱、墙 | 3.0/4.5 | 1.0×0.6 | φ8 @ 150×150（拱、墙部） | 60（I18） | 50（钢筋混凝土） | — | 150 |
| SF4x | Ⅳ级小净距 | 22 | 22 | 拱、墙 | 2.5/4.5 | 1.0×0.8 | φ8@ 250×250（拱、墙部） | 80（I16） | 45（钢筋混凝土） | — | 120 |
| SF3x | Ⅲ级小净距 | 12 | — | 拱、墙 | 2.5/4.0 | 1.2×1.2 | — | — | 35（素混凝土） | — | 60 |
| S4jtx | Ⅳ级紧急停车带小净距 | 24 | 24 | 拱、墙 | 3.5/4.5 | 1.0×0.8 | φ8 @ 200×200（拱、墙部） | 80（I18） | 50（钢筋混凝土） | — | 120 |

**连拱隧道主要支护参数设计表**　　　　表 2-3-3

| 支护类型 | 围岩级别 | 初期支护 喷射混凝土厚度(cm) 拱、墙 | 初期支护 喷射混凝土厚度(cm) 仰拱 | 锚杆 位置 | 锚杆 长度(m) | 锚杆 间距(m) | 钢筋网(mm) | 钢架间距(cm) | 二次衬砌 拱、墙厚度(cm) | 二次衬砌 仰拱厚度(cm) | 预留变形量(mm) |
|---|---|---|---|---|---|---|---|---|---|---|---|
| SLma | 明挖对称明洞 | — | — | — | — | — | — | — | 60（钢筋混凝土） | — | — |
| SLmb | 一般偏压明洞 | — | — | — | — | — | — | — | 60（钢筋混凝土） | — | — |

续上表

| 支护类型 | 围岩级别 | 初期支护 ||||| 二次衬砌 ||| 预留变形量(mm) |
| | | 喷射混凝土厚度(cm) || 锚杆 ||| 钢筋网(mm) | 钢架间距(cm) | 拱、墙厚度(cm) | 仰拱厚度(cm) | |
| | | 拱、墙 | 仰拱 | 位置 | 长度(m) | 间距(m) | | | | | |
|---|---|---|---|---|---|---|---|---|---|---|---|
| SL5a | Ⅴ级浅埋 | 27 | 27 | 拱、墙 | 3.5 | 1.0×0.6 | φ8@150×150（拱、墙部） | 60（I20a） | 60（钢筋混凝土） | | 150 |
| SL4a | Ⅳ₂ | 25 | 25 | 拱、墙 | 3.5 | 1.0×0.8 | φ8@200×200（拱、墙部） | 80（I18） | 50（钢筋混凝土） | | 120 |
| SL4b | Ⅳ₁ | 23 | — | 拱、墙 | 3.5 | 1.0×1.0 | φ8@200×200（拱、墙部） | 100（I16） | 45（钢筋混凝土） | | 100 |

Ⅱ型无中导连拱隧道主要支护参数设计表　　　　　表2-3-4

| 支护类型 | 围岩级别 | 初期支护 ||||| 二次衬砌 ||| 预留变形量(mm) |
| | | 喷射混凝土厚度(cm) || 锚杆 ||| 钢筋网(mm) | 钢架间距(cm) | 拱、墙厚度(cm) | 仰拱厚度(cm) | |
| | | 拱、墙 | 仰拱 | 位置 | 长度(m) | 间距(m) | | | | | |
|---|---|---|---|---|---|---|---|---|---|---|---|
| SBm | 对称明洞 | — | — | — | — | — | — | — | 60（钢筋混凝土） | | |
| SB5a | （先行洞）Ⅴ级浅埋或Ⅴ₂ | 27 | 27 | 拱、墙 | 4.0 | 1.0×0.5 | φ8@150×150（拱、墙部） | 50（I20a） | 60（钢筋混凝土） | | 120 |
| SB5a | （后行洞）Ⅴ级浅埋或Ⅴ₂ | 27 | 27 | 拱、墙 | 4.0 | 1.0×0.5 | φ8@150×150（拱、墙部） | 50（I20b） | 50（钢筋混凝土） | | 120 |
| SB5b | （先行洞）Ⅴ₁深埋 | 25 | 25 | 拱、墙 | 4.0 | 1.0×0.8 | φ8@150×150（拱、墙部） | 80（I18） | 55（钢筋混凝土） | | 120 |
| SB5b | （后行洞）Ⅴ₁深埋 | 27 | 27 | 拱、墙 | 4.0 | 1.0×0.8 | φ8@150×150（拱、墙部） | 80（I20a） | 50（钢筋混凝土） | | 120 |
| SB4 | （先行洞）Ⅳ级正常段 | 25 | 25 | 拱、墙 | 4.0 | 1.0×0.8 | φ8@200×200（拱、墙部） | 80（I18） | 45（钢筋混凝土） | | 120 |
| SB4 | （后行洞）Ⅳ级正常段 | 27 | 27 | 拱、墙 | 4.0 | 1.0×0.8 | φ8@200×200（拱、墙部） | 80（I20a） | 45（钢筋混凝土） | | 120 |
| SG5a | （先行洞）Ⅴ级1~2.3m过渡段 | 25 | 25 | 拱、墙 | 4.0 | 1.0×0.5 | φ8@150×150（拱、墙部） | 50（I18） | 50（钢筋混凝土） | | 120 |
| SG5a | （后行洞）Ⅴ级1~2.3m过渡段 | 27 | 27 | 拱、墙 | 4.0 | 1.0×0.5 | φ8@150×150（拱、墙部） | 50（I20b） | 50（钢筋混凝土） | | 120 |
| SG5b | （先行洞）Ⅴ级2.3~4.5m过渡段 | 25 | 25 | 拱、墙 | 4.0 | 1.0×0.5 | φ8@150×150（拱、墙部） | 50（I18） | 50（钢筋混凝土） | | 120 |

续上表

| 支护类型 | 围岩级别 | 初期支护 ||||||| 二次衬砌 || 预留变形量（mm） |
| --- | --- | --- | --- | --- | --- | --- | --- | --- | --- | --- | --- |
| | | 喷射混凝土厚度（cm） || 锚杆 ||| 钢筋网（mm） | 钢架间距（cm） | 拱、墙厚度（cm） | 仰拱厚度（cm） | |
| | | 拱、墙 | 仰拱 | 位置 | 长度（m） | 间距（m） | | | | | |
| SG5b | （后行洞）Ⅴ级 2.3~4.5m 过渡段 | 29 | 29 | 拱、墙 | 4.0 | 1.0×0.5 | φ8 @ 150×150（拱、墙部） | 50（I22a） | 50（钢筋混凝土） | | 120 |
| SB4jt | （先行洞）Ⅳ级正常段 | 25 | 25 | 拱、墙 | 4.0 | 1.0×0.8 | φ8 @ 200×200（拱、墙部） | 80（I18） | 45（钢筋混凝土） | | 120 |
| | （后行洞）Ⅳ级正常段 | 29 | 29 | 拱、墙 | 4.0 | 1.0×0.8 | φ8 @ 200×200（拱、墙部） | 80（I22a） | 45（钢筋混凝土） | | 120 |

本路段隧道采用的辅助工程措施主要有：管棚、超前小导管。

管棚：适用于隧道岩体结构类型呈散体状或碎裂状结构的Ⅴ级围岩进洞段；管棚采用节长 5~6m、φ108mm×6mm 热轧无缝钢管，环向间距 40cm，设置于衬砌拱部约 120°范围。

超前小导管：适用于隧道Ⅴ级围岩洞身段、破碎带及岩体呈中、薄层状结构或裂隙块状结构的Ⅳ级围岩段；小导管采用 φ42mm×4mm 的热轧无缝钢管；小导管长 4.5m，环向间距 30~50cm，设置于衬砌拱部约 120°范围。

## 3.6 抗震与减震设计

根据《中国地震动参数区划图》(GB 18306—2015)和《云南省地震动峰值加速度、地震动反应谱特征周期区划图》，总管田 1 号隧道、总管田 2 号隧道、罗打拉隧道、石格拉 1 号隧道、石格拉 2 号隧道、新民隧道、哥石山隧道、十二栏杆坡隧道、马王岩隧道、五阱明隧道、大龙潭隧道（隧道起点~K139+960）隧道区抗震设防烈度为 8 度，设计地震分组为第二组，地震动反应谱特征周期为 0.40s，设计基本地震加速度值 0.20$g$；大龙潭隧道（K139+960~隧道止点）、五台山 1 号隧道、五台山 2 号隧道区抗震设防烈度为 8 度，设计地震分组为第二组，地震动反应谱特征周期为 0.40s，设计基本地震加速度值 0.30$g$。隧道的抗震设防措施如下：

（1）严格控制边仰坡开挖高度和面积，洞口边仰坡临空高度尽量控制在 10m 以内，高于 10m 边仰坡回填线以上采用永久性防护措施。洞口边仰坡防护不采用圬工结构形式。

（2）根据洞口地形，采用抗震性能良好的明洞式轻型洞门，并使洞口回填后地面线尽量与原地面线顺接平缓。采用墙式洞门时，端墙采用现浇混凝土结构，其与洞口衬砌接缝间采用钢筋连接，且端墙临空高度控制在 15m 以内。

（3）明洞衬砌边墙两侧采用浆砌片石回填，提高约束刚度。

（4）二次衬砌采用现浇钢筋混凝土结构，并提高洞口段、浅埋偏压段、断层破碎带段二次衬砌分布钢筋及箍筋（拉筋）的配筋率，且沿纵向每 15~20m 设一道环向减振缝（变形缝）。

（5）对支护背后空洞进行回填注浆，使围岩与支护密贴。

## 3.7 防排水设计

隧道防排水遵循"防、排、截、堵结合，因地制宜，综合治理"的原则，保证隧道结构物和运营设备的正常使用和行车安全。设计中针对隧道区地表水、地下水做以下处理，使洞内外应形成一个完整通畅的防排水系统。

1）防水措施

（1）隧道明洞段采用黏土隔水层作为第一道防水措施防止地表水渗透；明洞衬砌外铺设土工布和防水卷材作为第二道防水措施。

（2）岩性接触带富水区、基岩岩溶裂隙水富水区开挖后，采用径向钢花管进行堵水注浆；断层碎破带富水区开挖前，采取超前帷幕注浆堵水减渗。隧道暗洞段在初期支护和二次衬砌间敷设排水管、土工布和聚氯乙烯（PVC）防水卷材防水，防水板敷设范围为隧道拱顶至边墙下部纵向排水管；隧道变形缝处设置橡胶止水带、施工缝处设置遇水膨胀止水条进行止水。

（3）明洞衬砌、二次衬砌拱墙部采用防水混凝土浇筑，其抗渗等级不得小于 P8。

2）排水措施

（1）隧道采用洁污分排方案，也就是将隧道衬砌外围岩渗水通过横向排水管引入侧排水沟排走，而隧道内雨水、路面积水及隧道清洁污水等则汇入隧道行车道两侧设置的污水沟排出隧道区。

（2）岩性接触带、断层碎破带等基岩裂隙水丰富地段，加密铺设环向排水盲管及横向排水管。对岩溶管道水，采用隧道内设置桥梁、涵（管）洞等措施将因隧道开挖截断的管道水引入原来的水流管道。根据地形情况，在洞口地段采用改沟、坡顶截水沟及洞顶水沟，将洞口地表汇水排入洞口附近的沟谷或路基边沟。

（3）当起点端洞口处于下坡段时，为防止洞外水流进入隧道内，在隧道洞口路基段设置反向排水边沟，将洞口段水流反向排出；当起点端洞口处于上坡段时，在洞口将洞内侧边沟引入路基排水边沟；止点端与之相反。

## 3.8 路面设计

（1）隧道主洞及紧急停车带采用复合式路面，其中上面层的沥青玛蹄脂碎石混合料应带阻燃效果。具体方案为：4cm 厚改性沥青玛蹄脂碎石（SMA-13）添加温拌剂和阻燃剂+6cm 中粒式抗车辙剂沥青混凝土（AC-20C）+溶剂型沥青黏结剂+喷砂打毛+24cm 厚水泥混凝土，总厚度 34cm；混凝土下面层的弯拉强度应不小于 5.0MPa，弹性模量不小于 $3.1×10^4$MPa。

（2）车行、人行横通道采用水泥混凝土路面。其中，车行横通道面层厚 22cm，面层的弯拉强度应不小于 4.0MPa，弹性模量不小于 $2.7×10^4$MPa。人行横通道面层为 C25 水泥混凝土，厚 10cm。

## 3.9 特殊设计

针对金安金沙江大桥两侧的隧道,首次采用了"连拱—小净距—分离式"的分岔隧道形式,其中连拱段落首次采用了无中导连拱的结构形式。

(1)对于左右幅测中线距离为0~1m的段落,设置为无中导连拱隧道。

(2)对于左右幅测中线距离为1~4.5m的段落,设置为过渡型无中导连拱隧道。

(3)对于左右幅测中线距离为4.5~13.2m的段落,设置为中岩柱加固的小净距隧道。

(4)对于左右幅测中线距离为13.2~21.2m的段落,设置为分离式隧道,主要考虑通过适当施工措施进行处治。具体处治措施为:对隧道净距小于20m的地段采用预留核心土三台阶分部开挖法施工;其中土质地段以机械开挖为主,并辅以微量的弱爆破进行开挖作业;岩石地段的上台阶采用预裂爆破和光面爆破技术开挖,每次开挖进尺不得大于1.5m;左、右幅隧道施工错开一定距离作业,先行施工隧道二次衬砌与后行施工隧道的掌子面应保持40m以上距离。

(5)对于左右幅测中线距离大于21.2m的段落,设置为分离式隧道,可按照普通的分离式隧道进行施工。

先行洞同正常的无中导连拱隧道,后行洞内轮廓断面亦同正常的无中导连拱隧道,通过扩大后行洞开挖断面,且使后行洞内轮廓平面位置随测中线进行渐变,从而实现从连拱隧道到小净距隧道的渐变。

无中导连拱隧道与传统的有中导连拱隧道的对比见表2-3-5。

无中导连拱隧道与传统有中导连拱隧道对比　　　　表2-3-5

| 项目 | 设计 | 安全 | 质量 | 进度 | 造价 | 施工 | 运营 |
|---|---|---|---|---|---|---|---|
| 无中导连拱隧道 | (1)边界条件简单明确,可以按照设计需要进行处理;<br>(2)传力路径明确,断面均匀过渡,应力突变小;<br>(3)周边密贴,抗震效果更好 | 在混凝土浇筑质量和钢筋绑扎精度有保证的情况下更安全 | 严重依赖于施工管理 | 取消中导洞开挖,节省工期 | 造价较低,同时没有废置 | (1)施工作业空间大,有利于大型机械作业;<br>(2)工序较少,施工管理要求高;<br>(3)先行洞二次衬砌超前后行洞掌子面30m以上,先行洞可为后行洞提供超前预报 | 裂缝相对较少,渗漏水问题相对较少 |
| 有中导连拱隧道 | (1)边界条件存在不确定性,严重依赖于中墙横向支撑的施工质量;<br>(2)二次衬砌靠中墙侧存在应力突变,容易出现裂缝;<br>(3)抗震效果一般 | 有落拱现象出现,安全性相对较低 | 对施工质量要求相对较高 | 有中导洞开挖,施工工期相对较长 | 造价高,同时中导洞的开挖存在部分废置 | (1)作业断面小,不利于大型机械作业;<br>(2)工序较多,施工管理要求高;<br>(3)中导洞可为主洞提供超前预报,效果相对较好 | 靠中墙侧存在边界条件突变,极易产生裂缝,渗漏水问题突出 |

# 第4章 阿肯动大桥设计

## 4.1 概述

阿肯动大桥段(K122+698~K122+887)位于丽江市金安镇光乐村东南侧约1.7km。危石区大桥小里程侧接哥石山隧道出口,大里程侧接十二栏杆坡隧道。危岩区地层岩性为三叠系中统中窝组灰岩,多发育有溶芽、溶隙、溶槽等地表型岩溶。危石区整体地貌上缓下陡,上部坡度为30°~40°,下部坡度70°至近90°。哥石山隧道出口上部岩石近直立,部分岩石向外悬空突出,十二栏杆坡隧道进口仰坡坡度较大。受隧道施工、降雨和风化作用影响,可能产生崩塌落石,影响现阶段下方大桥施工人员安全。同时,道路建成通车后,崩落碎石也会影响运营期道路和行车安全。因此,防护设计是阿肯动大桥设计的重点和难点。

## 4.2 危石区基本特征

根据阿肯动大桥段危石调查报告,依据危石区的形态特征及处治方案,将该工点分为以下几个危石区,现场情况如图2-4-1所示。

1) 哥石山隧道出口上方危石

哥石山隧道出口上方危岩位于图2-4-2中小里程岸桥台侧,根据危石特征,将该区域危石划分为三个区域。

(1) 1号危石区

1号危石区位于斜坡上部,分布在高程2030~2100m之间,坡顶距离隧道洞口高差90~160m,坡度30°~40°,崩塌方向为230°~240°。危石区呈刀把形,危石区宽130m,平均斜长度90m,面积约$1.17×10^4 m^2$,总体方量$1.2×10^4 m^3$。岩层走向与坡向大致平行,岩层产状303°~312°∠43°~38°,有溶蚀孔洞,洞径可达0.2~0.3m。岩体裂隙发育,风化强烈,发育一组反坡向陡倾裂隙(LX1)和一组切坡向陡倾裂隙(LX2)。裂隙LX1:产状68°~72°∠78°~82°;裂隙LX2产状165°~175°∠55°~65°。两组结构面大角度相交,LX1与岩层产状为大角度相交,

LX2 与岩层产状为相反方向。在外力作用下,危岩体有发生侧向坠落、倾倒破坏风险。节理发育密度,0.4~1.2 条/m 为主,切割的块体尺寸在 0.5~1.0m³ 以上。

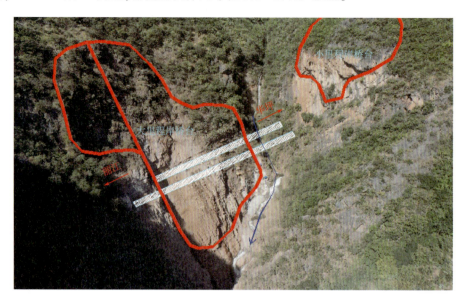

图 2-4-1　阿肯动大桥危石区

图 2-4-2　哥石山隧道出口上方危石区

　　危石区在早期风化、降雨作用下已发生崩塌落石,坡体上有零散堆积的崩落的大块石,这类大块石目前处于基本稳定状态,加之坡面植被较发育,受植被阻挡,一般情况下不会再次滚动,但在受外力作用时也会发生滚动,对下方大桥施工及运营产生威胁。坡面上零星分布多处残积大块石危岩,本次调查 10 处大危岩体,块体多在 1.5~3.0m³。目前处于欠稳定—基本稳定状态,裂隙发育情况与基岩裂隙发育情况基本一致。受后期隧道施工和降雨、风化作用影响,可能产生崩塌落石,威胁下方公路安全。据现场调查,1 号危石区坡体后缘无深大裂缝,主要受裂隙切割,未形成深大贯通性结构面,变形主要表现为坡面大块危石滚动、坠落。

(2)2号危石区

2号危石区位于1号危石区下方,分布在高程2000~2040m之间,距离隧道口高差60~100m,坡面呈陡崖状,平均坡度75°~80°。受早期地表水和地下水的影响,岩体溶蚀迹象特别发育,表层发育石钟乳和黑色苔藓类,岩体内部发育溶蚀孔洞,洞径0.2~0.4m。崩塌方向240°,崩落后沿下部倾斜岩层跳跃、滚动,威胁下方公路安全。危石区呈梯形状,宽60m,竖向长度40m,面积约2400$m^2$,总体方量$1.8×10^4 m^3$。岩层在该处为巨厚层状,厚度8~10m,岩层产状316°∠42°。因表层溶蚀迹象覆盖,直观裂隙特征不清晰,但可以通过周围岩体裂隙情况,推断发育一组顺坡向陡倾裂隙LX1和一组切坡向陡倾裂隙LX2。裂隙LX1:产状74°∠80°;裂隙LX2:产状158°∠46°。受早期水流冲刷和裂隙切割,在危石区下方形成3~5m深的凹岩腔,在受陡倾裂隙切割影响,危岩体易发生侧向坠落、倾倒破坏。陡倾节理发育密度以1~2条/m,迹长3~6m。切割的块体尺寸0.8~1.5$m^3$。后续稳定性的影响因素主要为暴雨、降雪、风化、施工爆破。

据现场调查,2号危石区坡体后缘无深大裂缝,包括前缘突兀部分和后缘为一整体,受陡倾裂隙LX1切割,形成高陡临空。LX1在靠近临空面附近迹长较长,可达5~8m,故形成较为连续完整的坡面;在靠近坡体内部,裂隙迹长逐步递减,迹长2~3m。故在形成高陡的临空面后,还能长时间自稳。2号危石区变形主要表现为差异风化和溶蚀形成的凹腔,在风化作用下,坡体表层逐步剥落失稳破坏。后期隧道施工扰动,会降低其上危岩体的稳定,使崩塌的概率增加。

(3)3号危石区

3号危石区位于1号危石区下方,分布在高程1970~2030m之间,距离坡脚隧道口高差30~90m,隧道出口在危石区的正下方;坡面呈陡崖状,平均坡度75°~80°。坡体表层近期发生过表层零散崩塌落石,坡体表面呈不规则状,主崩方向236°。危石区宽70m,竖向长度90m,面积约4200$m^2$,总体方量$0.8×10^4 m^3$。岩层走向与坡向近乎平行,岩层产状312°∠44°,为厚层~巨厚层状。与2号危石区类似:上部溶蚀迹象发育,有溶蚀孔洞、钟乳石、黑色苔藓。岩体裂隙发育,风化强烈,发育一组反坡向陡倾裂隙LX1和一组切坡向陡倾裂隙LX2。裂隙LX1:产状70°∠82°;裂隙LX2:产状165°∠65°。节理发育密度以0.5~2条/m,切割的块体尺寸为0.6~1.2$m^3$。

据现场调查,3号危石区坡体后缘无深大裂缝,其后缘坡体相对较缓。危石区受陡倾裂隙LX1切割,形成高陡临空。LX1在靠近临空面附近迹长较长,可达3~5m,故形成较为连续完整的坡面;在靠近坡体内部,裂隙迹长逐步递减,迹长1~3m。3号危石区下部已崩塌部分,形成2~3m的凹岩腔,受裂隙切割影响仍存在不稳定块体。危石区变形主要表现为差异风化和溶蚀形成的凹腔,在风化作用下,坡体上部的危岩体逐步剥落失稳破坏。后期施工扰动,会降低其上危岩体的稳定,使崩塌的概率增加。据现场调查,坡体后缘无深大裂缝,危岩体主要受陡倾裂隙LX1控制,裂隙延伸长度5~8m,主要表现为被裂隙切割的坠落失稳破坏。

2)阿肯动大桥右幅右侧自然边坡上部危石

阿肯动大桥右幅右侧及十二栏杆坡隧道进口上部坡面较陡,表层存在风化碎石,会对下方桥梁产生威胁。

(1) 1号危石区

1号危石区位于斜坡中上部,分布在高程1890~2000m之间,坡顶距离桥梁设计高程高差60~90m,坡度35°~50°,崩塌方向为141°。危石区呈刀把形,危石区宽110m,平均斜长度95m,面积约$1.05×10^4m^2$,总体方量$0.3×10^4m^3$。岩层走向与坡向反向,岩层产状303°~312°∠43°~38°,有溶蚀孔洞,洞径可达0.2~0.3m。岩体裂隙发育,风化强烈,发育一组切坡向陡倾裂隙LX1和一组顺坡向陡倾裂隙LX2。裂隙LX1:产状68°~72°∠78~82°;裂隙LX2:产状165°~175°∠55°~65°。两组结构面大角度相交,LX1与岩层产状为大角度相交,LX2与岩层产状为相反方向。在外力作用下,危岩体易发生侧向坠落、倾倒破坏。节理发育密度,0.4~1.3条/m为主,切割的块体尺寸在$0.5~1.0m^3$以上。危石区在风化、降雨等作用下会发生崩塌落石,坡体上分布有凹岩腔,目前处于基本稳定状态,坡面上危石对大桥施工及运营存在威胁,如图2-4-3所示。

(2) 2号危石区

2号危石区近邻1号危石区,位于大里程岸桥台及十二栏杆坡隧道入口正上方,分布在高程1940~2000m之间,坡度为38°~53°,局部为凹腔,崩塌方向144°。危石区呈长方形,危石区宽约60m,平均斜长度约50m,面积约$0.3×10^4m^2$,总体方量$0.1×10^4m^3$。岩层走向与坡向相反,岩层产状312°∠46°,为厚层~巨厚层状。与1号危石区类似:上部溶蚀迹象发育,有溶蚀孔洞、钟乳石、黑色苔藓。岩体裂隙发育,风化强烈,发育一组切坡向陡倾裂隙LX1和一组顺坡向陡倾裂隙LX2。裂隙LX1:产状70°∠82°;LX2:产状167°∠63°。节理发育密度以0.5~1.5条/m,切割的块体尺寸在$0.6~1.2m^3$。危石区在风化、降雨等作用下会发生崩塌落石,对大桥施工及运营存在威胁,如图2-4-4所示。

图2-4-3 阿肯动大桥右侧1号危石区

图2-4-4 阿肯动大桥右侧2号危石区

## 4.3 岩体结构特征

危石区附近地质构造迹象不发育,岩层产状及结构面变化均较小,危石区岩体结构特征统一描述如下:根据调查,危石区所处斜坡上出露基岩均为灰岩,块状构造,岩质较坚硬,裂隙发育,风化较强烈,岩体表层破碎,受岩体结构面切割,岩体多呈碎块状。小里程岸桥台危岩坡向在218°~285°,坡角45°~75°;大里程岸桥台危岩坡向在141°~144°,坡角38°~73°,局部陡立,岩体内部主要发育2组节理裂隙。危石区的裂隙产状略有变化,但总体上是一组倾向坡外的陡倾结构面、一组切向坡内的陡倾结构面,如图2-4-5和图2-4-6所示。

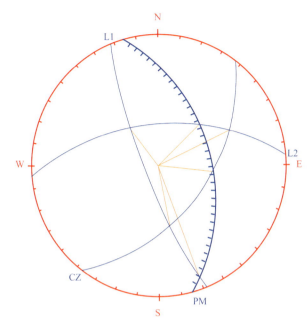

| 编号 | 结构面名称 | 倾向 | 倾角 |
|---|---|---|---|
| PM | 坡面 | 254 | 46 |
| CZ | 产状 | 307 | 48 |
| L1 | 裂隙1 | 68 | 77 |
| L2 | 裂隙2 | 175 | 55 |
| 组合交棱线 | | 倾向 | 倾角 |
| PM-CZ | | 276 | 44 |
| PM-L1 | | 339 | 5 |
| PM-L2 | | 225 | 42 |
| CZ-L1 | | 349 | 40 |
| CZ-L2 | | 244 | 27 |
| L1-L2 | | 142 | 50 |

图 2-4-5　哥石山隧道出口坡面赤平投影图

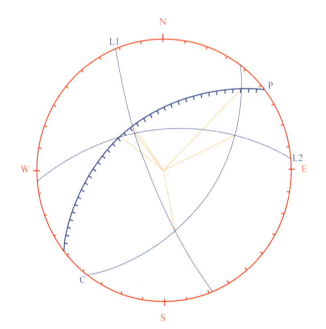

| 编号 | 结构面名称 | 倾向 | 倾角 |
|---|---|---|---|
| PM | 坡面 | 142 | 45 |
| CZ | 产状 | 307 | 48 |
| L1 | 裂隙1 | 68 | 77 |
| L2 | 裂隙2 | 175 | 55 |
| 组合交棱线 | | 倾向 | 倾角 |
| P-C | | 224 | 8 |
| P-L1 | | 145 | 45 |
| P-L2 | | 128 | 44 |
| C-L1 | | 349 | 40 |
| C-L2 | | 244 | 27 |
| L1-L2 | | 142 | 50 |

图 2-4-6　阿肯动大桥右侧坡面赤平投影图

CZ:产状303°~316°∠42°~60°,间距0.5~1.0m/条,局部可达1.5~2.5m/条。一般迹长3~5m,局部可达15m,层理面结构面微张开~张开,张开度2~10mm,结构面较为平直,表层可见降雨侵蚀痕迹。

LX1：产状 68°~74°∠66°~82°，间距 0.6~1.2m/条，迹长 4~6m，结构面张开，张开度 3~8mm，局部变形较大处可达 20~50mm。结构面较为平直，因其陡倾向坡内，基本无填充。

LX2：产状 158°~175°∠55°~68°，间距 0.3~0.8m/条，局部可达 1.2~1.5m/条，迹长一般 1.5~4.0m，局部可达 6.0m，结构面张开，张开度 5~10mm，结构面较为平直，多被砂粒填充。

## 4.4 危岩变形破坏特征

勘察区内危岩破坏模式受地层岩性、构造、地震、气候条件及植被条件控制。危岩地处高陡基岩斜坡体上，岩体坚硬性脆，构造结构面陡立，倾角 75°~80°，岩层切向，以上条件决定了危岩破坏形式主要为倾倒式，下部悬空，产生坠落式破坏。区内变形特征为：以小规模成片的块体崩落为主，间夹少量大块体崩落。危石区后缘未发现深大的裂缝，但小里程岸发育一组陡倾的控制性裂隙 LX1，大里程岸发育陡倾的控制裂隙性 LX2，该裂隙切割危岩体范围较大，可能形成沿结构面的小规模成片崩塌。在冻融、暴雨、爆破等作用下，岩体结构面有加宽加长的趋势，存在失稳破坏的可能性。

## 4.5 处治方案

根据危石区地形地貌和工程地质特点，为确保施工安全和运营期道路、行车安全，针对阿肯动大桥段和哥石山隧道出口段危石提出了以下处治方案。

1) 阿肯动大桥段右幅右侧危石处治

阿肯动大桥段右幅右侧区域岩层产状倾向山体内侧，产状较有利于山体稳定，但是由于部分裂隙切割左右，坡面存在部分破碎岩体。破碎岩体在风化、施工振动等外力作用下，存在崩塌、滚落的风险，对下方桥梁施工和道路运营产生较大威胁。

针对危石破坏特点，本区域危石处治措施为人工清除坡面危石，较陡坡面设置主动防护网，陡坡外侧坡面较缓处设置被动防护网。针对该坡面较大危石，需进行人工解小，并就地平稳码砌成拦石墙。码砌拦石墙应放置在坡度较小的平稳位置，并放置在被动防护网后侧；码砌高度不应超过 1.5m，码砌位置地基承载力不小于 200kPa。该部分被动防护网约 3943.3m$^2$，主动防护网 9758.7m$^2$，清理危石 150m$^3$。

2) 哥石山隧道出口上部危石处治

哥石山隧道出口上部危石，既有会滚落的小块危石，又有可能崩落的大块危石，这些危石崩塌滚落后都将对桥梁施工和运营产生较大威胁。针对哥石山隧道出口危石特点，提出了以下处治方案和比较方案。人工破碎：针对 1 号危石区坡面较大孤石，采用人工破碎解小的方式处理。破碎后的碎石以及原有存在滚落风险的碎石，采用人工平稳码砌的方式就地解决。码砌拦石墙位置应放置在被动防护网后侧，距离陡崖边缘不少于 30m；码砌高度不应超过 1.5m，码砌位置地基承载力不小于 200kPa。

(1) 主动网+被动网防护方案

在1号危石区靠近陡壁处的缓坡平台上设置被动防护网,以拦截滚落的碎石。在2号和3号危石区的陡壁上设置主动防护网,防止危石崩落。隧道口及桥墩护桩:在隧道出口及部分桥墩靠山侧设置护桩,桩露出地面3m,桩间采用无缝钢管连接,以保护隧道和桥梁结构免受大块落石冲击。危石支撑柱:针对本区域2号危岩体,在陡壁上设置主动防护网后,需设置钢筋混凝土支撑柱,支撑柱采用锚索加固稳定。

(2) 局部棚洞方案

在哥石山隧道出口,设置长度约40m的棚洞,以防止缓坡滚落碎石及陡壁崩落块石对桥梁的破坏。该方案的优点是对危石防护效果较好;缺点是造价较高,且棚洞桩基最高处长度约55m,受撞击后失稳风险较大,施工难度较大。

(3) 局部路基方案

在哥石山隧道出口40m范围内将桥梁改路基填筑,以减小危石坠落后对道路的破坏。因为路基填筑较高,且路线所处沟谷平缓段落较短,所以在填筑边缘处需设置悬臂段约20m的锚索框格梁支挡,路基填筑最高处长度约60m。该方案的优点是填筑路基能消耗大量弃方,危石坠落后对道路危害较小,造价较低;缺点是路基本身稳定性较差,填筑土本身的主动土压力较大(约3000kN/m),锚索桩板墙支挡可行性较小。阿肯动大桥前后隧道目前已基本贯通,若采用路基填筑方案,还需去其他地方运来路基填料,填料需求量约42万$m^3$。

在上述针对哥石山隧道出口上部危石处治方案中,人工破碎危石和主动网+被动网防护方案不参与比选,这两个方案为处治方案中必须实施的方案。针对局部棚洞方案、局部路基方案与桥梁+防护方案的对比见表2-4-1。

哥石山隧道出口上部危石处治方案对比表　　　　　表2-4-1

| 对比项目 | 局部棚洞方案 | 局部路基方案 | 桥梁+防护方案 |
| --- | --- | --- | --- |
| 优点 | 防护效果较好 | 消耗费方,运营期维护费用低,造价低 | 无废弃工程,防护方案切实可行,针对性强,各项防护方案可同时进行,工期较短 |
| 缺点 | 工程规模大,造价高,墩柱稳定性较差,棚洞施工与桥梁施工干扰性较大,影响桥梁施工工期 | 支挡结构及路基失稳风险较大,需重新调运填筑土石方,填筑工期较长 | 防护措施较多,施工略复杂,造价较高 |
| 主要工程量 | 双幅棚洞长度共80m,最大墩高55m | 路基填筑长度60m,填方42万$m^3$,桩板墙735$m^3$,锚索3285m | 桥梁长度60m,主动防护网2000$m^2$,被动防护网100m,清理危石150$m^3$,钢筋混凝土2050$m^3$,锚索2112m |
| 造价 | 4482万元 | 2902万元 | 1147万元 |

上述造价中,局部棚洞方案和桥梁+护桩方案包含与局部路基方案段落对应长度的桥梁造价。经比选,针对哥石山隧道出口上部危石的处治,最终推荐桥梁+防护方案。

# 第 3 篇 施工篇

SHANQU QIAOSUI JIQUN GAOSU GONGLU JIANSHE
GUANJIAN JISHU YU GUANLI

山区桥隧集群高速公路建设
关键技术与管理

# 第1章　山区峡谷特大悬索桥施工技术

## 1.1　概述

金安金沙江大桥属于中交云南华丽高速公路项目控制性工程,其桥型布置为(华坪岸引桥)6×41m(钢板组合梁)+1386m(单跨双铰板桁结合悬索桥)+(丽江岸引桥)1×40m(钢板组合梁),悬索桥矢跨比1/10,是世界范围内"三高地区"(高海拔、高落差、高地震烈度地区)最大跨径的山区峡谷悬索桥。山区峡谷特大悬索桥施工内容主要包括索塔与基础施工、小净距大倾角隧道锚施工、大跨度缆索系统施工、钢桁梁施工、桥面铺装施工以及引桥施工。其中,索塔与基础施工内容包括桩基、承台、塔座及索塔施工;小净距大倾角隧道锚施工内容包括隧道锚室、二次衬砌、锚塞体及附属设施工;大跨度缆索系统施工包括索鞍、施工步道、主缆等施工;钢桁梁施工包括桁梁架设、桥面板等施工;桥面铺装施工包括桥面喷砂除锈、防水层施工、沥青铺装等施工;引桥施工包括丽江岸及华坪岸引桥等施工。

## 1.2　施工方案及施工重难点

云南多山,山路多弯。金安金沙江大桥位于云贵高原山区,横跨金沙江天堑,复杂的地质条件使得许多现代建造工艺、大型机械设备毫无用武之地。最终在所有施工者的努力下,经过不断尝试、不断克服各种困难,使大桥如期圆满完成建设。大桥的总体施工方案见表3-1-1。

金安金沙江大桥总体施工方案　　　　　表3-1-1

| 施工部位 | 总体施工方案 |
| --- | --- |
| 桩基施工 | 桩基采用"人工8m旋挖+人工爆破挖孔"的成孔工艺,钢筋笼制作安装采取分节制作,利用履带吊配合下放架连接下放的方式,桩基混凝土采用导管按照水下混凝土灌注方法进行 |
| 索塔施工 | 索塔分三部分施工:塔身起步段施工(大体积混凝土施工工艺),塔身施工(爬模工艺),横梁施工(支架现浇工艺) |

续上表

| 施工部位 | 总体施工方案 |
|---|---|
| 隧道锚施工 | 大桥两岸锚碇结构形式为隧道式锚碇,分左、右两侧,包括锚体及锚固系统。锚体由前锚室、锚塞体、后锚室、散索鞍基础四部分组成,隧洞施工均采用光面爆破法,以保证围岩的完整性,并应及时支护、施工衬砌,防止围岩变形过大,并加强围岩量测,信息化组织施工 |
| 索鞍安装 | 主索鞍通过塔顶悬臂门架卷扬机起吊系统在主跨侧分2块起吊,丽江岸散索鞍通过锚碇门架卷扬机系统进行起吊,华坪岸散索鞍采用大吨位起重机进行起吊安装就位 |
| 施工步道系统 | 先导索采用轻质高强度纤维绳牵引过江进行牵拉。施工步道承重索架设采用托架法空中间接架设。两岸共2套独立施工步道架设单线往复牵引系统,2个工作面同时进行施工步道承重索的架设 |
| 主缆架设 | 主缆索股架设采用门架拽拉式双线往复牵引系统,索股调整采用相对基准索法。投入4台紧缆机进行紧缆施工,紧缆顺序是"先主跨、后边跨",主跨从跨中向塔方向进行,边跨从锚碇向塔方向进行 |
| 索夹吊索安装 | 采用缆索桥式起重机从低往高安装索夹,施工过程分三次补足索夹紧固螺栓轴力。采用2台缆桥式起重机兜底法进行吊装 |
| 钢桁梁架设(缆索起重机) | 钢桁加劲梁拟采用缆索起重机四点提升的方法吊装,每次吊装1个梁段,从跨中向两侧对称交替进行吊装,在索塔附近梁段合龙后,再进行附属结构的安装。全桥钢桁梁除两侧索塔附近共2个间节属于缆索起重机吊装盲点,需采用荡移法吊装外,其余梁段均可利用缆索起重机垂直起吊、纵移到位安装 |
| 主缆缠丝防护 | 本桥主缆采用直径4mm的钢丝缠绕,外加防护缠包带进行防护。主缆缠丝按照先中跨后边跨顺序进行,中跨自塔顶往跨中缠丝、边跨自锚碇往塔顶缠丝 |
| 桥面铺装 | 本桥采用GA-10浇注式沥青混凝土+SMA-10高弹改性沥青玛蹄脂碎石混合料的特殊铺装技术 |

在施工过程中主要遇到了以下重难问题。

1)构件运输

(1)丽江岸从国道到达索塔、锚碇处的道路转弯半径小、行车道狭窄、坡度较大,主桥上部施工所需的索鞍、主缆等材料包含多种超重构件。华坪岸运输需要经过平安大桥,限重90t,散索鞍质量89t,无法运输。经综合考量之后优化索鞍结构或者调整索鞍形式,以减小索鞍质量。

(2)施工便道路陡弯急,唯一一条进场便道全长5km,高差达400m,共设置6个回头弯,平均纵坡8%,最大纵坡15%,最小转弯半径12m,严重制约悬索桥大型构件的进场。因此,必须合理设计并优化施工便道参数,以满足大多数施工机械设备及构件运输需求,降低便道建设成本。针对个别特殊构件需借助装载机、挖掘机等设备进行辅助运输。

2)施工气候

桥址在5~10月份为雨季,暴雨及强对流天气对施工影响大,1~4月份为风季,最大风速达30m/s,风场独特,风攻角大,特别是突风天气,对临时结构设计、高空作业及吊装带来巨大挑战。项目部制订了抗风避雨应急措施,合理安排工期,避开强风时间作业。同时对临时结构进行专项抗风设计。

3)钢桁梁拼装

钢桁梁安装工效的制约因素为钢桁梁拼装,根据工期目标要求,钢桁梁吊装工效必须达到1d/片,钢桁梁正常拼装工效为7d/片,由于钢桁梁从两岸吊装,因此每岸至少须设置3个拼装区和1个吊装区。经估算,需要场地面积3500m²。但两岸塔前场地也极为狭小,钢桁梁拼装台座数量受场地限制。采用在塔前搭设大钢管支架作为钢桁梁拼装施工场地的方法,保证钢桁梁拼装工效。

## 1.3 索塔与基础施工

### 1.3.1 桩基施工

本节主要就爆破施工进行介绍。

1)施工工艺

金安金沙江大桥索塔采用32根直径2.8m的钻孔灌注桩基础(钢护筒内径2.8m),行列式布置,按照嵌岩桩设计,考虑钢护筒与桩基础共同受力。桩基采用"人工+爆破挖孔"的成孔工艺,钢筋笼制作安装采取分节制作,利用履带式起重机配合下放架连接下放的方式,桩基混凝土采用导管按照水下混凝土灌注工艺进行。桩基施工工艺流程如图3-1-1所示。

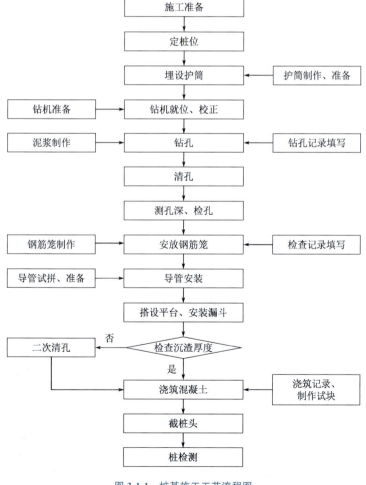

图3-1-1 桩基施工工艺流程图

2)爆破设计

(1)周边环境状况

索塔距离上方居民较远,距离金安水电站库区边最近处约300m,索塔正上方、正下方均无建筑物,爆破点周围较空旷,爆破环境较好,适宜于爆破施工作业。

(2)布孔方式

炮眼分为掏槽眼、辅助眼、周边眼。掏槽眼布置在中间部位或有弱面处,其作用是创造第二自由面,掏槽眼的质量好坏直接影响到爆破效果,在挖孔桩爆破中采用锥形掏槽;周边眼布置在四周轮廓线附近,根据岩石的可爆性和支模要求,具体确定眼口和眼底的位置,一般眼口距边线50mm左右,眼底位于轮廓线以外50~100mm,浅眼爆破炮孔布置及装药结构如图3-1-2所示。

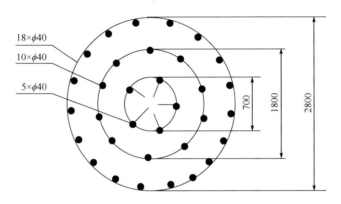

图3-1-2 浅眼爆破炮孔布置及装药结构(尺寸单位:mm)

(3)爆破参数

炮眼深度:$h_{掏槽}=1400mm$;$h_{辅助}=1200mm$;$h_{周边}=1200mm$。

炮眼间距:$a_{掏槽}=440mm$;$a_{辅助}=5650mm$;$a_{周边}=489mm$。

最小抵抗线:$w_{掏槽}=960mm$;$w_{辅助}=760mm$;$w_{周边}=500mm$。

单位炸药消耗量:$q=2500g/m^3$。

单孔装药量:$q=500g$;$q=400g$;$q=300g$。

单位雷管消耗量:$n=6~7个/m^3$。

浅眼爆破装药量见表3-1-2。

浅眼爆破装药量一览表　　表3-1-2

| 开挖方式 | 炮孔种类 | 炮孔深度(m) | 与工作面夹角(°) | 炮孔数量(个) | 单孔装药量(kg) | 合计装药量(kg) | 装药方式及药卷直径(mm) | 起爆顺序 | 循环装药量(kg) |
|---|---|---|---|---|---|---|---|---|---|
| 全断面 | 掏槽眼 | 1.4 | 75 | 5 | 0.8 | 4 | 连续、φ32 | ms1 | 19 |
| | 辅助眼 | 1.2 | 90 | 10 | 0.6 | 6 | 连续、φ32 | ms5 | |
| | 周边眼 | 1.2 | 3(外插) | 18 | 0.5 | 9 | 连续、φ32 | ms7、ms9 | |

(4)爆破材料及起爆顺序

因井下可能有水,故选用乳化炸药和毫秒延期非电雷管和磁电雷管。

浅眼爆破的起爆顺序是先掏槽眼,再辅助眼,最后是周边眼。

(5)装药结构

装药结构采用底部连续装药,如图3-1-3所示。

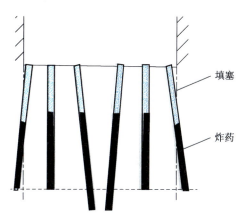

图3-1-3　浅眼爆破的装药结构

(6)起爆网络敷设

采用非电起爆网络采用簇联,用磁电雷管起爆,如图3-1-4所示。

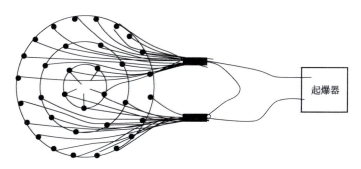

图3-1-4　浅眼起爆网络图

(7)最大起爆药量的安全核算

根据《爆破安全规程》(GB 6722—2014)的规定:

$$R = \sqrt[3]{Q} \left(\frac{kk'}{v}\right)^{\frac{1}{a}} \tag{3-1-1}$$

式中:$R$——爆破中心到建筑物的距离(m),按桩与桩之间的距离3.4+1.4=4.6m计算,桩中心的边坡的距离5m;

　　$k$、$a$——与地形地质条件有关的系数和衰减指数,分别取100和1.4;

　　$Q$——单响用药量(kg),取6kg;

　　$k'$——分散装药折算系数,取0.25~1;

　　$v$——保护对象所在地安全允许质点振速(cm/s)。

爆破区不同岩性的$k$、$a$取值见表3-1-3,爆破振动安全允许振速见表3-1-4。

爆破区不同岩性的 $k$、$a$　　　　　表 3-1-3

| 岩　性 | $k$ | $a$ |
|---|---|---|
| 坚硬岩石 | 50~150 | 1.3~1.5 |
| 中硬岩石 | 150~250 | 1.5~1.8 |
| 软岩石 | 250~350 | 1.8~2.0 |

爆破振动安全允许振速　　　　　表 3-1-4

| 保护对象类别 | 安全允许振速(cm/s) | | |
|---|---|---|---|
| | <10Hz | 10~50Hz | 50~100Hz |
| 一般砖房、非抗震的大型砌块建筑物 | 2.0~2.5 | 2.3~2.8 | 2.7~3.0 |
| 钢筋混凝土结构房屋 | 3~4 | 3.5~4.5 | 4.2~5 |
| 永久性岩石高边坡 | 5~9 | 8~12 | 10~15 |
| 矿山隧道 | 15~18 | 18~25 | 20~30 |

注：选择频率时可参考下列数据：硐室爆破<20Hz；深孔爆破10Hz~60Hz；浅孔爆破40~100Hz。

①对相邻孔桩壁的影响

$$v_{\max}=0.4\times100\left(\frac{\sqrt[3]{6}}{4.6}\right)^{1.4}=10.8(\text{cm/s})$$

因　　　　　$v_{\max}=10.8(\text{cm/s})\leqslant10\sim15(\text{cm/s})$

所以按照掏槽眼、辅助眼、周边眼（分成两段）的起爆顺序实施分段爆破，最大用药量为6kg 对孔桩壁是安全的。

②对边坡的影响

$$v_{\max}=0.4\times100\left(\frac{\sqrt[3]{6}}{50}\right)^{1.4}=0.39(\text{cm/s})$$

因　　　　　$v_{\max}=0.39(\text{cm/s})\leqslant10\sim15(\text{cm/s})$

所以按照掏槽眼、辅助眼、周边眼（分成两段）的起爆顺序实施分段爆破，最大用药量为6kg 对边坡也是安全的。

（8）爆破飞石距离

因爆破点位于地下 50m 深处，通过加强对井口的覆盖防护，飞石距离可控制在 50m 范围内。

（9）施工要求

①深孔爆破的炮孔应落在孔桩的控制轮廓线上，误差不超过 10cm；

②在工程桩孔爆破前，异地缩短孔桩深度试爆（可选 20m 深度），以优化孔网参数和装药结构。

3）护壁施工

护壁只在土层、松软破碎岩石层等软弱地层中设置，护壁混凝土采用 C20 混凝土。

（1）护壁钢筋

为加强护壁支护效果，拟在护壁混凝土中加配光圆钢筋，配置规格为：环向钢筋 φ8mm，间距 20cm；纵向钢筋 φ12mm，间距 30cm；上下护壁间连接钢筋采用 φ8mm，间距 40cm。其中第一模护壁钢筋与钢护筒焊接，纵向筋、连接筋两端采用设置弯钩的形式，环向筋、纵向筋、连接筋间采用绑扎连接。

（2）护壁模板

模板采用定型钢模板，设计为上小下大的圆台形，圆台形模板高度为 1.0m，面板采用厚度 4mm 的钢板，横肋采用 L50×5 角钢。模板的支立通过卷扬机将模板吊放到孔中进行支立加固；校核通过锁口圈上预先设置的四个测量控制点用锤球吊线测量，支立完成的模板轴线与桩中心在同条垂直线上，偏差不大于 1cm，以保证桩基的垂直度符合规范要求。

（3）护壁混凝土

护壁混凝土强度等级为 C20，由试验室进行配合比设计，坍落度控制在 10cm 左右，现场严格按照配合比进行施工。混凝土采用机械搅拌，人工入模并用插入式振捣棒振捣密实。护壁混凝土施工时注意两层接头位置必须连接密实，防止在施工过程中出现漏渣和漏水现象。护壁模板结构如图 3-1-5 所示。

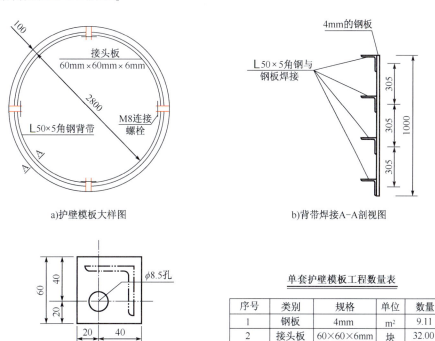

图 3-1-5 桩孔护壁模板结构图（尺寸单位：mm）

| 序号 | 类别 | 规格 | 单位 | 数量 |
| --- | --- | --- | --- | --- |
| 1 | 钢板 | 4mm | m² | 9.11 |
| 2 | 接头板 | 60×60×6mm | 块 | 32.00 |
| 3 | 角钢 | L50×5 | m | 35.17 |
| 4 | 连接螺栓 | M8 | 套 | 16.00 |

单套护壁模板工程数量表

为加快挖孔桩施工进度，可在护壁混凝土中加入水泥用量 1%～2% 的早强剂，对地下水较多的地层，还可加入速凝剂。混凝土浇筑完毕 24h 后，或强度达到 5MPa 时方可拆模，每节护壁均应在当日连续施工完毕。拆模后发现护壁有蜂窝、露水现象时，应及时用高强度等级的水泥砂浆进行修补。

(4)护壁施工注意事项

护壁厚度、混凝土强度等级应符合设计要求,上下护壁间的搭接长度不得少于50mm。护壁模板一般在24h后拆除。施工中随时注意孔壁情况,发现问题,及时处理,防止事故发生,如果发现护壁有蜂窝、漏水现象要及时加以堵塞或导流,防止孔外水通过护壁流入桩孔内。严格控制桩径尺寸和桩的垂直度,开挖时随时检查,出现偏差及时纠正,保证桩位准确。此外,软弱地层施工中严禁护壁滞后或只挖不护的违规行为。

4)终孔

钻孔达到设计深度后,必须核实地质情况。通过钻渣,与地质柱状图对照,以验证地质情况是否满足设计要求。如与勘测设计资料不符,及时通知监理工程师及现场代表进行确认处理。如满足设计要求,立即对孔深、孔径、孔型进行检查。对于孔径、孔壁、垂直度等检测项目采用测孔仪进行检测。孔深及沉渣厚度检测:成孔后,根据旋挖钻显示界面的钻孔深度 $L_1$,利用测绳测量孔深 $L_2$,两者对比,如果 $L_2$ 小于 $L_1$,则更换清底钻头,进行清底,并重新测定深。确认满足设计和验收标准要求后,报请监理工程师验收,监理工程师验收合格后,立即进行清孔。

5)清孔及检测

清孔的目的是清除钻渣和沉淀层,尽量减少孔底沉淀厚度,防止桩底存留过厚沉渣而降低桩的承载力,干孔清孔采用截齿双底捞砂斗进行捞砂。桩基成孔检测标准见表3-1-5。

成孔检测标准　　　　　　　　表3-1-5

| 序　号 | 检查项目 | 允许偏差 |
| --- | --- | --- |
| 1 | 孔径 | 不小于设计孔径 |
| 2 | 孔深 | 符合设计要求 |
| 3 | 倾斜度 | ≤0.3% |
| 4 | 沉渣厚度 | 不大于设计与规范要求 |

6)成孔检查

桩孔开挖至离终孔高程20~50cm时,采用非爆破方法开挖至设计高程,以确保桩底基岩的完整性,开挖至设计高程后,对岩石取样试验,基底岩石天然饱和状态下单轴极限抗压强度及桩身嵌岩深度须满足设计要求,同时对成孔的净空尺寸和垂直度进行检测,不合要求的必须对孔壁进行修整,最后对孔底进行处理,做到孔底平整,无松渣、污泥或沉淀等软层。具体方法见表3-1-6。

挖孔桩实测项目及方法　　　　　　　　表3-1-6

| 检查项目 | 规定值或允许偏差 | 检查方法和频率 |
| --- | --- | --- |
| 桩位、群桩 | 100mm | 全站仪每桩检查 |
| 孔深 | 不小于设计尺寸 | 测绳量:每桩测量 |
| 孔径 | 不小于设计尺寸 | 探孔器:每桩测量 |
| 钻孔倾斜度 | 0.5%桩长,且不大于200mm | 垂线法:每桩检查 |

7)成桩检测

按《公路工程基桩检测技术规程》(JTG/T 3512—2020)和设计文件有关规定执行,并在实施过程中委托具有相应资质的检测机构进行检测,对基桩的混凝土质量采用超声波检测。桩身质量符合设计要求后,才能进行下一道工序。图 3-1-6 所示为桩基混凝土超声波检测现场。

### 1.3.2 承台及塔座施工

1)承台及塔座施工工艺流程

金安金沙江大桥承台为梯台状,上平面尺寸为 17.4m×17.4m,下平面尺寸为 23.4m×23.4m,高度 8m;由于下塔柱较矮,承台间无系梁连接。封底混凝土垫层厚度为 0.5m。承台钢筋在加工厂加工成半成品,吊运至现场分层绑扎,模板采用

图 3-1-6 桩基混凝土超声波检测

大块钢模板,结合索塔横梁模板设计,混凝土自下而上分为二次浇筑,采用背架泵泵送入仓。承台及塔座施工工艺流程如图 3-1-7 所示。

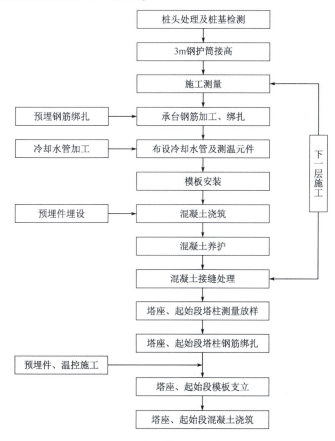

图 3-1-7 承台及塔座施工工艺流程图

2)模板施工

索塔承台分两次浇筑,每次浇筑高度 2.5m,塔座一次浇筑完成。

根据索塔承台施工总体安排,承台分两层浇筑,每层高 2.5m。设计单层承台施工采用两道模板进行,其中底层第一道模板高 2.0m,第二道模板高 0.5m。待第一层承台浇筑完成且第二层承台钢筋、冷管预埋件等安装完成后,将底层第一道模板拆除,安装至第二道模板上部,利用螺栓连接;同时另安装高 0.5m 模板位于第三道模板上,完成第二层承台模板配置。索塔承台模板立面如图 3-1-8 所示。

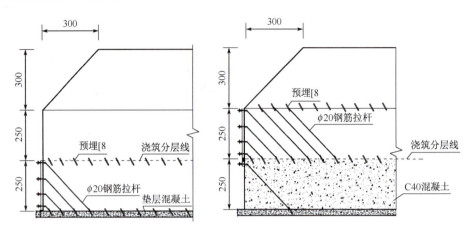

图 3-1-8　索塔承台模板立面图(尺寸单位:cm)

(1)钢筋安装

钢筋绑扎按分层分区绑扎,绑扎时控制钢筋间距、保护层厚度、不漏筋、少筋。钢筋采用人工安放就位,安装顺序为主筋、箍筋、水平筋,施工现场如图 3-1-9 所示。

(2)模板安装

钢筋绑扎完毕后,由下至上立模板;拼装前对模板进行编号,吊车吊入基坑进行安装,根据承台的纵、横轴线及设计几何尺寸进行立模。安装模板时力求支撑稳固,并固定在垫层的预埋钢筋头上,并同时设置模板外部支撑,水平间距不大于 1.5m。安装前在模板表面涂刷脱模剂,保证拆模顺利并且不破坏混凝土外观,施工现场如图 3-1-10 所示。

图 3-1-9　钢筋安装

图 3-1-10　模板安装

(3)混凝土浇筑

承台混凝土采用 C40 混凝土,属大体积混凝土,采用扬程 46m 汽车泵泵送入模,并对入模混凝土质量做最后的检查,防止不合格的混凝土进入仓内。单个承台、塔座采用分层浇筑,自下而上分为三次浇筑,浇筑厚度为3.0m+2.0m+3.0m。混凝土浇筑现场如图3-1-11所示。

图 3-1-11　混凝土浇筑

3）承台混凝土温控施工

索塔承台为大体积混凝土,应采取温控措施,防止温度及收缩裂缝的产生。此外还应综合考虑选用低水化热水泥、降低水泥用量、外掺剂和加强养护等综合措施,减少水化热的影响。承台在采用其他温控措施的情况下,同时考虑采用冷却管进行降温,冷却管应采用具有一定的强度、导热性能较好的薄壁电焊钢管。安装时应保证管道畅通、螺纹连接可靠,并经过通水试验,防止管道漏水、阻水。冷却管通水降温结束后,应及时灌浆封闭,并将露出承台的管道切除。

（1）主要的降温措施

承台施工过程中,主要采用冷却水管进行内部降温。冷却管采用导热性好、并有一定强度的黑铁管,公称直径40mm,下层混凝土均匀布置5层冷却水管,上层均匀布置3层冷却水管,承台及共埋设8层冷却水管,冷却水管平面间距1.0m。冷却水管在加工厂制作完成,安装时做到管道通畅,接头可靠,防止管道漏、阻水,冷却水管采用钢筋或型钢架立。冷却水管安装前,按温控设计将水管固定支架焊好,然后安装固定冷却水管。冷却水管接头采用专用接头或塑料接头连接。已安装好的水管不能承受重物,如人员踩踏、挂靠重物等,混凝土振捣时尽量避开水管。

冷却水管安装完成后进行通水检查,若有漏水,查明原因及时处理,在未处理好之前,不得浇筑混凝土。通水流量不小于$3.0m^3/h$,冷却管长度不超过150m,施工间歇期7d。冷却完毕后,及时压入C30水泥浆封填。冷却水管布置如图3-1-12所示。

（2）温控标准

①浇筑温度:混凝土入仓并经过平仓振捣后,在上层混凝土覆盖前距混凝土表面10~15cm处的温度为浇筑温度。控制浇筑温度对降低混凝土内部最高温度具有重要意义。控制混凝土浇筑温度不宜高于28℃。

②内外温差和保温:混凝土内部最高温度是指混凝土浇筑块内部最高温度的允许值,承台内部允许最高温度取值为75℃。混凝土块体内部平均温度与表面温度之差为内外温差。为防止混凝土内外温差过大引起表面裂缝,施工中需控制混凝土内外温差小于25℃。

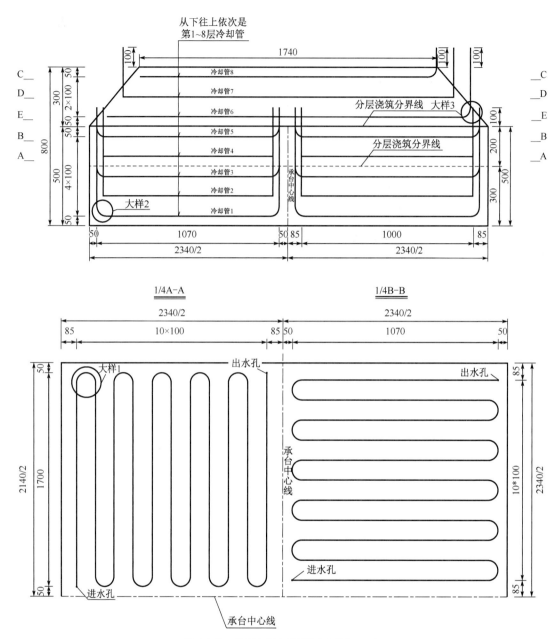

图 3-1-12 冷却水管布置图(尺寸单位:cm)

在混凝土内部通水降温时,进出口水的温差宜小于或等于10℃,且水温与内部混凝土的温差宜不大于20℃。

③降温速率:控制降温速率可使混凝土内部温度应力得到及时释放,对减少温度裂缝具有重要意义。混凝土降温速率控制在不大于2℃/d。

(3)温控监测

为检查块体温度是否满足温控标准,温度控制措施是否有效,并便于及时掌握温控信息,调整和改进温控措施,就必须进行温控监测。

①温控监测内容

在混凝土中埋入一定数量的测温仪器,测量混凝土不同部位温度变化过程,检验不同时期的温度特性和温差标准。当温控措施效果不佳,达不到温控标准时,可及时采取补救措施;当混凝土温度远低于温控标准时,则可减少温控措施,避免浪费。

在检测混凝土温度变化的同时,监测气温、冷却水管进、出口水温、混凝土浇筑温度等。

②仪器的选择

仪器选择依据实用、可靠和经济的原则,在满足监测要求的前提下,选择操作方便、价格适宜的仪器。温度监测仪采用常州金土木工程仪器有限公司生产的 JTM-2 型温度自动巡回检测系统。

JTM-2 型温度自动巡检仪可以进行实时温度采集和定时温度的采集,把所有采集到的温度信息保存到 Excel 数据库内,对数据进行现场跟踪、分析及处理,并能及时进行数据的图表生成和各采集点温度曲线的分析和比较。

③仪器的布点设计

仪器的布点按照突出重点、兼顾全局的原则,在满足监测要求的前提下,以尽量少的仪器获得所需的监测资料。根据承台的对称性和温度与应力变化的一般规律,仪器布置在承台相互垂直的两个中心断面上的一侧。温度传感器在每层混凝土的中心和表面布置,在平面内,由于靠近表面区域温度梯度较大,因此测点布置较密。主塔承台共布置有 4 层,共 12 个测点。

(4)温度控制措施

根据温度监控和工地现场的实际情况,采取以下具体的温控措施:

①大体积混凝土主要考虑抗裂性能好、兼顾低热和高强两个方面的要求。在满足混凝土设计强度的前提下,尽量优化配合比,减少水泥用量,确保水化热绝热温升不超过规定的温控标准。

②采用双掺技术,掺用 30% 左右的优质粉煤灰,采用缓解水化热效果好的外加剂,降低混凝土的水化热温升。

③改善集料级配在现场条件许可和保证质量的前提下,可选择较大粒径的集料及减少砂率。

④调整施工时间应尽量选择气温较低的日子施工,同时尽量安排每一浇筑层的中下部混凝土在夜间和早上浇筑,表面在白天浇筑。

⑤降低入仓温度,使混凝土的浇筑温度小于浇筑期的旬平均气温+4℃,且不大于30℃。

⑥采用冷却水管时间距误差不得超过±5cm,单根水管长度以小于 170m 为宜。水管内通水流量为不小于 $3m^3/h$,冷却水的进水口水温以不大于旬平均气温。冷却通水从水管被混凝土覆盖后开始,覆盖一层通水冷却一层,通水时间不小于 8d,具体结束时间视混凝土温升、温降情况而定。

此外冷却水管应采用导热性能好的金属管,管内径大于 40mm,水管安装应保证质量,安装后应通水检查,防止管道漏水或阻塞。应确保通水期间的水源和流量,中途不得发生停水事故。

⑦在分层浇筑时,应控制混凝土层间的浇筑间歇期,间歇期以 7d 为宜。表面保温与养护混凝土浇筑完毕待初凝后立即在上表面进行保温养护。表面采用保温材料(土工布或塑料薄膜加草袋)保温养护。在承台的四周,采取保温材料覆盖模板进行养护,拆模后,继续采用保温材料进行覆盖养护。混凝土侧面应加强养护,使其始终保持湿润状态。

⑧为及时掌握温控信息,以便及时调整和改进温控措施,应进行温度控制监测,及时掌握内外温差则可以及时调整保护层厚度。大体积混凝土的温度应力控制和防裂是一个十分复杂的问题,外界温度和湿度、施工条件、温控程序、原材料变化等都会引起温度应力的变化,只有通过温控监测,才能更准确地了解结构的质量与抗裂安全状况。

### 1.3.3 索塔施工

1)总体施工工艺流程

索塔采用液压爬升模板施工,塔柱起步段为 1.0m,标准节段高度为 4.5m、6.0m。除起步段 1.0m 脚手管支架施工,其余节段均采用液压爬模施工。索塔总体施工工艺流程如图 3-1-13 所示。

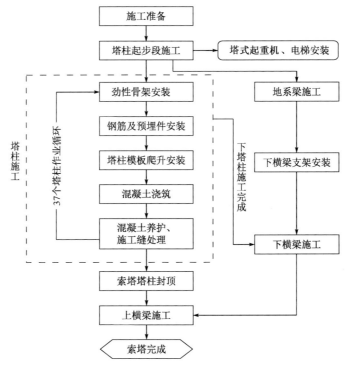

图 3-1-13 索塔总体施工工艺流程图

2)塔柱起始段施工

采用搭建脚手架的方式进行首节段施工。为防止塔柱根部开裂,起步段高 1.0m 与塔座一起浇筑,模板采用竹胶板。

3)塔柱标准段施工(液压爬模施工)

塔身采用液压自动爬模系统施工,混凝土浇筑按 4.5m/6m 一节进行划分,塔身分为 $N$ 个节段。加劲隔板与塔身异步施工,塔身加筋隔板在塔身钢筋安装时,安装预埋钢筋连接套筒及支架预埋件。塔身封顶之前借助塔内检修楼梯施工。

(1)爬模系统设计

液压爬模系统由模板单元、爬架单元及预埋件构成,具体见表 3-1-7。爬架系统构成见表 3-1-8。

液压爬模系统设计　　　　　表 3-1-7

| 序号 | 项目 | 图示 | 说　　明 |
|---|---|---|---|
| 1 | 设计原则 | 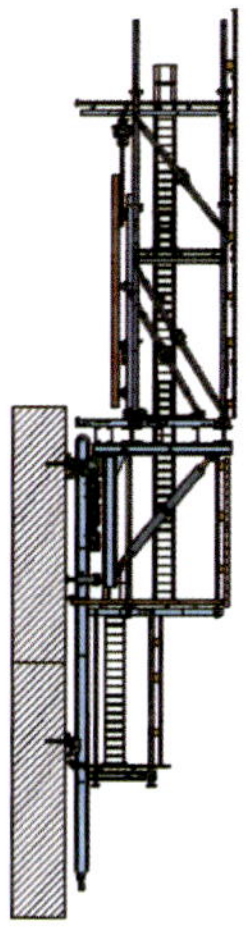  | (1)爬模应按标准化、系列化、互换性、便于维修以及便于施工现场安装拆卸的原则进行设计；<br>(2)爬模主塔的分节高度一般为4.5m,分节段高度最大不能超过6m；<br>(3)爬模的设计计算，必须满足结构和构件强度、刚度和稳定性要求；<br>(4)爬模施工时，主塔塔式起重机外轮廓距离塔身净空不小于3m；<br>(5)模板设计计算应考虑混凝土荷载，模板荷载，人群及施工荷载，振捣荷载，风荷载等；<br>(6)模板设计应考虑运输和起重机械要求，对模板进行合理分块；<br>(7)对于变截面塔，模板设计时，其收分位置应该与爬架的收分位置一致；<br>(8)模板背楞、围檩、连接件应具有通用性、互换性 |
| 2 | 液压爬模系统 |   | 由爬架单元、模板单元和预埋件组成 |
| 3 | 模板单元 |   | (1)由模板、角拉杆座、角拉杆及对拉杆等部分组成，其中模板又分为钢模板和钢木组合模板；<br>(2)钢模板一般采用6mm厚钢板作为面板，单[8槽钢作为竖向背楞，双[14a槽钢作为横向围檩；<br>(3)钢木组合模板一般采用21mm进口WISA板作为面板，单[8槽钢作为竖向背楞，双[14a槽钢作为横向围檩 |
| 4 | 爬架单元 | 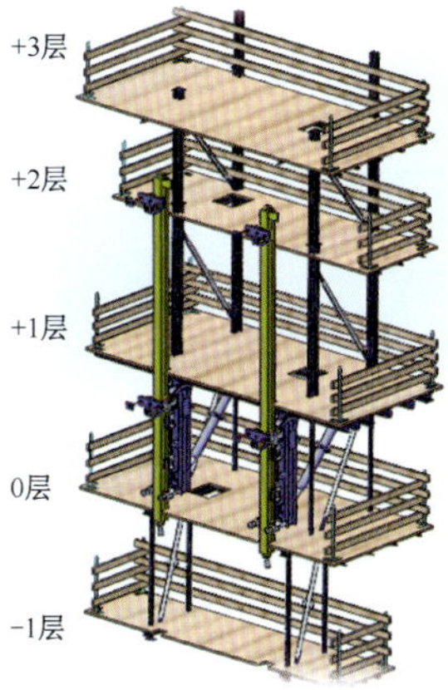  | 包括爬升装置、模板移动支架、悬吊装置、外爬架(上爬架及下吊架)、液压系统、安全防护装置等通用部件及部分"非标准件"。<br>(1)-1层为修饰平台，主要功能为塔身修饰；<br>(2)0层为液压平台，主要功能为爬升装置操作平台；<br>(3)+1层为承重平台，+2层为上爬架平台，主要功能为模板的安装、调整、拆除，锚锥的安装；<br>(4)+3层为上爬架平台，主要功能为钢筋及混凝土工作平台 |

续上表

| 序号 | 项目 | 图示 | 说明 |
|---|---|---|---|
| 5 | 预埋件 | | 由锥形螺母、六角法兰面螺栓、150mm×200mm×14mm 钢垫板、φ25mm 精轧螺纹钢以及精轧螺纹钢锚具组成 |

爬架单元功能　　　　　　　　　　　　　　　　　　　　　　　　表 3-1-8

| 层　号 | 部　位 | 功　能 |
|---|---|---|
| -1 | 修饰平台 | 塔身修饰 |
| 0 | 液压平台 | 爬升装置操作平台 |
| +1 | 承重平台 | 主要用于模板的安装、调整、拆除,锚锥的安装 |
| +2 | 上爬架平台 | |
| +3 | 上爬架平台 | 钢筋及混凝土工作平台 |

（2）爬模系统安装

①组装流程

爬模系统组装工艺流程如图 3-1-14 所示。

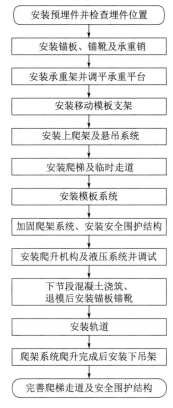

图 3-1-14　爬模组装工艺流程图

②操作要点

爬模系统安装施工要点见表3-1-9。

爬模系统安装施工工序、要点及技术标准　　　　　表3-1-9

| 序号 | 工序 | 图示 | 施工要点 | 技术标准 |
|---|---|---|---|---|
| 1 | 安装预埋件及锚板锚靴 |  | （1）检查锚锥、精轧螺纹钢、锚锥定位块之间的连接配套；<br>（2）按照设计要求，根据锚筋类型，将锚筋、锚锥和锚锥保护层（黄油和封箱带）装配好；<br>（3）将装配好的锚锥总成与锚锥定位板连接，模板就位，浇注混凝土；<br>（4）每组锚板安装时必须定位好，确保其相对位置准确 | 根据设计计算确定预埋精轧螺纹钢具体长度，并配备预埋垫板和预埋螺母 |
| 2 | 安装承重架 |  | （1）承重销轴安装入孔时应扭动一定角度确保安装到位；<br>（2）承重架爬头勾头勾住销轴时，确保立柱与混凝土面平行，及时调节下支撑与档叉顶紧混凝土面 | 承重架整体安装应至少使用4个吊点，重心偏移时，用手拉葫芦将其调平 |
| 3 | 安装下吊架 | 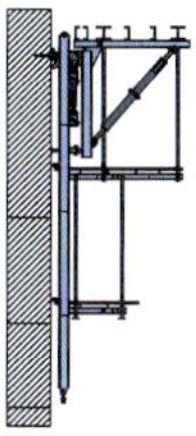 | 在施工条件满足时吊架系统与承重架系统同步安装，现场工序和场地不满足的情况下可后期单独安装吊架 | 各层吊架平台必须安装滚轮架装置 |
| 4 | 安装移动模板支架与悬吊装置 | 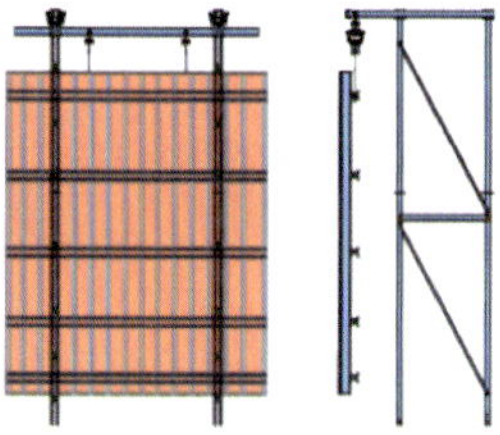 | （1）移动模板支架的横梁采用扣板固定在承重架主梁上，相同面的横梁安装时必须保证一定的平行性，保证模板进退精度；<br>（2）悬吊系统适用于直面或者倾角在2°以内的倾斜面 | （1）移动模板支架在安装时横梁端部应尽量靠近混凝土，保证模板与支架不会产生干涉，并为锁紧装置提供足够的调试空间；<br>（2）悬吊杆应使用大于等于$\phi 15mm$的精轧螺纹钢筋，底部配垫板 |
| 5 | 安装模板 |  | （1）模板进场后应根据设计要求清点数量，校对型号；<br>（2）组拼式模板现场拼装时，应用醒目的字体按照模板使用位置进行重新编号；<br>（3）合模前必须将模板内部杂物清理干净；<br>（4）模板与混凝土接触面应清理干净、涂刷脱模剂，刷过脱模剂的模板遇雨淋或者其他因素失效后必须重新补刷；使用的脱模剂不得影响结构工程及装修工程质量 | （1）模板安装在移动模板支架上时，至少要安装两道围檩卡，一道调节器；<br>（2）模板与移动模板支架可靠连接，同时竖向围檩要避开模板的对拉螺栓孔位线 |

续上表

| 序号 | 工序 | 图示 | 施工要点 | 技术标准 |
|---|---|---|---|---|
| 6 | 安装上爬架 | 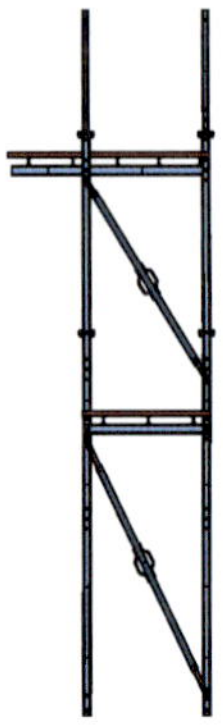 | (1) 上爬架片架超过4片(包含4片)应先将片架加固,吊装时采用4点吊装;<br>(2) 安装异形上爬架时,上爬架的倾斜角度应提前调节到位 | 上爬架架体安装到位后,应在架体外侧做剪刀撑,剪刀撑最大跨度不应大于5m,超过5m的架体可再增加一片剪刀撑 |
| 7 | 安装轨道 | 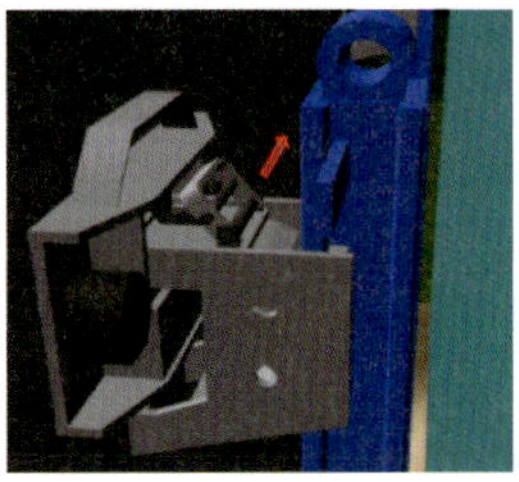 | 轨道主要由两组锚固件固定,在首次安装时,第一层锚固件不安装,先将轨道穿过第二层锚固件、爬头及箱体,再穿过下支撑,当轨道下落到一定高度后,安装第一层锚固件(锚板、锚靴),然后利用液压系统将轨道顶升并穿过第一层锚固件,插入轨道插板,并将轨道回落到位,固定到锚靴上 | (1) 轨道安装前在轨道工作面均匀涂抹黄油,达到润滑效果;<br>(2) 轨道安装选择专用设备起吊,禁止用手拉葫芦起吊;<br>(3) 轨道安装完成后,第一次爬升爬模之前必须将轨道撑脚安装到位,并支撑于混凝土表面上 |
| 8 | 安装液压系统 | 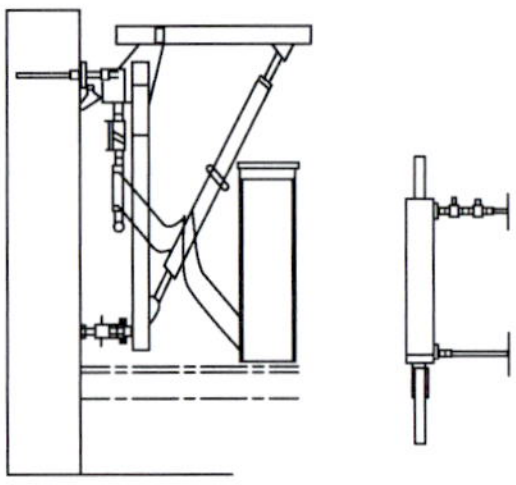 | (1) 首次安装调试须将每个液压缸分别试压,整体管路不得出现漏油渗油现象;<br>(2) 根据液压动力站电机功率选择合适的电缆线;<br>(3) 调试完毕,切断电源,确保所有球阀处于关闭状态 | (1) 液压管路安装,禁止在平台上拖拽,根据平台大小与平台高差推算出所需油管的富余量,将油管位置定好;<br>(2) 大小油管安装以不影响爬升操作为前提 |
| 9 | 安装防护设施 |  | (1) 横向防护栏杆一般选用 $\phi48mm \times 3.5mm$ 的钢管,使用扣件将栏杆与爬模构件相连;<br>(2) 围栏的防护高度不得低于1.5m,防护栏杆的层数不得少于2层;<br>(3) 每层平台靠近混凝土侧安装防灰板,挡灰板采用 L 50×50 的角钢扣式固定,其他3侧必须安装踢脚板,踢脚板采用3cm厚木板或3mm厚钢板,高度不得低于20cm | (1) 爬模防护网采用不小于11目/cm² 的密目网;<br>(2) 顶层平台放置一块1.5m×2m 的钢垫板,用于现场切割使用,钢板厚度不得低于6mm;<br>(3) 每层平台转角处必须采用5cm厚的木板铺平连通,禁止出现10cm以上的连接缝隙;<br>(4) 每层平台必须放置灭火器、沙箱或水箱,并布置一定数量工具箱或垃圾桶 |

（3）液压爬模系统爬升

液压爬模的爬升通过液压缸对导轨和爬架交替顶升来实现。导轨和爬架二者之间可进行相对运动，当爬架处于工作状态时，导轨和爬架都支撑在埋件支座上，两者之间无相对运动。退模后安装锚板及锚靴，调整爬升装置爬升导轨，待导轨爬升就位后，操作人员拆除位于下平台处锚板及锚靴，同时安装轨道插板。

在解除爬架上相应限位装置后就可以爬升爬架，这时候导轨保持不动，调整爬升装置后启动液缸，爬架就相对于导轨向上运动，爬架向上爬升。

（4）爬模导轨爬升

爬模导轨爬升工艺流程如图 3-1-15 所示。

（5）爬模导轨爬升

爬模导轨爬升要点见表 3-1-10。

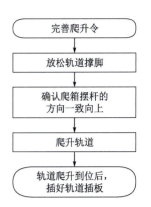

图 3-1-15 爬模导轨爬升流程

爬模导轨爬升施工工序、要点及技术标准　　　　表 3-1-10

| 序号 | 工序 | 示意图 | 施工要点 | 技术标准 |
| --- | --- | --- | --- | --- |
| 1 | 爬升准备 |  | （1）安装锚板和爬靴时应检查其实际位置与理论位置是否一致，不符合要求的应进行相应的调整。爬升悬挂件安装好后，应派专人检查其连接高强度螺栓是否完全到位；<br>（2）将锚板锚靴安装在下一节段预定位置上，确保限位销固定住锚靴；<br>（3）将步进装置摆杆朝上，安装好弹簧复位器，打开液压系统双向球阀；<br>（4）轨道爬升过程中要保证保险钢丝绳不得影响轨道的爬升 | （1）爬升前确认墩身混凝土强度已达到 20MPa 以上；<br>（2）轨道每爬升一步时应通过对讲机联络，并确认上下爬箱是否都到位，到位后才可开始下一步爬升 |
| 2 | 爬升轨道 |  | （1）爬升轨道大约 0.5m（3～4 步），抽掉轨道上的插板；<br>（2）爬升所有轨道至距锚靴下边缘 10cm 左右；<br>（3）关闭所有液压缸双向球阀；<br>（4）分别打开液压缸双向球阀，逐根爬升轨道；<br>（5）将每根轨道分别对准爬靴，爬升轨道至爬靴顶上方，并使轨道楔形块插孔处于爬靴顶约 5cm；<br>（6）插入插板 | 轨道爬升到位后，应从右往左插上轨道顶部楔形插销，以确保插销锁定装置到位。下降轨道使顶部楔形插销与爬靴完全接触 |

续上表

| 序号 | 工序 | 示意图 | 施工要点 | 技术标准 |
| --- | --- | --- | --- | --- |
| 3 | 轨道爬升到位 |   | （1）将步进装置上爬箱的摆杆打向下边（即爬升爬架时的位置），伸缩液压缸，保证全部轨道全部下落到位，并将轨道撑脚撑到混凝土面上；<br>（2）拆除空出来的锚板、锚靴及埋件系统，修补混凝土表面 | 轨道爬升完成后应及时关闭液压缸进油阀门、关闭控制柜、切断电源 |

（6）爬模爬架爬升

爬模爬架爬升要点见表3-1-11。

**爬模爬架爬升施工工序、要点及技术标准**　　　　　表3-1-11

| 序号 | 工序 | 示意图 | 施工要点 | 技术标准 |
| --- | --- | --- | --- | --- |
| 1 | 爬升准备 | 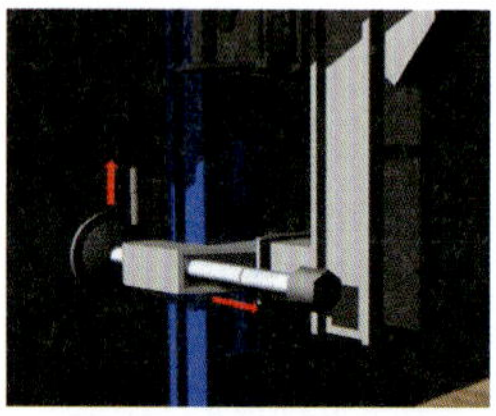 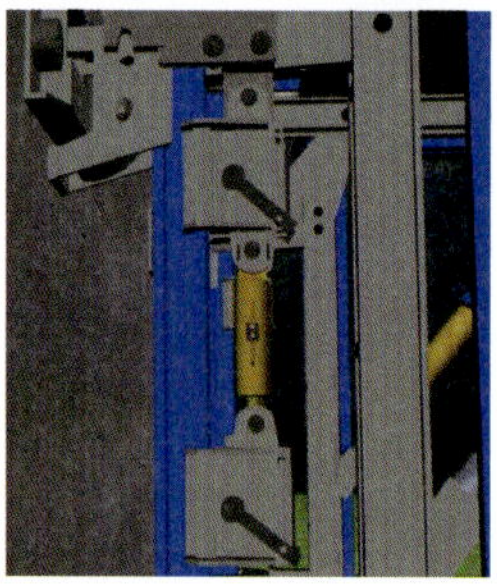  | （1）爬架爬升前应及时撤除各层平台间所有连接锁定，清除爬架上不必要的荷载（如钢筋头、氧气乙炔空瓶等）；<br>（2）检查爬架长边与短边的连接（如电线）等是否已解除及安全保护绳是否已套牢；<br>（3）爬架爬升时，液压装置应由专人操作；<br>（4）上节段混凝土修补符合要求后才能进入爬升施工阶段 | （1）放松下支撑，使之距混凝土面12cm左右；<br>（2）检查并确保所有步进装置摆杆朝下，打开所有液压缸双向球阀 |
| 2 | 爬升爬模 | 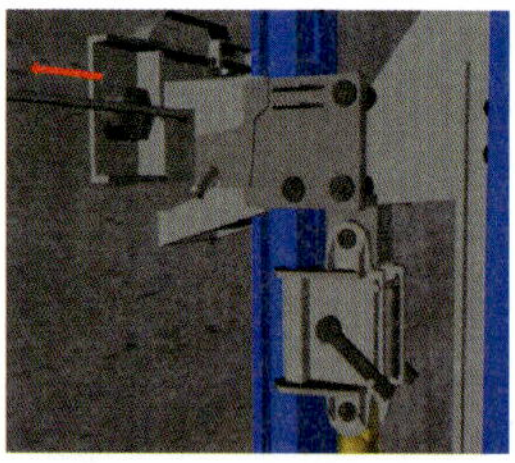  | （1）抽掉锚靴安全销轴，启动控制柜爬升爬模；<br>（2）爬升两三步以后抽掉锚靴承重销轴；<br>（3）爬升爬模；<br>（4）爬模爬头挂钩超过锚靴承重销轴孔时，插入锚靴承重销轴并锁定，爬模回落到锚靴承重销轴上 | （1）爬架爬升到一定位置后及时拔出承重销轴；<br>（2）在轨道上每爬升一步需通过对讲机联络，让爬架爬升操作者确认上下爬箱是否都完全到位，到位后才可开始下一步爬升；<br>（3）当爬架爬升到位后，应及时插上承重销及安全插销 |

102

续上表

| 序号 | 工序 | 示意图 | 施工要点 | 技术标准 |
|---|---|---|---|---|
| 3 | 爬模爬升到位 |  | （1）插入锚靴安全销轴并锁定，使下支撑撑住混凝土；<br>（2）缩回所有活塞连杆，关闭所有双向球阀并切断电源 | （1）完成爬架的爬升工作后及时关闭液压缸进油阀门、关闭控制柜、切断电源；<br>（2）当爬架爬升不同步及其他异常情况时，应停下来研究处理；<br>（3）爬架爬升到位后，检查所有平台的滚轮是否顶紧混凝土面 |

4）劲性骨架施工

为满足塔柱高空倾斜状况下钢筋施工的精确定位，方便测量放线，塔柱施工时设置劲性骨架。为方便安装，劲性骨架采用矩形小断面桁架结构，在后场分榀分节段加工，路运至现场塔式起重机吊装，用型钢连成整体。

（1）劲性骨架设计

劲性骨架根据塔身线形变化和壁厚不同，每个塔柱共分为21个加工安装节段，为方便加工和安装施工，节段高度确定为9m，每节段劲性骨架在纵桥向和横桥向的宽度根据塔身而有所变化。劲性骨架距离塔身外表面和内表面的距离分别为25.5cm和10.5cm，施工中应保证劲性骨架每节段的安装精度。劲性骨架在加工厂进行分段加工制作，先行制作单件，最后现场吊装后焊接拼装。为保证劲性骨架的加工精度，搭设专用台座定型靠模制作，要注意塔柱收分并编号堆放，加工精度应满足设计要求。

（2）劲性骨架安装

劲性骨架用塔式起重机分片吊装，先临时固定，测量控制精度，准确定位后再将劲性骨架焊接固定，相邻骨架间在连接处焊成整体。劲性骨架若与塔柱结构件位置发生冲突，应首先确保结构件的准确位置。

5）横梁施工

横梁与索塔异步施工，即施工高度超过下横梁后再进行下横梁施工，超过下横梁的高度以监控和设计要求为准。塔柱封顶后再施工上横梁。下横梁采用钢管支架施工，上横梁采用托架法施工。

在横梁施工过程中，支架的布置及受力必须满足设计的要求，横梁现浇支架考虑非弹性、弹性变形以及温差日照影响，除此之外，还应考虑塔柱后期混凝土的收缩徐变。综合考虑后，根据监控指令确定横梁预拱度及预抬值。

6）水平支撑施工

（1）施工工艺流程

索塔水平支撑拟设置5道，其中下塔柱不设置，均设置在上塔柱。为避免上下塔身根部附加弯矩过大，平衡塔身内倾产生的水平分力，下塔身设置1道钢管支撑，上塔身设置3道钢管支撑并施加顶推力，以抵消水平力和附加弯矩。这些钢管支撑在对应横梁施工完成后方可拆除。具体施工工艺流程见表3-1-12。

水平横撑施工工艺流程　　　　　　　　　　　表3-1-12

| 序号 | 名　　称 | 设置高程(m) | 顶推时间 | 拆除时间 | 总主动顶撑力(kN) | 支撑根数 |
|---|---|---|---|---|---|---|
| 1 | 第一层支撑 | 1755.562 | 第12节段浇筑完成，下横梁下层浇筑完成 | 第35节段浇筑完 | 4000 | 2 |
| 2 | 第二层支撑 | 1782.562 | 第18节段浇筑完成 | 上横梁张拉预应力后 | 1000 | 2 |
| 3 | 第三层支撑 | 1808.562 | 第24节段浇筑完成 | 上横梁张拉预应力后 | 600 | 2 |
| 4 | 第四层支撑 | 1832.562 | 第29节段浇筑完成 | 上横梁张拉预应力后 | 500 | 2 |
| 5 | 第五层支撑 | 1858.062 | 第35节段浇筑完成 | 上横梁张拉预应力后 | 600 | 2 |

每道水平支撑结构均由预埋件、支座及牛腿（托架）结构、水平支撑杆和千斤顶、垫梁组成。支座及牛腿为焊接件。第一层水平支撑杆为 $\phi1200mm\times10mm$ 钢管；第二层水平支撑杆为 $\phi1000mm\times10mm$ 钢管；第三~五层水平支撑杆为 $\phi800mm\times8mm$ 钢管。第一层斜支撑杆为 $\phi420mm\times6mm$ 钢管，各层水平支撑杆之间均采用 $\phi420mm\times6mm$ 钢管连接。

（2）塔身水平支撑的设置

①设计原则

上塔身根部混凝土截面应力是控制水平支撑设计的关键因素。水平支撑间距是上塔身悬臂施工过程中，在混凝土自重、施工荷载及风荷载作用下，塔身不产生裂缝（并有足够安全储备）的最大悬臂高度，该高度还要满足施工工艺及施工空间要求。水平支撑拆除后，成塔线形和弯矩与设计基本一致。

②水平支撑的布置及顶撑力

根据分析结果，下塔身设置1道水平支撑，上塔身共设3道水平支撑，水平支撑安装后即施加主动顶推力。根据施工过程中水平支撑的最大被动受力，每道沿平面位置共布设3组 HN500×200 型钢。钢管支撑通过预埋锥形螺栓、连接支座与塔身固定。水平支撑的施工根据施工计算和施工监控及时和设计单位沟通后，进行适当调整。水平支撑布置如图3-1-16所示。

（3）水平支撑安装

塔身水平横撑安装前，两塔身内侧先安装施工操作平台和施工通道，然后安装锚板、支座，最后利用塔式起重机吊装水平支撑。水平支撑定好位后用千斤顶顶升至设计吨位，焊接连接构件固定。

（4）水平支撑水平顶推力施加

根据分析计算，确定顶推力的大小。采用液压千斤顶在水平横撑一端同步分级施加顶推力。

水平钢管施加力的同时应观测水平横撑的挠度和塔身的变形情况，顶力满足要求后，停止施加力，用连接型钢将钢管与横撑支座焊接固定，然后千斤顶回油、

图3-1-16　塔柱水平支撑

卸落。

(5) 水平支撑拆除

水平横撑拆除采用塔式起重机配以卷扬机拆除作业的方案。

水平横撑拆除顺序：先放松水平支撑力→拆除水平平联、栏杆→拆除水平钢管→拆除支座、锚板和牛腿。

## 1.4 小净距大倾角隧道锚施工

金安金沙江大桥两岸锚碇结构形式为隧道式锚碇，分左右两侧，包括锚体及锚固系统。锚体由前锚室、锚塞体、后锚室、散索鞍基础四部分组成，隧洞施工均采用光面爆破法，以保证围岩的完整性。本节主要介绍隧道锚洞开挖、二次衬砌、锚塞体及散索鞍基础施工。其施工工艺流程如图 3-1-17 所示。

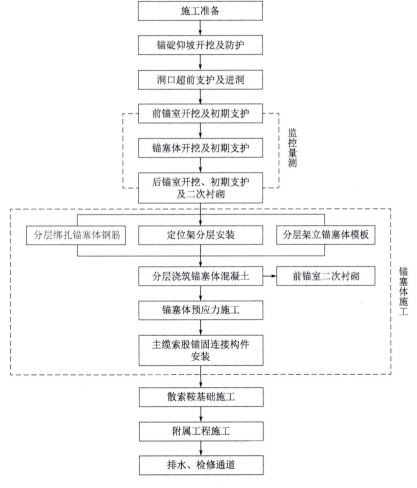

图 3-1-17　隧道锚总体施工工艺流程图

### 1.4.1 隧道锚室开挖

1）隧道锚开挖工艺

隧道锚开挖采用分台阶开挖，多节段支护，钻爆配合机械开挖，采用松动爆破方案，减小对相邻锚洞的扰动。同时，为适应大倾角、大断面的隧道锚出渣，提高出渣效率，设计研制了一套机械化出渣系统，出渣系统包括洞外支架、牵引系统设备、斗车轨道、4m² 侧卸式斗车。提升系统卷扬机缠绕足够通行长度的钢丝绳，钢丝绳与斗车采用卡环连接，方便拆卸。出渣时，利用洞内挖掘机将洞渣装入斗车内，同时将盘在卷扬机的钢丝绳启动提升。隧道锚室开挖工艺流程如图 3-1-18 所示。

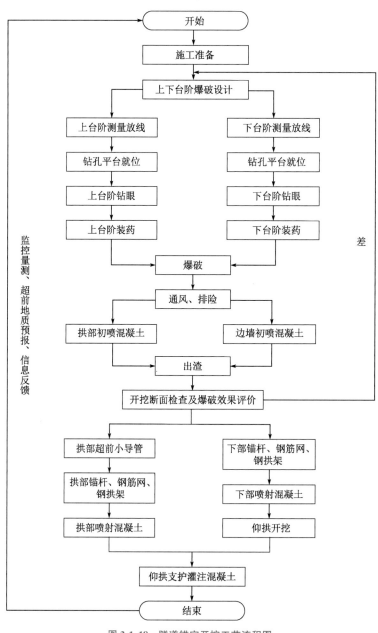

图 3-1-18 隧道锚室开挖工艺流程图

前锚室隧洞围岩级别为Ⅳ、Ⅴ级，采用短台阶法开挖，上台阶先行开挖，一次开挖成形，下台阶紧跟，台阶长度3~5m，开挖循环进尺取0.8~1.6m；锚塞体及后锚室隧洞围岩级别为Ⅲ、Ⅳ级，可采用全断面开挖，但考虑开挖断面过大，开挖时仍采用台阶开挖方法。根据开挖断面情况分3~5个台阶，台阶长度3~5m。中、下台阶采用左右分部开挖（开挖过程中，下台阶应在上台阶喷射混凝土达到一定强度后再开挖）。开挖循环进尺一般取0.8~1.6m。隧洞洞身开挖施工顺序如图3-1-19所示。

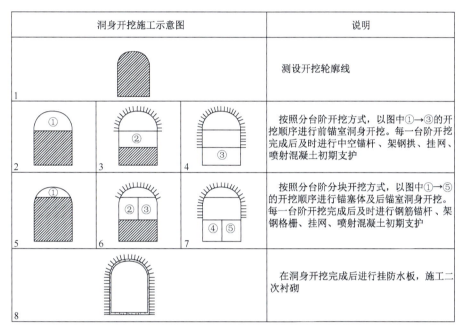

图3-1-19 隧洞洞身开挖施工顺序图

隧道锚爆破开挖遵循短进尺、弱爆破、少扰动原则，对前锚室部分和选择一个锚塞体断面进行钻爆设计，实际爆破参数及炮孔布置可根据现场断面大小和围岩情况调整。

洞身开挖过程中，应考虑预留变形量，变形量参照《公路隧道设计规范》（JTG D70—2004）取值，Ⅲ级围岩预留变形量可取5cm，Ⅳ级围岩变形量可取8cm，Ⅴ级围岩预留变形量可取12cm。同时在洞室周边和拱顶布置沉降位移点，随时进行监测并适时调整预留变形量。左右洞室开挖过程中，掌子面应适当错开一定距离，应符合隧道施工技术规范。

2）出渣及运输

采用PC230挖掘机进行装渣，利用有轨运输方式，洞内采用0.6m³反铲挖掘机扒渣、集渣、装渣，4m³侧卸式斗车采用双轨道运输到洞外临时存渣处卸渣，再由侧翻式装载机装渣，自卸汽车运至弃土场。挖掘机上下洞采用出渣系统中的卷扬机牵引，将钢丝绳固定在挖机底部吊环上，挖机行驶速度与卷扬机牵引速度保持同步。出渣系统包含：洞外支架、牵引系统设备、斗车轨道、4m³侧卸式斗车。提升系统卷扬机缠绕足够通行长度的钢丝绳，钢丝绳与斗车采用卡环连接，方便拆卸。出渣时，利用洞内挖掘机将洞渣装入斗车内，同时将盘在卷扬机的钢丝绳启动提升。出渣系统立面如图3-1-20所示。

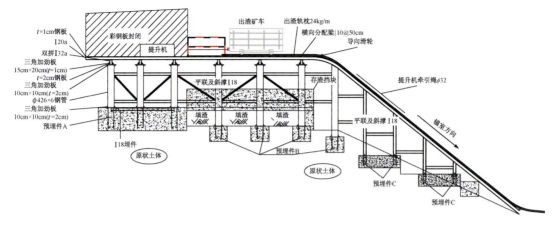

图 3-1-20 出渣系统立面图

根据现场统计,采用轨道出渣、集中堆渣的方式进行出渣运输,出渣效率高,设备利用率高,节约工期和成本,如图 3-1-21 和图 3-1-22 所示。

图 3-1-21 挖掘机装渣

图 3-1-22 侧翻式装载机出渣

### 1.4.2 二次衬砌

根据设计图纸要求,前后锚室位置进行二次衬砌,且在初期支护的基础上进行土工布、排水波纹管、防水板等防水设置施工。隧洞二次衬砌施作时间应满足以下条件:

(1)隧洞周边水平收敛速度小于 0.2mm/d;拱顶或底板垂直位移速度小于 0.1mm/d。

(2)隧洞周边水平收敛速度以及拱顶或底板垂直位移速度明显下降,并处于稳定。

二次衬砌施工工序为:搭设支架→初期支护基面处理→铺设防水层→绑扎钢筋→安装模板→二次衬砌混凝土浇注。

二次衬砌施工采用支架模板方案进行混凝土浇注,支架采用满堂脚手架,采用波纹管对索股进行成品保护。钢筋由钢筋加工厂统一制作,利用支架现场人工绑扎、焊接及机械连接。施工时应防止损坏防水层,注意预埋件安装。采用泵送浇注混凝土的方法进行施工。混凝土浇注应对称分层连续进行。在混凝土浇注时,施工现场设置足够的照明设施,以便观察模板拱架的变形,以及在浇注过程中防排水系统是否有损坏,钢筋骨架是否有变形。在初期支护与二次衬砌之间设置回填注浆管,注浆管纵向间距为5m,环向间距为3m,孔深为穿透二次衬砌厚度进入空隙,埋管禁止穿透防水板,注浆采用M30水泥砂浆。前锚室二次衬砌施工如图3-1-23所示,索股成品保护如图3-1-24所示。

图 3-1-23　前锚室二次衬砌施工

图 3-1-24　索股成品保护

### 1.4.3　锚塞体施工

在隧道锚后锚室二次衬砌施工完成后,即可进行锚塞体施工,具体施工工艺流程如图3-1-25所示。

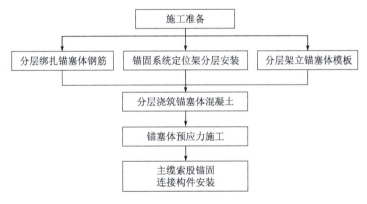

图 3-1-25　锚塞体施工工艺流程图

1)模板及支架系统

锚塞体模板由前、后锚面模板及前后锚面槽口模板组成。

(1)后锚面部分

后锚面支架采用扣件式脚手管满堂脚手架支撑,平面布置间距为40cm×40cm,立杆步距为120cm,模板采用组合钢模,后锚面模板支撑体系如图3-1-26所示。前锚面模板支撑如图3-1-27所示。

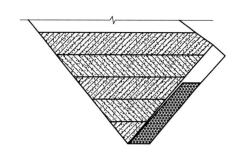

图 3-1-26　后锚面模板支撑示意图

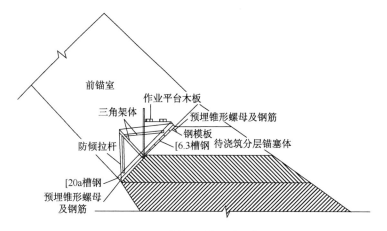

图 3-1-27　前锚面模板支撑示意图

(2)前锚面部分

锚塞体前锚面模板利用后锚面模板,在前锚面下层混凝土内或洞壁相应位置横向每隔 100cm,纵向 100cm 预埋直径 22mm 的圆钢,作为前锚面模板的拉杆,前锚面模板预埋螺栓要与预应力锚固位置错开,水平加劲肋为[6.3 槽钢,间距 30cm,竖向加劲肋为[20a 槽钢,间距 80cm,相邻模板采用螺栓连接。

(3)槽口模板

由于四个象限的预应力钢束是关于洞轴线环向对称,每个象限内的钢绞线在空间的位置均不相同,预应力钢绞线的锚固通过设置前、后锚面槽口来保证与承压面垂直,前、后锚面的槽口模板的空间尺寸位置的精度直接关系到预应力管道预埋的准确性。为保证前、后锚面槽口模板空间尺寸的精度,采用 6mm 厚钢板加工成定型模板。每个槽口模板的面板尺寸通过放样后加工成型,同时确保成型后的模板顶面与钢束成 90°。锚垫板与槽口模板之间采用螺栓连接。前、后锚面槽口模板固定在前、后锚面模板上,之间填充"井"字形木架,以提高面板刚度,如图 3-1-28 和图 3-1-29 所示。

2)锚塞体预应力管道定位施工

(1)定位支架施工

定位架是由角钢组拼成的框架结构,成型后的轴线长 40m,每段长度 9.0m,根据锚塞体混凝土施工情况逐段安装,如图 3-1-35 所示。定位架由横杆、竖杆及纵向连接杆组成,水平杆及立杆采用 I12 工字钢、纵向连接采用 L 100×8 角钢加工而成,横杆及竖杆与初期支护钢拱架焊接。预应力管道采用钢制定位片与横杆连接。定位架如图 3-1-30 所示。

图 3-1-28　后锚面槽口模板安装

图 3-1-29　后锚垫板与预应力道管焊接施工

图 3-1-30　定位支架安装

定位架采用 Midas 建模分析,模型如图 3-1-31 所示。预应力管道最大位移为 2.8mm,满足图纸支架变形不大于 10mm 的要求。

根据混凝土分层浇筑情况,采取在锚洞外加工定位架杆件,然后在锚洞内分块、分片安装成型,分层安装定位骨架,分段与预应力管道的连接,以满足"分层灌注、分节支撑、分段接管、实时监控"的实际要求。加工好的单件杆通过汽车起重机及洞内运输材料小车运至洞内后,即可进行定位架拼装。其施工步骤如下:

①安装前,利用全站仪测出隧洞中轴线,每榀定位架的底部第 1 根水平杆的平面位置及实测高程要在混凝土面上做上标记,同时也测出每榀定位架侧面及环向的平面位置,并在侧墙及拱部上做出标记。

②凿开每片定位架在相应初期支护的钢拱架,在上焊接定位架的柱脚及侧墙埋件。

③用水平管配合钢尺定出定位架柱脚高程并调整、找平到安装的要求,然后将每榀定位架的第 1 根水平杆焊接在柱脚上。第 1 根水平杆要作为此后水平杆及竖杆的基准,一定要确保

此水平杆的平面位置、高程、角度的精确度。

④在基准杆安装到位后,即可一层层安装竖杆、水平杆。定位架拼装过程中,应随时检查位置是否有偏差,并随时纠正。按照混凝土分层要求安装定位架,每根连接杆均要伸出混凝土面1m,确保下次连接时有足够的长度。

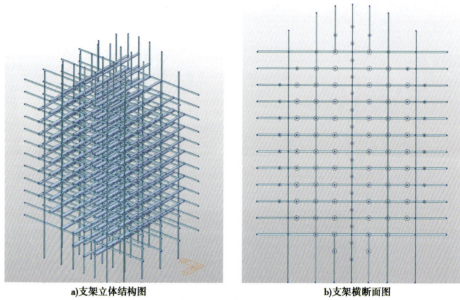

a)支架立体结构图　　　　　　　　b)支架横断面图

图 3-1-31　定位架模型

（2）预应力管道定位

预应力管道按6m长一节在锚洞内现场焊接安装,每根管道需接7节管,为将施工中累计误差控制在设计要求范围内,应对槽口模板、锚垫板、定位板及预应力管道的定位进行重点控制。

①槽口模板及锚垫板安装定位

首先在槽口模板及锚垫板上画出轴线,测量定出预应力钢束在后锚面模板上的中心线,在后锚面模板上通过上、下、左、右预应力钢束中心线连接,定出中间点的设计轴线,并在后锚面模板上画线,安装时将槽口模板所画轴线与模板上所画轴线重合即可。

②定位板安装

在定位架安装到位并经检测符合要求后,用全站仪测出每条管道的中心线,现场焊接预应力定位板,同时将管道中心线位置在定位板上标识,并同时有定位框的4条边上做出4点标识,并使这4个点的连接线的交叉点与管道的中心线相重合,以备校验。

③预应力管道在定位板上定位

测量放出钢束在定位板上的中心位置;以此位置为中心,以预应力钢管半径放大5mm为半径画圆;同时在半圆的左、右、下标识处通过圆心画出3条直线,并在3条直线的端点作标记,然后割出圆。要求切割线要准确、切割面要平整。再将预应力管道放入定位板内,插入到锚垫板内,通过作标记的3条直线端点量取到钢管外壁的间距来调整钢管位置,最后测量校核最上端钢管位置,调整至设计规定的范围,并调整锚垫板方向,即可焊接固定钢管及焊锚垫板,如

图 3-1-32 和图 3-1-33 所示。

图 3-1-32　安装预应力管道

图 3-1-33　手拉葫芦进行调位

3）锚塞体混凝土施工

锚塞体采用强度等级 C40 微膨胀聚丙烯合成纤维抗渗混凝土，锚塞体最低点与洞口高差约 62m，会使得混凝土在泵送过程中易出现离析现象。为此，在施工过程中，应从原材料质量控制、拖泵管线合理布设等方面，控制高落差泵送混凝土施工质量。

（1）超高泵送混凝土施工控制

①原材料控制

混凝土选用低水化热和含碱性量低的水泥；选用坚固耐久、级配合格、粒径良好的洁净集料；控制粉煤灰的掺量在 25% 左右，以增加混凝土的和易性；采用高效减水剂，控制缓凝时间在 25h 左右。

②拖泵管线的合理布设

为避免混凝土在向下输送过程中出现离析现象，管线在洞内采用"之"字形布设，具体做法为先水平接 2 根长 3m 的拖泵管，然后连接 1 个 90° 的弯头，弯头的出口再竖直向下接 2 根长 3m 的拖泵管，依次类推，直至洞底；同时在洞底布设一定长度的水平管，以平衡混凝土浇筑时因高差而形成的压力。

③混凝土搅拌质量控制

搅拌时间控制在 100~120s 之间，使混凝土搅拌充分、均匀；在锚塞体施工期间，同时将混凝土坍落度控制在 140~180mm，以避免混凝土发生堵管现象。

（2）大体积混凝土温控技术

采用 MIDAS/FEA 软件进行大体积混凝土水化热计算，锚塞体和散索鞍基础的温控计算采用 MIDAS 软件中的水化热分析模块 FEA 进行，采用三维实体单元模拟。水代热计算模型如图 3-1-34 所示。计算所得温度及应力变化曲线如图 3-1-35、图 3-1-36 所示。

计算结果表明各层混凝土在浇筑后 3d 左右出现第一次温峰，先浇筑的混凝土受到后浇筑混凝土的影响，结合面处温度会出现一定的温度反弹；增加冷却水管后，各层混凝土内部最高温度均低于 70℃。在通冷却管且加保温措施情况下，混凝土应力发展曲线均在允许应力内，且本计算所采取的允许应力是混凝土抗拉强度标准值，具有一定安全储备，满足规范要求。

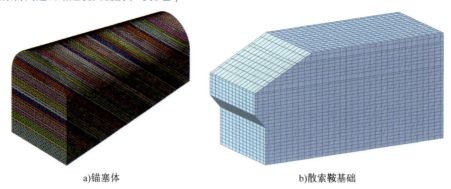

a)锚塞体　　　　　　　　　　b)散索鞍基础

图 3-1-34　水化热计算模型

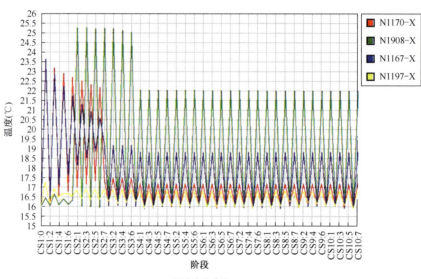

a)温度变化曲线

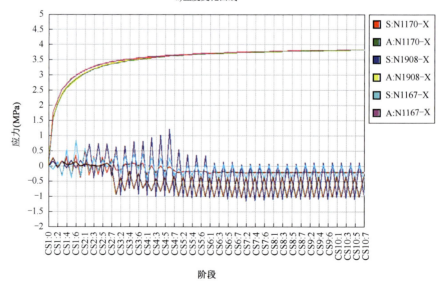

b)应力变化曲线

图 3-1-35　锚塞体混凝土温度及应力变化曲线

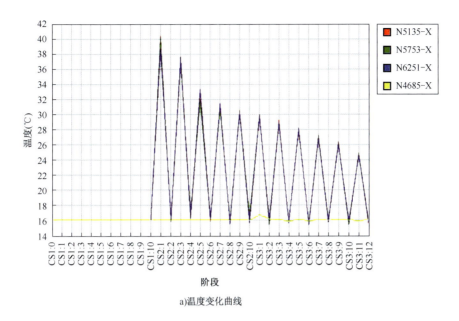

a) 温度变化曲线

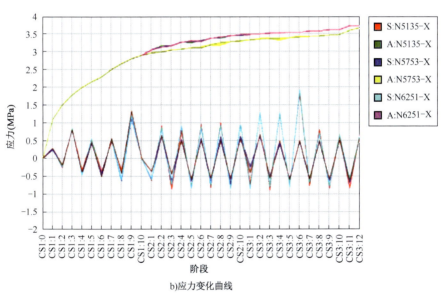

b) 应力变化曲线

图 3-1-36 散索鞍基础混凝土温度及应力变化曲线

一般认为,水冷却管通水流量越大的情况下,混凝土的降温效果越显著,但在实际现场水源较为缺乏,因此实际施工过程中需根据对温度的监控对水流量进行合理调控,使混凝土降温速度在规范要求范围内。

通过上述应力曲线可知,在通水和不通水情况下,混凝土表面法向裂缝比率均大于其他部位,其主要原因是混凝土绝热升温过程中,里表温差过大所致。因此在施工养护过程中应注重其表层的保温以及混凝土内部降温。

结合仿真计算结果和已有现场经验,按照施工流程,从配合比优化到养护完成提出混凝土性能控制、通冷却水控制两个控制指标。

(3)冷却水管控制

①冷却水管布置

在锚塞体混凝土中布置冷却水管。冷却水管采用 DN32 输水钢管,锚塞体施工时应在第一层布设 1 层冷却水管,冷却水管水平间距 1.0m;第二层至十九层布设 2 层冷却水管,冷却水管水平间距 1m;第二十层不设冷却水。冷却水管分别位于距每层顶面和底面 50cm 处,单根冷却水管长度宜以不大于 150m 为宜。冷却水管可采用螺纹连接或橡胶管套接,确保不漏水。采用橡胶管套接时,两根冷却水管在橡胶套管内应对碰,避免橡胶管弯折阻水,用多道铁丝反向扎紧。

②冷却水管控制要求

a. 冷却水管使用前进行压水试验,防止管道漏水、阻水,通水时间在 1h 左右,对于管道漏水、阻水的部位立即进行修复。

b. 冷却水管进水口处设置分水器,每套冷却水管设置一个分水器,分水器设置控制阀门;每套水管设置单独的阀门,并对每套水管逐一编号。

c. 在混凝土内部通水降温时,进出口水的温差宜小于或等于 10℃,且水温与内部混凝土的温差宜不大于 20℃,降温速率宜不大于 2℃/d。

d. 在混凝土浇筑至水管高程后立即开始通水,各层混凝土峰值过后适当减缓通水流量,连续通水 15d 左右,即第 $n$ 层混凝土冷却水必须连续通水至开始浇筑第 $n+2$ 层混凝土,在此期间若混凝土降温速率超过 2℃/d,则停止通水。

e. 采用 DN 的输水钢管作为冷却水管,其流量不宜大于 45L/min。

f. 严格控制进水温度,在保证冷却水管进水温度与混凝土内部最高温之差。在冷却水管进水温度与混凝土内部最高温之差不超过 25℃条件下,尽量使进口水温最低;因此,在气温较高时(日最高气温超过 20℃),冷却水应使用静置后的集水池内的水,气温较低或冬季施工时,应使冷却水管出水回至集水池内,再使用集水池中的水作冷却水管进水,使进口水温适当升高,以控制温差。

g. 单根冷却水管长度宜以不大于 150m 为宜。

h. 冷却完毕后压入 C30 水泥浆封填,并将伸出锚塞体顶面部分切除。

(4)混凝土内表温差控制

对于大体积混凝土,由于水化放热会使温度持续升高,如果气温不是过低,在升温的一段时间内应加强散热;当混凝土处于降温阶段则要保温覆盖同时减小冷却水流速以降低降温速率。

混凝土在降温阶段如气温较低或内表温差大于 20℃,必须对大体积混凝土加强保温养护。对于边、棱角等边缘部位和通风部位的保温厚度应适当增加,然后再浇筑混凝土。

层与层之间的混凝土浇筑间隔时间控制,按前次浇筑混凝土核心温度与其表面温度差应小于 20℃,同时已浇筑混凝土的强度应大于其设计强度的 50%。

冬季控制浇筑温度不低于 5℃,可通过加热拌和水达到要求,混凝土表面温度变化幅度不宜过大,上下幅度不宜超过 5℃,混凝土浇筑完毕以后,应采取严格的保温养护措施,使混凝土强度得到充分发展,在达到设计强度 50% 以前,任一点温度均不能降至零度以下。

(5)锚塞体混凝土养护

混凝土养护包括湿度和温度两个方面。具体措施如下:

①浇筑完毕后,靠近表面的水分由于蒸发急剧散失,不但影响混凝土表面强度的发展,还会引起干缩裂缝。因此,混凝土浇筑完毕后 12~18h 应开始养护。在炎热、干燥气候条件下还应提前养护,锚塞体混凝土养护时间不少于 21d。

②混凝土的养护采用覆盖塑料薄膜加盖土工布覆盖进行养护,在浇筑体上先洒上水湿润后,满铺一层塑料薄膜再覆盖一层土工布,一层麻袋,且经常洒水使混凝土表面维持湿润状态,严格控制避免表面干湿交替。

③冬季混凝土浇筑,应注意保温防护措施,适当延迟钢模板拆除时间,在第十五至二十层施工阶段,当钢模板作用下混凝土表面温差过大时,钢模板表面可采取土工布、麻袋、岩棉被等相应防护措施。白天在有阳光的情况下,向阳处岩棉被可适当撤回,晚上必须加岩棉被进行覆盖。

④做好挡风,适当增加混凝土表面抹压次数,并及时用塑料薄膜进行覆盖,塑料薄膜表面可采用土工布、麻袋或岩棉被进行保温防护,具体措施根据现场实测情况进行调整。

4) 锚塞体预应力锚固系统施工

锚固系统主要由索股锚固连接构造和预应力钢束锚固构造组成。索股锚固连接构造由拉杆组件和连接器组成;预应力钢束锚固构造则由管道、预应力钢绞线及锚具、防腐油脂、锚头防护帽等组成。拉杆上端与索股锚头相连接,下端与前锚面的连接器相连接。

本桥索股锚固系统分为单索股锚固、双索股锚固两种类型。单索股锚固单元由 2 根拉杆和单索股连接器构成,双索股锚固系统单元由 4 根拉杆和双索股连接器组成。单、双索股锚固类型分别采用 15-21 和 15-42 预应力钢束及其相应的锚具,钢绞线采用 $\phi^s15.2$ 环氧涂层钢绞线,公称直径 15.2mm,公称截面面积 140mm$^2$,抗拉强度标准值 $f_{pk}$ = 1860MPa。钢绞线使用环氧涂层及预应力管道内灌注防腐油脂的双重防护体系。在前锚面设有油脂面观测管,锚头张拉端不封锚并留有换束所需的工作长度。拉杆方向与对应索股方向一致,拉杆方向误差用球面螺母予以调整。

(1) 拉杆、连接器、螺母、垫圈的制造

拉杆、连接器、螺母、垫圈均是锚固系统的关键部件,由专业厂家负责加工制造。在制造时每个部件均需进行编号,并建立部件档案。锚具要进行静载试验、疲劳性能试验,试验结果应符合规范。拉杆、螺母和连接器要做调质处理,垫圈做固溶处理。各部件均做氧化发蓝或磷化处理。

(2) 前锚面螺母组件及连接器的安装

前锚面螺母组件与连接器通过轨道小车倒运到前锚面,利用电动葫芦将螺母组件与连接器吊装至前锚面索导管出口并固定。安装过程中应注意以下几点:

①螺母组件、连接器以及索导管要对中,防止组件偏移对锚索安装造成影响。

②注意连接器上拉杆孔的方位。

③注意连接器上的穿索孔与支承板上的穿索孔须一一对应。

④对于角度倾斜的连接器,成品索安装完成之后进行调整;连接器调整如图 3-1-37 所示。

(3) 安装成品索

使用起重机将现场存放的成品索吊装至施工平台之上,工人施工平台上进行剥落成品索外包

图 3-1-37 连接器调整

装,剥落下来的废弃材料由塔式起重机吊运至指定地点。利用吊索架将成品索一端提起,然后利用前锚室内的电动葫芦将另一端吊起,缓慢下放,直至索头位置接近相应支承板位置,然后由电动葫芦配合现场工人进行下放。穿束前,清除预应力孔道内和锚垫板表面的杂物,在孔道入口垫橡胶等软性材质,同时提前做好索体编号,核对编号与孔道的对应关系。成品索安装及装成效果如图 3-1-38 和图 3-1-39 所示。

图 3-1-38 成品索安装

图 3-1-39 安装完成效果

调整挤压拉索锚头外露长度,对于单索股锚,锚头外端面到支承板的距离调至约为前端 95mm、后端 85mm±70mm;于对双索股锚,锚头外端面到连接器平板端面的距离调至约为前端 125mm、后端 125mm±70mm,调整到位后,两端拧紧螺母。重复上述方法,一束单索股锚共穿入 7 根 GJ15EB-3 挤压拉索,一束双索股锚共穿入 7 根 GJ15EB-6 挤压拉索。

(4)预应力束张拉

施工顺序:安装张拉杆及撑脚→安放千斤顶→安装张拉螺母→油泵及油表安装→分级张拉→读数、核算伸长值达到设计要求→持荷、卸荷、千斤顶回程→拆除张拉设备→下束张拉。

预应力挤压索采取两端整体张拉,分四级张拉,第一次在后锚面张拉设计值的 12.5%,第二次张拉至设计值的 25%,第三次张拉至设计值的 50%,后锚面张拉完成之后,在前锚面进行张拉,前锚面第一次张拉至设计值的 50%,第二次张拉至设计值的 100%,张拉完成之后稳压 3min,注意观察千斤顶仪表盘读数。对于单套索股,张拉顺序为先张拉中间一束挤压索再对称张拉其余六束挤压索。对于整个锚碇,张拉顺序为由上往下、由中心向两侧对称张拉,先张拉单股索,再张拉双索股。张拉采取同步、对称,千斤顶加荷应均匀递增。

依据加载顺序加载,密切注意构件有无异常变化,如遇异常情况,立即停止施工并向有关单位通报,直到查明原因,排除隐患方可继续施工,张拉时,操作人员要控制好加载速度,给油要平稳,持荷要稳定,测量人员要认真记录各项数据,满足要求后方可拆除设备,准备下一束的张拉施工。预应力张拉采用"双控",即张拉力控制和伸长值校验,实测伸长值和理论伸长值误差应控制在±6%范围内。

(5)锚索锚头防腐及保护罩安装

锚索安装张拉施工完毕后应及时进行锚索锚头的防腐(图 3-1-40),锚索防腐措施是将防腐油膏涂抹在锚索锚头上,确保涂抹质量,保证锚头的防腐质量。防腐油膏涂抹完毕后,根据设计图纸,安装保护罩(图3-1-41)。两端锚头表面涂抹80℃不流淌的油脂。保护罩与锚垫板接合处垫上密封垫片,用扳手拧紧保护罩螺栓。

图3-1-40 锚头防腐

图3-1-41 保护罩安装

### 1.4.4 散索鞍基础施工

1)散索鞍基础开挖

(1)基础边坡布置

散索鞍基础采用扩大基础,基础长41.5m、高8.5m、底面宽13.2m,分级分台阶开挖,每层开挖深度控制在2.5~3m,基础预留50cm不开挖。因2×90拌和站出料的唯一便道经过散索鞍基础的上方,在开挖散索鞍基础时需考虑拌和站的混凝土搅拌运输车的通行。首先开挖散索鞍基础素混凝土部分,开挖边坡按1:0.3放坡。散索鞍基底开挖到位后,应进行验槽以判别地质状况是否与设计相符,同时做基底承载力和抗滑系数试验,待素混凝土部分浇筑完成后开挖散索鞍基础钢筋混凝土部分。素混凝土部分开挖的同时施作边坡挂网喷锚,边坡与散索鞍基础之间回填片石混凝土。散索鞍基础边坡布置如图3-1-42所示。

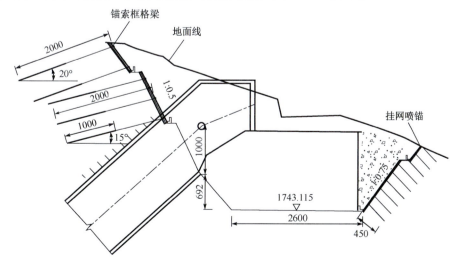

图3-1-42 散索鞍基础边坡布置图(尺寸单位:cm;高程单位:m)

(2)基坑开挖施工

按设计边坡斜度分层开挖索塔基坑,边开挖边防护,随着开挖高度降低,也可水平掘进可加快开挖速度;分层开挖土方、机械人工配合出土,机械装车出渣。

根据工程地质横断面图,该基坑岩层主要为崩塌堆积覆盖层、强风化玄武岩,故采用机械和人工挖掘方式进行作业,开挖时,采取挖掘机从最高点向下削峰的方法进行。为了提高运土效率,在施工场地沿出渣通道修筑一条施工便道,运土车辆直接开至取土点运土。施工便道采用土石方填筑,适当整理纵坡及平整度,以保证运土车辆的正常运输作业。

第一层基坑开挖开始后,应立即进行边坡防护作业,同时在基坑开挖完成后需完成基坑底排水沟开挖。锚杆采用φ25mm锚固钢筋,入射角度为53°(垂直于坡面),锚杆长度为4.5m,间距为2m,呈正方形布置。钢筋网采用φ6mm@200mm×200mm,铁丝绑扎。喷射混凝土强度等级为C20,厚8cm。坡面设泄水孔。

(3)挂网喷锚

单根锚杆挂网喷射混凝土防护构造如图3-1-43所示。

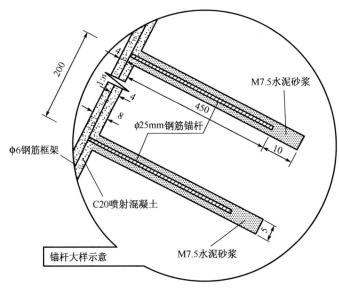

图3-1-43 单根锚杆挂网喷射混凝土防护构造图(尺寸单位:cm)

①边坡清理

为保证边坡的坡面平整及满足设计的边坡坡度,需采取适当措施整理坡面。在削坡过程中,如遇大孤石,则采用风镐配合人工凿除、撬落,若大孤石挖除后形成大坑,则用浆砌片石镶嵌补平,并及时清理剩余危岩、浮岩。

②初喷射混凝土

混凝土喷射前埋设控制喷射混凝土厚度的标志(木桩或钢筋)。喷射面每12m²设1条伸缩缝,缝宽1~2cm,喷射前在伸缩缝位置安装木板条。混凝土喷射完成后,拔出木条,伸缩缝内填沥青麻絮。

喷射作业开始时,应先送风、后开机、再给料;向喷射机供料应连续均匀,料斗保证有足够存料;喷射时,控制好水灰比,保证混凝土面平整均匀。喷头与受喷面应垂直,距离0.8~

1.2m,喷射应按椭圆螺旋形有顺序推进,减少回弹量,并及时清理弹落混凝土。混凝土喷射完成后,应立即清理喷射设备。

由于初喷后混凝土面无任何支撑,尤其是坡度较大的地段,为避免在自重作用下滑落,初喷面积不宜过大,并及时进行打眼、安插锚杆和注浆。初喷与打眼、注浆应交叉连续作业,由上到下边喷边打锚杆。

③钻孔

根据设计要求,锚孔为φ90mm,孔深为9.1m,采用无水钻孔工艺进行施工。钻机就位后,调整钻进角度,使之对准孔位,且与设计倾角一致。钻机必须稳固。合理选择钻进技术参数(钻压、转速、泵量)提高钻进效率,确保成孔质量和施工工期。

根据地勘报告,施工区域上层为含30%碎石的粉质黏土,下层碎石含量为75%的碎石土,建议采用螺旋钻凿及套管钻进技术,保证钻孔完整不坍塌。

④安装锚杆及注浆

锚孔清理干净后,插入锚杆及注浆管,然后进行注浆。注浆浆体采用1∶130水泥砂浆,水灰比0.4。砂浆应随伴随用,在初凝前用完,并严防石块、杂物混入浆液。注浆作业开始或中途停止作业时间较长时,宜用水或稀水泥浆润注浆泵及注浆管路。注浆时,注浆管应插到距孔底10~20cm位置进行压浆,至浆液在孔口处回流时,再缓慢拔出,在拔出过程中,不停止压浆,以防形成空隙。

⑤挂网、复喷混凝土

锚杆自由端按设计图纸露出坡面约8.5cm,以便挂网。根据设计图纸,钢筋网采用φ8mm钢筋编成200mm×200mm的正方形网格,交界处用铁丝绑扎,钢筋网距边坡面7.5cm,钢筋网翻上平台0.5m固定。

钢筋网运至作业现场后,用铁丝将钢筋网与锚杆焊接固定,钢筋网安装完成后,即可进行复喷。复喷前应再次对坡面进行冲洗,喷射方法同初喷清理方法,复喷厚度应进行严格控制,以确保喷射总厚度为15cm,复喷以后终凝2h采用喷水法进行养护。散索鞍基础正视图如图3-1-44所示。散索鞍基础(1/2)俯视图如图3-1-45所示。

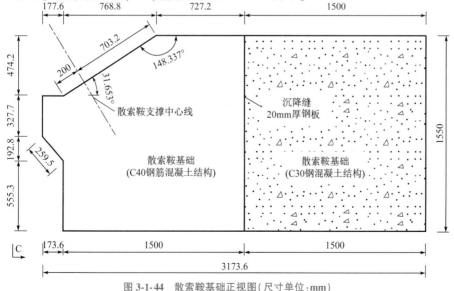

图3-1-44 散索鞍基础正视图(尺寸单位:mm)

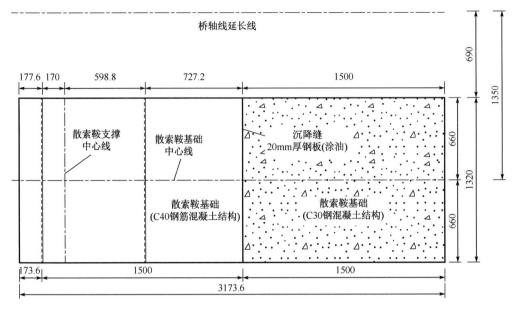

图 3-1-45 散索鞍基础(1/2)俯视图(尺寸单位:mm)

2) 散索鞍基础钢筋绑扎

散索鞍分为两部分,一部分为 C30 素混凝土,靠近隧洞口的为 C50 钢筋混凝土,基础表面及 C50 混凝土每层均设置 C12(15cm×15cm)钢筋网,位置设置在混凝土表面以下 10cm 处,钢筋网搭接部分重量按总量的 10% 计。劲性骨架采用 L 160×12 等边角钢,间距为 100cm×100cm。钢筋下料前,技术员应检查钢筋的出厂质保书和试验检验报告,钢筋应洁净、无损伤、油污和铁锈,带有颗粒状或片状老锈的钢筋不得使用。钢筋加工好后,要分类堆放整齐,做到下垫上盖。钢筋在绑扎之前应该清除铁锈、油污及其他杂物(如泥土等)。绑扎的钢筋应平直,与钢筋轴线一致,无局部弯折。

在散索鞍基础钢筋绑扎时预埋散索鞍底板预埋螺栓,为了对索鞍预埋螺栓精确定位,在每座索塔上布设 2 个控制点,共 4 个点。点布设于上横梁顶面,靠近塔柱的位置。该四点也作为索鞍安装及后期塔身偏位监测的基准点。

(1) 平面坐标加密

在夜间气温稳定时,采用全站仪测边后方交会法进行加密测量,静态 GPS 测量复核,以北塔为例,其塔顶控制点加密如图 3-1-46 所示。边长观测采用对向观测,计算时注意将边长归算至设计高程面以上。

(2) 高程传递

高程采用对向三角高程法传递至上横梁,并与全站仪

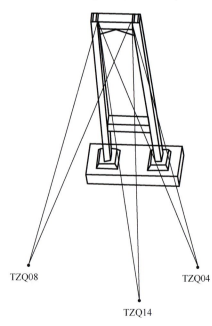

图 3-1-46 塔顶控制点加密示意图

垂直测距传递相校核,使用水准仪对同一索塔上两控制点间高差进行复核。计算与设计温差产生的塔柱混凝土竖向变形量,修正传递高程。

(3)控制点坐标验算

在塔顶加密控制点上架设全站仪,直接测量各点间距,以验算四点的加密坐标成果的准确性。

(4)安装定位

在地面控制点上架设全站仪,采用三维坐标法精确定位,控制好预偏角度。

3)散索鞍基础混凝土浇筑

散索鞍基础高度为15.5m,施工时按照图3-1-47分层浇筑,每层先浇筑C30素混凝土部分,后施工C40钢筋混凝土部分,单个散索鞍基础C30混凝土方量为3069m³,C40混凝土方量为2923m³。分为8层浇筑,前7层浇筑高度为2m,最后一层为1.5m。模板采用承台模板改装。模板应保证接缝不错台,应平顺、密实,保证平整度在1.0m范围内,混凝土浇筑拟采用拖泵或溜槽。

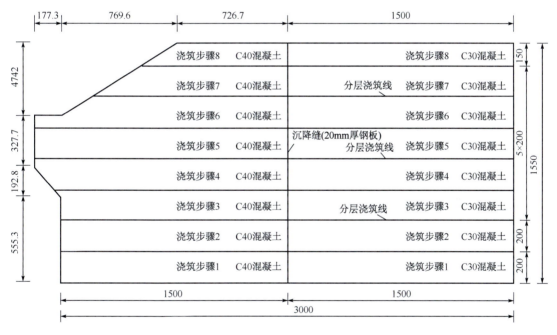

图3-1-47 散索鞍基础浇筑分层示意图(尺寸单位:cm)

### 1.4.5 附属设施施工

隧道锚附属工程主要包括检修楼梯、平台、检查门、除湿设施及密封锚碇施工。

检修楼梯、平台、检查门共同构成进出锚体各空间的通道系统,主要供检修维护人员进出锚体通行使用。运营期间,检修人员和设备经过位于前锚室前墙的检查门进入前锚室,然后通过检修楼梯至锚塞体前锚面,通过爬梯可检查钢拉杆与索股的连接。施工期间可根据施工需要自行设置爬梯到达各相关部位,但施工完成后应予以拆除。锚碇检修楼梯根据使用要求和实际情况采用钢筋混凝土楼梯,楼梯和平台的设计荷载采用5kN/m²。锚室内照明采用混光型吸顶灯,等距布置,使用时可根据亮度需要选择所需开放的灯数。楼梯栏杆钢构件的连接全部采用焊接,焊缝均按等强度原则设计,除不锈钢管外,对其余各钢构件及永久外露预埋件进行普通型(10~15年)防腐处理。

检查人洞预留孔尺寸为180cm×80cm,检查门采用防火、防盗、密闭钢质门两扇,钢质门应根据人洞尺寸向专业厂商定购,检查门所需预埋件由厂商提供。锚室检修通道楼梯如图3-1-48所示。

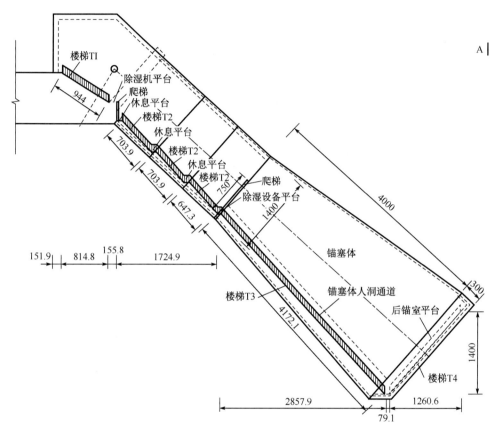

图3-1-48 锚室检修通道楼梯(尺寸单位:cm)

单个前锚室内设除湿机1台、加压风机1台、混合箱2台,以及相应的风管系统和控制系统。再生排风管室内部分须保温,并坡向排出口,所有送风支管末端出口均设置手动风量调节阀。锚室除湿设备布置图(立面)如图3-1-49所示,密封锚碇实景如图3-1-50所示。

锚碇洞口段施工采用满堂支架,模板利用二次衬砌模板。

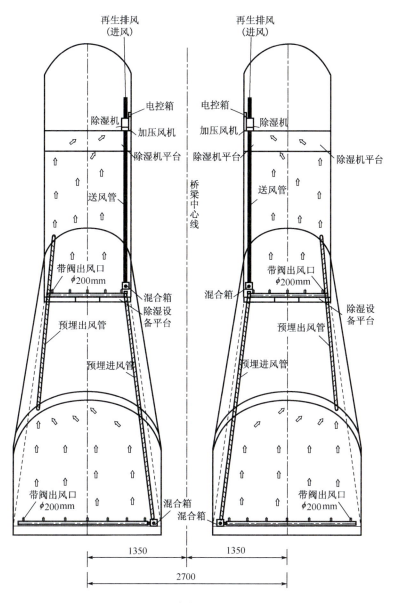

图 3-1-49 锚室除湿设备布置图（立面）（尺寸单位：cm）

图 3-1-50 密封锚碇实景

## 1.5 大跨度缆索系统施工

### 1.5.1 索鞍施工

主索鞍及散索鞍均设置了门架悬臂起吊系统,采用卷扬机系统起吊施工。主索鞍吊装时在索塔主跨侧左右幅塔柱布置 1 台 25t 卷扬机,索塔边跨侧布置 2 台 QTZ315 塔式起重机,用于塔顶门架安装及主索鞍辅助吊装。散索鞍吊装时在两散索鞍支墩基础中间位置布置一台 QTZ150 塔式起重机,用于散索鞍吊装门架安装及散索鞍辅助吊装。主索鞍、散索鞍安装工艺流程如图 3-1-51 所示。

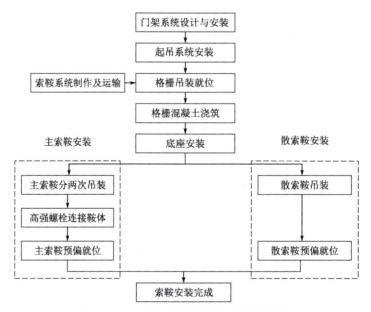

图 3-1-51 主索鞍、散索鞍安装施工工艺流程图

1)吊装门架设计与施工

(1)塔顶门架设计

塔顶门架高 8.8m,宽 5.5m,长 26.75m。门架采用各种型号的型钢和板材制作而成,门架由承重主桁架、运行小车、起升机构、吊具、预埋件及工作平台组成,单个门架质量为 70t,构造如图 3-1-52 所示。

门架预埋件采用整体式柱脚设计,在塔顶设置预埋件,每个柱脚将门架与塔顶固定在一起,塔顶门架柱预埋件与混凝土之间拉压应力应符合规范要求。

塔顶门架及其预埋件在设计时,考虑以下 4 种工况为其受力控制工况,分别为格栅吊装、主索鞍吊装、索股提索整形后横移入鞍、横桥向最大风载作用。在横桥向最大风载作用时,主要承受施工步道系统钢丝绳的作用力。

塔顶门架结构采用 Midas civil 有限元程序进行模拟计算,所用单元为框架截面杆单元,坐标

轴方向为 $X$ 方向为顺桥向(中跨方向为正), $Y$ 方向为横桥向(顺风方向为正), $Z$ 方向为门架高度方向,门架柱脚底部约束条件为固结,杆件之间连接为固结连接。计算模型如图 3-1-53 所示。

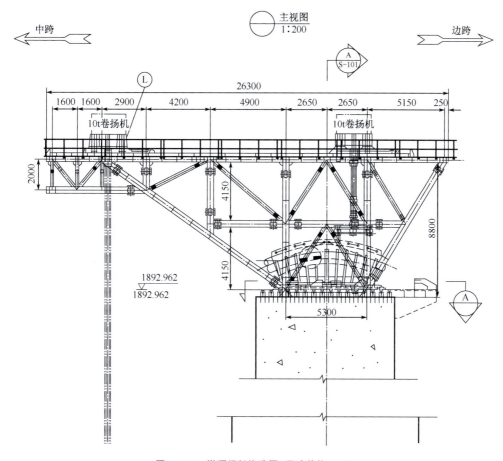

图 3-1-52 塔顶门架构造图(尺寸单位:cm)

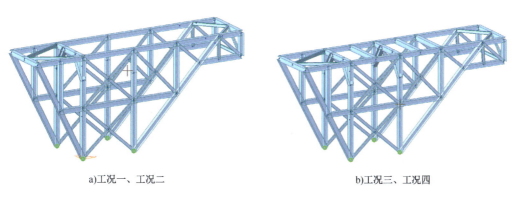

图 3-1-53 塔顶门架计算模型

①工况一(格栅反力架吊装)计算

将计算荷载施加到计算模型,模拟计算后得到门架结构的内力值,内力值见表 3-1-13。

工况一门架主要构件内力值　　　　　　　　表 3-1-13

| 杆件内力及位移 | 轴力 $N$ (kN) | 弯矩 $M_x$ (kN·m) | 弯矩 $M_y$ (kN·m) | 应力 $\sigma$ (MPa) | 最大位移 (mm) |
|---|---|---|---|---|---|
| 立柱 HW400×400 | 546.1 | 53.4 | 44.5 | 135.5 | — |
| 主纵梁 HW400×400 | 452.9 | 35.6 | 32.5 | 110.6 | $f_x=5.63$ |
| 斜撑 HW400×400 | 730.9 | 52.2 | 39.5 | 109.4 | $f_y=25.2$ |
| 平联 HW400×400 | 56.6 | 44.1 | 12.9 | 24.2 | $f_z=11.03$ |
| 顶横梁 HW400×400 | 54.4 | 20.8 | 19.3 | 19.2 | $f_{max}=27.9$ |
| 柱间斜撑[ ]25a | 276.1 | 4.4 | 0.9 | 13.5 | |
| 斜撑[ ]25a | 32.7 | 3.1 | 0.6 | 7 | — |

②工况二(主索鞍吊装)计算

工况二计算模型、施工风荷载与工况一相同。主索鞍吊重是塔顶门架吊装阶段最大荷载，选择 2 个阶段分别进行计算：a. 平车中心位于距中跨侧门架立柱中心 8.5m 处(起吊位置)；b. 平车中心位于塔顶中心处(两立柱中间)。将计算的荷载施加到计算模型中，模拟计算后得到门架结构的内力，内力值见表 3-1-14。

工况二门架主要构件内力值　　　　　　　　表 3-1-14

| 杆件内力及位移 | 轴力 $N$ (kN) | 弯矩 $M_x$ (kN·m) | 弯矩 $M_y$ (kN·m) | 应力 $\sigma$ (MPa) | 最大位移 (mm) |
|---|---|---|---|---|---|
| 立柱 HW400×400 | 673.9 | 64.8 | 44.6 | 143.5 | — |
| 主纵梁 HW400×400 | 651.6 | 135.6 | 32.3 | 117.6 | $f_x=7.09$ |
| 前斜撑 HW400×400 | 1041.5 | 66.2 | 39.6 | 101.5 | $f_y=25.2$ |
| 平联 HW400×400 | 41.5 | 54.3 | 12.8 | 27.3 | $f_z=14.66$ |
| 顶横梁 HW400×400 | 19.3 | 21.1 | 19.5 | 19.6 | $f_{max}=29.8$ |
| 柱间斜撑[ ]25a | 276.1 | 3.6 | 0.9 | 43.5 | |
| 斜撑[ ]25a | 32.7 | 6.1 | 0.8 | 24.6 | — |

③工况三(索股横移)计算

该工况下施工风荷载同工况一相同。将计算的荷载施加到计算模型中，模拟计算后得到门架结构的内力，内力值见表 3-1-15。

工况三门架主要构件内力值　　　　　　　　表 3-1-15

| 杆件内力及位移 | 轴力 $N$ (kN) | 弯矩 $M_x$ (kN·m) | 弯矩 $M_y$ (kN·m) | 应力 $\sigma$ (MPa) | 最大位移 (mm) |
|---|---|---|---|---|---|
| 立柱 HW400×400 | 1316.2 | 114.3 | 74.3 | 158.2 | — |
| 主纵梁 HW400×400 | 525.7 | 359.9 | 33.3 | 132.4 | $f_x=9.25$ |
| 前斜撑 HW400×400 | 631.0 | 103.1 | 62.8 | 112.9 | $f_y=25.5$ |
| 平联 HW400×00 | 347.4 | 79.9 | 8.1 | 31.9 | $f_z=-13.06$ |
| 顶横梁 HW400×400 | 35.8 | 39.4 | 50.1 | 144.7 | $f_{max}=29.56$ |
| 柱间斜撑[ ]25a | 591.5 | 14.3 | 6.7 | 99.2 | |
| 斜撑[ ]25a | 55.5 | 11.3 | 4.8 | 28.1 | — |

④工况四(极限风荷载)计算

将计算的荷载施加到计算模型中,模拟计算后得到门架结构的内力,内力值见表3-1-16。

工况四门架主要构件内力计算结果　　　　表 3-1-16

| 杆件内力及位移 | 轴力 $N$ (kN) | 弯矩 $M_x$ (kN·m) | 弯矩 $M_y$ (kN·m) | 应力 $\sigma$ (MPa) | 最大位移 (mm) |
|---|---|---|---|---|---|
| 立柱 HW400×400 | 356.9 | 85.7 | 182.9 | 186.1 | — |
| 主纵梁 HW400×400 | 111.3 | 235.6 | 51.4 | 104.3 | |
| 斜撑 HW400×400 | 146.3 | 72.2 | 131.9 | 131.4 | $f_x = 2.06$ |
| 平联 HW400×400 | 85.1 | 34.1 | 28.8 | 30.5 | $f_y = 49.92$ |
| 顶横梁 HW400×400 | 72.8 | 94 | 57.7 | 68.7 | $f_z = -40.69$ |
| 柱间斜撑 [ ]25a | 136.2 | 10.2 | 0.3 | 46.0 | $f_{max} = 50.0$ |
| 斜撑 [ ]25a | 33.2 | 8.2 | 0.2 | 27.2 | — |

通过对工况一、工况二、工况三和工况四进行计算可知:

门架立柱最大应力为186.1MPa,门架主斜撑最大应力为131.4MPa,门架纵向主梁最大应力为132.4MPa,门架横向主梁最大应力分别为144.7MPa;门架立柱总体最大变形为32.6mm。由上述计算结果可以看出,门架杆件受力均在允许范围之内。

(2)锚碇门架设计

门架设计为钢桁架结构,各杆件之间主要采用焊接的方式连接,以方便安装。锚碇门架前高11m,宽6.0m,轨道长25m。立柱采用 $\phi 800mm \times 8mm$ 钢管,轨道采用 HN700×300 型钢,钢管平联及斜撑采用 [25 槽钢,轨道平联采用 HN450×200a 型钢,材质均采用 Q235 钢材,顶面设工作平台。锚碇门架结构如图3-1-54所示。

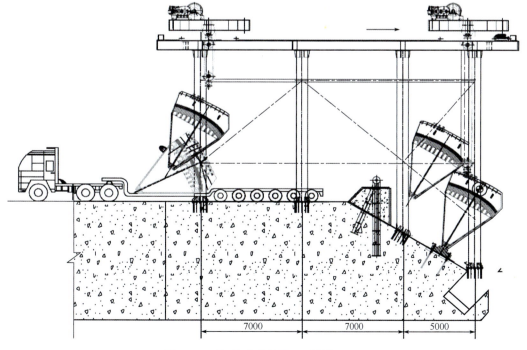

图 3-1-54　锚碇门架结构图(尺寸单位:mm)

锚碇门架受力主要控制工况为散索鞍吊装阶段和提索整形后横移入鞍阶段。门架用于索鞍吊装作业前,必须进行荷载试验。试吊加载的重量分别为设计吊重的 80%、100% 和 120%,其中 80% 和 120% 加载时为静载试验,100% 加载时做动载试验,确保提升系统、刹车系统工作正常之后才可用于索鞍吊装作业。现场试吊如图 3-1-55 所示,散索鞍吊装荷载试验如图 3-1-56 所示。

图 3-1-55　现场试吊

图 3-1-56　散索鞍吊装荷载试验

2）索鞍现场安装

（1）主索鞍安装

在施工时首先将主索鞍运输到塔底,格栅、上下承压板用 75t 履带式起重机卸车,鞍体用门架系统卸车,最后通过塔顶悬臂门架卷扬机起吊系统吊运安装,其他小构件利用塔式起重机吊装。具体步骤如下:

①左右幅塔柱均采用各自完整的一套起吊系统,左右幅塔柱各布置 2 台 10t 起重卷扬机,4 个 5 枘 100t 的滑车组。

②吊装格栅,吊装过程要保证平稳,当起吊至施工设计高度后,移动门架顶部平车,两侧采用 3 台 5t 手拉葫芦拉到设计位置后,缓缓下放隔栅至塔顶。格栅吊装如图 3-1-57 所示。

图 3-1-57　格栅吊装

③由测量精确定位格栅的高程及平面位置,符合设计要求后,浇筑格栅混凝土如图 3-1-58 所示,混凝土施工中应确保格栅位置保持不变。

a) b)

图 3-1-58 格栅混凝土浇筑及养护

④依次吊装下承板、上承板、边跨侧鞍体、中跨侧鞍体,如图 3-1-59 和图 3-1-60 所示。

⑤将两半鞍体用高强度螺栓连接,如图 3-1-61 所示。在主桥上部结构安装过程中,随着钢桁梁的吊装和桥面铺装的完成,索鞍逐步顶推到位,最后割除格栅千斤顶反力架。

a) b)

图 3-1-59 承板吊装

图 3-1-60 鞍体吊装　　　　　　　图 3-1-61 主索鞍鞍体连接

(2)散索鞍安装

①散索鞍吊装前准备

根据散索鞍最大吊重选择钢丝绳、滑车及绕线系统,本项目散索鞍鞍体质量为107t,采用2台10t卷扬机两点起吊,单点采用2个5柄100t滑车组,采用φ24mm(6×37WS+IWR)的钢丝绳走10线。

门架安装完成后及时组织监理单位及项目部人员进行验收,并进行加载试验、试吊,满足要求后方可进行吊装作业。吊装前应对吊装工人、信号工、起重机操作司机进行技术交底。吊装材料、构件、设备等按照方案要求进行吊装前码放、装斗或安装吊耳等,便于吊装顺利进行。

②散索鞍底板及底座安装

散索鞍由主鞍体、底座、底板等组成,汽车起重机将底板起吊并套入预埋好的地脚螺栓上,利用手拉葫芦调整底板的顶面高程、倾角及纵横中心线位置,使其符合设计要求,然后利用预埋定位型钢进行固定,浇筑底板内混凝土振捣密实,底板格栅内混凝土要求低于格栅顶面2cm,同时严禁在格栅底板上进行任何焊接。

待混凝土达到设计强度后,再用汽车起重机在支墩后起吊底座至设计位置安装,调整到位后,拧紧地脚螺栓螺母将底座和底板连接固定。散索鞍底板及底座吊装如图3-1-62所示。

 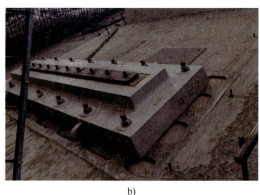

a)　　　　　　　　　　　　　　b)

图3-1-62　散索鞍底板及底座吊装

③散索鞍吊装

门架试吊验收合格后,运输鞍体的平板车缓缓开入指定位置,利用支架起吊系统及鞍体厂内提前焊接好的吊耳进行起吊下放,鞍体采用木方进行支垫,如图3-1-63所示。

a. 鞍体卸车后,采用起吊系统与鞍体相连,连接吊耳的位置在鞍体重心线上,如图3-1-64所示。

b. 起吊散索鞍鞍体上升到能过施工步道锚固座位置,然后通过千斤顶配合钢绞线将鞍体缓慢移到安装位置上方,使索鞍与底座横向导向标记对齐,如图3-1-65所示。

c. 卷扬机放绳缓慢下降索鞍鞍体,在接近底座时,停止下放,安装橡胶密封带,如图3-1-66所示。

d. 缓慢下降索鞍鞍体,同时在起吊系统、手拉葫芦、横移平车的联合配合下调整散索鞍鞍体的上承板与鞍座的下承板对准,直至鞍体与底座安装面完全对准结合,如图3-1-67所示。

e. 考虑散索鞍预偏角度,由测量精确定位索鞍位置,如图3-1-68所示。

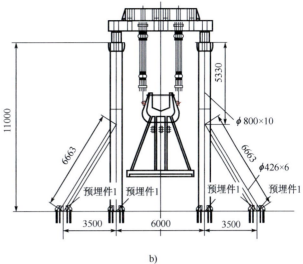

a)  b)

图 3-1-63 鞍体卸车（尺寸单位：mm）

图 3-1-64 鞍体吊装

图 3-1-65 起吊系统横移

图 3-1-66 密封带安装

图 3-1-67 鞍体初调

f.固定鞍体,安装索鞍定位调整拉杆(图 3-1-69);并在散索鞍底部安装支撑。

图 3-1-68 鞍体终调

图 3-1-69 鞍体调节拉杆

### 1.5.2 施工步道架设

施工步道架设时,在中跨和边跨预先架设托架承重索和托架定位索、安装托架。施工步道承重索架设总的原则是:对称施工,上下游作业平衡,控制裸塔塔顶偏位和扭转在设计允许的范围内。架设分为中跨、边跨三段进行。中、边跨均通过托架法牵引系统架设。采用塔顶卷扬机配合牵引绳(索)安装网片,施工步道网片在塔顶工作平台上组装,通过施工步道承重索滑向跨中和锚碇。施工步道架设施工工艺流程如图 3-1-70 所示。

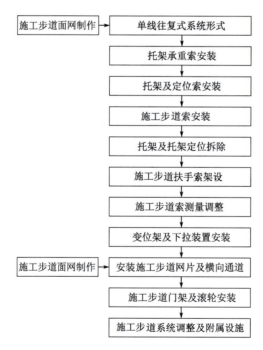
图 3-1-70 施工步道架设施工工艺流程图

1)施工步道设计

施工步道是悬索桥施工时架设在主缆之下、平行于主缆线形的临时施工便道,它是施工人员进行施工作业的高空脚手架,是主缆系统乃至悬索桥整个上部结构的施工平台。主要由施工步道承重索、门架承重索、施工步道门架、扶手索、施工步道面层、横向通道、锚固体系等组成。

施工步道总体设计以确保抗风稳定性为设计原则,采用"三跨连续"的施工步道系统。在左右幅对应于主缆中心线下方各设一幅施工步道,边跨施工步道距主缆中心线铅垂方向控制距离1.7m,主跨施工步道距主缆中心线控制距离1.5m,设计宽度4.0m。施工步道中跨设7道横向通道,间距173.25m。边跨各设1道横向通道,主要由承重索、扶手索、施工步道面层、塔顶转索鞍及变位系统、横向通道、锚固体系等组成。施工步道整体布置如图3-1-71所示。

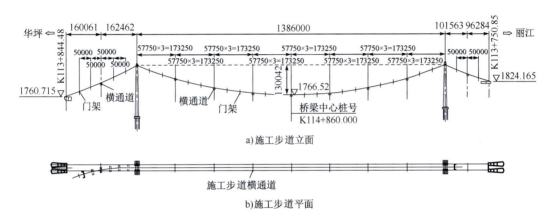

图3-1-71 施工步道整体布置图(尺寸单位:mm)

施工步道断面如图3-1-72所示,主要包括以下结构:

(1)承重索及扶手索

承重索:由10根φ54mm钢芯镀锌钢丝绳组成,三跨连续布置。

扶手索:上层φ22mm镀锌钢丝绳,下层2×φ16mm镀锌钢丝绳,栏杆立柱间距6m。

(2)施工步道锚固系统

①施工步道承重索通过在锚碇散施工步道基础上预埋型钢耳座锚固,每幅施工步道在锚碇各设置4根大锚固拉杆,每根锚固杆通过销栓将施工步道承重索力传递到锚碇散施工步道基础。

②施工步道调整系统采用大小拉杆及锚梁组合结构,用于施工步道线形整体调整,并与锚固横梁相连。在锚固横梁上设置槽孔,承重索小拉杆穿过槽孔后与锚固垫板锚固,锚固垫板采用球面结构,满足风力作用下施工步道的横向摆动。

③大、小拉杆组合调整构造,小拉杆前期用于消除承重索制作误差,使施工步道承重索垂度保持一致,后期施工步道拆除时也可用于放松施工步道。大拉杆用于施工步道线形整体调整和施工步道改吊期间的放松。

(3)面网

施工步道面层由一层镀锌钢丝网构成,其上每隔0.5m绑扎一根防滑木条。在施工步道面层网上每3m交替设置面层小横梁(50mm×50mm×2.5mm方钢管)和大横梁(80mm×80mm×4mm方钢管),如图3-1-73所示。

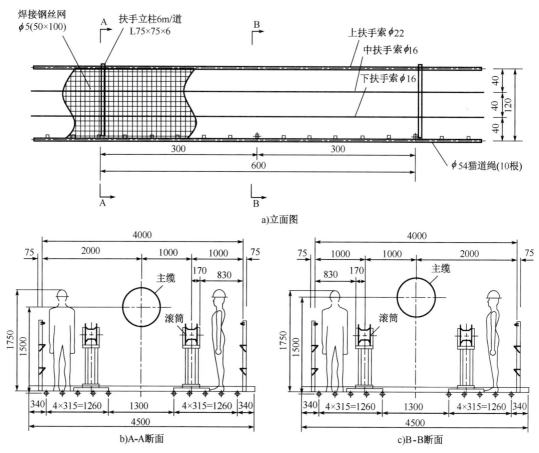

图 3-1-72 施工步道立面和断面图（尺寸单位：mm）

图 3-1-73 承重索、扶手索和面网

（4）横向通道

根据施工步道风洞模型试验及抗风稳定性非线性计算分析结果，同时考虑施工需要，施工步道共设置 9 个横向通道，主跨设 7 个横向通道，华坪岸边跨设 1 个横向通道，丽江岸边跨设 1

个横向通道。除满足左右幅施工步道之间人员的通行外,并提高施工步道自身的整体稳定性,使施工步道具备足够的抗风能力。

(5)施工步道门架承重索及施工步道门架

施工步道门架是门架拽拉式索股架设的关键构件,考虑施工步道承重索与门架承重索的锚固点差异,线形不完全平行,施工步道门架立柱设计为可调式(图 3-1-74)。主跨每隔 57.75m 设置一道施工步道门架,施工步道门架由 2×φ54mm 门架承重索固定,并与施工步道共同形成空间结构。

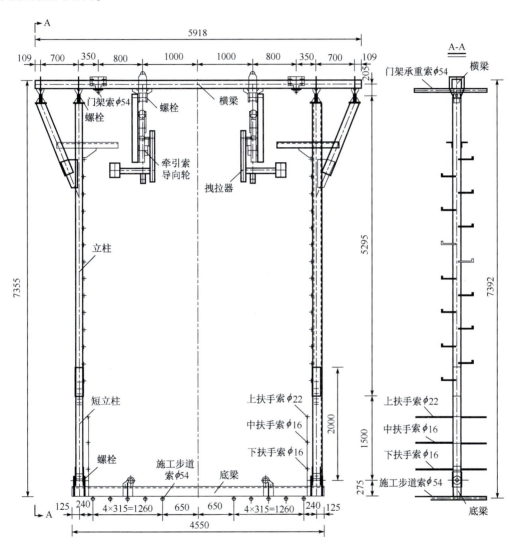

图 3-1-74 施工步道门架构造图(尺寸单位:mm)

门架高 7.0m,中跨 23 道,丽江岸边跨 3 道,华坪岸边跨 5 道;门架承重索为 2 根 φ54mm 镀锌钢丝绳。横向通道间距 173.25m,中跨设 7 道,南北边跨各设 1 道,如图 3-1-75 所示。

(6)塔顶锚固及调整装置

①转索鞍:设置于塔顶,以保证施工步道承重索的顺利通过及在塔顶固定。

图 3-1-75 施工步道门架及横向通道

②变位刚架:进行施工步道承重索的收分。
③下压装置:调整施工步道线形与主缆线形一致。
(7)锚固及调位装置

施工步道承重索通过在锚碇散索鞍支墩上预埋型钢锚座锚固。锚固系统由预埋件、拉杆和锚梁组成,利用千斤顶调整锚固拉杆的长度,如图 3-1-76 所示。

2)施工步道架设

(1)施工步道架设牵引系统

单线往复牵引系统用于施工步道承重索、施工步道门架承重索、托架承重索、托架定位索、施工步道扶手索架设及施工步道面网铺设下滑时的拽拉等,左右幅各设置 1 套单线往复牵引系统进行施工步道架设。左右幅各布置一套牵引设备,即:在华坪岸锚碇前侧布置 2 台 30t 卷扬机,丽江岸锚碇前侧布置 2 台 30t 卷扬机,锚碇门架上各布置 3 台 10t 卷扬机,在索塔每个塔顶门架上布置 4 台 10t 卷扬机。单套单线往复式牵引系统主要由 2 根牵引索、1 个拽拉器,以及 2 台牵引卷扬机等组成。总体布置如图 3-1-77 所示。

a)

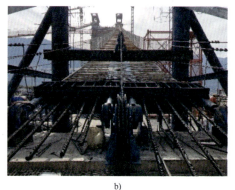
b)

图 3-1-76 塔顶锚固及调整装置

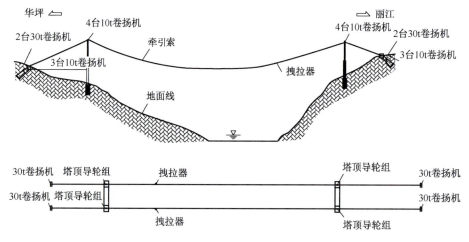

图 3-1-77 施工步道架设牵引系统总体布置

①牵引准备工作

华坪岸锚碇前安置两台 30t 1 号 30t 卷扬机，存 1 号过渡索、1 号牵引索；丽江岸锚碇前安置 2 号 30t 卷扬机，存 2 号过渡索。两岸锚碇门架各布置 3 台 10t 卷扬机，索塔顶门架顶部各布置 4 台 10t 卷扬机。锚碇门架及索塔顶门架顶部各布置 1 台门架导轮组。

②先导索牵引

根据本工程地理位置和地形条件，采用渡船在金沙江上连接先导索方案。先导索采用轻质高强度纤维绳，然后通过过渡索进行过渡，最后完成 $\phi42mm$ 牵引索施工。

③先导索、过渡索连接

利用两岸索塔塔式起重机将连接好的右幅先导索绳头分别提升至塔顶并临时锚固，两岸塔顶卷扬机分别将华坪岸 1 号过渡索与丽江岸 2 号过渡索提升至索塔塔顶，将 1 号、2 号过渡索分别与先导索用绳卡进行连接。

④先导索、过渡索转换

启动华坪岸 30t 卷扬机、丽江岸 30t 卷扬机，将 1 号过渡索绳头牵引至丽江岸索塔塔顶进行临时锚固，然后解除先导索，将 1 号过渡索绳头与 2 号过渡索绳头用拽拉器进行连接，至此完成先导索与过渡索的转换。

⑤过渡索、牵引索转换

在华坪岸将 1 号牵引索绳头与过渡索绳头连接，启动华坪岸 1 号 30t 卷扬机、丽江岸 2 号 30t 卷扬机，将 1 号牵引索牵引至丽江岸 30t 卷扬机与丽江岸 30t 卷扬机连接，至此完成右幅施工步道牵引系统架设。

⑥另一侧施工步道牵引系统架设

利用架设完成的右幅牵引系统在华坪岸索塔边跨侧将左幅先导索用拽拉器牵引至丽江岸索塔塔顶，然后将先导索绳头分别与左幅塔顶门架 10t 卷扬机绳头连接，利用荡移法将先导索牵引至左幅，然后利用左幅索塔塔式起重机将左幅牵引索分别提升至索塔塔顶与先导索绳头连接，按"步骤四"方法将先导索转换为牵引索，至此完成施工步道牵引系统施工。

(2) 托架系统安装

由于施工步道索较重，若直接由牵引索牵引架设，其牵引力大。为减小牵引力，施工步道索采用托架法架设。托架系统如图 3-1-78 所示，安装步骤如下：

①将托架承重索索盘置于塔底，塔式起重机提升其索头至塔顶，并与牵引索相连，随后由丽江岸向华坪岸牵引架设托架承重索，当索头到达华坪岸塔顶后，将索头锚固于预埋件上。随后使用同样的方法实现另一根中跨和两岸边跨托架承重索的架设。

②用 2 根 $\phi16mm$ 的钢丝绳作为托架定位索，将定位索的两端分别锚固于两塔及塔锚间，在空中形成了一条托架通道。

(3) 施工步道承重索及门架承重索架设

中跨施工步道承重索、门架承重索架设采用托架法安装，如图 3-1-79 所示。安装要点如下：

①承重索安装

中跨及华坪岸边跨利用单线往复式牵引系统由华坪岸牵引至丽江岸塔顶处锚固，丽江岸边跨通过小循环牵引至丽江岸塔顶进行施工步道承重索对接。将施工步道承重索提升（提出托架）、横移（使其进入塔顶的施工步道承重索的转索鞍）并进行锚固。完成一根施工步道承重索就位之后,再进行另一根施工步道承重索的架设。施工步道承重索架设后进行线形调整。为使主塔承受较小的不平衡外力,施工步道承重索应按照左右幅对称、两主跨对称进行的顺序依次架设。

a)

b)

图 3-1-78 托架承重索安装及定位索架设

图 3-1-79 承重索安装及垂度调整

②垂度调整

首先进行中跨施工步道承重索调整,测量中跨跨中垂度、中跨跨径和温度,调整线形,并在转索鞍处做好标记。边跨调整通过锚固在锚块上的锚固装置和千斤顶进行,调整方法同中跨。施工步道承重索高程调整允许偏差控制在 30mm 以内。

(4)托架、托架承重索拆除

完成施工步道承重索安装后,通过塔下卷扬机回收托架定位索和牵引索反拉,在塔顶逐个拆除托架。托架承重索拆除:利用塔顶和锚碇门架卷扬机滑车组提升、调整托架承重索作为双线往复式牵引系统的牵引索。

(5)变位钢架及下拉装置安装

在塔顶处需设置变位刚架和下压装置以保证施工步道结构和线形要求,变位刚架和下压装置安装(图 3-1-80)要点如下:

①变位架安装时首先将变位架运输至塔底,塔式起重机安装。随后用手拉葫芦和卷扬机对称调整施工步道承重索至设计位置,与变位刚架固定。

②下压装置安装首先在主塔施工时埋设预埋件,将下压承重梁运至塔底,塔式起重机安装。随后将下压装置的承重梁与施工步道承重索连接固定。

③安装下压绳、滑车组,将承重梁与塔柱相连。

(6)施工步道面层安装

变位钢架安装完成之后,进行施工步道面层的铺设,如图 3-1-81 所示。具体流程如下:

①施工步道面网与防滑木条在后场绑扎成型。

图3-1-80 变位架安装及下压装置安装

②在塔顶安装施工步道面层和横向通道(首段无横通道面网需配重),横向通道与施工步道承重索之间设置滚轮。

③每铺设完成一段面层(侧网一同下滑),下滑至安装位置,循环施工至施工步道合龙。

④施工步道扶手索和侧网安装就位之后,安装施工步道托辊。

⑤安装时根据计算确定施工步道中、边跨下放顺序,保证塔顶受力满足要求。

(7)门架承重索架设与垂度调整

施工步道铺装完成后,将施工步道门架承重索索盘置于锚碇前,两岸锚前各放置2根门架承

图3-1-81 施工步道面层及横向通道安装图

重索,利用牵引系统拽拉器在施工步道面层上分段牵引承重索。施工步道门架承重索牵引到位后,利用塔顶门架上的卷扬机滑车组提升中跨施工步道门架承重索调整垂度,之后将施工步道门架承重索置于塔顶门架上的门架承重索转索鞍鞍槽内。

随后将边跨锚头与施工步道门架承重索锚固滑车组系统连接,卷扬机收紧滑车调整垂度至设计位置。安装塔顶施工步道门架承重索在转索鞍处的夹紧装置,防止由于中跨边跨承重索索力不同导致滑动;解除调整中跨施工步道承重索垂度的塔顶卷扬机滑车组系统。即完成施工步道门架承重索的架设。

使用同样方法将施工步道扶手索牵引置于施工步道面层上,然后手拉葫芦配合将扶手索调整垂度后锚固在塔顶门架、锚碇门架立柱上。

(8)施工步道门架、施工步道扶手安装

施工步道扶手安装:先将扶手栏杆上翻,并紧固扶手栏杆与面层上型钢的连接螺栓,然后用U形螺栓把扶手索与扶手栏杆相连接,最后上翻施工步道侧网与扶手索固定。

施工步道扶手安装完成后,进行施工步道门架的安装。先将施工步道门架由塔式起重机提升至塔顶,置于施工步道门架承重索上,安装夹紧装置,夹紧螺栓不能拧得太紧,以利于门架下滑,之后塔顶卷扬机反拉门架逐步下滑到位,与门架底梁销接的同时紧固与门架承重索夹紧

装置螺栓。

(9)施工步道垂度调整

单根施工步道承重索架设完成后,考虑变位长度影响情况下对垂度进行粗调,基本达到设计计算目标垂度。待施工步道承重索全部架设连接就位后,根据设计计算施工步道承重索空索线形,逐根按照变位增加长度修正后的垂度进行精确调整。

垂度调整在施工步道架设的各工况中进行,垂度计算工况见表3-1-17。

施工步道垂度计算工况表　　　　　表3-1-17

| 调整步骤 | 调整时间 | 调整方式 | 调整跨 | 荷载 | 垂度计算考虑因素 |
|---|---|---|---|---|---|
| 1 | 承重索架设时 | 单根、粗调 | 中跨、边跨 | 施工步道承重索空索 | 变位长度 |
| 2 | 承重索架设完成 | 单根、细调 | 中跨 | 施工步道承重索空索 | 变位长度 |
| 3 | 中跨安装后 | 单根、细调 | 中跨 | 施工步道承重索空索 | 中跨侧变位长度 |
| 4 | 边跨安装后 | 整体、细调 | 中跨 | 施工步道承重索空索 | |
| 5 | 锚固处整体调整 | 整体、细调 | 边跨 | 施工步道承重索空索 | |
| 6 | 面网、横通道等全部恒载安装后 | 整体、细调 | 先中跨后边跨 | 施工步道全部恒载 | 温度 |

施工步道垂度调整按照由中跨侧逐步向锚固端推进的原则进行,调整过程如下:

①施工步道承重索制作标记点与塔顶转索鞍标记点对准,拧紧压板固定螺栓,锚固施工步道承重索。

②利用塔顶10t卷扬机进行中跨施工步道承重索垂度调整。

③考虑变位长度的影响,计算确定每根施工步道承重索跨中垂度,利用塔顶门架上的卷扬机及滑车组逐根调整直至满足垂度要求后,在塔顶转索鞍处锚固好。

④安装中跨侧及边跨侧,逐根复测施工步道承重索跨中高程,与计算值比较,如有误差,再次调整。

⑤边跨施工步道承重索调整。施工步道锚固梁就位在初始设计位置,利用小拉杆调节单根承重索,利用大拉杆对施工步道承重索垂度进行整体调节,消除施工步道承重索制作精度误差并调整跨中高程到考虑变位长度差的修正高程。

⑥铺设施工步道面层(面网、横梁、横通道、扶手等)。

⑦施工步道中跨侧下拉调整到位。

(10)施工步道后续配合施工

施工步道架设完成后,为了配合后续施工工序,需进行附属设施安装、施工步道门架拆除、跨中硬点形成、施工步道改吊等。施工要点如下:

①附属设施安装

施工步道及牵引系统主体结构完成后,安装施工步道夜间照明系统、安全标语及上下施工步道安全通道。

②施工步道门架拆除

在主缆牵引系统和索股托架滚轮拆除后,通过塔顶卷扬机将施工步道门架沿门架承重索向塔顶(或锚碇)方向牵引(或下放),在塔顶或锚碇前方平台上,分解施工步道门架。

③跨中硬点形成

主缆紧缆完成后在主跨跨中附近用钢丝绳将门架承重索与主缆连接,形成跨中"硬点"。

④施工步道改吊

在索夹安装完毕后钢桁梁吊装之前进行施工步道改吊,施工时确保钢桁梁吊装期间施工步道线形能不断适应主缆线形的变化。施工步道改吊承重索采用 $\phi 22mm$ 镀锌钢丝绳,外套橡胶管以保护主缆。改吊绳每隔 12.5m 设一道,与施工步道横梁对应布置。为确保施工步道横向稳定,每隔 50m 设置一道双绳交叉改吊承重索。

⑤横向通道拆除

在索夹安装完成后,钢桁梁安装之前拆除横向通道。横向通道通过设置在门架承重索上的天顶小车拆除。门架承重索上的天顶小车下端与横向通道连接,解除横向通道与施工步道约束,使横向通道与施工步道保持一定距离,向塔锚方向移动,拆除横向通道。

⑥施工步道放松

钢桁梁吊装前和过程中采用千斤顶在锚碇处施工步道锚固装置进行施工步道长度分次放松,使施工步道在塔顶处由边跨向中跨滑动。放松过程中适时调整改吊绳,确保均匀受力。施工步道放松在两个锚碇处同时进行。

3)施工步道拆除

施工步道系统作为上部结构施工中最重要的平台,在服务索股牵引、调索入鞍、锁夹及吊索安装、主缆缠丝之后进行施工步道拆除,拆除内容主要包括门架承重索、改吊索、侧网、扶手索、面网、横梁、变位钢架、施工步道承重索、转索鞍等的拆除。

施工步道拆除前,首先将各分跨点进行锚固,使施工步道荷载通过施工步道承重索传递至各分跨锚固点位置。施工步道承重索的分跨点包括锚碇处锚固系统锚固点、塔顶转索鞍。施工步道承重索通过大、小拉杆及锚固梁与施工步道锚固预埋件相连,施工步道拆除前首先检查其锚固位置各构件之间的连接,检查大拉杆与预埋件耳板之间的销接情况,确保各处连接牢固。施工步道拆除具体步骤如下:

(1)改吊索拆除

采用手拉葫芦与主缆相连,手拉葫芦对在施工步道上的大小横梁进行提升,拆除改吊索即可。

(2)门架承重索拆除

通过塔顶和锚碇卷扬机配合滑车组对门架承重索进行卸力下放至施工步道,人工配合丽江侧锚碇卷扬机进行收索。

(3)扶手索、侧网、面网等拆除

侧网、面网拆除从塔式起重机至中跨、塔式起重机至边跨进行拆除。拆除顺序:侧网→扶手索→面网循环进行拆除。拆除侧网放置在未拆面网上与面网一起下放至桥面,扶手索与立柱的固定绳卡拆除,人工将扶手索反向拉至低处施工步道上,再进行下放。当面网拆除到吊索位置时需中间剪开面网,再解除面网在施工步道上的固定点。在主缆检修道扶手索上安装导向滑车,利用 $\phi 20mm$ 尼龙绳,将面网捆绑牢固,通过人工导向滑车进行下放。边跨拆除侧网和面网:采用人工配合起重机方式进行下放到后锚(图 3-1-82)。

(4)变位钢架拆除

侧网、面网拆除从塔式起重机至中跨、塔式起重机至边跨进行拆除。按照侧网→扶手索→面网循环进行拆除。拆除侧网放置在未拆面网上与面网一起下放至桥面,扶手索与立柱的固定绳卡拆除,人工将扶手索反向拉至低处施工步道上,再进行下放。当面网拆除到吊索位置时需中间剪开面网,再解除面网在施工步道上固定点。在主缆检修道扶手索上安装导向滑车,利用 $\phi20mm$ 的尼龙绳,将面网捆绑牢固,通过人工导向滑车进行下放。边跨拆除侧网和面网采用人工配合起重机方式进行下放到后锚。

图 3-1-82　面网拆除

(5)承重索拆除

承重索拆除顺序从内到外依次拆除,解除转索鞍承压板使承重索呈自由状态。内侧承重索:利用锚碇与塔顶单线往复式牵引系统,使锚碇端头承重索到塔顶再转换到塔顶上卷扬机相连,下放承重索到桥面上。外侧承重索:利用塔顶上滑车组对中跨承重索进行提升和横移到内侧,锚碇与塔顶单线往复式牵引系统,使锚碇端头承重索到塔顶侧再通过塔顶上横梁上卷扬机进行转换到塔顶另一侧,塔式起重机下放承重索到桥面上。

(6)转索鞍拆除

解除转索鞍在塔式起重机门架上的约束,通过塔式起重机下放塔底。

### 1.5.3　主缆架设及紧缆施工

主缆索股架设利用施工步道架设阶段的牵引系统进行改造,将单线往复式循环牵引更改为双线往复式循环牵引。索股架设完成后,对主缆进行紧缆作业。双线往复式牵引系统结构主要包括:丽江侧锚面水平转向盘、锚碇门架上转向导轮组、主塔顶导轮组、华坪侧锚面门架上导向轮及转向轮、2台30t牵引卷扬机、牵引索、两个拽拉器、施工步道门架、施工步道门架导轮组、各部位托辊等组成。施工工艺流程如图3-1-83所示。

1)牵引系统施工

①牵引卷扬机选择

牵引系统牵引力的来源有两个方面:索股的反张力和牵引索保持自身线形运行的张力,牵引索的牵引力即为两张力最大值之和。经过计算,牵引索股至对岸塔顶时卷扬机所需提供的最大拉力为167.2kN,考虑0.1倍的富余,167.2kN×1.1=183.92kN<300kN,所以30t的卷扬机满足要求,每套牵引系统设置2台30t循环卷扬机。

②丽江岸侧布置(图3-1-84)

丽江岸受地形限制,牵引卷扬机布置在左洞隧道锚前方地面上,牵引索经前锚室基础上预埋转向轮至锚碇门架上,再置入主牵引系统导轮内(图3-1-85),牵引索位置位于每根主缆中心两侧1m处,呈对称布置,锚碇门架导轮组、塔顶门架导轮组、施工步道门架导轮组、施工步道面层托辊、塔顶鞍部托辊的中心位置与牵引索位置相一致,均在同一条垂直面上。

图 3-1-83 主缆架设施工工艺流程图

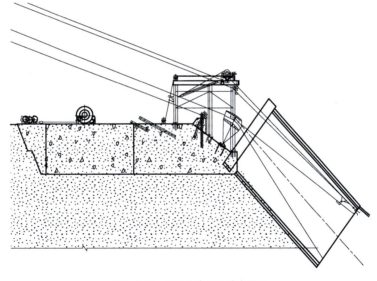

图 3-1-84 丽江岸牵引系统布置图

锚碇门架上安装3台10t卷扬机(图3-1-86),作为索股横移、入鞍设备,散索鞍前安装2台10t卷扬机形成索股入锚牵引系统。

③华坪岸侧布置

华坪岸侧锚碇门架上布置2个水平转向轮和2个导向滑轮(图3-1-87),牵引索经导向滑轮穿过2个转向轮后,再从另一个导向滑轮转出,使整个牵引系统形成双线往复式牵引系统,门架上面平台安装3台10t卷扬机,作为索股横移、入鞍及入锚设备。

a)　　　　　　　　　　　　　　b)

图 3-1-85　30t 牵引卷扬机及前锚室导轮

图 3-1-86　锚碇门架卷扬机

a)　　　　　　　　　　　　　　b)

图 3-1-87　水平转向轮及导向架

放索区处需配备1台30t卷扬机以及塔式起重机,当放索机放出索股前端锚头时,方便牵引至锚碇门架前端;另还需要设置导向装置,导向装置由工字钢、木条、钢丝面网及若干滑轮组成,避免索股与地面摩擦,方便索股牵引。

④塔顶门架布置

在整个牵引范围内,牵引索将通过主塔二个较大转点位置,必须设置缓和的导轮组使拽拉器顺利通过,同时保证牵引索在整个牵引过程中的使用寿命,防止在弯拉高应力下的过早破坏。

导轮组由导轮架、下导轮及上压轮等组成,上压轮设置弹簧缓冲装置,使上压轮和下导轮能保持弹性接触(图3-1-88)。

a)        b)

图3-1-88 塔顶导轮组

⑤施工步道及门架布置

在施工步道面层上距主缆中心线两侧各1m处布置索股托辊,托辊纵向间距9m,横向间距2m;中跨施工步道门架间距为57.75m,门架上距主缆中心线两侧各1m处布置1套导轮组,限制牵引索上翘或下坠(图3-1-89)。

a)托辊        b)门架

图3-1-89 施工步道托辊及施工步道门架实景

⑥放索机构

金安金沙江大桥主缆单根索股质量约44.2t,长约为2047m,采用垂直放索,索股卷绕在直径为3.8m的索盘上,为避免索股在索盘上松弛而出现"呼啦圈"、散丝、断带、鼓丝等不良现象发生,设置组合式力矩电机被动放索机构(图3-1-90)。

图3-1-90　组合式力矩电机被动放索机构

2)索股架设

主缆索股架设采用门架拽拉式双线往复牵引系统进行牵引,由华坪岸向丽江岸牵引,架设顺序按索股编号从1号~169号依次进行,以设计编号为1号索股作为基准索股,其余为一般索股。索股牵引速度最高达36m/min。采用双线往复式牵引系统,减少了系统来回空转时间,索股架设效率大大提高,施工期间,平均3h可完成一根主缆索股的架设。

(1)索股牵引

①索盘安装[图3-1-91a)]

利用180t履带式起重机,将索盘安装在华坪岸后锚平台的放索机上,放索机前面设置导向架。

②锚头与拽拉器连接[图3-1-91b)]

放索机放出索股前端锚头,通过1台3t小型卷扬机和6010型塔式起重机配合,牵引至锚碇门架处,再通过人工配合25t汽车起重机提起锚头,牵引至施工步道与拽拉器连接。

a)　　　　　　　　　　　　　　　　　　b)

图3-1-91　索盘安装及锚头、拽拉器的连接

③索股牵引

启动30t牵引卷扬机进行索股牵引,牵引过程中保持收、放速度一致,在通过施工步道门

架和塔顶处的导轮组时适当减速,防止拽拉器跳槽。

④索股入锚

通过锚跨小循环系统牵引入锚,最后利用手拉葫芦配合卷扬机,将锚头通过拉杆与索股对应位置的锚固系统相连,临时进行锚固。

(2)索股横移

进行索股横移首先在距离主索鞍前后各20m,散索鞍前20m左右位置处,将特制握索器安装在索股上;分次拧紧握索器上的紧固螺栓,确保索股与握索器不发生相对滑移。握索器提升系统安装完毕后,同时启动各提升卷扬机,将整根索股提离施工步道托辊。

最后由锚碇、塔顶、洞口横移装置,将索股横移到设定位置,横移装置由悬挂在索鞍门架上一根支撑横梁与手拉葫芦、软吊带等组成。

(3)索股整形

索股的整形有两种,第一种为索鞍处的整形,第二种为通常索股的整形,前者是为了使索股置于鞍槽中,后者是为了使整个索股保持六角形状。

由于厂家提供的主缆索股在索鞍处为六边形,所以需在索鞍处将索股整形为四边形(127丝索股六边形变为56mm×57.8mm四边形),如图3-1-92所示。主索鞍处由边跨向中跨、散索鞍处由锚跨向边跨方向开始进行整形。

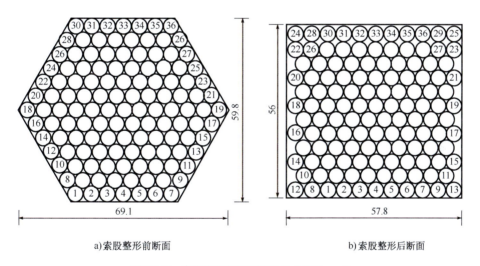

a)索股整形前断面　　　　　　　　b)索股整形后断面

图3-1-92　索股整形前后示意图(尺寸单位:mm)

在索鞍前后约3m的地方,分别安装上六边形夹具(这里使用的为小型握索器),解除两夹具间索股的缠包带,同时在距离六边形夹具1m的地方开始整形安装四边形夹具,人工用木槌敲打索股,并用钢片梳进行索股断面整理(图3-1-93),使该断面由六边形变成四边形,检查索股形状、标记丝位置,当确定索股方形段截面形状正确,标记丝位置正确后,用四边形夹具夹紧,并用缠包带绑扎。索股整形时,应保持钢丝平顺,不能交叉、扭转,不允许损伤钢丝。

(4)索股入鞍

待索股牵引完毕后,将索股置入主、散索鞍相应的鞍槽内,索股入鞍的顺序为先主索鞍,后散索鞍。在主索鞍处,由边跨端向中跨方向进行;散索鞍处,从锚跨端向边跨方向进行,依次放入鞍槽内。

图 3-1-93 四边形夹具及钢片断面整理

入鞍时要严格控制索股的着色丝在鞍槽中的位置以防索股扭转。为防止已入鞍索股的侧向力使隔板变形,应在该索股相邻鞍槽内填进楔形木块。入鞍时,丽江岸主索鞍处标记点对准索股安装标志线位置,并固定;索股在华坪岸岸主索鞍处标记点应向边跨偏离主鞍安装线一定距离,使中跨跨中的索股高于索股垂度的最终位置一般将中跨跨中垂度预抬高 30~40cm,边跨跨中垂度预抬高 10~20cm,先提升中跨,后提升边跨,以免垂压、缠交其下面的索股,并便于夜间进行垂度调整。填塞木楔及索股入鞍如图 3-1-94 所示。

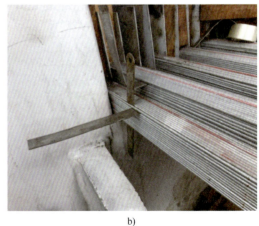

图 3-1-94 填塞木楔及入鞍分丝

(5)索股垂度调整

索股线形调整主要是调整索股在跨中的垂度。索股垂度又分为绝对垂度与相对垂度。基准索股进行绝对垂度调整,一般索股以基准索为参照进行相对垂度调整,采用钢尺量距法与机器视觉系统相互配合的方法进行测量。主缆线形精度主要取决于基准索股的架设线形。调索顺序:先调整中跨,然后调整边跨,最后调整锚跨。索股测量调整施工要点见表 3-1-18。

**索股测量调整施工要点**　　　　　　　　　　　　　　　　　　　　　表3-1-18

| 项目 | | 施工要点 | 图示 |
|---|---|---|---|
| 索股测量 | 基准索股 | （1）基准索股主要测量中跨和边跨跨中高程、索股温度及跨径；<br>（2）两台全站仪测量索股跨中点高程，在各跨跨中及1/4、1/8跨中布置温度传感器，根据温度、高程及塔偏进行高程修正；<br>（3）上、下游主缆基准索股绝对误差，通过在中、边跨跨中连通有色水软颜料管，计算两基准索股的相对高差，控制在10mm以内 | |
| | 一般索股 | 一般索股以基准索股为基准，采用钢尺量距法进行测量 | |
| 索股垂度调整 | 基准索股 | 调整原则：基准索调整必须在晴朗、风速较小、气温稳定的夜晚进行；高程测量必须连续三天在夜间温度稳定时进行，三次结果误差在设计及规范允许范围内；中、边跨垂度调整：通过塔顶、锚碇千斤顶将索股各跨中高程调整至设计要求。锚跨垂度调整：2台60t千斤顶调整到设计要求 | |
| | 一般索股 | 调整方法、顺序与基准索股基本相同，采用相对垂度调整法。通过纵向调整索股在鞍槽内的位置实现垂度调整，直至相对误差在0～+5mm范围内 | |
| 锚跨张力调整 | | 在索股的垂度调整完成之后，根据监控指令，在夜间温度稳定时通过2台60t千斤顶调整索股锚跨张力。<br>在主缆架设完成后，对锚跨索股张力进行复测、调整 | 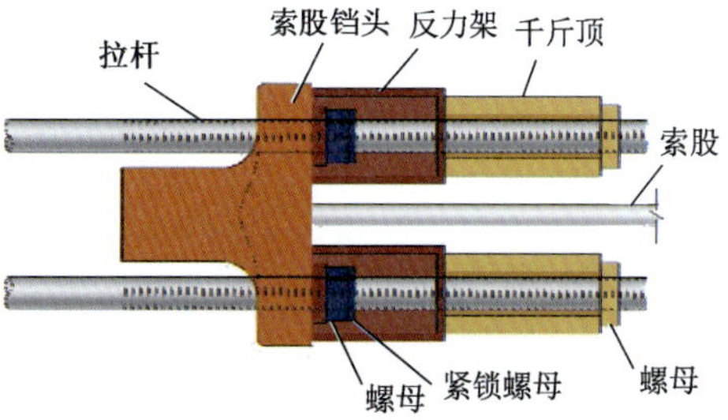 |

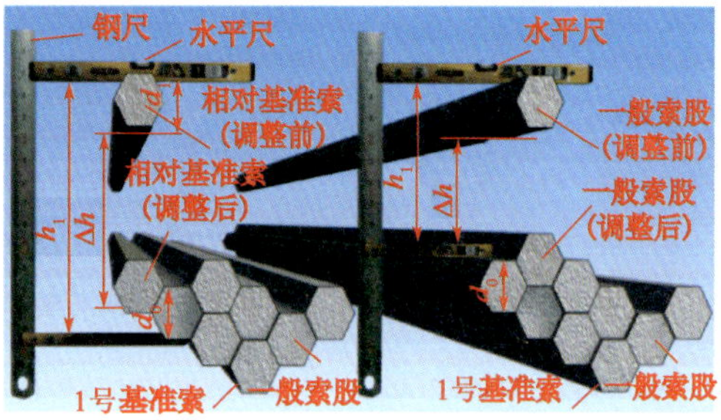

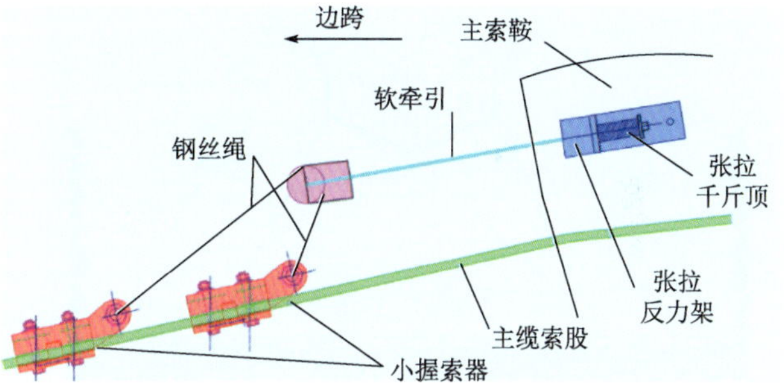

(6) 索鞍锌填块及拉杆安装

主缆索股架设完成后,在主、散索鞍处填压锌填块,进行封水处理,安装压板、紧固拉杆,如图 3-1-95 所示。用液压拉伸器分次、交替张拉拉杆,每次张拉 50kN,每根拉杆最终上紧力为 400kN。

a)

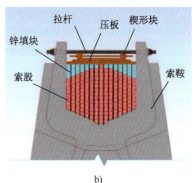
b)

图 3-1-95　主缆锌填块安装

(7) 索股及施工步道临时稳固

当索股架设遇风力较大天气时,采用钢丝绳将施工步道与主缆临时固定,防止施工步道晃动碰撞已架索股,保证索股架设施工安全;遇大雨、大雾、大风等恶劣天气时,停止索股架设,必要时施工步道与主缆临时固定。索股与施工步道采用手拉葫芦临时稳固,如图 3-1-96 所示。

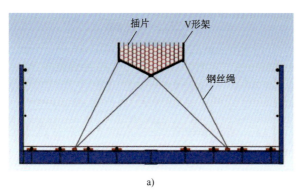
a)

b)

图 3-1-96　索股与施工步道临时稳固

3) 紧缆施工

主缆紧缆分两个阶段进行:预紧缆、正式紧缆。紧缆作业分别由中跨跨中、两侧锚碇向塔顶进行,中、边跨同时进行紧缆。采用紧缆机进行主缆紧缆作业。紧缆后主缆空隙率为:索夹内 18%、索夹外 20%。

(1) 预紧缆

预紧缆作业前,检查索股锚跨张力是否达到设计及规范要求,同时检查主缆索股是否有错位现象,主、散索鞍索股是否存在滑移现象。

预紧缆工作应在夜间温度稳定的情况下进行。预紧缆作业采用先疏后密方法进行,利用二分法,将中、边跨主缆分成若干段,每段再用二分法分至约 5m 一小段,主缆空隙率控制在 26%~28% 范围内。

在主缆表面相应位置处铺设麻袋片,钢绞线缠绕一圈后一端锚固于千斤顶支架的锚固梁上,一端穿过千斤顶,利用张拉端锚具锚固,启动千斤顶收紧主缆,同时拆除周边索股的捆扎带,人工用大木槌均匀敲打主缆四周,校正索股和钢丝的排列顺序,避免出现绞丝、串丝和鼓丝现象。然后用软钢带捆扎紧,使主缆截面接近圆形,如图 3-1-97 所示。

图 3-1-97 预紧缆作业

（2）正式紧缆

预紧缆作业完成后,使用紧缆机将主缆截面紧固为圆形,并达到设定的空隙率和椭圆度,施工工序及要点如下:

①紧缆机安装

紧缆机使用前,进行设备部件检查更新,并在现场预拼装。紧缆机按链环式挤紧器、纵梁和走行机构、吊装框架(带液压系统、控制台和配重等)进行安装。

②主缆回弹率试验

在正式紧缆前,在主缆上进行主缆回弹率试验,得出主缆的回弹率。在正式紧缆过程中,检查并调整紧固力,以确保主缆紧缆质量。紧缆试验在中跨跨中进行。

③紧缆作业

正式紧缆作业可在白天进行。初期,以低压(5MPa)进行,使各紧固蹄轻轻接触主缆表面,然后升高压力逐步加载。在初加压阶段,严格控制 8 个紧固蹄同步性,以免造成钢丝切断或变形。

主缆紧缆每隔 1.0m 紧固一道,主缆应紧至最靠近鞍座处。当紧缆机工作时,每次只能拆除一个施工步道绑扎,在紧缆及完成紧缆后将该绑扎复位。

④打捆扎带

一道紧缆完成后,并在靠近紧固蹄位置捆扎两道镀锌钢带;在靠近索夹的位置,紧固和钢带捆扎适当加密。

⑤液压千斤顶卸载

当完成预捆紧后,液压千斤顶卸载,通过操作换向阀使紧固蹄回程。由塔顶卷扬机牵拉紧缆机,天顶小车沿门架承重索向上滑移,紧缆机行走机构沿主缆向上行走至下一紧缆位置。紧缆机行走时要匀速、平稳,防止侧翻失稳。

⑥主缆直径的测定

为了确定紧缆后主缆的截面形状,紧固蹄挤压结束后(处于保压位置时)和液压千斤顶卸载后,分别用专用量具测定主缆直径和周长。用下式计算出主缆平均直径及空隙率,确保缆径反弹后的空隙率符合要求。

$$主缆平均直径 = \frac{竖径+横径}{2} \qquad (3-1-2)$$

主缆空隙率、直径、周长的对照见表 3-1-19。

主缆空隙率、直径、周长对照表　　　　　　　表 3-1-19

| 空隙率(%) | 17 | 18 | 19 | 20 | 21 | 26 | 27 | 28 |
|---|---|---|---|---|---|---|---|---|
| 直径 | 844.2 | 849.4 | 854.6 | 860 | 865.3 | 894 | 900.2 | 906 |
| 周长 | 2652.1 | 2668.5 | 2684.8 | 2701.8 | 2718.4 | 2808.6 | 2826.1 | 2846.3 |

以上②~⑥工序每隔 1m 进行一次。

(3) 主缆线形测量

主缆紧缆完毕后,在夜间温度稳定时,测量主缆 1/4 跨、1/2 跨和 3/4 跨的跨中高程,确定主缆实际空缆线形。根据主缆实际空缆线形、实测索夹精确重量、加劲梁及桥面系重量等,设计、监控单位计算各吊索精确长度。线形测量连续观测 3d 以确保主缆线形测量准确。

### 1.5.4 索夹及吊索施工

1) 索夹施工

索夹施工工艺流程如图 3-1-98 所示。

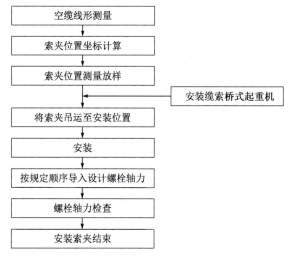

图 3-1-98　索夹施工工艺流程图

(1) 索夹结构

索夹形式为骑跨式,共计 9 种 326 套,索夹本体采用铸造结构,材质为 ZG20Mn。按主缆倾角不同,所需夹紧力不同,索夹长度及螺栓数量不同。所有索夹均采用左右对合结构形式,用高强度螺栓连接紧固,为保证在预紧高强度螺栓作用下索夹能抱紧主缆,在两半索夹间留有适当的缝隙,接缝处嵌填氯丁橡胶防水条防水。索夹主要制造工艺包括铸造、机加工、装配。半索夹构造如图 3-1-99 所示。

图 3-1-99　半索夹构造三维图

（2）索夹装配

索夹两半加工好后,在车间内均要求进行装配(图3-1-100),检验螺栓、垫圈、螺母、密封带的安装是否存在干涉现象。在各安装标记点处做安装定位标记,为现场安装定位和测量提供基准。

（3）现场安装

索塔和锚碇附近索夹可以利用塔式起重机直接安装,跨中中央扣斜拉索索夹采用特制运输小车运输,其余各索夹利用天顶小车依次运输安装。索夹由中跨跨中及锚碇处向塔顶逐只安装,边跨和中跨的安装方法相同。索夹安装要点如下：

图3-1-100 索夹组装

①索夹位置测量放样[图3-1-101a)]

首先根据监控提供的索夹位置及索夹在不同的索温条件下的参数修正值,采用全站仪进行放样,先放出初样,并找出中心点,然后在主缆顶精确放样做好标记。把索夹安装位置在主缆上作出标记。此外索夹测量放样时应尽可能一次将全跨放样完成,并进行误差调整。索夹放样完成后,再对每一个索夹放样点进行复核。

②索夹运输及安装[图3-1-101b)]

跨中中央扣斜拉索采用特制大型索夹运输小车运输安装。其余索夹将塔顶临时放置的索夹由塔式起重机转换到天顶小车上,用天顶小车把索夹运到安装位置。随后用手拉葫芦调节左右两半索夹位置,大致靠拢夹住主缆,穿入螺栓,再通过手拉葫芦精调索夹位置。

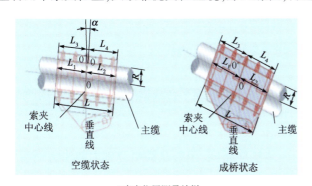

a)索夹位置测量放样

b)索夹运输及安装

图3-1-101 索夹位置测量放样及索夹运输、安装

③螺栓安装紧固

在紧固时使用液压拉伸器对索夹螺栓施加轴力。螺栓紧固分次完成,根据索夹类型不同,分奇偶张拉法和先中后边法,在轴力导入时注意防止主缆索股钢丝夹进索夹两侧企口缝内。

④索夹螺栓轴力导入

紧固同一索夹螺栓时,需保证各螺栓受力均匀,并主要按三个荷载阶段对索夹螺栓进行紧固,补足轴力。各阶段严格按照设计及监控要求控制索夹螺栓紧固轴力。

索夹螺栓轴力情况主要分三阶段进行检查、紧固:a.索夹安装时;b.加劲梁吊装完成后;c.二期恒载施工后。

2)吊索施工

吊索施工工艺流程如图3-1-102所示。

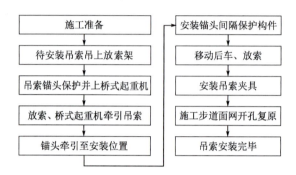

图3-1-102 吊索安装工艺流程图

(1)吊索结构

吊索采用销接式锚具,采用叉形热铸锚。两端叉形耳板与锚杯之间的螺纹各有±20mm调节量,吊索结构如图3-1-103所示。

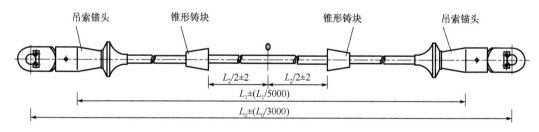

图3-1-103 吊索结构示意图(尺寸单位:mm)

(2)吊索运输

吊索运至塔柱位置后,用塔式起重机把吊索吊运至塔顶平台或横梁上临时存放,用两台桥式起重机将吊索运输到架设位置,如图3-1-104所示。

(3)吊索安装

吊索的安装顺序与钢桁梁节段吊装的安装顺序相同,中跨从跨中分别向两岸方向进行。安装步骤如下:

①运输吊索的同时,在安装地点剪开施工步道面层板,形成一个开孔。在开口靠近塔的一边设置吊索就位导向滚筒。

②吊索锚头到达安装地点后从桥式起重机上卸下,把两个锚头分别置于主缆两侧,在两个锚头间安装间隔保持构件,然后从锚道开孔处沿导向滚轮下放,如图3-1-105所示。

③移动后方的桥式起重机,同时放绳。

④待后方的桥式起重机到位后,放松手拉葫芦,把吊索弯折部位骑置于索夹鞍部。

⑤当弯折部位的中心标记与主缆的顶面标记吻合后,解下钢丝绳从而完成一根吊索的安装。

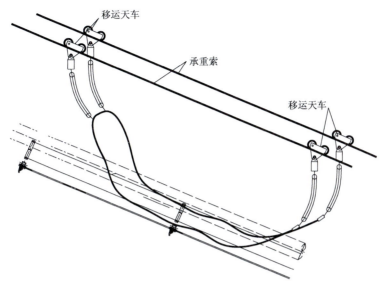

图 3-1-104　吊索运输示意图

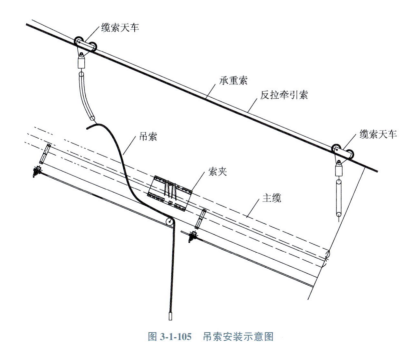

图 3-1-105　吊索安装示意图

⑥用同样的办法安装同一个索夹的另一根吊索,待吊索安装完成后,再进行吊索夹具和减振架的安装,从而完成本组吊索的全部安装。

⑦最后将施工步道开孔恢复。

### 1.5.5 主缆防护系统施工

主缆防护采用"圆钢丝+缠包带+干燥空气除湿"方案,结构如图 3-1-106 所示。主缆采用直径 4mm 的钢丝缠绕外加防护缠包带进行防护,两岸索塔上横梁各布置一台干燥除湿机,通过送气管道将干燥空气注入主缆钢丝空隙,最后流动的湿空气从排气罩排出。

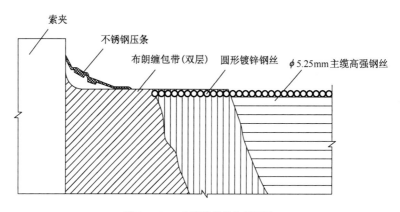

图 3-1-106 主缆防护结构示意图

1)主缆缠丝

主缆缠丝施工在桥面系施工完成后采用专用缠丝机进行,主要包括索夹前起始段缠丝、索夹间节段缠丝、缠丝机行走过索夹、缠丝焊接、尾端缠丝等作业。缠丝机在索塔附近用塔式起重机安装,边跨、中跨缠丝同时进行,总体施工方向由高处向低处进行,而在两个索夹之间则由低处向高处进行。缠丝施工要点如下:

(1)储丝轮绕丝及运输

缠绕钢丝按每个索夹区间精确计算钢丝用量,然后通过特制绕丝机以一定张力将钢丝卷转绕至储丝轮上,将缠好的储丝轮经塔式起重机,天顶小车运输至缠丝地点。

(2)缠丝试验

缠丝机安装后,进行空机试运转,做好缠丝试验准备工作;进行缠丝试验,确定缠丝张力,检验缠丝机性能及焊接强度。

(3)起始段缠丝

将钢丝端头与索夹固定;绕丝机在索夹外低速缠丝,用特制工具将钢丝推入索夹槽隙中就位(钢丝嵌入索夹槽至少 2 圈),直至缠丝机能到达的位置。微调绕丝机的位置使导丝器位置与最后一圈钢丝垂直,调整张拉力使等于设计规定张力,再次起动绕丝机并转入高速缠丝。

(4)正常缠丝

调整好缠丝与行走的匹配,先点动缠丝,正常缠丝后,由慢到快进行缠丝作业;主缆上的钢带解除随着缠丝的进展而推进,同时采用手动葫芦逐步收紧施工步道,拆除阻碍缠丝进行的悬挂钢丝绳,待缠丝机过后再补上;储丝轮剩余钢丝 6 圈左右并焊钢丝,剪断剩余钢丝及时进行更换;在已缠好的主缆顶面每隔 1m 用铝热焊将缠丝固定,并尽量在钢丝对接处固定。

(5) 末端缠丝

当正常缠丝接近下一索夹端部时,更换缠丝方向,慢速缠至索夹端部。

(6) 缠丝机行走过索夹

索夹跨越采用步履形式,由设置在四根导轨上的滑动机架与缠丝机两端的前、后机架相互配合,通过垂直顶升机构的依次起落和移动,实现索夹跨越,如图 3-1-107 所示。

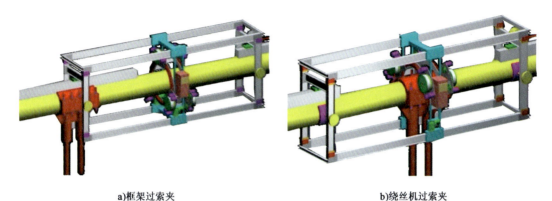

a) 框架过索夹　　　　　　　　　b) 绕丝机过索夹

图 3-1-107　框架过索夹和绕丝机过索夹

(7) 缠丝焊接

相邻的缠绕钢丝以铝热焊剂焊接的方式进行连接接头处理;索夹区间焊点分为三种:起始段并焊三圈(3×2 点处两点),中间段间隔 1m 并焊两圈(2×2 点处两点),尾端每圈均并焊(1×2 点处两点)。因作业需要,临时停止缠丝时,迅速地进行 3×2 点焊接;铝热焊点外观呈小丘形,用砂轮机打磨保留 1mm 以上的焊高。

2) 缠包带施工

缠包带采用层压制品,厚度不小于 1.14mm,具有 8mm×8mm 网格状加强聚合物。螺旋式的层叠绕法使钢索表面覆盖两层防腐带,如图 3-1-108 所示。缠包带防腐系统的基本组成:索夹环缝的密封胶带、不锈钢带、防护带条,斜缠装置、环带电加热套管。

图 3-1-108　主缆缠包带施工

安装缠包带四步,步骤如下:
(1)缠绕[图3-1-109a)]
将初始带条缠绕固定在索夹两侧环缝处,将斜缠装置放好,然后装上一卷缠包带。按叠压52%完成斜缠工作,一卷带用完,按规范接上一卷新带。缠绕时需保证每圈间距相等。
(2)加热[图3-1-109b)]
用定制的加热毯加热缠包带,根据先前试验结果,确保充分加热、长效融合。

a)缠带机缠绕

b)缠包带加热

图3-1-109 缠带机缠绕及缠包带加热

(3)密封胶带
在索夹环缝处打上一圈聚硫密封剂,然后在邻近处缠包带外圈装上一圈密封胶带,用木槌敲入环缝中,使密封胶带和聚硫密封剂咬合,在密封胶带外层需另加一圈缠包带防紫外线。
(4)防滑层
在缠包带的顶部涂一层聚氨酯胶,再布撒300mm宽的石英砂,然后涂上适当的颜色。
3)除湿系统施工
主缆除湿系统采用全新风除湿系统,空气经过滤装置去除微颗粒后经除湿机除去空气中水分、然后把洁净干空气送入进气夹的加压装置,最后通过管道进入主缆进气夹,最后湿空气从排气夹排出,这样不断有干空气进入主缆,带走主缆内存留水分。主缆除湿系统施工内容包括设备安装、管道安装及监控系统安装。
(1)设备安装方案
索塔上横梁干空气制备站采取整体吊运方式,制备站在工厂基本完成加工,为吊装方便,分成2个模块,所有内部设备均已安装到位。两模块吊至上横梁,从人孔进入横梁内,现场经简单连接,即可完成制备站的组装。
(2)管道安装方案
①主缆送气管道施工
沿主缆及需要较多弯曲、不适合中间连接的管道采用具有良好防紫外线能力的高分子柔性管。安装之前应在扶手索支架上焊接固定支架(出厂前焊接并做防护处理,)或者扶手索上锚固固定支架。每个扶手索支架处都必须有一个固定支架。固定支架为角钢,靠近外侧的地方打两个孔,角钢的长度需根据实际情况结合打孔位置,保证固定的复合管偏离扶手索约

50cm。卡箍带螺纹,要求能将复合管进行固定,同时不能损坏复合管。

②送排气单元安装

主缆缠丝的时候按照图纸设计将送排气夹位置预留出来。设计定制的进排气夹有两种：一种是全封闭的普通气夹,金安金沙江大桥共采用28个；另一种是全透明的观察气夹,大桥两侧、主缆中间的底部位置各安装1个,共2个。气夹内壁与主缆钢丝间应具有不小于3cm的间隙,具有环向和纵向密封,能够保持3000Pa以上不泄漏。进排气夹底部均设有排水阀门,可根据需要打开排除施工期间主缆底部的积水。

每根主缆跨中最低点排气夹采用了一个可以全角度观察的排气夹,用以方便观察主缆最不利点的腐蚀情况。气夹分为上下两半,每半质量不超过100kg,且为薄壁不锈钢材质,具有韧性。气夹安装前需要对平整度、密封性、材料厚度进行检测,检验合格后安装。安装顺序为：在指定位置放置上半气夹,向下施压至与主缆贴合；托举下半气夹,至螺栓孔与上半气夹对中,间距小于15cm时；用15cm的加长螺栓做4脚限位并拉紧；收紧螺栓直至满足安装正式螺栓的距离；安装全部螺栓并在双侧对向同步紧固螺栓,紧固应分3次完成。气夹自带环缝及直缝密封橡胶,紧固完成后应达到密封要求。

4) 监控系统

(1) 系统集成

监控系统主要包括监控中心计算机、通信箱、空气制备站控制箱及移动监测功能模块。

通信箱和空气制备站控制箱通过有源无线通信方式,将所辖范围内数据按指定规则组装请求体后,通过socket协议定时发送至云端中控服务器(中控服务器地址47.93.227.141或另行指定)。请求体组装规则由承包单位制定。

空气制备站控制箱需预留RS485通信接口,通信协议为标准modbus协议,主要监测内容包括：除湿机、过滤器、风机、附属设备的工作状态,以及设备出口的相对湿度、温度、流量(流速)和压力。

(2) 远程监控系统

除湿机系统的运行状态及故障状况的信息,可通过监控中心计算机远程监控。一般状况下除湿机处于自动运行状态,远程计算机可认为进行干预,改变除湿系统的工作状态,但不影响除湿系统自动运行逻辑。

## 1.6 高强度螺栓施工

### 1.6.1 工程概况

钢桁梁由钢桁架和正交异性钢桥面板两部分组成,板桁结合。其中钢桁架由主桁、横梁和下平联组成,桥面板为正交异性板。主桁架由上弦杆、下弦杆、竖杆和斜杆组成,各构件之间采用高强度螺栓连接。横梁为桁架结构,由上横梁、下横梁和斜腹杆组成,下横梁两端与下弦杆节点板采用四边对接式螺栓连接。横向腹杆端部均采用箱形截面过渡至工字形截面,与上下横向节点板采用螺栓对接式连接。平联杆端部均采用箱形截面过渡至工字形截面,与上下横向节点板采用螺栓对接式连接。钢桁梁螺栓数量统计见表3-1-20。

钢桁梁螺栓数量统计表　　　　　　表 3-1-20

| 材料名称 | 规　　格 | 数量(颗) | 单件质量(kg) | 单侧实际数量(颗) |
|---|---|---|---|---|
| 10.9s 螺栓 | M30×140 | 51840 | 1.063 | 48768 |
| | M24×130 | 574 | 0.613 | 936 |
| | M24×120 | 20054 | 0.576 | 34816 |
| | M24×100 | 17242 | 0.539 | 31988 |
| | M24×95 | 30319 | 0.483 | 62772 |
| | M24×90 | 22359 | 0.465 | 48084 |
| | M24×85 | 10883 | 0.446 | 24401 |
| | M24×80 | 4795 | 0.446 | 10752 |
| | M24×75 | 2984 | 0.409 | 7296 |
| | M22×75 | 36385 | 0.329 | 110592 |
| | M22×85 | 6087 | 0.36 | 16908 |
| 10H 螺母 | M30 | 18239 | 0.374 | 48768 |
| | M24 | 39879 | 0.203 | 196448 |
| | M22 | 18743 | 0.147 | 127500 |
| HRC45 垫圈 | M30 | 7315 | 0.075 | 97536 |
| | M24 | 22002 | 0.056 | 392896 |
| | M22 | 10965 | 0.043 | 255000 |

### 1.6.2　高强度螺栓安装要求

高强度螺栓安装时应遵循如下要求：

(1)金安金沙江大桥所有主桁立面高强度螺栓的螺母一律安装在节点板外侧；纵、横梁连接的高强度螺栓，其螺母一律安装在同一侧；纵梁端部腹板上的高强度螺栓，其螺母安装在每组纵梁的外侧；螺栓组装时，螺栓头一侧及螺母一侧应各置一个垫圈，垫圈有内倒角的一面应分别朝向螺栓头和螺母支承面。

(2)高强度螺栓不得以短代长或以长代短，不得使用表面生锈、螺纹损坏、表面潮湿或有灰尘、沙土以及表面状况发生变化的高强度螺栓，凡表面状况发生变化的高强度螺栓，应返回原生产厂家重新进行表面处理。重新处理后，按供货要求重新进行复验，合格后方可使用。

(3)施工时应根据当天施拧实际需用规格领取足够数量的高强度螺栓在桥上现场开箱，用多少箱开多少箱。没有用完的高强度螺栓立即放入箱中封闭，不允许高强度螺栓在现场裸露过夜，且在现场进行高强度螺栓的开箱时，应保证领出及用于本节点的为同一批次高强度螺栓，所配的螺母和垫圈也应为同一批次生产的，工班所使用的电动扳手需满足同一输出扭矩。

(4)应保证每个节点所使用的同规格高强度螺栓为同一批号的。尽量避免在同一节点(或同一安装工位)的同规格高强度螺栓使用一个以上批号的，以减少在同一节点的施拧工序上使用扳手的数量，且高强度螺栓施拧所用电动扳手的电源要求电压稳定，在使用过程中不得任意改变稳压电源的输出电压。

## 1.6.3 高强度螺栓施拧

1)杆件临时连接

首先采用普通螺栓、冲钉将杆件之间进行临时连接定位,再使用高强度螺栓将普通螺栓和冲钉进行替换,完成永久连接。节点临时连接如图 3-1-110 所示。

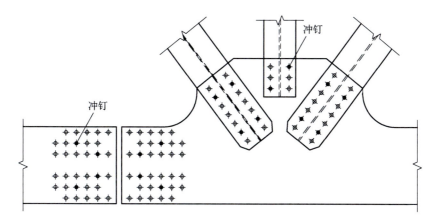

图 3-1-110　节点临时连接示意图

(1)杆件的临时连接采用临时螺栓(普通螺栓)和冲钉。
(2)每个节点穿入临时螺栓和冲钉的应符合下列规定:
①临时螺栓不得少于节点螺栓总数的 1/3,且不得少于 3 个。
②冲钉的数量不宜多于临时螺栓数量的 30%,且不得少于 2 个。
③临时螺栓和冲钉应均匀布置。

2)连接问题处理

(1)接触面间隙处理

对因板厚公差、制造偏差或安装偏差等产生的接触面间隙处理方法的规定见表 3-1-21。

接触面间隙处理　　　　　　　　　　　表 3-1-21

| 序号 | 示意图 | 处 理 方 法 |
| --- | --- | --- |
| 1 |  | $\Delta < 1.0$ mm 时不予处理 |
| 2 | 磨斜面 | $\Delta = (1.0\sim3.0)$ 时将厚板一侧磨成 $1:10$ 缓坡,使间隙小于 1.0mm |
| 3 |  | $\Delta > 3.0$ mm 时加垫板,垫板厚度不小于 3mm,最多不超过 3 层,垫板材质和摩擦面处理方法应与构件相同 |

(2)螺栓孔的处理

安装螺栓时,严禁强行穿入。当不能自由穿入时,该孔应用铰刀进行修整。修整后孔的最大直径不应大于 1.2 倍螺栓直径,且修孔数量不应超过该节点螺栓数量的 25%。修孔前应将四周螺栓全部拧紧,使板叠密贴后再进行铰孔。严禁气割扩孔。

按标准孔型设计的孔,修整后孔的最大直径超过 1.2 倍螺栓直径或修孔数量超过该节点螺栓数量的 25%时,应经设计单位同意。扩孔后的孔型尺寸应作记录,并提交设计单位,按大圆孔、槽孔等扩大孔型进行折减后复核计算。

3)杆件连接顺序

(1)关键节点连接顺序。

主桁与横梁的连接节点为钢桁梁拼装的关键节点,优先连接。

(2)横梁、主桁及平联的各杆件的连接顺序按本方案中各杆件临时连接的顺序进行永久连接。

(3)杆件的连接在无日照条件下进行。

4)螺栓连接顺序

(1)在钢桁梁各杆件连接处临时连接转换成高强度螺栓连接的顺序为:在空余孔内穿高强度螺栓→用高强度螺栓逐颗替换(拔出 1 颗临时螺栓,安装 1 颗高强度螺栓)临时螺栓→逐颗替换冲钉。在全部连接孔都换成高强度螺栓后,进行高强度螺栓的初拧、终拧。

(2)钢桁梁拼装中常见接头螺栓施拧顺序应符合下列规定:

①一般接头应从接头中心顺序向两端进行,如图 3-1-111 所示。

②箱形接头应按 A、B、C、D 的顺序进行,如图 3-1-112 所示。

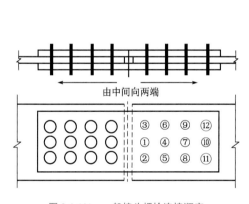

图 3-1-111　一般接头螺栓连接顺序

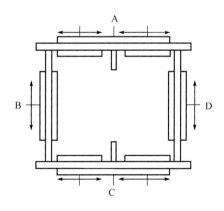

图 3-1-112　箱形接头螺栓连接顺序

③工字梁接头栓群应按①~⑥顺序进行,如图 3-1-113 所示。

④两个或多个接头栓群的拧紧顺序应先主要构件接头,后次要构件接头。

5)施拧扭矩的计算

(1)高强度螺栓施工扭矩及检查扭矩一般由技术部门技术人员计算签发。

(2)高强度螺栓初拧扭矩值取终拧扭矩值的 50%。

(3)终拧用电动扳手将初拧后的高强度螺栓拧紧到终拧值,考虑到螺栓预拉力的损失及误差,实际使用扭矩按设计预拉力提高 10%确定,终拧扭矩值按下式计算:

$$T_c = K \cdot P_c \cdot d \tag{3-1-3}$$

式中:$T_c$——扭矩值(N·m);

$K$——每批高强度螺栓扭矩系数平均值(按每批试验测的数据取值);
$P_c$——高强度螺栓的施工预拉力(kN);
$d$——高强度螺栓的公称直径(mm)。

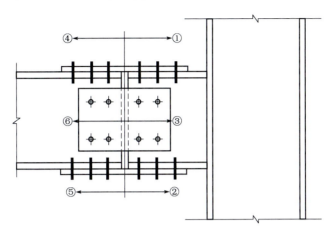

图3-1-113 工字形接头螺栓连接顺序

高强度螺栓预拉力的损失约为10%,所以根据现场标定的扭矩系数计算的施工扭矩增加10%作为施工扭矩。

6)螺栓施拧要求

高强度螺栓施拧分两部分进行:初拧、终拧。初拧前应检查拼接部位的冲钉和高强度螺栓是否符合规定。

初拧完毕的高强度螺栓逐个用敲击法检查。初拧检查合格后,用白色油漆在螺栓、螺母、垫圈及构件上进行划线标记,以便于终拧后检查有无漏拧以及垫圈或螺栓是否随螺母转动。(检查方法是:螺栓、螺母、垫圈之划线均未错动者为漏拧;螺栓、螺母的划线未错动者为螺栓随螺母转动;螺母、垫圈的划线未错动者为垫圈随螺母转动)。初拧和终拧一般使用电动扳手,不能使用电动扳手的部位,可用定扭矩带响扳手施拧。使用定扭矩带响扳手施拧时,要注意施力均匀,不得冲击施拧。施拧完毕后用红色油漆在螺母上作出标记。

无论使用何种扳手施拧,对于插入式拼接的节点,应从节点刚度大的部位向不受约束的边缘方向施拧。其余均应以从螺栓群中间向四周辐射拧紧的顺序进行。穿放螺栓前,需将栓孔的尘土、浮锈清除干净,严禁强行穿入螺栓。对于螺栓不能自由穿入的栓孔,应使用与栓孔直径相同的绞刀或钻头进行修整或扩孔,严禁气割扩孔。为防止钢屑落入板层缝中,绞孔或扩钻前应将该孔四周的螺栓全部拧紧。对于经绞孔或扩钻的构件及孔眼位置,应有施工记录备案。

组装时,螺栓头一侧及螺母一侧应各装一个垫圈,垫圈有内倒角的一面应分别朝向螺栓头和螺母支承面。不得使用生锈、螺纹损坏、表面潮湿或有灰尘、砂土和表面状况发生变化的高强度螺栓,凡表面状况发生变化的高强度螺栓,应返回原生产厂家重新进行表面处理。重新处理后,按原供货要求进行复验,合格后方可使用。

为防止螺栓在施拧时出现卡游现象,施拧时必须用套筒扳手卡住螺栓头(卡游现象指拧紧螺母时,螺栓跟着转动)。温度与湿度对扭矩系数影响很大,当温度与湿度变化较大时,可根据当天上桥高强度螺栓在扭矩仪上标定电动扳手时所得的扭矩系数调整终拧扭矩,保证结构安全。桥上当天穿入节点板中的高强度螺栓必须当天初拧或终拧完毕。终拧扭矩检查应在螺栓终拧完成后的4~24h时间内进行。雨天、大雾天气和夏季烈日下不得进行高强度螺栓施拧。

高强度螺栓终拧检查合格后,其螺栓头、螺母、垫圈的外露部分应立即涂装(雨天和严寒天气除外),板层缝隙(尤其是朝上的)应用腻子腻缝后才允许拆除紧螺栓的脚手架。为确保每一把电动扳手均处于受控状态,所有施拧工具均由试验室统一保管。使用工班每天上班前到试验室领取标定好的扳手并登记,进入现场作业,下班后将扳手交回试验室进行输出扭矩复检。

为保证所有高强度螺栓施拧的可追溯性,施拧工班按施拧区域和高强度螺栓的批号划分并配备相应的电动扳手,这些扳手在当天的施拧工序中只能按试验确定的批号规定施拧高强度螺栓,以便于在试验室下班复检扳手扭矩发现扭矩超过规定误差时,根据现场施拧记录确定需要进行检查的螺栓部位。高强度螺栓在安装完成后,高强度螺栓的涂装与其连接处构造外表面相同,统一涂装。

7) 螺栓施拧检查

(1) 一般规定

① 施拧质量检查按照制造验收规则或工艺制定的规定进行。由质量管理部专人负责施拧质量检查,当天施拧的高强度螺栓于终拧完之后的4~24h内检查完毕,并作好检查记录。

② 扭矩值检查扳手,检查之前,检查扭矩扳手必须是经过鉴定,且在有效期内,必要时采用挂重法对鉴定进行复核,其扭矩误差不得大于使用扭矩值的±3%。

(2) 初拧检查

对初拧后的全部高强度螺栓连接副应逐个用敲击法检查,检查方法为:初拧后对每个螺栓用0.3kg的小锤敲击螺母对边的一侧,用手指紧按螺母对边的另一侧进行检查,防止漏查。敲击时如颤动较大者且与其他有较大差别时即认为不合格,应予复拧,复拧扭矩等于初拧扭矩。初拧后在螺栓上点一个小白点,复拧完成后用白色油漆在螺栓、螺母、垫圈及构件上做划线标记。标记线如图3-1-114a)所示。

(3) 终拧检查

① 首先观察全部终拧后的高强度螺栓连接副,查看初拧后用白色油漆标记的螺栓、螺母、垫圈相对位置是否发生转动,以检查是否漏拧(检查判定方法:螺栓、螺母、垫圈之划线均未错动者为漏拧;螺栓、螺母的划线未错动者为螺栓随螺母转动;螺母、垫圈的划线未错动者为垫圈随螺母转动),如图3-1-114b)所示。

② 螺栓抽查数目:终拧扭矩应按节点数抽查10%且不应少于10个节点;对每个被抽查节点应按螺栓数抽查10%,且不应少于2个螺栓。

③ 终拧扭矩检查在螺栓终拧之后4~24h内完成。检查方法为紧扣法,检查时在螺母棱角处用针划线并延伸至垫圈、板面,用标定好的检查扳手进行扭矩检查。

紧扣法如图3-1-115所示。紧扣法先在螺母、垫圈上划一检查线,然后沿螺母拧紧方向转动螺母,读取螺母刚刚转动时的扭矩值为"紧扣检查扭矩",该值在"施工终拧扭矩"的1±10%以内为合格,"紧扣检查扭矩"由现场试验得出。抽取若干批(每批8套)高强度螺栓进行紧扣扭矩试验。按紧扣扭矩与高强度螺栓的施工扭矩的比值测出"紧扣比"平均值。

紧扣比=紧扣检查扭矩/终拧扭矩（紧扣比一般小于1）

施工终拧扭矩=紧扣比平均值×施工扭矩

a)初、复拧后标记　　　　　　　　　b)终拧后正确标记状态

图 3-1-114　施拧标记

a)紧扣检查前划线　　　　　　　　　b)紧扣检查完成后线的状态

图 3-1-115　紧扣检查螺母旋转示例

④进行紧扣检查时，施加扭矩要均匀、平稳，不得有冲击；紧扣检查以检测线转动1~3mm为宜，超出这个范围得出的紧扣检查扭矩离散性很大。每个栓群抽查的螺栓，其不合格者不得超过抽查总数的20%，超过者则继续抽查，直到累计总数有80%的合格率为止，然后对欠拧者（含漏拧者）要补拧。补拧需使用检查扳手，不得使用电动扳手2次施拧；对超拧者必须进行标记、更换，更换后需使用检查扳手直接施拧到终拧值并做好标记（标记为在螺栓处画双红线）。

⑤检查合格后用油漆笔将检查人员姓名和检查日期在螺栓群边注明。

## 1.7 加劲梁施工

### 1.7.1 吊装方案比选

1) 吊装方案

山区峡谷地带受地形限制，交通运输条件较差，大部分峡谷不具备通航条件，无法垂直起吊，悬索桥加劲梁架设一般采用节段吊装法或组件吊装法施工。节段吊装法一般采用缆索起重机装或轨索滑移吊装施工，无需在桥上拼装，但施工对桥址场地要求较高，当桥址场地条件受限时需开辟大型拼装场地，对环境破坏较大，且不可恢复，对生态影响较大。组件吊装法一般采用桥面吊机悬臂架设，施工设备简单、机械化程度高。

(1) 缆索起重机架设法

缆索起重机常用于拱桥施工，近些年很多悬索桥也采用缆索起重机施工，如贵州北盘江桥、四渡河桥和清水河大桥等。此工法的优点在于地形适应性强，施工速度快，可全铰模式架设，任何结构形式的加劲梁均可施工。缺点是此工法随着桥梁跨径的增大将引起经济性降低、操作复杂、风稳定性突显、风险加大。我国缆索起重机架设法施工桥梁情况见表3-1-22，缆索起重机施工如图3-1-116所示。

我国缆索起重机施工桥梁情况  表3-1-22

| 序号 | 桥　　名 | 建成年份(年) | 结构体系及加劲梁形式 | 跨径布置(m) | 地　区 |
|---|---|---|---|---|---|
| 1 | 贵州北盘江桥 | 2008 | 单跨钢桁梁悬索桥 | 636 | 山区 |
| 2 | 四渡河大桥 | 2009 | 单跨钢桁梁悬索桥 | 900 | 山区 |
| 3 | 清水河大桥 | 2015 | 单跨钢桁梁悬索桥 | 1130 | 山区 |
| 4 | 赤水河大桥 | 2019 | 单跨钢桁梁悬索桥 | 1200 | 山区 |

(2) 轨索滑移运梁法

利用悬索桥的主缆和吊索作为承重构件，在吊索下端安装水平钢丝绳作为运梁走行轨道(轨索)，将梁段悬挂于轨索上运抵安装位置，此工法在我国湖南矮寨大桥及香港青马大桥的施工中采用。轨索滑移运梁法架设施工桥梁情况见表3-1-23。轨索滑移运梁法施工如图3-1-117所示。

我国轨索滑移运梁施工桥梁情况  表3-1-23

| 序号 | 桥　　名 | 建成年份(年) | 结构体系及加劲梁形式 | 主跨跨径(m) | 地　区 |
|---|---|---|---|---|---|
| 1 | 湖南矮寨大桥 | 2012 | 钢桁梁悬索桥 | 1176 | 山区 |
| 2 | 香港青马大桥 | 1997 | 钢桁梁悬索桥 | 1377 | 海峡 |

(3) 桥面吊机悬臂拼装架设法

世界著名的明石海峡大桥、濑户大桥、大鸣门大桥等均采用此工法施工桁架加劲梁，贵州坝陵河大桥也采用桥面吊机进行有铰逐次刚结法吊装加劲梁。此工法的优点是钢桁梁的架设方向从两侧索塔向跨中方向对称施工，场地要求不高，设备相对简单，可适应于所有条件下的钢桁架悬索桥。桥面吊机悬臂拼装架设法施工桥梁情况见表3-1-24，桥面吊机悬臂拼装如

图 3-1-118 所示。

图 3-1-116 缆索起重机施工

图 3-1-117 轨索滑移运梁法施工

桥面吊机施工桥梁情况　　　　　　　　　　　　　　　表 3-1-24

| 序号 | 桥　名 | 国家 | 建成年份 | 结构体系及加劲梁形式 | 主跨跨径(m) | 地　区 |
|---|---|---|---|---|---|---|
| 1 | 坝陵河大桥 | 中国 | 2009 | 单跨钢桁梁悬索桥 | 1088 | 山区 |
| 2 | 因岛大桥 | 日本 | 1983 | 三跨双铰钢桁梁悬索桥 | 770 | 海峡 |
| 3 | 濑户大桥 | 日本 | 1988 | 单跨公铁两用悬索桥 | 940 | 海峡 |
| 4 | 明石海峡大桥 | 日本 | 1998 | 三跨双铰钢桁梁悬索桥 | 1991 | 海峡 |

图 3-1-118 桥面吊机悬臂拼装现场

2) 调研对比结果

根据以上对于各种钢桁梁施工方法的对比，从本桥规模、建设条件、工期要求，结合施工单位成熟的工艺及设备情况综合考虑，提出可适用本桥的两种架设方案：桥面起重机架设法（方案一）和缆索起重机架设法（方案二）。钢桁梁架设方法综合指标对比分析见表 3-1-25。

钢桁梁架设方法综合指标对比分析表　　　　　　　　　　　表 3-1-25

| 项目 | 方案一 | 方案二 |
|---|---|---|
| 架设方法 | 桥面起重机架设法 | 缆索起重机架设法 |
| 受自然条件影响 | 桥面起重机起吊时间短，可随时启停避风，设备自身抗风性能强 | 缆索起重机吊物纵移时间长，受突风影响大；吊装系统抗风性能和动力响应有待进一步研究 |

续上表

| 项目 | 方案一 | 方案二 |
|---|---|---|
| 拼装场地要求 | 桁片采用立拼,不需要搭设钢平台,对场地要求小 | 整体节段拼装,场地要求高,必须在塔前冲沟内搭设拼装平台,搭设难度大,风险高 |
| 永久结构局部受力 | 满足要求 | 满足要求 |
| 控制系统 | 桥面起重机系统高度集成,可控性强 | 设备系统复杂,对监测、控制要求高 |
| 施工安全 | 桁片吊装拼接,现场作业工序多,高空作业时间长 | (1)缆索系统安装拆除工序多、难度大;<br>(2)现场作业工序少,高空作业时间短 |
| 施工质量 | (1)高强度栓接可及时施工,摩擦因数有保证;<br>(2)成桥线形难以保证 | (1)设铰处,摩擦面暴露时间较长<br>(2)有利于成桥线形的调整 |
| 施工组织 | 现场拼接及安装工序较多、工艺复杂,施工组织难度大 | 现场工序简洁、施工组织难度小,但两岸吊装需统一协调 |
| 工期 | 吊装次数多,工期长 | 吊装次数少,工期短 |
| 大型设备 | 附塔式起重机、桥面起重机改造后可用(市场资源丰富),应用较成熟 | 千米级缆索起重机国内有两座桥成功案例,设备可新制也可改造 |
| 比选结论 | 两种方案均可行,优先推荐采用缆索起重机架设法(方案一) | |

根据前述钢桁梁采用桥面起重机架设和缆索起重机架设两种工艺的对比分析,从本桥结构形式、规模、建设条件、安全风险、施工组织、工期要求等各方面因素综合考虑,通过深入比较分析,推荐采用缆索起重机架设法。

### 1.7.2 缆索起重机设计

缆索起重机主要由锚碇预埋件、索鞍、起重装置、绳索系统(承重索系统、起重索系统、牵引索系统)、数控及监控系统组成。具体吊装工艺流程如图3-1-119所示。

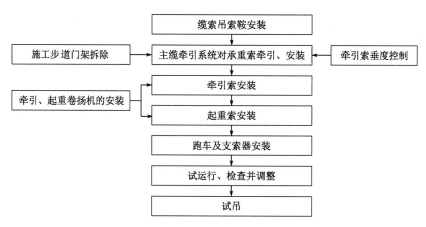

图3-1-119 缆索起重机施工工艺流程图

1)缆索起重机设计

缆索起重机选用两塔三跨方案,跨径组合为315m+1386m+187m,额定起重量为220t,为世界最大跨径缆索起重机。最大吊重在跨中时,最大垂度为115.5m,垂跨比1/12。根据钢桁梁吊装区平面布置,钢桁梁吊点距离索鞍的距离为28m,桥式起重机在28m外移动,缆索起重机按照跑车距离索鞍28m进行计算及设计,28m以内的钢桁梁及桥面板采用卷扬机辅助牵引吊装。

缆索起重机主要由锚碇预埋件、塔顶索鞍、起重装置、绳索(承重索、起重索、牵引索)、支索器、卷扬机、智能监控系统组成。

①锚碇预埋件

缆索起重机承重索、起重索、牵引索锚固点布置在散索鞍基础上,在浇筑相应部位混凝土时预埋锚固预埋件,并通过连接装置与散索鞍基础相连。

②塔顶索鞍

缆索起重机塔顶索鞍安装在上横梁顶,索鞍由底部垫梁、连接横梁、耳板、销轴、承重索轮及起重、牵引过轮等构件组成,在浇筑上横梁时埋设预埋件,索鞍与预埋件连接,所有连接均采用焊接的方式。

③绳索系统设计

主索采用2×12ϕ60(6×36WS+IWR)钢丝绳,单幅12根并联布置;起重索采用2×2ϕ42(6×36WS+IWR)钢丝绳,上下挂架之间走4线布置;牵引索采用2×2ϕ42(6×36WS+IWR)钢丝绳,单幅走4线布置。

④起重装置

起重装置由跑车、上挂架、下挂架三部分组成,其中跑车与上挂架组装成一体,全桥共需四套起重装置。

⑤支索器

支索器平均间距为77m,跑车单侧配置20套,全桥共配置80套支索器,支索器采用2根ϕ16mm的钢丝绳进行定位。

⑥卷扬机布置

华坪岸布置2台30t牵引卷扬机,丽江岸布置2台30t牵引卷扬机和4台30t起重卷扬机。

⑦吊具设计

为了保证钢桁梁吊装过程中的稳定性,防止倾覆,调整重心距离吊点位置,保证缆索起重机4个吊点受力均匀,设计了吊具。

⑧智能监控系统

监控系统项目包括应力、起重量、跑车行程、吊钩高度、塔偏、风速等物理量监测及电气操作控制系统。按功能划分为四个系统,分别是数据监控系统、视频监控系统、光缆通信和电气系统。

2)缆索起重机计算

考虑本项目缆索起重机跨径为桥梁领域世界第一,量的变化终会带来质的飞跃,因此为了考虑结构的安全,在缆索起重机设计阶段进行了全方位的计算分析,包括系统本身及缆索起重机对大桥永久结构的影响。

(1)缆索起重机系统总体由中交第二公路工程局有限公司(简称"二公局")进行设计,中交第二航务工程局有限公司(简称"二航局")进行复核,并委托西南交通大学进行第三方复核,缆索起重机总体设计满足规范要求,缆索起重机绳索系统计算结果见表3-1-26。

缆索起重机绳索系统计算结果　　　　　表3-1-26

| 绳索名称 | 安全系数 | | | |
|---|---|---|---|---|
| | 二航局 | 二公局 | 第三方 | 规范值 |
| 主索 | 3.06 | 3.32 | 3.244 | 3 |
| 牵引索 | 4.46 | 5.38 | 4.77 | 4 |
| 起重索 | 5.26 | 5.64 | 5.407 | 5 |

(2)缆索起重机细部结构由厂家进行深化设计,并委托长安大学进行复核,细部结构满足规范要求。

(3)钢桁架吊装过程中对上横梁结构影响由大桥监控单位进行复核计算,满足规范要求。

施工过程中作用于单幅散索鞍支墩基础上的施工步道张力为6480kN,缆索起重机系统张力为11751.6kN,两岸散索鞍支墩基础抗滑动稳定性满足规范要求。华坪岸桥塔横梁在最不利荷载作用下,无拉应力,最大压应力为5.962MPa,满足规范要求。丽江岸桥塔横梁在最不利荷载作用下,无拉应力,最大压应力为5.515MPa,满足规范要求。

(4)大桥设计单位对大桥在施工过程中散索鞍基础抗滑动稳定性、主塔上横梁局部及整体受力安全性、主塔塔顶局部受力及主塔整体受力安全性进行了相关计算,满足规范要求。

索塔上横梁抗裂及承载能力可以满足要求,在吊装首片梁段时,缆索起重机装系统造成索塔塔柱底部截面的附加拉应力最大,此时附加拉应力不超过0.2MPa,受力可以满足要求,吊装最后几片梁时,索鞍内主缆的抗滑移安全系数最小,华坪岸为2.1,丽江岸为5.7,满足规范要求。

3)缆索起重机安装

缆索起重机利用主缆双线往复式牵引系统改制成单线往复式牵引系统,牵引系统布置于缆索起重机承重索上方。安装施工工序及要点如下:

(1)塔顶索鞍安装

索鞍布置于索塔上横梁顶面,采用固定式索鞍,由承重索过轮、起重及牵引索过轮及支撑结构等构件组成,所有构件采用塔式起重机配合人工进行安装,如图3-1-120所示。

图3-1-120　塔顶索鞍安装

(2)牵引系统安装

承重索、牵引索、起重索均采用一套单线往复式牵引系统架设,通过主缆牵引系统改造。牵引钢丝绳布置在缆索起重机承重索上方。横通道之间设置两道钢丝绳托架。在横通道相应位置上布置尼龙托辊,如图3-1-121所示。

(3)承重索安装(图3-1-122)

承重索由内向外安装。首先启动两岸对应的牵引索循环系统30t卷扬机,承重索从丽江岸锚碇处牵引至横梁顶过轮,利用塔式起重机辅助绳头越过滑轮,继续牵引至华坪岸塔顶过轮,利用塔式起重机辅助绳头越过滑轮,继续牵引至华坪岸锚碇处。

(4)承重索调整

根据监控指令调整承重索垂度,使承重索的垂度达到设计值;第一根采用绝对坐标法,其余以第一根为基准,采用相对坐标法。利用10t卷扬机配合滑车组逐根收紧,通过全站仪观测承重索跨中的实际垂度与设计垂度必须相吻合,高差控制±5cm以内。

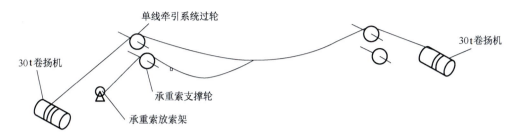

图 3-1-121　牵引系统安装

a)

b)

图 3-1-122　承重索安装

(5)跑车及上下挂架临时放置

先在两岸主塔顶靠跨中方向用型钢拼装两个工作平台,其次在横梁顶的转索鞍设置小型门架固定跑车,防止因自重往中跨侧滑动,跑车及上下挂架均设置装配式结构,承重索垂度调整完成后即可进行安装跑车及上下挂架。

(6)牵引索及起重索安装

牵引索及起重索采用牵引系统牵引至塔顶,通过塔式起重机配合穿线完成起重索的走线,如图 3-1-123 所示。

(7)支索器安装

支索器安装采用塔式起重机配合人工的方法进行安装。

(8)缆索起重机试运行及试吊

根据《缆索起重机》(GB/T 28756—2012)及《起重机械型式试验规则》(TSG Q7002—2019)规定,进行缆索起重机吊装前试吊,采用水箱装砂子及水作为试吊配重。缆索试吊重量逐级加载,先进行(50%)→(80%)→(100%)→(110%)四级加载,并来回牵引,额定载荷试验来回三次,其他一次,最后在两侧塔前各进行一次进行(125%)静荷载试验;每个工作循环各机构制动不少于两次。

试吊时必须随时观测塔顶位移、承重索垂度、后锚情况以及各转向滑轮、跑车、吊具运转情况,发现异常及时停止并分析原因进行处理后才能继续进行,如图3-1-124所示。

图3-1-123 牵引索及起重索安装

图3-1-124 缆索起重机试吊

4) 缆索起重机拆除

缆索起重机使用完成后,缆索起重机拆除采用先安后拆后安先拆的原则进行。具体施工工序及要点如下:

(1) 华坪岸绳索转换

缆索起重机行走至华坪岸塔前,拆除华坪岸支索器。随后拆除吊具并增加配重,起重索锚固点转换至上挂机架,拆除华坪岸跑车下挂架,将华坪岸牵引索4线转单线。

(2) 起重索回收

缆索起重机行走至丽江岸塔前,拆除丽江岸支索器。拆除丽江岸下挂架,通过塔顶卷扬机反拉,利用牵引索做轨索,起重卷扬机收绳回收起重索。

(3) 跑车拆除

首先丽江岸牵引索4线转单线,两岸牵引索对接形成单线往复式牵引系统。利用卷扬机分别固定所有跑车,拆除跑车连接绳,利用塔式起重机分别拆除跑车剩余部件。

(4) 承重索拆除

通过10t卷扬机配合滑车组走10线与承重索连接,解除锚固点,待承重索完全放松后,丽江岸边跨利用2台10t卷扬机形成小循环将绳头牵引至塔顶,再配合塔式起重机下放至桥面。

华坪岸通过缆索起重机牵引索形成的单线循环系统将绳头牵引至塔顶,再配合塔式起重机下放至桥面。在丽江岸设置收索机进行收绳(租赁主缆放索机),桥面设置拖滚,严禁钢丝绳与桥面板摩擦。

### 1.7.3 钢桁梁施工

1) 钢桁梁和桥面板拼装场地布置

(1) 钢桁架拼装场地布置

① 丽江侧钢桁架拼装

丽江侧受地形条件的限制,索塔现有位置不能满足钢桁梁拼装需求,因此需在索塔前冲沟内采用人工挖孔,施工钢平台基础,搭设钢平台。拼装场地总占地约5115m²,长165m,宽31m。根据拼装工效,拼装场按照2+1设置,即2个拼装区,1个起吊区。其他位置为杆件存放区等。场内布置2台20t+20t龙门式起重机,1台70t履带式起重机,1台25t汽车起重机以及2台10t卷扬机。

单个标准吊装梁段设置14个胎架支墩,M梁段设置11个支墩,拼装胎架立柱采用$\phi 426mm\times 6mm$钢管桩,上下各设置一块$\delta=2cm$、$56cm\times 56cm$钢板,支墩与钢平台焊接,焊缝高度不得小于0.8倍母材厚度,支墩单侧焊缝长度不小于20cm。

②华坪侧钢桁架拼装

华坪侧钢桁架拼装场地设置在塔前,场地面积约370m²。共2个拼梁胎位,1个起吊区。布置2台25t龙门式起重机、1台240t移梁车用于工件吊运布置2台卷扬机用于工件横移。华坪侧钢桁梁拼装场地布置如图3-1-125所示。

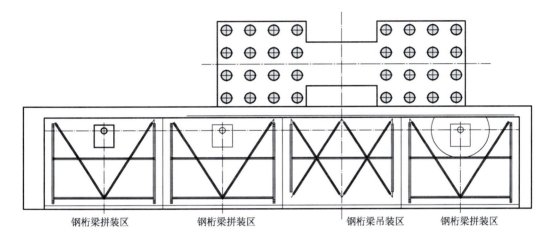

图3-1-125　华坪侧钢桁梁拼装场地平面布置示意图

(2)桥面板拼装场地布置

①丽江侧桥面板拼装

考虑大桥桥区附近无拼装场地,结合桥面板结构尺寸及项目线路构造物形式,丽江侧在相邻隧道(新民隧道)出口的互通桥上搭设钢平台作为桥面板拼装场。桥面板尺寸为9.5m×24.84m,场地内布置2台20t+20t龙门式起重机用于整片桥面板吊运,1台20t龙门式起重机用于零部件吊运。场内布置6个板单元加工胎架,一次可加工6块桥面板。受隧道宽度(10.5m)影响,桥面板拼装完成后通过隧道运输至引桥桥面上。通过全自动液压平板车实现桥面板90°旋转,将桥面板旋转到顺桥向,然后反拉荡移至抗风稳定版拼装区,最后再荡移至起吊区。丽江侧桥面板拼装场地如图3-1-126所示。

②华坪侧桥面板拼装

华坪侧桥面板拼装场地设在引桥上,单幅引桥上安装4条重轨,配合卷扬机运输桥面板。共使用7个胎架;2个胎架作为板单元拼装使用,5个胎架作为桥面板整体组拼使用。华坪侧桥面板拼装场地如图3-1-127所示。

a)

b)

图 3-1-126　丽江侧桥面板拼装场地前后对比图

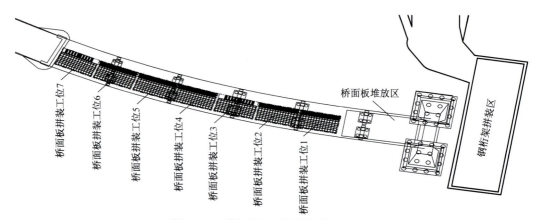

图 3-1-127　华坪侧桥面板拼装场地平面布置

2)钢桁梁拼装施工

钢桁梁节段拼装采用立体拼装模式,一轮可拼装 2 个节段,吊装 1 个节段。按照下平面→腹杆→上平面的顺序依次拼装。

(1)下平面拼装(图 3-1-128)

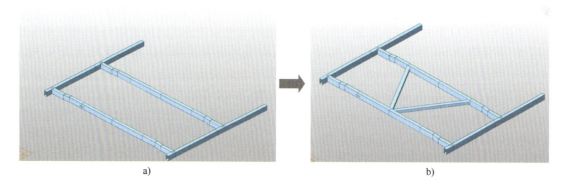

a)　　　　　　　　　　　　　　　　　b)

图 3-1-128　钢桁梁下平面拼装示意图

在测平的支墩上进行,支墩顶面作为拼装的水平基准。各节段均按照左右两列下弦杆对称就位→下横梁拼装→下平联拼装的顺序进行拼装,并按照逐节段向前推进。在前一节段拼装后,检验主桁架中心距、对角线差,经检测合格后方可进行下一节段的拼装,以避免因下平面错位造成上平面无法连接。下平面拼装后应检测主桁中心距、节间长度旁弯、对角线差等关键项,其中对角线差检测时,需进行每节段整体的对角线差检测,经检测合格后,进行腹杆安装。

(2)腹杆拼装(图 3-1-129)

腹杆安装按照主横桁架腹杆、主桁架腹杆的顺序进行;腹杆与下平面采用冲钉及螺栓临时连接好后搭设工作平台。工作平台的搭设要稳固、安全,以便于上平面与腹杆连接定位。

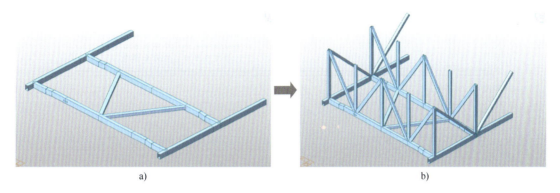

图 3-1-129　钢桁梁腹杆拼装示意图

(3)上平面拼装(图 3-1-130)

上平面剩下上弦杆与上横梁的拼装。上弦杆安装完成后,设立质量控制点,检测桁高、节间长度、拼装长度、旁弯、对角线差、主桁中心距、上平面水平高程等,此时检测的对角线包括上平面各节间、整体对角线和两端的横断面对角线差。

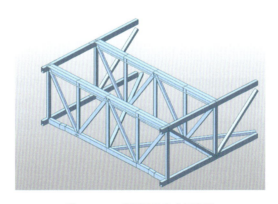

图 3-1-130　平面拼装完成示意图

拼装过程设置质量控制点,即每拼装完成 1 个层面或 1 个节段,进行一次检查和调整,以减小误差积累,在检查合格后进行下一层面或节段的拼装。为保证钢桁梁的安装质量,在主桁架拼装过程中按成桥线型进行设置一定的预拱度,预防钢桁梁安装后因主桥线型变化而引起的变形,降低梁段与梁段之间刚接的难度。

(4)杆件临时连接

杆件的临时连接采用临时螺栓(普通螺栓)和冲钉,如图 3-1-131 所示。

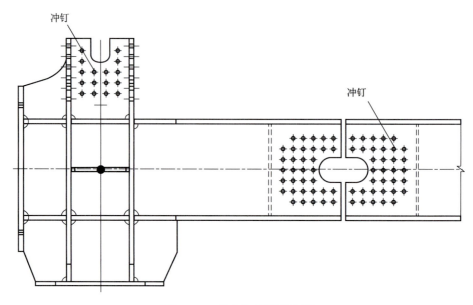

图 3-1-131 节点临时连接示意图

(5)高强度螺栓连接

高强度螺栓的安装应在结构构件中心位置调整后进行,其穿入方向应以施工方便为准,并力求一致。大六角头高强度螺栓连接副组装时,螺栓头端垫圈有倒角的一侧应朝向螺栓头。大六角头高强度螺栓施工所用的扭矩扳手,班前必须校正(出库校正),其扭矩相对误差应小于±5%,合格后方准使用。校正用的扭矩扳手,其扭矩相对误差应小于±3%。大六角头高强度螺栓拧紧时,应只在螺母上施加扭矩。M24(10.9s)级高强度大六角头螺栓施工预拉力为225kN。

3)钢桁梁吊装

(1)钢桁梁横移

钢桁梁横移轨道布置于拼装场内,长86m,两轨道中心间距为10.8m。轨道采用双拼I56工字钢组成,I56工字钢与钢平台间采用C30混凝土填充,I56工字钢上布置$\delta=2cm$钢板,钢板宽40cm,钢板上铺设3mm不锈钢板作为滑移面。横移小车采用I25工字钢和$\delta=2cm$钢板制作成,高31cm,底部设置2cm厚四氟滑板,横移小车结构如图3-1-132所示。

钢桁梁在拼装台架上拼装完后,通过千斤顶,使钢桁梁荷载由拼装胎架转移至横移小车上,采用2台10t卷扬机牵引小车,横移钢桁梁至起吊台座进行起吊。钢桁梁横移如图3-1-133所示。

(2)钢桁架安装

金安金沙江大桥钢桁梁采用板桁分离吊装工艺,采用220t缆索起重机进行吊装,吊装顺序为跨中向两岸对称吊装。钢桁梁设计划分为A~M共13种类型梁段,共127个设计梁段。除端部A梁段需要荡移单独吊装,中间梁段M1+M2一次吊装以外,其余每两个梁段组成一个吊装节段,全桥共65个吊装节段,B+C梁段为合龙段。钢桁梁节段布置如图3-1-134所示。

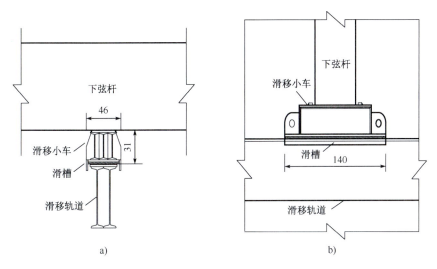

图 3-1-132 滑移小车横断面图(尺寸单位:cm)

图 3-1-133 钢桁梁横移

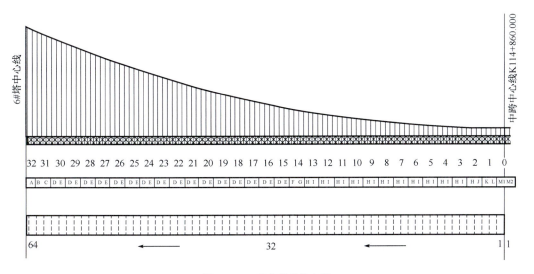

图 3-1-134 钢桁梁节段布置

缆索起重机垂直起吊区,最大起吊重量为212t,为1号吊装单元(K+L)。缆索起重机荡移吊装区最大起吊重量为210t,为32号合龙段(B+C),钢桁梁及桥面板节段质量见表3-1-27。

钢桁梁及桥面板节段质量　　　　　　　　　　　　　　　表3-1-27

| 类型 | A | B | C | D | E | F | G | H | I | J | K | L | M1 | M2 |
|---|---|---|---|---|---|---|---|---|---|---|---|---|---|---|
| 全桥数(节) | 2 | 2 | 2 | 32 | 32 | 2 | 2 | 24 | 22 | 2 | 2 | 2 | 1 | 1 |
| 质量(含桥面)(t) | 248 | 174 | 174 | 168 | 168 | 168 | 168 | 168 | 168 | 168 | 168 | 169 | 174 | 125 |
| 质量(不含桥面)(t) | 190 | 112 | 111 | 105 | 105 | 105 | 105 | 105 | 105 | 106 | 105 | 106 | 112 | 62 |
| 桥面板(t) | 58 | 62 | 63 | 63 | 63 | 63 | 63 | 63 | 62 | 63 | 63 | 63 | 62 | 63 |

根据钢桁梁的总体吊装顺序及吊装方法,将全桥钢桁梁分为一般梁段、端部梁段、合龙段,其中端部梁段(32号梁段)采用荡移法吊装,一般梁段(0~30号梁段)采用缆索起重机垂直起吊、纵移到位安装,合龙段(31号梁段)采用预偏端部梁段配合缆索起重机垂直起吊、纵移到位安装。钢桁梁吊装工艺流程如图3-1-135所示。

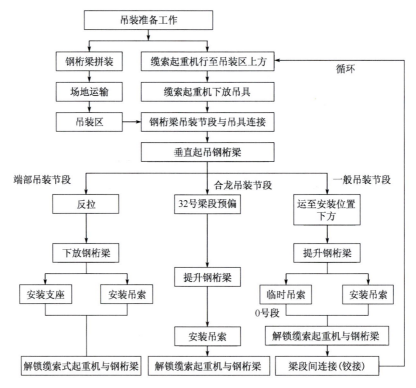

图3-1-135　钢桁梁吊装工艺流程

①施工机具准备

钢桁梁吊装前,需将包括缆索起重机系统、运梁系统以及牵引荡移系统、预偏合龙施工在内的各项机具准备并调试完成,确保钢桁梁吊装施工顺利进行。同时在钢桁梁单元吊装过程中,应根据监控指令对主索鞍进行逐级顶推,钢桁梁单元吊装施工前,应将索鞍顶推机具(图3-1-136)准备就位,以保证在钢桁梁单元吊装过程中梁段的顺利安装。

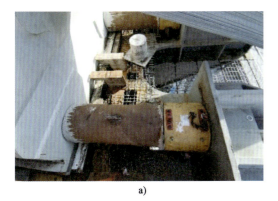

a)　　　　　　　　　　　　　　　b)

图 3-1-136　缆索起重机试吊及索鞍顶推装置

②施工场地准备

在钢桁梁吊装前先将施工步道横通道拆除(图 3-1-137),边跨横向通道采用塔顶卷扬机导向竖直下放,或左右幅主缆上方天顶小车配合运输再配合塔式起重机拆除,中跨施工步道横通道采用缆索起重机或左右幅主缆上方天顶小车配合运输再配合塔式起重机拆除。

图 3-1-137　横向通道拆除

主缆紧缆施工完成后即可对施工步道进行改吊,即将施工步道悬挂于主缆上,以便后期与主缆同步运动保持水平,如图 3-1-138 所示。

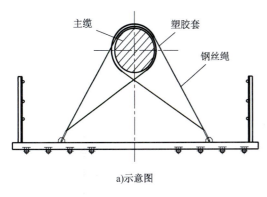

a)示意图　　　　　　　　　　　　　b)实景

图 3-1-138　施工步道改吊

③施工通道

钢桁梁吊装过程中需要进行吊索的连接、上弦临时铰接等工作,根据实际情况在跨中吊索位置设置一个带背笼的竖向爬梯,在钢桁梁外围设置一圈1.5m高的钢丝网护栏。在钢桁梁吊装过程中纵向及时安装永久结构护栏,梁段连接处横向位置设置安全防护栏杆、防护网、安全警示牌;为保证钢桁梁工作面的安全,在钢桁梁底部增设全覆盖安全防护网(图3-1-139)。梁段之间的连接操作平台采用吊笼方式。所有护栏及防

图3-1-139 钢梁底部安全防护网

护网均在钢桁梁吊装前设置,经过现场检查符合要求后,方可进行钢桁梁的吊装工作。

④吊点设置

缆索起重机吊点与钢桁梁之间采用销轴连接,共4个吊点,吊点设置在吊装单元的横梁竖腹杆正上方,吊点横向间距13.5m,纵向间距10.8m,吊点布置如图3-1-140~图3-1-142所示。跨中0号梁段只有一根上横梁,因此采用兜底法吊装,吊点布置如图3-1-142所示,缆索起重机吊具装置由专业单位进行专项设计加工。

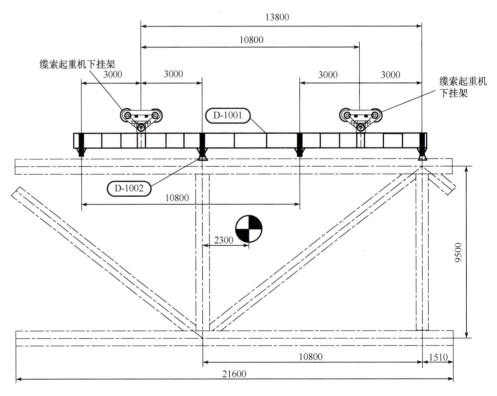

图3-1-140 一般钢桁梁纵断面吊点布置(尺寸单位:mm)

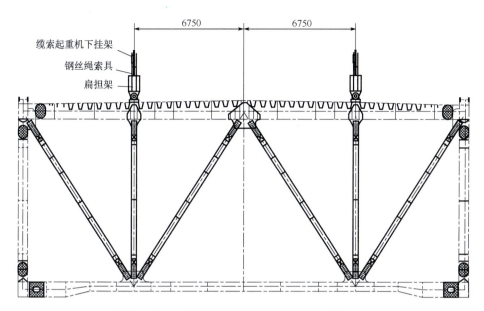

图 3-1-141　一般钢桁梁横断面吊点布置(尺寸单位:mm)

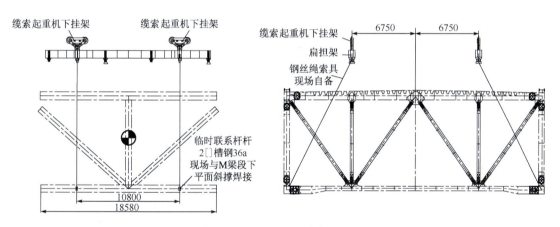

图 3-1-142　跨中 0 号梁段(M 梁段)吊点布置(尺寸单位:mm)

(3)一般吊装节段吊装

一般吊装节段,按照从跨中至索塔依次对称吊装,由于 0 号吊装节段只有一对吊索,安装时仅靠吊索无法空中平衡,故先吊装 1 号吊装节段,再吊装 0 号吊装节段和 1 号吊装节段连接。一般梁段,按照从跨中至索塔依次对称吊装,安装步骤如下:

①钢桁梁运输。采用钢桁梁拼装场内的横移轨道移至钢桁梁吊装区。

②缆索起重机行走。缆索起重机行走至华坪岸塔前起吊位置(缆索起重机中心距塔中心约 30m)。

③缆索起重机运输钢桁梁单元。利用缆索起重机垂直起吊钢桁梁单元,然后水平运输钢桁梁至安装位置下方。

④提升钢桁梁单元。启动缆索跑车,起吊钢桁梁高于安装设计约 40cm(可以根据实际需要适当调整),安装吊索。

⑤安装吊索。销接吊索与钢桁梁,利用缆索起重机缓慢下落钢桁梁单元,完成吊索与钢桁梁单元连接。

⑥相邻钢桁梁铰接。利用手拉葫芦辅助调整吊装梁段向已安装梁段靠拢,铰接相邻梁段;

⑦解锁缆索起重机。解除缆索起重机与钢桁梁的连接,缆索起重机走回至起吊位置,准备进行下一段钢桁梁或桥面板的安装。

(4)端部梁段吊装

受缆索起重机的运行限制,跑车最大跑至距离索塔中心28m处,端部吊装节段在缆索起重机工作范围外,因此采用(辅助牵引)荡移的方法进行安装。根据现场实际情况,在两岸引桥桥面上安装10t牵引卷扬机,反拉点设置在缆索起重机吊具位置,如图3-1-143所示。

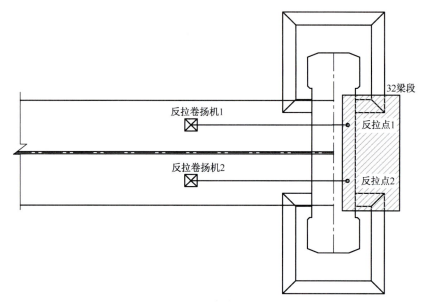

图3-1-143 端部钢桁梁节段吊装平面示意图

钢桁梁单元荡移施工示意如图3-1-144所示。

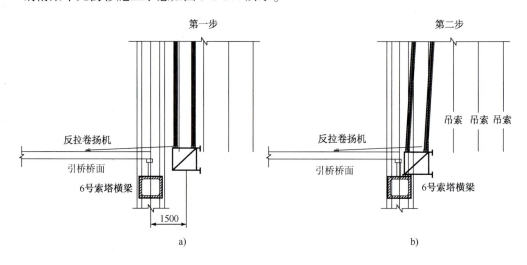

图3-1-144 端部钢桁梁节段吊装示意图(尺寸单位:cm)

端部吊装梁段施工步骤如下:

①施工前准备。端部梁段吊装的目的是提供桥面板吊装的平台,根据桥面板加工进度及钢梁吊装进度,跨中吊完 19 个梁段后,提前安装支座(根据监控受力计算,端梁与支座暂不能连接),安装对应端部吊装梁段的吊索,布置荡移用的卷扬机。

②反拉卷扬机连接缆索起重机吊点。在钢桁梁起吊区连接缆索起重机与 32 号吊装节段,在引桥上安装 100kN 反拉卷扬机 2 台,放松卷扬机钢丝绳至钢桁梁起吊区,连接卷扬机钢丝绳与缆索起重机靠边跨侧吊点。

③缆索起重机提升钢桁梁吊装节段,使吊装节段高于安装位置约 0.5m,启动卷扬机,将吊装节段反拉至安装位置上方,缆索起重机下放钢桁梁吊装节段的同时,使用卷扬机反拉,使梁段端部安放至临时支座上,另一端连接吊索,安装完成后解锁缆索起重机与反拉卷扬机。

(5)合龙段吊装

次端部 B+C 梁段即 32 号梁段为合龙段,合龙段采用预偏合龙法进行施工,即在合龙段吊装前,利用千斤顶将索塔端部 32 号吊装节段预先向索塔方向预偏 30cm,待合龙段安放就位后,利用顶推装置将偏位梁段归位,再进行合龙段钢桁梁上弦杆铰接施工。预偏合龙施工流程如图 3-1-145 所示。

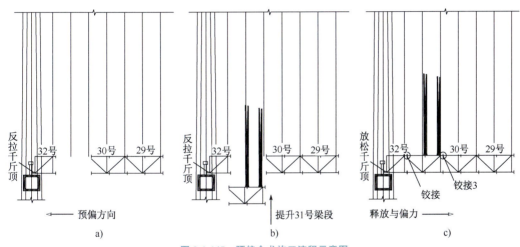

图 3-1-145 预偏合龙施工流程示意图
注:图中数字表示梁序号。

预偏合龙施工步骤如下:

①预偏 32 号吊装节段。端梁临时搁置在竖向支座上方,端梁(含桥面板)2684kN,四点受力,单个支点竖向力为 2684/4=671kN,支座摩擦因数 0.03,端梁往塔侧偏移 50cm,需要反拉力为 671×0.03=20.13kN。可考虑采用 2 台 5t 手拉葫芦,反拉在引桥支墩,作为相应的成品保护措施,如图 3-1-146a)所示。

②提升 31 号吊装节段。缆索起重机提升 31 号吊装节段至安装位置。

③安装吊索。安装 31 号吊装节段永久吊索。

④合龙段连接。先完成 31 号吊装节段与 30 号吊装节段间连接。然后慢速释放预偏牵引力,使已预偏的 32 吊装节段逐渐退回原来位置,最后完成 31 号吊装节段与 32 号吊装节段连

接,如图 3-1-146b)所示。

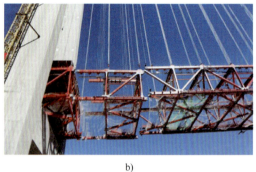

a)　　　　　　　　　　　　　　　　　　b)

图 3-1-146　端梁反拉措施及合龙段安装

4)钢桁架刚接

(1)板桁结合梁刚接顺序

板桁结合梁刚接的顺序应遵从在成桥状态下梁段节点附加应力小的原则,故应在成桥线形或者接近成桥线形时对梁段进行刚接,本项目为单侧第 14 个吊装梁段时(单侧共 32 节吊装梁段)。

(2)刚接方法

先后完成上弦和下弦刚接后,进行腹杆和斜杆的连接。连接时需要用千斤顶或者手拉葫芦辅助刚接。

本项目钢桁梁吊装时,经业主、监理、监控、施工、制造等各单位讨论,根据联结处荷载计算结果并参考国内同类型桥梁的工程实践经验,选定精制螺栓与冲钉的配置组合,方案如下:

①冲钉和精制螺栓总数不少于孔眼总数的 50%,其中冲钉占 2/3,即:主桁杆件(包括上弦杆、下弦杆、主桁斜腹杆)拼接板打入不少于孔眼总数 1/3 的冲钉和不少于孔眼总数 1/6 的精致螺栓。

②其余杆件(下平联杆)尝试上足孔眼总数 25%的冲钉和 15%的精制螺栓。

③主桁杆件刚接节点的冲钉和螺栓布置必须满足孔眼总数的比例要求,刚接完成后应能有效防止刚接对象发生相对转动。

④各刚接杆件冲钉和精制螺栓布置方案如图 3-1-147~图 3-1-149 所示(图中:●表示冲钉,■表示精制螺栓)。

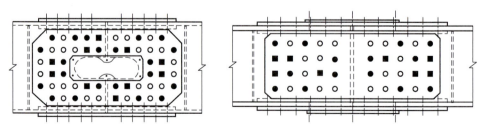

图 3-1-147　上、下弦杆拼接板刚接时立面、平面冲钉和精制螺栓布置示意图

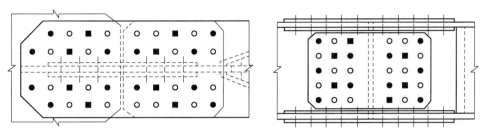

图 3-1-148 主桁斜腹杆拼接板刚接时立面、平面冲钉和精制螺栓布置示意图

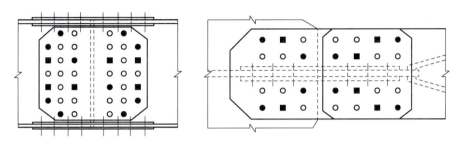

图 3-1-149 下平联杆拼接板刚接时立面、平面冲钉和精制螺栓布置示意图

钢桁梁吊装就位后,需严格对梁段间接口进行测量、监控,若开口大小满足刚接需求须立即进行梁段刚接工作,错过最佳刚接时机将对刚接工作造成巨大阻碍。本项目通过制作反力架配合液压千斤顶调整接口间距,并借助手拉葫芦调位,待接口位置满足刚接要求时进行刚接。接头调整如图 3-1-150~图 3-1-152 所示。

图 3-1-150 主弦杆接头开口差异较小时的调整

### 1.7.4 钢桁梁桥面板施工

1)桥面板现场总拼

桥面板板单元及杆件厂内制造并验收完成后打包发运至现场进行总体拼装,桥面板吊装单元总拼工艺流程如图 3-1-153 所示。

a)                  b)

图 3-1-151 主弦杆接头开口差异较大时的调整

a)                  b)

图 3-1-152 斜腹杆接头的调整

为保证桥面板块整体制作精度,减少顶板单元对接焊对横梁栓孔影响,顶板单元在上总拼胎前进行二拼或三拼接宽;桥面板块组装在设计的专用组装胎架上进行定位,胎架布设模拟上弦杆横梁及纵梁接头的立柱,确保桥面板块横梁组装位置及孔位精度。具体措施见下:

(1)两拼板单元[图 3-1-154a)]在胎架上按纵横基准线进行对位组装,检测组装尺寸及单元平面度,用马板将接口部位码固,约束焊接变形。纵向焊缝分中、对称、同步进行焊接,焊后对焊缝表面质量、内在质量进行检验,并对板单元平面度进行矫正。

(2)减小和控制角变形是二拼板单元合件制作[图 3-1-154b)]的难点。本项目通过工艺试验研究,预设合理的焊接预变形量采用分段焊接、约束变形等措施,解决对接焊的难题。

(3)为保证桥面板块整体组焊精度,设计纵横梁定位胎架(图 3-1-155)。胎架横向模拟上弦杆横梁接头,顺桥向模拟上横梁纵梁接头。胎架布设纵横控制基准点,对胎架安装与使用过程进行复测。桥面次横梁两侧与胎架立柱、座板冲钉定位;次横梁栓接处腹板间用工艺拼接板冲钉定位,盖板与胎架座板定位。

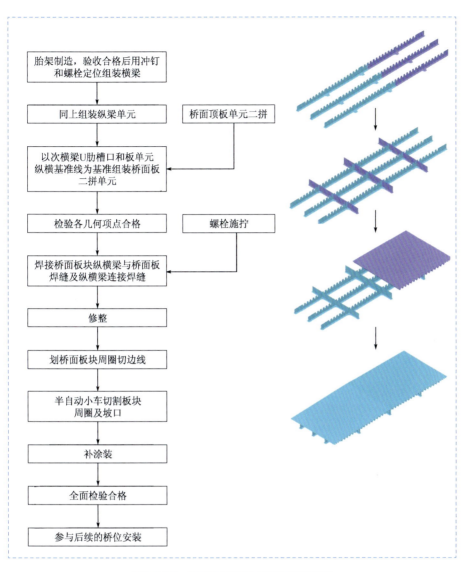

图 3-1-153 桥面板吊装单元总拼工艺流程图

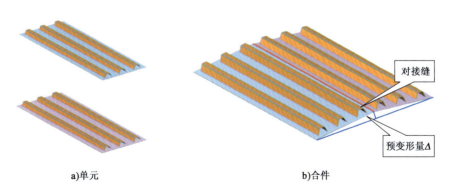

a) 单元　　　　　　　　　b) 合件

图 3-1-154 桥面板吊装单元及合件制作

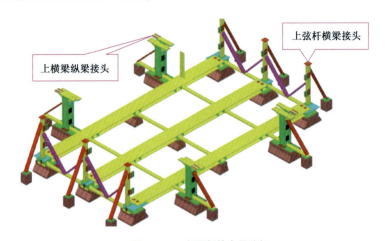

图 3-1-155　桥面板块专用胎架

2）抗风稳定板安装

为了提高钢梁整体抗风性能,钢梁设置了抗风稳定板(图 3-1-156),在桥面板次横梁下方设置了骨架,通过角钢、钢条及螺栓将抗风稳定面板固定在骨架及上横梁的斜腹杆位置。

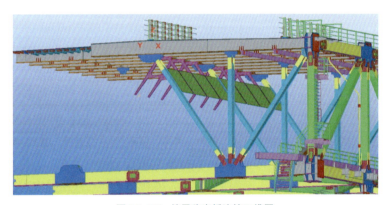

图 3-1-156　抗风稳定板连接三维图

结合抗风稳定板结构的质量及形式、钢桁架及桥面板的吊装方式,抗风稳定板安装采用后场拼装成整体。采用塔式起重机将其吊装至拼装区,与桥面板连接后和桥面板一起吊装。抗风稳定板拼装如图 3-1-157 和图 3-1-158 所示。

3）桥面板吊装

在钢桁架吊装过程中穿插进行桥面板吊装,采用缆索起重机吊装,全桥共 128 块桥面板,丽江岸有 64 块。桥面板吊装工艺流程如图 3-1-159 所示。

(1)施工准备

钢桥面板吊装施工准备包括桥面板单元验收、吊装机具准备等。

①钢桥面板验收。钢桥面板拼装完成后,经监理工程师现场确认验收合格后,方可进行板单元的正式下胎,下胎前必须对桥面板结构尺寸、U 形肋间距等进行复核。

②施工机具准备。桥面板吊装需要用到手拉葫芦、钢丝绳、撬棍等小型工具,吊装需要用的反拉卷扬机,起吊荡移系统,桥面板与钢桁梁的临时连接螺栓、冲钉、高强度螺栓、扭矩扳手等施工机具。

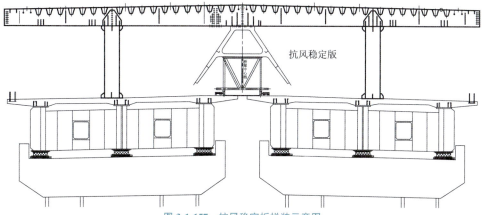

图 3-1-157 抗风稳定板拼装示意图

a)

b)

图 3-1-158 抗风稳定板拼装实景

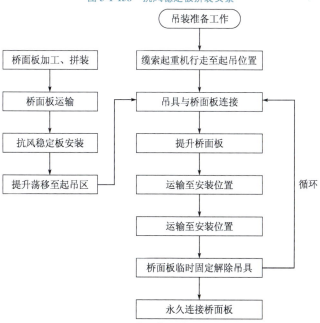

图 3-1-159 桥面板吊装工艺流程图

③吊点设置。单块桥面板上设置 4 个临时吊点,临时吊点与桥面板焊接,缆索起重机与桥面板之间采用卸扣连接。吊点平面布置如图 3-1-160 所示。

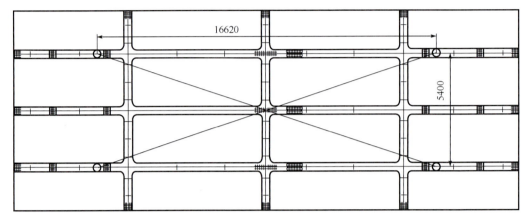

图 3-1-160　桥面板吊点平面布置(尺寸单位:mm)

(2)桥面板吊装工艺

当端部梁段桥面板未设置桥面板起吊区时,采用缆索起重机反拉荡移进行吊装,反拉点设置在桥面板的临时固定的卡板位置,如图 3-1-161 所示。

当端部梁段桥面板作为桥面板起吊区时,首先将拼装好的抗风稳定板吊至抗风稳定板连接区,桥面板运输到位后,通过 10t 卷扬机及提升系统反拉提升至抗风稳定板连接区,其次进行抗风稳定板与桥面板的连接,再反拉提升至桥面板起吊区进行吊装,最后采用缆索起重机吊装桥面板至指定位置。

桥面板后场拼装时应焊接与钢桁架临时固定的卡板,桥面板吊装到位后先临时固定(图 3-1-162),其次调位后进行高强度螺栓初拧,再进行焊接,焊接完成后进行高强度螺栓的终拧。桥面板单元对拼焊接采用埋弧固定焊方式,由专业公司进行现场施工,关于焊接工艺及具体方法在此不再赘述。

图 3-1-161　桥面板吊装

图 3-1-162　桥面板临时固定

4)索鞍顶推

钢桁梁吊装开始后,即需按监控指令和设计要求分次分量对主索鞍进行顶推。主索鞍安装时向边跨侧预偏652mm,施工中根据"施工监控指令"进行索鞍顶推施工。

索塔主索鞍采用安装在格栅反力架边跨侧的2台千斤顶顶推,索鞍顶推按多次少量的原则实施,并且控制两塔和左右幅对称作业,防止索塔偏位不对称和发生扭转。

## 1.8 桥面铺装施工

金沙江大桥在桥面铺装时,为了满足对铺装层的特殊要求,采用浇注式 GA-10 沥青混凝土+高弹改性沥青 SMA-10 的特殊铺装技术。桥面铺装施工工艺流程如图 3-1-163 所示。

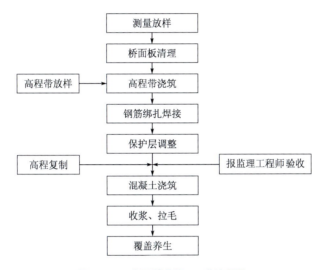

图 3-1-163 桥面铺装施工工艺流程图

### 1.8.1 桥面喷砂除锈

在桥面喷砂之前,首先对钢桥面板表面构造物做好防护工作,避免施工污染。喷砂除锈施工工艺流程如图 3-1-164 所示。

喷砂除锈要求环境温度不低于10℃且钢板表面温度至少超过空气露点3℃,相对湿度不大于85%、风速不超过10m/s。采用多台抛丸机并行直线连续抛丸的方式,每次行走距离不超过50m,每幅抛丸处互相搭接5~10cm,如图 3-1-165 所示。

经抛丸处理后的钢板表面不应有焊渣、焊疤、灰尘、油污、水和毛刺,其清洁度应达到Sa2.5级,粗糙度应为 $R_z 50 \sim 100 \mu m$,如图 3-1-166 所示。

喷砂除锈检验合格后,在3h内实施防腐底涂层。当采用喷涂施工时,可用重量比为25%的二甲苯稀释。喷涂过程中宜人工用干燥滚筒补刷任何流淌,如图 3-1-167 所示。

### 1.8.2 防水黏结层施工

在桥面喷砂除锈检验合格后进行防水黏结层施工,在施工的同时进行质量检测,具体施工工艺流程如图 3-1-168 所示。

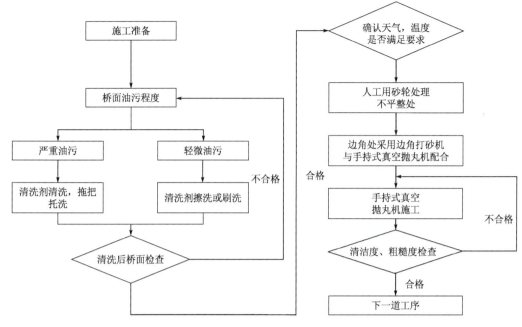

图 3-1-164 钢桥面喷砂除锈施工流程

图 3-1-165 钢桥面板抛丸喷砂除锈

图 3-1-166 钢桥面板粗糙度、清洁度检测

图 3-1-167 防腐底漆施工

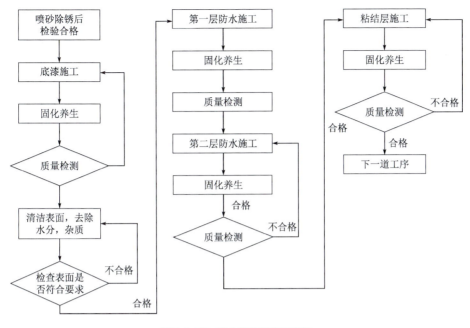

图 3-1-168　防水黏结层施工流程

1）防水层施工

（1）防水涂膜分两层施涂，以不同的颜色区分（黄色和白色），材料用量为 2500～3500g/m²；每层涂膜于平滑表面必须形成厚度约 1.2mm 的湿膜，确保每层干膜厚度最少为 1mm，包括基体任何隆起、角位或不平整区域；新涂膜应在旧膜上最少搭接 50mm，如图 3-1-169 所示。

施工过程中，应按照要求频率，对防水黏结层进行黏结强度检验，25℃黏结强度不小于 5.0MPa。黏结强度测试完毕后，应按要求对测试区域进行修补。

（2）甲基丙烯酸树脂膜喷涂结束并完全固化后，应立即喷涂黏结剂。施工时，应用直尺或其他工具将黏结剂与短期接头和搭接区分隔。黏结剂的喷涂用量为 100～200g/m²，待其完全固化后，搁置或进行下一道工序施工，如图 3-1-170 所示。

图 3-1-169　甲基丙烯酸树脂防水黏结层喷涂施工　　图 3-1-170　黏结剂滚涂施工

2）防水层质量检测

防水体系质量检测应符合以下要求：

①防腐底漆:辊涂用量 $100\sim200g/m^2$;拉拔仪检测与钢板结合力($25℃$)$\geqslant5.0MPa$。

②防水层:甲基丙烯酸防水层(两层),喷涂总量:$2500\sim3500g/m^2$;拉拔仪检测与钢板结合力($25℃$)$\geqslant5.0MPa$。

②黏结层:总用量 $150\sim200g/m^2$。

钢桥面甲基丙烯酸树脂防水体系施工完毕后,对施工现场防水黏结材料进行检测,其外观平整、均匀、无气泡、裂纹、脱落、漏涂现象,对各项施工工序抽检数据见表3-1-28。

桥面喷砂防水质量抽检结果　　　　表3-1-28

| 检测项目 | 检测点数 | 合格数 | 合格率 | 平均值 | 设计要求 |
|---|---|---|---|---|---|
| 粗糙度 | 随机 | 全部 | 100% | 85 | $50\sim100\mu m$ |
| 清洁度 | 随机 | 全部 | 100% | $S_a2.5$ | $S_a2.5$ |
| 底漆黏结强度(MPa) | 262 | 262 | 100% | 8.0 | $\geqslant5.0$ |
| 防水材料黏结强度(MPa) | — | — | 100% | 7.0 | $\geqslant5.0$ |
| 防腐底漆用量($g/m^2$) | | | 100% | 168 | $100\sim200$ |
| 甲基丙烯酸树脂膜用量($g/m^2$) | | | 100% | 2968 | $2500\sim3500$ |
| 黏结剂用量($g/m^2$) | | | 100% | 169 | $100\sim200$ |

由表中检测数据可以看出,甲基丙烯酸树脂防水体系施工质量满足设计要求,施工质量良好。

### 1.8.3 浇注式沥青铺装

1)施工流程

(1)施工准备

①浇注式沥青混凝土施工前对桥面防水层进行检查和全面清洁,然后进行浇注式沥青混凝土施工。

②施工前对拌和楼计量设备进行计量标定。在浇注式沥青混合料施工前,进行目标配合比、生产配合比设计。

③在浇注式摊铺之前,保持防水层清洁干燥,必要时用吹风机进行吹风和干燥。由于浇注式摊铺机根据垫块和侧限挡板高度控制铺装层的平整度,因此,进行精确测量,准确定位侧限挡板的高度。

④运输车在进入施工现场前,对其轮胎及底板进行清洗,防止运输车污染桥面。保证材料及时供应,加强对施工机械的检查以及人员的调配,防止因材料、人员或机械产生的人为冷接缝。

(2)浇注式沥青混合料拌和

①由于浇注式沥青混合料拌和温度高,搅拌时间长,因此对拌和楼的拌和能力和耐高温能力有很高的要求。同时,浇注式沥青混合料所用的沥青黏度大,而且沥青含量比较高,混合料容易黏附在设备上,每次生产完毕后,待设备还没完全冷却时,对黏附的混合料进行彻底清理,在生产前对运料小车、储罐或卸料斗清理并涂刷隔离剂。

②混合料拌和温度控制:集料加热温度为 $280\sim320℃$,混合料拌和后出料温度按 $220\sim240℃$ 目标控制。由于混合料中矿粉含量很大,因此混合料的拌和时间比较长,拌和时间为干

拌 15s、湿拌 90s。上述工艺均需现场试拌后确定。

③拌和过程中充分注意矿粉掺加、沥青用量及出料温度的控制。同时,冷料仓上料速度的设置要考虑加热鼓风中细集料的粉料(<0.3mm 材料)损失。

④如发现任何异常情况,立即停机处理,通知摊铺现场。在未找到发生异常的原因并解决前,不得恢复施工。

(3)浇注式沥青混合料运输

①从拌和楼生产出来的浇注式沥青混合料还需不断搅拌和加温,因此浇注式沥青混合料使用专门的运输设备(Cooker)。在 Cooker 初次进料之前,应将其温度预热至 160℃ 左右,装入 Cooker 中的混合料应保持不停地搅拌,同时应让混合料升温至 220~240℃。

②尽量避免浇注式沥青混合料在高温的 Cooker 中停留太长时间,220~240℃ 时停留时间不宜超过 6h。但在 Cooker 中的搅拌时间应在 40min 以上。

(4)浇注式沥青混合料摊铺(图 3-1-171)

因为浇注式是自流成型无须碾压的沥青混合料,因此,铺装下层的摊铺使用浇注式专用摊铺机。运至现场的浇注式沥青混合料应进行流埃尔试验,符合设计要求后,方可摊铺。具体施工工艺如下:

①边侧限制

浇注式沥青混合料在 220~240℃ 摊铺时具有流动性,需设置边侧限制,防止混合料侧向流动。边侧限制采用约 35mm 厚、50mm 宽的钢制挡板,接缝尽量设在车道连接处的边缘。摊铺机行走轨道采用木制模板,循环布置,以保证铺装表面平整的目的。

a)

b)

图 3-1-171 浇注式沥青混合料摊铺施工

②厚度控制

在摊铺之前,根据桥面表面情况进行测量放样,确定摊铺厚度,然后调整行走导轨的高度及边侧限制板,从而确定摊铺厚度。摊铺机整平板有自动的水平设备控制,按照侧限板高度摊铺规定厚度的路面。

(5)预拌碎石撒布(图 3-1-172)

在浇注式沥青混合料施工时,用一台碎石撒布车紧跟浇注式沥青混合料摊铺机,进行 5~

10mm 预拌碎石的撒布,撒布量为 7~12kg/m²,人工用滚筒进行碾压,使预拌碎石部分嵌入浇注式沥青混合料内。在浇注式沥青混合料施工完毕后,扫除未粘牢的碎石。

图 3-1-172 预拌碎石撒布

2)质量检测

施工过程通过对浇注式沥青混合料进行贯入度、贯入度增量及刘埃尔流动度测量,抽检结果见表 3-1-29。

浇注式沥青混合料贯入度及流动度抽检结果    表 3-1-29

| 检测项目 | 平均值 | 设计要求 | 检测数 | 合格率 |
| --- | --- | --- | --- | --- |
| 贯入度(mm) | 3.51 | 1~4 | 24 | 100% |
| 贯入度增量(mm) | 0.28 | ≤0.4 | 24 | 100% |
| 流动度(s) | 41.6 | ≤60 | 86 | 100% |

全桥行车道共抽检贯入度及贯入度增量试验 24 次。其中贯入度最大值为 3.88mm,最小值为 3.18mm;贯入度增量最大值为 0.34mm,最小值为 0.24mm。检验结果均满足设计要求。

### 1.8.4 SMA 沥青铺装

1)施工流程

(1)施工前准备

在上面层高弹改性沥青混凝土 SMA-10 铺装前,采用吹风机对下面层进行清扫,清除下面层表面的石子及其他杂物,确保表面干燥、无杂物,各种机械设备已进行检修、保养,确保在施工时的良好状态。

(2)改性沥青生产

改性沥青按标准的加工工艺在沥青厂进行改性,拌和站配备一个 50t 改性沥青储罐,进场的改性沥青经过性能检测合格后,方可投入桥面施工。

(3)SMA-10 沥青混合料生产

①拌和设备

拌和站采用三一重工股份有限公司的 4000 型沥青混凝土拌和站,拌和站装有温度计及二次除尘设置。拌和全过程采用计算机进行控制,拌和楼集料系统应进行计量标定,确保计量准确。粗、细集料分类堆放及供料,各种材料分别按要求的配合比进行配料。

②混合料生产

每一阶段SMA混合料拌和前,均需对拌和楼进行彻底的检修与维护,避免发生导热油渗漏、沥青泵停机、矿粉掺加速度慢及掺加量不够等问题。同时,对所有计量设备进行检查。

混合料拌和温度控制:拌和楼改性沥青加热温度165~170℃;集料加热温度200~240℃;矿粉常温添加。各档集料按生产配合比比例进料,油石比按照6.2%进行称量,干拌时间设定为10s,湿拌时间设定为45s。拌和过程中应充分注意矿粉掺加、纤维掺加、沥青用量及出料温度控制;同时,冷料仓上料速度的设置应充分考虑到加热鼓风中细集料中的粉料(<0.3mm材料)损失。沥青混凝土SMA-10混合料温度控制表见表3-1-30。

沥青混凝土SMA-10混合料温度控制表(单位:℃)　　表3-1-30

| 混合料类型 | 沥青加热温度 | 矿料加热温度 | 出料温度 | 混合料废弃温度 |
|---|---|---|---|---|
| SMA-10沥青混凝土 | 165~170 | 200~240 | 170~195 | 高于195 |

拌制好的混合料储存时间不得超过4h。如发现任何异常情况,立即停机处理,通知摊铺现场,在未找到发生异常的原因并解决前,不得恢复施工。铺装层每施工段需进行拌和混合料总量的计算及厚度检验,应按厚度35mm计算用量。

③混合料质量检测

在混合料生产过程中,应严格按照规范规定的频率进行取样检测级配、油石比、混合料出料温度、混合料的技术指标等进行检测。

(4)混合料运输

①为保证前场施工的进行,运输车采用载质量大于25t的自卸车。装料前先将运输热拌沥青混合料车辆的车厢清扫干净。为防止沥青与车厢黏结,车厢侧板和底板涂一层隔离剂,将残留在车厢底部的余液清理干净。为防止混合温度的快速降低,必须车上加盖篷布以进行保温,进入施工现时,车轮上不得粘有泥土等可能污染路面的物质,否则应进行清理。

②根据拌和站的产量和运距,合理安排运输车辆,施工过程中至少有3辆料车处于等待卸料状态,以确保摊铺机既能连续工作,又不致使运料车等候太久而使混合料温度下降过多。运料车卸料时,运料车在距离摊铺机10~30cm处停住,不得撞击摊铺机。卸料过程中,运料车挂上空挡,靠摊铺机推动其前进,以保证摊铺路面的平整度。

③已经离析或硬化的混合料、低于或高于规定出厂温度的混合料应废弃。派安全员到路上进行巡查,对出现故障的车辆要及时进行抢修,并通知摊铺现场负责人。加强前台和后台的联系,使各部门协调一致。

(5)混合料摊铺(图3-1-173)

①摊铺前必须将工作面清扫干净,采用吹风机进行清洁。在摊铺机开始受料前,对其熨平板进行加热,熨平板的加热温度不低于100℃,且在料斗涂刷少量防止粘料用的隔离剂。高弹改性SMA-10沥青混凝土摊铺采用两台沥青摊铺机进行摊铺,摊铺宽度10.25m。为避免损坏两侧钢路缘,两侧预留25cm宽度进行人工摊铺。

②上面层高弹改性SMA-10沥青混凝土采用非接触式平衡梁摊铺厚度控制方式,摊铺时

摊铺机匀速行驶,摊铺行走速度控制在 2.0~2.5m/min,并与拌和能力、混合料的运输能力相匹配,以保证混合料均匀、连续不间断地摊铺,不得随意更换其摊铺速度。摊铺机夯锤采用四级,即振动采用四级。摊铺过程中,螺旋输送器保持不停地转动,两侧应保持有不少于送料器高度 2/3 的混合料,并保证在摊铺机全宽度断面上不发生离析;熨平板按所需的厚度固定后,不得随意调整。铺装时注意缺陷处理,如缺料、补漏、麻面处理、铺装边缘等。

③摊铺完成后压路机碾压前,对预先设定的 10 个断面进行相对高程测量;待压实完成后再对 10 个断面进行相对高程测量;通过测量铺筑前、铺筑后、碾压成型后的三个高程数据,计算实际松铺系数。在铺装过程中采用带有刻度的钢针对铺装厚度进行校核。

图 3-1-173　沥青混合料摊铺

(6)混合料碾压(图 3-1-174)

高弹改性 SMA-10 沥青混合料出厂温度 170~195℃。沥青混凝土的压实分初压、复压、终压三个阶段进行,混合料摊铺温度不得低于 160℃。

图 3-1-174　沥青混合料碾压

①初碾

初碾采用自重大于 10t 的压路机进行静压。初碾压路机每次前进时,均应前行到接近摊铺机尾部位置。每次前进后均应在原轮迹上(重复)倒退,第二次前进应重叠约 2/3 轮宽,往返一次为碾压一遍,碾压1~2遍。铺装表面层施工时,初碾压路机行驶速度控制在2.0km/h范围内。初碾时温度在150℃以上完成。

②复碾

SMA铺装层复碾采用双钢轮振荡压路机,振荡碾压3~4遍,行驶速度控制在2.5km/h,复碾完成时铺装温度应大于130℃。

③收迹碾压

收迹碾压采用双钢轮压路机无振动碾压收迹1~2遍,行驶速度控制在3.0km/h,收迹碾压终了表面温度不得低于90℃。

碾压过程中禁止碾压设备在混合料上停顿,避免造成停顿轮迹。在边缘、角落及雨水井周围难以用大型压路机压实的部位,特别是在雨水井周围部位,必须有2人采用人工夯锤夯实紧跟摊铺机,在混合料温度较高时,人工夯实保证这些部位混合料的密实性。

2)质量检测

通过对高弹改性SMA-10沥青混合料现场取样室内成型后进行相关试验,试验结果见表3-1-31。

SMA-10生产过程马歇尔体积指标抽检结果　　表3-1-31

| 检测项目 | 平均值 | 设计要求 | 检测数 | 合格率 |
|---|---|---|---|---|
| 毛体积密度($g/cm^3$) | 2.403 | — | 4 | — |
| 最大理论密度($g/cm^3$) | 2.510 | — | 4 | — |
| 空隙率(%) | 3.7 | 3~4 | 4 | 100% |
| 矿料间隙率(%) | 17.1 | ≥16.5 | 4 | 100% |
| 稳定度(kN) | 8.6 | ≥6.0 | 4 | 100% |

由表中数据可知,各项指标均满足设计要求,马歇尔稳定度、矿料间隙率、空隙率等均满足设计要求,整体性能良好。

## 1.9 引桥施工

### 1.9.1 引桥简介

金沙江大桥桥位起终点桩号K113+916~K115+618。设计采用6×41(华坪岸引桥)+1386(单跨钢桁架梁悬索桥)+1×41(丽江岸引桥)构造。

1)丽江岸引桥

金安金沙江大桥丽江岸引桥位于华坪至丽江高速公路第25合同段,引桥孔跨布置为40m简支钢板组合梁桥,本桥平面位于缓和曲线上,纵断面位于$R=11000$m,变坡点里程为K114+750的凹形竖曲线上,变坡点高程为1745.56m,左幅纵坡由$i_1=-1\%$变为$i_2=2.924\%$,右幅纵坡由$i_1=-1\%$变为$i_2=2.95\%$。

全桥布置为40m简支钢板组合梁桥(图3-1-175),本桥桥面变宽设计,接主桥侧桥面宽为

11.25m，接桥台侧宽 12.5m，中间钢纵梁腹板中心线位于桥面板边缘线的角平分线上，边钢纵梁为中间钢纵梁向两侧各偏置 4.25m，钢纵梁为直线，横梁及横联垂直钢纵梁布置。桥面左幅右边缘及右幅左边缘距路中线宽度为 25cm，设计线位置距路中线宽度由 50cm 变化为 150cm。桥梁平曲线由钢梁加工时沿路线参数加工形成，桥梁纵坡由钢梁路线参数竖向弯曲形成，横坡由纵向各断面处 3 片钢梁竖向安装位置形成。

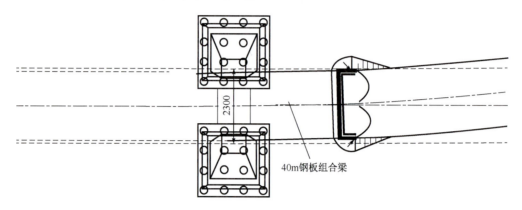

图 3-1-175　金安金沙江大桥丽江岸引桥平面图（尺寸单位：cm）

2）华坪岸引桥

金安金沙江大桥华坪岸引桥采用分幅设置，采用 6×41m 钢板组合梁桥。引桥总体平面布置如图 3-1-176 所示，立面布置如图 3-1-177 所示。

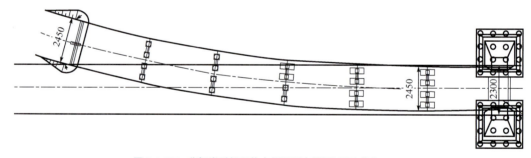

图 3-1-176　华坪岸引桥总体右幅平面布置图（尺寸单位：cm）

单幅桥跨每跨设置 3 根主纵梁，端支点设置端横梁，中支点设置中支点横梁，端横梁与中支点横梁、中支点横梁与中支点横梁间每隔 5~6m 设置一道横梁，每跨共 7 道横梁。除主桥侧一孔外全桥钢纵梁中心线沿路中线布置，混凝土悬臂沿路中线径向等长。接主桥侧一孔中间钢纵梁腹板中心线为两端桥面中点连线，边钢纵梁为中间钢纵梁向两侧各偏置 4.25m，钢纵梁为直线，横梁及横联垂直钢纵梁布置，混凝土悬臂沿路线前进方向由 1.75m 渐变至 1.375m。

桥面板采用小横梁构造，单向受力，面板横向支撑于纵梁上翼缘，并通过剪力钉与纵梁连接。面板的悬臂长度为 1.75m（接主桥侧一孔由 1.75m 渐变至 1.375m），横向连续跨径为 4.25m，横向采用等高 25cm，但在支点处设置承托，支承处高度为 34cm，承托宽度沿纵向随钢梁翼缘宽度变化。

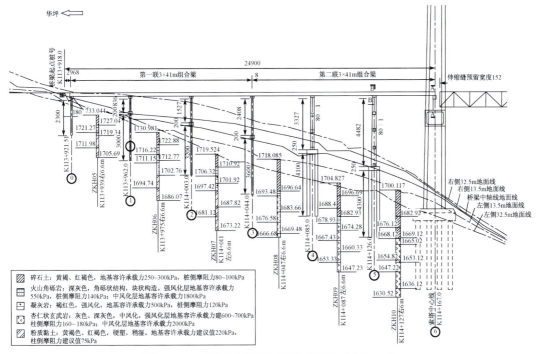

图 3-1-177 华坪岸引桥总体立面布置图(尺寸单位:cm)

### 1.9.2 丽江岸引桥施工

金安金沙江大桥丽江岸引桥桥台及施工支架布置在索塔基坑处。桥台采用重力式U形桥台,模板采用竹胶板,混凝土浇筑采用溜槽浇筑;引桥支墩立柱模板采用定型钢模,盖梁模板采用承台模板改制,盖梁采用穿心棒法施工,混凝土浇筑均采用塔式起重机吊装。

上部结构钢梁由专业厂家进行加工制造及运输,在厂内按照设计图纸要求拼焊成单元节段运输至施工现场。现场搭设临时支架,通过临时钢垫块调节钢梁高程及线形,所有钢梁节段直接采用塔式起重机进行吊装,按小里程至大里程方向进行吊装。混凝土桥面板采用悬吊式模板现浇施工方法,采取分段浇筑,先浇筑跨中部分桥面板混凝土,后浇筑墩顶区域连续段混凝土,混凝土采用泵车泵送入模,人工插入式振捣。总体施工工艺流程如图 3-1-178 所示。

1)临时支架搭设

金安金沙江大桥丽江岸引桥支架采用钢管立柱少支架形式,从下到上支架依次为基础→钢管柱→主纵梁→主横梁。钢管柱采用 $\phi 800mm \times 8mm$ 钢管,支撑为 $\phi 420mm \times 6mm$ 钢管,竖向采用法兰盘连接;主纵梁为双拼 I56a 工字钢;主横梁为双拼 HN450×200 型钢,从下到上面板模板系统依次为背带→方木→竹胶板→上部横梁。

(1)临时支架基础施工

根据梁段节段划分及现场地形条件,由测量根据临时支墩设计图纸在边坡碴落台位置测放出临时支墩各钢管桩中心点,浇筑 C30 混凝土条形基础,基础长 18m、宽 1.4m。基础混凝土浇筑过程中预埋钢板,并确保基础顶面平整。

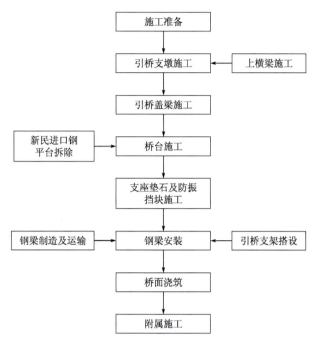

图 3-1-178　丽江岸引桥施工工艺流程图

（2）支墩钢管桩及平联搭设

钢管桩均采用 φ800mm×10mm 钢管,钢管桩靠近桥台侧采用汽车起重机吊放就位至设计桩位、靠近主桥侧采用塔式起重机吊放就位至设计桩位,经测量确认调整好钢管桩平面位置及垂直度后下钩至地面与基础预埋件焊接。钢管桩施工完成后,及时进行平联及剪刀撑施工,平联采用 φ420mm×6mm 钢管。

（3）主纵梁施工

主纵梁按照设计图纸在后场分段进行下料、加工,施工前平板车转运至前场待用,钢管桩安装完成、高程抄平之后吊放主纵梁,主纵梁采用双拼 I56 工字钢,吊放采用汽车起重机及塔式起重机吊放安装就位,调整好后焊接扒板、劲板,并在底部钢管桩上焊接肋板支撑。

（4）支撑横梁施工

支撑横梁提前按照设计图纸在后场进行下料、加工,施工前平板车转运至前场待用。主纵梁安装完成后进行节点位置支撑横梁施工,根据测量放样,将双拼 HN450×200a 型钢放置在主纵梁上并与主纵梁焊接牢固,支撑横梁同时兼作钢梁拼装焊接时的操作平台。

2）钢梁吊装安装

（1）吊装顺序（图 3-1-179）

钢梁吊装按照先左幅后右幅的顺序进行;单幅钢梁吊装横向按照先中间后外侧;纵向按照从主桥侧梁段至桥台侧梁段的顺序进行,横向按照先中间后两侧的顺序进行;横向联结按照中横梁、端横梁顺序进行。

（2）吊装质量

引桥钢梁各梁段质量及吊幅,见表 3-1-32。

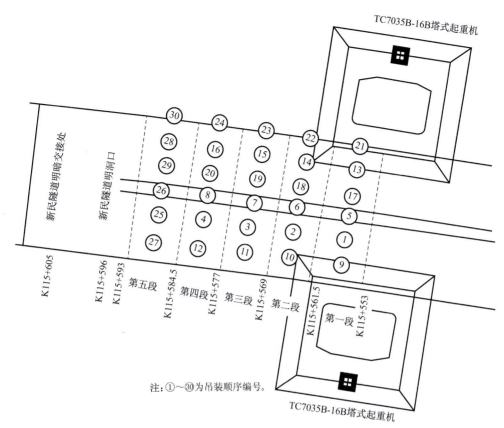

图 3-1-179 引桥钢梁吊装顺序图

引桥钢梁分段质量及吊幅表　　　　　　　　　　　　　　　表 3-1-32

| 序　号 | 梁段编号 | 质量(考虑焊缝)(t) | 最大吊幅(m) |
|---|---|---|---|
| 1 | 第一段内侧 | 6.602 | 23.130 |
| 2 | 第一段外侧 | 6.592 | 27.300 |
| 3 | 第二段内侧 | 6.660 | 24.820 |
| 4 | 第二段外侧 | 6.461 | 29.600 |
| 5 | 第三段内侧 | 6.913 | 30.260 |
| 6 | 第三段外侧 | 6.768 | 33.500 |
| 7 | 第四段内侧 | 6.660 | 34.890 |
| 8 | 第四段外侧 | 6.461 | 38.600 |
| 9 | 第五段内侧 | 6.866 | 42.420 |
| 10 | 第五段外侧 | 6.941 | 44.800 |

(3)吊装设备

根据现场场地条件及吊装重量,吊装采用主桥2台TC7035B-16塔式起重机,最大吊幅44.8m,最大吊重6.941t,塔式起重机均采用两倍率满足吊装需求。

3）钢梁线形调整

在引桥支架验收合格后,通过对支架主横梁布置支墩,支墩高度考虑引桥桥面坡度及引桥预拱度,预拱度为13cm,对支墩采用双拼[32槽钢,槽钢竖向布置,槽钢顶面布置1cm厚钢板,如图3-1-180所示。钢板两端由测量放出钢梁中心点,端头铅芯隔振橡胶支座安装过程质量按规范控制。采用塔式起重机对各节段钢梁按吊装顺序进行吊装,吊装到位放置于支墩钢板上,要求钢梁中心线与支墩上的中心线应重合,最后对各节段钢梁再进行组装,组装过程中加强对上下翼缘板横向间距及错边量的控制,安装偏差要求应符合钢梁质量检验标定标准。

图3-1-180 钢梁线形调整支垫

两端支座中心点与同轴线的支墩中心点应成三点一线,钢梁安装过程中通常出现开间间距不足,对接位置出现错边。在一幅钢梁安装完成后对钢梁开间间距进行复核,采用20t千斤顶及手拉葫芦配合进行调整,调整过程中锁定同轴线的钢梁,对两侧钢梁进行调整,调整过程中加强对各支墩位置钢梁的支垫,采用不锈钢钢带及钢板等支垫。待上下翼缘板端口尺寸复测中心线间距符合设计要求后,组织钢结构进场焊接。

4）钢梁工地焊接

焊接主要材料:氧气、乙炔、碳弧气刨碳棒、二氧化碳气体保护焊丝、单面焊接衬垫(陶瓷垫片)。

焊接前对钢梁腹板及对接位置采用马板进行固定,避免焊接过程中受热后产生位移。首先焊接两端横梁竖向腹板与主纵梁间的焊缝,采取二氧化碳保护焊接施工工艺。对背面位置采用陶瓷垫片,焊接前对焊缝位置进行观测,各节段间装配间隙是否有足够的空隙,板厚差的对接位置≥4mm,板厚≥25mm钢板焊接前进行预热,焊接温度不得低于5°,在焊接前清除接缝两侧宽度100~200mm的污物,并用氧—乙炔烘干。采用自动焊接的接缝,应在接缝始末两端分别装上引弧板和引出板,其尺寸应不小于80mm×80mm。引、熄弧板应采用同材质同坡口的材料。

横向对接焊缝,其焊缝增强量必须≥1.5mm,焊接完成后,最后一道打磨方向应与受力方向一致,严禁与受力方向垂直打磨,以减少焊缝疲劳,焊缝打磨要保证焊缝增强量平滑过渡到母材表面。进行局部超声波探伤检测的焊缝(图3-1-181),当发现有裂纹或较多其他缺陷时,应扩大该条焊缝的探伤范围,必要时延至全长;进行射线探伤的焊缝,当发现超标或缺陷时应加倍检验。Yoga射线和超声波探伤两种方法检验的焊缝,必须达到各自的质量要求标准,该焊缝方可认为合格,第三方检测机构出具检测报告后,若焊接质量符合要求,即可对焊缝进行钢结构涂装,反之对焊缝进行返工处理。

### 1.9.3 华坪岸引桥施工

华坪岸引桥施工采用顶推-落梁方法进行施工。进行顶推施工时单幅桥跨单根主纵梁平均长度41m,在0号桥台和1号墩之间搭设钢管支架平台,单幅钢梁均在钢管支架上焊接拼装成整体,在钢梁拼装的同时安装顶推装置。拼装成整体后,即开始钢梁的顶推施工,根据梁段划分逐段安装,逐段顶推,直至将单幅一联(三孔跨)钢梁拼装成整体后顶推至安装位置下放安装。顶推施工工艺流程如图 3-1-182 所示。

a)

b)

图 3-1-181　焊缝外观质量及超声波探伤检测

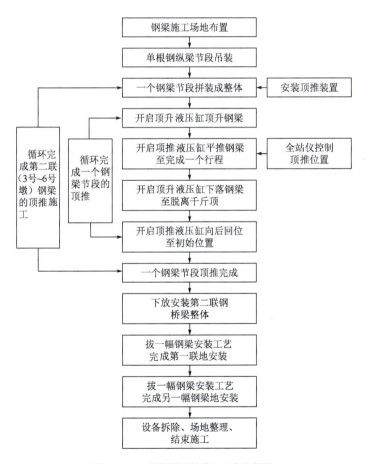

图 3-1-182　桥钢梁顶推施工工艺流程图

落梁施工工序以左幅第一联为例,下落分为两个阶段:第一阶段,钢梁简支端下落至支座顶高程,墩顶连续段下落至支座顶高程+15cm;第二阶段,整联浇筑桥面混凝土,10d 后墩顶连续段下落至支座顶高程。落梁施工工艺流程如图 3-1-183 所示。

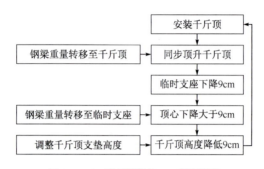

图 3-1-183　引桥落梁施工工艺流程图

1)钢梁顶推装置

(1)顶推装置布置

引桥钢梁顶推施工采用多点顶推施工,顶推采用三向连续顶推千斤顶。顶推千斤顶起重量为 100~1000t,垂直行程 0~200mm,水平行程 0~1000mm,横向行程 0~50mm,同步/定位精度为 1mm。顶推千斤顶如图 3-1-184 所示。

a)　　　　　　　　　　　　　　　　b)

图 3-1-184　引桥钢梁施工顶推千斤顶

施工时在 1 号~6 号墩均设置顶推千斤顶,单幅每处墩顶设置两套(单幅墩顶两侧垫石处),千斤顶布置如图 3-1-185 所示,考虑到千斤顶周转循环使用,所需三向千斤顶 8 台。

(2)顶推滑块

顶推时在 1 号~6 号墩设置三向千斤顶进行顶推作业,在靠桥台端钢梁设置滑块作为滑动装置,以保证钢梁在桥台-1 号墩位置时的滑动。滑块由钢板组焊件及四氟滑块组成,滑板通过螺栓与钢梁固定,为可周转使用部件,当一个钢梁节段顶推完成后滑块可卸下用于下一梁段顶推施工。顶推滑块在工厂内进行加工,加工时先加工钢板组焊件,加工完成后在钢板组焊件下面安装四氟滑板。滑板应保证加工精度及表面的光洁度,加强润滑措施,表面涂抹黄油,以减小摩阻力和垂直局部压应力。滑板结构如图 3-1-186 所示。

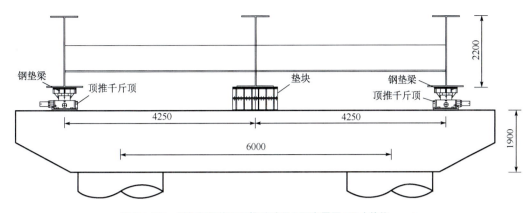

图3-1-185 引桥钢梁施工顶推千斤顶立面布置图(尺寸单位:mm)

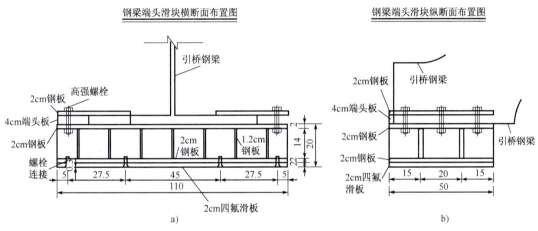

图3-1-186 滑板结构示意图(尺寸单位:cm)

(3)钢梁下放装置

钢梁顶推完成后钢梁须下放时须设计一套钢梁下放装置,待钢梁顶推到位后将钢梁整体进行下放垫块上,然后安装下放装置进行下放。钢梁下放装置采用30t下放千斤顶。为防止钢梁两端提起下放时中间钢梁挠度过大,在0号~6号台均设置千斤顶。连续处支墩下放装置如图3-1-187所示。

2)钢梁顶推施工

钢梁顶推方向为由0号桥台向6号桥台,先顶推安装3号~6号墩联钢梁,后安装0号~3号墩联钢梁。施工步骤如下:

(1)施工准备

保证场地"三通一平",搭设钢管支架平台,安装顶推装置、顶推下放装置、滑道及顶推导向限位装置,并对各机械设备进行检查,发现问题及时解决,确保施工时设备能够正常运作。

(2)钢梁首拼装

将引桥左幅5号~6号墩及45(11+12+12+10)m钢纵梁节段吊装至钢管支架平台上,按照钢梁拼装施工先完成单根钢纵梁的拼装,再进行横联及横隔板焊接安装,将单幅3根钢纵梁拼装成整体,焊接安装5m导梁。

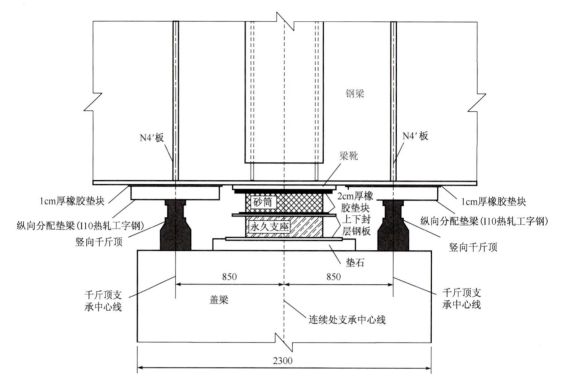

图 3-1-187  连续处支墩下放装置示意图(尺寸单位:mm)

(3)顶推

单幅主纵梁焊接拼装完成后,启动 1 号墩处顶推千斤顶开始顶推,往前顶推 20.5m 后停止顶推施工,在钢管支架平台上拼装 4 号~5 号墩及 20.5(5.45+5.05+10)m 钢纵梁节段,与前面长 45m 钢梁节段焊接拼装成整体;继续往前顶推 20.5m 后停止顶推施工,在钢管支架平台上拼装 4 号~5 号墩剩余的 20.5(5.45+5.05+10)m 钢纵梁节段,并与前面钢梁焊接拼装成整体;继续往前顶推 36m,将剩余 35.96(5.45+5.05+10+5.45+5.05+4.96)m 钢梁节段与前面钢梁焊接拼装成整体,完成 3 号~6 号墩左幅钢纵梁整体拼装,启动 3 号墩处顶推千斤顶,继续顶推施工,直至将钢梁顶推至预定安装位置正上方,完成第一联整根钢纵梁顶推施工。在顶推过程利用全站仪精确测量钢桁梁顶推位置、严格控制顶推千斤顶顶推速度,保证钢桁梁顶推时位置准确,在顶推过程中钢梁发生偏位时应立即采取措施进行纠正,采用两点纠偏方式进行纠偏。

(4)下放安装

单根钢纵梁顶推到位后,拆除钢纵梁前面的导梁,将钢梁整体下放至设计位置。利用 3 号~6 号墩上布置的下放千斤顶将钢纵梁整个顶起,拆除 3 号~6 号墩上的临时结构(包括滑道、导向限位装置等),安装支座,然后调节千斤顶缓慢将钢纵梁下放到支座位置。下放过程中严格控制 3 号~6 号墩四处千斤顶的下放速度,保证钢纵梁下放至设计位置。

(5)左幅纵梁安装

按照步骤"(2)~(4)"完成左幅 1 号~3 号墩钢纵梁安装。

(6)右幅纵梁安装

按照步骤(2)~(5)完成右幅钢纵梁安装。

3)落梁第一阶段施工

(1)首先在0号台、3号墩每个支座位置布置1台D型千斤顶和临时支座,1号墩、2号墩每个支座位置布置1台200t千斤顶和临时支座,千斤顶及支座布置如图3-1-188所示。在临时支座及千斤顶与钢梁接触部位垫2cm橡胶垫,保护涂装。千斤顶安装位置处垫钢板保持千斤顶竖直。千斤顶顶面按图纸要求设置分配梁。

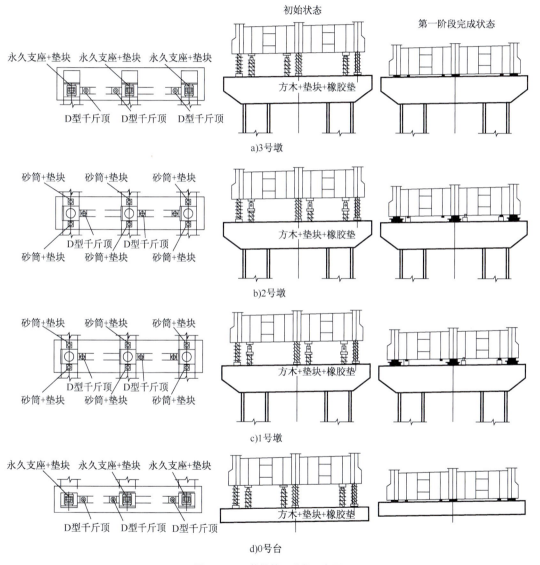

图3-1-188 落梁第一阶段示意图

(2)安装千斤顶及相应的支垫、分配梁、橡胶垫;同步顶升千斤顶,使钢梁重量转移至千斤顶;降低临时支座高度约9cm;同步落千斤顶,每次<3cm,共3次,使钢梁重量转移至临时支座;拆除千斤顶,降低千斤顶支垫高度约9cm。目前钢梁实际高度高于设计高度约170cm,此

循环需要进行17次左右。

(3)在0号台、3号墩位置的边梁下翼缘板达到设计高程(下翼缘板底面距盖梁顶面距离约19cm)。微调边梁高程以保证2个边梁千斤顶压力近似,中梁落梁千斤顶压力与边梁一致,即优先保证钢梁各个支点反力一致,在此基础上通过调整垫石及预埋钢板高程,保证支座安装。1号墩、2号墩位置的边梁下翼缘板落到设计高程+15cm附近,其余操作与0号台、3号墩位置落梁操作一致。垫石及支座预埋钢板平面位置根据钢梁实际线形调整。

(4)浇筑垫石,安装支座,第一阶段完成。

4)落梁第二阶段施工

桥面混凝土浇筑完成10d后,开始组合梁落梁;落梁前安装钢梁在2号、3号墩两侧的挡块,并在挡块与钢梁之间的缝隙处塞木板(图3-1-189),防止钢梁纵向滑移,第二阶段施工完成后拆除木板。

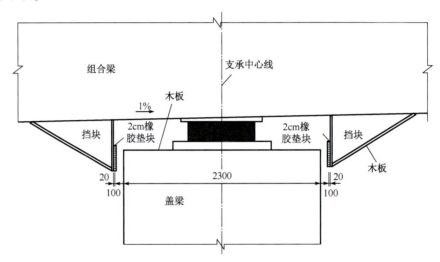

图3-1-189 挡块木板示意图(尺寸单位:mm)

施工时组合梁在1号、2号墩下落15cm至支座,落梁设备为12个250t砂筒,设备布置如图3-1-190所示。

施工控制要点:

(1)1号、2号墩墩顶砂筒应同步缓慢下落。每个下落行程不得大于1cm,砂筒高度差值不大于3mm。

(2)待钢梁下落至永久支座后,焊接整联支座的上承板和梁靴,由连续墩向简支墩。

(3)砂筒与钢梁接触面垫橡胶垫。

(4)砂筒使用前预压,预压压力2500kN。

### 1.9.4 混凝土桥面板施工

1)钢梁落梁时机及浇筑顺序

钢梁拼装及焊接完成并经验收合格后割除钢梁下方支垫,解除钢梁与支架之间的联系后方可进行桥面板施工,根据设计线形要求,钢梁设置13cm预拱度,因此钢梁与支架之间的缝隙应大于15cm。

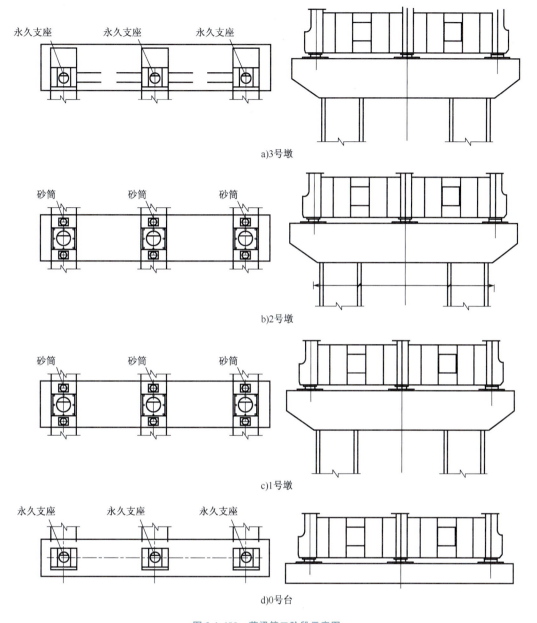

图 3-1-190 落梁第二阶段示意图

混凝土桥面板应分段浇筑,先浇筑跨中部分桥面板混凝土,后浇筑墩顶区域连续段混凝土。跨中第一次浇注混凝土为 C50 收缩补偿混凝土(连续墩墩顶两侧各 6m 范围外),墩顶后浇混凝土为 C50 收缩补偿混凝土(连续墩墩顶两侧各 6m 范围内)。

2)模板设计及支立

混凝土桥面板采用悬吊式模板现浇施工方法,施工时模板必须保证有足够的强度和刚度。模板采用优质竹胶板加工而成,横肋采用 10cm×10cm 方木,背带采用 2[25 槽钢,悬吊系统由支撑在主梁顶板上的竖向支撑和横向挑梁组成,竖向支撑采用 2[32 槽钢,高度 0.5m,高出混凝土顶面20cm,横向挑梁采用2[32槽钢,直接搭设在竖向支撑上固定,模板通过M20的对拉螺栓将其悬挂在横向挑梁上固定。

3) 混凝土浇筑

混凝土浇筑采用46m背架泵,首先浇筑第一期混凝土,从跨中向两侧逐渐对称浇筑(C50收缩补偿混凝土),浇筑桥台和主桥6m处停止。混凝土采用50型插入式振捣棒振捣,振捣时间要严格控制,做到既不能漏振也不能过振,每一次振完后,边振动边徐徐提出振捣棒,对每一振动部位,必须振动到该部位混凝土密实。密实的标志是混凝土停止下沉,不再冒出起泡,表面呈平坦、泛浆,混凝土浇筑应连续浇筑,一次性完成。在混凝土施工过程中,为保证混凝土质量,组织专人检查模板,随时观察是否有跑模、漏浆现象,以便及时处理。

在混凝土初凝后,人站在混凝土上无明显压痕时,人工进行二次收光,为防止混凝土面出现收缩裂缝,要多次进行人工收光,人工收光后,要沿桥而横坡方向拉毛,拉毛深度为1～2mm。第二次浇筑墩顶两侧各6m范围内混凝土(C50钢纤维收缩补偿混凝土)。

混凝土浇筑完后,根据当时气温确定合适的时间进行浇水覆盖养护或采用土工布覆盖洒水养护的方法,混凝土养护由专人负责,保证混凝土表面湿润,混凝土养护时间不少于14d,养护时应注意在翼缘板处设一处隔水墙,以免养护用水流到主梁从而影响外观质量。

## 1.10 施工监控

### 1.10.1 监控重难点

悬索桥是一种结构合理的桥梁形式,它能使材料充分发挥各自的特长,这一特点使悬索桥成为大跨度桥梁中最具竞争能力的桥型之一。对桥梁结构的施工过程进行合理的施工控制是使桥梁施工结果与设计要求尽可能接近的重要保障。悬索桥的主要受力部分是锚碇、塔、主缆及加劲梁结构,每一部分的施工状态和应力、应变及沉降状态对成桥受力和线形都可能产生影响;对于悬索桥的关键部位和可能产生重大影响的部位,必须进行严格的监测与控制。

金安金沙江大桥主桥是当前世界上最大跨径山区钢桁梁悬索桥,在施工监控方案制订和施工控制过程中应对本桥的这些特点加以重点的考虑和研究。

(1) 本桥是国内为数不多的超过千米的钢桁加劲梁悬索桥,工程规模较大、建设条件复杂、技术难度大、项目创新点多,其架设方案和施工控制技术的研究是大桥成功修建的关键。

(2) 采用刚、铰混合法施工的悬索桥,其加劲梁在施工阶段的应力及位移有可能超限,应对加劲梁的设铰位置、设铰方式及施工过程作详细的仿真分析和现场监控,防止施工过程中出现结构位移和应力过大现象。

(3) 加劲梁的线形包括整体预拱度和局部节点间的角度关系。相邻制造单元间的转角关系和整体预拱度在各构件制造后就基本固定下来,在现场拼接及安装时仅能靠螺孔间隙进行小量调整,如果制造线形不准确,则可能带来两个问题:现场拼接及安装困难;梁段需要采用强制内力进行连接,使构件承担设计时没有计及的内力。因此施工监控应介入加劲梁的制造线形的确定。

(4)本桥采用正交异性钢桥面板,为板桁结合式加劲梁悬索桥,由于桥面板与钢桁架通过焊接方式组成整体,因而需要考虑正交异性板参与结构的整体受力。桥面系焊接收缩量将导致加劲梁产生内力,加劲梁的安装也需要详细地分析,应对钢桥面板和主桁的应力、应变进行监测。

(5)本桥索塔高度大,在监控中应充分考虑索塔施工过程中温度对索塔模板定位的影响,应考虑后期索塔压缩对高程的影响,应考虑设置横向预偏量,应将主动横撑的顶撑控制纳入监控范围中。

(6)在加劲梁的架设过程中,主缆及加劲梁结构具有强烈的几何非线性,结构的变形和应力状态变化很大,结构的线形对温度、风速、施工和制造误差等影响因素非常敏感,仅从静力方面而论,为了使其按照设计目的在成桥后达到预定的线形和应力状态,必须对任意一个架设阶段的变形和应力进行严密的分析,求出各阶段的形状控制高程和加劲梁中的内力以及对恒载、风载和其他外力的抵抗能力。

### 1.10.2 监控必要性

1)施工监控系统组成

与其他桥型相比,悬索桥相对较柔,施工过程中工况变化繁多,形状变化很大,结构具有强烈的几何非线性,加之悬索桥不可能像斜拉桥那样在后期对误差进行调整,所以施工监控是很有必要的,应该重视悬索桥的监控。

一般说来,对于悬索桥,设计人员在图纸上设计出的是成桥的理想状态,要想将这种状态在现场科学地、安全地、经济地在工地上得以实现,就必须依靠严格的施工监控。大跨度悬索桥的成桥线形和内力是否与设计一致及是否合理,是与施工过程的合理安排与严格控制紧密相关的;根据实际的施工工序,按照已完成工程的结构状态和施工过程,收集现场的参数和数据,对桥跨结构进行实时理论分析和结构验算,分析施工误差状态,采用变形预警体系对施工状态进行安全度评价和风险预警,根据分析验算结果调整控制参数,预测后续施工过程的结构形状,提出后续施工过程应采取的措施和调整后的设计参数,保证施工完成的结构与设计结构不论是内力或线形都满足设计的精度要求,最大可能地接近设计理想状态,确保成桥后的结构内力和线形符合设计要求,这是施工监控的目的。

施工监控是随施工过程逐渐实现的。它是通过对桥梁施工过程中的主要受力断面应力、主要测点变形、主要构件的受力的测量,将实用的结构测试技术和现场分析技术应用于施工,并结合实际施工过程形成结构计算分析、监测及反馈控制一套完整的系统。通过施工现场的结构测试,跟踪计算分析及成桥状态预测得出合理的反馈控制措施,给施工过程提供决策性技术依据,为结构行为控制提供理论数据,从而正确地指导施工,确保成桥线形与受力状态符合设计要求。施工控制既是悬索桥施工质量的保证措施,又是施工过程安全的保证措施。

施工监控是施工质量控制体系的重要组成部分,是保证桥梁建设质量的重要手段,是对桥梁建设质量的宏观调控,是桥梁施工质量控制的补充与前提。监控单位配合监理,辅助业主,指导施工,解决桥梁施工质量控制过程中的关键技术问题。

施工监控是一个预告→监测→识别→修正→预告的循环过程,其目的是通过施工过程中的有关参数的监测与数据分析处理,使施工过程中结构内力合理,结构变形控制在允许范围内,确保结构施工过程中结构的安全和稳定,使成桥后的轴线和桥面线形达到设计要求,并且使结构的内力分布与设计理想的内力状态基本吻合,确保桥梁施工安全和正常运营。

2)施工误差来源

金安金沙江大桥是国内第二大跨径的钢桁梁悬索桥,由于该桥跨径大,这对悬索桥上部结构安装施工监控技术也提出了新的要求,其内力和线形对温度、索塔偏位、恒载误差、施工误差等影响因素相当敏感。施工阶段随桥梁结构体系和荷载工况不断变化,结构内力、线形和变形亦随之不断发生变化,每一阶段的误差如果不能消除,累积后将影响成桥后结构的受力及线形。由于各种因素的直接和间接的影响,使得实际桥梁在施工过程中的每一状态几乎不可能与设计状态完全一致。与其他桥型相比,悬索桥在施工过程中的线形管理较难,更容易产生施工误差,其原因如下:

(1)悬索桥是由刚度相差很大的结构单元(塔、主缆、梁、吊索)组成的超静定结构,与其他形式的桥梁相比,在荷载下具有强烈的几何非线性。

(2)设计参数的取值不可能与实际结构所反映的一致。例如结构的自重、截面尺寸、混凝土弹性模量、施工荷载等均是具有随机性的几何及物理参数,与设计值相比将或多或少地有所变化。

(3)悬索桥结构的几何形状对温度比较敏感,外界的温度变化将引起悬索桥几何形状和吊索张拉力的改变。

(4)主缆的架设长度对悬索桥结构的几何形状非常敏感,架设长度误差将引起悬索桥几何形状的较大改变。

(5)跨径变化对悬索桥结构的几何形状非常敏感,架设过程中的索塔偏位将引起悬索桥几何形状的较大改变。

(6)环境因素诸如湿度、摩擦、风载的影响。

(7)施工误差的影响。

(8)结构计算模型简化和计算误差的影响。

(9)测量、测试误差的影响。

在设计阶段,上述大多数因素的影响一般没有或者无法完全考虑和计及,只有在施工过程中根据结构的实际参数和通过监测得到的反应予以考虑。若不在施工过程中实施有效控制,就有可能由于误差的积累致使成桥后结构的整体受力状态及线形严重偏离设计目标而影响结构的可靠性。

为了确保设计图纸上的悬索桥能够安全而经济地在工地上得到实现,保证桥梁顺利修建,消除上述误差的影响,严格避免上述问题的出现,施工监控是很有必要的,必须采用合理的施工控制方法。通过对设计图纸和设计意图的深入理解,对全桥进行系统的理论分析,在充分了解其受力性能和施工工艺的基础上,获取全桥的理论设计数据,建立上部结构计算机施工监控仿真系统。通过现场监控测试和监控测量,修正设计数据并反馈到计算机施工监控仿真系统,计算机施工监控仿真系统将以成桥线形和内力状态为期望,计算出后续施工阶段的施工参数。

### 1.10.3　监控实施

施工监控从2018年5月开始,到2020年12月主桥通车运营完成,华丽高速金安金沙江大桥主桥施工监控实施内容见表 3-1-33。

金安金沙江大桥主桥施工监控实施内容　　　　表 3-1-33

| 序号 | 实施阶段 | 具体工作内容 |
|---|---|---|
| 1 | 施工监控实施方案 | 编制"金安金沙江大桥主桥施工监控实施方案",并通过专家评审 |
| 2 | 参数收集与整理 | (1)对结构恒载参数、构件几何特性进行详细计算;<br>(2)对结构材料属性参数进行收集整理 |
| 3 | 结构复核性验算 | (1)检查设计图纸、复核结构设计参数;<br>(2)完成结构复核性验算,与设计数值对比;<br>(3)上部结构理想施工过程仿真分析 |
| 4 | 索塔施工阶段 | (1)索塔施工过程仿真分析;<br>(2)索塔关键截面应力应变与温度测点预埋以及后续定期监测;<br>(3)索塔施工过程控制测量;<br>(4)索塔施工塔柱预偏、预高、主动顶撑等监控指令发布 |
| 5 | 上部结构架设前 | (1)结构有限元模型修正、分析;<br>(2)钢桁梁制造线形计算以及相关监控指令发布;<br>(3)裸塔状态下塔锚连续性观测;<br>(4)主缆索股下料长度计算以及相关监控指令发布;<br>(5)索鞍预偏量计算以及相关监控指令发布 |
| 6 | 主缆架设 | (1)基准索股架设计算分析;<br>(2)一般索股架设计算分析;<br>(3)散索鞍约束接触时机控制;<br>(4)主缆温度测点预埋与监测;<br>(5)主缆架设相关监控指令发布;<br>(6)主缆架设过程中控制测量与索塔应力监测;<br>(7)锚跨张力计算与调整及相关监控指令发布 |
| 7 | 索夹、吊索安装 | (1)结构有限元模型修正、分析;<br>(2)索夹放样位置计算;<br>(3)吊索下料长度修正计算;<br>(4)索夹放样、吊索下料长度等相关监控指令发布 |
| 8 | 加劲梁吊装 | (1)加劲梁吊装过程仿真分析计算;<br>(2)加劲梁刚接时机计算;<br>(3)索鞍顶推控制;<br>(4)加劲梁应力、温度测点埋设;<br>(5)加劲梁吊装过程控制测量与结构应力监测;<br>(6)加劲梁合龙控制;<br>(7)加劲梁吊装完成后控制测量与索力测试 |
| 9 | 二期铺装与成桥阶段 | (1)铺装过程结构控制测量与应力监测;<br>(2)索鞍顶推控制;<br>(3)成桥阶段结构状态测量 |
| 10 | 监控月报与过程汇报 | 监控成果定期汇报 |

### 1.10.4 监控方法

1) 几何状态测量

金安金沙江大桥施工监测几何状态测量包括：索塔几何测量、锚碇位移测量、加劲梁与主缆线形测量、主索鞍与散索鞍预偏量与顶推量、索夹放样位置。

(1) 索塔几何测量

①索塔沉降监测

索塔沉降观测点布置于塔座顶面的四个角点。

②塔顶偏位与扭转测量

在地面控制点建站，采用全站仪三维坐标法测量。不同工况监测坐标与初始坐标的差值即为索塔的水平位移，两侧水平位移的差值即为索塔的扭转变形量。偏位测量示意如图 3-1-191 所示。

③塔顶高程变化量测量

在塔底指定位置架设全站仪（此处平面坐标与高程引测点坐标一致），将仪器天顶距设置为 90°，在塔底水准基点竖立水准尺，仪器多测回读取尺面读数 $H$ 后取均值；随后将仪器天顶距角度调整至 0°，多测回测量仪器到塔顶高程引测点底面的距离 $D_h$；塔顶高程引测点底面的高程 $H_引 = H_基 + H_尺 + D_h$。同步使用电子水准仪将高程引测至塔顶加密控制点，此外对同一索塔上两控制点间高差进行复核。高程变化量测量示意如图 3-1-192 所示。

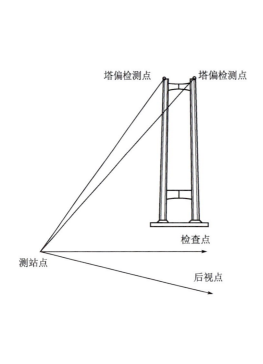

图 3-1-191 索塔偏位测量示意图

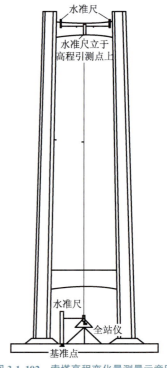

图 3-1-192 索塔高程变化量测量示意图

(2) 锚碇位移测量

每个锚碇布置 16 个观测点，单幅隧道锚布置 4 个沉降观测点位于散索鞍基础角点底距地面30cm高处,4个水平位移观测点布置为:两个位于前锚室顶棚两侧,两个观测点位于前锚面轴线位置顶部及底部。

(3)主缆与加劲梁线形测量

①主缆线形测量

主缆线形的监测主要是其绝对垂度的监测,包括基准索股线形监测和成缆后空缆线形的测量。

基准索股和空缆线形的测量方法基本一致,均选择在两岸地面控制点架设全站仪(图3-1-193)并定向完成后,设置好折光系数,采用单向三角高程方法,通过测量角度与距离的方法,计算出主跨跨中及边跨跨中里程和高程。测量完成后,对两岸仪器测量的主跨跨中位置及里程数据进行分析,取其均值作为主跨跨中的线形数据。单向三角高程测量时,实测的是索股(主缆)顶面或者底面的高程,通过实测的索股(主缆)直径可以将索股(主缆)顶面或底面高程换算至索股(主缆)中心高程。

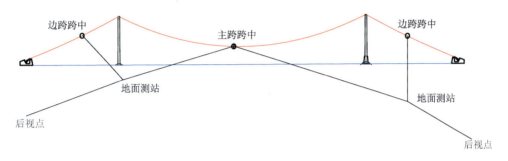

图3-1-193 主缆测量布置示意图

②加劲梁线形测量

加劲梁几何测量主要包括高程测量、纵坡测量、轴线测量,通过测量加劲梁表面的测量标记点或测柱的方式来进行,测点布置如图3-1-194所示。测量方式采用"天顶距法"引测塔底控制点高程至梁面,然后通过水准线路测量和碎步点测量相结合的方式进行主控高程和梁段纵坡测量。

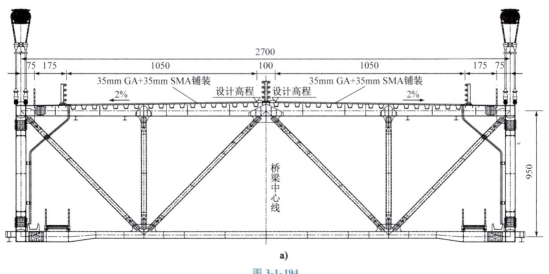

a)

图3-1-194

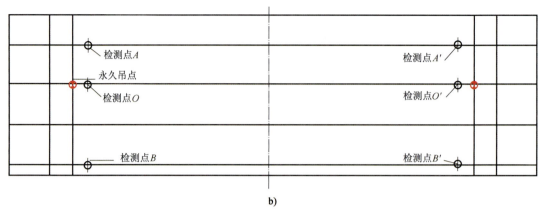

b)

图 3-1-194 加劲梁高程监测点布置示意图(尺寸单位:mm)

(4)索鞍预偏及顶推测量

在主索鞍场内加工生产时,在主索鞍侧面几何中心与下底板侧面几何中心分别用明显的刻线标出。直接采用钢尺量测两条刻线间的距离,即可确定主鞍座的偏移量,从而实现对顶推量的监控。

(5)索夹放样位置

锁夹测量放样的时间应选择在风小和温度稳定的夜间进行,此时主缆的顺桥向和横桥向温度、主缆的内外温度以及上下游主缆间的温度较差较小,主缆不发生扭转;施测时,将两台全站仪对向设置在索塔两侧主索鞍中心点位置,相互后视定向后,保持水平角不动,即确定主缆的天顶线。只需旋转仪器的竖直角就可以通过水平距离测量放样出主跨吊索中心线与主缆的天顶线交点,如定向后将仪器水平角旋转 180°,就可用于放样边跨的索夹位置。由于索夹的数量较多,可能需要多次(天)完成,因而放样时应量测空气温度和主缆表面温度,并尽量在温度基本相同的条件下进行索夹放样。夹放样位置如图 3-1-195 所示。

图 3-1-195 索夹放样位置示意图

2)结构应力监测

结构应力监测包含索塔以及加劲梁关键截面的应力监测,应力监测与索塔、加劲梁施工同步进行,在施工过程中预埋应力监测元件,应力监测传感器具备长期稳定性,抗损伤性能好,埋设定位容易及对施工干扰小等性能,本项目采用振弦式应变传感器,通过应变—频率标定曲线,换算结构的实际应变。

索塔应力与温度场传感器在两岸索塔各设置 2 个测试断面(左右塔柱各设置 1 个),测试断面距下横梁顶面均为 6.0m,均采用埋入式应变计。每个塔肢测试断面考虑在索塔的角点及各边中点设置测点,每个截面共 8 个测点,全桥共 32 个测点。所有应变测点均同时布置温度传感器。两索塔传感器布置如图 3-1-196 所示。

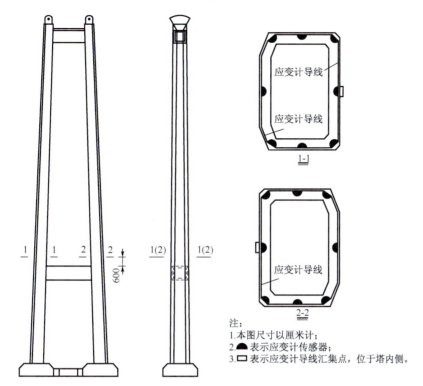

图 3-1-196　索塔应变传感器布置示意图(尺寸单位:cm)

本桥采用正交异性钢桥面板,正交异性钢桥面板与钢桁架通过焊接方式组成整体,共同抵抗各工况荷载效应。由于正交异性钢桥面板在施工过程及后期使用过程中会参与结构整体受力作用,使得加劲梁形心整体上移,从而增大下弦杆的内力,应对正交异性钢桥面板的应力、应变进行监测。

对主跨 1/4 及跨中附近的上下弦杆及桥面板、端横桁架下横梁底面进行测试,测试断面共 43 个,如图 3-1-197 和图 3-1-198 所示。

3) 索力监测

索力是悬索桥施工过程中的主要监测指标之一。索力监测包含主缆锚跨索股张力与吊索力。在主缆架设阶段通过对索股锚跨丝股张力进行监测,与理论值进行比对得到调整量,并在施工一部分索股后进行锚跨索力调整。全部索股架设完成后,通过锚固丝股张力的监测及调整量计算进行锚固力的精调,使散索鞍偏回理论设计位置。在施工过程进行吊索力监测主要是为了保证加劲梁在吊装过程中的吊索处于安全状态;在成桥时进行全桥的索力监测,是验证成桥状态的措施之一。

目前,索力的测量方法主要有力传感器与频率法两种。力传感器具有精度高、测试速度快且受环境干扰小等优点,但价格相对较高,安装及拆卸均较为复杂。频率法测试速度慢、精度较低、受环境干扰大,但其价格低廉且安装及拆除均较为方便,因此在诸多的悬索桥和斜拉桥的施工监测中获得广泛使用。对于悬索桥的索力测试,采用频率法索力动测仪即可。

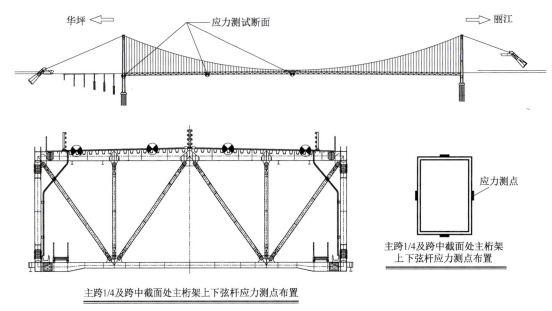

图 3-1-197 主跨 1/4 及跨中截面加劲梁应力测点布置示意图

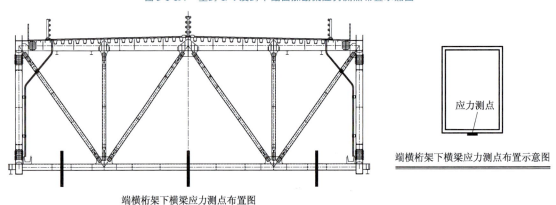

图 3-1-198 端横桁架下横梁应力测点布置图

4) 温度监测

桥梁结构进行分析,需要考虑各为了正确地对影响因素的影响。悬索桥是一种对温度很敏感的桥梁结构,施工期间需要考虑温度对桥梁结构,尤其是主缆的影响。温度监测包含主缆、索塔以及加劲梁温度场监测。

桥塔以及加劲梁温度测点布置情况与应力测点布置情况相同,测试元件选用的振弦式传感器可同时测量温度与应变。

主缆纵向温度测试采用精度 0.1℃ 的温度传感器,测点位置纵向布置如图 3-1-199 和图 3-1-200 所示,主缆每个测点 4 个智能型温度传感器、每个塔柱阴阳面各布置 1 个温度传感器。主缆温度测试断面:塔处、1/4 主跨、1/2 主跨、3/4 主跨、1/2 边跨、锚处共 9 个断面。全桥共需约 100 个温度传感器、20 个采集模块、20 个无线发送信号模块、2 个 485/232 转换模块。

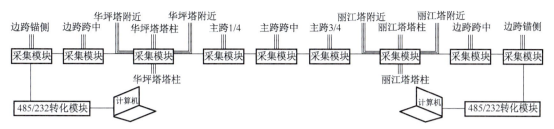

图 3-1-199　主缆纵向温度自动采集系统布置图

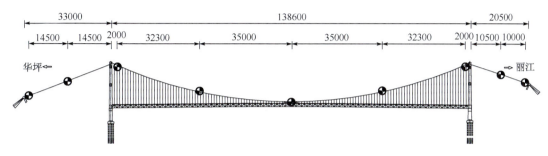

图 3-1-200　全桥主缆体系温度测点布置示意图(尺寸单位:mm)

本桥将在靠近桥塔的截面和主跨跨中的截面布置温度传感器,以确定主缆表面的内外温差及温度场。每个断面测点 21 个,布置如图 3-1-201 所示。温度测试元件采用智能型温度传感器。

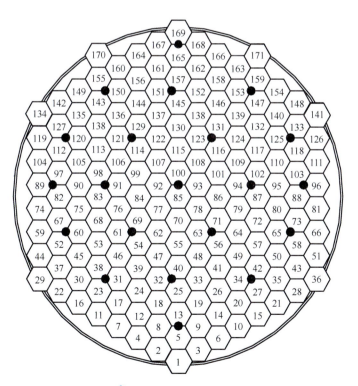

图 3-1-201　主缆断面温度场测点布置示意图

## 1.11　施工步骤及工期安排

金安金沙江大桥关键工序施工步骤及工期安排见表3-1-34。

施工步骤及工期安排一览　　　　　　　表3-1-34

| 施 工 步 骤 | 开始日期(年/月/日) | 完成日期(年/月/日) | 时长(d) |
| --- | --- | --- | --- |
| 索塔施工 | 2017/10/1 | 2018/12/1 | 426 |
| 锚碇施工 | 2017/10/29 | 2018/11/15 | 382 |
| 先导索架设 | 2019/2/20 | 2019/3/3 | 11 |
| 施工步道架设 | 2019/3/3 | 2019/4/15 | 43 |
| 主缆架设 | 2019/4/15 | 2019/7/31 | 107 |
| 缆索起重机 | 2019/7/31 | 2019/9/22 | 53 |
| 吊梁施工 | 2019/10/19 | 2020/4/18 | 182 |
| 桥面施工 | 2020/5/10 | 2020/6/8 | 29 |
| 大桥检测 | 2020/6/8 | 2020/12/31 | 206 |

# 第2章 其他桥涵施工技术

## 2.1 概述

本章对阿肯动大桥、金安立交桥及下穿既有铁路客运专线框架涵施工技术进行阐述。对于阿肯动大桥施工技术,主要介绍栈桥及其桩基施工技术;对于金安立交桥施工技术,重点总结箱梁的施工技术;对于下穿既有铁路客运专线框架涵顶推施工技术,主要阐述其施工工艺原理等内容。

## 2.2 阿肯动大桥施工技术

### 2.2.1 工程概况

阿肯动1号大桥(左幅)长172.6m,阿肯动2号大桥(右幅)长151.6m。左幅6孔×28.5m,右幅5孔×30m。阿肯动大桥位于哥石山隧道出口和十二栏杆坡隧道进口之间,桥梁位于陡峭的崖壁之上,且桥梁两端桥台均是直接连接隧道,全桥横跨深V形峡谷,地形十分险要,桩基开挖无法使用施工机械,施工难度极大。为了有效地推进大桥施工进度,又考虑到十二栏杆坡隧道入口处靠近山体,受地形限制,空间较小,在靠近山体一侧修建钢栈桥作为施工平台。而对于远离山体的一侧,空间比较大,搭设钢栈桥反而不经济,因此在远离山体一侧安装塔式起重机作为施工机械。基于此,本工程通过钢栈桥与塔式起重机相配合对大桥下部结构进行全面的施工,其应用技术可对今后山区V形峡谷桥梁的建设提供参考。

### 2.2.2 工程施工流程

阿肯动大桥下部结构施工工艺流程如图3-2-1所示。

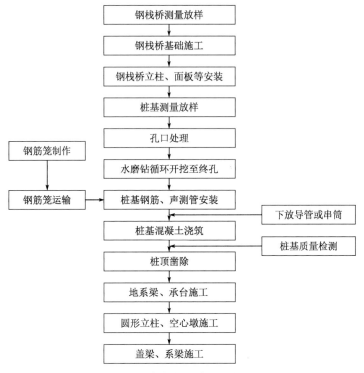

图 3-2-1 阿肯动大桥下部结构施工流程

### 2.2.3 下部结构施工技术

1）桩基便道及相应配套工程施工

阿肯动1号、2号大桥所处地形险要,自然坡度40°~90°,中部跨越河沟,桥址区高程介于1866~1945m之间,沟内常年有地表水流经。阿肯动1号、2号大桥位于V形峡谷中下部,桥址三面峭壁,施工便道无法修建,华坪岸的哥石山隧道为超长隧道,丽江岸的十二栏杆坡隧道为长隧道,为保证整个华丽高速的工期目标,阿肯动1号、2号大桥必须在隧道贯通之前施工。

受地形限制,人员、设备和物资均无法到达施工地点,通过在V形峡谷上方两侧设置对拉缆索起重机(缆索跨度约432m),利用缆索起重机运送阿肯动1号、2号大桥的物资,并采用$\phi48mm\times3.5mm$无缝钢管搭设一条全长约1700m的"Z"字形施工便道供人员通行,便道垂直落差264m。

（1）缆索起重机简介

缆索起重机吊装系统主要由锚碇、承重索、起重索、牵引索、跑车、吊具、起重及牵引卷扬机等系统组成。缆索起重机吊装系统跨径为432m,设计最大吊装质量2t,缆索起重机用于桩基成孔出渣设备、供电设备、零星材料、平台走道材料的运输。

（2）施工工艺流程

缆索起重机施工工艺流程如图3-2-2所示。

（3）缆索起重机锚碇施工

根据锚碇位置的地形,锚碇A采用型钢门架形式。基坑采用爆破开挖,开挖后预埋双拼

I56工字钢立柱及I56工字钢斜向支撑,预埋件定位检查无误后再进行C25混凝土浇筑。锚碇基坑施工完毕后进行门架工字钢焊接加固工作,工字钢连接处的焊缝必须按相关要求严格施工,保证连接质量。锚碇B利用山体岩石锚固,在山体基岩植入2根$\phi$100mm的钢棒作为锚点。锚孔采用水磨钻施工,动力使用小型柴油发电机。锚碇如图3-2-3、图3-2-4所示。

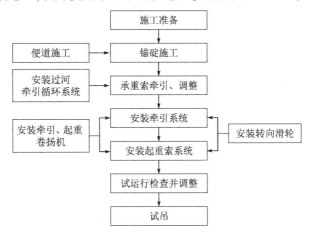

图3-2-2 缆索起重机施工工艺流程图

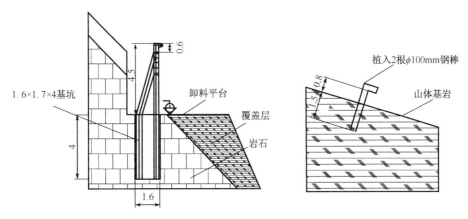

图3-2-3 缆索起重机锚碇示意图(尺寸单位:m)

a)

b)

图3-2-4 缆索起重机锚碇现场

(4)牵引索、承重索和起重索安装

①牵引索

锚碇施工完成后,进行牵引系统安装。牵引索采用φ16mm(6×36SW+IWR)钢丝绳,2台2t牵引卷扬机(其中1台后期作为起重卷扬机)布置于锚碇A混凝土基础上。牵引系统安装工艺流程为如下:

安装牵引卷扬机(十二栏杆坡侧)/安装导向滑轮(哥石山侧)→钢丝绳绕绳(十二栏杆坡侧,卷扬机编号1号和2号,将牵引索绕入1号卷扬机、起重索绕入2号卷扬机)/迪尼玛纤维绳穿过导向滑轮(哥石山侧)→在锚碇A处将牵引索和起重索端头沿山壁下放至谷底→人工将φ10mm迪尼玛纤维绳由锚碇B处将两个端头沿山壁下放至谷底→将两组钢丝绳与迪尼玛纤维绳连接牢固(钢丝绳与迪尼玛纤维绳连接)→起动2号卷扬机收紧钢丝绳直至循环绳绷紧至设计垂度→2号卷扬机继续收紧,同时启动1号卷扬机放绳,直至迪尼龙纤维绳全部绕入2号卷扬机→在牵引索与迪尼龙纤维绳连接点前将牵引索可靠限位、解除牵引索与迪尼龙纤维绳连接→将牵引索两个端头对接,形成循环牵引系统,完成牵引钢丝绳安装。

②承重索

牵引钢丝绳安装完成后,进行承重索安装。承重索采用φ24mm(6×36SW+IWR)钢丝绳,锚固于峡谷两侧锚点上,承重索采用一端收紧,收紧卷扬机位于锚碇A位置处。承重索安装工艺流程如下:

安装牵引索循环系统→将承重索一个端头放出→把放出的承重索端头与牵引索用绳卡固定→起动卷扬机将承重索往哥石山侧牵引→牵引至锚碇B处→将承重索端头与牵引循环索的绳卡解开→将承重索系在锚固点B处→继续牵引承重索一端至承重索的另一端头放出→安装收紧装置→将承重索的另一端头与收紧装置连接→继续牵引承重索的一端使承重索的垂度接近安装垂度→将承重索的一端用绳卡固定→用收紧绳调索。

③起重索

承重索安装完成后可进行起重索安装,起重索采用φ16mm钢丝绳(6×36SW+IWR)。由于起重高度高、谷内风力较大、卷扬机速度有限,起重索为单线布置,起重索安装前需将下吊点进行临时放置。起重索安装工艺流程如下:

下吊点转运至装料平台处承重索正下方→下吊点临时就位在跑车的下方→下吊点固定→将起重索的一端穿过锚固轮的转向轮→向前穿过上吊点的滑轮→向下穿过下吊点的滑轮→共上、下穿绕1次→绳头从上吊点穿出至对岸锚固轮上→另一端进入起重卷扬机→提升下吊点→解除上、下吊点之间的临时连接绳。

以上便是承重索、牵引索和起重索所采用的几何尺寸及安装工艺流程。完成以上工作后,将进行跑车的连接。

(5)调试和试吊

缆索起重机安装完成后,进行牵引、起重系统和限位系统的调试及试运行。在缆索起重机正式吊装前,必须进行试吊工作。通过试吊对缆索起重机运行状况、整体承载能力、各绳索的受力状况、系统的安全性、可靠性等进行全面的评判。

因两组承重索是相对独立的系统,试吊分两组承重索单独试吊,按110%进行试吊,试吊时按照如下原则进行:

①试吊要逐级加载,先进行(50%)→(80%)→(100%)→(110%)四级加载,并来回牵引,额定载荷试验来回三次,其他一次,最后在两侧塔前各进行一次(125%)静载荷试验。

②试吊时必须随时观测锚碇门架、基础位移、承重索垂度、后锚、各转向滑轮、跑车以及吊具运转情况。当发现异常时应及时停止试吊,待解决问题后再进行试吊。

缆索起重机组成如图 3-2-5 所示。

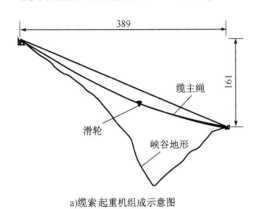

a) 缆索起重机组成示意图　　b) 缆索起重机现场施工

图 3-2-5　缆索起重机组成及现场施工(尺寸单位:m)

2) 桩基成孔

(1) 水磨钻开挖

人员物资进场后,由于设备无法进场,并且现场岩壁表层围岩多为强风化灰岩,节理裂隙发育,岩石较为破碎,岩壁悬挂危岩较多,爆破开挖震动较大,两侧岩壁扰动后容易滑落掉块,考虑到爆破开挖施工风险较大,桩基施工采用无扰动的人工水磨钻开挖,以保证作业人员安全。

①水磨钻施工工艺流程

放线定桩位及高程→桩基平台水磨钻开挖→复测桩位及高程→锁口钢筋混凝土施工→架设垂直运输架→安装电动葫芦(卷扬机)→安装吊桶、照明、活动盖板、水泵通风机等→水磨钻开挖吊运第一节桩孔石方(修边)→逐层往下循环作业→开挖至桩底→用钢板盖住孔口→待十二栏杆坡隧道贯通后进行下道工序。

部分桩位处在斜坡路段,桩基施工时应做好施工平台,不能因开挖施工平台而破坏斜坡上的原状围岩稳定;对斜坡上本身不稳定的土石应适当清除,必要时应适当加以防护。

②桩身人工水磨钻开挖

钻机沿孔壁内边线钻孔,钻孔直径为 16cm,桩径 2.2m 沿孔壁内边线布置 52 个钻孔,桩径 1.4m 沿孔壁内边线布置 32 个钻孔,沿钻孔深度为 60cm,每个桩孔设置 1 台钻机。钻机取出岩芯后,中间岩石与周边岩壁形成了临空面,然后采用钻机在开挖岩芯中间钻孔破开岩芯,根据地质情况不同,岩层节理斜面上的钻孔个数可适当增加或减少。当桩孔内由于裂隙渗水而导致积水较深、影响到钻孔施工时,用水泵将孔内积水抽出。钻至 5m 深度后,必须采用通风措施,保证孔内作业人员的安全。孔内通风采用空压机的高压风,由孔底将孔内空气向上吹,与地面空气形成对流。水磨钻布孔及成孔如图 3-2-6 所示。

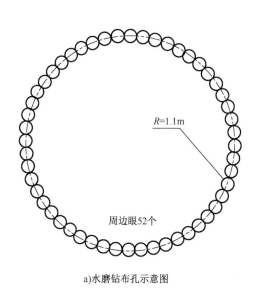

a)水磨钻布孔示意图　　　　　　　　　b)水磨钻成孔实景

图 3-2-6　水磨钻布孔示意及成孔实景

③出渣

在锁口制作完成后,平整场地,安装卷扬机并进行牢固,采用麻袋或砂袋装入石渣进行配重。卷扬机安装锁口外侧,紧挨锁口布置,占地尺寸为 2.5m×2.5m。从第二个节段开始,桩孔开挖产生的弃渣等装入吊桶,利用安装好的卷扬机匀速提升至井口,缓慢移至井口外,倒入手推车运到孔口附近临时存渣场,采用自卸车统一运至弃渣场。卷扬机出土提升如图 3-2-7 所示。

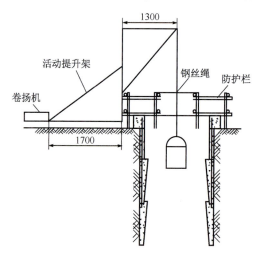

图 3-2-7　卷扬机出土提升示意图(尺寸单位:mm)

(2)成孔检测

开挖至设计高程后,对岩石取样试验,基底岩石天然饱和状态下单轴极限抗压强度及桩身嵌岩深度须满足设计要求,并对成孔的净空尺寸和垂直度进行检测。同时使用桩底溶洞声呐探测仪对桩底进行检测,根据数据分析确定桩底是否存在溶腔,如不存在溶腔则可进行下一步工序施工；如存在溶腔则根据溶腔大小确定素混凝土回填法或者钢支撑法对其进行处治，处治完后再进行复探，直至桩底无溶腔后方可进行下一步工序施工。

3）桩基钢筋笼安装

因山区地形受限，个别设备无法将成品钢筋笼运输至桩位，钢筋笼半成品在场外加工，钢筋加工后，人工搬运至桩位，现场散拼，孔口接长，直接在吊架上拼装，采取拼装一节再下放一节的方式。

（1）钢筋笼吊架制作

钢筋笼吊架采用型钢钢架结构，主要材料为I16工字钢等，现场易采购。吊架长宽2.5m×2.5m，总高度7m，分上下两节，下面一节高4m，上面一节高3m，各杆件均采用高强度螺栓连接。吊笼安装完毕后从三个不同的方向设置风缆将吊架固定，防止侧面倾覆。

（2）钢筋笼现场拼装下放孔内接长

①将桩基4.5m范围内的箍筋盘成圆形，利用1t卷扬机下放至孔底。

a. 首先将第一和第三道加强圈临时固定于孔内，然后将第一节钢筋笼的4根主筋焊于已临时固定的加强圈上，4根主筋在水平方向间隔90°，再将第二个加强圈固定于这4根主筋上，每2m设置一道加强圈。

b. 将第一节钢筋笼的所有主筋依次焊接在已固定好的3根加强圈上，焊接时注意端头的钢筋接头错开35$d$（$d$为钢筋直径）。

c. 将前三个加强圈区域的箍筋缠绕并焊接到钢筋笼上。

②按照以上步骤进行下一循环，即4.5m钢筋笼的安装。依次循环往复，直至整根桩基的钢筋笼安装完成。

（3）桩基检测

声测管等距布置于箍筋内侧。埋设钢管时需保持钢管竖直，顶、底段需绑扎密实，底部应焊接钢板或盲盖确保浇注混凝土时不堵孔、不漏浆。在浇注混凝土前，管内应注满清水，检查成型的声测管是否漏水，如果漏水，找出漏水处进行补焊。

4）桩基混凝土浇筑

桩身混凝土强度等级为C30，由于阿肯动1号、2号大桥现场地势陡峭，大型设备无法进场，需采用拖泵泵送混凝土+抗离析溜槽+抗离析导管进行桩基混凝土浇筑，以保证桩基混凝土的浇筑质量。

## 2.3 金安立交桥施工技术

### 2.3.1 技术与工程背景

金安立交工程位于丽江市古城区金安镇金安桥水电站有限公司北西侧约150m处，金沙江右岸省道S308线附近。工程区地势陡峭，地形起伏大，整体呈左低右高的形态。高程介于1700~1900m之间，线路纵、横坡均陡峻，属深切高中山峡谷地貌区。经地表调查及钻孔揭露，该立交局部覆盖层厚度大，基岩露头较差。金安立交分为左、右幅主线大桥、A匝道1号~4号桥,共 15 联现浇箱梁。18~20m 普通钢筋现浇箱梁横桥向单幅设置,主线桥桥宽 28.5~31m、匝道桥桥宽 9m。箱梁采用等截面直腹板单箱多室断面,梁高均采用 1.4m,主线桥悬臂长度 2.25m,匝道桥悬臂长度 1.5m,悬臂板端部厚 0.15m,根部厚 0.5m,顶板厚 0.25m,底板厚 0.25m,腹板厚 0.55m。箱梁端横梁长度 1.2m,中横梁长度 2.0m。金安立交现浇桥梁结构形式如图 3-2-8 所示,参数见表 3-2-1。

图 3-2-8 金安立交桥

金安立交桥梁结构形式及参数表　　　　表 3-2-1

| 序号 | 名　称 | 结构形式 | 现浇联数 |
|---|---|---|---|
| 1 | ZK118+686.22 左幅主线大桥 | 9×30mT 梁+(5×18m+7×20m+3×18m) 现浇箱梁+16×29mT 梁 | 4 联 |
| 2 | K118+674.6 右幅主线大桥 | 9×29mT 梁+[3×19.5m+7×20m+(2×20m+19.5m)] 现浇箱梁+5×28.5mT 梁+11×28.7mT 梁 | 4 联 |
| 3 | AK0+524.2A 匝道 1 号桥 | 3×20m+4×20m 现浇混凝土箱梁 | 2 联 |
| 4 | AK0+916 A 匝道 2 号桥 | 3×20m 现浇混凝土箱梁 | 1 联 |
| 5 | AK1+124.534A 匝道 3 号桥 | (3×17m+4×17m)现浇箱梁+3×30mT 梁 | 2 联 |
| 6 | AK1+622.252A 匝道 4 号桥 | 2×(4×17.5m)现浇+(24m+30m+24m)钢箱梁桥 | 3 联 |

### 2.3.2　工程施工流程

金安立交主线及匝道现浇箱梁梁高均为 1.4m;均分为 2 次浇筑成型,第一次浇筑底板和腹板,第二次浇筑顶板;施工缝在腹板上倒角位置处划分。浇筑分界线如图 3-2-9 所示、施工工艺流程如图 3-2-10 所示。

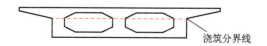

图 3-2-9　现浇箱梁浇筑分界线示意图

### 2.3.3　现浇箱梁施工技术

1)方案选择

金安立交现场地形相对峭拔,地面具有一定的坡度,部分桥段的贝雷梁空间位置不够或不具备搭设大量支架。结合本桥现场地质情况并通过相关方案安全性论证、经济性比选,贝雷梁空间位置不够的桥段采用满堂支架法施工,而不具备搭设大量支架桥段采用少支架法施工。金安立交现浇箱梁支架结构形式统计见表 3-2-2,匝道桥现浇箱梁支架结构形式统计见表 3-2-3。

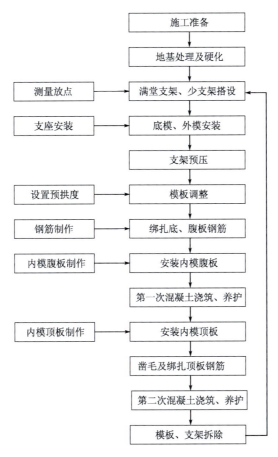

图 3-2-10 现浇箱梁浇筑施工工艺流程图

主线桥现浇箱梁支架结构形式统计 表 3-2-2

| 部 位 | 9号~12号墩（一联） | 12号~13号墩（一联） | 13号~15号墩（一联） | 15号~19号墩（一联） | 19号~22号墩（一联） |
|---|---|---|---|---|---|
| 金安立交右幅主线大桥 | 少支架+满堂支架 | 少支架+满堂支架 | 满堂支架 | 少支架+满堂支架 | 满堂支架 |
| 部 位 | 9号~14号墩（一联） | 14号~17号墩（一联） | 17号~21号墩（一联） | 21号~24号墩（一联） | — |
| 金安立交左幅主线大桥 | 少支架+满堂支架 | 少支架+满堂支架 | 少支架+满堂支架 | 少支架+满堂支架 | — |

匝道桥现浇箱梁支架结构形式统计　　　　　　　表 3-2-3

| 部　位 | 0号~3号墩<br>（一联） | 3号~7号墩<br>（一联） |
|---|---|---|
| 金安立交A匝道1号桥 | 少支架+满堂支架 | 少支架+满堂支架 |
| 金安立交A匝道2号桥 | 少支架+满堂支架 | — |
| 金安立交A匝道3号桥 | 少支架+满堂支架 | 少支架+满堂支架 |
| 部　位 | 0号~4号墩<br>（一联） | 4号~8号墩<br>（一联） |
| 金安立交A匝道4号桥 | 少支架+满堂支架 | 少支架+满堂支架 |

2）施工工艺

（1）测量控制

①平面测量

采用全站仪三维坐标法在现浇箱梁地面垂直投影面测设出箱梁的纵轴线和桥墩横轴线，并放出设计箱梁中心线，为支架搭设提供参考基线。然后在铺设的箱梁底板上精确放样现浇箱梁各轮廓边点和纵横轴线点。

②高程测量

按箱梁底高程测设出支架高度，使用拉线法调节支架顶托，底模高程＝设计梁底＋支架的变位＋前期施工误差的调整量。箱梁浇筑前，在桥跨底板上布置沉降观测点，每箱室测设3个横断面；沉降观测点按左中右等间距布置于翼板底部。此外，在浇筑前测设断面底模高程和支架底部高程，浇筑过程中定时观测，整理出观测结果，对出现非正常沉降位移进行及时有效的处理，然后根据测量结果进行沉降的总结和分析。箱梁浇筑完成后，对其再次观测，以确定现浇混凝土箱梁在浇筑过程中的沉降量满足设计和规范要求。

（2）支架施工

①支架简介

a. 满堂支架主要用于贝雷梁空间位置不够的现浇箱梁施工，使用 $\phi 60mm \times 3.2mm$ 的盘扣支架作为满堂支架，工程量为 31000$m^3$。盘扣支架纵向步距按90cm进行设置，横向间距60cm 和 90cm，横杆层距为100cm，上下横杆间设置斜撑，每4~6根立杆通高设置，斜撑采用标准盘扣式杆件。脚手管架搭设完成后，在脚手架上铺设分配梁，先铺设[ 8 槽钢的横向分配梁，然后在横向分配梁上铺设 10cm×10cm 矩形木条的纵向分配梁，也可采用 5cm×10cm 矩形木条与 $\phi 48mm$ 钢管间隔布置的方式。满堂支架横断面示意如图3-2-11所示。

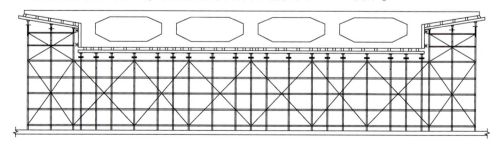

图 3-2-11　满堂支架横断面示意图

b.少支架主要用于具备少支架搭设条件的现浇箱梁施工,少支架高度介于9.0~57.5m,工程量为4700t。钢管桩高度小于30m时,采用φ600mm×10mm钢管作为承重钢管;当钢管桩高度大于30m时,采用φ800mm×8mm钢管作为承重钢管。平联采用双拼I32槽钢,斜撑采用双拼I25槽钢进行焊接。钢管桩顶面横桥向放置双拼I56a工字钢作为承重梁,承重梁应通过钢管桩顶高程调整出纵坡和横坡。承重梁上依次放置顺桥向贝雷梁、横桥向I12.6工字钢分配梁@90cm×60cm。再在分配梁上搭设脚手管支架,安装顶托,依次放置横向[8槽钢、纵向10cm×10cm方形木条或5cm×10cm矩形木条、φ48mm钢管、底板竹胶板,以及翼板横向[8槽钢和纵向10cm×10cm方形木条。支架结构形式和搭设情况如图3-2-12所示。

图3-2-12 支架结构形式和搭设情况

②满堂支架搭设工艺

满堂支架搭设遵循"自下向上,先主体、后附属,同施工方向搭设"的原则,搭设步骤及工艺如下:

a.地基处理

根据箱梁浇筑长度及支架搭区域布置,垫层混凝土浇筑平面长度及宽度应超出支架搭设区域30cm,垫层四周设置20cm×10cm排水沟,沟底及沟边采用C15混凝土硬化,排水沟可与垫层同时浇筑。地基垫层如图3-2-13所示,盘扣式钢管脚手架如图3-2-13和图3-2-14所示。

图3-2-13 地基垫层

图3-2-14 盘扣式钢管脚手架

b.立杆、横杆及斜杆安装

支架为定型定尺便拆工具杆件,安装搭设方便快捷。基础处理及测量放线完成后,按照杆件分布位置及间距拉线逐根布置立杆,杆件搭设顺序按照施工方向依次搭设。立杆布置时,纵横方向必须拉线进行,保证立杆位置及分布间距均匀一致。因箱梁纵桥向坡度为3.95%,横桥向坡度为1.52%~5%,杆件(特别是顶杆)要根据净空高度变化而变化,在立杆安装完成一个完整稳定四边形后,立即进行横杆与斜杆的安装。

纵向按每4排立杆设置1道斜撑,其中横向斜撑在纵桥向按每4排立杆设置一次。斜撑沿立杆全高设置,与地面夹角为45°~60°间,同时纵向均设置扫地杆,扫地杆距立杆底部高度不大于30cm。

支架搭设过程中,采用脚手板作为施工临时平台及通道,在连接横向连杆时应注意底部和顶部尽量减小悬臂长度。要时刻检查杆件的距离和立杆的垂直度,按放线位置安装第一根搭设施工。

c.横、纵分配梁安装

满堂支架搭设完后在顶托上安装横向分配梁和纵向木条,木条之间间隔为30cm,在木条上铺设底模1.5cm厚竹胶板。

③少支架搭设工艺

a.地基施工

根据现场地表和地质情况,采取不同的地基处理措施。

钢管桩基础施工分为条形基础、扩大基础和桩基础,其中条形基础适用于场地较平整,具备条形基础开挖条件的部位;扩大基础适用于场地相对较好,条形基础开挖困难但具备扩大基础开挖条件的部位;桩基础适用于场地较陡峭,钢管桩位置处于陡坡上,不具备条形基础和扩大基础开挖条件的部位。

b.钢管桩立柱施工

立柱采用$\phi 600mm \times 10mm$和$\phi 800mm \times 8mm$两种尺寸的钢管,立柱底部焊接在预埋板上与基础连接,同时在立柱底部的四周加焊12mm厚的加劲板,以加强立柱与预埋板连接的可靠性。

钢管桩立柱接长采用汽车起重机或塔式起重机起吊对焊连接,平联、斜撑与钢管桩主柱之间焊接连接,所有焊缝高度不得小于6mm。

c.承重梁施工

钢管立柱搭设完毕后,在其上安装下横梁双拼I56a工字钢。在地面预先将2根I56a工字钢焊接成型后,采用起重机逐根吊装安放在钢管立柱上并与钢管立柱桩帽盖板点焊连接。型钢连接接头位置布置在钢管桩顶,接头位置处腹板及翼板采用满焊连接,腹板位置采用六边形加劲板焊接连接加强。

d.贝雷梁施工(图3-2-15)

承重梁安装完毕后,在梁上放样出腹板位置,根据腹板位置及设计图纸在其上搭设纵向贝雷梁,以确保贝雷梁位置的精确性。贝雷梁安装前,可根据设备起吊能力和钢管立柱纵向跨径,预先在地面上将整组贝雷梁分散拼装成较短散件。然后将各散件依次吊装安装,在支架上将各散件连接成整组贝雷梁并采用L75等边角钢将贝雷梁卡在横梁上。

e.分配梁施工(图3-2-16)

贝雷梁纵梁搭设完毕后,在其上安放横向分配梁,分配梁采用I12.6工字钢,纵向间距 90cm。分配梁单根长度超出桥面宽 1.2m 左右,以保证桥面通道的宽度。分配梁的纵向间距须严格控制,不得随意摆放,以避免其上的脚手架搭设时横杆、立杆等无法正常安装。

图 3-2-15　贝雷梁吊装施工

图 3-2-16　分配梁

f. 施工通道及防护栏杆搭设

架体临边设置安全防护栏杆,高度超过施工作业面 1.2m,中杆高度 0.6m,在临边栏杆上设置密目安全网封闭。踢脚板采用 15mm 厚竹胶板。作业面采用现浇底模结构,宽度为 60cm。

g. 支架预压

支架与模板安装完成后,在箱梁钢筋绑扎前,为确保支架施工使用安全,保证箱梁施工线形,需对箱梁支架进行压载试验,其主要目的是检验支架及基础是否满足受力要求;检测支架自身的强度、刚度和稳定性,消除支架非弹性变形;实测支架弹性变形,为设置施工预拱度提供依据。

预压采用袋装弃渣压重的方法。将袋装弃渣用汽车运输至现场,再用起重机将其吊运至底模进行预压。根据每袋弃渣的质量计算出每阶段压载的袋数及整个底板区域沙袋布置的数量,从跨中向两边依次在底模上进行预压。设专人称量、专人记录;加载时,派专人观察支架变化情况,一旦发现异常,立即停止压载,并分析原因进行补救。加载按 50%、80%、100%、120% 分级进行;其中荷载分布与箱梁施工荷载分布相同,并及时进行测量、观测。加载的顺序尽量接近于浇注混凝土的顺序,不可随意堆放。支架预压一次性卸载,预压荷载应对称、均衡、同步卸载。支架预压如图 3-2-17 所示。

图 3-2-17　支架预压

h. 支架拆除

支架拆除应先卸悬臂部分,再从跨中向两边卸架,必须遵循对称、少量、逐渐完成的原则。普通钢筋混凝土现浇箱梁混凝土施工完成,待混凝土强度达到 100% 后方可拆除支架。采用汽车式起重机拆除支架系统,支架搭设相反流程自上而下拆除支架。

(3) 支座施工

金安立交普通钢筋混凝土现浇箱梁均采用 JPZ(Ⅲ) 系列单向(DX)、双向(SX) 及固定

(GD)盆式橡胶支座。支座安装前先将支承垫石表面凿毛处理,清理干净地脚螺栓孔,在垫石侧面预先设置通往预留孔内的压浆嘴。支座就位后,仔细检查其位置、高程无误后,再经压浆嘴向预留孔内灌注支座灌浆料,砂浆应灌满并从顶面漫出确保压浆密实,待灌浆料达到设计强度后拧紧锚固螺栓,完成支座安装。

混凝土整体强度达到100%以后,拆除支架及模板,受力体系由支架全部转换为盆式支座受力后,立即进行支座解锁。

(4)模板施工

现浇箱梁模板采用侧包底结构形式,模板种类主要包含外侧模、底模、内模、起始墩位端头模板、施工接缝处梳齿板。模板施工如图3-2-18所示。

a)箱梁侧模模板施工　　　　b)箱梁顶板底模施工

图3-2-18　箱梁模板施工

①底模采用厚度15mm的竹胶板,标准规格尺寸为1.22m×2.44m,根据箱梁底板宽度分块铺设。其中,支座位置竹胶板进行开孔处理,纵向均超出梁端线约30cm,以保证端头模板与梳齿板的安装;板间接缝处以及底模与侧模下倒角圆弧段模板位置刮腻子粉或打玻璃胶,以避免底板混凝土产生错台。

②腹板和翼板同样采用厚度15mm竹胶板。腹板外侧放置竖向10cm×10cm方形木条(间距30cm),并采用2[8槽钢进行背带加固;翼板设置纵向方形木条(间距40cm),翼板下横梁采用[8槽钢。

③箱梁内模由顶板底模、腹板内侧模、横隔梁侧模及压脚模组成,均采用15mm厚的竹胶板。内模竹胶板按30cm纵向间距设置10cm×10cm竖向方形木条背带;方形木条外设置[8槽钢背带,间距60cm。单个内模背带之间使用脚手架纵、横、竖向支撑,倒角位置采用斜向支撑。

④连续梁接缝模板包括端头模板以及梳齿板,为确保已浇梁段与待浇梁段间接缝顺直、美观,根据箱梁断面结构及钢筋设计图进行接缝模板加工。

(5)钢筋施工

箱梁钢筋进场后,统一在钢筋加工厂内集中加工。支架预压完成且模板调试到位后即可开始钢筋安装施工。现浇梁的钢筋种类较多,结构复杂。钢筋绑扎顺序为:底板钢筋绑扎、腹板及横隔梁钢筋绑扎、顶板(含翼板)钢筋绑扎。钢筋安装如图 3-2-19 所示。

a)

b)

图 3-2-19　钢筋安装

(6)混凝土施工

①总体布置

箱梁采用 C40 混凝土逐联现浇。使用两台泵车对称浇筑,泵车于浇筑梁段两端成对角布置,浇筑范围覆盖整联箱梁。

②混凝土拌制

箱梁混凝土由搅拌站集中生产,混凝土供料强度能满足现场浇筑需要。

③混凝土浇筑

现浇箱梁混凝土分两次进行浇筑,第一次浇筑底板和腹板,第二次浇筑顶板和翼板。混凝土浇筑如图 3-2-20 所示。

a)混凝土浇筑

b)浇筑箱梁混凝土养护

图 3-2-20　混凝土浇筑和养护

④混凝土振捣

混凝土振捣采用插入式振捣器进行振捣。振捣时,应避免振捣器碰撞模板、钢筋及其他预埋件。混凝土振捣应密实,不漏振、欠振或过振。

⑤浇筑过程中的线性控制

箱梁混凝土浇筑时严格控制顶面高程在规范和设计范围以内,以满足桥面铺装层厚度要求,同时也是控制箱梁线形的必要因素。

⑥混凝土养护

混凝土浇筑完毕后顶面采用土工布覆盖并浇水养护,养护时间应不少于7d。

## 2.4 下穿既有铁路客运专线框架涵施工技术

### 2.4.1 工程概况

华丽高速公路关坡立交下穿大丽客运专线(简称"大丽铁路")中心里程为 K156+202.05(左线)和 K156+254.99(右线),高速公路中线与既有大丽铁路中线斜交,与高速公路交角较小,斜交角为 36°35′(左线)、35°15′(右线);立交区位于大丽铁路仁和至丽江站区间,既有大丽铁路为单线电气化铁路,无缝线路,碎石道砟,既有大丽铁路位于 8.5‰上坡段,左幅平面位于半径为 1200m,超高 9cm,缓和曲线长为 120m 的缓和曲线及直线段上,右幅平面位于直线上,本次新建框架桥施工影响到大丽铁路接触网锚段9和锚段10的三跨式非绝缘锚段关节位置,施工影响范围内既有 182 号~184 号杆,需对锚段9、锚段10进行改造,施工范围还影响到既有 10kV 铁路贯通线和铁路通信电缆,需对既有铁路贯通线、通信电缆进行防护及迁改,施工安全风险大,施工组织困难,协调沟通难度大。

### 2.4.2 工程施工流程

在下穿既有铁路客运专线框架涵施工时,使框架箱体平置,采用 D 便梁架空既有大丽铁路,并在道路小里程处侧边设顶进工作坑,对 JD2 箱体进行顶进施工,待框架顶推后,恢复线路。JD2 箱体施工完成后,进行左、右幅道路 JD1、JD3 阶段现浇箱体、道路路面及其他工程的施工,最后恢复铁路光电缆设施至框架桥上的电缆槽。

下穿既有铁路客运专线框架涵各项施工技术比较成熟,其施工工艺流程如图 3-2-21 所示。施工的关键在于 D 便梁二次倒换的运用、基坑滑板的施工、箱身防水效果、3 号支墩避免顶板开裂的质量控制。工艺流程具有以下特点:

(1)对既有铁路的行车干扰小,周边环境破坏小。
(2)框架桥的施工质量易于控制。
(3)可以分孔施工,左右幅相向顶进,缩短工期。
(4)小角度大跨径,D 便梁的二次倒换。

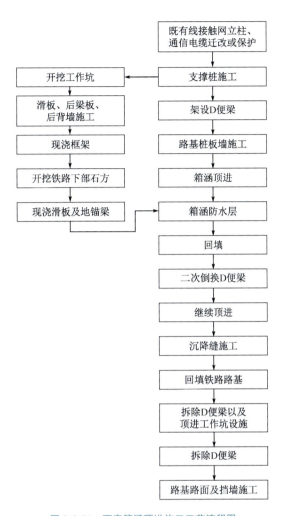

图 3-2-21 下穿箱涵顶进施工工艺流程图

### 2.4.3 下穿顶推施工技术

1）二次倒换 D 便梁

下穿箱涵顶推施工中,由于 D 便梁最长(长度为 24m),小角度、大跨径箱涵不能一次顶推到位,需采用支撑墩进行临时转换,以便对箱涵进行二次倒换顶推施工。

(1) D 便梁支撑桩的布置

1号、2号支撑桩架设 16m 的 D 便梁,2号、4号、6号支撑桩架设 24m 的 D 便梁。其中 5号支撑桩为预留桩,以供 D 便梁二次倒换使用。D 便梁支撑桩的布置如图 3-2-22 所示。

(2) D 便梁二次倒换顶推工艺

首先,顶进 JD1 及 JD4 至设计位置,顶进 JD2 及 JD3 至 4号支撑桩边缘处,施作 JD1 及 JD4 箱身防水层及保护层,恢复 JD1 至 JD4 侧铁路路基;其次,拆除 D 便梁,破除 1号、2号、6号支撑桩头,拆除滑板顶面以上部分的 4号桩,施作 3号支墩;进而,在 2号支墩及 5号支撑桩上架设 1 孔 24m 的 D 便梁;继续顶进 JD2 及 JD3 至设计位置;最后,拆除 D 便梁,恢复铁路路基;拆除顶进施工工作坑、后背梁等设施,施工路基桩板墙,恢复水电、通信。

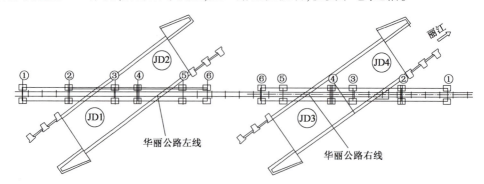

图 3-2-22　D 便梁支撑桩的布置

2)顶进施工

(1)顶进设备

①最大顶程:47m。

②配备顶铁:顶铁用钢板和旧钢轨焊接制成,长度规格分别为 10/20/50/100/200/400cm,每种规格按顶镐数量配备,另备若干杂木板以填充顶铁间的空隙,防止空顶。此外,钢横梁纵向每 4m 设置一道。

③配备油顶:共配备 40 台 400t 油顶,1-30 控高压泵站 8 台。因为顶进作业是架空线路且保证滑板到顶进位置,所以不采用吃土顶进方式,应采用顶进接着换顶铁循环往复至框架的方式进行。

(2)顶进工艺

下穿左幅箱涵顶进分别采用 2×24m 的 D 便梁和一组 D16 的便梁,首先架空线路后将预制好的 JD1 箱涵顶进到位,再利用先到位的 JD1 箱涵上预制好的支墩,在 2 次倒换一组 D24 便梁后,最后将 JD2 箱涵顶进到位;下穿右幅箱涵分别采用 2×24m 的 D 便梁和一组 D16 的便梁,首先架空线路后将预制好的 JD4 箱涵顶进到位,再利用先到位 JD4 箱涵上预制好的支墩,在 2 次倒换一组 D24 便梁后,最后将 JD3 箱涵顶进到位,左右幅同时施工。

需要注意的是,在 2 次倒换架设 D24 便梁之前,先对左右幅线路两侧进行片石混凝土回填加固,2 次倒换的 D24 便梁吊装采用 4 台 75t 的汽车起重机,其中一台放于 2 号支墩位置,三台分别放在对应的支撑桩位置处;当一侧 D24 便梁拆除后,再将另一侧的 D24 便梁进行移吊架设在本侧的支撑桩和已经就位的箱涵支墩上;2 次吊装完成后,再拆除 D16 便梁。

此外,采用 1 台 25t 的起重机安设和更换顶进千斤顶及顶铁。在施工过程中,顶镐必须保证行程一致,保持同一种顶力,使顶镐、传力柱、施顶方向与桥轴线统一。顶镐通过高压油泵使其受液压产生顶力,从而推动箱身前进。当一个顶程结束后,顶镐活塞回复原位,再在空档处填放顶铁,开镐顶进,如此循环往复,直至框架就位。

(3)精准度分析

本下穿工程节段长度为 23.5m,施工规范要求轴线偏位 150mm,高程偏差+40、−150mm。通过调查和分析,根据合同及规范要求,缩小箱涵顶进轴线及高程偏差。下穿箱涵共分为左右幅四个节段,在首个顶进的 JD1 节段施工过程中发生了超出规范要求的偏差。

经过项目下穿箱涵研究小组查阅相关资料并结合现场实际施工条件、仪器设备的配置。全体成员共同讨论设定目标：下穿铁路箱涵顶进轴线偏位小于 100mm，高程偏差在 +40、−100mm 之间。通过采取现场加强管理、提高混凝土质量、稳定千斤顶油压、将监控量测频率时间间隔由 5h 一次缩短为 2h 一次、确保滑板顶面摩阻力均匀等一系列措施，保障了顶推的精准对接。

# 第3章 隧道施工技术

## 3.1 概述

本章根据隧道总体特征,主要介绍无中导洞连拱隧道施工技术、松散堆积体施工技术、隧道富水围岩段施工技术、小半径曲线隧道二次衬砌施工技术、特长隧道富水地段反坡排水技术和隧道大变形段施工控制技术等内容。

## 3.2 无中导洞连拱隧道施工

### 3.2.1 技术与工程背景

无中导连拱隧道是一种新型隧道结构形式,近年来逐渐多地出现于国内隧道设计和施工中。无中导连拱隧道施工工艺复杂,围岩开挖、支护施工、防水层铺设、二次衬砌浇筑等工序在平、纵断面上交织进行,初期支护和二次衬砌交互受力,结构体系应力转换次数多且复杂。后行洞施工对先行洞二次衬砌造成偏压、振动等影响,使得既有结构发生变化,从而对隧道衬砌产生不良影响。其影响程度与施工方法、围岩状况密切相关,如何尽量减小后行洞开挖对先行洞二次衬砌的影响,降低先行洞二次衬砌裂缝产生频率,保证连拱结构的稳定,是无中导连拱隧道设计与施工的重点和难点。本工程通过一系列措施,对无中导连拱隧道施工技术进行优化和创新,形成一套完整的无中导连拱隧道施工技术,对国内其他无中导连拱隧道施工具有很好的指导意义。

本项目有三座无中导连拱隧道,分别为陆家湾隧道、新民隧道、石格拉2号隧道。陆家湾隧道全长413m,其中Ⅳ级围岩140m,Ⅴ级围岩273m,隧道最大埋深约56m;新民隧道为一座分岔式隧道,结构形式为Ⅱ型无中导连拱—小净距—分离式隧道,最大埋深约405m;石格拉2号隧道为一座分岔式隧道,结构形式为分离式隧道—小净距—无中导连拱,隧道最大埋深约789m。

### 3.2.2 工程施工流程

无中导连拱隧道总体施工流程见表3-3-1。

**无中导连拱隧道总体施工流程** 表3-3-1

| 序号 | 施工步骤 | 图 示 |
|---|---|---|
| 1 | (1)先行洞上台阶开挖、初期支护(预留核心土); <br> (2)先行洞中台阶开挖、初期支护(左右错开不小于3m); <br> (3)先行洞中隔墙顶部小导管注浆; <br> (4)先行洞下台阶开挖、初期支护(左右侧错开不小于3m); <br> (5)仰拱初期支护(每循环不大于3m); <br> (6)仰拱中隔墙底部注浆小导管施工 | $\phi 42m \times 4mm$注浆小导管,$L=4m$,纵向间距50cm；先行洞初期支护；$\phi 42m \times 4mm$注浆小导管,$L=3m$,纵向间距50cm；先行洞仰拱初期支护 |
| 2 | (1)仰拱开挖及初期支护,每循环不大于3m; <br> (2)纵向、横向排水管固定,防水板铺设; <br> (3)仰拱钢筋绑扎,弧形模板及端头模板固定; <br> (4)左侧按设计中隔墙位置支模板; <br> (5)浇筑仰拱混凝土 | 先行洞初期支护；先行洞仰拱；先行洞仰拱初期支护 |

续上表

| 序号 | 施工步骤 | 图示 |
|---|---|---|
| 3 | 仰拱填充每节长度9m,与仰拱混凝土错开50cm,在仰拱混凝土终凝后进行混凝土浇筑 | 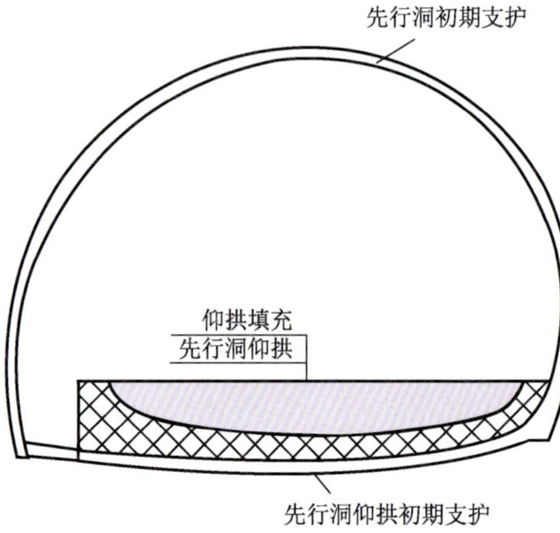 |
| 4 | (1)初期支护表面处理;<br>(2)泡沫减振板固定、排水管固定;<br>(3)防水板铺设;<br>(4)二次衬砌钢筋绑扎;<br>(5)二次衬砌台车定位,端头及背模安装;<br>(6)浇筑二次衬砌混凝土 | 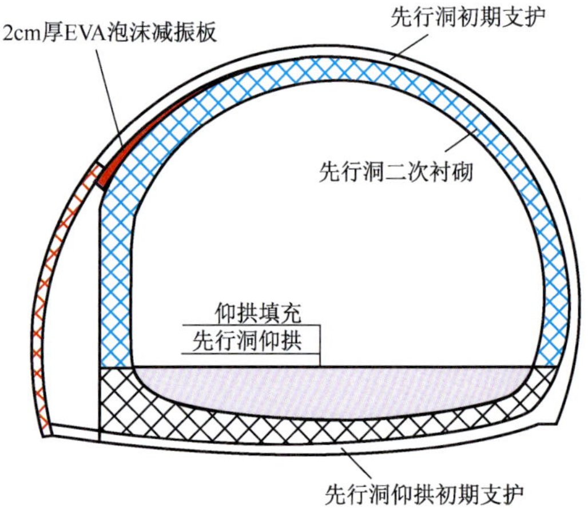 |
| 5 | (1)后行洞上台阶开挖及支护;<br>(2)后行洞中台阶开挖及支护;<br>(3)后行洞中隔墙顶部注浆小导管施工;<br>(4)后行洞下台阶开挖及支护 | 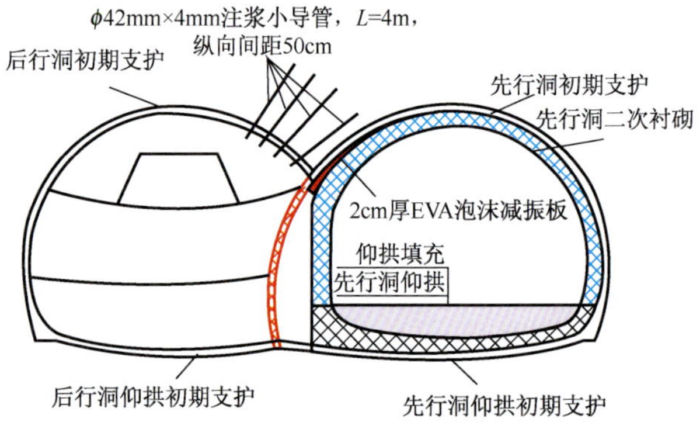 |

续上表

| 序号 | 施工步骤 | 图示 |
|---|---|---|
| 6 | (1) 后行洞仰拱开挖；<br>(2) 先行洞拱架拆除；<br>(3) 初期支护混凝土补喷；<br>(4) 后行洞仰拱初期支护施工 | |
| 7 | (1) 后行洞仰拱排水管、防水板施工；<br>(2) 后行洞仰拱钢筋绑扎；<br>(3) 后行洞仰拱端头模板施工；<br>(4) 后行洞仰拱混凝土浇筑；<br>(5) 后行洞填充混凝土浇筑（待仰拱混凝土终凝后，与仰拱端头错开50cm浇筑） | |
| 8 | (1) 后行洞初期支护表面处理；<br>(2) 排水管固定、防水板铺设；<br>(3) 钢筋绑扎；<br>(4) 台车定位；<br>(5) 端头模板固定；<br>(6) 后行洞二次衬砌混凝土浇筑 | |

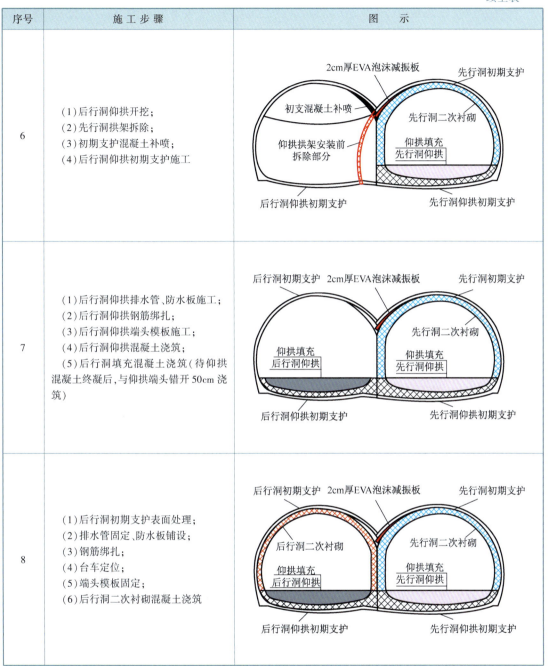

### 3.2.3 工程施工技术

1) 监控量测

为确保无中导连拱隧道施工安全，采用钻爆开挖时，爆破最大临界振动速度须控制在15cm/s以内。量测项目如下：

(1)必测项目

地质及支护状态观察、超前地质预报、爆破振动监测、地表下沉量测、周边位移、拱顶下沉量测。

(2)选测项目

钢架内力及外力、围岩体内位移(洞内设点、洞外设点)、两层支护间的压力、锚杆轴力、支护及衬砌内应力、爆破振动、围岩弹性波速度、渗水压力、水流量。

(3)围岩稳定性的综合判别

应根据量测结果,按下列指标进行:

实测位移值不应大于隧道的最大允许位移值,一般情况下,宜将隧道设计的预留变形量作为最大允许位移值,而设计变形量应根据监测结果不断修正。位移管理等级见表3-3-2。

位移管理等级 表3-3-2

| 管理等级 | 管理位移 | 施工状态 |
| --- | --- | --- |
| III | $U < (U_0/3)$ | 可正常施工 |
| II | $(U_0/3) \leq U \leq (2U_0/3)$ | 应考虑加强支护 |
| I | $U > (2U_0/3)$ | 应采取特殊措施 |

注:$U$ 表示实测位移值;$U_0$ 表示最大允许位移值。

根据位移速率判断:速率大于1mm/d时,围岩处于急剧变形状态,应加强初期支护;速率变化在0.2~1mm/d时,应加强观测,做好加固准备;速率小于0.2mm/d时,围岩达到基本稳定。在高地应力、岩溶地层和挤压地层等不良地质中,应根据具体情况制定判断标准。

2)超前地质预报

无中导连拱段超前地质预报采用地质雷达对先行洞进行探测,每次探测有效长度30m,纵向搭接5m;后行洞在开挖过程中,可根据先行洞开挖揭露掌子面的信息,准确掌握围岩的变化情况,并辅以地质雷达探测。

3)洞口超前大管棚

隧道洞口段采用的超前支护措施为超前大管棚,管棚采用节长4~6m,$\phi108mm \times 6mm$ 热轧无缝钢管,管棚长度为30m,环向间距40cm,设置于衬砌拱部约1200范围。施工工艺流程及其超前大管棚设计如图3-3-1和图3-3-2所示。

4)明洞及洞门

陆家湾隧道洞门结构形式为削竹式洞门,新民隧道、石格拉2号隧道双连拱端洞门为端墙式洞门,隧道洞门在明洞浇筑完成后施工。

(1)明洞施工

明洞施工中,考虑到无外加荷载作用在衬砌结构上,因此采用左右洞分离浇筑的方法,从中隔墙中心位置将中隔墙分为左右两层,分别与左右洞衬砌一起浇筑。

(2)洞门施工

端墙式洞门施工时,基础开挖后,必须严格进行动力触探试验,确保地基承载力满足要求,否则在端墙施工完成后,左右洞拱顶及中隔墙顶部的端墙极易出现开裂。同时,为保证明洞整体稳定性,在端墙施工时应保持洞左右侧同步浇筑。

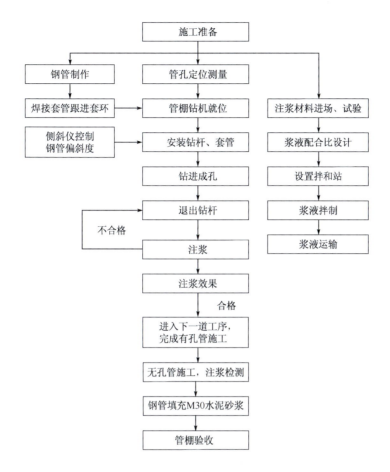

图 3-3-1　超前大管棚施工工艺流程图

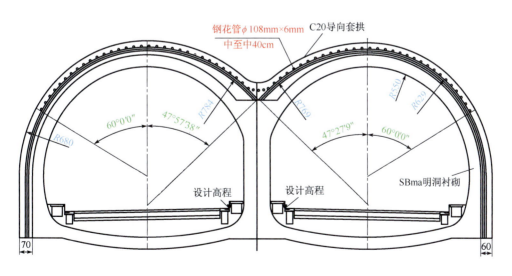

图 3-3-2　无中导连拱隧道超前管棚（尺寸单位：cm）

5)洞身开挖(新民隧道为例)

洞身开挖采用暗挖法,按喷锚构筑法施工,包括光面爆破、预裂爆破、锚喷支护及湿喷技术。施工时采用多功能作业台架、侧翻式装载机、仰拱栈桥、自卸式运渣车汽车等大型机械设备配套,以此构成钻爆、装运、超前支护、锚喷支护等机械化作业线。

Ⅴ级围岩段先行洞采用预留核心土三台阶分部开挖法施工,后行洞拟采用中隔壁法(CD)法施工;Ⅳ级围岩段围岩情况较好,先、后行洞均采用两台阶法开挖。爆破开挖过程中,采用控制爆破技术(预裂爆破或微震爆破技术),并严格控制爆破振速及超、欠挖情况。此外,爆破方案由专业爆破公司单独根据围岩力学指标进行专门设计,并进行试爆,测试振动速率,从而选择合理方案。

(1)开挖工艺流程(以Ⅴ级围岩为例)

Ⅱ型无中导连拱隧道Ⅴ级围岩开挖顺序如图3-3-3所示。图中希腊字母(Ⅰ、Ⅱ、Ⅲ…)表示开挖顺序。

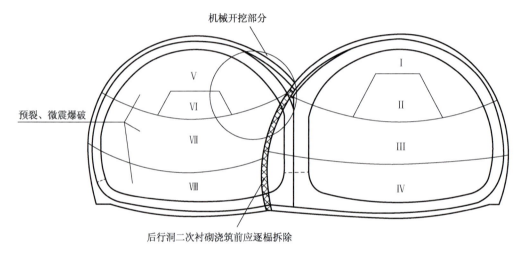

图3-3-3 Ⅱ型无中导连拱隧道Ⅴ级围岩开挖顺序

新民隧道右幅为先行洞,若左幅为先行洞,则与本图对称。为尽可能减小对先行洞衬砌结构的扰动,后行洞开挖时,靠近中隔墙处采用机械开挖,必要时配合少量松动爆破。

后行洞应在先行洞二次衬砌施工完成至少30m并达到设计强度后开挖,且始终保持先行洞二次衬砌超前后行洞掌子面30m(达到设计强度部分)。后行洞开挖采用控制爆破时,爆破振速不大于15cm/s。施工工程应加强后行洞开挖爆破对先行洞初期支护和二次衬砌振动影响的监测。此外,后行洞每循环开挖始终不大于两榀拱架。无中导连拱隧道开挖工艺流程如图3-3-4所示。

(2)安全步距

无中导连拱隧道Ⅴ级围岩先行洞安全步距、先行洞与后行洞安全步距如图3-3-5和图3-3-6所示。

6)超前及初期支护施工

(1)超前支护

连拱隧道洞身采用的超前支护措施为超前小导管支护,小导管采用$\phi 42mm \times 4mm$热轧无缝钢管;小导管长 4.5m,环向间距 30~50cm,设置于衬砌拱部约 120°范围。本隧道具体超前支护参数见表 3-3-3。

Ⅱ型无中导连拱隧道超前支护参数表　　　　表 3-3-3

| 隧道形式 | 衬砌类型 | 围岩等级 | 超前支护类型 | 支护单根长度（m） | 环向间距（cm） | 上仰角（°） | 钢管（锚杆）根数 | 纵向水平搭接长度（m） |
|---|---|---|---|---|---|---|---|---|
| Ⅱ型无中导连拱 | SB5a | Ⅴ | 单层 φ42mm×4mm 注浆小导管 | 4.5 | 30 | 5~15 | 90 | 1.5 |
| | SB5b | Ⅴ | 单层 φ42mm×4mm 注浆小导管 | 4.5 | 30 | 5~15 | 90 | 1.3 |
| | SG5a | Ⅴ | 单层 φ42mm×4mm 注浆小导管 | 4.5 | 30 | 5~15 | 90 | 1.5 |
| | SB4 | Ⅳ | 单层 φ42mm×4mm 注浆小导管 | 4.5 | 50 | 5~15 | 52 | 1.3 |
| | SG4b | Ⅳ | 单层 φ42mm×4mm 注浆小导管 | 4.5 | 50 | 5~15 | 52 | 1.3 |

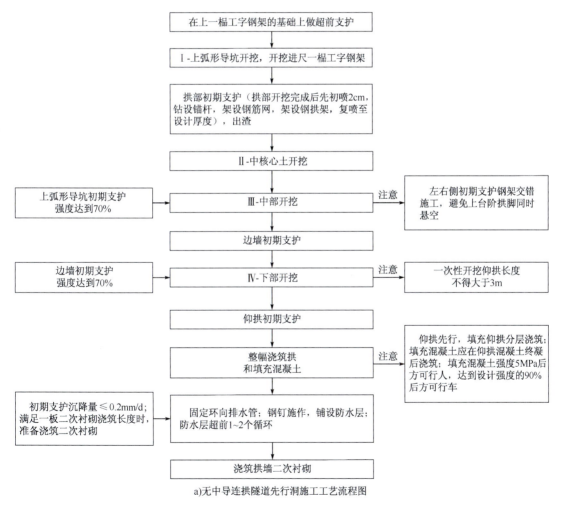

a)无中导连拱隧道先行洞施工工艺流程图

图 3-3-4

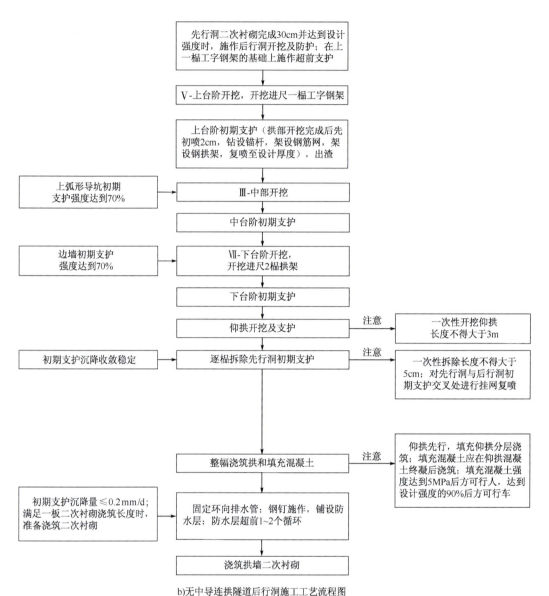

b) 无中导连拱隧道后行洞施工工艺流程图

图 3-3-4　无中导连拱隧道总体施工工艺流程图

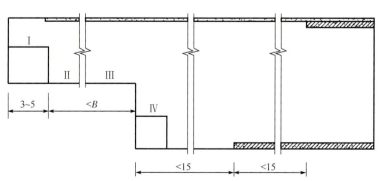

图 3-3-5　Ⅱ型无中导连拱隧道 V 级围岩先行洞安全步距（尺寸单位：m）

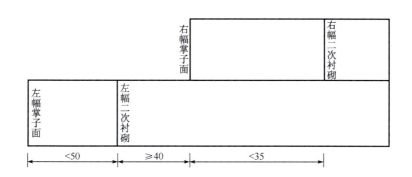

图 3-3-6　Ⅱ型无中导连拱隧道Ⅴ级围岩先行洞与后行洞安全步距(尺寸单位:m)

无中导连拱隧道超前支护断面布置如图 3-3-7 所示。

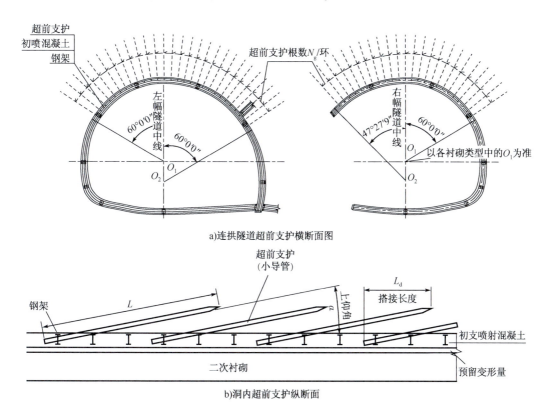

图 3-3-7　无中导连拱隧道超前支护断面布置示意图

超前小导管支护施工工艺流程如图 3-3-8 所示。

(2)钢架施工

钢架按设计1:1大样,分块制作。钢架弯制应结合隧道开挖方法,采用型钢弯制机按照隧道断面曲率分节进行弯制,并焊好连接钢板。每种型号拱架加工完成后,先在加工厂地上进行试拼。各节钢架的拼装要求尺寸准确、弧形圆顺。

无中导连拱隧道后行洞拱架需要焊接至先行洞拱架上,在焊接位置需提前按照先行洞拱架户型及预留变形量提前切好,防止因拱架无法匹配而返工。图 3-3-9 为Ⅱ型无中导连拱隧道 SB5a 型拱架设计图。

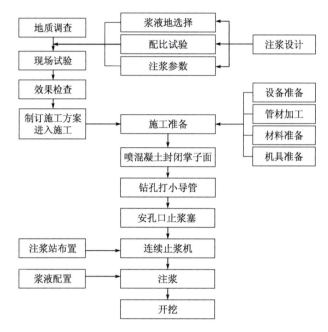

图 3-3-8　超前小导管施工工艺流程图

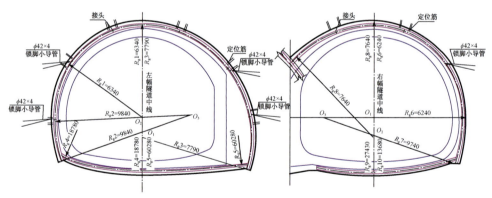

图 3-3-9　Ⅱ型无中导连拱隧道 SB5a 型拱架总装图(尺寸单位:mm)

后行洞上台阶拱架安装时,与先行洞拱架连接位置需焊接牢靠,拱架腹板量测均要焊接加劲板。钢架施工完成后须尽快进行喷射混凝土作业,以使钢架与围岩结合为整体。

(3)锚杆施工

无中导连拱隧道采用中空注浆锚杆作为系统锚杆,锚杆直径为 $\phi 25mm$,单根长度 4.5m,垂直于隧道围岩表面并按梅花形布置。施工工艺流程如图 3-3-10 所示。

(4)钢筋网施工

无中导连拱隧道的初期支护网片为两层钢筋网片,尺寸相同。第一层钢筋网片待开挖面初喷 2cm 混凝土后进行安装,按图纸标定的位置挂设加工好的钢筋网片,钢筋网片随初喷面的起伏铺设,使用冲击孔打浅孔,用于埋膨胀螺栓,绑扎固定于先期施工的系统锚杆之上,再把钢筋片焊接成网,网片搭接长度为 1~2 个网格。第二层钢筋网片待拱架安装完成后,铺设于拱架外侧,顺拱架弧度铺设平顺,与拱架焊接牢固。连拱隧道双层钢筋网片示意如图 3-3-11 所示。

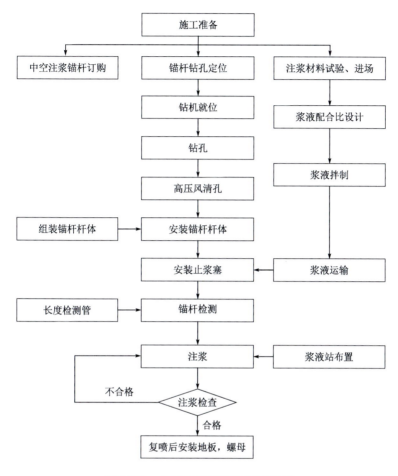

图 3-3-10　中空注浆锚杆施工工艺流程图

（5）喷射混凝土施工

初期支护喷射混凝土采用湿喷工艺。混凝土在洞外拌和站集中拌和,由混凝土搅拌运输车运至洞内,采用湿喷机进行喷射作业。在隧道开挖完成后,先喷射 2cm 厚的混凝土封闭岩面,然后打设锚杆、挂钢筋网、立钢拱架,对初喷岩面进行清理后,再复喷至设计厚度。

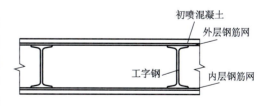

图 3-3-11　连拱隧道双层钢筋网片示意

（6）注浆小导管施工

针对无中导连拱隧道中隔墙应力集中的问题,本隧道专门在中隔墙顶部及底部设计小导管注浆（图 3-3-12）。注浆小导管采用 $\phi 42mm \times 4mm$ 无缝钢花管,长 4m,每延米 8 根,左右洞各 4 根,间距按环向×纵向 = 1m×0.5m 布置成梅花形;在中隔墙底部基底设计有 3m 长

$\phi$42mm×4mm 小导管注浆,纵向每 0.5m 设置 3 根。浆液水灰比为 0.5∶1～1∶1,注浆压力采用 0.6～1MPa。

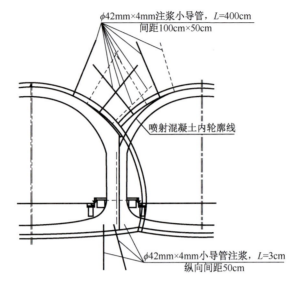

图 3-3-12　Ⅱ型无中导连拱隧道小导管注浆

(7)防排水施工

隧道结构防排水施工总工艺流程如图 3-3-13 所示。

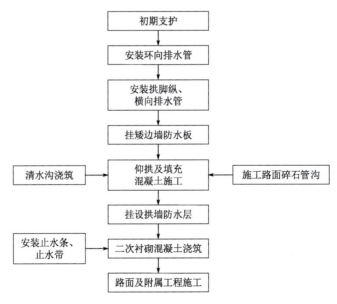

图 3-3-13　隧道结构防排水总施工工艺流程图

无中导连拱隧道先行洞初期支护伸入后行洞部分,需在后行洞仰拱施工前进行破除,在以往的无中导连拱隧道施工中,该过程极易造成先行洞中隔墙一侧防水层严重破损,且无法有效修复,从而导致先行洞的中隔墙及拱腰严重渗水。

根据本隧道特点,可利用该部位施工的减振泡沫板作为防水层的保护材料,将泡沫减振板延伸至中隔墙外50cm,在后行洞开挖时,减振板位于防水板、环向排水管外侧,在先行洞初期支护破除过程中可有效保护先行洞防水层。无中导连拱隧道防排水施工如图3-3-14所示。

a)先行洞防水层严重损坏　　　　　b)先行洞防水层保护措施

图3-3-14　无中导连拱隧道防排水施工

7)二次衬砌施工

(1)仰拱施工

仰拱衬砌在拱墙衬砌之前进行,采用分段全幅整体浇筑,一次成型,不留纵向施工缝。

(2)先行洞拱架拆除

在后行洞仰拱开挖完成后,对先行洞临时拱架进行拆除。首先采用破碎锤对初期支护混凝土进行凿除,漏出拱架,然后采用乙炔切割刀逐榀切断拱架。每个循环的仰拱开挖不超过3m,每次拆除拱架数量不超过6榀。待拱架拆除后,清理出中隔墙顶部预留的环向排水管、土工布及防水板,先行洞预留的环向排水管与后行洞施工的仰拱纵向排水管相接,先行洞预留的土工布、防水板应接长至纵向排水管处。

(3)拱墙衬砌施工

拱墙衬砌采用液压整体式衬砌台车进行拱墙二次衬砌,并进行一次性整体灌注施工;先、后行洞各配备一台整体式衬砌台车,台车长度9m。台车由专业单位制作。衬砌台车侧壁窗口分层布置,层高1.5m,每层设置3个窗口,窗口大小为45cm×45cm。二次衬砌混凝土浇筑采用混凝土搅拌运输车、混凝土输送泵和衬砌模板台车等机械化配套施工机具。在泵送混凝土入仓后,采用插入式振捣器和附着式振捣器振捣密实。为确保隧道拱顶混凝土灌注密实,在拱部预留4个注浆孔,以便进行二次衬砌脱空注浆。拱墙二次衬砌施工工艺流程如图3-3-15所示。

无中导连拱隧道中隔墙采用直墙设计,对中隔墙钢筋进行垂直施工。为了准确控制钢筋安装质量,提高钢筋保护层合格率,在钢筋施工前,应按照设计对二次衬砌环向主筋进行预弯,并严格控制其预弯角度。无中导连拱隧道先行洞二次衬砌钢筋施工如图3-3-16所示。

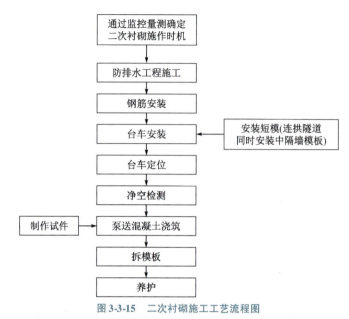

图 3-3-15　二次衬砌施工工艺流程图

a)　　　　　　　　　　　　　　　　b)

图 3-3-16　无中导连拱隧道先行洞二次衬砌钢筋施工

## 3.3　松散堆积体段隧道施工

### 3.3.1　技术与工程背景

华丽高速公路多个隧道需要穿越松散堆积体地层,施工风险较高,且施工经验相对欠缺,在云南地区乃至全国范围内缺少有针对性的技术经验指导。因此，有必要在该项目施工过程中形成一套整体技术，确保隧道施工的安全顺利进行，并为后续其他类似松散堆积体地层施工提供借鉴。依托华丽高速公路总管田2号隧道、罗打拉隧道、石格拉1号隧道、新民隧道等工程，开展松散堆积体地层洞内加固施工技术研究，有效解决隧道穿越松散堆积体地层的建设难题，同时降低了施工成本、保障施工安全，是一种质量与综合经济效益明显的施工技术，具有安全优势、成本优势、质量优势和工艺优势。

### 3.3.2 工程施工流程

1）施工工艺原理

松散堆积体地层中的土石混合体是介于岩石与土体之间的地质体，由于地层中块石粒径差异较大，地层孔隙率大，堆积体地层注浆与一般的岩土体注浆存在差异。堆积体地层中块石杂乱无章，孔隙构成的裂隙较普通的砂层、砂砾层和普通岩层的孔隙和裂隙相比更加复杂，浆液在地层扩散路径复杂；堆积体地层孔隙率大，浆液容易流失，注浆范围难以控制；为保证隧道施工工序的衔接，注浆结石体需在2h内产生强度，保证掌子面开挖时不会发生垮塌，但是如果注浆结石体强度太高，不利于爆破孔的钻进，因此注浆结石体强度应适中。以上特点给隧道开挖带来了很大挑战和安全风险，为此，试验研究出一套适合本地层特点的洞内加固的技术。该技术原理主要由以下三个部分组成：

（1）堆积体地层浆液扩散机理

堆积体不同形状的地下空隙构成裂隙网络系统较普通的砂层、砂砾层和普通岩层的孔隙和裂隙相比更加复杂，这也使得浆液在堆积体不同部位中的扩散、运移和分布因岩体结构特征的差异而不同，不能用单一的装液运移模型作为注浆理论。另一方面，堆积体内注浆范围控制难度大，在注浆过程中既要确保受注堆积体的密实又要避免过多浆液流失到受注体外造成浪费。基于上述堆积体隧道注浆工程的特征，限于施工现场的实际情况，所选择的注浆材料必须是经济上合理、性能良好的材料。

（2）适用于堆积体地层的新型水泥膏浆

采用水泥、速凝剂和高分子材料三种材料，通过调节水灰比、速凝剂和高分子材料的添加比，得到一种合适的水泥膏状浆液，其具有浆液黏度低、流动性好、浆液比较稳定、不易发生离析等优点。通过控制浆液凝胶时间来控制浆液的扩散范围，达到控制加固范围的目的；又通过调节速凝剂和高分子材料的添加比，控制浆液结石体的2h强度，既保证掌子面开挖时不会发生垮塌，又有利于隧道的掘进。

（3）超前小导管注浆封堵原理

在注浆管外套上一个膜袋，并用橡胶箍圈夹紧膜袋的两端，形成一个注浆管封堵装置。通过本装置进行超前小导管注浆时，浆液堵头内的浆液可以通过出浆孔进入管壁与模袋之间的空腔，由于无纺土工布具有细小的孔隙通道，水分可以从织物孔隙中流出而水泥颗粒会留在空腔之中，从而降低了空腔内的水灰比，加快了浆液凝结速度，空腔内的水泥浆液会形成水泥结石浆体，在小导管与注浆管之间形成有效封堵。注浆结束后，通过螺纹接口可以将实现注浆接头管与浆液堵头的分离，带有水泥结石浆体的浆液堵头可以永久封堵在小导管管口，实现了控制浆液流失的目的。

2)施工流程

松散堆积体施工技术的施工工艺流程如图3-3-17所示。

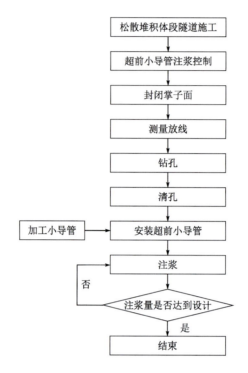

图 3-3-17 松散堆积体施工技术的施工流程图

### 3.3.3 工程施工技术

1)测量定位

准确测量隧道中心线和高程,并按设计标出小导管的位置,在施工作业面上放出钻孔位置,并做好标记。

2)小导管安装

(1)钻孔

沿隧道纵向开挖轮廓线向外以10°外插角钻孔,孔深度为设计深度4.5m,钻孔角度可根据实际情况作适当调整。采用风钻钻孔,钻孔直径比钢管直径大3~5mm。钻至设计孔深后,用吹风管将碎渣吹出,注意避免塌孔。如遇地层松软,也可用游锤或手持风钻直接打入。

(2)小导管安装

小导管的架设位置如图3-3-18所示。已加工的小导管从钢架断面腹部穿过由专用顶头顶进,小导管尾部安上与纤尾形状相同的击盘,在管尾后段30cm处,将麻丝缠绕在管壁上成纺锤状,并用胶带缠紧。然后开动风钻,利用气腿凿岩机的冲击力将钢花管顶入围岩中,顶进钻孔长度不小于90%的管长。小导管外漏长度一般为20cm,以便连接孔口阀门和管路,尾部焊接在钢架上,相邻两排小导管搭接不小于150cm。松散堆积体地层属于V级围岩,钢架间距0.6m,每5榀钢架设一排超前小导管。钢管顶进时,注意避免管口受损变形,方便与注浆管路连接。小导管安装到位后用高压风将钢管内的砂石吹出。小导管架设位置示意如图3-3-18所示。

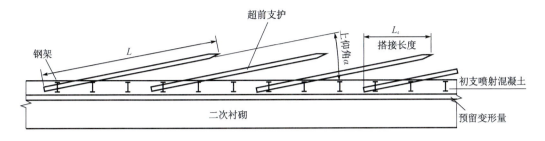

图 3-3-18　小导管架设位置示意图

(3)注浆管安装

注浆管上打设有呈梅花状布置的出浆孔,其根部通过螺纹与定位钢板相连,定位钢板通过钢丝固定在钢拱架上。首先将注浆管与定位钢板相连,并在注浆管上套一个模袋,然后将注浆管插入小导管中,并采用钢丝将定位钢板固定在钢拱架上,注浆封堵装置及现场安装如图3-3-19所示。

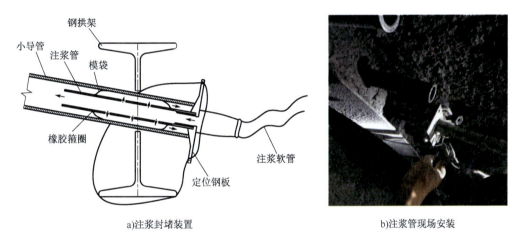

图 3-3-19　注浆封堵装置及现场安装

(4)浆液配制

①采用搅拌机进行浆液配制,首先向搅拌机内倒入一定质量的水泥和水,其中水灰比为 $0.8:1 \sim 1:1$,搅拌约3min。由于松散堆积体地层孔隙率较大,浆液浓度应该进行调整先稀后浓,从而使松散体地层获得较好的注浆效果,因此每个导管开始注浆时水灰比控制为 $1:1$,然后慢慢调整为 $0.8:1$。

②速凝剂和高分子材料的质量分别占水泥质量的4%,根据水泥的质量计算得到所需速凝剂和高分子材料的质量,然后将速凝剂和高分子材料加水稀释并搅拌均匀后,分别倒入搅拌机中。

③对浆液采取边搅拌边加入速凝剂和高分子材料溶液,待二者完全加入搅拌机中后,再搅拌5min,即可将得到的浆液存于储浆桶。

(5)注浆

注浆设备包括:注浆泵,注浆管,空压机,流量计,储浆桶,封孔设备等。其中注浆泵的工作压力为 2.5MPa,注浆管为直径 40mm 的 PVC 胶管。注浆的主要步骤如下:

①注浆前首先检查设备是否能正常工作,在洞外将管路全部接通进行试压,试压可用清水进行。在试压时,如管路不通或接头有漏水现象,予以排除,保持管路系统各部件完好畅通。为防止浆液从掌子面溢出,注浆前需要先喷射混凝土厚度为 5~10cm 封闭注浆面,形成止浆盘。为防止浆液从其他孔眼溢出,注浆前还需对所有孔眼安装止浆塞。

②注浆前清洗管内沉积物,从两侧拱脚向拱顶顺序注浆,浆液先稀后浓、注浆量由大到小,注浆压力由小到大。

③根据现场注浆试验和相关注浆施工经验,确定松散堆积体地层的终止注浆压力为 1.5~2.0MPa。因此,当注浆压力达到 1.5~2.0MPa 时,将注浆速度调整为开始注浆时的 1/4,持续注浆 10min,或者注浆量达到设计注浆量的 80% 及以上时即可结束注浆。

④注浆结束后,拆除固定定位钢板的钢丝,并将定位钢板拆下,注浆管、模袋及模袋内的水泥结石体形成浆液堵头,实现对超前小导管的长期封堵。清理定位钢板上的注浆管接头,与新的注浆管连接,继续进行下一轮超前小导管注浆工作。当注浆的浆液强度达 70% 以上,或 2~3h 后方可进行工作面开挖。

⑤注浆异常现象处理。

a.当发生串浆现象,即液浆从其他孔中流出时,应采用多台泵同时注浆或堵塞串浆隔孔注浆。

b.水泥浆注浆压力突然升高,此时可能发生了堵管,需要立即停止注浆进行检查,排除故障后方可重新注浆。

c.若注浆进浆量很大,压力长时间不升高,则应调整浆液浓度及配合比,缩短凝胶时间,进行小量低压力注浆或间歇式注浆,使浆液在裂隙中有相对停留时间以便凝胶,但停留时间不能超过混合浆的凝胶时间,避免产生注浆不饱满。

⑥注意事项。

a.浆液配制:水泥浆采用卧式搅拌机拌制。水灰比开采用 0.8∶1~1∶1。在注浆前试验合理确定浆液配比、注浆压力等注浆参数。浆液配比选择要考虑岩石裂隙情况及浆液扩散半径,现场通过试验确定。配制浆液时,要注意加料顺序和速度,防止浆液结块。浆液随配随用,用多少配多少,以免造成浪费。配制好的浆液,须经过滤后方可进入泵体,以防杂物堵塞管路或泵体。

b.注浆施工:清孔后,按照从两侧拱脚到拱顶的顺序施工,浆液先稀后浓、注浆量由大到小程序注浆,如遇串孔或跑浆则应隔孔灌压。

c.注浆压力控制:注浆压力按分级升压法控制,由注浆泵油压控制调节。具体做法是:启动注浆泵,正常运转后关闭泵口阀门。当泵停止运转后,旋转压力调解旋钮,将油压调在要求的油压刻度值上。随着注浆阻力的增大,泵压随之增高,当达到调定值时,自动停泵。为防止由于压注速度过大,造成上压过快返浆、漏浆等异常现象,影响注浆质量。

d.结束标准:采用注浆压力和注浆量双控制。一般以单管设计注浆量为标准,当注浆压力达到设计终止压力,其时间不小于 10min,注浆量仍达不到设计标准时,也可结束注浆。

e.清洗注浆系统:达到结束标准后,停止注浆,随即卸下注浆混合器及注浆系统,并用清水清洗干净,以保证下次注浆顺利进行。施工中要加强劳动保护,防止浆液沾染人体。

f.效果检查:可采用开挖检查浆液渗透及固结状况,并根据压力浆量曲线分析判断。若没达到设计要求时,须进行补注。

## 3.4 隧道富水围岩段施工

### 3.4.1 技术与工程背景

隧道富水围岩段施工技术包括隧道施工超前地质预报和岩溶隧道富水段涌水处治技术。其中超前水文地质预报分为地质雷达三维成像数据采集和水平超前钻孔。地质雷达三维成像数据采集的测线为环向布设,环向断面布置在左右幅掌子面,采用点测模式,测点间距0.5m。每测点天线倾斜角度分别为0°、20°、45°、70°、90°;水平超前钻孔是在左右洞掌子面分别布置3个超前探孔,孔径125mm,孔深30m,仰角2°。详细记录渣样、钻进速度及涌水量,便于验证地质雷达及三维成像技术对掌子面前方围岩及富水情况的结论。运用地质雷达三维成像技术和水平超前钻孔两种地质预报方法探测围岩及涌水成因,选择超前钻孔释能降压,开挖成洞后进行加固和设置排水措施,形成一种综合处理隧道涌水的方法。

华丽高速公路大龙潭隧道为两车道分离式隧道,全长3.7km,最大埋深571m。隧道位于丽江玉龙县七河镇龙潭乡至关坡之间,该地气候特征表现为干湿季节分明,年平均降雨量890~950mm,雨水集中于7—9月,11月至次年4月为旱季。2018年5月初,在左右幅掌子面分别掘进至ZK135+440、K135+370时出现大量涌水,涌水量最大达2.5万$m^3$/d,掌子面施工作业被迫中断。电磁波反射法(地质雷达探测)短距离预报结果显示,掌子面围岩节理裂隙较发育,岩体较破碎,结构面多潮湿状黄泥充填,导致岩体层间结合性较差,开挖后有掉块现象。地质雷达超前预报显示围岩以白云质灰岩为主,中风化,中至厚层状构造,节理裂隙较发育,岩体较破碎,多呈块状镶嵌结构,物探成果表明属低阻异常区,岩体富水性弱至中等,隧道开挖时可能遇竖井状溶洞,雨季易受到涌水和涌泥的危害。因此,对于此工程施工时,将面临时间紧迫、初期涌水压力较大、周边岩体裂隙发育,易发生坍塌、突水和开挖支护难度高等问题,若不能妥善处治,则会影响隧道后期运营安全。

### 3.4.2 工程施工流程

1)施工方案的选择

(1)地质雷达三维成像数据采集

测线布置为环向布设。环向断面布置在左右幅掌子面,采用点测模式,测点间距0.5m。每测点天线倾斜角度分别为0°、20°、45°、70°、90°。对掌子面前方40m范围内围岩进行检测。其左幅隧道里程为ZK135+440~ZK135+520,右幅隧道里程为YK135+370~YK135+450。

(2)水平超前钻孔

在左右洞掌子面分别布置3个超前探孔,孔径125mm,孔深30m,仰角2°。详细记录渣样、钻进速度及涌水量,以便地质雷达及三维成像技术对掌子面前方围岩及富水情况的探测。

根据钻孔记录及钻渣分析,左幅掌子面前方围岩岩性为三叠系中统北衙组灰色~灰白色弱风化中厚层状白云质灰岩,属于隐晶质结构,节理裂隙较为发育,且溶蚀裂隙面有方解石晶体及小孔洞,岩质较坚硬,岩体较破碎。右幅掌子面岩性为三叠系中统北衙组灰色~灰白色弱风化中厚层状白云质灰岩,也属于隐晶质结构,中厚层状构造,节理裂隙较发育,结构面大部分被黄泥充填,岩质较坚硬,岩体较破碎。左、右幅钻孔分别至 ZK135+419、YK135+362 处,该处孔内水量明显增加,水压增大。

(3)涌水成因分析

岩溶水体呈南西 60°,与隧道轴线相交,向南岩溶裂隙径流。右幅掌子面 YK135+370 处的拱顶上方偏右侧 10m 以上存在一处约 5300m³ 的岩溶水体,推断为目前掌子面涌水的主要水源;掌子面前方 YK135+372 处存在一处溶蚀发育异常区。左幅掌子面 ZK135+440 处拱顶上方 12m 以上存在一处约 1700m³ 的岩溶水体。此外,设计两幅隧道之间存在一处约 2600m³ 的两处岩溶发育区,根据推断为涌水冲刷形成的较大规模的岩溶径流通道。

大龙潭隧道该段围岩为白云质灰岩,裂隙发育,左右幅周边均有岩溶水体,且在隧道施工扰动圈范围之外,这些岩溶水通过围岩裂隙涌向掌子面。

(4)处治原则

大龙潭隧道为岩溶隧道,施工过程中发现围岩裂隙发育,整个隧道的水流通道联通,若采用堵水措施,可能导致围岩承受的水压过大,造成支护薄弱地段复合式衬砌结构的破坏,所以在面对涌水量大的情况时,宜采取"以排为主,限量排放"的原则。

(5)处治方案比选

备选处治方案分析见表 3-3-4。

备选处治方案分析表　　　　　表 3-3-4

| 序号 | 方　案 | 工　期 | 安　全　性 | 经　济　性 |
|---|---|---|---|---|
| 1 | 方案1:<br>排水加超前小导管预加固开挖 | 超前小导管通过该段施工时间约 25d | 超前小导管预加固可对拱顶进行加固,开挖后涌水仍可能对围岩稳定性产生威胁 | 造价低廉,基本等于正常施作时的造价 |
| 2 | 方案2:<br>排水后加管棚预加固开挖 | 管棚施工时间预计需要时间为 40d 左右 | 管棚施作可以对拱顶部分围岩进行加强,开挖后涌水仍可能对围岩稳定性产生威胁 | 增加了管棚部分的造价,该段施工预算造价在 400 万元左右 |
| 3 | 方案3:<br>排水后加径向小导管注浆加固法 | 径向小导管注浆不影响掌子面正常的施作,预计需要 20d | 排水后直接开挖,开挖过程中安全风险较大 | 由于围岩裂隙较大,所以造价增加主要为注浆材料费及人工费 |
| 4 | 方案4:<br>帷幕注浆 | 由于水囊体积较大,且不排除有与外界联通的岩溶通道,造成漏浆现象,所以预计需要 70d | 掌子面岩盘和水泥止浆墙共同组成注浆止浆墙,保证注浆安全;住家加固岩体,把围岩从五级变为四级甚至更高,保证了施工安全 | 由于帷幕注浆所需加固的区域为整改开挖轮廓及轮廓外一定范围的岩体,所需浆液量大,机械台班费也有所增加,所造价也最高 |

（6）结论

通过综合分析，得出以下几个结论：

①方案1、方案3：分别在开挖后和开挖过程中安全性低。

②方案2：工期长，且再开挖后不能保证施工安全。

③方案4：工期长，造价高。

最终，决定在该富水段综合采用方案1与方案3。以此增加超前水平钻孔加快排水，超前小导管预加固，确保拱顶安全；此外，三台阶开挖将减小一次开挖面积，保证开挖安全，开挖后进行径向加固，上堵下排。

2）施工工艺流程

富水围岩段隧道总体施工流程如图3-3-20所示。

### 3.4.3 工程施工技术

1）泄水降压

（1）涌水检测及处治

大龙潭隧道华坪段为顺坡排水，所以不需要人工排水，未实作仰拱段落将涌水集中引流，通过水泵抽排至排水沟，并将洞内外排水系统进行了疏通，保证排水畅通，同时在洞外砌筑三级沉淀池，经过沉淀后排放。

（2）增加排水超前探孔

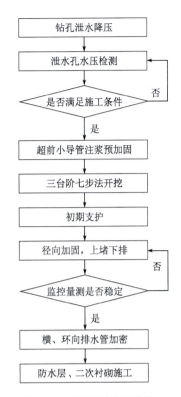

图3-3-20 富水围岩段隧道施工工艺流程图

仅依靠用于超前地质预报的探孔释放水压，则需要的时间较长，所以每个掌子面的泄水孔数量增至6个，钻孔深度30m，根据现有泄水孔的水压进行补充打孔，右幅涌水主要来源于右上方水囊，掌子面泄水孔主要集中在右侧。左幅涌水主要来源于拱顶以上水囊，泄水孔分布相对均匀，每日同一时段监测涌水压力。超前水平钻孔释能降压过程如图3-3-21所示。

a)

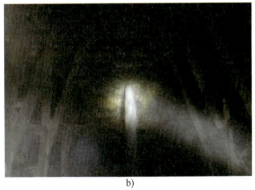
b)

图3-3-21 超前水平钻孔释能降压

2）超前小导管注浆预加固

超前小导管采用长4.5m的$\phi 42mm \times 4mm$注浆小导管，环向间距30cm，上仰角控制在5～

15°范围内,该段落采用 SF5a 支护参数,工字钢间距 0.6m,超前小导管每 5 榀打设一次。超前导管注浆材料采用水+水玻璃的双液浆,注浆顺序为由低到高,由两边向中间,跳孔注浆。注浆前先冲洗管内沉积物,由下至上顺序进行,单孔注浆压力达到设计要求值(0.5~1.0MPa),持续注浆 10min 且进浆速度为开始进浆速度的 1/4 或进浆量达到设计进浆量的 80% 及以上时注浆方可结束。停止时先停泵再关闭球阀,最后清洗管路,单孔注浆结束,当所有注浆孔均符合单孔结束条件、无漏注情况时,全段注浆结束,形成拱顶加固圈。超前小导管施作及径向注浆加固情况如图 3-3-22 所示。

a)
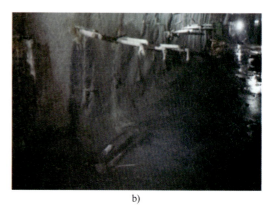
b)

图 3-3-22　超前小导管施作及径向注浆加固情况

根据设计图纸超前小导管拱部 120°范围内安装,搭接长度 1.5m,在实际施作过程中根据现场实际情况,适当加大小导管布设范围,同时可根据开挖后拱顶情况适当延长搭接长度,保证开挖安全。

3)三台阶预留核心土法开挖成洞

(1)三台阶预留核心土法施工流程

超前支护→上部弧形导坑开挖→上部初期支护→上部核心土开挖→中台阶两侧开挖→中台阶两侧初期支护→中台阶核心土开挖→中台阶初期支护→下台阶两侧开挖→下台阶两侧初期支护→仰拱开挖→仰拱初期支护→仰拱及填充混凝土→拱墙二次衬砌。

(2)施工技术要点

①施工原则

施工遵循"管超前、严注浆、短进尺、弱爆破、强支护、早封闭、勤量测"的原则。超前支护后,以机械开挖为主,并辅以微量的弱爆破进行开挖作业。

②短进尺

严格按照设计及规范要求,一次开挖不超过一榀,中、下台阶一次进尺与上台阶相同;快速架设钢拱架和喷射混凝土施工;待上中下台阶初期支护施作完成后进行预留核心土的开挖,预留核心土的开挖与各台阶进尺相同。

③弱爆破

隧道开挖以爆破开挖为主,必要时加以机械破碎进行辅助。钻孔完成后,装填炸药爆破。药量必须适中,甚至少装,因为药量过大的强爆破不仅对围岩损伤严重,更有造成塌方的危险。

④强支护

支护层是隧道稳定的主要结构。通过加大型钢拱架、设立底拱钢架、增大支护厚度、加强锁脚锚管等大刚度支护形式,增强支护承载能力,有效控制隧道变形。

⑤早封闭

下台阶紧跟上台阶,仰拱紧跟下台阶,使支护结构及时封闭成环,加强支护效果。施工中仰拱施工紧跟开挖工作面,严格控制仰拱底部的虚渣及钢拱架连接质量,有效控制沉降变形。

4) 初期支护加固

由于该富水段施工期间,丽江地区未进入雨季,地表水对水囊的补充不及时,随着水量的释放,水压逐步减小,施工风险明显降低,掌子面进尺得以恢复,但是涌水仍然存在,为了保证隧道的受力安全和在进入雨季后排水顺利,对隧道进行加固。

(1) 径向注浆加固

采取径向注浆加固围岩松动圈,提高围岩结构的整体性,减弱围岩变形和收敛;注浆采用水泥+水玻璃双液浆堵水加固。结合现场施工设备,采用钻注一体机进行后退式浅孔注浆,安装30cm孔口管,管间距1.5~2.0m,孔深>5.0m,注浆压力1.0~1.5MPa,限量注入,单循环后退2.0m,并且遵循"薄弱区域加强"的原则,自下而上、跳孔、自两边向中间注入加固。

(2) 结构排水

①注浆封堵加固的同时,在拱脚局部打孔,通过后期安装横向排水管引流初期支护背后渗水至两侧排水边沟,排出洞外,形成"上堵下排、泄水降压"的限量、定向排水结构。

②由于防水板焊缝最大可抵抗0.25MPa压力,当水压过大时,存在防水板焊缝存在被撕裂,涌水从二次衬砌表面渗出的风险,因此将横向、环向排水管加密,每3m一道,如图3-3-23所示。

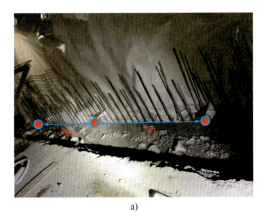

a) b)

图 3-3-23 横向排水管加密及排水系统排水

5) 监控量测

(1) 初期支护检测:本段落为V级围岩,考虑到富水段落围岩受到水流冲刷,导致围岩裂隙间摩擦力减小,稳定性减弱,同时注浆加固局部不密实的情况,加强对该段初期支护的监控量测,加密监控量测的布置,5m设置一道监控量测点,监控频率不少于4次/d,监控测量内容见表3-3-5。

监控测量内容 表 3-3-5

| 序号 | 监控量测项目 | 布点方式 | 常用量测仪器 |
| --- | --- | --- | --- |
| 1 | 拱顶下沉 | 中线上每5m一个断面 | 水准仪、钢钢尺或全站仪 |
| 2 | 净空变化 | 每5m一个断面,每个断面三条水平测线 | 收敛仪、全站仪 |

监控量测数据及分析如图 3-3-24 所示。

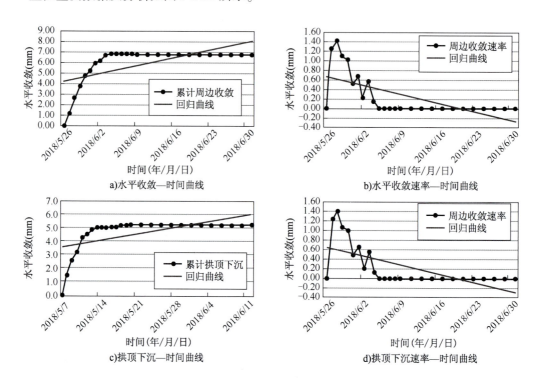

图 3-3-24 监控量测数据及分析

（2）二次衬砌检测：针对涌水段落，在二次衬砌施工完成后及时埋设监控量测点，及时获取二次衬砌的初始值，并开展不小于 15d 的监控量测，及时掌握二次衬砌的情况，同时加强对二次衬砌外观质量的检测，如有裂缝及时开展深度及宽度的深度观察，为后续施工提供借鉴。

## 3.5 小半径曲线隧道二次衬砌施工

### 3.5.1 技术与工程背景

在小半径曲线隧道施工中，如若施工不当，就会出现二次衬砌施工错台问题，其主要原因是二次衬砌台车长度和搭接长度不符。本工程提出的小半径曲线隧道二次衬砌施工技术将通过前期策划选择合理的二次衬砌台车长度，并在施工过程中控制搭接长度来解决此类隧道二次衬砌施工面临的错台过大问题。

华丽高速为了满足路线设计时的纵坡指标,在龙潭村五阴明设置 Ω 形回头曲线(图 3-3-25),五阴明隧道位于该回头曲线上。五阴明隧道为双向四车道分离式隧道,右幅全长 3410m,其中 2272m 位于右转圆曲线上,半径仅为 775m。左幅全长 3465m,其中 2363m 位于右转圆曲线上,半径仅为 805m。五阴明隧道曲线半径小,二次衬砌两模间的错台控制为该隧道二次衬砌施工面临的主要问题。

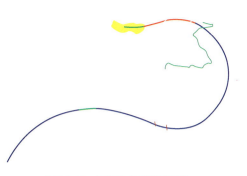

图 3-3-25 五阴明 Ω 形隧道线路

### 3.5.2 工程施工流程

小半径曲线隧道总体施工流程如图 3-3-26 所示。

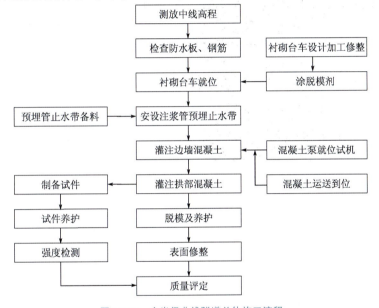

图 3-3-26 小半径曲线隧道总体施工流程

### 3.5.3 工程施工技术

1)台车的选择

五阴明隧道左右幅最小半径分别为 805m 和 775m。隧道衬砌台车需在开工前订制,如果在施工过程中进行更换或改装需要付出较大的经济投入,同时影响施工进度,故而五阴明隧道在进行项目策划时,进行理论计算及分析。

台车为直线,而隧道设计为曲线,相邻二次衬砌施工错台如图 3-3-27 所示。由图可知,三角形 $ABC$ 为等腰三角形,相邻二次衬砌模板安装完成后搭接处如三角形 $CDE$ 所示,根据现场实际情况可视三角形 $CDE$ 与三角形 $ABC$ 为相似的等腰三角形,图中 $L$

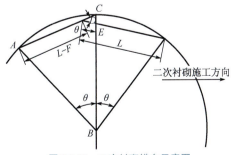

图 3-3-27 二次衬砌错台示意图

为二次衬砌模板长度，$F$为搭接长度，圆曲线半径为$R$，二次衬砌错台理论计算值$S=F\times(L-F)/R$，在计算公式$S=F\times(L-F)/R$中引入不同的台车长度$L$计算错台值$S$。结果显示，曲线段相邻衬砌台车越长，错台越大。

综合考虑进度需求和错台的大小，五阱明隧道选择9m长衬砌台车。

2）施工经验总结

（1）错台问题统计

《公路工程质量检验评定标准》（JTG F80/1—2017）要求，墙面平整度允许值为20mm。因此，20mm以下的二次衬砌错台为合格，20mm以上为不合格。根据隧道洞内已浇筑的二次衬砌施工缝错台情况，对五阱明隧道小半径曲线段二次衬砌错台进行了详细统计，其圆曲线内外侧错台如图3-3-28所示。

a）圆曲线外侧错台　　　　　　　　　　　　b）圆曲线内侧错台

图3-3-28　圆曲线内外侧错台

本次累计抽查100处，其中不合格点30处，合格率仅为70%。

经过对二次衬砌错台较大位置进行分析，得出如下结论：

①标准段严重错台集中在标准段与加宽段交界处附近。

②由于施工过程中局部标准段的二次衬砌轮廓线大于设计的标准轮廓线，错台严重位置集中在该区域。

（2）原因及措施

①原因分析

在邻近加宽段处，如剩余的二次衬砌长度小于二次衬砌台车长度较多，则二次衬砌搭接长度较大。搭接长度与错台关系见表3-3-6。

**搭接长度与错台关系**　　　　　　　　　　　　　　　　表3-3-6

| 序　号 | 搭接长度$F$（m） | 错台$S$（mm） | 序　号 | 搭接长度$F$（m） | 错台$S$（mm） |
|---|---|---|---|---|---|
| 1 | 0.5 | 7 | 6 | 3 | 35 |
| 2 | 1 | 14 | 7 | 3.5 | 38 |
| 3 | 1.5 | 20 | 8 | 4 | 40 |
| 4 | 2 | 26 | 9 | 4.5 | 43 |
| 5 | 2.5 | 30 | | | |

②解决措施

a. 根据下一个加宽段的距离,提前规划每节二次衬砌浇筑的长度,将搭接长度分摊在多个二次衬砌节段上,确保每一节的搭接长度不大于0.5m。二次衬砌施工计划见表3-3-7。

二次衬砌施工计划表　　　　　　表3-3-7

| 序号 | 桩　　号 | 搭接长度 $F$(m) | 错台实测值(mm) | 备　　注 |
|---|---|---|---|---|
| 1 | K132+158～K132+166.5 | 0.5 | 6 | |
| 2 | K132+166.5～K132+175 | 0.5 | 8 | |
| 3 | K132+175～K132+183.5 | 0.5 | 5 | |
| 4 | K132+183.5～K132+192 | 0.5 | 6 | |
| 5 | K132+192～K132+200.5 | 0.5 | 6 | |
| 6 | K132+200.5～K132+209 | 0.5 | 6 | |
| 7 | K132+209～K132+217.5 | 0.5 | 7 | |
| 8 | K132+217.5～K132+226 | 0.5 | 5 | K132+266进入加宽段 |

b. 加强对衬砌台车复测,减小衬砌台车定位的偏差(20mm),如图3-3-29所示。

a)衬砌台车定位现场复测

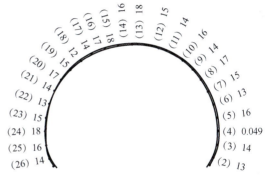
b)二次衬砌断面成品

图3-3-29　衬砌台车定位现场复测及二次衬砌断面成品(数字单位:mm)

加强对衬砌台车定位情况的复核,确保精准定位。以隧道中心线与台车端部投影线交点为原点建立平面坐标系,通过控制拱部模板中心点、拱部模板与墙部模板的两个铰接点及两墙部模板的底脚点来精确控制台车位置。当衬砌台车行走至立模位置时,应确保模板中心线与隧道中心线重合,并利用竖向丝杆调整其高程,再利用横向和侧向丝杆调整其平面位置,最后用五点定位法复测台车模板两端的断面,拉线检查中部模板是否翘曲或扭动,直至准确为止。

二次衬砌错台在直线隧道和小半径曲线隧道均存在,本项目小半径曲线二次衬砌施工错台问题主要受衬砌台车长度和搭接长度的影响,通过前期策划选择长度合理的衬砌台车,并在施工过程中强化搭接长度控制,即可有效控制错台。

3)通风措施

本项目分析了目前常用的送风式、排风式、送排混合式、送排并用式和巷道式五种通风方案的适用性和优缺点的基础上,采用流体动力学方法对半圆形和S形通风管路进行了数值模拟,揭示了小半径曲线隧道通风管路静态风压、动态风压、风速、湍流动能的分布规律,为确保施工通风满足规范要求,应在深入洞内一定距离布设通风设备,弥补风压损失;针对小半径曲线隧道的结构特点和空气流动特征,提出了五阱明隧道左、右幅均为独头通风,采用压入式通风,两端洞口分别布置 2 台 55kW 射流风机串联,进洞 1000m 后增加两台同等型号风机和原有风机并联的通风方案。

此外,为解决隧道施工环境恶劣,施工通风与洞内环境不完全同步的问题,设计了一种"隧道施工环境自适应监测智能调控系统",该系统由环境监测系统、数据采集系统、控制系统和通风系统组成,可根据环境监测结果自适应调整通风,从而确保隧道内施工环境始终满足要求。

## 3.6 特长隧道反坡排水施工

### 3.6.1 工程背景

在进行特长隧道富水地段掌子面开挖时,易出现涌水现象。对于顺坡地段,可通过设置排水沟进行顺向排水,而对于反坡地段,将采用反坡排水技术进行处理。首先进行超前地质预报探测,掌握特长隧道富水地段的涌水量情况,然后在掌子面上钻设适当直径及深度的超前地质探孔,再使用潜水泵配合输水管道将掌子面处的积水反向排出。

本节以石格拉 2 号隧道的 4 个涌水点作为工程背景,阐述特长隧道富水地段反坡排水技术的应用情况。

(1)第一个涌水点发生在 2018 年 4 月 19 日,在石格拉 2 号左幅隧道出口端开挖至 ZK112+666 处发生涌水;第二个涌水点发生在 2018 年 7 月 16 日,在掌子面开挖至 ZK112+479.5 处发生涌水;第三个涌水点发生在 2018 年 8 月 31 日,在掌子面开挖至 ZK112+341 处发生涌水,第四个涌水点发生在 2018 年 6 月 2 日,在掌子面开挖至 YK112+412.2 处发生涌水,这几处设计围岩等级为Ⅲ级,超前预报围岩等级为Ⅲ级,属分离式隧道段,涌水点分布于掌子面及隧道左右两侧的洞壁上。涌水现场情况如图 3-3-30 所示。

a) b)

图 3-3-30 涌水点现场

涌水发生后,指挥部、设计代表、监理和第三方监控量测人员共同对掌子面围岩情况及涌水量进行现场踏勘,并进行了超前地质预报探测,同时在掌子面打设5根直径10cm、长45m的超前地质探孔。组织专题会讨论,根据围岩情况,一致认为掌子面支护形式维持原设计。现场对掌子面及两侧涌水较大的孔,共选取10个进行编号,并采用容量20L的容器对涌水量进行量测,经测定隧道涌水量最大为6336m³/d,涌水量统计见表3-3-8。

石格拉2号隧道左幅掌子面第一个涌水点涌水量统计　　　表3-3-8

| 涌水口位置 | 编　号 | 测量容器容量（L） | 盛满容器所用时间（s） | 每小时涌水量（L） | 每日涌水量（m³） |
|---|---|---|---|---|---|
| 隧道左侧 | 1 | 20 | 3 | 24000 | 576 |
|  | 2 | 20 | 3 | 24000 | 576 |
|  | 3 | 20 | 4 | 18000 | 432 |
| 隧道右侧 | 1 | 20 | 2 | 36000 | 864 |
|  | 2 | 20 | 3 | 24000 | 576 |
|  | 3 | 20 | 4 | 18000 | 432 |
|  | 4 | 20 | 2 | 36000 | 864 |
| 掌子面 | 1 | 20 | 3 | 24000 | 576 |
|  | 2 | 20 | 2 | 36000 | 864 |
|  | 3 | 20 | 3 | 24000 | 576 |
| 合计 | 10 | — | — | 264000 | 6336 |

根据四个涌水点涌水情况统计隧道涌水量见表3-3-9。

隧道涌水量统计　　　表3-3-9

| 涌水位置 | 抽水时间 | 掌子面桩号 | 出水量（m³/d） | 抽水天数（d） | 涌水量小计（m³） | 备　注 |
|---|---|---|---|---|---|---|
| 隧道左幅 | 2018/4/19—2018/7/16 | ZK112+666 | 6336 | 88 | 557568 | 雨季 |
|  | 2018/7/16—2018/8/31 | ZK112+479.5 | 5328 | 46 | 245088 | 雨季 |
|  | 2018/8/31—2019/2/20 | Zk112+341 | 4896 | 173 | 847008 | 雨季61d,旱季112d |
| 隧道右幅 | 2018/6/2—2019/2/20 | YK113+412.2 | 4378 | 263 | 1151414 | 雨季151d,旱季112d |
| 总计(m³) |  |  |  |  | 2801078 |  |

依据隧道实际掘进效率,隧道于2020年1月份贯通,抽水作业将继续约330d,预计抽水量约218万m³,已抽水方量280万m³,总抽水方量约500万m³。

### 3.6.2　工程施工流程

特长隧道反坡排水施工总体流程如图3-3-31所示。

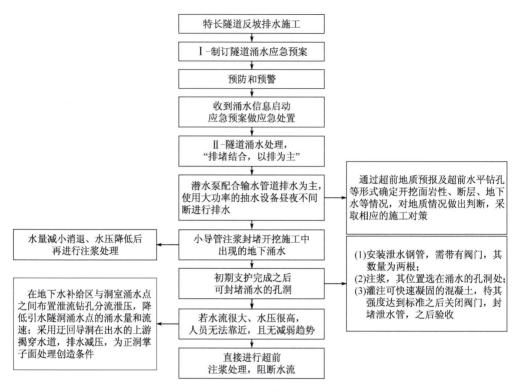

图 3-3-31　特长隧道反坡排水施工工艺流程图

### 3.6.3　工程施工技术

特长隧道反坡排水施工重点是对涌水进行及时有效的处理,下面将对隧道涌水施工工艺进行详细介绍。

1)设备投入情况

隧道涌水事件发生后项目部随即购买抽水设备组织人员进行抽水作业,主要设备投入情况见表3-3-10。

抽水设备统计表　　　　　　　　　　　　表3-3-10

| 序　号 | 名　称 | 型号规格 | 数　量 | 单　位 | 用于工程部位 |
|---|---|---|---|---|---|
| 1 | 水泵 | 45kW | 2 | 台 | 隧道左右洞 |
| 2 | 水泵 | 18.5kW | 4 | 台 | 隧道左右洞 |
| 3 | 水泵 | 11kW | 6 | 台 | 隧道左右洞 |
| 4 | 发电机 | 100kW | 1 | 台 | 备用 |
| 5 | 发电机 | 150kW | 1 | 台 | 备用 |
| 6 | 发电机 | 300kW | 1 | 台 | 备用 |
| 7 | 排水管 | DN200 | 4000 | m | 隧道左右洞 |
| 8 | 排水管 | DN100 | 3000 | m | 隧道左右洞 |

2）隧道涌水处理方案

本工程采用"排堵结合,以排为主"的原则进行涌水问题的处理,具体的治理措施如下：

（1）石格拉2隧道新增涌水问题以潜水泵配合输水管道排水为主,使用大功率的抽水设备昼夜不间断进行排水,将掌子面处积水排出洞外,尽量降低对隧道开挖进度造成的影响。

涌水后隧道施工以弱爆破,短进尺安全掘进为原则,增加隧道内超前地质预报探测频次,通过超前地质预报及超前水平钻孔等方法来确定开挖面的岩性、断层、地下水等情况,对地质情况作出判断,采取相应的施工对策。保证隧道掘进安全、可控。

（2）在开挖施工中出现的地下水涌水现象需要借助于小导管注浆来达到封堵的目的。待其水量减小消退、水压降低后再进行注浆处理。

（3）鉴于涌水段中水产生的压力情况的影响,当初期的支护完成之后可封堵涌水的孔洞,其主要的施工技术为：

①安装泄水钢管,需带有阀门,其数量为两根。

②注浆,其位置选在涌水的孔洞处。

③灌注可快速凝固的混凝土,待其强度达到标准之后关闭阀门,封堵泄水管,之后验收。前期涌出的水量较大,因而水产生的压力较低,注浆效果较好,在注浆结束之后涌水量得到了明显的控制,主要是从隧道底部涌出的地下水。因而只有从根本上堵住涌水的地方,才能保证隧道的使用寿命不受到影响,最大限度地降低对周边生态环境的影响。

（4）若水流很大、水压很高,人员无法靠近,且无减弱趋势,采用以下两种方式处理：

①在地下水补给区与洞室涌水点之间布置泄流孔,进行分流泄压,降低引水隧洞涌水点的涌水量和流速;采用迂回导洞在出水的上游揭穿水道,排水减压,为正洞掌子面处理创造条件。

②直接进行超前注浆处理,阻断水流。

## 3.7 隧道大变形段施工控制

### 3.7.1 技术与工程背景

在进行软弱围岩地段的隧道施工时,由于地质软弱、土质松散等原因,将给隧道施工的安全、质量和进度带来巨大障碍。为此,本节提出隧道大变形段的施工控制技术,即超前支护施工技术,包括超前管棚施工技术和超前小导管施工技术。其关键是提高围岩自支护能,控制围岩的软化、液化流失和松弛变形,确保围岩在隧道施工过程中的安全与稳定。

华丽高速十二栏杆坡隧道右幅全长1910.5m,左幅全长1833.82m,最大埋深约330m。隧道区海拔高程介于1832~2267m之间,相对高差435m。马王岩隧道右幅全长1725m,左幅全长1750m,最大埋深约185m,隧道区海拔高程介于1927~2188m之间,相对高差约260m。两条隧道的隧区地形较为陡峭,地表植被发育,构造剥蚀及构造岩溶低中山地貌。

马王岩、十二栏杆坡隧道围岩变形主要为软岩变形,软岩在隧道开挖后自稳能力差,表现出"自稳时间短、易坍塌"的特征。由于隧道的开挖,使先前支撑隧道洞身围岩被移走,洞壁临空;造成围岩应力进行重新调整,围岩与洞壁均向隧道净空方向变形。加上云南丽江雨季持续降雨,浅埋段受地表水影响严重,洞内围岩内渗水、涌水流量不稳定,两座隧道掘进方向均为下坡隧道,无法进行常规防水措施,软岩遇水极易液化变形,隧区地质构造频繁,围岩等级在很短里程范围就可能发生较大变化。

马王岩、十二栏杆坡隧道变形主要表现为以下几点：
(1)隧道正前方掌子面的水平位移,表现为掌子面的水平鼓出。
(2)掌子面前方围岩下沉,浅埋隧道表现为地表下沉,形成沉降槽。
(3)刚开挖的隧道洞壁出现收敛变形,表现为拱顶下沉和边墙内移。
(4)掌子面围岩松散、未板结,围岩力学性能差,开挖后掌子面上部及拱顶发生溜塌。

### 3.7.2 工程施工流程

隧道大变形段总体施工工艺流程如图 3-3-32 所示。

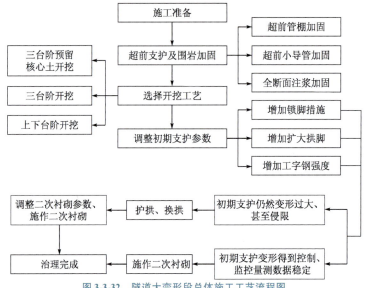

图 3-3-32 隧道大变形段总体施工工艺流程图

### 3.7.3 工程施工技术

1)变形围岩变形机理分析
(1)松散软岩
由于松散软岩结构力学性能差,隧道开挖掘进时,原支撑隧道的洞身围岩被移走,致使开挖面临空,造成软岩临空面在支护之前发生溜滑变形,表现出"自稳时间短、易坍塌变形"的特征,常出现掌子面上部溜滑变形的现象。松散泥岩、坍体变形方向及部位如图 3-3-33 和图 3-3-34 所示。

(2)风化砂质泥岩
隧道洞身开挖后,渗水向水压力较小的临空面集中渗出,形成出水通道,砂质泥岩逐渐被软化、液化,围岩力学性能下降,导致隧道拱顶沉降收敛变形。因此,对于此类围岩,其自稳能力不足,即使初期支护施工完毕也容易导致初期支护变形过大,施工时应加强防排水工作,并提前加固围岩。现场情况如图 3-3-35 所示。变形特征如图 3-3-36 所示。

图 3-3-33 松散泥岩

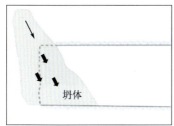

a)松散软岩溜滑纵断面

b)松散软岩溜滑横断面

图 3-3-34 坍体变形方向及部位示意图

图 3-3-35 现场砂质泥岩穿越富水区域

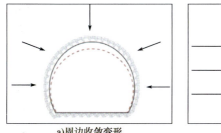

a)周边收敛变形

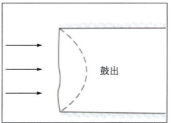

b)掌子面变形

图 3-3-36 变形特征示意图

（3）变质岩

十二栏杆坡隧道变质岩呈灰黑色，岩性松软，结构力学性能差，由于隧道开挖扰动加上岩体向临空面松弛运动，开挖支护后在初期支护背面形成松动圈。因此，此类围岩变形往往在初期支护施工完成之后，岩体变形过程由蠕变→突变→垮塌。变质岩现场照片、检测报告及特性如图3-3-37～图3-3-39所示。

图3-3-37　十二栏杆坡隧道变质岩

图3-3-38　十二栏杆坡隧道变质岩检测报告

2）变形处治措施

（1）围岩预加固方案

软弱围岩变形控制的关键是提高围岩自支护能力，控制围岩的软化、液化流失、松弛变形，施工时遵守保护围岩、加固围岩、提高围岩自支护能力的原则。施工方法是通过采用全断面深孔注浆、超前管棚注浆、超前小导管注浆、环向中空锚杆注浆等措施来控制软岩的塑性变形。图 3-3-40 为全断面深孔注浆加固施工现场。

a)初期支护周边收敛变形现场照片

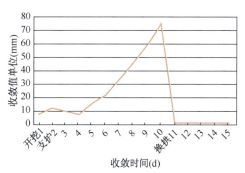
b)周边收敛速率—时间变化图

图 3-3-39　变质岩现场照片及特性

图 3-3-40　全断面深孔注浆加固施工现场

（2）超前管棚施工

①管棚工法是隧道开挖防止坍塌、控制沉降的有效手段。多在洞口施工、穿越断层破碎带、填充型溶洞、浅埋隧道穿越正上方建筑物时采用。其效果可归纳为：

a. 梁效应：因钢管是先行设施的，在掘进时，钢管在掌子面和后方支撑支持下，形成梁式结构，防止围岩的崩塌和松弛。

b. 加强效应：钢管插入后，压注水泥浆，加强了钢管周边的围岩。

②根据使用的钢管直径，有小直径钢管棚和中、大直径钢管的管棚。管棚的终端位置应等于防护对象的长度加上因开挖而造成的掌子面松弛范围的长度。根据钻孔机械的施工精度，此工法施工长度可达 80m，多采用较小直径（DN100～DN125）的钢管，以一定间隔设置，如施工地段更长时，应分段施工。此外，管棚间隔应合理控制，当管棚间隔太大时，将降低管棚的支护效果。

(3)超前注浆小导管

①性能特点及适用条件

超前注浆小导管内的浆液被压注到岩体裂隙硬化后,将岩块和颗粒物胶结为一体,不仅起到加固的作用,而且填塞了裂隙,阻隔了地下水向坑道渗流的通道,还起到堵水的作用。超前小导管安装和注浆作业都要在洞内进行,因而占用较多的洞内作业循环时间,不利于提高施工速度。

超前小导管注浆主要适用于渗透系数较大的无地下水岩土、水量和压力较小的软弱破碎岩体中。若用于渗透性差的地层,则容易出现"跑浆"现象,即浆液沿管外与孔壁之间形成回流。

②小导管布置和安装

a. 小导管钻孔安装前,应对开挖面喷射 5~10cm 厚的混凝土。

b. 小导管一般采用 $\phi 32mm$ 的焊接管或 $\phi 40mm$ 的无缝钢管制作,长度宜为 3~6m。

c. 钻孔直径应比管径大 20mm 以上;环向间距应按地层条件而定,一般采用 20~50cm;外插角应控制在 10°~30°之间,一般采用 15°。

d. 极破碎围岩段处理坍方时可采用双排管;地下水丰富的松软层,可采用双排以上的多排管;大断面或注浆效果差时,可采用双排管。

e. 小导管插入后应外露一定长度,以便连接注浆管止浆阀。注浆材料的选择应考虑被加固地层的渗透条件,确定渗透系数、土颗粒组成、孔隙率、饱和度、密度、pH 值、剪切和抗压强度等参数。此外,必要时应做现场抽水试验和注浆试验,采用适用的注浆材料,并确定更为合理的注浆压力、单孔注浆扩散半径等参数。

③注浆

a. 在断层破碎带及砂卵石地层(裂隙宽度或颗粒粒径大于 1mm,渗透系数 $k \geqslant 5 \times 10^{-4} m/s$)等强渗透性地层中,应采用料源广且价格便宜的注浆材料。对于无水的松散地层,宜优先选用单液水泥浆;对于有水的强渗透地层,则宜选用水泥—水玻璃双浆液,以控制注浆范围。

b. 断层带,当裂隙宽度(或粒径)小于 1mm,或渗透系数 $k \geqslant 10^{-5} m/s$ 时,注浆材料宜优先选用水玻璃类和木胺类浆液。(单一水玻璃浆液适用于黄土类地层的加固。在黄土类土中水玻璃较易渗入土孔隙,与土中的钙质相互作用形成凝胶,使土颗粒胶结成整体。)

c. 细、粉砂层、细小裂隙岩层及断层地段等弱渗透地层中,宜选用渗透性好、低毒及遇水膨胀的化学浆液,如水玻璃(主剂)—氯化钙、水玻璃(主剂)—水泥、水玻璃(主剂)—铝酸钠、聚氨酯类,或超细水泥浆等。

d. 对于不透水的黏土层,则宜选用水玻璃或聚氨酯类化学浆液,并采用高压劈裂注浆。注浆材料应根据地层情况和胶凝时间的要求进行配比。

e. 注浆设备应保证性能良好,工作压力满足注浆压力要求,还应进行现场试验验证。

f. 注浆结束后,应做一定数量的钻孔检查或用声波探测仪检查注浆效果,如未达到要求,应进行补浆。此外,注浆后应视浆液种类,水泥—水玻璃浆等待 4h、水泥浆等待 8h 方可开挖,开挖长度不宜太长,以保留一定长度的止浆墙(亦即超前注浆的最短超前量)。

3)开挖方案的选择

根据马王岩、十二栏杆坡隧道围岩特性,优先考虑的是三台阶留核心土法,各部开挖进尺宜为一榀钢架间距,台阶长度1~1.5倍洞跨(台阶过短,力学性能差,易造成掌子面及上台阶围岩变形),预留核心土面积一般不小于开挖面积的50%,隧道开挖避免使用爆破开挖工艺,应采用人工辅助机械开挖,在地质条件较差地段开挖时,应在开挖前进行围岩加固或拱部超前支护(大管棚或小导管)。

以马王岩隧道K125+875~K126+250、ZK125+865~ZK126+215段沉降变形段为例,对开挖方案进行比较,见表3-3-11。

马王岩隧道沉降变形段开挖方案比较    表3-3-11

| 项　　目 | 三台阶预留核心土七步开挖 | 上下台阶预留核心土开挖 |
| --- | --- | --- |
| 全环开挖爆破开挖次数 | 7次 | 4d |
| 初期支护封闭成环时间(包括仰拱) | 7天 | 5d |
| 仰拱安全步距 | 20m | 20m(上台阶采用预留核心土,下台阶采用短台阶法,不使用开挖台车,减少安全步距) |

根据马王岩隧道K125+875~K126+250、ZK125+865~ZK126+215段膨胀土的特性,注浆对围岩的加固效果有限,部分段落注浆不扩散,起不到加固围岩的效果,所以需要进行初期支护,使其快速封闭成环来抵抗围岩变形。在实际施工中,通过对比两种开挖工艺的试验,发现上下台阶预留核心土开挖能减少对围岩的扰动次数,加快初期支护封闭成环时间,将对膨胀土变形起到更好的控制作用。

4)增加初期支护强度

(1)围岩、初期支护局部收敛变形过大

对于局部围岩较差的情况,加强整体支护强度对成本、进度控制不利。因此,在摸清围岩软弱部位的情况下,宜采用局部补强措施,防止局部变形,并在结构力学性能差的围岩部位预留变形量,防止围岩初期支护变形侵限。

(2)围岩及初期支护整体收敛变形过大

围岩经过加固处理后,仍然存在整体变形,主要原因是初期支护的刚度不足,出现挤压变形;初期支护整体沉降是因为初期支护体系的锚固受力杆件锚固在围岩松动圈内,未与力学性能好的围岩有效结合受力。对于围岩及初期支护整体收敛变形过大的问题,应通过加强初期支护的刚度来控制隧道软岩变形。加强初期支护刚度的技术措施包括调大支护钢架型号、减小钢架间距、加厚初期支护厚度等。

(3)初期支护整体沉降过大

a.加强锁脚锚固措施(图3-3-41和图3-3-42):增加锁脚小导管长度,让初期支护锚固系统穿过围岩松动圈,使其有效锚固在力学性能较好的围岩内,增加锁脚小导管数量,加强锁脚导管的刚度,由小导管调整为$\phi 80mm$的钢花管,加强注浆和薄弱节点的质量控制。

b.增加扩大拱脚(图3-3-43):扩大拱脚是通过增加拱架的支撑面积和支撑点数量,将拱压力从仰拱两端分散于洞身四周,使初期支护能更好地与围岩镶嵌,达到整体受力的目的,进而防止支护沉降。增加扩大拱脚的关键是保证拱脚自身要有足够的强度,在制作和安装时必须严格控制施工质量,若扩大拱脚因受力过大而破坏,将起不到控制沉降的作用。

图 3-3-41　ϕ80 锁脚钻孔施工　　　　　　　　图 3-3-42　增设锁脚现场

图 3-3-43　扩大拱脚加工现场

5) 增设临时护拱

对出现初期支护开裂、沉降侵限区域内钢拱架的 B 单元与 C 单元接头处,应补打 4 根锁脚小导管,补打位置在接头上下各 30cm 范围内,接头处上下各两根。锁脚小导管长 4.5m,锚管与水平面向下倾斜 15°,锁脚固定钢筋采用 HRB400ϕ25 钢筋加工制作,固定筋制作成 L 形,锁脚处用两根"L"形固定筋将锁脚小导管与钢拱架焊接固定,补打锁脚小导管从出口端向掌子面端逐榀推进。原有钢拱架补打锁脚小导管后,在原有钢架处由出口端向掌子面端逐榀施工护拱(图 3-3-44)。护拱由 I20a 工字钢加工制作,护拱底用[32a 槽钢支垫。待护拱施工完成后,由掌子面端向出口端逐榀施工临时仰拱,临时仰拱采用 I20a 工字钢加工制作,右洞增加 45°斜撑(图 3-3-45)。临时仰拱与护拱封闭成环后对护拱受力点补喷喷射混凝土,填补拱架空隙,保证护拱受力。临时支撑施工完成后,应加强监控量测,且每天不少于 3 次观测。

6) 增加二次衬砌支护强度

理论上软岩经过围岩加固、加大初期支护强度后,二次衬砌不再需要增加补强措施;但由于软岩施工中要求二次衬砌紧跟,时间较短,不能保证软岩和初期支护的变形已经稳定,故需要进行增加二次衬砌支护强度,作为安全储备。

马王岩、十二栏杆坡隧道变形段主要为软岩区域,软岩区域地质条件往往比较复杂,施工难度较大,需在施工前、施工过程中认清围岩的特性、变形的发展过程和变化规律,再根据围岩特性制定匹配的控制措施。在施工前应进行超前预报、超前围岩加固、超前支护先行；现场施工管理方面做到严格规范工艺流程，杜绝擅自改变设计施工方法、不按程序施工、违反操作规程施工的现象。马王岩、十二栏杆坡隧道软岩形式多种多样，通过采取以上技术措施，成功地控制住了软岩变形。隧道于2019年10月18日全部贯通，这将为以后类似的工程提供宝贵经验。

图 3-3-44　增加护拱

图 3-3-45　增加斜撑及临时仰拱

# 第4章 其他施工技术

## 4.1 概述

本章介绍除桥梁及隧道工程以外的其他工程施工技术,包括:长大隧道路面施工技术、路面施工智能管控技术和无人机辅助消防高位水池及管线定位技术。长大隧道路面施工技术总结其施工工艺、工程技术问题及解决措施;路面施工智能管控技术总结其系统功能和软件开发;无人机辅助消防高位水池及管线定位技术总结其技术的作业流程及工程实践。

## 4.2 长大隧道路面施工技术

### 4.2.1 技术目标

随着我国公路建设事业的发展,长大隧道越来越多,长大隧道进行施工作业时,其沥青面摊铺具有噪声大、高温、多烟、空气流通差以及能见度低等特点。由于长大隧道内空间狭小、能见度低,极易发生中毒事件,并且施工设备较多,安全及质量问题也难以保证。现以华丽高速公路隧道施工为例,总结长大隧道沥青路面施工经验,为后续长大隧道沥青路面施工提供借鉴参考。

### 4.2.2 施工工艺

沥青混凝土施工工艺如图3-4-1所示。

1)施工准备

(1)下承层准备

开工前安排足够数量的施工人员对下承层进行清扫,作业时施工人员应戴好防毒面罩与氧气袋,并在现场安装好照明设施配置,人力难以清除干净的位置使用高压水进行冲洗。此外,在下承层的清扫过程中,应做好交通封闭,禁止任何车辆通行,以免发生意外。

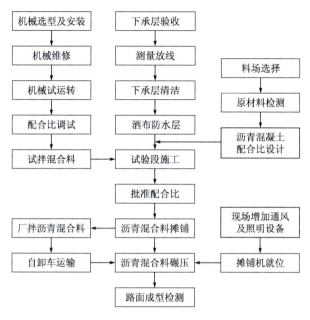

图 3-4-1　沥青混凝土施工工艺

（2）黏层洒布

将下承层清扫干净后，由监理人员进行检验，经检验合格后洒布一层水性沥青基防水黏结层，沥青的规格与质量都必须达到相关规范的要求。防水层洒布可使用专门的洒布车进行，以保证洒布的均匀性。对于洒布车无法到达的地方，可使用人工进行洒布，但要确保洒布均匀性。洒布量一般由试验确定，通常为 $0.8\sim1.2\mathrm{kg/m^2}$。

2）施工流程

施工流程分为：混合料运输—混合料摊铺—混合料碾压—施工缝处理。

（1）混合料运输

混合料用自卸车运输，并保证运输量要比摊铺量多，避免停工待料。在给自卸车装料时，自卸车要移动三次，防止装到车上的混合料发生离析。另外，为避免混合料与车厢内壁发生粘连，应在车厢内壁表面均匀涂刷一道隔离剂，且确保隔离剂抹匀，不可积液。当自卸车到达隧道洞口时应调头，然后以倒退的方式接近摊铺机，在与摊铺机相距 40m 的位置后停车。装好混合料的自卸车应覆盖篷布，以此做好保温防水、防污染。所有到达施工现场的料车都要遵从人员的指挥，避免发生碰撞。在现场还需安排专人对到场的混合料进行测温，为便于测温，装料时需在中部设置一个专门的测温孔，保证混合料到场后的温度和出厂时的温度相差不能超过 10℃。

（2）混合料摊铺

到场的混合料需使用单台摊铺机连续摊铺，使实际的摊铺宽度达到设计要求。在摊铺开始前，应按照要求的摊铺宽度与松铺厚度，预先支垫一个宽度在 20~30cm 范围内的木板，然后再将熨平板放下，并对其仰角进行调整，在连接固定以后，开始预热熨平板。熨平板预热完成后，对螺旋布料器进行调整，使料门的开度、送料器速度与布料器转速良好匹配。摊铺速度要根据试验段施工结果确定,一般为 2.5~3.0m/s,同时要保证摊铺能够连续进行。

对于长大隧道的沥青路面,其上面层与中面层的混合料摊铺施工均采用平衡梁进行厚度控制,在摊铺过程中,需将松铺系数控制在 1.2 左右。摊铺时尽可能防止拢料,必要时可将料斗中混合料量作为确定拢料最佳时机与幅度的依据,以免出现块状离析现象。在摊铺完成后,通常不需要人工修整,若发现局部离析,则要在技术主管人员的正确指导下使用细料进行修复。如果发现外形不规则的地方,以及摊铺机难以到达的地方,都要采用人工进行摊铺。

将混合料摊铺到位并初步刮平以后,安排一个有丰富工作经验的人员带领工人全面检查路面,将产生离析的集料清除干净,然后用有良好级配且质量过关的混合料将其填平。在摊铺过程中,要安排专人做好温度测试,摊铺的温度一般要达到 160℃ 以上。当降雨时,不允许进行摊铺;气温不足 10℃ 时,也不允许摊铺。摊铺时随机检查实际的松铺厚度,若摊铺厚度未能达到要求,则应对摊铺机相关参数进行调节,确保厚度达到要求。

(3)混合料碾压

摊铺施工全部完成后方可开始压实,具体的碾压机具组合及压实遍数都要根据试验段施工结果来确定。

①初压

初压采用钢轮压路机进行,一般先进行一遍静压,再进行一遍振压。初压要求温度达到 150℃ 以上,当气温较低时,须达到 160℃ 以上。在碾压过程中,压路机的驱动轮必须面向前方的摊铺机,按照从外侧到中心的方向持续碾压。碾压应做到原路来原路回,速度在没有要求时按 2km/h 控制。为防止混合料和压路机轮粘到一起,可使用喷水装置进行适量洒水。两个相邻的碾压带,要有轮宽一半左右的重叠。结束初压后,对碾压段的平整度和路拱进行检查,若不满足要求应立即修复。若在碾压过程中产生推移,则要在温度稍微降低之后再予以碾压。当检查发现横向裂缝时,在确定其成因后采取有效措施加以整改。

②复压

完成初压后开始复压,两者紧接,复压一般用轮胎压路机进行振压。复压时的温度要达到 140℃ 以上,而碾压速度可以比初压略快,通常为 3.0~3.5km/h。碾压时压路机不可制动、停顿与转向。在压路机无法顺利进入的地方,要用其他机具将混合料压实。

③终压

完成复压后,一般采用钢轮压路机进行终压,终压的根本目的在于清除路面上残留的轮迹。混合料温度在完成终压后应达到 90℃ 以上。为了使碾压的质量能够达到要求,要在三个碾压段落分别设置明显的标志,以便于操作人员正确辨认。另外,对于碾压的各项参数,还要安排专门的岗位进行检查与管理,以此有效避免漏压与超压。

(4)施工缝处理

①相邻层的纵向接缝应错开 15cm 以上;摊铺时采用梯队作业的纵缝应采用热接缝;施工时应留下 10~20cm 宽的已铺混合料暂不碾压,作为后摊铺部分的高程基准面;后面摊铺机的熨平板与先前已摊铺混合料应保证至少 5cm 宽的重叠;钢轮压路机应紧跟摊铺机对热接缝部位先进行压实,并用 3m 直尺检查平整度,最后再进行跨缝碾压以消除缝迹。

②相邻两幅及上下层的横向接缝均应错位 1m 以上,并采用垂直的平接缝,严禁使用斜接缝。在施工结束时,摊铺机在接近端部前约 1m 处应将熨平板稍稍抬起,再驶离现场,之后人

工将端部混合料铲齐再予碾压,然后用6m直尺检查平整度,趁尚未冷透时垂直刨除端部层厚不足的部分,使下次施工时成直角连接,保证平接缝紧密黏结、充分压实、连接平顺。

3) 技术控制措施

(1) 指标控制

① 平整度:要求摊铺机摊铺过程匀速行驶,行驶速度控制在4m/min,运输车辆根据运距保证车辆数量充足。碾压后,安排两位现场人员用6m直尺测量沥青路面,发现大于3mm的地方,应及时要求压路机碾压处置。

② 温度:安排实验室人员对现场摊铺、初压、复压、终压温度进行实测,并及时安排设备工序衔接。

③ 厚度:摊铺机旁安排1名管理人员控制厚度与收料。

④ 摊铺设备水温和油温:由于隧道内通风条件较差,在沥青面层施工过程中,隧道内混合料的热量与机械设备产生的热量难以有效消散,隧道内的温度会持续升高,容易使摊铺设备的水温和油温过高从而导致停机怠工或出现跳车现象。针对该问题,应在停机后要求压路机碾压至距摊铺设备0.5m处,在摊铺机再次正常行驶后,对停机位置做好处置工作,从而防止出现横缝跳车现象。

(2) 注意事项

① 摊铺方向

隧道沥青路面摊铺应严格遵守"迎风摊铺"的原则,即尽量通过自然风流,将摊铺碾压作业区域的有毒气体、高温气体吹向已经碾压完毕的区域。

② 隧道内空气监测

项目部购置空气测定仪,在隧道内沥青混合料施工过程中,用于测定隧道内不同混合料温度下散发有害气体的浓度,从而确定隧道内整体通风需求量,为作业人员提供适宜的空气环境。

③ 加强通风

在进行隧道内沥青路面施工时,环境温度通常较高,可达到50~60℃,作业人员一般难以承受,易发生中暑或晕倒。此外,沥青混合料散发出各种有毒气体,对作业人员身体伤害极大。因此,在隧道沥青路面施工过程中应采取全程通风,降低隧道内的温度和有害气体浓度。

④ 加强隧道内的照明

为保证沥青混凝土摊铺作业期间摊铺机及运输车辆的行驶安全及作业人员的施工安全,隧道内照明光线应充足均匀。若采用洞外发电,洞内沿线安装灯具,这将导致照明费用过高,不利于成本控制。因此,项目部采用配备移动式照明车的方案,通过配备两台照明车,使照明范围在100m左右,再配合摊铺机灯光及车辆灯光,洞内照明效果基本达到施工要求。

⑤ 人员保护

由于隧道内温度较高且有毒气体较浓,对人体损伤大,因此在进行沥青施工时,机械操作人员、施工工人必须佩戴防毒口罩,碾压作业区域人员必须佩戴眼罩。现场作业人员每2h换班一次,并安排120救护车在隧道洞口待命,对病员进行及时救助。

### 4.2.3 技术结论

随着社会的发展与进步,长大隧道的路面施工技术已日趋成熟。其技术重心在安全上,如

果安全措施执行到位,施工质量定将得到有力保障。根据工程实践,总结经验如下:

(1)首先要控制好混合料出厂温度,温度太高对施工人员的身体伤害较大。因此,应根据相应的规范,控制好混合料温度。

(2)由于照明条件的限制,需要特别注意边角的摊铺与碾压,施工时需要安排专人负责边角施工。

(3)应加强隧道的通风与照明,为施工人员提供一个相对较好的施工环境。

(4)此外,在进行长大隧道施工前,必须配备足够的安全防护用品,并要求作业人员正确佩戴与使用。

## 4.3 路面施工智能管控技术

### 4.3.1 技术说明

近年来,随着信息技术、传感器技术、全球定位系统技术(GPS)以及无线通信技术的不断发展,公路沥青路面施工管控也正在向智能化、数字化方向发展。本项目为了提高沥青路面施工质量管理水平,构建一套评价沥青路面施工智能管控体系,对路面施工智能管控在工程中的实际应用进行研究。依托现有高速公路工程,对目前施工工序进行深度调研,提出沥青混合料智能拌和、运输、摊铺、碾压的管控方案,对于提高工程试验检测的时效性,实现关键质量指标由事后控制变成事前控制,建立公路工程路面建养一体化建设,推进高速公路典型示范工程具有深远影响。沥青路面施工智能管控系统的主要指标如图 3-4-2 所示。

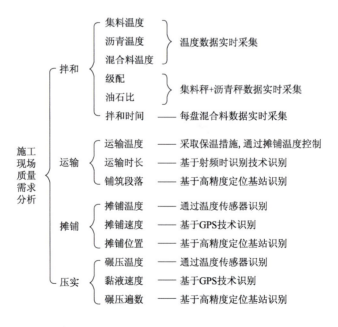

图 3-4-2 沥青路面施工智能管控系统指标

沥青路面施工智能管控系统包括混合料拌和监控子系统、运输作业监控子系统、摊铺作业监控子系统及碾压作业监控子系统。各子系统介绍如下：

(1) 混合料拌和监控子系统（图3-4-3）：通过采集数据，该子系统对沥青混合料的拌和进行控制，采集的数据包括：①每盘混合料的拌和时间；②热料仓的投放质量；③沥青投放质量；④添加剂的投放质量；⑤沥青和集料的温度；⑥混合料的出厂温度等。

图3-4-3 混合料拌和监控子系统

(2) 运输作业监控子系统（图3-4-4）：在混合料运输环节，通过在拌和站、运输车和摊铺机上安装射频识别器（RFID）和电子标签等监控设备，该子系统能够准确识别运输车进出拌和场、摊铺现场时间以及运输轨迹等信息，具备运输时间、运输车轨迹监控以及混合料溯源功能。

图3-4-4 运输作业监控子系统

(3) 摊铺作业监控子系统（图3-4-5）：沥青混合料在摊铺期间，该子系统能收集摊铺温度、摊铺速度、铺面温度分布等信息，从而及时调整摊铺指标，避免留下质量隐患，有效提高摊铺效率。

(4) 碾压作业监控子系统（图3-4-6）：为了控制压实度指标，该子系统能监测压实温度、压实速度、压实遍数三个参数。以任意桩号段落的工程为例,通过分析压实的轨迹、遍数、速度、温度等数据,能评价施工质量是否达到设计要求。此外,在驾驶室内配置了反馈装置,能明确指出超压、漏压等问题路段,指导司机开展作业。

图 3-4-5　摊铺作业监控子系统　　　　　图 3-4-6　碾压作业监控子系统

### 4.3.2　系统实现功能

1) 沥青混合料拌和站管控系统

在沥青拌和站安装数据采集终端,对沥青混合料各材料用量、加热温度、级配、油石比、拌和时间等关键参数进行实时采集、传输、分析、预警、评价,实现沥青生产数据"事前预控、事中监控、事后分析",保证沥青混合料的生产质量。

可通过对拌和站安装智能管控终端,实现沥青混合料拌和生产环节关键参数的实时采集、分析、预警、决策,提升沥青和水稳混合料生产管理水平,减少生产质量的波动;另外可通过对沥青路面施工前场设备进行信息化改造,达到运输、摊铺、碾压全过程的智能监管目的。该系统可实现功能包括:

(1) 日常监控应用(图 3-4-7)

对沥青拌和站生产进行监控,实时在线查看拌和站生产状态;对各面层材料用量、油石比、拌和时间、温度等参数的波动情况进行分析,掌握生产总量、总预警率、预警条数、施工进度、油石比总体生产情况及前场摊铺碾压数据汇总等信息。

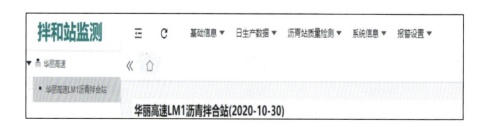

图 3-4-7　拌和站检测页面

(2) 实时数据监控(图 3-4-8)

对沥青拌和站正在生产的情况进行实时监控,采集包括拌和站生产状态、各档材料、外加剂、油石比等用量,总生产量及预警率等关键指标。

级配图表 报警监控 数据统计

开始日期： 2020-10-30 结束日期： 2020-12-30 搜索

| 时间 | 自动生产批次 | 自动生产重量(吨) | 手动生产重量(吨) | 不合格重量(吨) | 不合格批次 | 油石比超标 | 级配超标 | 温度超标 |
|---|---|---|---|---|---|---|---|---|
| 2020-10-30 | 576 | 2127.94 | 0.00 | 0.00 | 0批 0.00% | 0批 0.00% | 0批 0.00% | 0批 0.00% |
| 合计 | 576 | 2127.94 | 0.00 | 0.00 | 0批 0.00% | 0批 0.00% | 0批 0.00% | 0批 0.00% |

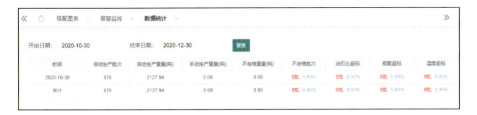

图 3-4-8 批次生产实时数据预警监控

(3)材料分析(图 3-4-9)

以曲线图的形式对沥青拌和站各热料仓、沥青用量、矿粉、添加剂等材料计量数据进行波动分析。

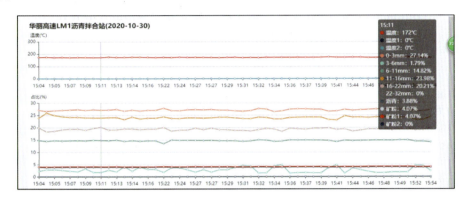

图 3-4-9 生产曲线图

(4)生产数据查询(图 3-4-10～图 3-4-13)

可查询每盘沥青拌和站生产数据，其详细记录了拌和站实际用量、实际配合比、生产配合比、误差等数据。

配方： 全部 日期： 2020-10-30 搜索 导出 共576批 共2127.94吨 用时9时46分23秒 合格率100%

| 时间 | 配方 | 油石比 | 0.075(%) | 0.15(%) | 0.3(%) | 0.6(%) | 1.18(%) | 2.36(%) | 4.75(%) | 9.5(%) | 13.2(%) |
|---|---|---|---|---|---|---|---|---|---|---|---|
| 15:54:28 | AC-20C | 4.3 | 6.21 | 8.23 | 11.85 | 14.34 | 18.19 | 25.69 | 37.5 | 52.85 | 71.34 |
| 15:53:00 | AC-20C | 4.2 | 6.09 | 8.07 | 11.62 | 14.06 | 17.83 | 25.19 | 39.11 | 54.68 | 72.36 |
| 15:52:03 | AC-20C | 4.2 | 6.13 | 8.12 | 11.67 | 14.11 | 17.88 | 25.24 | 39.14 | 54.7 | 72.38 |
| 15:51:13 | AC-20C | 4.2 | 6.32 | 8.37 | 12.03 | 14.53 | 18.4 | 25.96 | 37.29 | 53.42 | 71.84 |
| 15:49:46 | AC-20C | 4.3 | 6.28 | 8.32 | 11.98 | 14.48 | 18.36 | 25.91 | 37.26 | 53.4 | 71.82 |
| 15:48:55 | AC-20C | 4.2 | 6.31 | 8.36 | 12.03 | 14.55 | 18.44 | 26.03 | 37.41 | 53.43 | 71.95 |
| 15:48:06 | AC-20C | 4.3 | 6.29 | 8.34 | 12.01 | 14.52 | 18.41 | 25.99 | 37.09 | 53.15 | 71.67 |
| 15:46:51 | AC-20C | 4.3 | 6.29 | 8.34 | 12.01 | 14.52 | 18.41 | 25.99 | 37.09 | 53.15 | 71.67 |
| 15:46:02 | AC-20C | 4.3 | 6.29 | 8.33 | 11.97 | 14.47 | 18.34 | 25.87 | 37.45 | 53.43 | 71.77 |

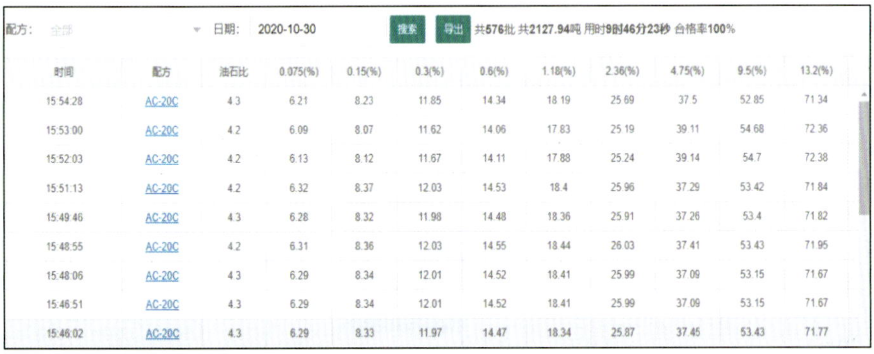

图 3-4-10 材料用量、每盘实时用量等查询

2)路面联合作业系统

路面联合作业系统通过信息化、大数据、云计算、北斗高精度定位等技术，实现“人机互联”，对路面施工过程全部环节进行实时监测、及时预警、记录溯源等，如图 3-4-14 和图 3-4-15 所示。

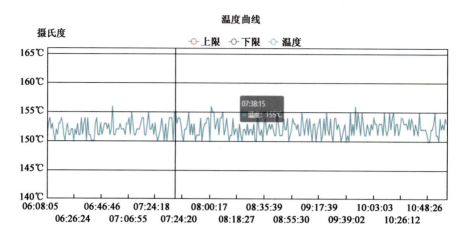

图 3-4-11　温度曲线

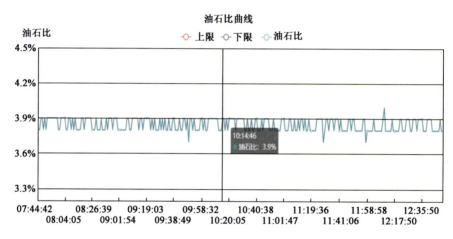

图 3-4-12　油石比曲线

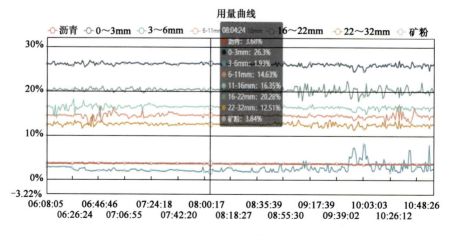

图 3-4-13　材料用量曲线

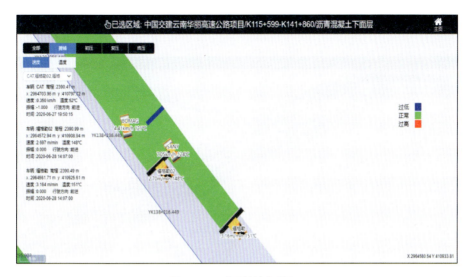

图 3-4-14　路面摊铺实时显示

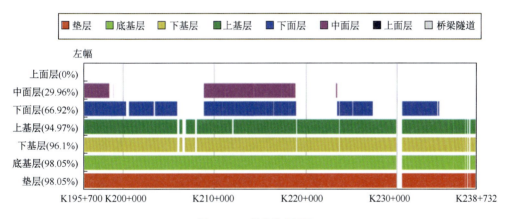

图 3-4-15　摊铺进度显示

系统运用北斗高精度定位设备、红外温度传感器,采集摊铺行进轨迹、速度、沥青混合料温度信息,并回传到后台控制中心,对沥青摊铺环节进行质量监控。

3)公路路面连续压实系统

系统采用北斗高精度定位技术和压实传感器监测技术,通过软件的实时处理能准确获知压路机钢轮的三维位置及钢轮的振动量,以数字化、图像化的方式实时记录、显示压路机的行进方向、行进速度、振动压实值、压实遍数等信息,从而引导施工。

压实系统采用实时动态差分定位技术和压实传感器监测技术,实时获取厘米级位置信号和压实传感器实时检测振动压实值信号,通过控制器局域网络(CAN)传输到控制箱,控制箱实时记录并处理这些信息,同时保存碾压原始数据,达到碾压过程控制和数据可追溯的目的。

通过实时图像显示,终端驾驶员能看到压实遍数、振动压实值和行驶速度,如图 3-4-16 和图 3-4-17 所示。安装在驾驶室的控制箱能实时处理获取的三维位置坐标和压实传感器实时监测的振动压实值,并以图形、数值等方式实时显示碾压区域的振动压实值、压实遍数、行进速度、振动频率和幅度等信息。引导施工人员进行碾压作业,为现场管理人员提供可视化的碾压质量视图。

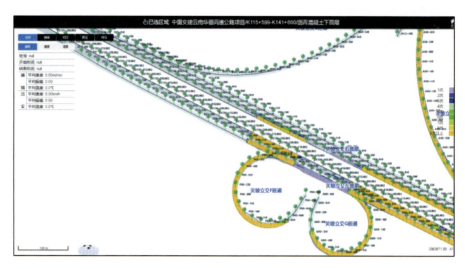

图 3-4-16　压路机实时碾压施工(8 遍以上)

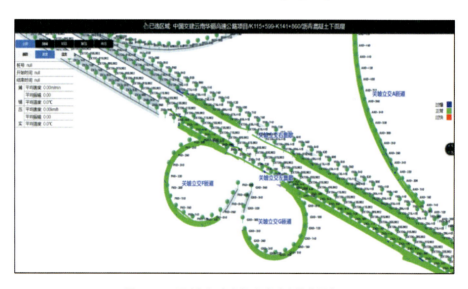

图 3-4-17　压路机行驶速度(绿色为合格范围内)

压实系统通过对碾压数据报告统计图表分析,找出施工中存在的薄弱环节,及时采取有效措施,这将显著提高施工质量、管理水平及作业效率。

4)沥青路面智能施工系统

沥青路面智能施工系统运用大数据的工程全寿命周期信息传递理念,结合试验室管理、原材料管理,实时监管路面面层生产施工质量,通过对沥青面层的拌和—运输—摊铺—碾压各环节数据的采集、分析、评价、预警、处置,形成全流程闭合管理模式,并上传于 BIM 协同管理平台和智慧工地综合管理平台,基于各质量分析模块,多维度评价路面施工质量,提升路面建设管理和养护管理智能化水平。该系统(图 3-4-18)能实现混合料的原材料,配合比,温度(沥青混合料的拌和、摊铺、碾压各阶段),碾压,各类试验数据(油石比、配合比等)的实时数据监控,使其与最终试验数据相闭合。

图 3-4-18　沥青路面智能施工系统

5)软件开发

在搭建系统平台的同时开发对应的手机客户端软件(APP),软件版本支持市场主流的 Android(安卓)和 iOS(苹果)两大手机操作系统,根据手机系统环境(如手机性能、屏幕尺寸等)对用户界面(UI)和系统功能进行适当的优化。开发手机 APP 可以提高管控系统使用的便利性,进一步提升管控系统的用户体验。

### 4.3.3　技术结论

1)技术评价

(1)本项目通过路面智能管控系统的研究、实施,明确了沥青路面质量管控是路面质量控制的关键手段。传统检测手段存在覆盖面窄和反馈滞后的缺点,随着物联网技术的发展,已经实现硬件设备与互联网相连接,并进行信息交换和通信,实现采集参数的智能化识别、监控和管理工作。本项目在研究路面施工质量管控措施时引入物联网技术,进行施工智能管控技术的研究,研究结果表明,该技术可实现对沥青路面关键施工参数的采集和分析,能实现实时预警和管理,有效控制沥青路面的施工质量。

(2)智能化管控系统可以减少技术人员的投入,节约成本。所有数据都能通过 APP 或者网页直接观看,直观且有效地反映我们需要的数据,使现场人员可以更快捷地作出决定,了解施工质量控制情况,做到心中有数。

(3)由于可以监控压路机的碾压速度,当速度达到极限值时仪器就会报警通知管理人员与操作人员,该方式提高了现场的施工安全。

2)经验总结

(1)因本项目桥隧比例占全线的 75%,地处高山地区,大部分地区无法使用该智能管控系统,导致数据采集、传输以及分析手段受到限制,沥青路面施工过程中存在许多监管盲区,不能及时发现施工问题从而导致沥青路面质量不能得到 100% 的控制。因此,在平原地带可以更好且有效地使用该智能管控系统,还可开发应用无人驾驶等新型技术,为以后的施工、科研创新奠定坚实的基础。

(2)路面智能管控系统在应用中的确可以为施工带来便捷,但还是需要安排专人对数据进行整理及分析,通过分析数据对施工质量有整体的掌握。虽然该技术暂时还不够成熟,但对施工管控大有裨益。

## 4.4 无人机辅助消防高位水池及管线定位技术

### 4.4.1 技术原理与工程背景

云南华丽高速公路项目地处云贵高原西北部,属横断山脉地形,地表崎岖、群山连绵,高原峡谷、山地、河谷平原和山间盆地相互交错,全线共有17条隧道,其中15条隧道需要设置消防高位水池。项目对消防初步设计图纸进行审查,发现消防高位水池位置部分设置不合理。隧道洞口通常处于高山峡谷地带,地势陡峭、森林茂盛、人迹罕至、通行不便,而消防高位水池需设置在洞口上方50m等高线以上位置(小于70m),传统人工实时差分定位(RTK)非常不便。而基于无人机的地理信息采集技术具有采集方便、定位精确、响应迅速的特点,为其在隧道消防高位水池及管线定位提供了科学的解决方案。

大疆精灵4RTK搭载2000万像素高清摄像头,集成RTK模块,可从隧道口土建单位控制点起飞至洞口高程50m以上空中,初步寻找适合高位水池修建位置及便道情况。根据初步选择位置,利用无人机规划航线,进行倾斜摄影测量,通过移动RTK及高清摄像头采集洞口上方带有GPS数据信息的影像数据,运用Context Capture软件工具生成三维实景模型,建模过程中将像控点的坐标系导入,完成空中三角测量,生成的模型精度指标低于5cm。通过清华山维EPS软件生成洞口地形图,利用计算机辅助设计功能在地形图上进行精确解析管道定位,最后经过放样确定实地位置。

### 4.4.2 施工流程

利用无人机进行定位,比传统人工RTK定位优势更大。因为在山区峡谷中,人工作业效率低、风险高、且行动不便,且在视野受限的情况下难以对隧道口上方全貌有清晰的判断,水池定位选址通常依据经验,很难结合洞口实际地形、地质、高程、距离及便道等实际情况作出科学的判断。此外,如果采用谷歌地图照片,通常会因为清晰度不高、更新不及时,导致采集到的数据缺乏全面性和科学性,而现场数据的准确性最终又将影响到水池定位的准确性。而利用无人机进行定位相比传统的测绘方法具有工作量小、安全性高、时间快、精度高、成本低等优点。无人机辅助消防高位水池及管线定位技术施工工艺流程如图3-4-19所示。

### 4.4.3 施工工艺

1)施工准备

(1)坐标系确定

施工作业前首先应确定土建单位坐标系及高程系统,以便于后期在三维模型中导入控制点的坐标及高程。地心坐标系:ITRF97 框架,2000.0 历元。工程独立坐标系:高斯正形投影,中央子午线为 100°20′,投影面高度为大地高 1650m。高程系统:1985 国家高程基准。

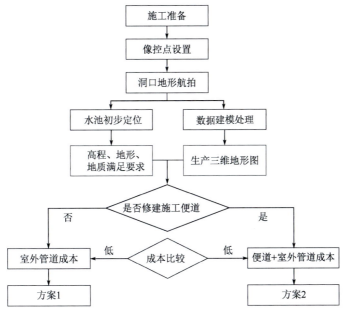

图 3-4-19　消防高位水池及管线定位工艺流程图

(2) 现场考察

现场考察主要内容包括:作业区域内飞行空域情况;作业区域长度、宽度;作业区域地形延展形状及地形状况;作业区域植被覆盖情况;作业区域天气情况;作业区域隧道口附近土建控制点位置。

2) 像控点设置

为了后期处理得到高精度的倾斜三维模型,应进行像控点测量。像控点采用 GPS RTK 进行,应优先选取飞行区域明显的地物特征点,如道路交叉点、明显建筑物拐点等,同时也可以自己布设像控点标志。像控点选取应均匀,并覆盖整个飞行区域。应根据土建单位在隧道口设置的坐标控制点,利用 RTK 设备在飞行航线上布置不少于 4 个像控点(坐标、高程控制点),每个像控点应制作点位的局部影像放大图电子文档,放大图中应能清楚识别确切的点位,以便内业加密时判别具体位置。

3) 洞口地形航拍

启动 DJI GO 与 Altizure 软件进行三维航线规划,选择航高 100m、飞行速度 6m/s、航向重叠 70%、旁向重叠 60%、相机俯仰设置为 45°;航线设置完成后,无人机自动执行数据采集任务。当飞行完一条航线后,无人机会悬停在航线终点,Altizure 软件里会自动弹出询问窗口,根据电池电量来决定是否直接开始下一条航线或是自动返航。无人机飞行拍摄的照片存储于无人机机身存储卡(SD 卡)中,航拍任务完成后将照片拷贝到电脑中进行后续数据处理(图 3-4-20)。

4) 水池初步定位

根据航拍影像,专业人员初步寻找洞口高程 50m 等高线以上地形相对平整、林木较稀疏、附近无滑坡体、位置离洞口距离相对较近、附近有可利用现场道路或只需修建少量施工便道（视现场情况可能没有）的点位,该点位初步确定为水池修建位置。

5）数据建模处理

运行 Context Capture Master 模块,添加要建模的无人机照片,照片添加完成后,读取照片位置信息、检查照片文件。检查照片完成、添加像控点后,提交空三运算。空三运算结束后,生成 OSGB 格式的三维网格模型（图 3-4-21）。通过 DP-Modeler 软件进行模型修复,最终得到高精度、高分辨率的三维实景模型。

图 3-4-20　洞口地形航拍

图 3-4-21　CAD 地形图

清华山维 EPS 软件可生成数字线画图,导出 AutoCAD 文件,方便后期通过 AutoCAD 计算施工便道土石方开挖工程量。

6）方案比选

消防水池及管道走向定位的基本原则是在符合设计高程的前提下满足施工综合成本最低。高位水池修建需要大量使用钢筋、混凝土等材料,水池开挖需要大型施工机械,而人力、骡马搬运施工效率低、工期长、成本高、不建议使用。

在进行水池定位时,首先在初步定位的基础上,通过三维实景模型计算出洞口至初步定位位置（消防管道及施工便道）的路由长度;其次通过 EPS 软件生成地形图用于计算施工便道的土石方开挖量,准确计算修建施工便道成本;然后对比不同定位点的室外管道成本与修建便道成本,选择成本最低的定位点方案作为消防水池的最终定位位置。对于修建在林区的消防高位水池,不应对树木进行大规模的砍伐,造成严重的生态破坏,致使审批手续难以办理。因此水池定位时应充分利用现有道路,尽量减少施工便道的修建。

通过无人机辅助进行消防水池和管线的定位,本项目减少了一座消防水池,使用一个水池同时给两条隧道供水。本项目在适量增加室外管线长度的前提下,对 8 座水池的设置位置进行了优化,尽量减少施工便道的修建。不但很好地保护了生态环境,还降低了高位水池修建的难度及综合成本。

采用无人机辅助消防水池和管线的定位技术,可以节省大量的人力、工期和成本,在隧道较多的公路机电项目中可大规模推广使用。

# 第 4 篇
# 科研篇

SHANQU QIAOSUI JIQUN GAOSU GONGLU JIANSHE
GUANJIAN JISHU YU GUANLI

山区桥隧集群高速公路建设
关键技术与管理

# 第1章　山区峡谷特大悬索桥技术创新研究

## 1.1 创新技术研究概况

金安金沙江大桥主跨为1386m,是世界最大跨径山区钢桁梁悬索桥,采用单跨板桁结合加劲梁。面对建设条件复杂、技术难度高等特点,建设单位联合设计、施工、制造、科研单位组成产学研用联合研发团队,开展了结构体系、关键结构、装备研发和施工技术等课题研究。课题设置情况见表4-1-1。

课题设置简介　　　　　　　　　　　　　表4-1-1

| 子课题名称 | 专题名称 | 所属领域 |
| --- | --- | --- |
| 子课题一:高烈度深切峡谷区超大跨钢桁梁悬索桥结构体系研究 | 专题1:高烈度超大跨钢桁梁悬索桥静动力性能研究 | 结构体系 |
| | 专题2:深切峡谷区超大跨钢桁梁悬索桥抗风性能试验研究 | |
| 子课题二:高烈度深切峡谷区超大跨钢桁梁悬索桥关键结构研究与应用 | 专题3:全熔透焊板桁结合加劲梁抗疲劳性能研究 | 关键结构 |
| | 专题4:超大跨钢桁梁悬索桥铺装性能提升关键技术研究 | |
| | 专题5:深切峡谷区双隧道锚及隧道群洞设计及施工关键技术研究 | |
| 子课题三:深切峡谷区1500m级缆索起重机智能化系统研发及应用 | 专题6:1500m级缆索起重系统设计与架设技术研究 | 智能装备 |
| | 专题7:1500m级缆索起重机智能化施工控制系统研发 | |
| 子课题四:高烈度深切峡谷区超大跨钢桁梁悬索桥施工关键技术研究 | 专题8:钢桁梁悬索桥超高桥塔横梁施工关键技术研究 | 施工技术 |
| | 专题9:钢桁梁拼装及吊装施工关键技术研究 | |
| | 专题10:施工步道及主缆架设施工关键技术研究 | |

在结构体系方面,针对深切峡谷区 $-5°$ 的主要风攻角条件,基于室内风洞模型试验,创新性地提出采用"$1.5H$、下移 $0.7H$($H$ 为护栏高)的分离式倾斜下稳定板"作为桥梁颤振优化设计方案,解决大风攻角柔性结构体系抗风稳定性难题。主桥缆梁间纵向设置中央扣体系,保证了高烈度地区大跨柔性悬索桥静动力性能。

在关键结构方面,金安金沙江大桥是国内首座在设计阶段提出 U 肋全熔透焊桥面板的桥梁,也是国内首次在全桥应用了全熔透焊技术,形成了全熔透焊接效果检测工艺及验评检测标准。疲劳性能试验揭示了全熔透焊接构造疲劳破坏特性及发展规律,疲劳寿命达到以往单面坡口熔透焊接构造的2倍,科学评估并验证了全熔透焊桥面板使用寿命。首次开发并应用了基于高弹苯乙烯—丁二烯—苯乙烯(SBS)改性沥青的抗紫外老化改性剂,显著提高高弹沥青玛蹄脂碎石混合料(SMA)的抗紫外老化能力,延长了铺装磨耗层的使用寿命。

在装备研发方面,金安金沙江大桥设计研发并应用了世界山区桥梁建设领域最大跨径缆索起重机,实现了集单侧集中控制系统、装配式跑车、开合式支索器等于一体的1500m级悬索桥缆索起重装备运用和快速安装,开发了分布式多元化数据采集、缆索起重机状态实时监测、自动预警等功能的智能可视控制系统,经济和社会效益显著。在施工技术方面,金安金沙江大桥为国内首次在两岸隧道锚悬索桥工程中设计并采用锚室内循环牵引系统,填补该领域主缆施工经验的空白;成功运用基于BIM的钢桁梁虚拟预拼装技术,形成了深切峡谷区板桁结合加劲梁拼装及安装成套工艺,优化了上横梁牛腿托架和下横梁落地支架设计方案,不仅节约了钢材的投入,而且大大缩短了施工工期,为大桥提前通车奠定基础。

下面重点围绕具有较好创新性的深切峡谷区超大跨钢桁梁悬索桥抗风性能试验研究、全熔透焊板桁结合加劲梁抗疲劳性能研究、超大跨钢桁梁悬索桥铺装性能提升关键技术研究、1500m级缆索起重系统设计与架设技术研究、1500m级缆索起重机智能化施工控制系统研发、施工步道及主缆架设施工关键技术研究等内容进行详细介绍。

## 1.2 高烈度超大跨钢桁梁悬索桥静动力性能研究

### 1.2.1 研究背景

在悬索桥中央设置加劲梁和主缆中央扣可有效提高悬索桥刚度,目前加劲梁与主缆连接形式主要有3种:(1)柔性中央扣,在跨中架设一对或多对斜、直吊索等;(2)刚性中央扣,固定加劲梁与主缆的跨中位置,用刚性三角桁架进行固定;(3)无中央扣,主缆直接与加劲梁连接。目前,欧美国家经常利用刚性中央扣。本节基于MIDAS平台,以金安金沙江大桥工程为依托,开展悬索桥的动力特性进行研究,重点研究中央扣对超大跨径悬索桥静力性能的影响。

### 1.2.2 结构静动力响应分析

缆梁间约束体系主要研究中央扣对超大跨径悬索桥静力性能的影响,首先需确定中央扣合理的初拉力等关键参数,在此基础上分析超大跨径悬索桥结构体系在各种可能工况下的响应,与不设置中央扣时相应的响应进行对比分析,以确定缆梁间设置中央扣的作用。在跨中两侧分别设置6对柔性中央扣,中央扣采用与吊杆相同的材料,若中央扣采用强度为1860MPa,在百年风荷载作用下,取3倍安全系数。金安金沙江大桥有限元数值模型如图4-1-1所示。

有无设置中央扣的梁端位移对比与塔底弯矩对比分别如图4-1-2与图4-1-3所示。

综合来看,缆梁间纵向设置中央扣体系是适宜的结构体系。此外,根据建立的动力计算模型,进行了结构动力特性分析,前10阶振型的频率和振型特征见表4-1-2。

图 4-1-1　金安金沙江大桥有限元模型

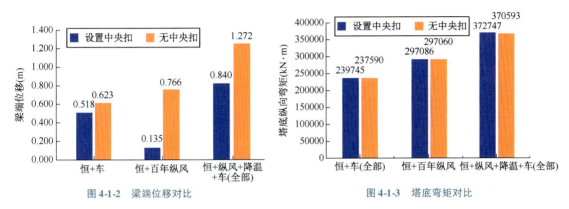

图 4-1-2　梁端位移对比　　　　　　　　图 4-1-3　塔底弯矩对比

前 10 阶振型特征　　　　　　　　　　表 4-1-2

| 振型顺序 | 周期(s) | 频率(Hz) | 振型描述 |
| --- | --- | --- | --- |
| 1 | 20.178 | 0.050 | 主跨对称侧向振动 |
| 2 | 10.530 | 0.095 | 主跨反对称竖向振动+加劲梁纵向振动 |
| 3 | 8.286 | 0.121 | 主跨1阶竖向振动 |
| 4 | 7.165 | 0.140 | 主跨对称竖向振动 |
| 5 | 5.304 | 0.189 | 主跨反对称侧向振动 |
| 6 | 5.128 | 0.195 | 主缆对称侧向振动 |
| 7 | 5.108 | 0.196 | 主缆对称2阶侧向振动 |
| 8 | 4.936 | 0.203 | 主跨2阶竖向振动 |
| 9 | 4.845 | 0.206 | 主缆反对称侧向振动 |
| 10 | 4.752 | 0.210 | 主跨1阶扭转振动 |

将设置中央扣与不设置中央扣时悬索桥动力特性进行对比，跨中缆梁间设置柔性中央扣后，主跨侧弯及抗扭变化趋势见表 4-1-3。数据分析结果表明，中央扣提高了结构的反对称扭转刚度，扭转频率提高了 8%。

有无中央扣体系结构动力特性对比　　　　　　表 4-1-3

| 主要振型 | 频率(Hz) | |
| --- | --- | --- |
| | 无中央扣 | 有中央扣 |
| 一阶侧弯 | 0.050(1) | 0.050(1) |
| 一阶扭转(正对称) | 0.210(11) | 0.210(10) |
| 一阶扭转(反对称) | 0.254(14) | 0.274(14) |

### 1.2.3 结构地震响应反应谱分析结果

在进行金安金沙江大桥全桥反应谱分析时,利用前述分析动力特性所采用的结构有限元模型,输入50年3%(E2水准)超越概率下的加速度反应谱,对结构进行反应谱分析,取前800阶振型,按完全二次振型(CQC)进行组合。地震输入采用两种方式:①纵向+竖向;②横向+竖向,方向组合采用平方和开平方根(SRSS)方法。

计算按两个工况进行:50年超越概率3%纵向+竖向反应谱分析;50年超越概率3%横向+竖向反应谱分析。计算得知,设置中央扣与不设置中央扣时华坪侧与丽江侧关键位置反应谱结果对比见表4-1-4和表4-1-5。

有无中央扣体系华坪侧反应谱结果对比    表4-1-4

| 关键位置 | 无中央扣 | | 有中央扣 | |
| --- | --- | --- | --- | --- |
| | 纵向 | 横向 | 纵向 | 横向 |
| 塔底弯矩(kN·m) | 2166177 | 881793 | 1923827 | 897703 |
| 梁端位移(m) | 0.630 | 0.063 | 0.300 | 0.063 |
| 支座位移(m) | 0.551 | 0.010 | 0.207 | 0.010 |

有无中央扣体系丽江侧反应谱结果对比    表4-1-5

| 关键位置 | 无中央扣 | | 有中央扣 | |
| --- | --- | --- | --- | --- |
| | 纵向 | 横向 | 纵向 | 横向 |
| 塔底弯矩(kN·m) | 1714749 | 515217 | 1668761 | 553579 |
| 梁端位移(m) | 0.630 | 0.026 | 0.300 | 0.027 |
| 支座位移(m) | 0.620 | 0.010 | 0.275 | 0.010 |

设置中央扣后,华坪侧纵向塔底弯矩减小11.2%,梁端位移减小52.4%,支座位移减小62.4%,横向影响不明显;丽江侧纵向塔底弯矩减小2.7%,梁端位移减小52.4%,支座位移减小55.6%,横向影响不明显。

### 1.2.4 结构地震响应时程分析结果

为与反应谱分析方法进行比较,在前述动力特性分析所采用的线弹性有限元结构模型基础上进行时程分析。对此模型输入前述50年3%超越概率下的加速度时程,地震输入方式为:①纵向+竖向;②横向+竖向。

(1)50年超越概率3%纵向+竖向地震作用

在50年超越概率3%纵向+竖向地震作用下,主塔截面的地震响应最大值见表4-1-6,关键位置位移见表4-1-7,支座位移见表4-1-8。

(2)50年超越概率3%横向+竖向地震作用

在50年超越概率3%横向+竖向地震作用下,主塔截面的地震响应最大值见表4-1-9,关键位置位移见表4-1-10,支座位移见表4-1-11。

**主塔截面的地震响应最大值** 表 4-1-6

| 截面位置 | | 轴力(kN) | 横向剪力(kN) | 纵向剪力(kN) | 纵向弯矩(kN·m) | 横向弯矩(kN·m) |
|---|---|---|---|---|---|---|
| 华坪侧 | 上横梁上 | 26306 | 2344 | 27186 | 318522 | 21363 |
| | 上横梁下 | 40447 | 2754 | 23538 | 402763 | 33858 |
| | 下横梁上 | 122070 | 2209 | 32902 | 671481 | 65370 |
| | 下横梁下 | 135326 | 2477 | 39634 | 774858 | 44620 |
| | 塔底 | 163074 | 3312 | 51745 | 2910244 | 44313 |
| | 承台底 | 129738 | 11276 | 65543 | 3320498 | 398870 |
| 丽江侧 | 上横梁上 | 26372 | 2170 | 28028 | 312042 | 19528 |
| | 上横梁下 | 34498 | 2943 | 26062 | 412204 | 33056 |
| | 下横梁上 | 95118 | 2673 | 38133 | 1340076 | 45883 |
| | 下横梁下 | 100094 | 2281 | 52460 | 1447518 | 34303 |
| | 塔底 | 107145 | 3268 | 51771 | 2109863 | 33844 |
| | 承台底 | 159522 | 10418 | 67644 | 2549140 | 72005 |

**关键位置位移**(单位:m) 表 4-1-7

| 位置 | 纵向 | 横向 | 竖向 |
|---|---|---|---|
| 华坪侧塔顶 | 0.143 | 0.001 | 0.016 |
| 丽江侧塔顶 | 0.069 | 0.001 | 0.010 |
| 华坪侧梁端 | 0.452 | 0.000 | 0.009 |
| 加劲梁跨中 | 0.441 | 0.001 | 0.248 |
| 丽江侧梁端 | 0.453 | 0.001 | 0.004 |

**支座位移**(单位:m) 表 4-1-8

| 位置 | 纵向位移 | 横向位移 |
|---|---|---|
| 华坪侧支座 | 0.461 | 0.001 |
| 丽江侧支座 | 0.462 | 0.001 |

**主塔截面的地震响应最大值** 表 4-1-9

| 截面位置 | | 轴力(kN) | 横向剪力(kN) | 纵向剪力(kN) | 纵向弯矩(kN·m) | 横向弯矩(kN·m) |
|---|---|---|---|---|---|---|
| 华坪侧 | 上横梁上 | 15452 | 8057 | 5106 | 59289 | 64078 |
| | 上横梁下 | 63189 | 14030 | 3146 | 72079 | 608045 |
| | 下横梁上 | 119514 | 24488 | 3042 | 142818 | 975959 |
| | 下横梁下 | 150541 | 32969 | 2967 | 137083 | 784897 |
| | 塔底 | 167096 | 48454 | 8598 | 230982 | 1534499 |
| | 承台底 | 154641 | 104968 | 9147 | 275290 | 1913312 |

续上表

| 截面位置 | | 轴力(kN) | 横向剪力(kN) | 纵向剪力(kN) | 纵向弯矩(kN·m) | 横向弯矩(kN·m) |
|---|---|---|---|---|---|---|
| 丽江侧 | 上横梁上 | 17327 | 9419 | 2013 | 26949 | 71132 |
| | 上横梁下 | 69252 | 15594 | 2184 | 31430 | 621538 |
| | 下横梁上 | 122296 | 36975 | 4827 | 64637 | 1293431 |
| | 下横梁下 | 138327 | 44566 | 6923 | 69127 | 317233 |
| | 塔底 | 144407 | 48210 | 6000 | 158835 | 1037653 |
| | 承台底 | 171206 | 81398 | 10852 | 224658 | 1399950 |

关键位置位移(单位:m)　　　　　　　　　　　　　　　　表4-1-10

| 位置 | 纵向 | 横向 | 竖向 |
|---|---|---|---|
| 华坪侧塔顶 | 0.046 | 0.427 | 0.015 |
| 丽江侧塔顶 | 0.027 | 0.351 | 0.014 |
| 华坪侧梁端 | 0.059 | 0.088 | 0.008 |
| 加劲梁跨中 | 0.059 | 1.570 | 0.273 |
| 丽江侧梁端 | 0.060 | 0.053 | 0.004 |

支座位移(单位:m)　　　　　　　　　　　　　　　　表4-1-11

| 位置 | 纵向位移 | 横向位移 |
|---|---|---|
| 华坪侧支座 | 0.078 | 0.018 |
| 丽江侧支座 | 0.106 | 0.020 |

(3)关键位置时程结果比较

有无中央扣体系华坪侧与丽江侧时程结果对比见表4-1-12与表4-1-13。

有无中央扣体系华坪侧时程结果对比　　　　　　　　　　表4-1-12

| 关键位置 | 无中央扣 | | 有中央扣 | |
|---|---|---|---|---|
| | 纵向 | 横向 | 纵向 | 横向 |
| 塔底弯矩(kN·m) | 3687939 | 1924054 | 2910244 | 1534499 |
| 梁端位移(m) | 0.895 | 0.353 | 0.452 | 0.088 |
| 支座位移(m) | 1.020 | 0.018 | 0.461 | 0.018 |

有无中央扣体系丽江侧时程结果对比　　　　　　　　　　表4-1-13

| 关键位置 | 无中央扣 | | 有中央扣 | |
|---|---|---|---|---|
| | 纵向 | 横向 | 纵向 | 横向 |
| 塔底弯矩(kN·m) | 2360444 | 1423102 | 2109863 | 1037653 |
| 梁端位移(m) | 0.895 | 0.425 | 0.453 | 0.053 |
| 支座位移(m) | 0.993 | 0.020 | 0.462 | 0.020 |

设置中央扣后,华坪侧纵向塔底弯矩减小 21.1%,梁端位移减小 49.5%,支座位移减小 54.8%;横向塔底弯矩减小 20.2%,梁端位移减小 75.1%,支座位移无变化。丽江侧纵向塔底弯矩减小 10.6%,梁端位移减小 49.4%,支座位移减小 53.5%;横向塔底弯矩减小 27.1%,梁端位移减小 87.5%,支座位移无变化。

### 1.2.5 结论

以金安金沙江大桥为研究对象,考虑恒载、活载、温度及风荷载作用,开展了静力作用下缆梁间约束体系研究,分析了最不利荷载作用下不同类型的中央扣方案对桥梁关键构件受力及变形影响规律,得出如下结论:

(1)地震响应反应谱分析中,设置中央扣后,华坪侧纵向塔底弯矩减小 11.2%,梁端位移减小 52.4%,支座位移减小 62.4%,横向影响不明显;丽江侧纵向塔底弯矩减小 2.7%,梁端位移减小 52.4%,支座位移减小 55.6%,横向影响不明显。

(2)地震响应时程分析中,设置中央扣后,华坪侧纵向塔底弯矩减小 21.1%,梁端位移减小 49.5%,支座位移减小 54.8%;横向塔底弯矩减小 20.2%,梁端位移减小 75.1%,支座位移无变化。丽江侧纵向塔底弯矩减小 10.6%,梁端位移减小 49.4%,支座位移减小 53.5%;横向塔底弯矩减小 27.1%,梁端位移减小 87.5%,支座位移无变化。

(3)分析结果表明,缆梁间纵向设置中央扣体系是适宜的结构体系。

## 1.3 深切峡谷区超大跨钢桁梁悬索桥抗风性能试验研究

### 1.3.1 研究背景

桁架梁是大跨度悬索桥较常采用的一种断面形式,桁架断面具有抗扭刚度大、透风率高及方便在运输困难地区施工等优点,我国在山区峡谷地区修建了多座桁架悬索桥,如矮寨大桥、四渡河大桥、坝陵河大桥等。由于山地地形起伏影响,气流可能呈波浪状,自然风的非平稳特性将对桥梁结构产生非常不利影响,因此开展山区钢桁梁悬索桥抗风性能试验研究具有重要工程价值,本书旨在开展颤振、涡振、驰振及全桥气弹模型风动试验研究。

### 1.3.2 颤振风洞试验及性能优化措施

颤振是一种发散性的自激振动,当来流达到临界风速时,振动的桥梁通过气流的反馈作用不断从风中吸取能量,从而使振幅逐步增大,直至结构破坏。抗风设计要求桥梁的颤振临界风速必须高于相应的检验风速。

1)颤振风洞试验

本项试验是通过加劲梁动力节段模型风洞试验,测试加劲梁在不同攻角下发生颤振的临界风速,从而对该桥的气动性能进行初步评估,避免在颤振检验风速范围内出现发散性的颤振,必要时提出改善气动性能的建议。

(1)动力模型节段系统

试验在西南交通大学 XNJD-1 工业风洞第二试验段中进行,该试验段设有专门进行桥梁节段模型动力试验的装置。动力试验所用的节段模型由 8 根拉伸弹簧悬挂在支架上,形成可竖向运动和绕模型轴线转动的二自由度振动系统。试验支架置于洞壁外,以免干扰流场。

(2)系统参数设置

采用直接测量法进行颤振试验时,要求模型系统满足动力节段模型的相似律,即要求模型与原型(实桥)之间保持三组无量纲参数一致,即弹性参数 $\frac{U}{f_h B}$、$\frac{U}{f_\alpha B}$,惯性参数 $\frac{m}{\rho B^2}$、$\frac{I_m}{\rho B^4}$,阻尼参数 $\zeta_h$、$\zeta_\alpha$。其中,$U$ 为风速;$B$ 为桥面宽度;$f_h$、$f_\alpha$ 分别为竖向振动频率和扭转振动频率;$m$ 为单位长度质量;$I_m$ 为单位长度质量惯性矩;$\zeta_h$、$\zeta_\alpha$ 分别为竖向阻尼比和扭转阻尼比;$\rho$ 为空气密度。

模型系统试验参数详见表 4-1-14,可见模型系统较好地满足了模型试验相似准则的要求。

颤振风洞试验参数                                  表 4-1-14

| 参数名称 | 符号 | 单位 | 缩尺比 | 实桥值 | 模型要求值 | 模型实现值 |
|---|---|---|---|---|---|---|
| 板桁高 | $H$ | m | 1/41.8491 | 12.1205 | 0.2896 | 0.2896 |
| 桥面宽度 | $B$ | m | 1/41.8491 | 27.5 | 0.6571 | 0.6571 |
| 单位长度质量 | $m$ | kg/m | $1/41.8491^2$ | 27050 | 15.445 | 15.456 |
| 单位长度质量惯矩 | $I_m$ | kg·m²/m | $1/41.8491^4$ | 3665000 | 1.195 | 1.198 |
| 回转半径 | $r$ | m | 1/41.8491 | 11.640 | 0.278 | 0.278 |
| 竖向振动频率 | $f_h$ | Hz | — | 0.1330 | — | 1.570 |
| 竖向阻尼比 | $\zeta_h$ | % | 1 | — | 0.5% | 0.692% |
| 扭转振动频率 | $f_\alpha$ | Hz | — | 0.2677 | — | 3.165 |
| 扭转阻尼比 | $\zeta_\alpha$ | % | 1 | — | 0.5% | 0.488% |
| 扭弯频率比 | $\varepsilon$ | | 1 | 2.0128 | — | 2.0159 |

注:表中质量及质量惯性矩均为等效质量和等效质量惯性矩。

(3)颤振临界风速测定

本试验通过直接测量法测定成桥状态加劲梁节段模型在不同工况下的颤振临界风速,并通过风速比(模型试验风速与实桥自然风速之比)推算出实桥的颤振临界风速,本次试验风速比为 3.54。

对桥梁原始断面分别进行了 $\alpha = 0°$、$\pm 3°$、$\pm 5°$ 五种攻角情况下的试验,试验来流为均匀流。试验表明该桥梁加劲梁原始断面在 -5°、-3° 和 +3° 风攻角下的颤振临界风速小于相应的颤振检验风速(实桥风速依次为 54.9m/s、56.6m/s、46.7m/s;成桥状态风速依次为 61.6m/s、61.6m/s、47.1m/s),在 0° 和 +5° 风攻角下的颤振临界风速大于颤振临界风速且有一定富余量。这表明该桥加劲梁存在较大发生颤振的可能性,故需考察不同气动优化措施对该桥梁断面气动性能的影响,并考虑设置气动优化措施以提升该桥梁断面的气动性能。

2)优化措施

利用气动措施提高桥梁的颤振稳定性具有简单方便、效果显著等优势,应用广泛。本方案气动性能优化措施主要考虑中央上稳定板、中央下稳定板、分离式倾斜下稳定板等的作用。由于原始断面在-5°、-3°和+3°攻角下颤振临界风速均小于颤振检验风速,而气动优化措施具有较明显的攻角效应,故单一优化措施可能无法保证原始断面在各个风攻角下颤振临界风速均大于颤振检验风速,本次试验还考察了多种气动优化措施组合的效果。

(1)中央上稳定板

试验结果见表4-1-15,可知:中央稳定板对较小攻角的气动性能有所提升,但对±5°的颤振临界风速均有削弱。对比三种高度稳定板的结果,可知随着高度的增加,中央上稳定板对正攻角颤振性能的提升更明显,但对负攻角颤振性能的削弱作用也更显著。

中央封槽对颤振临界风速的影响(单位:m/s)　　　　　表4-1-15

| 工况描述 | | -5° | -3° | 0° | +3° | +5° |
|---|---|---|---|---|---|---|
| 原始断面 | | 54.9 | 54.9 | 60.2 | 46.7 | 55.9 |
| 中央上稳定板(高度H) | | 51.7 | 66.9 | 72.6 | 55.6 | 46.4 |
| 中央上稳定板(高度1.2H) | | 48.1 | — | — | — | 59.1 |
| 中央上稳定板(高度1.5H) | | 42.5 | — | — | — | — |
| 0.5H中央下稳定板 | 中央上稳定板(高度H) | — | — | — | — | 44.6 |
| | 中央上稳定板(高度1.2H) | 53.1 | — | — | — | 51.7 |
| | 中央上稳定板(高度1.5H) | 46.0 | — | — | — | 53.5 |

注:"—"为未进行该工况的试验;H为防撞护栏高实桥高度,分别为1.5m、3m、4.5m。

(2)中央下稳定板

试验结果见表4-1-16,可知:中央下稳定板的存在对气动性能提高有利,尤其对负攻角的颤振临界风速提高特别显著。对比三种高度稳定板的结果,可知随着高度的增加,中央上稳定板对正攻角颤振性能的提升更明显,但对负攻角颤振性能的削弱作用也更显著。

中央下稳定板对颤振临界风速的影响(单位:m/s)　　　　　表4-1-16

| 工况描述 | | -5° | -3° | 0° | +3° | +5° |
|---|---|---|---|---|---|---|
| 原始断面 | | 54.9 | 54.9 | 60.2 | 46.7 | 55.9 |
| H中央上稳定板 | 无下稳定板 | 51.7 | 66.9 | 72.6 | 55.6 | 46.4 |
| | 0.5H下稳定板 | — | — | — | — | 44.6 |
| | H下稳定板 | — | >70.8 | >70.8 | 45.0 | — |
| | 1.5H下稳定板 | — | — | — | 42.1 | — |
| 1.2H中央上稳定板 | 无下稳定板 | 48.1 | — | — | — | 59.1 |
| | 0.5H下稳定板 | 53.1 | — | — | — | 51.7 |
| | H下稳定板 | 56.6 | — | — | — | 47.4 |
| | 1.5H下稳定板 | 63.0 | >70.8 | >70.8 | 49.6 | 43.2 |

注:"—"为未进行该工况的试验;H为防撞护栏高实桥高度,分别为0.75m、1.5m、2.25m。

(3)分离式倾斜下稳定板

试验结果见表4-1-17,可知:分离式倾斜下稳定板对原始断面不能满足颤振稳定性要求的攻角情况的气动性能有一定提升,即增大了-5°、-3°和+3°的颤振临界风速,使其满足颤振检验风速的要求,同时略降低了0°和+5°的颤振临界风速,但仍满足颤振检验风速的要求。

分离式倾斜下稳定板对颤振临界风速的影响（单位：m/s）　　　表 4-1-17

| 工况描述 | | −5° | −3° | 0° | +3° | +5° |
|---|---|---|---|---|---|---|
| 原始断面 | | 54.9 | 54.9 | 60.2 | 46.7 | 55.9 |
| 1.5H 分离式倾斜下稳定板（下移距离 0.7H） | | >67.3 | >67.3 | 58.8 | 49.6 | 53.1 |
| 1.2H 上稳定板 | 无 | 48.1 | — | — | — | 59.1 |
| | 1.5H 分离式倾斜下稳定板（下移距离 0.7H） | 66.2 | >70.8 | >70.8 | 51.7 | 48.2 |

注："—"为未进行该工况的试验。

（4）优化方案比选

经过对各种颤振优化措施及其组合的试验，找到两种颤振临界风速满足要求的方案，见表 4-1-17。综合抗风性能、挡风面积等方面的考虑，最终选定设置 1.5H 高的分离式倾斜下稳定板（下移距离 0.7H）为颤振优化方案。

### 1.3.3　涡振风洞试验

当气流绕过物体时，物体两侧及尾流会产生周期性脱落的漩涡，这种周期性的激励会使物体发生限幅振动，这种振动称为涡激振动，通常发生在较低的风速下，其振动形式通常为竖向涡振和扭转涡振。

本项试验是通过加劲梁动力节段模型风洞试验，测试加劲梁在不同攻角下发生涡振的风速区间及其对应的最大振幅，其中模型节段系见本篇 1.3.2 节。

1）系统参数设置及试验装置

模型系统试验参数详见表 4-1-18，可知模型系统较好地满足了模型试验相似准则的要求。

涡振风洞试验参数　　　表 4-1-18

| 参数名称 | 符号 | 单位 | 缩尺比 | 实桥值 | 模型要求值 | 模型实现值 |
|---|---|---|---|---|---|---|
| 板桁高 | $H$ | m | 1/41.8491 | 12.1205 | 0.2896 | 0.2896 |
| 桥面宽度 | $B$ | m | 1/41.8491 | 27.5 | 0.6571 | 0.6571 |
| 单位长度质量 | $m$ | kg/m | $1/41.8491^2$ | 27050 | 15.445 | 15.457 |
| 单位长度质量惯矩 | $I_m$ | kg·m²/m | $1/41.8491^4$ | 3665000 | 1.195 | 1.198 |
| 回转半径 | $r$ | m | 1/41.8491 | 11.640 | 0.278 | 0.278 |
| 竖向振动频率 | $f_h$ | Hz | — | 0.1330 | — | 1.534 |
| 竖向阻尼比 | $\zeta_h$ | % | 1 | — | 0.5% | 0.493% |
| 扭转振动频率 | $f_\alpha$ | Hz | — | 0.2677 | — | 3.125 |
| 扭转阻尼比 | $\zeta_\alpha$ | % | 1 | — | 0.5% | 0.465% |
| 扭弯频率比 | $\varepsilon$ | — | 1 | 2.0128 | — | 2.0372 |

注：表中质量及质量惯性矩均为等效质量和等效质量惯性矩。

试验中采用激光位移传感器测试桥面边缘处的位移响应，两个激光位移传感器固定在节段模型下部一定高度处，对称置于模型中心线两侧。试验中两个激光位移传感器间距为 $L$，两个激光位移传感器测得的桥面位移响应分别为 $H_1$ 和 $H_2$,则模型的竖向位移为 $(H_1+H_2)/2$,扭转角为 $(H_1-H_2)/L$。

2）涡振区间及振幅测定

本试验通过直接测量法测定成桥状态加劲梁节段模型在不同工况下的涡振风速区间及其对应的最大振幅,并通过风速比（模型试验风速与实桥自然风速之比）推算出实桥的涡振起振风速,本试验风速比为 3.59。本试验偏安全地选取竖向和扭转涡振容许振幅的最小值,分别为 0.216m 和 0.543°。

试验结果见表 4-1-19,可知在正攻角工况下,当存在约 6.5m/s 风速时,加劲梁断面达到最大涡振振幅;当存在约 9.2m/s 风速时,加劲梁断面达到最大扭转振幅,但无论是竖向涡振还是扭转涡振,其最大振幅均远小于涡振容许振幅。

涡振试验结果  表4-1-19

| 风攻角 | 最大竖向振幅(mm) | 最大扭转振幅(°) |
|---|---|---|
| -5° | 0.409 | 0.00068 |
| -3° | 0.449 | 0.00063 |
| 0° | 0.439 | 0.00063 |
| +3° | 3.516 | 0.00261 |
| +5° | 4.521 | 0.00803 |

### 1.3.4　驰振风洞试验

1）静力三分力风洞试验

本次静力三分力风洞试验针对颤振优化后所推荐的方案（1.5H 高的分离式倾斜下稳定板,下移距离 0.7H）进行。作用在桥上的静风荷载通常用体轴坐标系和风轴坐标系表示（图4-1-4）。

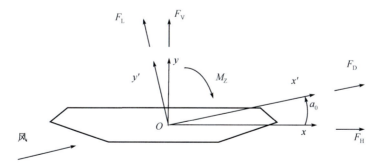

图4-1-4　三分力示意

体轴坐标系下,作用在加劲梁单位长度上的静力风荷载可表示为：
横桥向风荷载（阻力）：

$$F_H = \frac{1}{2}\rho U^2 C'_H(\alpha_0) D \tag{4-1-1}$$

竖向风荷载(升力):

$$F_V = \frac{1}{2}\rho U^2 C'_V(\alpha_0) B \tag{4-1-2}$$

扭转风荷载(力矩):

$$F_M = \frac{1}{2}\rho U^2 C'_M(\alpha_0) B^2 \tag{4-1-3}$$

式中： $\rho$ ——空气密度；

$U$ ——来流平均风速；

$C_H(\alpha_0)$、$C_V(\alpha_0)$、$C_M(\alpha_0)$ ——体轴系下攻角为 $\alpha_0$ 时的三分力系数；

$D$、$B$ ——加劲梁断面的高度和宽度,分别为 12.1205m 和 27.5m。

风轴坐标系下,作用在加劲梁单位长度上的静力风荷载仍可采用式(4-1-1)~式(4-1-3)表达,但三分力系数必须采用风轴坐标系下的三分力系数 $C'_D(\alpha_0)$、$C'_L(\alpha_0)$、$C'_M(\alpha_0)$。

2)驰振稳定性计算

三分力系数在较大正攻角情况下出现了负斜率,故本节进行了金安金沙江大桥驰振稳定性的计算。

《公路桥梁抗风设计规范》(JTG/T 3360-01—2018)规定驰振检验风速为:

$$[V_{cg}] \geq 1.2 V_d \tag{4-1-4}$$

式中:$[V_{cg}]$ ——驰振检验风速；

$V_d$ ——设计基准风速。在金安金沙江大桥桥址区风环境及主桥抗风性能研究中,已知各风攻角对应的设计基准风速,则各攻角对应的驰振检验风速也可计算得到。

驰振通常由驰振力系数来判断,驰振力系数为 $\dfrac{dC_L}{d\alpha} + C_D$。

当驰振力系数小于 0 时,可能出现驰振。由静力气动系数结果,不同风向角下加劲梁驰振力系数见表 4-1-20。由结果可知,加劲梁在风攻角为 8°、9°和 10°时发生驰振可能性比较大。

驰振力系数 表 4-1-20

| 攻角(°) | 7 | 8 | 9 | 10 | 11 |
|---|---|---|---|---|---|
| 驰振力系数 | 0.3158 | -0.3252 | -16.7691 | -6.0174 | 11.4064 |

由 Hartog 判据可知,驰振临界风速为:

$$V_{cr} = \frac{-4m\zeta\omega}{\rho D} \times \frac{1}{\dfrac{dC_L}{d\alpha} + C_D} \tag{4-1-5}$$

取阻尼比 $\zeta = 0.5\%$,空气密度 $\rho = 1.225 \text{kg/m}^3$。主跨为钢梁,单位长度质量 $m = 38270 \text{kg}$。以竖弯基频为基准,求得加劲梁在 7°至 11°风攻角范围内的驰振临界风速见表 4-1-21。结果表明加劲梁在 9°和 10°风攻角情况下容易发生驰振。

加劲梁驰振临界风速 表 4-1-21

| 攻角(°) | 7 | 8 | 9 | 10 | 11 |
|---|---|---|---|---|---|
| 驰振检验风速 (m/s) | 29.6 | 28.0 | 25.9 | 23.3 | 19.3 |
| 驰振临界风速 (m/s) | — | 89.58 | 1.74 | 4.84 | — |

### 1.3.5 全桥气弹模型风动试验

1)模型条件

针对金安金沙江大桥桥址区的地貌特点及气弹模型的缩尺相似准则,在西南交通大学 XNJD-3 工业风洞中,采用被动方法进行大气边界层的模拟。模拟装置包括尖塔式静态漩涡发生器、分布式粗糙元、锯齿形主挡板及附加挡板等,具体如图 4-1-5 所示。

在气动弹性模型设计中,刚度参数、质量参数的一致性条件需要严格满足。经验表明:气动

图 4-1-5 风洞中的大气边界层试验

弹性模型的结构阻尼比通常都低于实桥值,为了使试验结果更接近于要求值,试验中对桥塔外模的缝隙进行处理,使主要模态的阻尼比基本达到要求。模型的几何缩尺比为 $C_L = 1/100$,风速比为 $C_U = 1/10.16$,由相似条件可知频率比为 $C_f = 10.16/1$。

2)模型试验结果

(1)均匀流条件

试验结果表明,当结构响应过小时,受测试精度影响,部分响应容易出现波动。均匀流中的气弹模型试验结果表明,模型在不同的来流风攻角和风向角下,桥面最高试验风速达到约 9.0m/s,相当于实桥桥面处风速约为 91.44m/s,未出现振幅发散的颤振、驰振及静风失稳等气动失稳现象。在试验风速范围内,不同来流风攻角和风向角下,加劲梁未出现竖向和扭转涡振现象。综上所述,不同风攻角和风向角情况下,在桥面高度处实桥来流风速远高于颤振检验风速和静风稳定性检验风速的情况下,未出现振幅发散的颤振、驰振及静风失稳等气动失稳现象,加劲梁未出现竖向和扭转涡振现象。

(2)紊流条件

紊流中的气弹模型试验结果表明,模型在 $\alpha = 0°$、$\alpha = 15°$、$\alpha = 30°$ 的情况下,桥面试验风速达到 4.6m/s,相当于实桥桥面处风速约为 46.74m/s,已远高于该桥设计基准风速。由于均匀流测试下桥面最高风速换算未出现振幅发散的颤振及驰振等气动失稳现象,而紊流在一定程度上可以减小颤振发生的概率,对抑制颤振有利,故在紊流作用下重点考查桥梁的涡振和抖振。在试验风速范围内,加劲梁在横向、竖向及扭转等方向均未发生明显的涡激振动,成桥状态的不同位置的响应如图 4-1-6 所示。

### 1.3.6 结论

对金安金沙江大桥进行了节段模型风洞试验,可得到以下结论:

1)原始断面颤振性能:该桥梁加劲梁原始断面在 −5°、−3°和 +3°风攻角下的颤振临界风速小于相应的颤振检验风速,在 0°和 +5°风攻角下的颤振临界风速大于颤振临界风速且有一定富余量,这表明该桥加劲梁存在较大发生颤振的可能性,故需考察不同气动优化措施对该桥梁断面气动性能的影响,并考虑设置气动优化措施以提升该桥梁断面的气动性能。

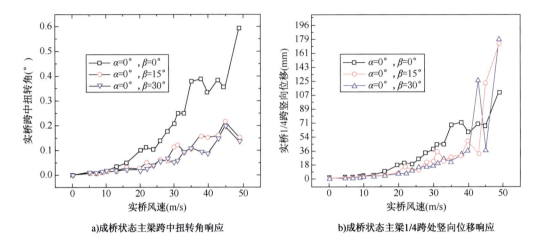

a) 成桥状态主梁跨中扭转角响应　　　　b) 成桥状态主梁1/4跨处竖向位移响应

图 4-1-6　成桥状态扭转角及竖向位移响应

2）颤振性能：颤振性能优化试验证明，合理的气动措施对本桥梁加劲梁的颤振临界风速有较大提高。主要措施有安装中央上稳定板、中央下稳定板、分离式倾斜下稳定板等，综合抗风性能、挡风面积等方面的考虑，最终选定设置 1.5H 高的分离式倾斜下稳定板（下移距离为 0.7H）为颤振优化方案，该方案能使 0°、±3°、±5°五种工况均满足颤振稳定性的要求，其中 +3°攻角的颤振临界风速（49.6m/s）略大于颤振检验风速（47.1m/s）。考虑到桥面高度处百年一遇设计风速为 24.5m/s，颤振检验风速为 47.1m/s，颤振检验风速相当于在百年一遇风速的基础上放大了 1.92 倍，安全储备较大，且风速标准未考虑大攻角情况下的风速折减，这也是偏于安全的。故认为采用该颤振优化方案后，桥梁的颤振稳定性满足要求，且有一定安全储备。

3）涡振性能：在正攻角工况下，约 6.5m/s 风速时，加劲梁断面达到最大涡振振幅；约 9.2m/s 风速时，加劲梁断面达到最大扭转振幅，但无论是竖向涡振还是扭转涡振，其最大振幅均远小于涡振允许振幅。这表明该加劲梁断面具有良好的涡振稳定性。

4）三分力系数：0°风攻角下，加劲梁阻力系数为 1.102、升力系数为 0.336、力矩系数为 0.076，升力系数曲线斜率在较大攻角范围内为正值，在 +8°至 +11°大攻角内出现负值。

5）驰振稳定性：对负升力系斜率攻角范围进行驰振检验，加劲梁在 9°和 10°风攻角情况下驰振临界风速低于检验风速。

## 1.4　全熔透焊板桁结合加劲梁抗疲劳性能研究

### 1.4.1　研究背景

金安金沙江大桥全桥桥面板采用了具有自重轻、承载力高、易工厂化与装配化生产、适用范围广等优点突出的正交异性钢桥面板结构，但国内外工程案例也表明这种桥面板在运营期的疲劳开裂问题十分突出，尤其是其顶板与 U 肋焊接细节疲劳开裂，这一问题已成为制约钢结构桥梁工程可持续发展的世界性难题。因此，亟须研发U肋全熔透焊工艺，研究顶板与U肋全熔透焊接构造细节的主导疲劳失效模式及对应的疲劳强度等级，科学评估大桥采用的U肋全熔透正交异性钢桥面板在设计寿命期内的抗疲劳安全性，有力支撑本项目研发与应用的U肋全熔透焊工艺。

### 1.4.2 U肋焊接验收标准

本项目制订了《正交异性桥面板U肋全熔透焊缝验收标准》，保证了全熔透U肋焊缝质量，且检测方法简便。目前此项技术已在金安金沙江大桥顺利实施，依据此标准验收的全熔透U肋焊缝可以保证焊接工艺的稳定性、可靠性，完全能够满足正交异性桥面板全熔透U肋焊缝的质量要求。

1）质量验收

根据U肋与桥面板全熔透焊缝的外观检验及内在质量无损检测检验结果，U肋与桥面板全熔透焊缝质量等级为Ⅱ级。对于单个工程应将板单元分为：首制件检验批和批量制造检验批，其中，首制件检验批按5块板单元为一个批次，批量制造检验批按10块板单元为一个批次。

(1) 焊缝外观检验。一般采用目视或使用内窥镜等摄像设备进行检测，检验数量应包含全部板单元，检验范围由内侧焊缝检测两端各1000mm范围，对断丝、熄弧等可疑部位应采用内窥镜等摄像设备辅助检查，外侧焊缝全长。焊接完毕待焊缝冷却至室温后，进行外观目视检验，验收时按《公路桥涵施工技术规范》(JTG/T 3650—2011)第19.6.1条第1款执行。

(2) 焊缝表面及近表面检测。焊缝经外观检查合格后方可开展焊缝表面及近表面磁粉检测，并应符合《焊缝无损检测 磁粉检测》(GB/T 26951—2011)的规定。首制件制造(前5个板单元)全部板单元100%检测，检测范围应包含每条外侧焊缝两端各1000mm。焊缝验收时应达到《焊缝无损检测 焊缝磁粉检测 验收等级》(GB/T 26952—2011)中2X级的规定。

(3) 焊缝内部缺陷检测。焊缝经外观检查合格后方可进行超声检测。对首制件制造(前5个板单元)每块板单元每条焊缝全长100%、批量制造的每批次板单元数量的10%进行检测。抽检板单元U肋两侧的焊缝至少各一条，且抽检焊缝条数占全部焊缝条数的比例不小于30%，不足一条按一条计。抽检板单元平均一条焊缝不合格缺陷达到3处时，增加一块板单元检测，检测范围包含整条焊缝(螺栓孔范围除外)，外观检查时发现未焊满、断弧、电弧跑偏等需100%检测，且两端各延长100mm，不受检验批次限制，螺栓孔范围仅做顶板侧检测。

2）焊缝缺陷评定

焊缝全熔透为合格。单个缺陷指示长度不大于100mm时判断为合格；相邻两缺陷间距小于8mm时，两缺陷指示长度及间距之和作为单个缺陷的长度。缺陷累计指示长度在任意的焊缝长度$l_w$($l_w$=1000mm)范围内不超过20%时，可判定本评定区域焊缝合格。缺陷累计长度是所有单独的可验收显示在每条焊缝长度范围内单个缺陷指示长度之和。裂纹危害性缺陷，判断为不合格。

本项目采用的检测方法和验收标准与原有的检测要求相比，减少了磁粉检测工作量，即减少了反差剂和磁膏的使用量，减轻了环境污染，同时还降低了涂装前表面处理的工作难度。

### 1.4.3 疲劳试验设计

**1）试验目的及原则**

(1)试验模型应尽量采用足尺比例进行模拟；(2)试验模型采用与实际结构相同的钢材、焊接材料，按照实际结构制造工艺和焊接工艺实施；(3)试验模型及疲劳荷载取值能真实地反映钢桥面板的实际构造特点和受力状态，其应力分布应略大于或等于实际结构的应力，以便得到偏于安全的试验结果。

**2）疲劳荷载取值**

本项目疲劳荷载基于我国《公路桥涵设计通用规范》(JTG D60—2015)给出的疲劳荷载模型Ⅲ(图4-1-7)，按照实际交通荷载统计数据进行推算。

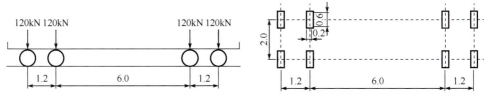

图 4-1-7 疲劳荷载模型Ⅲ(尺寸单位：m)

已知项目预测交通荷载远景年(2038 年)推荐方案路线全线平均交通量为43013pcu/d，交通量构成预测结果见表4-1-22，各车型车重统计结果见表4-1-23。

华丽高速交通量构成预测结果　　　　　　　　　　表4-1-22

| 年　份 | 小客车 | 大客车 | 小货车 | 中型货车 | 大型货车 | 特大货车 |
|---|---|---|---|---|---|---|
| 2019 年 | 34.00% | 5.20% | 12.40% | 16.40% | 23.60% | 8.40% |
| 2025 年 | 36.60% | 6.60% | 13.40% | 14.50% | 20.40% | 8.50% |
| 2030 年 | 38.80% | 7.80% | 14.20% | 13.00% | 17.60% | 8.60% |
| 2035 年 | 41.00% | 9.00% | 15.00% | 11.50% | 14.80% | 8.70% |
| 2038 年 | 42.80% | 10.00% | 15.60% | 10.00% | 12.80% | 8.80% |

根据我国李扬海等对4条国道连续5d共计6万多辆机动车的公路交通数据分析结果，公路交通荷载车重分布满足极值Ⅰ型分布，其分布函数为式(4-1-6)，其数学期望为 $E(X) = u + \dfrac{0.5772}{a}$，标准差为 $\sigma(X) = \dfrac{\pi}{(\sqrt{6}a)} = \dfrac{1.28255}{a}$，参数 $a$、$u$ 取值见表4-1-23。

$$F(x) = P\{X \leqslant x\} = e^{e^{-a(x-u)}} \qquad (4\text{-}1\text{-}6)$$

车重随机参数取值　　　　　　　　　　表4-1-23

| 车　型 | 装备质量(t) | 总质量(t) | 数学期望 | 标　准　差 | $u$ | $a$ |
|---|---|---|---|---|---|---|
| 小客车 | 0.0001 | 0.0001 | — | — | — | — |
| 大客车 | 2.25 | 4.485 | 2.884 | 0.338 | 2.731 | 2.796 |
| 小货车 | 0.0001 | 0.0001 | — | — | — | — |
| 中型货车 | 7.5 | 10.26 | 8.916 | 0.776 | 8.567 | 1.653 |
| 大型货车 | 12.01 | 21.3 | 17.263 | 1.502 | 16.587 | 0.854 |
| 特大货车 | 15.2 | 53 | 34.591 | 2.009 | 32.237 | 0.426 |

根据上述分布特征,采用 Monte Carlo 法生成大桥 100 年总交通量预测值,得到 1581727500 辆随机交通荷载。参考 Eurocode 1 疲劳规范认定总重小于 100kN 的车辆不会引起桥梁疲劳损伤,去除随机交通荷载中超过 100kN 的车辆,此时随机交通荷载车重频率分布,如图 4-1-8 所示。

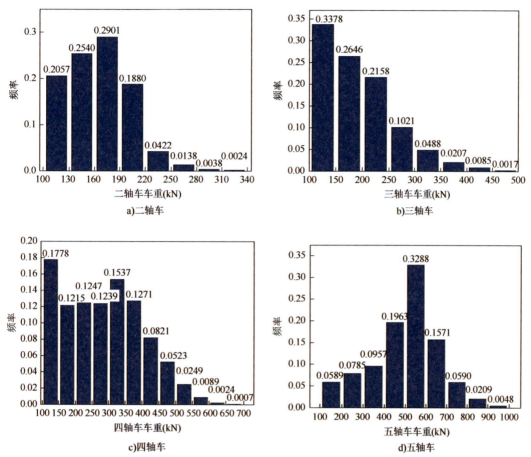

图 4-1-8 车重频率分布图

将上述数据按照式(4-1-7)损伤累积等效原则等效为 200 万次疲劳荷载模型Ⅲ的作用效果,得到等效疲劳荷载的车重为 526kN,轴重为 131.5kN。

$$W_{ei} = \left( \sum_{j=1}^{n} f_j W_{ij}^m \right)^{\frac{1}{m}} \tag{4-1-7}$$

式中:$m$——疲劳强度 S-N 曲线的反斜率,一般取值为 3;

$f_j$——相似车型中第 $j$ 种车辆出现的频率;

$W_{ij}$——相似车型中第 $j$ 种车辆第 $i$ 轴轴重。

3)实桥节段模型有限元分析

为考虑焊接细节尺寸影响,同时为了降低计算规模,计算中采用了三维实体模型来开展大桥正交异性钢桥面板荷载效应分析。该节段模型为包括 3 个横隔板、5 个 U 肋的 2 跨纵向桥结构,采用 8 节点实体单元进行分析,并对关注焊接细节的网格进行了细化,整个有限元模型共有 1568432 个单元、1751905 个节点,有限元网格划分情况如图 4-1-9 所示,并以距焊趾 1.0$t$ ($t$ 为板厚)位置为名义应力关注点。

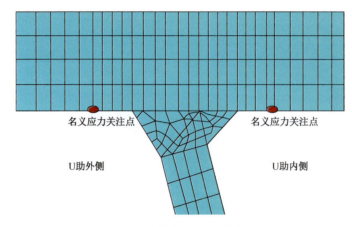

图 4-1-9　节段模型有限元网格划分情况

模型边界条件结合节段实际受力情况进行设定,具体约束横隔板的竖向自由度,同时将模型顶板、U 肋顺桥向自由度以及顶板两侧横桥向自由度约束。模型加载方式按照等效疲劳荷载模型进行加载,轴载在横桥向位于 U 肋 3 的正上方(图 4-1-10),分别选取有限元模型 U 肋 3 左侧焊缝与 U 肋 3 与横隔板交叉焊缝为关注细节,提取关注区域顶板、U 肋腹板变形数据。

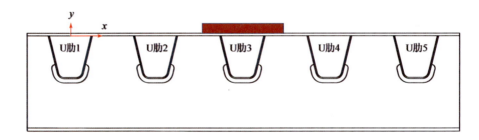

图 4-1-10　荷载横向分布位置

基于雨流计数法,计算 200 万次疲劳荷载作用下该细节的等效疲劳应力幅,分析金安金沙江大桥顶板与 U 肋焊接细节其疲劳强度要求,见表 4-1-24。

顶板与 U 肋焊接细节应力幅统计表　　　　表 4-1-24

| 顶板与 U 肋焊接细节 | $\Delta\sigma_1$（MPa） | $n_1$（万次） | $\Delta\sigma_2$（MPa） | $n_2$（万次） | 200 万次等效应力幅 $\Delta\sigma_e$（MPa） |
|---|---|---|---|---|---|
| 外侧焊趾 | 59.3 | 400 | 14.3 | 400 | 75 |
| 内侧焊趾 | 51.2 | 400 | 11.9 | 400 | 65 |

由上述结果可知:金安金沙江大桥外侧焊趾疲劳强度应高于 75MPa,内侧焊趾疲劳强度应高于 65MPa。《公路钢结构桥梁设计规范》(JTG D64—2015)对顶板与 U 肋焊接细节的疲劳强度要求为 FAT70。综上,在本项目中,偏于安全地取金安金沙江大桥顶板与 U 肋外侧焊趾强度要

高于75MPa,内侧焊趾疲劳强度要高于70MPa。

4)试验模型设计及有限元分析

为获得金安金沙江大桥正交异性钢桥面板顶板与U肋全熔透焊接细节附近实际的应力分布,采用实桥节段模型是适宜的,但为有效控制试件的规模和加载吨位,本项目研发了一种既能模拟钢桥面板实际受力模式,又能大幅缩减试件模型尺寸的新型试验模型结构——半U肋结构,如图4-1-11所示。

半U肋结构试验模型顶板厚16mm,U肋厚8mm,主要尺寸与金安金沙江大桥正交异性钢桥面板相同。根据半U肋结构试验模型,建立了如图4-1-12所示的有限元模型,采用实体单元进行模拟,试验模型顶板与支撑柱、试件U肋与固定角钢之间通过螺栓连接,在有限元模型中通过约束接触处节点的自由度模拟试验装置对试件的约束作用。加载位置为U肋顶板焊缝正上方,加载面积为100mm×300mm。通过有限元参数化分析,在保持横桥向螺栓间距600mm不变的情况下,试验模型中约束角钢厚度分别采用6mm、8mm、10mm、12mm,与实桥节段模型的计算结果进行比较,如图4-1-13所示。

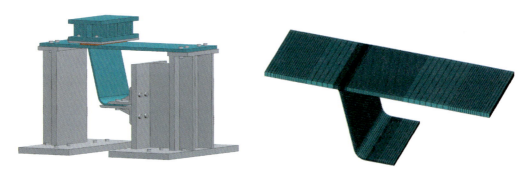

图4-1-11 新型试验模型装置图　　　图4-1-12 半U肋试件有限元模型

当保持角钢厚度12mm不变时,选取试验装置中横桥向左侧螺栓距焊缝距离$L_1$与横桥向右侧螺栓距焊缝距离$L_2$的比值分别为0.3、0.4、0.5、0.6进行受力分析,提取关注区域顶板、U肋腹板变形数据,并与实桥节段模型计算结果进行比较,如图4-1-14所示。

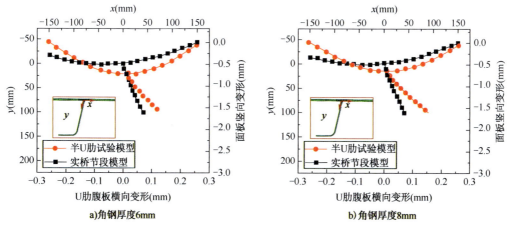

a)角钢厚度6mm　　　　　　b)角钢厚度8mm

图 4-1-13

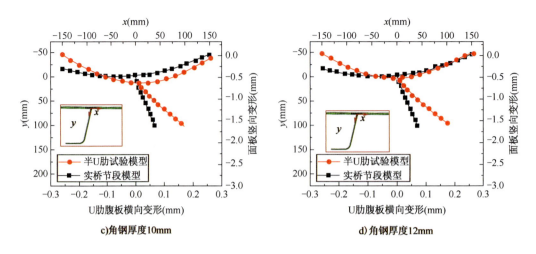

图 4-1-13 不同角钢厚度时半 U 肋试验模型与实桥节段模型变形对比

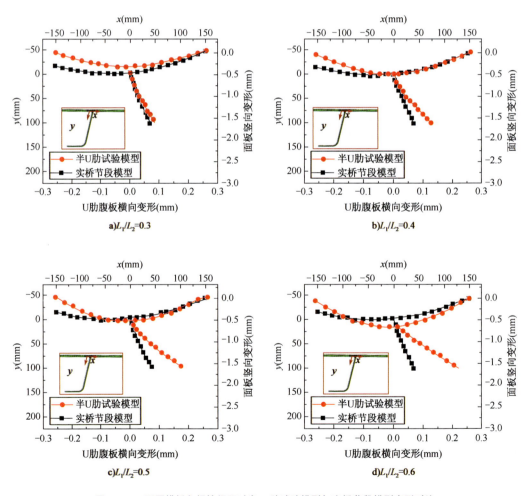

图 4-1-14 不同横桥向螺栓间距时半 U 肋试验模型与实桥节段模型变形对比

由上述分析可知,当新型试验装置中角钢厚度取为 12mm、横桥向螺栓间距取为 500mm 时,半 U 肋试验模型与实桥节段模型受力模式存在较小差异,且节段模型顶板与 U 肋焊接细节关注区域的变形远小于半 U 肋试验模型,表明采用半 U 肋试验模型开展顶板与 U 肋焊接细节疲劳试验研究是可行的。

### 1.4.4 试验模型制造与分析

结合 1.4.3 节试验模型结构尺寸和实际焊接工艺要求,本试验模型分别委托制造单位南通振华重型装备制造有限公司(以下简称"南通振华")、中铁宝桥集团有限公司(以下简称"中铁宝桥")采用"内侧气保焊+外侧埋弧焊"和"内外侧埋弧焊"制造试验模型 2 组,每组 2 个试件,共 4 个试件,见表 4-1-25。

顶板与 U 肋焊接细节疲劳试验模型汇总表　　　　表 4-1-25

| 模型编号 | 顶板厚度(mm) | U 肋厚度(mm) | 材料 | 焊接工艺 | 试件个数 | 制造单位 |
|---|---|---|---|---|---|---|
| DU-ZH-1 | 16 | 8 | Q345qD | 内侧气体保护焊,外侧埋弧焊 | 2 | 南通振华 |
| DU-ZH-2 | | | | | | |
| DU-BQ-1 | | | | 内外侧均埋弧焊 | 2 | 中铁宝桥 |
| DU-BQ-2 | | | | | | |

对南通振华气体保护焊试样内侧焊趾通过电镜扫描进行观测,初始制造缺陷扫描结果如图 4-1-15 所示。

对中铁宝桥内埋弧焊试样内侧焊趾关注区域进行电镜扫描分析,初始制造缺陷观测结果如图 4-1-16 所示。

图 4-1-15　内侧气体保护焊外侧埋弧焊全熔透焊缝细节

图 4-1-16　内外侧均埋弧焊全熔透焊缝细节

通过扫描电子显微镜观测结果可知,气体保护焊内侧焊趾初始微裂纹长度为 20~200μm,埋弧焊内侧焊趾和外侧焊趾没有明显初始微裂纹(长度约 3μm),但其存在缺口尖端和凹槽,顶板焊根未发现未熔合现象。

### 1.4.5 试验结果与分析

4 组顶板与 U 肋全熔透焊接细节疲劳试验结果的破坏模式,均是内侧焊趾开裂,如图 4-1-17 所示。

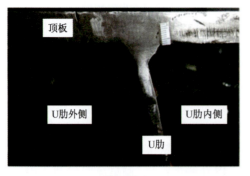
a) DU-BQ-1

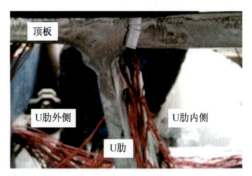
b) DU-BQ-2

c) DU-ZH-1

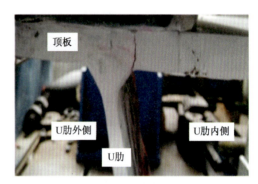
d) DU-ZH-2

图 4-1-17 疲劳破坏模式

鉴于外侧焊趾未产生疲劳裂纹,故外侧焊趾可以偏安全地取和内侧焊趾相同的疲劳强度,得到 U 肋全熔透焊接细节内侧焊趾疲劳强度见表 4-1-26,其疲劳强度等级不低于 90MPa,可满足金安金沙江大桥设计寿命期内的抗疲劳安全性要求;同时试验还发现 2 组气体保护焊内侧焊趾低于 2 组埋弧焊内侧焊趾的疲劳强度,可能与初始微裂纹长度有一定关系。

内侧焊趾等效疲劳寿命统计　　　　　　　　　　　表 4-1-26

| 试 件 编 号 | 荷载作用次数<br>(万次) | 200 万次等效应力幅 $\Delta\sigma_e$<br>(MPa) | 疲劳寿命<br>(年) |
| --- | --- | --- | --- |
| DU-BQ-1 | 455 | 122.6 | 537 |
| DU-BQ-2 | 330 | 173.6 | 1525 |
| DU-ZH-1 | 210 | 108.6 | 373 |
| DU-ZH-2 | 110 | 91.0 | 219 |

### 1.4.6 结论

本节对大桥全桥采用的顶板与 U 肋全熔透焊接细节的疲劳性能进行了系统深入的研究,确定了主要构造细节的疲劳破坏模式和实际疲劳寿命,研究成果可为金安金沙江大桥的正交异性钢桥面板结构设计提供科学依据,为大桥的长寿命高质量运营提供直接支撑。主要研究结论如下：

(1)通过蒙特卡罗(Monte Carlo)法对设计交通量的预测分析，明确了本项目U肋全熔透疲劳强度等级应不低于75MPa；

(2)优化设计得到适用于顶板与U肋焊接细节疲劳试验模型和试验工装，提高了试验加载效率，减少了试验耗材；

(3)气体保护焊内侧焊趾大于埋弧焊内侧焊趾的初始微裂纹长度，可能是导致其疲劳强度偏低的主要原因之一；

(4)多组足尺疲劳模型试验结果表明，本项目U肋全熔透焊接细节的疲劳破坏模式为内焊趾开裂，对应的疲劳强度等级不低于90MPa，可满足本项目U肋全熔透在设计寿命期的抗疲劳安全性且有一定的安全储备。

## 1.5 超大跨钢桁梁悬索桥铺装性能提升关键技术研究

### 1.5.1 研究背景

钢桥面铺装是世界各国普遍存在难点的关键性项目，我国受特殊的交通、气候条件的影响，钢桥面铺装技术要求远高于高等级沥青路面或国外桥面铺装。早期建成的多座大跨径桥梁中，通车2~3年后桥面也会出现各种病害，包括裂缝、车辙、脱层、坑槽等。因此钢桥面铺装领域受到科研工作者和工程人员前所未有的重视，其性能的提升不仅有利于提高桥梁的服役年限，而且可以为交通强国作出巨大贡献。

### 1.5.2 实桥使用条件分析

金安金沙江大桥处于干热河谷区，自然条件复杂，垂直分布差异明显，日温差大，气候特征表现为湿度上的干和温度上的热。因此必须认真考察桥区的环境条件，分析交通条件和钢桥结构条件等使用条件，并结合云南龙江大桥、贵州清水河大桥、云南普立大桥等类似的高原河谷桥的钢桥面铺装技术使用情况，为钢桥面铺装材料、施工、养护技术研究提供依据。

1)结构条件

桥面板采用正交异性板，顶板厚度为16mm。行车道区域加劲均采用U形加劲肋，U形加劲肋间距580mm、高度280mm、顶宽300mm、底宽160mm、厚度为8mm。护栏及检修道区域均采用一字加劲肋，其中护栏区域加劲高度为160mm、厚度为16mm，上检修道区域加劲高度为120mm、厚度为12mm。每10.8m标准钢桥面板节段设置3道纵梁、一道与横向桁架连接的主横梁和三道次横梁。为了模块化制造及满足运输吊装条件，桥面板主横梁1.3m宽度范围设为上横梁，标准段的后拼装桥面板宽度均为9.5m。桥面板顶板与上主桁杆横向延伸的端部变厚顶板采用全熔透焊接，桥面板各横梁与上主桁杆、桥面板横梁间及纵梁间的腹板及底板均采用M24高强度摩擦型螺栓，设计预紧力为225kN。桥面板各加劲间均采用M22高强度摩擦型螺栓，设计预紧力为190kN。金安金沙江大桥结构参数见表4-1-27。

金安金沙江大桥结构参数  表 4-1-27

| 项　　目 | | 参数（mm） |
|---|---|---|
| 顶板及 U 形加筋肋 | 顶板厚度 | 16 |
| | 顶板 U 形加筋肋厚度 | 8 |
| | U 形加筋肋上口宽度 | 300 |
| | U 形加筋肋下口宽度 | 160 |
| | U 形加筋肋高度 | 280 |
| | 间距 | 580 |
| 横向加劲肋 | 间距 | 2700 |
| | 厚度 | 12 |
| 铺装层 | GA + SMA | 35 + 35 |

2）交通荷载条件

（1）交通量预测结果

根据《国家高速公路网 G4216 成都至丽江高速公路华坪至丽江段工程可行性研究》的交通量分析及预测，提取桥区各特征年交通量的预测结果，见表 4-1-28，项目评价期内（2020年—2039 年）年均增长约 4.92%。

各特征年交通量预测结果  表 4-1-28

| 年份 | 2020 年 | 2025 年 | 2030 年 | 2035 年 | 2039 年 |
|---|---|---|---|---|---|
| 交通量（pcu/d） | 16098 | 24051 | 30910 | 37136 | 42536 |

（2）特征年各车型日均交通量

按照《公路工程技术标准》（JTG B01—2014）各类汽车折算成小客车的折算系数为：小客车 1.0、中型车 1.5、大型车 2.0、拖挂车 3.0。通过各特征年的交通量。各车型比例反算出各特征年各车型的交通量见表 4-1-29。

特征年各车型交通量（单位：辆/d）  表 4-1-29

| 车　　型 | 2020 年 | 2025 年 | 2030 年 | 2035 年 | 2039 年 |
|---|---|---|---|---|---|
| 小客车 | 5473 | 8803 | 11993 | 15226 | 18205 |
| 大客车 | 558 | 1058 | 1607 | 2228 | 2836 |
| 小货车 | 1996 | 3223 | 4389 | 5570 | 6636 |
| 中型货车 | 1760 | 2325 | 2679 | 2847 | 2836 |
| 大型货车 | 1900 | 2453 | 2720 | 2748 | 2722 |
| 特大货车 | 451 | 681 | 886 | 1077 | 1248 |

### 1.5.3　钢桥面铺装设计指标

针对钢桥面铺装沥青层开裂、层间脱层、车辙等典型病害形式，根据《公路钢桥面铺装设计与施工技术规范》（JTG/T 3364-02—2019），在已有研究成果基础上，结合力学分析结果，提出钢桥面铺装病害关键控制指标。

1）累计当量轴载作用次数

根据交通量预测结果，计算钢桥面铺装在设计使用寿命期累计当量轴载次数。经计算，在钢桥面铺装设计使用期（15年）内，以铺装层表面最大拉应变为设计指标的当量轴载作用次数为2833万次。

2）铺装设计控制指标

（1）疲劳抗裂性控制指标

由于钢桥面支撑结构加劲肋、纵腹板等作用，钢桥面在车辆荷载作用下，铺装顶面反复出现负弯矩，易形成疲劳开裂。钢桥面铺装出现的开裂由上而下发展，即裂缝首先出现在铺装层顶面，逐渐向下发展最后贯穿于整个钢桥面铺装。因此钢桥面铺装层疲劳开裂以铺装层顶面最大弯拉应变为设计指标。

根据力学分析结果，在标准设计荷载作用下，15℃时铺装层顶面最大弯拉应变为321με，因此磨耗层SMA的疲劳性能要求为：在321με条件下，疲劳次数大于2833万次。

由于疲劳次数较大，如果用标准轴载下的应力应变控制，室内实验花费的时间过长，为了缩短疲劳试验时间，按疲劳等效原理计算出加速加载的疲劳寿命控制指标。由疲劳方程 $N_f = A \times \varepsilon^{-c}$ 可得到不同应变下的等效疲劳寿命为：

$$N_f = \left(\frac{\varepsilon_S}{\varepsilon}\right) \times N_{f0} \quad (4\text{-}1\text{-}8)$$

根据已有研究，$c$值约为5.9，由式（4-1-8）可计算出铺装层沥青混合料在600με加速加载条件下的疲劳设计指标为76万次，可较保守的设计为不小于80万次（600με）。

（2）组合结构界面联结性能控制指标

根据金安金沙江大桥公路等级，预测交通量，计算并确定公路等级系数和交通荷载等级系数，在此基础上计算出组合结构界面黏结强度和剪切强度设计值。

$$\sigma_d = K_C K_J \sigma_{st} \quad (4\text{-}1\text{-}9)$$
$$\tau_d = K_C K_J \tau_{st} \quad (4\text{-}1\text{-}10)$$

式中：$\sigma_d$——组合结构界面黏结强度设计值（MPa）；

$\tau_d$——保护层与钢桥面板间的界面剪切强度设计值（MPa）；

$K_C$——公路等级系数，金安金沙江大桥为高速公路，取1.4；

$K_J$——交通荷载等级修正系数，金安金沙江大桥设计使用年限内平均每车道大型客车和货车的交通量约为$12.37 \times 10^6$，属于重交通，取1.35；

$\sigma_{st}$、$\tau_{st}$——分别为标准轴载作用下，保护层与钢桥面板间的界面黏结强度和剪切强度标准值，当保护层为浇注式沥青混合料时，25℃界面黏结强度标准值取0.3MPa，剪切强度标准值取0.6MPa。

对于金安金沙江大桥，公路等级系数$K_C$取1.4，$K_J$取1.35；其25℃界面黏结强度标准值为0.3MPa，设计值为0.567 MPa；剪切强度标准值为0.6 MPa，设计值为1.134 MPa。设计时，界面黏结强度和界面剪切强度可较保守地分别设计为不小于0.6MPa和1.2MPa。

### 1.5.4 高弹沥青SMA材料性能研究

本项目将结合金安金沙江大桥实际环境特征，研究强紫外线对桥面铺装的影响，并提出针对性的解决方案。

1）高弹改性沥青紫外老化研究

通过荧光紫外灯老化试验对高弹改性沥青的耐紫外线老化性能进行研究，测试其紫外（UV）老化前后高弹改性沥青的软化点、针入度、5℃延度，试验结果见表4-1-30和表4-1-31。

**紫外老化时间对高弹改性沥青常规性能指标的影响** 表4-1-30

| 紫外老化时间（d） | 软化点（℃） | 5℃延度（cm） | 针入度（0.1mm） | 135℃黏度（MPa·s） | 175℃黏度（MPa·s） | 弹性恢复率（%） |
|---|---|---|---|---|---|---|
| 0 | 91.3 | 60.6 | 71.7 | 2900.6 | 563.7 | 99.7 |
| 1 | 86.5 | 55.9 | 67.9 | 3000.3 | 570.3 | 99.3 |
| 3 | 85.1 | 56.1 | 66.5 | 3130.1 | 572.7 | 99.1 |
| 5 | 84.4 | 51.0 | 65.4 | 3127.5 | 580.0 | 99.1 |
| 7 | 84.6 | 50.3 | 64.5 | 3145.6 | 577.5 | 98.6 |
| 10 | 85.5 | 50.0 | 66.3 | 3267.9 | 579.2 | 98.8 |
| 15 | 86.0 | 49.6 | 65.1 | 3250.0 | 583.5 | 98.8 |
| 20 | 85.9 | 50.2 | 65.2 | 3265.8 | 587.1 | 98.6 |

**紫外老化前后高弹改性沥青三大指标保持率** 表4-1-31

| 紫外老化时间(d) | 软化点保持率(%) | 5℃延度保持率(%) | 针入度保持率(%) |
|---|---|---|---|
| 1 | 94.7 | 92.2 | 94.7 |
| 3 | 93.2 | 92.6 | 92.7 |
| 5 | 92.4 | 84.2 | 91.2 |
| 7 | 92.7 | 83.0 | 90.0 |
| 10 | 93.6 | 82.5 | 92.5 |
| 15 | 94.2 | 81.8 | 90.8 |
| 20 | 94.1 | 82.8 | 90.9 |

由上述试验结果可知，随着紫外老化时间的增加，高弹改性沥青的软化点先降低而后略有升高，针入度、5℃延度及弹性恢复率逐渐减小后趋于平稳，旋转黏度先增大后趋于平稳。高弹改性沥青在紫外老化前期（<7d），软化点降低，这与高弹改性沥青旋转薄膜烘箱老化后的结果相近，即在紫外老化过程中，高弹改性沥青中的沥青和聚合物均会发生老化，聚合物分子链的降解对改性沥青软化点的降低作用占优势，导致改性沥青软化点的降低。随着紫外老化时间的进一步延长（>7d），高弹改性沥青中的沥青老化对改性沥青软化点的升高作用占优势，导致改性沥青软化点的升高。

2）高弹改性沥青混合料紫外老化效果验证

将掺加0.5%抗紫外老化剂UV-3的高弹改性沥青及原样高弹改性沥青经过紫外老化后成型混合料SMA-10，测试其稳定度、动稳定度、低温弯曲应变及劈裂强度等性能指标，并同步对比未经紫外老化的高弹改性沥青混合料SMA-10，评价混合料的综合性能。

SMA 配合比设计一般采用马歇尔体积设计法。根据我国《公路沥青玛蹄脂碎石路面技术指南》的规定,SMA-10 的级配设计结果如图 4-1-18 所示。

本次试验在保持级配和油石比等其他工况都相同的情况下,进行了 SMA-10 混合料各类性能的对比研究。其中,SMA-10 混合料油石比采用 6.0%,聚酯纤维用量为混合料总质量的 0.25%,拌和温度为 185℃。

分别进行高弹改性沥青混合料 SMA-10 的马歇尔试验、车辙试验、低温弯曲小梁试验、浸水马歇尔试验和冻融劈裂试验,试验结果见表 4-1-32。可以发现,紫外老化对高弹改性沥青的马歇尔稳定度和流值影响较小,均满足相关技术要求。

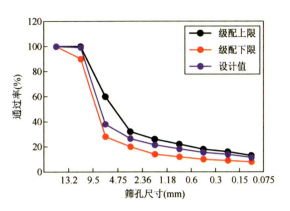

图 4-1-18　SMA10 级配曲线

高弹改性沥青混合料 SMA-10 马歇尔试验结果(60℃)　　　表 4-1-32

| 类　型 | 空隙率(%) | 马歇尔稳定(kN) | 流值(mm) |
|---|---|---|---|
| 原样 | 3.79 | 9.64 | 2.95 |
| 原样老化后 | 3.85 | 9.53 | 2.80 |
| 紫外老化后 | 3.87 | 9.50 | 2.86 |
| 技术要求 | 3~4 | ≥6.0 | 2~5 |

由表 4-1-33 可知,原样高弹改性沥青混合料 SMA-10 动稳定度经过紫外老化后有所降低,老化 7d 后为 5753mm/次,降低 7.5%,车辙深度变化较小。分析原因,在紫外老化前期,车辙试件表层受到紫外光强烈照射,使得改性沥青体系分子结构受到破坏,改性剂在试件表层中的作用降低;在紫外老化后期,表层老化的部分变硬,阻止了试件内部进一步老化,导致混合料高温性能有一定的回弹。紫外老化对其高温性能影响较小,高弹改性沥青混合料 SMA-10 的性能能够满足规范对热稳性的要求。

高弹改性沥青混合料 SMA-10 车辙试验结果(60℃)　　　表 4-1-33

| 类　型 | 动稳定度(mm/次) | 车辙深度(mm) |
|---|---|---|
| 原样 | 6219 | 1.57 |
| 原样老化后 | 5753 | 1.70 |
| 紫外老化后 | 6120 | 1.66 |
| 技术要求 | ≥3000 | — |

从表 4-1-34 可以看出,紫外老化后,高弹改性沥青混合料 SMA-10 的抗弯拉强度提高,抗弯拉应变降低,劲度模量增大,说明紫外老化使得高弹改性沥青混合料 SMA-10 的低温强度及低温脆性提高,变形能力降低。究其原因,一方面,老化过程使得高弹改性剂的活性减弱,进而导致改性剂与沥青的相互作用;另一方面,老化过程使得沥青组分发生变化,使得改性沥青体系在低温下硬度提高,最终体现在混合料的低温性能发生相应的变化。掺加抗紫外老化剂 UV-3

后,高弹改性沥青混合料 SMA-10 紫外老化后的低温性能有所改善,紫外老化后,其低温抗弯应变大于 $3000\mu\varepsilon$。

高弹改性沥青混合料 SMA-10 低温小梁弯曲试验结果　　　表 4-1-34

| 类　型 | 抗弯拉强度(MPa) | 抗弯应变($\mu\varepsilon \times 10^{-3}$) | 劲度模量(MPa) |
|---|---|---|---|
| 原样 | 13.43 | 3084.30 | 4363.68 |
| 原样老化后 | 14.05 | 2897.97 | 4849.32 |
| 紫外老化后 | 13.86 | 3005.90 | 4609.87 |
| 技术要求 | — | ≥2500 | — |

从表 4-1-35 可以看出,未经紫外老化的高弹改性沥青混合料 SMA-10 性能优异,经紫外老化后,其浸水残留稳定度比和冻融劈裂强度比指标均有一定程度降低,但均满足规范要求(不小于 80%)。掺加抗紫外老化剂 UV-3 后,高弹改性沥青混合料 SMA-10 紫外老化后的浸水残留稳定度比和冻融劈裂强度比有所增大。

高弹改性沥青混合料 SMA-10 抗水损试验结果　　　表 4-1-35

| 类　型 | 浸水残留稳定度比(%) | 冻融劈裂强度比(%) |
|---|---|---|
| 原样 | 92.1 | 85.5 |
| 原样老化后 | 90.4 | 83.0 |
| UV 老化后 | 91.7 | 85.1 |
| 技术要求 | ≥80 | ≥80 |

### 1.5.5　浇注式沥青施工控制技术

**1) GA 施工防粘控制技术**

在热沥青混合料施工时,沥青优良的黏附性使热沥青混合料对路面施工器具也具有黏附作用,这不仅增加施工工人的劳动强度,还影响了路面铺装的施工进度,而且对沥青路面质量产生了负面影响。特别是随着改性沥青的普遍应用,上述问题更加突出。在这种情况下,沥青隔离剂应运而生。

(1) 高温耐久型低表面能隔离剂开发及性能研究

为使开发出的隔离剂适用于浇注式沥青混合料高温(220~250℃)使用条件,本项目选用目前施工现场常用的植物油作为隔离组分的基底,同时引入包含抗氧化组分(2,6-二叔丁基对甲酚、二丁基羟基甲苯、特丁基对苯二酚、丁基羟基茴香醚等)和表面活性组分(聚醚改性硅油、氟基烷基聚醚改性聚硅氧烷、脂肪醇聚氯乙烯醚、聚二甲基硅氧烷等)的低表面能隔离剂,在转速为 60~100r/min 的条件下持续搅拌 10~15min,通过物理化学反应得到表面张力低于 32dyn/cm 的低表面能隔离剂($1dyn = 10^{-5}N$)。

室内以纯大豆油和加入低表面能隔离剂的大豆油进行对比试验。试验方法为:浇注式沥青混合料恒温 230℃,在铁盒里均匀涂刷大豆油和加入高温耐久性型低表面能的隔离剂各 3g,然后将混合料倒入涂抹有隔离剂的铁板中,放入 230℃ 的烘箱中保温 0h、0.5h、1h、1.5h、2h,取出后将混合料倒出,观察铁盒内壁粘料情况。结果表明,纯大豆油在 0.5h 内基本丧失了隔离效果,而高温耐久性型低表面能隔离剂的隔离效果更为持久,可达 2.0h。

(2)隔离剂对沥青性能的影响

选取聚合物改性沥青,分别加入1%的大豆油和高温耐久型低表面能隔离剂,然后进行三大指标(软化点、针入度、延度)测试,试验结果见表4-1-36。

隔离剂对沥青性能 表4-1-36

| 沥青类型 | 软化点(℃) | 针入度(0.1mm) | 5℃延度(cm) |
| --- | --- | --- | --- |
| 聚合物沥青 | 115.0 | 33 | 12 |
| 聚合物沥青+1%大豆油 | 108.7 | 41 | 20 |
| 聚合物沥青+1%隔离剂 | 114.2 | 36 | 17 |
| 规范要求 | ≥85 | 20~40 | ≥10 |

由表4-1-36可以看出,加入1%隔离剂后,对聚合物改性沥青三大指标影响不大,都在规范要求范围内。而加入1%大豆油以后,沥青的三大指标受到了较大影响,其中对针入度影响最大,已经超出了规范要求,在一定程度上影响了聚合物改性沥青性能的正常发挥,也会使混合料的高温稳定性受到一定损伤。

(3)隔离剂对沥青混合料性能的影响

按照《公路工程沥青及沥青混合料试验规程》(JTG E20—2011)中沥青混合料马歇尔稳定度测定的试验方法,分别将高弹SMA-10马歇试件在恒温60℃水中、60℃大豆油中和60℃隔离剂中浸泡48h,然后测试其稳定度值,试验结果见表4-1-37。

隔离剂对沥青混合料性能 表4-1-37

| 养护条件 | 稳定度值(kN) | 流值(0.1mm) |
| --- | --- | --- |
| 60℃水中 | 9.9 | 32 |
| 60℃大豆油中 | 7.1 | 64 |
| 60℃隔离剂中 | 9.6 | 38 |
| 规范要求 | ≥6.0 | — |

从表4-1-37可以看出,大豆油浸泡后,高弹SMA-10的抗变形能力变差,即马歇尔稳定度降低、流值变大,而高温耐久型低表面能隔离剂对高弹SMA-10的影响很小,马歇尔稳定度损失率在5%以内。

2)GA施工接缝处理控制技术

在本小节中,采用两种类型沥青贴缝条、两种灌缝料以及两种沥青混合料进行对比试验,优选出沥青混合料纵向接缝材料。

(1)接缝材料基本性能

①沥青贴缝条

本项目采用的沥青贴缝条都取用自在建的钢桥面铺装工程,且都属于沥青基类的材料。按照相关规范的要求,对两种沥青贴缝条分别进行软化点、5℃延度、25℃弹性恢复率以及-20℃低温柔度试验。试验结果表明两种沥青贴缝条在材料性能上有较大的差别。在软化点上,两种沥青贴缝条相差不大,但在5℃延度和25℃弹性恢复率性能上,1号沥青贴缝条的性能要较2号沥青贴缝条的性能优异,具有更好的延展性。

②灌缝料

本项目采用两种沥青灌缝料都是由基质沥青、聚合物、合成橡胶、再生橡胶、树脂和 UV 抑制剂化合而成，按照应用特点分为低温型和高温型两种。对两种沥青灌缝料分别进行软化点、针入度、5℃延度及 25℃弹性恢复率试验，对比两种灌缝料的材料性能。试验结果表明两种材料性能的差异比较明显。1 号灌缝料（6609 系列）具有较好的延展性，适合应用在冬季气温较低地区，2 号灌缝料（AR 系列）则适合应用在冬季气温较高的地区。

(2) 接缝材料黏结性能

在成型接缝组合试件过程中，沥青贴缝条的宽度与浇注式沥青混合料铺装层的 3.5cm 厚度保持一致。但灌缝料和热融改性沥青涂刷在浇注式沥青铺装层接缝侧面，接缝材料的用量对接缝的处理效果产生影响。因此，在试验过程中，设计了不同灌缝料和热熔沥青的用量，并对不同用量下的接缝组合试件进行拉拔试验。灌缝料和热融改性沥青用量见表 4-1-38。

灌缝料和热融沥青设计用量（单位：$kg/m^2$）　　表 4-1-38

| 材料种类 | 用量 1 | 用量 2 | 用量 3 |
| --- | --- | --- | --- |
| 灌缝料 | 5.0 | 6.0 | 7.0 |
| 热融改性沥青 | 3.0 | 4.0 | 5.0 |

测试结果显示，不同温度条件下接缝组合结构的黏结强度规律并不一致。低温条件下采用热融改性沥青的黏结强度最大，常温和高温条件下采用贴缝条的接缝组合结构黏结强度最大，灌缝料和热融改性沥青的黏结强度相差不大。从整体分布来看，接缝组合结构的黏结强度受温度的影响明显。随着温度的升高，接缝组合结构的黏结强度急剧下降，在 60℃时的黏结强度在 0.03~0.05MPa 之间。而且温度越高，不同接缝材料之间的黏结强度差距变小，这也说明三种接缝材料在高温条件下优势并不明显。而从破坏状态来看，接缝材料采用贴缝条，贴缝条与浇注式沥青混合料冷粘贴一侧在试验过程中往往会先脱落，热粘贴一侧黏结良好；采用灌缝料时，也存在此种现象，只是效果相对较好；而采用热熔改性沥青未见脱落，主要是沥青被拉伸。

(3) 疲劳拉伸性能

为了模拟接缝材料在反复拉伸变形作用下的疲劳性能，本项目采用 OVERTEST 抗裂试验仪（图 4-1-19）进行接缝组合结构试验。试验过程中，位移量为 0.635mm，试验频率设定为 1Hz，试验温度设定为 25℃，试验终止条件设定为加载次数 10000 次或试验力衰减到初始试验力的 3%，每种接缝材料进行三次平行试验。

从试验结果来看，各种接缝材料在试验过程中，初始试验力都较拉拔试验的最大试验力大，这是与疲劳试验采用的速率有关。根据位移和加载时间计算，疲劳试验的加载速率为 0.635mm/s，而拉拔试验的加载速率为 0.167mm/s，加载速率过快，导致初始试验力偏大。

当疲劳试验初始试验力过大时，在前几次加载过程中接缝材料的黏结强度衰变明显，这也可以从试验力与加载次数的变化趋势图中可以得到印证。在第 2 次加载过程中，几乎所有的接缝材料的试验力都出现较大衰变，并很快衰变至一个低值，随后保持在较小的衰变速率。

但相对来看,采用灌缝材料和热熔改性沥青作为接缝材料时,其衰变的速率较贴缝条小,残留试验力也较贴缝条大。其中,当高弹改性沥青作为接缝材料时,其衰变速率最小,且残留试验力也是最大的。

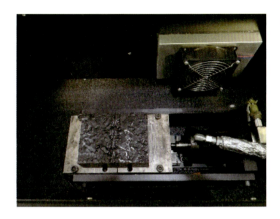

图 4-1-19  抗裂拉伸试验仪

### 1.5.6 结论

本章依托金安金沙江大桥钢桥面铺装工程,对大桥实桥铺装控制指标、高原强紫外条件下耐久性铺装材料优化、施工工艺与控制技术进行了研究,得到结论如下:

(1)基于轴载等效原理,计算了大桥设计使用期钢桥面铺装层当量轴载作用次数,15 年累计当量轴载作用次数约 2833 万次,提出了钢桥面铺装设计控制指标,见表 4-1-39。

铺装设计控制指标    表 4-1-39

| 控制指标 | 单位 | 数值 |
| --- | --- | --- |
| 铺装层沥青混合料疲劳性能 | 万次 | ≥80 万次(15℃,600με) |
| 界面黏结强度设计值 | MPa | ≥0.6 |
| 界面剪切强度设计值 | MPa | ≥1.2 |
| 组合结构车辙动稳定度 | 次/mm | 2000(70℃) |
| 组合结构五点弯曲疲劳次数 | 万次 | ≥100 |

(2)通过对比高弹改性沥青紫外老化前后性能发现,UV-3 最适宜用作高弹改性沥青的抗紫外老化剂,且其合适的掺量为 0.5%,紫外老化后的高弹改性沥青混合料 SMA-10 的高温动稳定度、低温抗弯应变、浸水残留稳定度比和冻融劈裂强度比均满足相关要求。

(3)对六种接缝材料的黏结强度和疲劳拉伸性能对比,灌缝料和热熔改性沥青作为新型接缝材料具有较好的力学性能,其中以高弹改性沥青性能作为优异。

(4)针对金安金沙江大桥区位高紫外线强度的气候条件,首次开发了基于高弹 SBS 改性沥青的抗紫外老化改性剂,极大地提高了大桥磨耗层高弹 SMA 沥青混合料的抗紫外老化能力,同时为其他相似高紫外线强度条件下的钢桥面铺装工程提供了解决方案。

## 1.6 深切峡谷区双隧道锚及隧道群洞设计及施工关键技术研究

### 1.6.1 研究背景

金安金沙江大桥采用隧道式锚碇(隧道锚)型式,本节开展超大跨钢桁梁悬索桥隧道锚承载能力及围岩稳定性研究,基于隧道锚现场拉拔现场试验,获得混凝土与岩体接触面抗剪(断)参数、岩体抗剪(断)参数、岩体变形模量参数,为工程设计安全性验算及数值模拟分析提供参数依据,根据现场试验测得数据,分别对华坪岸和丽江岸隧道锚前支墩设计方案进行优化,其中华坪岸隧道锚前支墩素混凝土减少 6000$m^3$,丽江岸增加 6000$m^3$。此外,采用数值模拟方法,对两岸锚碇边坡、开挖支护、承载受力及长期流变特性进行了研究,两岸隧道锚基本符合隧道锚系统工程设计安全要求。

### 1.6.2 隧道锚与隧道群洞效应分析

1) 设计绕避方案

为解决立面上的隧道锚距离过近的问题,设计上采用"非交叉式(整幅偏转)隧道锚结构"方式,即接线公路隧道整体偏转,从平面上实现隧道锚的分离设置。华坪岸锚碇整体位于公路隧道右侧,边缘最小净距为 30.5m;丽江岸锚碇整体位于公路隧道上方,锚碇最低点位于公路隧道右侧,隧道锚底部距离隧道顶板最小间距仅 11.74m,两幅隧道锚最小间距 10m。

2) 新民隧道爆破施工对隧道锚围岩及结构的影响

根据隧道锚和新民隧道的施工工序,新民右隧道已经穿过隧道锚,右隧道锚也已经开挖成型,为减少左隧道爆破开挖对左隧道锚的损伤破坏影响,左隧道锚只开挖至前锚室的前 10m 处。为研究左隧道爆破开挖对隧道锚的最大影响,现将左隧道掌子面开挖至隧道锚后锚室底部相应的位置。左隧道爆破开挖总共有第 4 步、第 5 步和第 6 步,而第 4 步时掏槽眼的爆破荷载峰值应力是最大的,且该步是开挖上台阶,离隧道锚是最近的,因此将第 4 步的荷载作为模型的输入荷载。

按照要求,新民隧道的左右隧道都已穿过隧道锚后锚室 20m,左隧道掌子面与右隧道掌子面的距离为 40m,同时隧道锚右隧洞已经开挖完成,而左隧道锚只开挖到前锚室 10m 处,然后采用三台阶法开挖隧道锚的左洞室,每个台阶的间距为 5m,开挖步骤是:开挖前锚室时,共分两步,第 1 步开挖 13.65m,第 2 步是开挖中台阶和下台阶,之后分为 5 步开挖锚塞体,前 4 步每步 10m,最后一步是开挖中台阶和下台阶,对于后锚室则是一步开挖,最后填锚塞体和施作二次衬砌。

### 1.6.3 隧道锚岩石(体)试验

华坪岸和丽江岸均开展了岩石现场试验,本节以丽江岸为例,介绍隧道锚岩石(体)载荷试验。

丽江岸在散索鞍支墩基坑内开展了3点岩体载荷试验,试验结果见表4-1-40,试点压力—沉降关系曲线见图4-1-20。可以看出3点岩体载荷试验承载力最小值为0.67MPa,取场地的承载力特征值为0.67MPa;3点岩体载荷试验具有明显的直线段和加速变形段,说明在各级荷载作用下,岩体开始处于弹性变形阶段,最后发展到塑性破坏,符合岩体载荷试验的基本特征。

岩体载荷试验成果表　　　　　　　　　　　　　　　　　　　　　　表4-1-40

| 试点编号 | 试验点位置 | 岩性 | 比例界限压力（MPa） | 极限压力（MPa） | 承载力特征值（MPa） | 极限压力对应的岩体沉降（0.01mm） |
| --- | --- | --- | --- | --- | --- | --- |
| Z-4 | 丽江岸散索鞍支墩试验基坑内 | 强风化玄武岩 | 1 | 2 | 0.67 | 3789 |
| Z-5 | | 强风化玄武岩 | 0.9 | 2 | 0.67 | 6006 |
| Z-6 | | 强风化玄武岩 | 1.8 | 3 | 1.0 | 1503 |

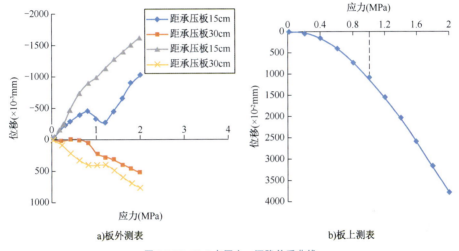

a) 板外测表　　　　b) 板上测表

图4-1-20　Z-4点压力—沉降关系曲线

### 1.6.4　现场锚塞体模型拉拔试验

1) 原位模型试验设计

(1) 锚塞体模型缩尺比例及相似关系

为研究在不同缩尺情况下的锚塞体围岩共同受力变形特征,试验模型分别按锚塞体原型尺寸的1/12、1/20缩小(表4-1-41),相应的模型设计荷载按照原型的1/144、1/400缩小。基于相似原理,模型锚塞体的应力状态应与原型锚塞体相同,即 $\alpha_\sigma = 1$。

锚塞体导出相似常数数据表　　　　　　　　　　　　　　　　　　表4-1-41

| 模型比例 | 模型底部面积（m²） | 试验荷载（kN） | $\alpha_l$ | $\alpha_A$ | $\alpha_m$ | $\alpha_\sigma$ | 应力（MPa） |
| --- | --- | --- | --- | --- | --- | --- | --- |
| 1/1 | 753.87 | $6.215 \times 10^5$ | 1 | 1 | 1 | 1 | 0.824 |
| 1/12 | 5.25 | 4323 | 12 | 144 | 144 | 1 | 0.824 |
| 1/20 | 1.89 | 1553 | 20 | 400 | 400 | 1 | 0.824 |

(2)锚塞体模型试验布置及制作

①1/12 锚塞体模型布置在②试验支硐和③试验支硐之间的岩体内,围岩为中风化玄武岩,节理裂隙发育,裂隙内充填土黄色风化物,肉眼鉴定为Ⅲ~Ⅳ类围岩。模型洞周边岩壁分布有4组节理裂隙,其中 J2、J3 节理裂隙内充填土黄色泥质风化物,J1 节理充填有方解石脉体。

②1/20 锚塞体模型布置在①试验支硐和②试验支硐之间的岩体内,围岩为中风化玄武岩,围岩较破碎,肉眼鉴定为Ⅳ类围岩,顶拱与侧壁有大量岩块塌落,土黄色风化物广泛分布。模型试验洞内岩体破碎节理裂隙发育,节理间充填有黄色泥质物,岩石亦被侵染成黄色,总体上被 J1、J2、J3 节理纵横切割,由于节理间充填有泥质物,在模型制作时选面由于掉块均有不同程度的凹陷。

2)1/12 锚塞体试验成果整理与分析

(1)1/12 锚塞体流变观测成果整理与分析

1/12 锚塞体进行了两级流变观测,分别为 0.824MPa($P$)、2.472MPa($3P$)。$1P$、$3P$ 加载分别持续了 21h、19h,具体如图 4-1-21 和图 4-1-22 所示。

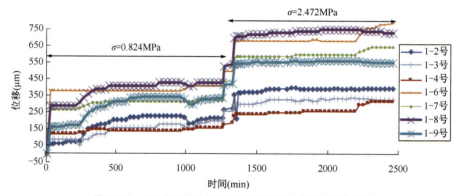

图 4-1-21　1/12 锚塞体左锚面流变观测钢板上测表变形曲线图

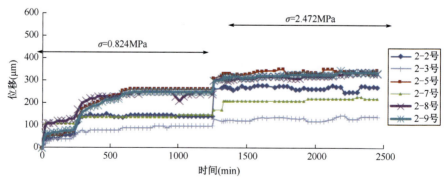

图 4-1-22　1/12 锚塞体右锚面流变观测钢板上测表变形曲线图

由中承压钢板板上变形数据可知,在应力 0.824MPa($P$)下,左锚面承压钢板板上最大变形 430μm、最小变形 160μm,右锚面承压钢板板上最大变形 263μm、最小变形 100μm,左锚面变形量明显大于右锚面,流变过程中变形不稳定,板上各块测表的变形差异较大。从变形分布情况来看,左锚面 6 号和 8 号测表变形较大,3 号、4 号测表变形较小;右锚面 5 号测表变形较大,3号测表变形较小,反映锚塞体周围岩体的岩性差异较大;在应力2.472MPa(3P)下,左锚面承压钢板板上最大变形790μm、最小变形320μm,右锚面承压钢板板上最大变形346μm、最小变形140μm,左锚面变形量大于右锚面。

(2)1/12锚塞体及围岩变形成果整理与分析

在试验过程中,当1/12锚塞体模型试验荷载加载至47554kN时,应力值为9.064MPa(设计应力的11倍),从P-S曲线(图4-1-23)可以看出,加载曲线呈线性,没有明显的屈服拐点,左锚面板上变形大于右锚面。

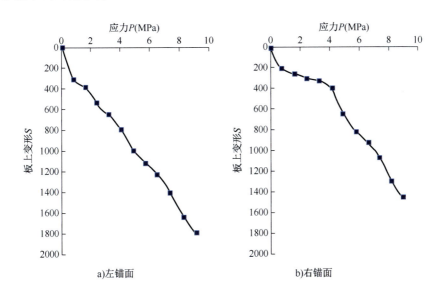

图4-1-23 锚面应力(P)-承压板板上变形(S)关系曲线图

(3)1/12锚塞体应变测试成果整理与分析

锚塞体的应变由埋设在锚塞体内的振弦式应变计测量,沿锚塞体轴向布置5个断面,测得数据见表4-1-42。

Ⅰ-Ⅰ～Ⅴ-Ⅴ断面最高加载应力下纵向应变统计表　　　表4-1-42

| 断面编号 | 纵向应变(με) | | | | | |
| --- | --- | --- | --- | --- | --- | --- |
| | 左锚面 | | | 右锚面 | | |
| | 最大值 | 最小值 | 平均值 | 最大值 | 最小值 | 平均值 |
| Ⅰ-Ⅰ | 334 | 275 | 303 | 362 | 237 | 295 |
| Ⅱ-Ⅱ | 207 | 172 | 191 | 220 | 205 | 214 |
| Ⅲ-Ⅲ | 198 | 145 | 167 | 197 | 185 | 191 |
| Ⅳ-Ⅳ | 159 | 99 | 124 | 143 | 138 | 141 |
| Ⅴ-Ⅴ | 86 | 56 | 67 | 89 | 43 | 66 |

从应变测试结果来看,纵向应变均为压应变,随着荷载增加应变基本按线性递增。由表4-1-42中可以看出,在最高应力下纵向应变随着断面深度增加而递减。

3) 1/20 锚塞体试验成果整理与分析

(1) 1/20 锚塞体流变观测成果整理与分析

1/20 锚塞体进行了两级流变观测,分别为 0.824MPa($P$)、2.472MPa($3P$)。$P$、$3P$ 加载分别持续了 20h、18h,如图 4-1-24 和图 4-1-25 所示。

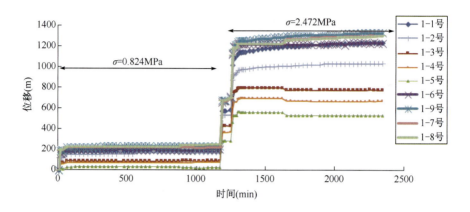

图 4-1-24　1/20 锚塞体左锚面流变观测钢板上测表变形曲线图

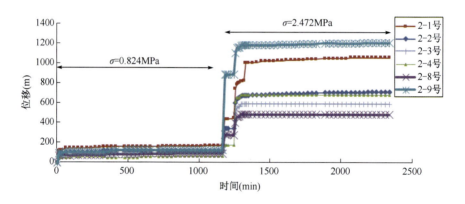

图 4-1-25　1/20 锚塞体右锚面流变观测钢板上测表变形曲线图

在应力 0.824MPa($P$)下,左锚面承压钢板板上最大变形 251μm、最小变形 29μm,右锚面承压钢板板上最大变形 175μm、最小变形 67μm,左锚面变形量明显大于右锚面。流变过程中变形不稳定,板上各块测表的变形差异较大。从变形分布情况来看,左锚面 7 号、8 号和 9 号测表变形较大,5 号测表变形较小;右锚面 1 号测表变形较大,4 号测表变形较小,反映锚塞体周围岩体的岩性差异较大;在应力 2.472MPa($3P$)下,左锚面承压钢板板上最大变形 1329μm、最小变形 532μm,右锚面承压钢板板上最大变形 1210μm、最小变形 487μm,左锚面变形量大于右锚面。

(2) 1/20 锚塞体及围岩变形成果整理与分析

在试验过程中,当 1/20 锚塞体模型试验荷载加载至 18635.5kN 时,应力值为 9.888MPa(设计应力的 12 倍),从 $P$-$S$ 曲线(图 4-1-26)可以看出,加载曲线呈线性,没有明显的屈服拐点,左锚面板上变形大于右锚面。

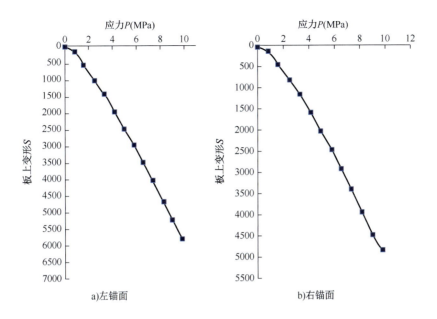

图 4-1-26 锚面应力($P$)—承压板板上变形($S$)关系曲线图

(3)1/20 锚塞体应变测试成果整理与分析

锚塞体的应变由埋设在锚塞体内的振弦式应变计测量,沿锚塞体轴向布置4个断面。振弦式应变计测试中,正值表示压应变,负值表示拉应变。测试结果显示,44个应变计中2个(Ⅰ-7、Ⅲ-2 测点损坏)没有数据或数据异常,统计数据见表4-1-43。

Ⅰ-Ⅰ ~ Ⅳ-Ⅳ断面最高加载应力下纵向应变统计表 表 4-1-43

| 断面编号 | 纵向应变($\mu\varepsilon$) | | | | | |
|---|---|---|---|---|---|---|
| | 左锚面 | | | 右锚面 | | |
| | 最大值 | 最小值 | 平均值 | 最大值 | 最小值 | 平均值 |
| Ⅰ-Ⅰ | 719 | 134 | 535 | 416 | 286 | 367 |
| Ⅱ-Ⅱ | 621 | 462 | 533 | 493 | 228 | 339 |
| Ⅲ-Ⅲ | 642 | 398 | 508 | 431 | 222 | 335 |
| Ⅳ-Ⅳ | 598 | 202 | 462 | 395 | 266 | 326 |

从应变测试结果来看,纵向应变均为压应变,随着荷载增加,应变基本按线性递增。由表中可以看出,在最高应力下纵向应变随着断面深度增加而递减。

### 1.6.5 结论

在丽江岸散索鞍支墩基坑内开展了3点岩体载荷试验,研究在不同缩尺情况下的锚塞体围岩共同受力变形特征,开展锚塞体现场拉拔试验,试验结论如下:

(1)3点岩体载荷试验承载力最小值为0.67MPa,取场地的承载力特征值为0.67MPa。

(2)针对1/12锚塞体应变结果分析,纵向应变均为压应变,随着荷载增加应变基本按线性递增。

（3）针对 1/20 锚塞体流变观测成果整理与分析，在应力 0.824MPa（$P$）下，左锚面承压钢板板上最大变形 251μm、最小变形 29μm，右锚面承压钢板板上最大变形 175μm、最小变形 67μm，左锚面变形量明显大于右锚面。流变过程中变形不稳定，板上各块测表的变形差异较大。

## 1.7　1500m 级智能缆索起重机系统研发及应用

### 1.7.1　研究背景

缆索起重机吊装法起源于拱桥，但近年来开始广泛应用于斜拉桥和悬索桥等大跨度桥梁，并且桥梁跨径已突破 1000m。随着跨径和吊重的增加，尤其对于本项目的超大跨径 1386m 和超大吊重 220t，缆索起重机的设计和架设均会呈现出其独有的特点，常规的设计思路和方法能否沿用，常规的架设工艺能否满足要求，都需要进行系统研究。重点需解决以下几个方面问题：(1)1500m 级缆索起重机的设计与架设技术；(2)1500m 级缆索起重机智能施工控制。

### 1.7.2　1500m 级缆索起重系统设计与架设技术研究

1）主索及起重牵引系统设计

主索（缆索起重机的承重索）设计的关键是合理垂度和合理规模的确定，其设计与牵引系统的设计存在耦联关系。通过反复对比试算，确定选用两塔三跨方案，跨径组合为（315 + 1386 + 187）m，额定吊重 220t。当最大吊重在跨中时，最大垂度为 115.5m，垂跨比为 1/12。主索两端锚固于散索鞍基础，采用 2 × 12φ60mm（6 × 36WS + IWR）钢芯钢丝绳，单组 12 根。主索采用并联方式，为了保证每根主索受力均匀，方便调整主索的线形，还应在主索锚固端设置滑轮组。主索钢丝绳绕线方式如图 4-1-27 所示。

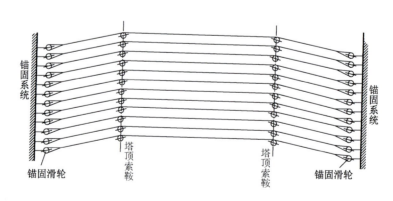

图 4-1-27　主索布置图

起重和牵引系统设计是实现缆索起重机功能的核心问题。回顾近年的技术发展，起重系统的演变较小，但牵引系统的技术革新较大，特别是在国内澜沧江大桥，循环牵引系统受力均衡、运行平稳、操控一致性好。本项目缆索起重机跨径超大，牵引力及牵引距离较大，若采用循环牵引系统,一方面,循环牵引系统庞大,需采用专用的摩擦式卷扬机和容绳筒;另一方面,计算表明,采用同等配置的循环牵引系统的总牵引力大于独立牵引系统的总牵引力。

综合考虑主索的总体设计,确定采用分离式牵引系统,缆索起重机对应于左右幅主索各设置1套起重小车。牵引索单幅走4线布置,采用$2 \times 2\phi42(6 \times 36WS + IWR)$钢芯钢丝绳。起重索采用$2 \times 2\phi42(6 \times 36WS + IWR)$钢芯钢丝绳,上下挂架之间走8线布置。起重小车由跑车、上挂架、下挂架三部分组成。本项目采用装配式跑车,装配式跑车与上挂架组装成一体,全桥共需四套起重装置。缆索起重机起重索、牵引索走线方式如图4-1-28所示。

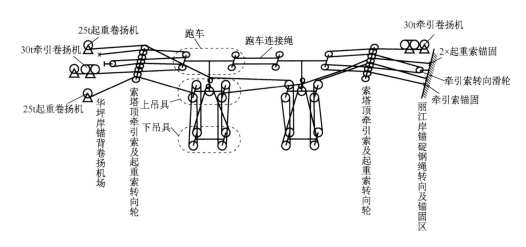

图4-1-28 缆索起重机起重索、牵引索走线方式

2)索鞍与控制系统设计

由于缆索起重机采用主桥索塔作为塔架,而缆索起重机在运行过程中,主索在中跨、边跨的水平力会不断变化,中跨和边跨主索的水平力差会对索塔产生较大的水平推力,对索塔受力不利,所以需要在索鞍顶部设置滑轮组,使主索可以自由滑动,从而起到平衡中跨、边跨主索水平张力的作用。

在对应于左右幅主索位置的索塔上横梁顶面各布置1套索鞍,索鞍由底部垫梁、连接横梁、耳板、销轴、承重索轮及起重、牵引过轮等构件组成,在浇筑上横梁时埋设预埋件,索鞍与预埋件连接,所有连接均采用焊接的方式,索鞍布置如图4-1-29所示。索鞍的高度根据主索受力情况进行确定,主要保证缆索起重机在跨中的吊装高度应满足加劲梁架设的需要。缆索起重机索鞍主要包括主索承载滑轮组、起重索导向滑轮组和牵引索导向滑轮组,这些轮组在缆索起重系统中不仅起到支撑主索的作用,同时起到起重索、牵引索的导向作用。

缆索起重机的运行主要是依靠起重、牵引卷扬机来控制。对于跨径大、吊装重量大的缆索起重机,采用常规的目测观察方法已经难以保证吊装系统的安全运行,而且通过对讲机进行人工指挥完成吊装,对多台卷扬机的协同工作存在较大的命令执行滞后性。为了适应施工进度,减少工程成本,金安金沙江大桥缆索起重机采用信息化手段,利用成熟的工业自动控制技术和计算机网络技术,替代原有的人工操作、指挥和控制,开发出一套模块化分布式监控及智能化集成控制系统。

(1)分布式安全监控系统由带动态显示的主机、分布式数据采集盒、分布式控制盒以及多种不同类型的传感器(行程传感器、高度传感器、起重量传感器、风速传感器、水平传感器等组成),能够实时采集并显示缆索起重机的运行状态。

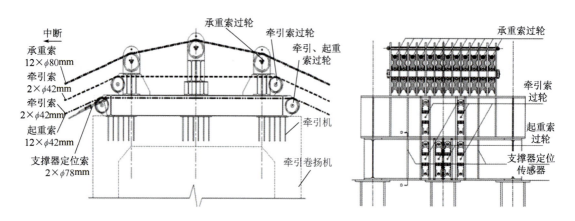

图 4-1-29　索鞍布置(顺桥向、横桥向)

(2)在缆索起重机进行吊装作业时,存在吊装现场环境复杂,操作人员无法观察到吊装过程和吊运状态的问题,需要依赖他人的信号指挥,吊装作业效率不高,甚至有可能会有意外发生。本项目加装了一套视频监控系统,该系统由分别布设在后锚、卷扬机、塔架、跑车、上下吊具等处的摄像头以及操作室的显示器、操作摇杆构成,用于实时监控缆索起重机的运行状态,对于缆索起重机安全可靠运行非常必要。

视频监控系统的主要功能如下:

①能够实时、动态、远程地对缆索起重机状态进行监测;

②系统具有信息查询、监测数据查询、报警查询、运营报告管理、系统信息设置、系统管理等功能。可以实时了解和调控缆索起重机的运行状态,确保缆索起重机各卷扬机的同步性、可控性,提高施工效率和精度,有效保证施工安全。

3)缆索起重机部件装配化、标准化研究

金安金沙江大桥缆索起重机选用两塔三跨方案,跨径组合为(315 + 1386 + 187)m,额定吊重 220t。当最大吊重在跨中时,最大垂度为 115.5m,垂跨比为 1/12。根据钢桁梁吊装区平面布置,钢桁梁吊点和索鞍的距离为 28m,桥式起重机在 28m 外移动,缆索起重机按照跑车距离索鞍 28m 进行计算及设计,28m 以内的钢桁梁及桥面板采用荡移法。针对悬索桥缆索起重机施工普遍存在标准化程度不高的问题(例如大型缆索起重吊装系统现阶段不能够进行集中标准化制造生产),开展缆索起重机部件装配化、标准化研究。

(1)转索鞍研究

转索鞍的结构形式一般有两种,一种为钢管立柱桁架和型钢等组拼的桁架式转索系统;另一种是用型钢和钢板焊接的实腹板钢梁结构。

桁架式转索系统一般用万能杆件拼装而成,也可由专门的杆件拼装而成。实腹板钢梁一般在工厂内制作,根据结构受力特点设计不同截面的实腹钢梁,进行组拼焊接,现场采用堆叠的方式进行组装。两种结构形式比选见表 4-1-44。

转索鞍结构形式比选  表 4-1-44

| 比选项目 | 实腹式钢梁 | 桁 架 式 |
|---|---|---|
| 受力特点 | ①对不确定荷载承载能力较强,适应吊装过程中索鞍受力复杂的特点;<br>②稳定性好 | ①仅节点部位能承受较强的集中荷载,适应于载荷较为明确的场合;<br>②稳定性较差 |
| 主要优点 | ①结构整体性较好,可以承受不同方向的力,荷载适应性强;<br>②自身刚度大,加工简单;<br>③拼装与拆除简单;<br>④重复利用率较高 | ①重复利用率高,费用低;<br>②运输保存方便;<br>③自重小,抗风能力好 |
| 主要缺点 | 自重大 | ①拼装与拆除复杂,周期较长;<br>②自身刚度较小 |
| 安全性 | 较高 | 一般 |
| 推荐程度 | 推荐 | 一般 |

转索鞍主要由转索滑轮组和垫梁组成,转索滑轮组又由主索承重转向滑轮组、牵引滑轮组及起升滑轮组构成,垫梁主要由型钢和钢板拼接而成,结构紧凑,综合受力性能好,重复利用性较高。

(2)跑车系统研究

起重跑车(图4-1-30)一般由行走机构、上挂架和支架组成,跑车、上挂架主要采用组合拼装钢板的形式拼装而成,跑车系统拼装简单方便、扩展性较好,对不同起重量的吊装场合,只需增加跑车滑轮和钢带板即可满足起重要求。

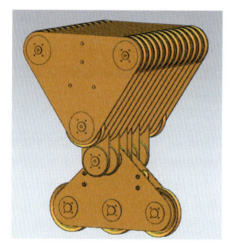

图 4-1-30　起重跑车构造图及使用

(3)支索器结构研究

在大跨度缆索起重机中,首先要解决各功能索空中缠绕和空钩自由下落的问题,因此需要设置支索器对牵引索、主索和起重索进行有效的分层和限位,以提高缆索起重机的运行稳定性和使用安全性。金安金沙江大桥项目组研发和应用了串联式主动开合支索器,设置于缆索起重机的跑车前后方,其结构采用装配式设计,包括牵引索托轮组、起重索托轮组和行走轮组。在缆索起重机运行过程中,支索器依靠跑车顶推或牵拉进行收放。

本项目采用了串联式主动开合支索器,支索器的间距设置不合理同样影响着缆索起重机的运行性能:支索器间距过小、数量过多,会增加缆索起重机的自重,并且增加牵引索、起重索的摩阻力;支索器间距过大,则可能起不到支托牵引索、起重索的作用,并且当支索器收拢时,支索器定位索自由下垂过大,会造成定位索挂靠已吊装加劲梁的情况。因此,支索器的数量和间距设计,既要使支索器能起到其本身的作用,又不能影响缆索起重机的运行。金沙江大桥支索器采用不等间距布置,平均间距为70m。跑车单侧配置20套支索器,全桥共配置80套支索器,支索器采用2根φ16mm的钢丝绳进行定位。为防止支索器收拢时定位索扭转相互缠绕,支索器定位索采用防扭转钢丝绳。

支索器布置于跑车两侧至塔顶之间的承重索上,用以分段承托工作绳,从而避免各工作绳因自由长度太长而垂度过大,同时也可以降低牵引索自然张力,防止其在近塔区爬坡时荷载过大。支索器各部分组成构件均为独立的单元,在工厂内,现场只需将第二层轴拆除,即可将支索器挂入承重索,此外牵引和起重索的各支索器零部件通用,方便加工和组装。支索器构造图及使用如图4-1-31所示。

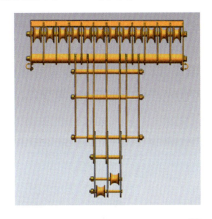

图4-1-31 支索器构造图及使用

4)缆索起重机总体架设施工流程研究

本项目采用的缆索设备安装内容及流程如图4-1-32所示。与一般缆索起重机架设施工流程不同,金沙江大桥缆索起重机采用了先施工主索后安装跑车的架设顺序。先架设牵引系统,装配式跑车及上下挂架临时放置,安装完主缆之后,才开始装配安装跑车,其中跑车采用装配式设计,结构简洁轻便。两个月内完成缆索起重机安装总体工作(包括施工准备、设备安装、设备调试、试吊等),且安装时间不占用主线工期,与一般先安装跑车再架设主缆施工流程相比,安装效率得到了较大提高。

5)绳索系统安装技术研究

(1)安装承重索

缆索起重机承重索采用φ60mm钢丝绳(6×36WS+IWR),共24根(单套12根),单根长度2140m左右,承重索横跨两侧索塔后,锚固于两侧锚碇锚固轮上,承重索一端收紧,收紧装置位于锚碇位置处,利用施工步道横向通道架设缆索起重机主索。

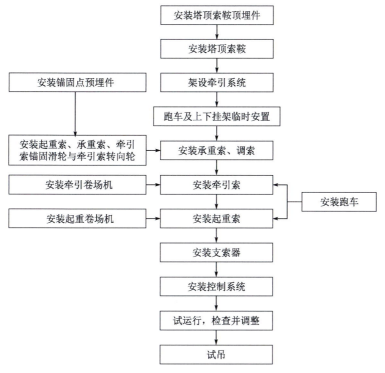

图 4-1-32 设备安装工艺流程图

承重索安装施工工序流程为：安装牵引索循环系统→安装承重索→将承重索放入放索架中→将承重索的一个端头放出→把放出的承重索端头与牵引循环索用绳卡固定→起动卷扬机将承重索往华坪岸牵引→牵引至华坪岸锚固处→将承重索端头与牵引循环索的绳卡解开→将承重索系在锚固轮上→卷扬机辅助继续牵引至承重索的另一端头放出→安装收紧装置→将承重索的另一端头与收紧装置连接→收紧承重索的一端使承重索的垂度接近安装垂度→将承重索的一端用绳卡固定→用收紧绳调索。

①承重索牵引

承重索利用循环牵引系统牵引，考虑到现场施工场地限制，所有承重索均由丽江岸往华坪岸牵引。具体操作步骤如下：

a. 在丽江、华坪岸锚碇处各布置安装一台30t卷扬机；

b. 将承重索索盘放置在锚碇处的放索架上，放索架布置于30t卷扬机后侧10m处；

c. 承重索由卷盘放绳，绳头采用绳卡固定在牵引索上，绳头前端保留10m，保证锚固长度；

d. 启动两岸的牵引索循环系统（即30t卷扬机），承重索从丽江岸锚碇处牵引至横梁顶过轮，利用塔式起重机辅助绳头越过过轮，继续牵引至华坪岸塔顶过轮，利用塔式起重机辅助绳头越过过轮，继续牵引至华坪岸锚碇处，牵引过程中利用施工步道横向通道架设缆索起重机承重索；

e. 绳头锚固在华坪岸锚固点，解开牵引索和承重索的连接；

f. 将丽江岸放索架上的承重索全部放出，绳头与收紧装置连接；

g. 承重索牵引过程中，需要控制放索架、牵引索卷扬机的运行速度，控制承重索垂度；

h. 根据监控指令调整承重索垂度,使承重索的垂度达到设计值,锚固丽江岸绳头;

i. 重复上述操作步骤,完成剩余23根承重索架设。

②承重索调整

承重索调整采用单根收紧的形式,其施工工艺为:将收紧装置钢丝绳的活头进入卷扬机→拉紧钢丝绳→解除钢丝绳活头固定装置→拉紧钢丝绳的活头→使承重索接近安装垂度→固定钢丝绳的活头→把收紧装置的钢丝绳从卷扬机内退出。具体操作步骤如下:

a. 承重索采用滑车组收紧;

b. 收紧装置的活头进入卷扬机并带紧钢丝绳,解除收紧装置钢丝绳自身连接;

c. 单根收紧承重索,利用10t卷扬机逐根收紧,通过全站仪观测承重索跨中的实际垂度与设计垂度必须相吻合;

d. 承重索收紧完成后,锚固承重索;

e. 放松卷扬机,拆除收紧装置。

(2)安装牵引索

牵引索采用4根 $\phi 42mm$ 钢丝绳($6 \times 36WS + IWR$),每根牵引索"走4"布置,承重索空索调整完成后,可安装牵引索。

牵引索安装工艺流程为:将牵引索的一端头穿过主锚固轮的一个转向轮→向前穿过索鞍下的一个转向轮→向前穿过跑车上的牵引轮→绕回穿过索鞍下的一个转向轮→向前穿过主锚固轮上的一个转向轮→绕回穿过索鞍下的一个转向轮→向前穿过跑车上的牵引轮→绕回到索鞍下的一个转向轮→牵回锚碇处。

(3)安装起重索

起重索采用4根 $\phi 42mm$ 钢丝绳($6 \times 36WS + IWR$),每根起重索"走8"布置,牵引索安装完成后可进行起重索安装,起重索安装前需将下挂架进行临时放置。

起重索安装工艺流程为:塔式起重机吊装下挂架→下挂架临时放在跑车的下面→下挂架固定→将起重索的一端穿过起重索转向轮→向前穿过索鞍下的转向轮→向前穿过上挂架的滑轮→向下穿过下挂架的滑轮→共上、下穿绕8次→绳头从上挂架穿出至对岸索鞍下的转向轮→绳头锚固在锚固轮上→提升下挂架→解除上、下挂架之间的连接绳。

6)跑车及吊点安装技术研究

在两岸主塔顶靠跨中方向用型钢拼装两个工作平台,单个平台的平面尺寸为 $6m \times 2.5m$,每个平台可容纳两台跑车纵向放置,跑车放置后,后轮轴高度与承重索空载垂度适应,并便于与下挂架间穿绕起重索,且不影响承重索牵引,如图4-1-33与图4-1-34所示。

跑车上挂架及下挂架临时放置施工工序流程为:安装临时施工平台→塔式起重机吊装跑车→跑车就位→固定跑车。承重索安装完成后,牵引索和起重索安装的同时进行跑车及上下挂架的安装,当牵引索和起重索及跑车在两岸分别安装完成后,用缆索起重机安装牵引系统将华坪岸跑车牵引至丽江岸塔前,完成跑车连接。

7)支索器结构安装技术研究

支索器采用塔式起重机配合人工的方法进行安装,首先将跑车牵引到丽江岸并靠近主塔前,用塔式起重机配合人工将支索器悬挂到承重索上,把一侧的支索器悬挂完后再安装定位索和支索器牵引索。安装完成后再将跑车牵引到丽江岸,用同样的方法安装另一侧支索器。

图 4-1-33 跑车安装工作平台

图 4-1-34 装配式跑车安装

### 1.7.3 1500m 级缆索起重机智能化施工控制系统研发

1) 分布式数据采集系统研发

分布式数据采集系统能够实时采集并显示缆索起重机的运行状态,具体见表 4-1-45 与图 4-1-35。

分布式数据采集要素　　　　　　　表 4-1-45

| 序号 | 监测项目及内容 | | 监测部位 | 监测设备 |
| --- | --- | --- | --- | --- |
| 1 | 张力监测 | 承重索张力 | 承重索锚固回转轮 | 拉力传感器 |
| 2 | | 牵引索张力 | 起重卷扬机钢丝绳 | 拉力传感器 |
| 3 | | 起重索张力 | 牵引卷扬机钢丝绳 | 拉力传感器 |
| 4 | 速度监测 | 吊钩升降速度 | 起重卷扬机 | 旋转编码器 |
| 5 | | 跑车运行速度 | 牵引卷扬机 | 旋转编码器 |
| 6 | | 跑车同步性监测 | 跑车 | GPS |
| 7 | 安全检测 | 起重量限位 | 卷扬机 | 拉力传感器 |
| 8 | | 起升(高度)限位 | 上挂架、下挂架 | 激光测距仪 |

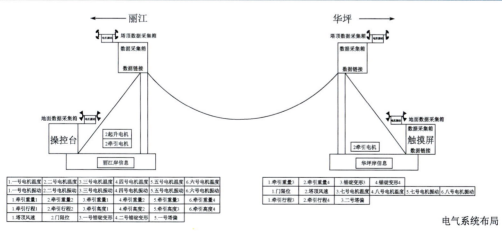
图 4-1-35 总体电气及监控系统布局图

(1) 数据网络链接

为了实现两岸数据和塔顶的数据交互的实时性，本项目采用光纤传输，在施工步道上装设光纤，实现各个可编程逻辑控制器(PLC)之间远距离、大数据的交互。从站 PLC 通过光纤传输到主站 PLC，主站 PLC 做出运算和逻辑处理后将数据返回到从站 PLC，然后从站 PLC 通过现场总线传输到各执行机构，实现对缆索起重机的全方位控制。

(2) 数据采集

在小车和起升电机上安装高精度编码器测量小车行程和吊钩高度，通过现场总线和西门子 PLC 进行通信，把编码器数据传输到 PLC，通过 PLC 作出计算，实时监测吊钩高度和小车的行程。具体数据采集方式为：①在主承重缆索和起升缆索的固定端安装 4-20mA 拉力传感器，监控缆索受力是否正常；②在江心和小车上安装 4-20mA 风速传感器，实时监测现场风力大小，确保缆索起重机的稳定性及施工安全；③在牵引电机和起升电机的主回路上加装电流传感器和温度传感器，实时监测电流大小和温度大小；④在电机上安装振动传感器，检测电机振动是否在安全范围内。

(3) 数据处理

为了高效快速可靠处理数据，采用西门子 1200 系列的 PLC，西门子 PLC 在起重行业应用广泛，因其功能强大、抗干扰性强、通信方便，得到众多电气厂家的青睐。主站 PLC 和 12 个从站 PLC 做以太网通信，主站 PLC 将 12 个从站 PLC 采集到的数据集中处理，做出线性或者逻辑计算，最后传送到数据显示设备，同时对执行机构和控制回路发出指令。PLC 还会对主要电气设备的寿命做出计算，如主令开关、接触器的使用次数、电机的过流时间等，提醒设备管理人员及时对设备进行检修维护，以便对设备做出更健康的管理。

2) 视频监控系统研发

在缆索起重机进行吊装作业时，存在吊装现场环境复杂、操作人员无法观察到吊装过程和吊运状态的问题，需要依赖他人的信号指挥，吊装作业效率不高，甚至有可能会有意外发生。加装视频监控系统对于缆索起重机安全可靠运行非常必要。视频监控系统由分别布设在后锚、卷扬机、塔架、跑车、上下吊具等处的摄像头以及操作室的显示器、操作摇杆构成，用于实时监控缆索起重机的运行状态。

本项目视频监控系统选用国内知名的海康威视品牌的硬盘录像机(DVR/NVR)及摄像头，保证视频传输的稳定性，视频监控系统配置 8 个 DS-2CD3T25D-I5 摄像头，分别安装在卷扬机附近和小车上，监视卷扬机和小车钢丝绳的工作情况。小车上分别安装 3 个枪机摄像头，分别照射跑车前、后、下三个方向的视角。两个塔顶各安装一个 DS-2AF8223SI 球形摄像机，用于全方位监视吊钩的工作情况。总体布置如图 4-1-36 所示。

在缆索起重机的施工步道上架设光纤，摄像头监控的信息通过光纤传送到硬盘录像机，其中因为小车位置的特殊性，在小车上安装的摄像头不方便布线，所以在小车上放置大容量的蓄电池供电，蓄电池可供电时间长达两天，晚上可把小车运行至大缆索段，对蓄电池进行充电。传输采用海康威视的高性能无线网桥，将小车上摄像头的视频传输到地面，再通过光纤传输到硬盘录像机。硬盘录像机可接入 16 路视频信号，具备储存和回放视频的功能，并可实现对摄像头调焦，随时调取视频查看。操作员通过视频画面可以直观观察到小车和吊钩的位置和吊装情况，也可以看到卷扬机的运行情况。同时现场的视频将传入云平台，可供 PC 端和手机 APP 端查看。

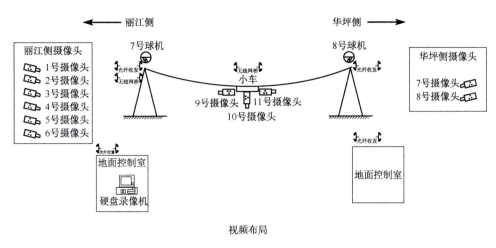

视频布局

图 4-1-36 总体视频分布图

3)智能化集成控制系统研发

智能化集成控制系统的主要功能包括实现实时、动态、远程地对缆索起重机状态进行监测;信息查询、监测数据查询、报警查询、运营报告管理、系统信息设置、系统管理等;基于构件空间姿态监测,实现对缆索起重机卷扬机和钢桁梁调位连接装置的自动调控,实现高空智能化施工。

(1)缆索起重机状态实时监测功能

缆索起重机状态的主要监控数据信息及实现方案见表 4-1-46。

主要监控数据信息及实现方案　　　　表 4-1-46

| 序号 | 监控数据信息 | 实 现 方 案 |
|---|---|---|
| 1 | PLC 监控系统 | 利用输出接口,传感器与监控主机连接,通过 PLC S7-1200 系列 CPU 读取各个信息,显示在显示屏上及通过数据传输设备(DTU)传送到 PC 端后台 |
| 2 | 起升高度/下降深度 | 在起升卷扬机减速轮端安装编码器,通过丹麦斯堪编码器模拟量利用 DP 通信将信号发送到 PLC 上,通过计算显示出对应起升高度/下降深度 |
| 3 | 运行行程 | 在跑车运行卷扬机减速轮端安装编码器,通过丹麦斯堪编码器将模拟量利用 DP 通信将信号发送到 PLC 上,计算显示出跑车的运行行程 |
| 4 | 起升制动器状态 | 在制动器上增加检测限位开关,实时监测制动器的工作状态,记录制动器的动作次数,在显示屏及远程平台上实时显示当前制动器的开闭状态 |
| 5 | 起升超速 | 在起升钢丝绳卷筒端增加编码器,通过编码器模拟量发送信号连接到主机,计算显示出对应的起升速度。如监测到超速状态,本地监控系统参与起升机构控制,止停起升卷扬机,故障排除后需手动复位才能继续操作,在远程平台显示报警信息及状态 |
| 6 | 起重量 | 在主缆索钢丝绳、牵引索、起吊索上分别增加拉力传感器,通过传感器的输出 4-20mA 信号,发送到 PLC S7-1200 模拟量输入模块读取拉力测量信息,显示在本地监控显示屏及传送到远程平台上,提供预警及报警功能 |
| 7 | 累计工作时间 | 通过操作指令和起重量的采集分析,平台计算出相关的工作时间和工作循环次数、累计运行时间等 |
| 8 | 工作循环时间 | |
| 9 | 工作循环次数 | |

续上表

| 序号 | 监控数据信息 | 实现方案 |
|---|---|---|
| 10 | 门限位 | 监控主机读取起重机各个门限位开关的开闭信息,在显示屏及后台上显示门限位的开闭状态 |
| 11 | 运行安全限位 | 监控主机读取起重机各个安全限位开关的开闭信息,在显示屏及后台显示安全限位的开闭状态 |
| 12 | 操作指令 | 监控主机读取起重机各个操作指令信号,记录操作指令,在显示屏及后台显示当前实时操作状态 |

数据采集后经分析处理由显示系统显示给用户,显示系统包括本地显示、物联网后台显示、手机APP端显示。

①本地显示

在江岸两侧的地面控制室分别放置工控机和工业触摸屏,通过以太网和PLC连接,在工控机上设置各项参数,显示PLC处理后的数据,如吊重、吊钩起升高度、运行行程、电机电流、缆索拉力、风速、电机温度、振动、起升制动、限位、工作时间、工作次数、各操作指令等数据,同时显示报警信息,并且能查看历史数据和报警信息和导出历史记录。工业触摸屏上显示的内容和工控机上同步一致,方便江岸两侧的工作人员查看数据。

②物联网后台显示

现场的数据信号通过DTU无线传输设备,采用物联网协议传送到云端后台数据中心,数据包含拉力、深度、角度、风速等主要参数。PC端浏览器可以方便查看当前实时的设备运行情况,展示最新的采集数据。

③手机APP端显示

该控制系统所使用的手机APP是一款基于Android系统的手机APP,可实时显示缆索起重机现场采集的数据,其数据来源为缆索起重机上安装的各类传感器,通过DTU将数据打包传给远程后台,然后手机APP端向服务器请求数据并解析,显示在手机APP端。使用时需要输入账号和密码,该APP的功能包含:实时显示各项数据、显示7d报警分析、查询最近1d历史记录,详细记录可在后台查看,还可查询现场联网摄像头视频。手机APP端只作显示功能,不包含控制,仅方便用户随时查看数据。

(2)系统信息查询、管理及参数设置功能

①系统信息查询

系统信息查询包括报警及登录事件、故障光字画面及数据报表查询。其中报警及登录事件可以在"报警查询画面"及"事件查询画面"查询历史记录并导出CSV文件,可选择查询各个时间的记录;故障光字画面表示卷扬机及系统有故障,只有当所有光字是绿色时,系统才显示"OK";而数据报表查询可以操作报表属性、时间属性、变量选择。

②系统管理

系统通过对各个限位开关的状态监测、对传感器的数值监测,以及对变频器的故障报警监测,当监测到系统有危险状态时,PLC会发出控制指令,自动切断回路电源,达到保护设备的目的。操控台加装急停按钮,当发生紧急情况时可切断系统主回路电源,保护设备及人员的安全,故障复位需要手动复位。另外,操控台加装人脸识别系统,只有相关的人员才能验证成功,验证成功后进入系统才能操控设备,最大限度防止无关人员操控设备,避免一些危险情况发生。

③参数设置

参数设置包括卷扬机设置、拉力和位移参数设置和传感器标定。其中卷扬机设置即是进行设备运行上限报警值设定及是否启用报警设置,按钮红色时启用报警,按钮绿色时屏蔽报警。同时还可对各电机编码器反馈变比进行设置;当设备正常而运行画面显示值出现偏差时进行拉力和位移参数设置。对于传感器的标定,设置传感器输出为 20mA 时为对应值,系统交付时这些参数已经设置妥当,一般不用重新修改。

### 1.7.4 结论

针对山区独有的环境特点,本文依托目前最大跨径山区钢桁梁悬索桥工程——金安金沙江大桥项目,通过调研、理论研究、试验研究、工艺研究分析等技术手段,对 1500m 级缆索起重机设计与架设技术、缆索起重机施工智能集成化控制技术等进行了深入研究,形成了 1500m 级悬索桥重载缆索起重机施工与控制关键技术。主要研究成果如下:

(1)通过调研国内外缆索起重机施工技术,同时开展缆索起重机设计的相关理论分析,提出了适用于大跨径山区悬索桥钢桁梁架设工程的集成主索并联并锚固于散索鞍基础、独立牵引系统、串联式主动开合支索器的新型缆索起重机结构体系,使得缆索起重机结构更加安全可靠且高效运行。进行缆索起重机部件装配化设计研究,研制并应用了装配式跑车和支索器,提高了缆索起重机部件结构质量。同时开展了千米级缆索起重机安装技术研究,研发了利用施工步道横向通道架设缆索起重机主索、先施工主索后安装跑车、采用滑车组调整主索垂度等架设技术,提高了缆索起重机架设效率。

(2)开发了安全可靠性高、实时性强、集成化程度高、维护简单的缆索起重机多功能智能化控制系统,实现了分布式多元化数据采集、缆索起重机状态实时监测、系统信息查询与管理、自动预警等功能。

本项目对 1500m 级缆索起重机设计与架设技术、1500m 级缆索起重机智能化施工控制系统等进行了深入研究,解决了缆索起重机系统标准化、智能化、信息化程度不高的问题,使得缆索起重机结构更加安全可靠且高效运行。本项目研究成果对于依托工程的建设起到了很好的支撑作用,相关关键技术极大地推动了行业技术水平的进步,为今后类似工程建设提供了借鉴和参考。

## 1.8 钢桁梁悬索桥超高桥塔横梁施工关键技术研究

### 1.8.1 研究背景

桥塔作为大跨径悬索桥支承主索的塔形构造物,其混凝土方量大、所用浇筑设备要求高,具有索塔施工测量控制及塔身裂缝控制难度大、施工复杂、风险高等特点。以金安金沙江大桥桥塔横梁施工为工程背景,分析超高桥塔横梁施工关键技术,以期为同类桥塔施工技术控制提供参考。

### 1.8.2 上下横梁支架设计

1)下横梁设计施工

索塔下横梁施工采用落地式钢管支架现浇施工。下横梁支架体系由钢管支架、横撑及剪刀撑、砂筒、分配梁、贝雷片及底模等组成。支架立柱采用 8 根直径 609mm、壁厚 16mm 的钢管,钢管间采用法兰螺栓连接。立柱间设置 36a 平联和 32a 斜撑增强整体稳定性。为方便卸落支架,每根立柱顶设卸落砂筒,砂筒顶部设 2HW700×300 型钢承重梁。底模系统由贝雷、方木及 21mm 竹胶模板组成,桁架片沿横桥向布设。底模分配梁采用 15cm×15cm 方木,方木间距为 30cm。

贝雷梁两侧靠塔身位置为新制 90 贝雷片,下方为 HW700×300 分配梁,分配梁支撑在塔身牛腿上,塔身施工时预埋爬锥,临时结构设计时塔身上预埋件考虑全部采用爬锥、螺栓结构,保证外观质量,横梁沿高度方向均分两次浇筑。

施工下横梁第二层工况计算结果如图 4-1-37 和图 4-1-38 所示。

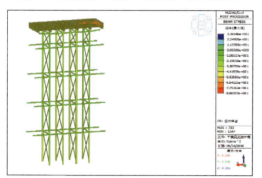 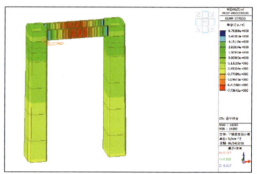

a)无张拉应力　　　　　　　　　　　b)张拉控制应力30%

图 4-1-37　无张拉应力支架应力及张拉控制应力 30%

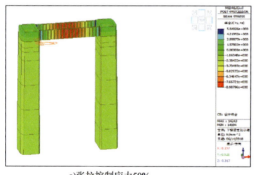 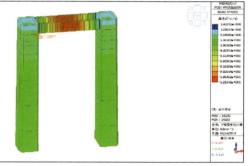

a)张拉控制应力50%　　　　　　　　b)张拉控制应力100%

图 4-1-38　张拉控制应力 50% 及张拉控制应力 100%

下层下横梁混凝土达到强度后相对于其下方钢支架刚度较大,力传递按照最强刚度、最短路径的原则,造成浇筑第二层下横梁混凝土时钢支架受力较小,承担第二层混凝土荷载的主要是已浇筑达到强度的首层下横梁。

预应力钢束按张拉控制应力 30% 计算横梁最大拉应力为 6.8MPa,按张拉控制应力 50% 计算横梁最大拉应力为 5.5MPa,按张拉控制应力 100% 计算横梁最大拉应力为 2.4MPa。综合分析可知,按照张拉控制应力30%计算横梁最大拉应力偏大,按照50%及100%控制结合普通钢筋作用可控制裂缝。由于钢绞线均为直线型,张拉不存在反拱现象,建议按照100%张拉应力控制一次到位,项目根据实际情况可酌情考虑,但不应小于张拉控制应力50%。

钢绞线采用15-22型,标准强度为1860MPa,张拉控制应力按照标准强度的75%,即4296kN控制,采用两端张拉。

2)上横梁设计及施工

(1)施工工序

塔柱与横梁异步施工,塔柱封顶后施工上横梁。上横梁梁高8.0m,分两层施工,每层高度为4.0m。横梁预应力张拉分两次进行,第一层浇筑完成后,待混凝土强度达到设计强度75%进行第一次张拉,张拉至控制应力的30%;第一层混凝土施工完毕后,混凝土达到设计强度的85%,再进行第二层混凝土施工;待第二层混凝土达到设计强度的100%后进行第二次张拉,张拉至控制应力的100%。其中,护栏在第二层混凝土施工完成后约4d浇筑。

(2)施工工况及荷载

①工况一:第一次底板浇筑荷载计算;②工况二:第一次侧墙及隔板浇筑荷载计算;③工况三:第二次浇筑荷载计算;④工况四:风荷载计算。

(3)数值计算结果

①工况一:第一次底板浇筑

上横梁第一次底板浇筑支架最大变形发生在第11、12号贝雷片第4节段跨中截面上(最内侧贝雷梁跨中截面),其最大相对变形为2.160mm,小于规范要求的22.5mm,支架整体变形满足要求。由Midas计算得出支架一阶屈曲模态特征值为9.86>4,整体稳定性满足要求。具体变形分析计算如图4-1-39所示。

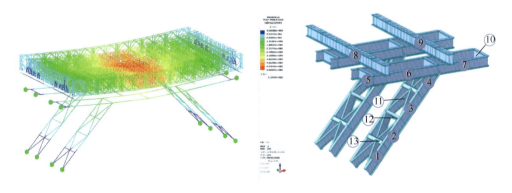

图4-1-39 支架整体变形

由于支架为对称结构,在各工况下荷载均为对称施加,故取一半的结构进行计算结果汇总。

②工况二:第一次侧墙及隔板浇筑

上横梁第一次侧墙及隔板浇筑支架最大变形发生在第11、12号贝雷片第4节段跨中截面上(最内侧贝雷梁跨中截面,见图4-1-40),其最大相对变形为3.630mm,小于规范要求的22.5mm,支架整体变形满足要求。由Midas计算得出支架一阶屈曲模态特征值为5.42>4,整体稳定性满足要求。

③工况三:第二次浇筑

考虑到工况二至工况三过程中上横梁进行了预应力张拉,钢束采用两端张拉,上横梁预应力张拉分两次进行,第一层浇筑完成后待混凝土强度达到设计强度75%进行第一次张拉,张拉控制应力的30%,即418.5MPa,第一层混凝土施工完毕后,间隔时间约10d(混凝土达到设计强度的85%左右),再进行第二层混凝土施工,待第二层混凝土达到设计强度的100%后进行第二次张拉,张拉至控制应力的100%。故在Midas中对索塔以及预应力张拉进行模拟:

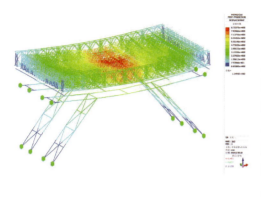

图4-1-40 支架整体变形

经计算,第二次浇筑荷载计算转化为线荷载 $q=554.90\text{kN/m}$ 加于浇筑完成部分的上横梁上,弦杆及其以下构件自重均由程序自动考虑。

上横梁第二次浇筑支架最大变形发生在跨中截面上,其最大相对变形为3.472mm,小于规范要求的22.5m,支架整体变形满足要求。由Midas计算得出支架一阶屈曲模态特征值为42.68>4,整体稳定性满足要求。

### 1.8.3 横梁施工方法研究

(1)下横梁支架基础施工

下横梁支架基础分别设置在微风化岩石层和系梁上,通过预埋 $\phi25\text{mm}$ 的钢筋,用套筒连接钢筋的方式来固定钢管底部的钢板,在安装底部钢管时,先用和混凝土同标号的砂浆找平,在砂浆初凝前安装底部钢管,确保钢板紧贴风化岩层,防止局部应力集中。

(2)下横梁钢管立柱安装

钢管预先在加工厂进行分段加工,然后现场逐根吊装,测量控制垂直度和顶高程,保证钢管垂直度不大于1%。钢管柱之间沿高度方向每隔12m设一道36a水平平联。钢管立柱安装后,吊装砂筒和型钢横梁,砂筒由测量放线定位并测量控制顶高程。

(3)上横梁牛腿支架安装

在塔柱施工时预埋锚板至相应的塔柱位置,待塔柱施工上横梁后将牛腿支架焊接至预先埋好的钢板上。然后吊装砂筒和型钢横梁,砂筒由测量放线定位并测量控制顶高程。

(4)底模系统安装

贝雷片在地上分段组拼,现场由塔式起重机逐段吊装就位并拼接,桁架片之间用加工的花架连接成为整体。施工时严格控制桁架片的顶高程,然后安装分配梁和底模及内外模板系统。

(5)支架拆除施工

横梁施工完成后,经监理同意后拆除横梁底模、分配梁及贝雷片。支架拆除时,先将砂筒底部的螺栓拧出,放出砂筒里面的干砂,卸落支架。支架拆除作业过程中,各点应尽可能做到同步进行,以保证安全。支架拆除的顺序与安装的顺序相反,从上而下逐步拆除后,将材料分类堆放至指定地点。

### 1.8.4 支架变形影响消除措施

1)支架变形控制

支架变形包括弹性变形、非弹性变形,其中非弹性变形包括支架系统的间隙压缩后造成的变形、温度变形和自重挠度变形等四项,其中弹性变形、温度变形和自重挠度变形可以通过计算获得。其中,弹性变形理论计算值根据 SAP2000 程序计算,计算结果见表 4-1-47。

各桩变形值　　　　表 4-1-47

| 钢管桩号(横桥向) | 1 | 2 | 3 | 4 |
|---|---|---|---|---|
| 变形值(mm) | 0 | 3 | 3 | 0 |

下横梁支架系统的非弹性变形,即钢管支架、分配梁、砂筒、贝雷片、底模系统等构件之间的接头,在施工过程中,由于接头间的装配空隙被压缩而产生的变形,此部分的变形一般无法精确计算,根据施工经验,本工程按接头为 1mm 计算,各排钢管桩非弹性变形值见表 4-1-48。

各桩变形值　　　　表 4-1-48

| 钢管桩号(横桥向) | 1 | 2 | 3 | 4 |
|---|---|---|---|---|
| 变形值(mm) | 5 | 1 | 1 | 5 |

在混凝土初凝之后,由于支撑体系的变形易造成混凝土的开裂,因此为消除支架变形的影响,保证混凝土的质量,应采取如下措施:

①索塔横梁支撑体系搭设好后,采用钢筋和砂袋进行预压;②配制和易性好、坍落度损失小、初凝时间长的混凝土,以确保混凝土浇筑在其初凝前完成;③本工程上、下横梁的预拱值均不相同,横梁支架的预拱值按计算值控制;④支撑体系的非弹性变形在安装时应尽量减少间隙,并用薄钢板垫实所有间隙。

2)横梁支架预压

①预制材料

采用砂袋、钢筋进行预压,单个砂袋重 1.5t。根据 9 号索塔材料数量表,钢筋 103t、索塔下横梁恒载重 2791t,1.1 倍载荷为 3070t。

②施工准备

a.仔细检查现场搭设支架是否符合规范要求,要保证有足够的斜撑和横撑,经验收合格的支架才可以进行预压;

b.模板采用竹胶板,上面铺一层袋装砂,用作保护底板。

③加载实施方法与步骤

预压按横梁结构自重荷载的 1.1 倍进行,加载时按照设计荷载的 0、30%、60%、100%、110% 分四级加载,测出各测点加载前后的高程。加载 110% 后所测数据得到支架日沉降量小于 2.0mm(不含测量误差)且处于收敛状态时,表明支架已基本沉降到位,可进行卸载,再分别按加载级别卸载,并分别测出每级荷载下各测点的高程值。

加载材料分层码放、均匀加载,并尽量模拟横梁腹板和底板位置荷载加载,加载中由技术人员现场控制加载重量和位置,避免出现大的误差。加载过程中,每级加载所测数据均在可控范围内方可进行下一级加载。

为了解支架沉降情况,在加载预压之前测出各测量控制点高程,压重前先在底模布设观测点,测量位置横桥向设在3排钢管位置,纵桥向设置两个测点,分别为横梁两侧腹板外侧。在加载30%、60%、100%、110%后每天上下午均要复测各控制点高程一次,如果加载110%后所测数据的支架日沉降量小于2.0mm(不含测量误差)且收敛时,表明支架已基本沉降到位,可进行卸载,否则还需持荷进行预压,直到支架沉降符合以上要求为止。

### 1.8.5 结论

本节针对超高桥塔横梁施工相关技术难题,着重从支架设计、横梁施工开展研究,形成了支架变形技术措施,对以前国内施工中一些条件进行了一系列的优化,施工过程更加合理化,施工工艺更加科学化、施工管理更加安全,并达到了设计的施工质量要求,对今后其他的桥梁的横梁施工有很强的指导与参考意义。

## 1.9 钢桁梁拼装及吊装施工关键技术研究

### 1.9.1 研究背景

数字模拟试拼装技术是近年来兴起的模拟装配技术的应用,模拟装配技术从产品装配设计的角度出发,利用模拟现实技术和计算机仿真技术,建立一个多模式的虚拟环境,借助于模拟现实的输入、输出设备,可在虚拟环境中进行人机交互式的装配操作及检验装配性能等。依托金安金沙江大桥主桥钢桁梁施工背景,开展钢桁梁施工数字模拟试拼装技术研究,旨在加强基于BIM技术的虚拟预拼装技术,减少现场拼装周转、节约工期。

### 1.9.2 虚拟预拼装

1)试拼装方案

(1)试拼装划分

本桥GHL-02标段采用多节段连续匹配拼装,全桥共32个吊装节段(64个节间),从桥中心节段分别向边跨侧匹配制造。立体试拼装采用"2+1"方式完成连续3个节间匹配拼装,每轮拼装解体后,都预留下后一个节间,参与下一轮次拼装。全桥共有65节段,其中标准节段(D、E、H、I)共计55个,标准节段占梁段总数量的86%。

(2)试拼装技术要求

①所有参与试拼装的杆件应是全部经过自检、互检、专检检查合格的杆件。

②拼装时保证板层密贴,冲钉数量不少于螺栓孔总数的30%,螺栓不少于螺栓孔总数的20%。

③组装过程中仔细检查拼接处有无相互抵触情况、有无不易施拧情况,如果有这种情况应认真分析原因。

④试拼装时要用试孔器检查节段接口所有螺栓孔。

⑤每个接口弦杆连接时先连弦杆腹板拼接板,待腹板面连接完成且几何尺寸检测合格后再去补连弦杆盖板拼接板。

⑥节段拼装应从一端向另一端顺序进行,每拼完一个节段应检查相关几何尺寸。

⑦节段拼装全部完成后,要进行全面检测。

⑧试拼装几何尺寸检测时,应避开强光直射和高温的影响。

(3)试拼装主要尺寸允许偏差

根据已经评审通过的《金安金沙江大桥制造规则》及相关标准要求,钢桁梁立体试拼装主要尺寸允许偏差见表4-1-49。

**钢桁梁立体试拼装允许偏差**　　　　表4-1-49

| 序号 | 项目 | 允许偏差(mm) | 备注 |
|---|---|---|---|
| 1 | 桁高 $H$ | ±3 | 各竖杆处及试拼装全长两端 |
| 2 | 桁高 $B$ | ±5 | 节点处及试拼装全长两端的两侧弦杆中心距离 |
| 3 | 吊点横向间距 $L_5$ | ±5 | 每节段钢梁吊点横向间距 |
| 4 | 桥面四角高程 | ±5 | 桥面板死角横梁处 |
| 5 | 横断面对角线差 | $\|L_3-L_4\| \leq 5$ | |
| 6 | 试拼装长度 $L$ | $\leq L/10000$ 且 $\leq 10$ | 主桁试拼装弦杆及边孔距 |
| 7 | 对接错边量 | $\leq 2$ | |
| 8 | 吊点中心距 $L_2$ | ±2 | 两相邻吊点纵向间距 |
| 9 | 节间长度 $L_2$ | ±2 | |
| 10 | 主桁中心线直线度(旁弯) | $\leq 5$ | 主桁中心线与试拼装全长两端中心连线的偏差 |
| 11 | 节段中心线错位 | $\leq 1$ | 节段中心线与桥轴心线偏差 |
| 12 | 桥面板平面对角线差 | $\|L_8-L_9\| \leq 5+(n-1)$ | 试拼全长范围,两主桁之间,$n$ 为试拼装节段数量 |
| | | $\|L_6-L_7\| \leq 5$ | 单个节段,主桁之间 |
| 13 | 预拱度 | 当计算拱度 $\leq 60$ 时,±3 | 各节点位置的下弦杆下水平板处 |
| | | $\|L_6-L_7\| > 60$ 时,± $5f/100$ 且 $\leq 10$ | |

(4)试拼装方案比选

对于复杂的钢构件,为了保障现场安装能准确顺利进行,往往需要对实体构件进行预拼装作业,以便当构件出现偏差时可进行及时调整及减小累计误差。目前国内主流使用的解决方案主要有精度控制、数字模拟试拼装等。精度控制为过去传统的使用方法,简易可靠;数字模拟试拼装是通过实体建模代替实体试拼装,对模拟模型进行相关数据测量,对比得到误差分析。

①精度控制法

精度控制就是利用传统的测量仪器(卷尺、钢尺、水准仪、经纬仪、全站仪等),通过对控制特征点的测量,得到的数据与施工图放样进行对比。具体步骤为:

a. 按照总拼胎架布置图摆放好各支撑墩,用水准仪将各支撑墩高程找正,以地样线为基准依次摆放好所有杆件,在测量塔上使用经纬仪依次检测主桁、横桁杆件纵横向位置及桁片垂直度。

b. 在测量塔上用经纬仪检测主桁中心线,中心线允许偏差≤1.0mm。

c. 用钢盘尺、钢卷尺等检测设备对桁片高度、长度、宽度、对角线差、主桁中心、吊耳间距等几何尺寸进行检测。

在朝天门大桥、大胜关大桥等项目使用了精度控制法进行施工,在测量技术手段发展缓慢的大背景下,过去很长一段时间只能选择此种传统的方案,即质检人员根据加工图纸中描述零构件尺寸信息,采用卷尺或钢尺等测量工具,对零构件进行尺寸检验或者尺寸定位检验等。质检人员需要花费大量的时间去研究图纸中零构件之间的尺寸关系,且对质检人员的识图能力、工作经验甚至工作状态都提出了较高的要求。对于一些关键部位,质检人员还需要多次复核,以保证检验结果的正确性,大大降低了构件的检测效率、延长了构件的加工工期,致使工程进度也受一定影响。对于一些特别复杂或造型奇特的构件,如空间弯扭类型等构件,难以依靠屏幕尺寸检测方法检测构件的定位尺寸,测量过程容易出错,不易保证精确度和构件质量。此方案的优缺点分别有:

优点:a. 技术操作难度低,容易实现;b. 简单直观。

缺点:a. 对场地有较高要求,需要地基平整,有一定的承载力来进行试拼装,如果现场承载力不能满足要求,需要做硬化处理;b. 耗时比较久,所有杆件根据工艺文件依次进行安装调试,需要耗用大量的时间进行;c. 需要增加吊装设备;d. 现场存在交叉作业;e. 现场需要搭设支架、爬梯、安全防护网等,高空作业存在安全隐患。

②数字模拟试拼装法(图4-1-41)

目前在国内还缺乏对数字模拟试拼装的系统性研究,数字模拟试拼装在我国的研究应用还属于起步阶段,应用基本都是针对单个工程,基本思路都是应用BIM三维建模技术,根据设计图纸建立实体模型,通过对已验收合格的实际杆件控制点进行测量得到的数据建立实测模型,在三维软件中进行模拟试拼装,按照检测要求对需要测量的项点进行检测,得到的检测结果与试拼装施工图纸所给的信息进行比对,以此检验试拼装效果,并对超过偏差的杆件进行调整。

在工程应用方面,国内已经有多个实际工程中使用了数字虚拟试拼装。实际工程表明,利用数字虚拟试拼装,可以有效地缩短时间,提高效率,节省费用。比如大渡河桥中就使用了此方案大大缩短了工期。随着BIM技术近年来在国内的大力推广,建筑工程行业也一直探索如何应用这项技术。三维数字化建模作为其基础,是整个系统工程的起点,也为后续的质量控制、进度控制、合同管理、物资管理、施工模拟等全流程服务。三维模型的可视化可以有效消除图面不一致、遗漏、冲突、错误等问题,便于作业人员更好地理解设计意图。三维模型包含了更多的工程信息,解决了二维施工图纸表达信息不全面、繁杂的问题。采用建模软件如Tekla对钢结构工程进行建模,获得钢结构的理论设计模型,为后续的数字虚拟试拼装及试拼装尺寸检测提供理论模型基础。此方案的优缺点分别有:

优点:a.直观可视化,遗漏与错误能明显查看,能有效避免对图纸的不正确理解;b.三维模型可以保存,便于查询存档;c.包含了更多的工程信息,可以替代二维施工图并校核施工图准确性;d.减少杆件的倒运次数,减少杆件不必要的变形;e.缩短工期,减少了人力、物力等消耗,同时不受外部环境(天气、场地)等限制。

缺点:a.需要人员一定的BIM操作水平,对软件操作要求比较高;b.建立三维模型需要投入一定的人力物力。

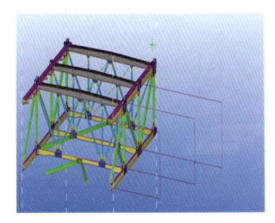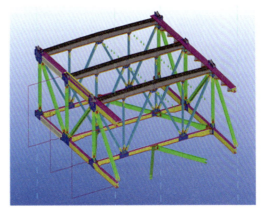

图 4-1-41　模型试拼装模拟

③方案选用

根据金沙江大桥的实际情况,存在工期紧、任务重、现场条件限制等不利因素,推荐使用数字模拟试拼装方案,理由如下:a.精度控制方案需要耗费大量的时间,不利于工期控制;b.精度控制方案需要对杆件进行多次倒运吊装,从而增加杆件的变形等;c.精度控制方案中,试拼装作业高度高达9.5m以上,属于高空作业,存在一定的安全隐患,增加了安全风险;d.精度控制方案中需要投入大量的人力、物力;e.精度控制方案实施需要考虑天气因素。

综上所述,虽然数字虚拟试拼装同样没有广泛应用,但是已经有成功的例子,其可以加快进度、控制成本与质量,适合本工程实际情况。

2)数字模拟试拼装过程

数字模拟试拼装技术对于桥梁钢桁架结构而言,即对加工完成等待拼装的构件进行几何数据采集及特征数据采集,输入计算机后,与预先输入计算机的相应构件的理论值进行对比,数据之差就是构件的制造误差,从而指导工厂及时修整构件,避免实体吊装时出现无法安装的情况,达到减轻劳动强度、提高生产效率、使生产向自动化与智能化方向迈进的目的。

(1)数字模拟试拼装流程

金沙江大桥主桥钢桁梁数字模拟试拼装流程如图 4-1-42 所示。

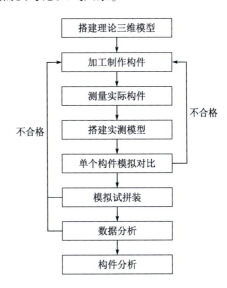

图 4-1-42　数字模拟试拼装流程图

（2）数字模拟试拼装过程

①模拟试拼装准备工作

主桥钢桁梁数字模拟试拼装准备工作过程见表4-1-50。

钢桁梁数字模拟试拼装准备工作　　　　表4-1-50

| a.根据设计施工图搭建主桥钢桁梁各个构件及全桥的理论三维模型 |
|---|
|  |
| b.测量各构件几何尺寸精度并填写检测记录表，交监理工程师签字确认 |
|  |
| c.根据监理工程师签字确认的构件检测记录表数据搭建构件三维实测模型 |
| 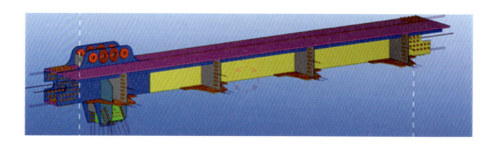 |

②模拟试拼装

主桥钢桁梁数字模拟试拼装过程见表4-1-51。

钢桁梁数字模拟试拼装　　　　　表4-1-51

| a.将参与试拼装构件的实测模型与理论模型对比分析确认 |
|---|
|  |
| b.按照立体试拼装步骤逐步模拟拼装实测模型 |
|  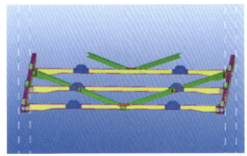  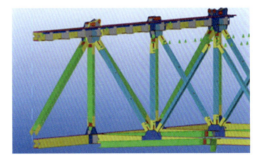  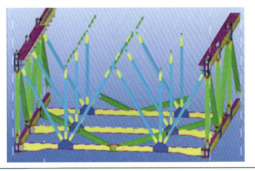 |

续上表

| b.按照立体试拼装步骤逐步模拟拼装实测模型 |
|---|
|  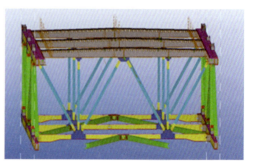 |
| c.对已完成模拟拼装的实测模型进行3D测量,检测试装桁高、节间长度、旁弯、试装全长、拱度、平面度、对角线、主桁中心距、栓孔间距等各项检测点 |
| 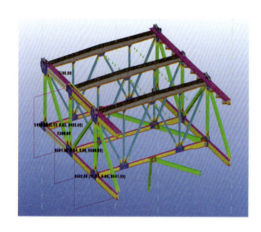 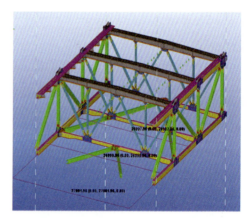 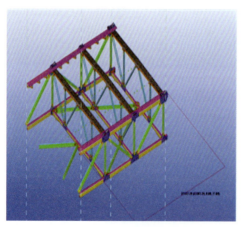 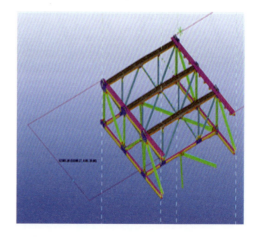 |

续上表

| c.对已完成模拟拼装的实测模型进行3D测量,检测试装桁高、节间长度、旁弯、试装全长、拱度、平面度、对角线、主桁中心距、栓孔间距等各项检测点 |
| --- |

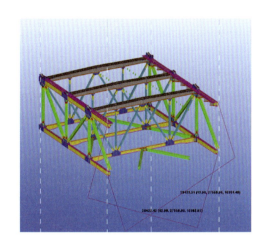 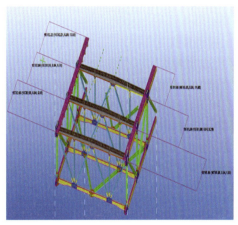

③模拟试拼装检测报告

分析整理汇总实测模型3D测量数据,依据《金安金沙江大桥制造验收规则》及相关国家、行业标准验收钢桁梁数字模拟试拼装结果并填写模拟试拼装报告。

### 1.9.3 结论

根据对金沙江大桥丽江岸钢桁梁首轮立体试拼装的数字模拟、3D测量检验和与实体试拼装结果的对比分析可得出以下结论:

(1)经3D测量检验,钢桁梁数字模拟试拼装杆件的各项几何尺寸精度及接口匹配状况均达到了《金安金沙江大桥钢桁梁制造验收规则》的相关要求。

(2)经与首轮实体试拼装检测结果对比分析,钢桁梁数字模拟立体试拼装检测方法可靠、检测结果真实可信。

(3)数字模拟立体试拼装可以大大减轻劳动强度、提高生产效率、使生产向自动化和智能化方向迈进。

数字模拟试拼装各项质量检测数据及对比分析表明,数字模拟试拼装技术可以在金沙江大桥丽江岸钢桁梁其他轮次试拼装中应用。

## 1.10 施工步道及主缆架设施工关键技术研究

### 1.10.1 研究背景

施工步道是悬索桥施工过程中的临时脚手架,架设于主缆之下,线形平行于主缆布置。在悬索桥上部结构施工过程中,施工步道担负着输送索股与紧缆、安装索夹及吊杆、吊装加劲梁及缠丝防护等重要任务。施工步道系统组成构件多、结构复杂、架设难度大,在施工过程中需通过计算进行精确调整及转换。本节以金安金沙江大桥为工程依托,开展施工步道承重索设计研究。

### 1.10.2 施工步道设计研究

1) 模型概况

(1) 模型建立

为详细分析施工步道结构在各工况下的受力情况,借助西南交通大学开发的软件"桥梁结构空间静动力非线性分析系统(BNLAS)"建立了金沙江大桥施工步道承重索和门架承重索的线形文件,计算得到施工步道承重索和门架承重索的合理线形,然后在有限元文件中建立金沙江大桥施工步道承重索以及门架承重索的空间模型,计算得到模型各部分的内力、应力、位移等数据,以此作为判断结构是否合理的依据。空间杆系模型及门架结构如图4-1-43所示。

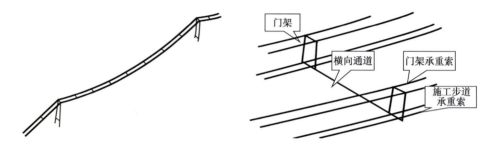

图4-1-43　空间杆系模型及门架结构示意图

(2) 承重索及连接

施工步道承重索和门架承重索采用线形计算系统计算两者的合理线形,在此基础上将计算得到的各点的坐标输入到空间计算系统中。在线形计算系统中,为了精确计算施工步道承重索和门架承重索的线形,节点位置在门架位置处划分,门架间约每10m划分一个节点,以这些点将空间的施工步道承重索和门架承重索进行离散化;根据施工步道系统的实际组成,将20根施工步道承重索和4根门架承重索组成的空间结构建成4根施工步道承重索单元和4根门架承重索单元。

(3) 边界条件设置

施工步道承重索在锚碇散索鞍基础上预埋型钢耳座锚固,每幅施工步道在锚碇各设置4根大锚固拉杆,每根锚固杆通过销栓将施工步道承重索力传递到锚碇散索鞍基础。施工步道承重索和门架承重索通过刚臂与桥塔连接。

(4) 工况及荷载

结构使用过程是施工过程的延续,在BNLAS中,活载、温度变化、风载等计算可在施工过程计算完成后的模型进行,即在施工过程完成后的结构坐标状态、内力状态进行使用荷载分析,这很好地考虑了结构位移、重力刚度、先期荷载(恒载)与后期荷载(使用荷载)相互影响等非线性作用。

根据实际的施工过程,施工步道的施工阶段及 BNLAS 计算阶段划分见表 4-1-52,考虑的荷载组合见表 4-1-53。

计算阶段的划分　　　　　　　　　　　　　　　　表 4-1-52

| 阶 段 号 | 阶 段 名 称 | 阶 段 号 | 阶 段 名 称 |
|---|---|---|---|
| 1 | 桥塔施工 | 5 | 门架承重索架设 |
| 2 | 施工步道承重索架设、安装变位刚架 | 6 | 安装门架 |
| 3 | 横向通道架设 | 7 | 恒载状态 |
| 4 | 下压装置架设 | 8 | |

计算考虑的荷载组合　　　　　　　　　　　　　　表 4-1-53

| 组合编号 | 荷　　载 | 备　注 |
|---|---|---|
| 组合 1 | 恒载 + 主缆索股荷载 + 人群荷载 | |
| 组合 2 | 恒载 + 主缆索股荷载 + 人群荷载 + 温降 | |
| 组合 3 | 恒载 + 主缆索股荷载 + 人群荷载 + 温降 + 工作风载 | 各项组合中的分项组合系数均取 1.0 |
| 组合 4 | 恒载 + 设计风荷载 | |
| 组合 5 | 恒载 + 设计风荷载 + 温降 | |

2) 恒载线形

利用 BNLAS,通过施工过程计算与调整可以得到结构最终的恒载状态,各部位与主缆空缆中心高程差值如图 4-1-44 和图 4-1-45 所示。

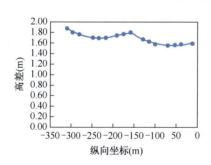 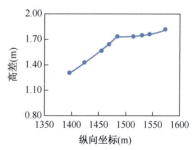

图 4-1-44　华坪/丽江岸边跨施工步道承重索与主缆空缆中心高程差值图

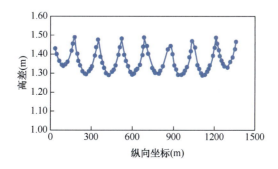

图 4-1-45　中跨施工步道承重索与主缆空缆中心高程差值图

3）荷载组合及验算

在恒载、活载及可变荷载作用下施工步道承重索的最大/最小内力、最大/最小位移分别见表 4-1-54 与表 4-1-55。

各种荷载作用下施工步道承重索的最大/最小内力（单位：kN） 表 4-1-54

| 荷 载 类 型 | 最 大 张 力 | 最 小 张 力 |
|---|---|---|
| 恒载 | 2382.379 | 2126.129 |
| 人群荷载 | 27.068 | 0.001 |
| 主缆索股荷载 | 331.173 | −0.035 |
| 体系降温 29° | 276.976 | 14.187 |
| 体系升温 31° | −14.721 | −296.110 |
| 工作风载 | 18.052 | −7.973 |
| 设计风荷载 | 195.645 | −0.002 |

各种荷载作用下施工步道承重索的最大/最小位移（单位：m） 表 4-1-55

| 荷 载 类 型 | 最大竖向位移 | 最小竖向位移 | 最大横向位移 |
|---|---|---|---|
| 人群荷载 | — | −0.1116 | — |
| 主缆索股荷载 | 0.0005 | −1.3590 | — |
| 体系降温 29° | 1.0289 | −0.0650 | — |
| 体系升温 31° | 0.0694 | −1.0886 | 0.0032 |
| 工作风载 | 0.2801 | — | 8.0989 |
| 设计风荷载 | 6.3061 | — | 39.5734 |

在主缆索股荷载作用下，最大张力为 331.173kN，最大竖向位移 1.3590m（向下）；体系降温 29°时，最大张力为 276.976kN，最大竖向位移 1.0289m（向上）；设计风荷载作用下，最大张力为 195.645kN，最大竖向位移 6.3061m（向上），最大横向位移 39.5734m。

施工步道承重索在工作风荷载下竖向位移如图 4-1-46 所示，在设计风荷载下横向位移如图 4-1-47 所示。

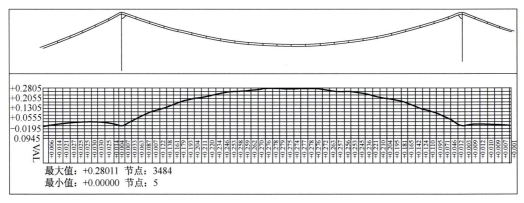

图 4-1-46 施工步道承重索在工作风荷载下竖向位移图（单位：m）

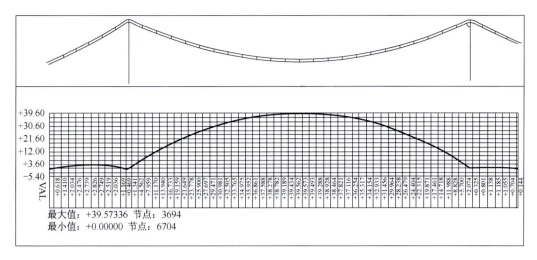

图 4-1-47 施工步道承重索在设计风荷载下横向位移图(单位:m)

4) 荷载组合及验算

各种荷载组合作用下施工步道承重索的最大/最小内力见表 4-1-54,根据设计说明可知,一根 φ54mm 的钢丝绳最小破断力为 2030kN,因此 5 根 φ54mm 的钢丝绳最小破断力为 10150kN。在荷载组合 3 中,施工步道承重索最大张力 2725.63kN,最小破断力安全系数 3.72,大于 3,满足规范要求。在各种组合工况中,荷载组合 5 作用下出现最大竖向位移为 7.333m(向上),荷载组合 4 和 5 作用下出现最大横向位移 39.573m。

5) 承重索支反力

各种荷载作用下施工步道承重索支反力见表 4-1-56 与表 4-1-57。

各种荷载作用下施工步道承重索支反力(单位:kN)　　表 4-1-56

| 位　置 | 支反力方向 | 恒载 | 人群荷载 | 索股荷载 | 体系升温31° | 体系降温29° | 工作风载 | 设计风载 |
|---|---|---|---|---|---|---|---|---|
| 华坪侧锚固点 | $R_x$ | -2119.98 | -15.66 | -190.37 | 90.93 | -88.44 | -7.45 | -108.23 |
|  | $R_y$ | -707.57 | -4.02 | -48.34 | 38.03 | -36.97 | -2.40 | -41.64 |
|  | $R_z$ | — | — | — | — | — | -14.01 | -72.48 |
| 华坪侧桥塔下压杆 | 轴力 | 312.377 | 2.241 | 25.266 | -17.154 | 16.460 | 9.189 | 151.237 |
| 丽江侧桥塔下压杆 | 轴力 | 252.617 | 1.554 | 16.898 | -16.527 | 15.881 | 8.826 | 145.446 |
| 丽江侧锚固点 | $R_x$ | 2119.99 | 14.05 | 171.38 | -98.64 | 94.44 | 4.55 | 81.54 |
|  | $R_y$ | -653.81 | -3.53 | -42.78 | 35.42 | -33.88 | -1.28 | -27.62 |
|  | $R_z$ | — | — | — | — | — | -10.05 | -51.84 |

荷载组合作用下施工步道承重索支反力(单位:kN)　　表 4-1-57

| 位　置 | 支反力方向 | 荷载组合 1 | 荷载组合 2 | 荷载组合 3 | 荷载组合 4 | 荷载组合 5 |
|---|---|---|---|---|---|---|
| 华坪侧锚固点 | $R_x$ | -2326.01 | -2414.44 | -2421.90 | -2228.21 | -2316.65 |
|  | $R_y$ | -759.93 | -796.90 | -799.30 | -749.21 | -786.18 |
|  | $R_z$ | — | — | -14.01 | -72.48 | -72.48 |

续上表

| 位　置 | 支反力方向 | 荷载组合1 | 荷载组合2 | 荷载组合3 | 荷载组合4 | 荷载组合5 |
|---|---|---|---|---|---|---|
| 华坪侧桥塔下压杆 | 轴力 | 339.88 | 356.34 | 365.53 | 463.61 | 480.07 |
| 丽江侧桥塔下压杆 | 轴力 | 271.07 | 286.95 | 295.78 | 398.06 | 413.94 |
| 丽江侧锚固点 | $R_x$ | 2305.42 | 2399.85 | 2404.40 | 2201.54 | 2295.97 |
| | $R_y$ | −700.12 | −733.99 | −735.27 | −681.42 | −715.30 |
| | $R_z$ | — | — | −10.06 | −51.85 | −51.85 |

通过上述详细的建模计算可知,在计算范围内,对于施工步道承重索的结构恒载线形以及内力、位移的结论如下：

(1)主跨施工步道与主缆空缆在跨中的竖向高差约为1.48m,在中跨其他分点处的高差均在1.02~1.49m之间;边跨在分点处与主缆竖向高差在1.29~1.88m范围内有波动,主缆空缆线形与施工步道承重索线形并不完全平行,但能满足紧缆施工等要求;

(2)恒载作用下的最大张力为2382.379kN,出现在华坪岸变位下压架处,破断力安全系数为4.26,大于3,满足规范要求;

(3)在荷载组合3(恒载+主缆索股荷载+人群荷载+温降+工作风载)作用下,施工步道承重索出现最大张力为2725.63kN,最小破断力安全系数3.72,大于3,符合规范要求;

(4)设计风荷载作用下施工步道承重索的最大横向位移为39.5734m。

由以上可知,在恒载作用下施工步道承重索的安全系数大于3,各种荷载组合作用下,施工步道承重索的安全系数均大于3,满足规范要求;在风载作用下横向位移较大,施工中应特别注意大风下可能对主缆产生的影响;温度的变化对结构变形影响大,但对结构内力影响小。

### 1.10.3　隧道锚循环牵引系统应用

1)系统介绍

循环牵引入锚系统设置于隧道锚与隧道洞口的地面平台之间,由支架和承重系统两部分组成。其中,支架竖直固定于地面平台上,承重系统又包括1号卷扬机、2号卷扬机、3号卷扬机、承重滑车及牵引系统等部件。1号卷扬机固定于地面平台上,承重索由1号卷扬机的卷筒出绳后滑动绕过支架再锚固于隧道锚锚面顶端,承重滑车设置于隧道内的承重索上,且承重滑车吊有建筑物料。2号卷扬机固定于地面平台上,1号牵引索由2号卷扬机的卷筒出绳后滑动绕过支架再固定于承重滑车上。地面平台以及隧道内从上到下再到承重索的锚固端依次设置有多个改向滑轮,3号卷扬机固定于地面平台上,2号牵引索由3号卷扬机的卷筒出绳后再依次绕设于多个改向滑轮,最后固定于承重滑车上。除此之外,支架顶端和中上部均设置有转向滑轮,承重索在支架上绕设于支架中上部的转向滑轮上,1号牵引索在支架上绕设于支架顶端的转向滑轮上。支架下端环形一圈固定设置有环形固定板,多根锚杆穿过固定板上的多个锚孔以将所述支架锚固于地面平台上。图4-1-48为循环牵引入锚系统的两种工作状态。

2)循环牵引系统应用

当承重滑车吊装的建筑物料重量足够,如型钢、锚垫板等,物料会沿着承重索自动向下滑移,只需要单台卷扬机反拉,防止下滑速度过快。而对于某些建筑物料,如主缆索股,其重量不集中,还可能在自重作用下形成悬链线,出现自稳状态,需要设置2号卷扬机,两台卷扬机配合,确保物料顺利下放安装,适用性更广。

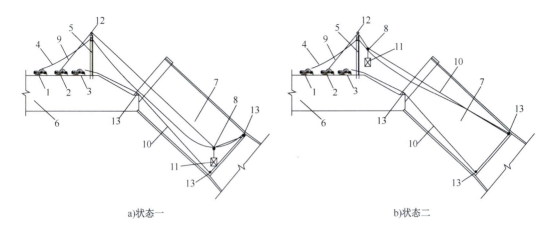

图 4-1-48 循环牵引入锚系统的工作状态

1-1号卷扬机;2-2号卷扬机;3-3号卷扬机;4-承重索;5-支架;6-地面平台;7-隧道;8-承重滑车;9-1号牵引索;10-2号牵引索;11-建筑物料;12-转向滑轮;13-改向滑轮

循环牵引入锚系统如图 4-1-49 所示。该系统基于可变垂度缆索起重机原理,实现建筑物料在锚塞体空间内竖向和横向范围内的任意一点的位移。非常适合半遮蔽状态的锚室内诸如索导管、锚垫板、成品索及索股锚头的运输和安装工作。针对大型悬索桥隧道锚内结构件重量大、构件数量多的情况,采用此系统优势非常明显。

图 4-1-49 循环牵引入锚系统

### 1.10.4 结论

金安金沙江大桥为两岸双隧道锚,地处深切峡谷区,针对现场施工条件复杂等问题,本项目成功采用隧道锚室内循环牵引系统,针对主缆在牵引完成后一岸主缆尚有约40m无法进入隧道锚内与锚固系统进行连接的问题,优化后的隧道锚循环牵引系统首次在两侧隧道锚悬索桥中应用。

# 第2章 隧道技术创新研究

## 2.1 创新技术研究概况

华丽高速公路项目深切峡谷区桥梁相连特点显著,设计采用了无中导连拱隧道设计方案,但结构受力复杂,控制难度高,且面临分离偏压、小半径曲线等影响。为解决上述问题,项目开展"偏压无中隔墙连拱隧道施工关键技术研究""风化坡积体分离式偏压隧道围岩加固与施工安全控制技术研究""小半径曲线软岩小净距隧道施工关键技术研究"三项课题研究,专题设置见表 4-2-1。

主要课题项目简介    表 4-2-1

| 子课题名称 | 专题名称 |
| --- | --- |
| 子课题一:偏压无中隔墙连拱隧道施工关键技术研究 | 专题1:偏压无中隔墙连拱隧道支护结构受力特征与安全保护技术 |
|  | 专题2:偏压无中隔墙连拱隧道爆破减震与快速开挖技术 |
|  | 专题3:偏压无中隔墙连拱隧道开挖面稳定性特征与失稳控制技术 |
| 子课题二:风化坡积体分离式偏压隧道围岩加固与施工安全控制技术研究 | 专题4:堆积体地层隧道进洞管棚加固技术研究 |
|  | 专题5:松散堆积体分离式偏压隧道施工力学行为与施工技术 |
| 子课题三:小半径曲线软岩小净距隧道施工关键技术研究 | 专题6:小净距软岩隧道开挖围岩及支护结构力学响应研究 |
|  | 专题7:小净距软岩隧道施工及支护优化技术研究 |
|  | 专题8:小半径曲线特长隧道反坡施工通风技术研究 |

主要结论简述如下:

(1)总结了单洞钢拱架不闭合偏压无中隔墙连拱隧道进洞施工力学规律,提出了埋深较小侧优先进洞优化方案,明确了先、后行洞初期支护拱架搭接节点与搭接方式的传力特性并提出后行洞与先行洞拱架搭接加固装置,缓解搭接节点不良受力状态、提高连拱隧道结构安全度;提出了后行洞静、动分区的岩质地层条件下无中隔墙连拱隧道爆破减振施工工法;开发了基于运动单元上限有限元的软弱围岩段无中隔墙连拱隧道精细破坏形态与定量破坏尺度等稳定性分析方法,配合提出的改良三台阶后行洞开挖方法与先行洞内朝向后行洞上方地层加固的横向长导管方案,有效防范后行洞开挖多次扰动引起的局部变形失稳问题。

(2)研发了适用于松散堆积体加固的注浆浆液配比,采用数值方法分析了管棚支护加固下开挖地层的稳定性和变形,提出了堆积体地层隧道进洞管棚加固技术;基于图像识别技术构建堆积体地层特性分析模型,并通过监测隧道施工时拱顶沉降及周边收敛评价隧道小导管注浆效果,形成了松散堆积体分离式偏压隧道施工力学行为分析方法与施工技术。

(3)提出了以应力释放率和围岩收敛量为依据的小半径曲线软岩隧道开挖支护参数优化方法,采用该方法对依托工程(五阴明隧道)的开挖方法、支护时机、支护参数进行了优化。结果表明:Ⅴ级围岩开挖变形约10cm后(应力释放率70%)为最佳支护时机;Ⅳ2级围岩由现有二台阶开挖法优化为全断面开挖法,系统锚杆可相应减少10%。

## 2.2 偏压无中隔墙连拱隧道支护结构受力特征与安全保护技术

### 2.2.1 研究背景

陆家湾隧道为无中隔墙连拱式隧道,这种隧道是近年来出现的新型连拱隧道结构形式,其通过先施作一侧洞室的初期支护和二次衬砌,再将另一侧洞室的初期支护与先行洞初期支护相连,取消中隔墙与中导洞的施作,从而达到提高施工速度、提升防水性能、降低工程造价的目的。本节以陆家湾隧道施工为背景,通过对施工过程的三维数值模拟,重点开展偏压无中隔墙连拱隧道进洞施工力学分析及搭接节点力学效应分析。

### 2.2.2 偏压无中隔墙连拱隧道进洞施工力学行为分析

1)数值模型概况

利用PLAXIS 3D有限元软件建立地层—结构模型,模拟陆家湾隧道从明洞起始里程K90+697单向掘进50m的进洞施工过程,建立穿越K90+697~K90+647里程的三维计算模型,分析偏压无中隔墙连拱隧道的施工力学特点。为消除边界效应对数值计算结果的影响,在满足边界距洞室中心距3~5倍洞跨的前提下取$X$方向100m、$Y$方向50m、$Z$方向90.5m,隧道开挖轮廓高10m、宽25.74m,埋深最小处不到2.5m。根据地勘报告确定黏聚力、内摩擦角等数值,模型中初期支护采用板单元,二次衬砌采用线弹性实体,并在二次衬砌中线位置添加一层柔性板以提取二次衬砌的受力情况。

2)地表沉降数值结果分析

先行洞隧道开挖引起的地表横向沉降槽符合常规Peck沉降曲线的预测,呈明显的"深沟"形,且沉降槽宽度较小。总体来说,先行洞开挖引起的地表沉降值较小,最大沉降发生在先行洞洞口的地表,并向两侧逐渐减小,减小速率较快。后行洞的开挖使各断面地表沉降进一步发展,其中后行洞侧的地表沉降增值最大,地表沉降的最大值发生在后行洞洞口上方地表,开挖完成后后行洞各断面的地表沉降均要大于先行洞。这主要是由以下两个原因造成:(1)后行洞开挖时,先行洞二次衬砌已施作完毕,先行洞上方围岩的下沉趋势被其支护结构所阻止;(2)该模型地表地形偏压明显,后行洞一侧(左侧)的埋深较大,先行洞(右侧)一侧的埋深较小。

3)结构变形分析与结构受力合并

对于先行洞 $Y=0m$、$10m$ 等埋深较小的断面,由于该围岩采用了莫尔-库仑本构模型,故后行洞进洞后,其拱顶沉降值有一定的回弹。对于先行洞 $Y=30m$、$40m$、$50m$ 等具有一定埋置深度的断面,其拱顶沉降值在后行洞的开挖过程中不断增大,尤其是当后行洞的掌子面位置接近断面位置时,拱顶沉降的增长速度加快,说明后行洞的开挖对先行洞结构变形影响较大。随着后行洞开挖支护的进行,先行洞二次衬砌轴力云图不断变化,主要变化规律为:

(1)后行洞进洞完成后,先行洞二次衬砌的最终轴力值要远大于后行洞。先行洞二次衬砌轴力最大值为 570.2kN,发生在搭接处的边墙位置;而后行洞二次衬砌轴力最大值为 194.4kN,发生在隧道两侧边墙位置,故后行洞施工过程中要谨防先行洞搭接处附近的二次衬砌产生开裂。

(2)先行洞进洞 50m 时,先行洞二次衬砌仰拱位置的弯矩最大,且随着隧道埋深的逐渐增加,衬砌弯矩逐渐增大。同样由于不同二次衬砌安装时间间隔较大,相邻二次衬砌之间以二次衬砌施工缝为界限,弯矩分布存在跳跃性。随着后行洞开挖的进行,先行洞二次衬砌弯矩分布情况发生明显的改变,最大负弯矩处由仰拱变为两洞搭接处的边墙,而最大正弯矩发生在两洞搭接处的拱腰位置,且增长幅度明显。结合对二次衬砌轴力的分析可知,后行洞的开挖支护对先行洞二次衬砌的受力极为不利。

### 2.2.3 偏压无中隔墙连拱隧道搭接节点力学效应分析

1)施工过程模拟

为分析偏压无中隔墙连拱隧道不同初期支护钢拱架连接方式下的结构受力特征,分别模拟如下两种初期支护钢拱架连接模式的隧道施工过程。工况①:刚性连接;工况②:自由铰接。拟定荷载释放系数如下:开挖时释放 50%,施作初期支护时释放 20%,施作二次衬砌时释放 30%。

2)二次衬砌结构内力

工况①与工况②二次衬砌结构的内力分布特征也无明显差别,选取工况①的内力分布进行展示,如图 4-2-1 所示,其中轴力以受拉为正,弯矩以衬砌内侧受拉为正。

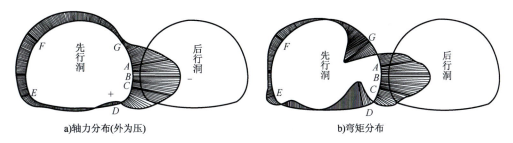

a)轴力分布(外为压)    b)弯矩分布

图 4-2-1    工况①二次衬砌轴力和弯矩分布图

根据计算结果可知,工况①、工况②中先行洞二次衬砌结构受力要远超后行洞,致使图 4-2-1 中无法显示后行洞二次衬砌内力,故以下只讨论先行洞二次衬砌结构内力。先行洞二次衬砌轴力与弯矩分布不均,带有明显的结构特征性,其两洞搭接位置附近内力突出,安全系数较小。对比工况①与工况②可知,初期支护在采用自由铰接的情况下,二次衬砌结构的受力条件与刚性连接相比存在劣势。以 $C$ 点为例,自由铰接条件下的二次衬砌轴力与弯矩分别比刚性连接条件下大 258.4kN 和 10.62kN·m,而安全系数则减少了 0.39。故两洞初期支护采用刚性连接更有利于先行洞二次衬砌的结构受力。

结合两种工况下初期支护与二次衬砌结构的内力分析可得,两洞初期支护钢拱架在采用刚性连接下的结构稳定性在大多数位置都优于自由铰接,其后行洞搭接点处初期支护的安全系数虽小于自由铰接,但差距并不明显,在能保证隧道支护结构安全的前提下,考虑到实施两洞初期支护钢拱架自由铰接的工序繁杂,从工期与造价的角度看,钢拱架搭接采用刚性连接要优于自由铰接。

### 2.2.4 偏压无中墙连拱隧道现场测试及结果分析

1)测试内容及测试方案

为确定陆家湾隧道围岩压力,检测隧道偏压情况,在隧道支护结构表面布置土压力盒,对陆家湾隧道的围岩压力进行测试。同时为分析偏压无中隔墙连拱隧道支护结构受力特点,在支护结构内部设置应变计进行初期支护钢拱架与二次衬砌内力测试分析。先行洞和后行洞均设置相应的测试内容,包括:

(1)围岩与两层支护之间接触压力测试。如图 4-2-2a)所示,在隧道围岩与两层支护之间布置 JMZX-5003A 型土压力传感器进行围岩接触压力量测。

(2)初期支护钢拱架内力测试。如图 4-2-2b)所示,在先、后行洞拱顶、两侧拱腰、边墙与仰拱处钢拱架设置 JMZX-212HAT 型表面应变计进行钢拱架内力测试。

(3)二次衬砌混凝土内力测试。如图 4-2-2c)所示。于先、后行洞拱顶、两侧拱腰、两侧边墙与仰拱位置处的二次衬砌钢筋上对称绑扎 JMZX-215HAT 型埋入式混凝土应变计进行二次衬砌应变量测,应变计分别绑扎在二次衬砌内侧钢筋和外侧钢筋上,了解两洞二次衬砌的实际承载情况。

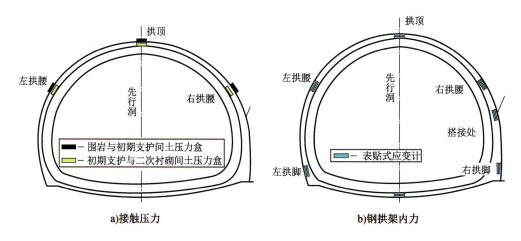

图 4-2-2

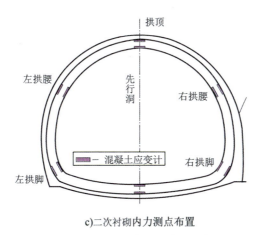

c)二次衬砌内力测点布置

图 4-2-2　测点布置示意图(测点对称布置)

2)围岩与初期支护间压力

由于后行洞掌子面开挖支护而产生的部分围岩压力已由先行洞承担,故后行洞各处稳定后的围岩压力均小于先行洞,其中后行洞左拱腰处尤为明显,此次围岩压力约为先行洞右拱腰处围岩压力的 1/5,最终围岩压力分布为拱顶(0.010MPa) > 右拱腰(0.007MPa) > 左拱腰(0.006MPa),该测试结果与进洞施工力学效应数值模型分析中"初期支护最大主应力发生在先行洞中两洞搭接处"的模拟结果相吻合,同时与搭接点力学效应数值分析中"两洞搭接处存在明显的应力集中"的结果相符,可验证无中隔墙连拱隧道初期支护结构受力规律的准确性。

3)初期支护拱架应变

K90+436 断面先行洞拱架应变除了在拱架安装完成后的 7d 内增长较快外,后行洞施工对其也有很大影响。其中拱顶内外侧、右拱腰内外侧、左拱脚外侧、右拱脚内外侧拱架应变在后行洞上台阶开挖至测试断面时达到峰值,拱顶应变峰值为 2040$\mu\varepsilon$,右拱腰应变峰值为 1382$\mu\varepsilon$;拱架搭接点内外侧应变则是在后行洞上台阶支护完成后开始大幅增长,在后行洞下台阶开挖至测试断面时达到峰值 1170$\mu\varepsilon$,直到后行洞二次衬砌拆模后才趋于稳定。综上所述,先行洞拱架施工过程中产生的应变要远大于运营后,且先行洞靠近后行洞上台阶一侧的拱顶、右拱腰、拱架搭接点三处的应变值较大。

4)初期支护拱架应变

照常理分析,先行洞初期支护拱架的应变应远大于后行洞,但由现场实测分析结果可知,后行洞钢拱架稳定后的应变与先行洞钢拱架相比,不仅没有减小反而有部分增加。例如 K90+436 断面后行洞拱顶内侧应变值稳定后为 1136$\mu\varepsilon$,先行洞则为 884$\mu\varepsilon$。推断是由于先行洞先行施工,初期支护钢拱架闭合,而后行洞的初期支护钢拱架没有闭合,一侧拱脚焊接在先行洞初期支护钢拱架上,导致其结构受力复杂、拱架应变不减反增。此外,受后行洞掘进施工影响,先行洞拱架应变峰值远大于后行洞,其值为 2040$\mu\varepsilon$。

5)二次衬砌应变

综合二次衬砌内外侧应变来看,先行洞二次衬砌的应变值受后行洞施工的影响较大,且不论是在后行洞施工过程中,还是在后行洞二次衬砌拆模后,靠近后行洞一侧的拱顶、右拱腰、右拱脚处二次衬砌应变增长率及稳定后的应变值都远超其他部位,分析原因为先行洞靠近后行洞一侧的二次衬砌除了要承受其初期支护传来的力，还要额外承担由后行洞初期支护施加在先行洞初期支护上的力。同时先行洞各点的二次衬砌应变在后行洞二次衬砌拆模后达到稳定，说明后行洞二次衬砌及时成环将有利于增强先行洞二次衬砌受力的稳定性。

### 2.2.5 结论

本节以云南陆家湾隧道为工程背景，运用数值模拟手段对偏压无中隔墙连拱隧道的施工方案进行了比选分析，并在此基础上研究了其施工力学行为以及两洞初期支护搭接点的较优连接模式。最后，基于现场测试的结果，进一步揭示了偏压无中隔墙连拱隧道支护结构的力学响应特征，并提出施工优化建议。主要结论如下：

1）由于两洞初期支护钢拱架相连，先行洞支护结构需要额外受力，故先行洞搭接处附近初期支护与二次衬砌所受内力都要大于后行洞，其中以搭接点侧边墙及拱腰位置的支护结构最为明显。同时由于只有在先行洞二次衬砌完成时后行洞方可开挖进洞，而二次衬砌并不是柔性支护，所能承受的变形量小，故在无中隔墙连拱隧道后行洞的施工过程中，先行洞搭接点附近二次衬砌受力的情况与表面裂缝的发展情况需要进行重点监测，以防二次衬砌开裂。

2）无中隔墙连拱隧道两洞初期支护在采用刚性连接的情况下，初期支护与二次衬砌的结构受力状况与安全度均优于自由铰接。考虑到实施两洞初期支护钢拱架自由铰接的工序繁杂，从工期与造价的角度看，钢拱架搭接采用刚性连接的施工效果较好。

3）由现场测试数据可知，后行洞施工时，先行洞二次衬砌应变值波动较大，这主要是由于先行洞要额外承担由后行洞初期支护施加在先行洞初期支护上的力。并且先行洞各点的二次衬砌应变在后行洞二次衬砌拆模后达到稳定，说明后行洞二次衬砌及时成环将有利于增强先行洞二次衬砌受力的稳定性。

## 2.3 偏压无中隔墙连拱隧道爆破减震与快速开挖技术

### 2.3.1 研究背景

目前常规爆破周边孔光爆效果属于无差别爆破，轮廓内侧岩体和轮廓外侧需要爆破清除围岩所受的作用力相同，在能量均匀分散作用的条件下，轮廓线方向上的能量利用率比较低、对围岩破坏较大、炮振裂隙较多、超欠挖较大。当后行洞围岩较为坚硬，需要采取爆破开挖时，由于两洞之间并无围岩存在，若直接在后行洞开挖轮廓线上布置周边眼，在爆破的瞬间，爆破引起的振动将传递到先行洞二次衬砌上，先行洞二次衬砌的边墙及拱肩易出现裂缝，影响工程安全。本节以陆家湾隧道施工为背景，重点开展偏压无中隔墙连拱隧道爆破振动安全分析及爆破优化。

### 2.3.2 无中隔墙连拱隧道后行洞爆破振动安全性分析

1）数值模型建立

采用 ANSYS/LS-DYNA 模拟陆家湾隧道在Ⅳ级围岩硬岩段下，后行洞上台阶的爆破振动对先行洞二次衬砌的影响。按隧道开挖影响预估范围，计算模型边界选取如下：模型水平和隧道底部向下分别取3~5倍洞径,向上取至地表作为计算分析范围。数值计算模型高100m、长125m、宽50m,模型中所有材料采用实体SOLID164单元模拟(图4-2-3),对整个对称面施加无反射边界约束,上表面为自由边界,其余表面设置为透射边界以模拟无限边界。后行洞上台阶开挖进尺取1m,开挖爆破药量取后行洞爆破现场测试的最大段药量7.2kg,采用常规光面爆破,计算时间为2000ms。

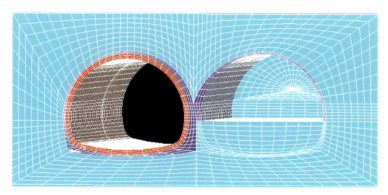

图4-2-3 模型局部网格划分图

2)材料计算参数

本次模拟的炸药材料采用LS-DYNA内嵌的高能炸药材料模型(MAT_HIGH_EXPLOSION_BURN),状态方程用JWL(Jones-Wilkins-Lee)描述。状态方程较精确地描述了在爆炸过程中爆轰气体产物的压力、体积、能量特性。空气材料模型采用空白材料模型MAT_NULL来模拟空气材料,并通过线性多项式状态方程EOS_LINEAR_POLYNOMIAL进行描述。岩土体材料采用*MAT_PLASTIC_KINEMATIC状态方程确定,使用该状态方程可在模拟过程中对固气二相介质的耦合问题进行有效的描述。岩石乳化炸药材料参数见表4-2-2。

岩石乳化炸药材料参数　　表4-2-2

| $\rho(kg \cdot m^{-3})$ | $D(ms^{-1})$ | $A(GPa)$ | $B(GPa)$ | $R_1$ | $R_2$ | $\omega$ | $E_0(GPa)$ |
| --- | --- | --- | --- | --- | --- | --- | --- |
| 1000 | 4000 | 214.4 | 18.2 | 4.2 | 0.9 | 0.15 | 4.19 |

3)爆破振速分析

在先行洞二次衬砌表面上选择五个测点,提取其$x$、$y$、$z$三个方向速度与合速度时间历程曲线展开分析,测点布置如图4-2-4所示。以爆破振动速度最大的测点三为例,合速度时间历程曲线如图4-2-5所示。

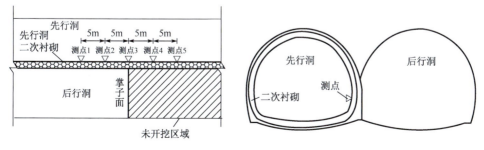

图4-2-4 测点布置图

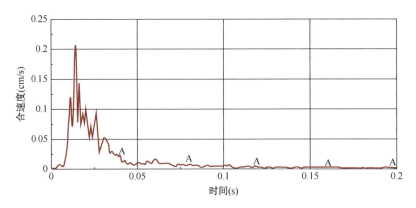

图 4-2-5　测点 3 合速度时程曲线

5 个测点的 $x,y,z$ 方向的振速以及合速度见表 4-2-3。

测点振速（单位：cm/s）　　　　　　　　　　　　　　　　　表 4-2-3

| 测　　点 | 节　点　号 | $x$ 方向振速 | $y$ 方向振速 | $z$ 方向振速 | 合速度 |
|---|---|---|---|---|---|
| 1 | 331487 | 0.68 | 0.95 | 0.30 | 0.99 |
| 2 | 330503 | 1.60 | 1.68 | 0.87 | 2.24 |
| 3 | 333407 | 20.93 | 4.59 | 9.19 | 21.68 |
| 4 | 334613 | 4.27 | 2.42 | 1.19 | 4.71 |
| 5 | 332939 | 0.93 | 1.86 | 0.41 | 2.09 |

通过表 4-2-3 比较各测点时程曲线 $x$ 方向、$y$ 方向、$z$ 方向、合速度值可以看出,距离后行洞爆源最近的点(测点 3)振动合速度最大,竖直方向($x$ 方向)振速最大,为 20.93cm/s,最大振动合速度为 21.68cm/s。随着与爆源距离的增加,各方向振速和合速度也呈现不同程度的衰减,其中测点 3 在岩体中传播时衰减速度较小。因此,现场施工时应将先行洞二次衬砌距爆源最近处的测点 3 作为安全振动速度控制点。

### 2.3.3　无中隔墙连拱隧道后行洞爆破优化

1) 后行洞爆破振速测试

为了解并掌握无中隔墙连拱隧道后行洞爆破开挖对先行洞衬砌结构的影响规律,后行洞爆破开挖时,在先行洞二次衬砌不同位置布设振动测点,测试二次衬砌不同位置的振动衰减规律。具体测试方案如下：

(1)测点距地面高度取 1.5m 左右,实际布置时根据爆破施工步骤调整,尽可能使测点与爆源在同一高度上(爆心距最小)。(2)7 月 14 日～7 月 15 日,由于后行洞进洞距离不足,无法以后行洞掌子面为中心等间距对称布置测试原件,故以后行洞掌子面为起点,朝先行洞掌子面方向等间距布置 5 个测点,间距 $D$ 取 10m。(3)7 月 21 日～7 月 25 日,5 个测点之间以后行洞掌子面为中心等间距对称布置,且根据现场振速测试数据的结果,缩小测点间距,间距 $D$ 取 5m 和 6m。

根据无中隔墙连拱隧道后行洞上台阶爆破的最大段药量与振速测试结果,基于萨道夫斯基的经验公式,对爆破振动速度数据进行拟合得到的爆破振动速度衰减曲线与回归直线分别如图 4-2-6 和图 4-2-7 所示。

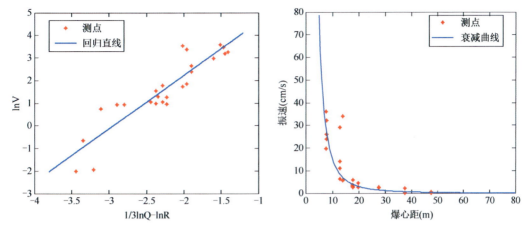

图 4-2-6　爆破振动速度回归直线拟合图　　图 4-2-7　爆破振动速度衰减曲线拟合图

最终拟合得到的一元线性函数为 $y=2.36x+6.93$,现场爆破振动测试数据与一元回归直线之间的相关性系数为 $0.85>0.8$,故认为两者之间有较强的相关性,本次测试的数据可靠性程度高,可作为无中隔墙连拱隧道爆破减震设计的依据。

2) 爆破方案优化

后行洞爆破减振优化原理如下：

试验段掘进：在后行洞正式爆破开挖之前,以前 6m 进行试验性爆破掘进,在后行洞贴近先行洞处设置静力开挖区,通过增加爆破振动的传播距离来降低振动对先行洞的影响,并根据每循环爆破开挖测得的爆破振速及时调整静力开挖的范围,调整单孔装药量、装药结构、堵塞长度,优化起爆网络,进一步优化后行洞试验段爆破开挖的振速控制、爆破效果和掘进速度等。

正常段掘进：在完成试验段掘进后,依据试验段的爆破开挖情况对静力开挖范围和爆破参数进行必要的调整,开始正常段掘进。在后行洞正常段的爆破掘进过程中,在先行洞相同桩号的二次衬砌表面上布置多个振速测试仪器,严格进行爆破振速测试,及时检查先行洞二次衬砌表面是否产生裂纹,做好振速测试与裂纹记录,同时根据勘探和振速测试信息进一步修正爆破参数,调整静力开挖范围,将正常段爆破振速严格控制在标准内,防止先行洞衬砌产生裂缝乃至失稳。

### 2.3.4　结论

本节以云南陆家湾隧道为工程背景,首先运用数值模拟手段对无中隔墙连拱隧道硬岩段后行洞进行爆破模拟。其次,开展无中隔墙连拱隧道后行洞爆破振动速度现场测试,揭示了后行洞爆破对先行洞二次衬砌振动速度影响的相关规律。最后基于上述研究提出了爆破减振优化方案,以控制爆破振动有害效应。主要结论如下：

(1) 结合数值模拟和现场测试可知：在无中隔墙连拱隧道中,先行洞二次衬砌表面上各点的爆破振动速度与离爆源的距离成反比,先行洞二次衬砌与后行洞爆心距离最近处质点振动速度最大,施工时应将其作为安全控制点,进行振速监测与裂缝观测。

(2)由现场爆破振动测试数据拟合得到的一元线性函数为 $y=2.36 \cdot x+6.93$,而现场爆破振动测试数据与一元回归直线之间的相关性系数为 $0.85>0.8$,故认为现场测试的可靠性较高,可以作为无中隔墙连拱隧道爆破减震设计的依据。

(3)通过试验掘进段和正式掘进段的爆破振速结果对比可知,经过开挖方式及爆破参数的优化后,同一位置不同方向的爆破振速值均大大降低,且优化后的爆破振速值满足爆破振动安全标准的相关要求。

## 2.4 偏压无中隔墙连拱隧道开挖面稳定性特征与失稳控制技术

### 2.4.1 研究背景

由于左右线隧道先后施工,且两洞之间直接相连,隧道围岩在施工过程中多次受到扰动和应力叠加,大大降低围岩稳定性,其中钢拱架搭接处附近围岩受到的影响最为明显。为保证陆家湾隧道安全建设,针对特点难点,急需开展开挖面稳定性特征与失稳控制技术等关键技术研究,为今后同类型工程施工提供参考。

### 2.4.2 无中隔墙连拱隧道开挖面受力特征分析

1)模型概况

针对陆家湾隧道开挖面的稳定性问题,选取典型断面 K90+670 开展偏压无中隔墙连拱隧道进洞方案优化数值模拟分析,该断面左、右洞埋深分别为 18m 与 24m,隧道开挖轮廓高 10m、宽 25.74m。按隧道开挖影响预估范围,计算模型边界选取如下:上边界(地表)为自由面,下边界至隧道底部距离约为 3 倍洞高,左右边界距洞口距离约为 3 倍隧道整体宽度。左右两侧边界节点约束水平方向位移,底部边界约束竖向位移。

为分析偏压无中隔墙连拱隧道不同进洞顺序的影响,分别模拟下述两种进洞施工顺序,以确定较优方案:(1)工况一:先开挖进洞埋深较小一侧洞体(左洞),先行洞采用上下台阶法施工,后行洞采用三台阶法施工;(2)工况二:先开挖进洞埋深较大一侧洞体(右洞),先、后行洞施工方法同工况一。需要说明的是,两种工况下先行洞初期支护均闭合成环,而后行洞初期支护则与先行洞初期支护搭接共同受力,在数值模拟时考虑为刚性连接。

2)围岩位移与塑性区

两种工况下围岩竖向位移差异不大,且数值相对较小,两种工况下最终的围岩竖向位移最大值均位于两洞初期支护搭接处附近,分别为 5.9mm(工况一)和 6.8mm(工况二)。工况一、工况二的围岩塑性区分布呈对称相似,后行洞外侧边墙处、初期支护搭接位置附近均存在塑性区。连拱隧道初期支护搭接位置附近是实际施工常受到反复扰动、围岩稳定性较差的区域,若施工不当可能会引起开挖面小范围塌方。

3)支护结构内力与位移

图 4-2-8 分别为埋深较小侧先进洞和埋深较大侧先进洞工况下隧道进洞完成的衬砌轴

力,表 4-2-4 给出了隧道二次衬砌综合安全系数与总位移值。

图 4-2-8　二次衬砌轴力(工况一、二)

隧道二次衬砌综合安全系数与总位移值　　　　　　　表 4-2-4

| 项　目 | 工况一(埋深较小一侧先进洞) | | | | 工况二(埋深较大一侧先进洞) | | | |
|---|---|---|---|---|---|---|---|---|
|  | A | B | C | D | A′ | B′ | C′ | D′ |
| 轴力(kN) | −2937 | −461.6 | −629.9 | −133.2 | −3083 | −600.2 | −744.5 | −261.2 |
| 弯矩(kN·m) | −222.1 | 162.2 | −14.47 | 152.6 | −289.9 | 216.3 | −25.3 | 190.1 |
| 截面大/小偏心 | 小 | 大 | 小 | 大 | 小 | 大 | 小 | 大 |
| 综合安全系数 K | 3.54 | 4.40 | 20.24 | 2.66 | 3.12 | 3.90 | 16.45 | 2.48 |
| 总位移(mm) | 2.1 | 5.5 | 2.4 | 1.7 | 2.5 | 6.0 | 2.8 | 1.9 |

由表 4-2-4 可以看出,偏压无中隔墙连拱隧道从埋深较小侧进洞时,二次衬砌的内力情况、综合安全系数和总位移情况均优于从埋深较大侧进洞,但优势并不明显。此外,两种工况最小 K 值都发生在二次衬砌仰拱(D/D′)上,其原因是二维数值模拟中无法还原实际施工中仰拱二次衬砌超前于拱墙二次衬砌的情况,而该状态对仰拱二次衬砌的受力是十分有利的。故先行洞二次衬砌上的实际综合安全系数 K 最小,即受力状态最差的位置为靠近两洞搭接位置的 A/A′ 截面。综上所述,在浅埋偏压条件下,无中隔墙连拱隧道从埋深较小侧进洞的结构受力情况要优于从埋深较大侧进洞,同时在施工过程中要额外关注搭接处附近先行洞二次衬砌的施工质量与表面开裂情况。

### 2.4.3　无中墙连拱隧道开挖面稳定性极限上限有限元法研究

1)上限有限元力学模型

在隧道出洞贯通前,洞外洞内存在同时施工互相影响情况,此时从保守角度可将其看作对向开挖的一种特殊情况,将隧道开挖面计算模型简化为沿隧道纵向中心线剖开的二维平面应变问题考虑,降低计算难度,所得分析结果仍可反映隧道稳定性及破坏形态演变规律,为陆家湾隧道出洞施工稳定性控制提供一定理论支持。隧道出洞贯通前对向开挖面稳定性力学模型如图 4-2-9 所示,为使研究目标清晰,进一步作如下简化:①隧道埋深为 $H$,高度为 $D$,开挖面间距为 $S$,地表为水平自由面;②隧道开挖面为竖向自由面,其后方上下部均为紧跟的刚性支护;③地层为均质土体,服从相关联流动法则的莫尔—库仑材料,内摩擦角为 $\varphi$,黏聚力为 $c$,重度为 $\gamma$;(4)仅考虑按体积力(土体自重)增加法使隧道开挖面发生失稳破坏,不考虑地下水的作用。

2)出洞贯通前开挖面稳定性 UBFEM-RTME 计算模型

隧道开挖面稳定性上限有限元模型如图 4-2-10 所示,利用对称性取完整模型右侧的一半。坐标原点取为开挖面中点，$x$ 和 $y$ 正方向分别为向右和向上，速度正方向与此一致。开挖面到对称轴 $PN$ 距离为 $S/2$，隧道下方 $EQ$ 段长度 $L_1$、$AB$ 和 $EC$ 段长度 $L_2$ 的取值与隧道埋深 $H$ 相关，取足够大的数值以消除边界效应的影响。

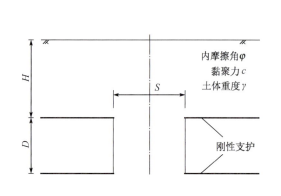

图 4-2-9 隧道出洞贯通前对向施工开挖面稳定性力学模型

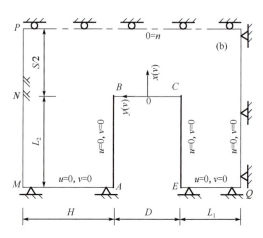

图 4-2-10 隧道对向施工开挖面稳定性上限有限元模型

3) 典型破坏模式形态特征

除稳定性系数 $N_{cr}$ 外，UBFEM-RTME 计算模型还可获得以有效间断线网表达的隧道贯通前开挖面临界失稳破坏模式，为工程中可能采用的地层预加固措施提供一定的理论支撑。选取 $H/D=3$、$S/D=7$、$\varphi=10°$ 对应的开挖面临界失稳破坏模式，单元速度矢量值云图、速度间断线网呈现如图 4-2-11 所示。

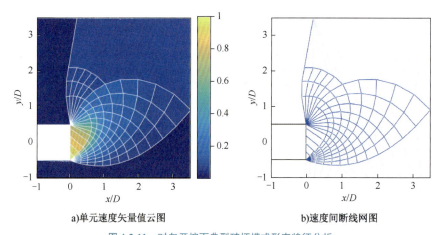

a) 单元速度矢量值云图　　　　b) 速度间断线网图

图 4-2-11 对向开挖面典型破坏模式形态特征分析

图 4-2-11a) 为单元速度矢量值云图，速度矢量值进行了归一化处理。可以看出，隧道开挖面特别是其下方区域速度矢量值很大，而开挖面前方直至地表大范围速度矢量值均较小。图中还示意了有效间断线网。图 4-2-11b) 为贯通前开挖面临界状态下速度间断线网图，其中蓝色部分显示的是有效间断线网，表明这些间断线两侧单元速度不相等；同时，浅色部分显示为无效间断线网，它能保证 UBFEM-RTME 计算模型的拓扑结构，在计算过程中不可或缺，不过可在网格更新时尽量予以减少。

### 2.4.4 无中墙连拱隧道开挖面失稳控制技术

**1）循环进尺稳定性上限有限元分析**

隧道施工过程中开挖面底部受到核心土约束，稳定性稍好，分析时将底部简化为刚性约束。隧道循环进尺长度设为 $L$，如图 4-2-12 所示，稳定性分析简化为二维平面应变模型。

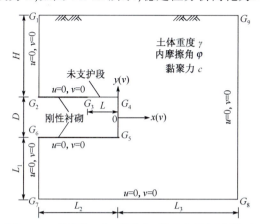

图 4-2-12 考虑循环进尺的隧道开挖面稳定性分析模型

计算分析考虑的隧道埋深、循环进尺、内摩擦角等参数取值见表 4-2-5。

隧道几何参数及土体参数　　　　表 4-2-5

| 参　　数 | 单　　位 | 取值范围 |
| --- | --- | --- |
| $H/D$ | — | 1,2,3,4,5 |
| $L/D$ | — | 0.2,0.4,0.6,0.8,1.0 |
| $\varphi$ | ° | 15,20,25,30,35 |
| $\psi/\varphi$ | — | 0,1 |

**2）开挖面破坏模式形态特征**

采用上限有限元方法可获得隧道开挖面临界失稳破坏模式。选取 $H/D=3$、$L/D=0.4$、$\varphi=15°$ 时，考虑循环进尺对应的开挖面破坏模式如图 4-2-13 所示。

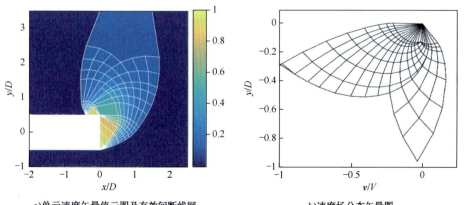

a) 单元速度矢量值云图及有效间断线网　　　b) 速度场分布矢量图

图 4-2-13 考虑循环进尺的隧道开挖面破坏模式

图 4-2-13a)为单元速度矢量值云图及有效间断线网,速度矢量值进行了归一化处理,即破坏范围最大的速度矢量值为单位值。可以看出,隧道开挖面未支护段上方局部区域速度值较大。图中白线示意了有效间断线网,用以表征岩土塑性破坏区域的形态和范围。图 4-2-13b)为模型速度场分布矢量图(同样进行归一化处理),每条线段反映了对应的有效间断线两侧单元相对速度,与图 4-2-13a)有效间断线一一对应。图 4-2-13b)中原点(0,0)与任意交叉点的连线代表图 4-2-13a)中某一对应单元的速度矢量。如原点与最下方交叉点的连线,对应于未支护段正上方三角形刚性块体的速度,反映此处速度值较大且方向接近竖向。

### 2.4.5 结论

本节针对无中隔墙连拱隧道开挖面的稳定性,采用刚体平动运动单元上限有限元法,分别对先行洞单向掘进开挖面稳定性以及出洞贯通前对向开挖面稳定性进行了分析。并进一步对陆家湾隧道过冲沟段具体工况下的开挖面稳定性进行了计算分析,相关研究结论如下:

(1)偏压无中隔墙连拱隧道从埋深较小侧进洞时,二次衬砌的内力情况、综合安全系数和总位移情况均优于从埋深较大侧进洞,但优势并不明显。在浅埋偏压条件下,无中隔墙连拱隧道从埋深较小侧进洞的结构受力情况要优于从埋大较深侧进洞。

(2)开挖面破坏特征是其下方区域速度矢量值很大,而开挖面前方直至地表大范围速度矢量值均较小。

(3)在偏压条件下,隧道破坏模式不对称,埋深较大的一侧破坏更易向隧道底部延伸;随着埋深的增加以及地表偏压程度的减弱,隧道破坏模式逐渐对称,且影响范围扩大;当先行洞存在衬砌背后脱空时,后行洞开挖对先行洞隧道稳定性存在影响,先行洞会沿后行洞方向发生失稳,此时先行洞与后行洞搭接处应重点加固。

## 2.5 堆积体地层隧道进洞管棚加固技术研究

### 2.5.1 研究背景

松散堆积体隧道围岩以稍密状碎、块石及中风化玄武岩为主,节理裂隙发育,岩体破碎,多呈碎块状碎裂结构。岩体富水性弱~中等,隧道开挖时可能存在淋雨状或小股状水流渗出等现象,雨季渗水量有所增大。罗打拉隧道是分离式双洞隧道,进出口存在一定程度的偏压,若进口段地层加固效果不好,对隧道初期支护和二次衬砌结构的受力产生不利影响。有必要依托罗打拉隧道对堆积体地层隧道进洞管棚加固技术展开研究。

### 2.5.2 松散堆积体注浆浆液研究

1)可控高分子材料基本性能实验设计

从现场施工要求可知,堆积体注浆材料需满足:收缩性小、析水率较小、可灌性好、防渗性能好、稳定性好、经济环保、强度高等特点。选取普通硅酸盐水泥(42.5)、水、速凝剂、高分子材料以及减水剂为组成成分。根据经验进行正交试验设计,各组分的用量采用 4 个水平。采

用的水灰比 $A$ 为 $0.6:1$、$0.8:1$、$1:1$、$2:1$；速凝剂掺量 $B$（占水泥比例）为 $0\%$、$4\%$、$8\%$、$12\%$；高分子材料掺量 $C$（占水泥比例）为 $0\%$、$1\%$、$2\%$、$4\%$；减水剂掺量 $D$（占水泥比例）为 $0\%$、$0.4\%$、$0.8\%$、$1\%$。

2）浆液流动度结果分析

浆液的流动度是反映其流动性能的重要指标，对浆液的灌注性能有着重要的影响。套壳料的流动度以提起浆液注满流动度测定仪（上口直径 36mm、下口直径 64mm、高 60mm 截面圆锥体）30s 后浆液的扩散半径表示。套壳料的流动度随着不同试验配比呈现较大的变化，在 45～480mm 范围内波动。这说明试验中四个水平因素对复合浆液的流动度均有一定程度的影响，且受速凝剂掺量影响较为显著。

水灰比、速凝剂掺量、高分子材料掺量以及减水剂掺量的极差分别为 202.5、251.5、59.75、142，通过极差大小分析，可知该试验 4 个影响因素中速凝剂掺量对浆液流动度的影响最大，其主次关系为速凝剂掺量＞水灰比＞减水剂掺量＞高分子掺量。因此在试验中，应该着重控制速凝剂掺量这个因素，同时也应给予水灰比一定的重视。在注浆过程中，浆液流动度不宜太大也不宜太小，应该控制在 150～300mm 范围内，因此根据正交试验结果可以得到最佳流动度的配比为 $A_2B_3C_2D_1$。

3）浆液析水率结果分析

析水率是影响结石体质量的重要指标之一，而且也是反映浆材稳定性以及充填物中充填密实饱满程度的重要指标。通过基础性能试验，可以看出浆液的析水率越低，稳定性就越好，以保证浆液在被注介质中推进扩散充填密实。浆液的析水率随不同的试验配比呈现出比较大的变化，在 $0.5\%$～$50\%$ 范围内波动，这说明试验中四个水平因素对复合浆液的流动度均有一定程度的影响，且受速凝剂掺量影响较为显著。水灰比、速凝剂掺量、高分子材料掺量以及减水剂掺量的极差分别为 17.875、33.875、12.25、8.5，通过极差大小分析，可得出该试验 4 个影响因素中速凝剂掺量对浆液析水率的影响最大，其主次关系为速凝剂掺量＞水灰比＞高分子掺量＞减水剂掺量。因此在试验中，应该着重控制速凝剂掺量这个因素，同时也应给予水灰比一定的重视。在注浆过程中，析水率越小，浆液就越稳定，施工时就更易对其进行控制，因此通过本次正交试验可以得到最佳析水率的配比为 $A_1B_4C_1D_1$。

### 2.5.3 管棚支护参数数值分析

1）支护参数及模型

由于罗打拉隧道丽江端左幅洞口段属于浅埋偏压类型，上覆地层较薄，围岩稳定性较差，直接开挖会造成围岩严重沉降甚至坍塌，故在洞口段采用管棚预支护技术进行隧道预支护。管棚采用直径 108mm、壁厚 6mm、长 30m 的钢管，布置在拱顶 120°范围内，环向间距 40cm，钢管内注入水泥浆，水泥浆采用 2.5.2 节所获得的最优配比进行配置。

罗打拉隧道 V2 级围岩段采用复合式衬砌结构，即以中空注浆锚杆、锁脚锚管、钢筋网、喷射混凝土和型钢拱架为初期支护，以模筑钢筋混凝土为二次衬砌组成。初期支护混凝土采用 C25，二次衬砌混凝土采用 C30，仰拱回填采用 C15 素混凝土。

根据施工记录，罗打拉隧道丽江端左幅先于右幅开挖 115m，因此，可通过建立单洞计算模型分析松散堆积体围岩地层管棚支护下隧道开挖的力学特性。选取罗打拉隧道左幅 ZK106+

910~ZK106+940范围内建立三维计算模型。根据弹性力学理论分析可知,隧道开挖只对洞室周边2B~4B(B为隧道开挖跨度)范围内围岩产生较大扰动,该范围以外围岩所受扰动较小,可以忽略。因此,取隧道左方33m、下方22m范围作为开挖影响范围,隧道右、上方均按照工程实际取真实边界,整体模型尺寸为66m×47.2m×40m(图4-2-14)。

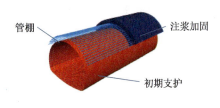

图4-2-14 支护结构示意图

2)管棚力学行为及特征分析

(1)管棚结构内力

管棚在隧道掌子面推进过程中,内力将不断发生变化。

①在隧道开挖过程中,掌子面附近的弯矩值变化很大,掌子面前方主要是下部受拉、弯矩为正值;掌子面后方主要是上部受拉、弯矩为负值。由于掌子面围岩开挖卸荷效应,临空段内管棚受到较大的竖向压力导致掌子面附近管棚的弯矩较大,说明管棚能够将上方的荷载转移到掌子面附近一定范围内。

②在隧道开挖过程中,套拱处的管棚弯矩值较大,说明套拱在整个管棚预支护体系中发挥重要作用。在套拱施工过程中,应严格保证施工质量,同时,套拱基础应落在稳固基岩上,如在土层上,应实测地基承载力,地基承载力达不到设计要求时,必须在护拱位置浇筑混凝土基座以支撑环形护拱。

③采取分部开挖法施工时,管棚弯矩变化主要由于上台阶开挖引起的围岩卸荷效应,下台阶开挖对管棚受力的影响较小。

(2)管棚结构变形

管棚在隧道掌子面推进过程中会产生不同程度的变形。

①在隧道开挖过程中,管棚挠度整体上呈凹槽形分布,随着掌子面不断向前推进,管棚挠度不断增大。

②管棚的最大挠度发生在端头附近,说明管棚在端头附近承受了较大的压力。

③在各开挖部开始时,管棚在掌子面前方就有了一定的挠度,说明管棚可以承担掌子面前方的荷载,能提前预防围岩的变形。

### 2.5.4 管棚注浆加固地层现场试验

(1)顶管和管棚注浆:钢管顶进时采用水平钻机设备进行施工,顶进速度快,且操作方便。下管前要进行配管,一是配够设计长度,另外是保证同一截面的钢管接头数量不大于50%。管棚注浆是管棚施工的关键环节之一,注浆效果的好坏直接影响管棚施工的质量。结合现场实际施工情况,得到管棚注浆的主要参数如下:

(2)浆液配比:注浆浆液为水泥膨润土膏状浆液,将水灰比调整为1:1,水泥为42.5R级普通硅酸盐水泥,速凝剂的波美度为40~45°Bé,速凝剂和高分子材料的掺量调整为占水泥含量的4%。由于现场不会发生堵管现象,因此浆液中不再加入减水剂。添加剂都是液体材料,现场加水配制成相应浓度后备用。松散堆积体地层孔隙率较大,为使受注体注浆效果较好,浆液浓度应该先稀后浓。

(3)单孔注浆量:管棚注浆采用研制的水泥膏浆,根据设计计算得到每根管棚注浆量约为1.4m³,采用先注入奇数孔,然后再注入偶数孔方法进行注浆。

(4)管棚注浆:浆液必须搅拌均匀,然后放入储浆桶中,由注浆泵经管路注入钢管。注浆时在注浆泵和钢管头处必须由专人负责操作,并控制好注浆压力和速度,每注完一桶要及时关闭注浆阀。

(5)注浆结束标志:松散堆积体地层孔隙率较大,刚开始注浆时压力较难上升,压力一般都较小,根据现场注浆试验和相关注浆施工经验,当灌浆量大于1.4m³或者注浆压力达到2MPa时即可结束注浆。

管棚现场注浆如图4-2-15所示,完成效果如图4-2-16所示。

图4-2-15 管棚现场注浆

图4-2-16 管棚完成效果图

## 2.5.5 结论

本节依据华丽高速公路罗打拉隧道进洞段工程实例,针对松散堆积体地层进洞时易发生隧道塌方、掌子面失稳等施工意外,采取室内试验、现场试验及数值模拟等多种研究方法,开展"松散堆积体注浆浆液研究研究""管棚支护参数分析研究""管棚注浆加固地层现场试验研究"三部分研究内容,这些研究结果为罗打拉隧道进洞施工提供了可靠的理论依据,各项研究成果在隧道施工中得到了具体运用,保证了隧道顺利进洞。通过以上研究项目实施得到的主要结论如下:

(1)华丽高速公路罗打拉隧道洞口松散堆积体地层粒径分布范围较大、均匀性较差,因此地层密实性较差,孔隙率较大,开挖易引起掌子面坍塌,因此隧道进洞施工风险较大,需要对地层进行有效的加固。

(2)在松散堆积体地层中采用传统水泥浆液加固地层,注浆范围难以控制,且难以有效地形成结石体,而水泥膏状浆液能够便捷地控制注浆范围和凝固时间,因此能够较好地适应于松散体堆积体地层加固。以普通硅酸盐水泥(42.5)、水、速凝剂、高分子材料以及减水剂为基本浆液材料,通过室内试验得到水泥膏浆浆液的初步配比为:水灰比0.8:1、速凝剂掺量8%~10%(水泥质量)、高分子材料掺量2%~4%、减水剂掺量0~0.4%(水泥质量)。

(3)结合现场实际情况,对水泥膨润土膏状浆液配比进行少量调整,将水灰比调整为1:1,速凝剂和高分子材料的掺量调整为占水泥含量的4%,且浆液中不再加入减水剂。以此配比得到的浆液能够更好地适用于松散体地层加固,且能够保证加固效果。

## 2.6 松散堆积体分离式偏压隧道施工力学行为与施工技术

### 2.6.1 研究背景

针对洞口呈现围岩破碎松散、覆盖层厚度薄和围岩压力不对称的特征,隧道支护结构承受偏载不利于结构安全,因此需要对地层进行有效的预加固。且堆积体地层开挖时、掌子面易发生失稳现象,极易造成隧道超挖、掌子面坍塌,并对隧道支护结构造成不利影响,为隧道后期运营带来诸多问题。因此,有必要针对松散堆积体隧道施工力学行为与施工技术开展研究。

### 2.6.2 堆积体地层参数试验研究

1)试验取样及级配特性

罗打拉隧道洞口段约有100m长的松散覆盖层,为受雨水冲刷堆积在坡脚的松散堆积体。粒径分布在0.1~2m之间,采用常规筛分法不能完全得到土石混合体的级配曲线,经过调研决定采用筛分法和图像识别技术结合的方法统计土石混合体粒径分布,首先采用筛分法得到粒径小于6cm的土石混合体粒径级配,然后采用图像识别技术统计试验断面大于6cm块石级配,最终对两类统计结果进行叠加就是土石混合体的粒径分布。结合罗打拉隧道出口段地质状况,考虑到试验区土石混合体组成需代表隧道区域内块石分布,试验断面选取为罗打拉出口右洞YK106+859。在取样断面上选取4个试验点采集100kg的土石混合体材料,用于室内筛分试验获得土石混合体级配曲线。

所取断面的土石混合体粒径分布不均匀,所选试验点的粒径级配不均匀系数$C_u$分布在27~88.5之间,曲率系数$C_c$分布在0.23~1.17之间,其中粒径小于5mm的质量百分数在38.75%~61.26%之间,粒径小于50mm的质量百分数在78%以上,含石率分布在36.27%~47.52%之间,土体重度随含石率的变化差别较大,土体重度在21.8~24.5kN/m³之间。

2)三轴试验结果

通过大型三轴剪切试验,可得到现场试验点所取试样的力学参数。试样在围压为300kPa、600kPa、900kPa三种小主应力下进行加载试验,试验结束后整理试验数据,分析其应力与应变关系,得到试样黏聚力与摩擦角。

(1)应力与应变关系曲线

现场所取土石混合体材料的应力应变关系曲线如图4-2-17所示。从应力应变关系曲线中可以看出:随着围压从300kPa增加到900kPa,试样峰值主应力差($\sigma_1-\sigma_3$)随之增大;在加载初期阶段,试样中的未压密实区域产生位移被充填压实,因而初期变形较大,类似于岩石的应力应变曲线的压密阶段的变形特性;当围压较小时($p=300$kPa),主应力差达到峰值后应变还在增加,但是主应力差变化较小,曲线呈现出应变软化的趋势,当围压较大时($p=900$kPa),随着变形的增大,主应力差也快速增加到峰值,达到峰值后主应力差还能逐渐增加,曲线呈现出应变硬化的趋势,在主应力差达到峰值后,试样依然能承受较大的加载;从应力应变关系曲线可知,土石混合体应力应变曲线在应变为4%~6%时出现峰值,后期随着变形的增加,主应力峰值基本不变。

(2) 强度参数特征

根据三轴试验的原理,试验结束后,选取应力应变曲线中应变为 15% 时的主应力差为破坏应力差,横轴以破坏时的 $(\sigma_{1f} + \sigma_{3f})/2$ 为圆心,以 $(\sigma_{1f} - \sigma_{3f})/2$ 为半径,在应力平面上绘制破损应力圆,得到试样的强度包络线,计算土石混合体抗剪强度参数。如图 4-2-18 所示,与应力圆相切的强度包线中截距为土体黏聚力 $c$,斜率为土体内摩擦角 $\varphi$。

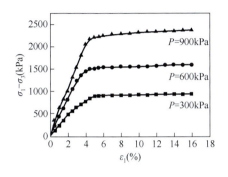

图 4-2-17　试样应力与应变关系曲线

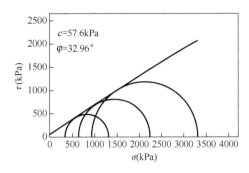

图 4-2-18　试样莫尔应力圆与强度包线

根据试样在三组不同围压下的应力应变曲线绘制莫尔应力圆,可得相应的剪切强度参数,曲莫尔应力圆的强度包线可知:含石量为 40% 时,土石混合体的黏聚力为 57.6kPa,内摩擦角为 32.96°。

### 2.6.3　基于图像识别技术的堆积体地层模型构建

1) 土石混合体图像处理

本节以罗打拉隧道为依托,进行土石混合体断面图像采集。由于图像识别时主要依据图像颜色、亮度等属性差异区分土石,因此图像采集应选取具有代表性的断面,断面内土石差异明显,有利于图像的采集。本文选取的断面为罗打拉隧道出口右洞里程 YK106+859,断面内块石粒径分布在 0.1~1.5m 之间。在断面上放置钢尺作为参照物后,使用尼康高分辨率相机进行拍照,拍照应清晰,而且由于隧道内较黑,拍照时应配备闪光灯,并清除视线内的杂物,在进行拍照时为减小误差,相机视角应尽量保持水平,相机距拍照断面的距离保持一致。

图像处理可采用基于 Image J 软件的土石混合体图像处理技术,实现包括图像预处理、灰度处理、图像二值化、图像分割、块石轮廓坐标提取在内的功能。

2) 图像处理结果与几何模型生成

采用 ImageJ 软件可获得块石轮廓坐标,通过 Matlab 编程对块石轮廓坐标进行处理,统计块石粒径生成块石粒径级配曲线报告,导出 CAD 可识别的块石轮廓坐标脚本文件;在 CAD 中通过 VBA 编制程序实现块石的生成和投放。

在 CAD 中加载宏文件,根据块石粒径分组区间,输入块石种类数目,读取块石轮廓坐标文件,以块的形式生成块石。在投放区域内设置随机函数,输入块石总数及各粒组内块石数量,按照块石粒径从大到小完成块石的随机投放。根据现场图像采集的典型断面 YK106+859、YK106+855、YK106+851 生成的土石混合体地层几何结构图如图 4-2-19 所示。

a) 断面YK106+859　　　b) 断面YK106+855

c) 断面YK106+851

**图 4-2-19　土石混合体几何结构图**

图 4-2-19 为经过上述步骤投放生成的土石混合体几何结构图,投放范围为 7m×5m 的矩形区域。断面 YK106+859 最终的含石量为 40%,块石粒径在 0.2～1m 之间;断面 YK106+855 最终的含石量为 42.5%,块石粒径在 0.15～1m 之间;断面 YK106+851 最终的含石量为 34.8%,块石粒径在 0.15～1m 之间。为简化后期的数值分析,将地层视为悬浮结构,块石之间不互相接触。生成块石轮廓过程中,局部点发生畸变,可通过平滑处理进行调整。

### 2.6.4　堆积体地层隧道稳定性及加固数值分析

1) 模型建立及计算参数

结合罗打拉隧道设计文件获得隧道断面数据,隧道断面为马蹄形,开挖断面最大宽度为 10.75m,为能够有效研究隧道开挖后产生的应力分布及变形扰动范围,并消除边界效应的影响,隧道的影响范围取为 3 倍洞径,模型的水平方向宽度为 100m,取隧道中心下部围岩厚度为 40m,考虑到隧道进出口为浅埋地层,隧道的埋深取为 20m,故模型的深度取为 80m。为减少模型的网格数量,隧道影响范围之内为土石混合体地层,而隧道影响范围之外近似为均质地层,影响区内投放的块石粒径基于现场图像采集提取的轮廓,块石含石率用块石二维面积占比表示,块石投放采用 CAD 中编制的 VBA 程序在影响区域内随机投放,为提高块石投放的效率,按照块石级配情况,粒径从大到小进行块石块石投放,其中,块石含量为 38%,块石粒径在 0.2～1.5m 之间。

2) 模型数值结果变化规律分析

通过上述分析可知,改变小导管注浆范围及加固圈厚度,可以改变隧道结构稳定性,使隧道结构的位移及应力发生改变。

(1)加固厚度对拱顶沉降的影响

改变加固圈的范围及厚度,隧道拱顶沉降随之变化,拱顶沉降随加固圈范围增大及厚度增加的变化情况如图4-2-20所示。掌子面开挖时未采用加固措施时,拱顶沉降较大为4.48cm,注浆加固能提供较大的黏结力将松散堆积体胶结形成整体,有效减小隧道开挖时的拱顶沉降。且加固圈范围在120°、180°时,随着加固厚度的增加,拱顶沉降基本不变;加固圈范围在270°、360°,加固圈从1.5m增加到2m时,拱顶沉降显著减小。由此可见,随着加固圈范围增大,拱顶沉降能显著减小,故现场应用中可通过增大加固圈的范围控制拱顶位移。

(2)加固厚度对仰拱隆起的影响

隧道开挖后仰拱得到卸载作用,仰拱易发生隆起,当隆起值较大时容易引起开裂,因此需采取预加固措施对仰拱进行支护。数值模拟中通过改变加固圈的范围及厚度研究仰拱隆起值的变化,仰拱隆起值随加固圈范围增大及厚度增加的变化情况如图4-2-21所示。

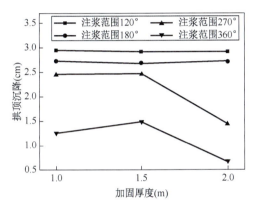
图4-2-20 加固圈厚度对拱顶沉降的影响

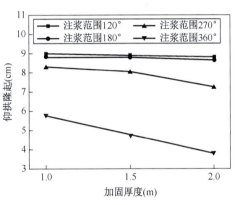
图4-2-21 加固圈厚度对仰拱隆起的影响

从图4-2-21可知,当仰拱未采取支护措施时,仰拱的隆起较大,随着加固范围的增大,隆起值逐渐减小。加固圈范围在120°、180°、270°时,因为未直接对仰拱进行加固,改变加固圈的厚度对控制仰拱的隆起效果不大;加固圈范围增加到360°时,仰拱隆起明显减小,隆起值从9cm减小为6cm,当加固厚度从1m增加到2m时,隆起值从6cm减小为4cm。因此,隧道开挖时可通过对仰拱注浆加固来控制仰拱隆起。

(3)加固厚度对隧道收敛的影响

松散堆积体隧道采用三台阶开挖后,应及时施作初期支护。隧道在拱腰处易发生收敛,数值模拟中通过改变加固圈的范围及厚度研究隧道水平位移的变化,隧道拱腰收敛随加固圈范围及厚度的变化如图4-2-22所示。加固范围较小时,拱腰的水平位移较大,随着加固范围的增大,水平位移明显减小。加固圈范围在120°、180°时,改变加固圈的厚度,拱腰的水平位移反而逐渐增大;加固圈范围增加到270°时,增加加固厚度能有效减小拱腰的收敛;加固圈范围增加到360°时,隧道的收敛明显减小,但增加加固厚度后,隧道水平位移反而增大。因此,可通过增加加固范围来控制拱腰收敛,当加固范围在270°时,可通过增加加固厚度来控制拱腰收敛。

(4)加固厚度对拱腰压应力的影响

隧道开挖后竖向应力在拱腰处所受压应力较大,当压应力较大时容易引起初期支护的破坏,拱顶初期支护受拉,但其值较小,在安全范围内,因此需采取预加固措施对壁后堆积体进行预加固。拱腰压应力随加固圈范围增大及厚度增加的变化情况如图 4-2-23 所示。

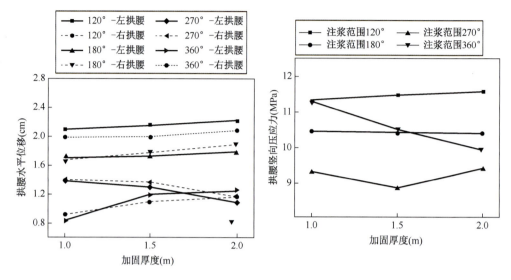

图 4-2-22　加固圈厚度对拱腰水平位移的影响　　图 4-2-23　加固圈厚度对拱腰竖向应力的影响

由图 4-2-23 可知,增大加固范围能有效减小拱腰压应力,当加固圈范围从 120°增加到 270°时,拱腰的压应力明显减小,然而当注浆范围增加到 360°时,拱腰压应力突然增大。因此,现场施工时选择加固圈范围在 270°,能有效控制拱腰的压应力。

(5)加固厚度对拱顶压应力的影响

隧道开挖后拱顶处所受水平应力较大,拱顶受压应力,当压应力较大时容易引起初期支护的破坏,因此需采取预加固措施对壁后堆积体进行预加固。拱顶压应力随加固圈范围增大及厚度增加的变化情况如图 4-2-24 所示。

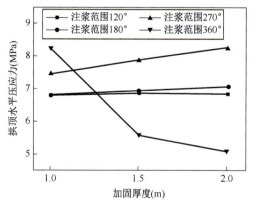

图 4-2-24　加固圈厚度对拱顶水平应力的影响

由图 4-2-24 可知,加固圈范围在 120°、180°时,改变加固厚度对拱顶压应力的影响不大,拱顶压应力在 7MPa 左右;当加固圈范围在 270°时,拱顶压应力突然增大,增加加固厚度,拱顶压应力继续增加;当加固圈范围在 360°,加固厚度较小时,拱顶压应力达到最大值,然而此时再增加加固厚度,拱顶压应力显著减小,当加固厚度为 2m 时,拱顶压应力减小为 5MPa。因此,隧道开挖中应增大加固圈范围至 360°,增加加固厚度来控制拱顶压应力。

### 2.6.5　堆积体地层隧道注浆加固施工

超前小导管施工流程为:测量放线,钻机定位钻孔,安装、固定注浆小导管,注浆口封孔,掌子面封闭。在注浆前准备注浆材料、搅拌机、注浆泵,小导管注浆,检查注浆效果。如果注浆满足稳定性的要求,进行掌子面开挖工序,否则需进行补注。

(1)注浆孔钻设

测量队按照设计图测放注浆孔后,采用隧道风动凿岩机进行注浆孔的钻设。注浆孔在拱部环向各60°范围内进行布设,环向间距0.3m,总共设置45个,单孔深度为4.5m,孔位仰角控制在5°~15°。若现场发现在堆积体地层中进行钻孔时遇到孤石,钻进较为困难,钻进时可适当调整位置或加补超前小导管根数。

(2)安装小导管

现场采用的小导管为直径$\phi 42mm$钢管加工而成,钢管壁厚4mm,管壁前段按梅花形布置孔径为8mm的注浆孔,纵向间距15cm,小导管环向间距0.3m。

(3)浆液配制

现场采用搅拌机进行浆液配制,搅拌5min后存于储浆桶,注浆浆液为水泥膨润土膏状浆液,水灰比为1∶1,水泥采用42.5R级普通硅酸盐水泥,膨润土为钠基膨润土,现场每次往搅拌机加入3袋水泥,速凝剂掺量为水泥含量的4%,高分子材料掺量为水泥含量的4%。添加剂都是液体材料,现场加水配制成相应浓度后直接加入搅拌机中。松散堆积体地层孔隙率较大,为使受注体注浆产生较好的效果,浆液浓度应该进行调整(先稀后浓)。

(4)浆液注入

现场注浆设备包括:注浆泵、注浆管、空压机、流量计、储浆桶、封孔设备等。其中,注浆泵的工作压力为2.5MPa,注浆小导管为40mm的PVC胶管,前端为无缝钢管,插入小导管中,固定好封孔装置后,检查注浆泵、管路及接头牢固程度,开动注浆泵进行注浆,注浆时需注意注浆压力变化,若发现异常需及时处理。松散堆积体地层孔隙率较大,刚开始注浆时压力较难上升,根据现场注浆试验和相关注浆施工经验,确定终止注浆压力取为1.5~2.0MPa。注浆时按照跳孔注浆,单孔停止条件为达到终浆压力或达到单孔注浆量。

### 2.6.6 结论

松散堆积体地层材料是一种介于土和块石之间的复合地质材料,本节以华丽高速公路罗打拉隧道为依托,首先通过现场采集试样进行室内筛分试验;室内采用大型三轴仪进行土石混合体的三轴剪切试验,研究土石混合体的力学性质及三轴受压破坏模式;基于数字图像处理技术,通过数码相机拍摄隧道断面照片,获取每个块石轮廓的轮廓数据,包括块石粒径、形状特征,得到了以下主要研究结论:

(1)罗打拉隧道出口段为松散堆积体地层,粒径分布不均匀,地层含石量分布在36.27%~47.52%之间,块石粒径分布在0.1~2m之间,土体重度在21.8~24.5kN/m³。

(2)土石混合体大三轴剪切试验中表明,在加载初期,试样中的土体被加载压实,变形较大,在主应力差达到峰值后,试样依然能承受较大的荷载,土石混合体应力应变曲线在应变为4%~6%时出现峰值。其中,原状试样的黏聚力为57.6kPa,内摩擦角为32.96°。试验结束后,发现抗剪试样具有明显的剪胀性。

(3)加固圈范围在270°,加固厚度为1.5m时,拱腰所受的竖向的压应力较小,而加固范围增加到360°时,拱腰压应力反而增大。因此,现场施工时加固圈范围在270°内能有效控制拱腰的压应力。当采用全断面注浆加固,加固厚度较小时,拱顶压应力达到最大值,增加加固厚度,拱顶压应力显著减小,当加固厚度为 2m 时,拱顶压应力减小为 5MPa。因此,隧道开挖中可采用全断面注浆加固,提高加固厚度来控制拱顶压应力。

## 2.7 小净距软岩隧道开挖围岩及支护结构力学响应研究

### 2.7.1 研究背景

在隧道施工过程中,时常会出现因隧道围岩失稳而导致掘进面坍塌、支护结构开裂、地表塌陷等事故,普通单洞隧道如此,小净距隧道也不例外。隧道开挖会不同程度地改变隧洞周围一定范围内地层的应力状态,导致平衡被打破,围岩体发生一系列变形和位移,应力状态重新分布,以达到新的平衡,而这种在一定条件下应力重分布的过程中,围岩体能通过自我调节寻求自稳的过程,可称为围岩的拱效应。小净距隧道无论是同时开挖两孔隧道,还是先后修建两条隧道,其围岩应力变化场情况有很大差异,两隧道的地层影响范围会出现重叠,这给设计和施工带来了诸多问题。因此有必要开展小净距软岩隧道开挖围岩及支护结构力学响应研究。

### 2.7.2 全断面开挖支护结构变形及应力分布规律

1）先行洞初期衬砌变形及应力分布规律

选取应力释放率为 70% 的计算结果进行分析。自开挖时开始算起,先行洞初次衬砌表面最大位移为 22.42cm,最大压应力为 19.2MPa,最大拉应力为 184.2kPa,仰拱及边墙以压应力为主,拱脚位置应力集中,最大主应力和最小主应力均位于该处,剪应变和体应变集中区位于仰拱中间位置,最大剪应变增量为 1.3,最大体应变增量为 0.9,全断面开挖将导致衬砌发生剪胀破坏。

2）先行洞二次衬砌变形及应力分布规律

根据规范要求,先行洞二次衬砌在初次衬砌变形稳定后再施加,因此原则上二次衬砌不受力。但对于小净距隧道,后行洞开挖时,先行洞围岩应力场与位移场重分布,二次衬砌开始变形受力,这里分析的就是小净距隧道先行洞在后洞开挖时产生的变形及应力分布规律。

先行洞二次衬砌最小主应力在仰拱处为拉应力,最大主应力在拱顶和仰拱局部接近于 0,主应力张量结果显示仰拱靠近拱脚的位置处于拉剪应力区,该区的应力状态表现为最大主应力受拉,最小主应力受压,所产生的最大压应力为 5.06MPa,最大拉应力却为 1.44MPa,超过了 C25 喷射混凝土的抗拉强度,局部将出现拉破坏。后行洞在扰动应力的作用下推挤初次衬砌,进而挤压二次衬砌产生较大位移,最大位移为 15.5cm,位于仰拱位置,拱顶同时会出现下沉,下沉位移较小。仰拱中部初次衬砌和二次衬砌结合位置出现剪应变和体应变集中区,局部将出现喷射混凝土层开裂,钢架局部与喷层脱离。

3）后行洞支护结构变形及应力分布规律

选取应力释放率为 70% 的计算结果进行分析。自开挖时开始算起,后行洞衬砌表面最大位移为 21.43cm,最大压应力为 24.2MPa,最大拉应力为 263kPa,仰拱及边墙以压应力为主,剪应变和体应变集中区位于仰拱中间位置,可能发生剪张破坏。

### 2.7.3 二台阶开挖支护结构变形及应力分布规律

1) 先行洞初次衬砌变形与受力特性

选取应力释放率为70%的计算结果进行分析,自开挖时开始算起,先行洞初次衬砌表面最大位移位于仰拱位置,最大位移为16.4cm,比全断面开挖要少6cm,最大压应力为7.16MPa,同样比全断面开挖少12MPa,但最大拉应力比全断面开挖增加110kPa,达到297kPa。初次衬砌局部进入塑性区,与全断面开挖相比,二台阶开挖进入塑性区的面积相对较少。仰拱及边墙以压应力为主,拱脚位置应力集中,出现压剪、拉伸复合破坏形式。最大主应力和最小主应力均位于该处,虽然应力集中,但应力状态较好。剪应变和体应变集中区位于仰拱中间位置,最大剪应变增量为0.7,体应变增量为0.576,可能发生剪胀破坏。

2) 先行洞二次衬砌二次变形与受力特性

先行洞二次衬砌最小主应力在仰拱处为拉应力,最大主应力在拱顶和仰拱局部接近于0,主应力张量结果显示仰拱靠近拱脚的位置处于拉剪应力区,该区的应力状态表现为最大主应力受拉,最小主应力受压,所产生的最大压应力为16.7MPa,拉应力为1.22MPa。在后行洞扰动应力的作用下推挤二次衬砌,仰拱上鼓、拱顶下沉,挤压二次衬砌产生最大2.8cm的位移。仰拱中部初次衬砌和二次衬砌结合位置出现剪应变和体应变集中区,初次衬砌在后行洞开挖扰动应力作用下已破坏,全部力量将由先行洞承担。

3) 后行洞开挖支护结构变形与受力特性

选取应力释放率为70%的计算结果进行分析,自开挖时开始算起,后行洞衬砌表面最大位移为21.43cm,最大压应力为24.2MPa,超过了C30喷射混凝土的强度等级,初次衬砌将出现大规模整体破坏。最大拉应力为738.4kPa,不会出现拉伸破坏,仰拱及边墙以压应力为主,剪应变和体应变集中区位于仰拱中间位置,可能发生剪胀破坏。

### 2.7.4 三台阶开挖支护结构变形及应力分布规律

按照工程单位提供的施工组织设计图,开挖顺序如图4-2-25所示,在超前支护措施施作后(超前小导管、管棚),开挖1部分岩土体,对拱顶部分进行锚喷支护,然后再开挖上台阶2中的岩土体,接着开挖中台阶3中的岩土体,对边墙进行锚喷支护,最后开挖下台阶4中的岩土体,仰拱及时闭合,待变形稳定后再施作二次衬砌。先行洞后行洞的开挖过程类似,数值模拟工作再现了该过程。

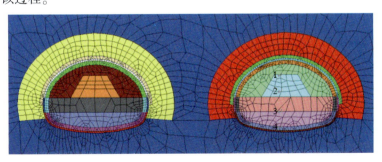

图4-2-25 三台阶开挖数值网格模型(局部)

1) 先行洞初次衬砌变形与受力特性

选取应力释放率为 70% 的计算结果进行分析,自开挖时开始算起,先行洞初次衬砌表面最大位移位于仰拱位置,最大位移为 27.57cm,比二台阶开挖要多 10cm,最大压应力为 20MPa,最大拉应力为 571kPa,初次衬砌大部进入塑性区。最小主应力为 -15MPa(压缩),最大主应力为 332kPa(拉伸),边墙处的混凝土处于近似单轴应力状态,可能出现板裂化剥落的问题,仰拱及边墙以压应力为主,拱脚位置应力集中,但应力状态较好。剪应变和体应变集中区位于仰拱中间位置,最大剪应变增量约为 0.5,体应变增量为 0.4,比二台阶开挖时要小。

2) 先行洞二次衬砌二次变形与受力特性

先行洞二次衬砌最小主应力在仰拱和左拱脚处为拉应力,处于拉剪应力区,该区的应力状态表现为最大主应力受拉,最小主应力受压,所产生的最大压应力为 5.27MPa,拉应力为 1.13MPa,二次衬砌为钢筋混凝土结构,虽然受力较大,但未发生破坏。围岩在后行洞扰动应力的作用下推挤二次衬砌,仰拱上鼓,拱顶下沉,挤压二次衬砌产生最大 12cm 的位移。仰拱中部初次衬砌和二次衬砌结合位置出现剪应变和体应变集中区,剪应变增量最大值为 1,体应变增量最大值为 0.6,但并未发生破坏。

3) 后行洞开挖支护结构变形与受力特性

由计算可知,自开挖时开始算起,后行洞衬砌表面最大位移为 24.72cm,最大压应力为 21.2MPa,最大拉应力为 459kPa,超过了 C30 喷射混凝土的强度等级,仰拱及边墙以压应力为主,剪应变和体应变集中区位于仰拱中间位置,初次衬砌局部将出现掉块破坏现象,建议及时封闭仰拱,适当增加仰拱厚度,防止大规模的衬砌破坏。

### 2.7.5 小净距隧道中间岩柱受力特性研究

采用二台阶开挖时,中间岩柱并未发生塑性贯通,如图 4-2-26 所示。从位移矢量图 4-2-27 可知,岩柱中心点处位移近似竖向分布,由中心点至两洞洞壁,位移逐渐向两洞临空面分流,中间岩柱位移并非对称分布,靠近后行洞一侧位移较大,靠近先行洞一侧位移较小。中间岩柱的体应变与剪应变未出现异常集中现象,靠近中间岩柱部分应力状态更接近三向应力状态,最小主应力与最大主应力均为压应力,围压效应更明显。而靠近洞壁处的岩柱的最大主应力逐渐减小,围压效应减弱,直至为 0。由此可见,中间岩柱的稳定性取决于两洞围岩表面位移的控制情况,因此在必要的情况下,应采用对穿锚索对中间岩柱进行加固处理。

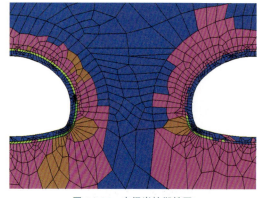

图 4-2-26 中间岩柱塑性区

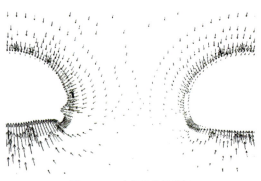

图 4-2-27 中间岩柱位移场

### 2.7.6 结论

本节分别分析了V级围岩全断面、二台阶和三台阶开挖情况下先行洞初次衬砌、二次衬砌以及后行洞支护结构变形及应力分布情况。结果表明：

1）全断面开挖情况下，自开挖时开始算起，先行洞仰拱及边墙以压应力为主，拱脚位置应力集中，最大主应力和最小主应力均位于该处，剪应变和体应变集中区位于仰拱中间位置。围岩在后行洞扰动应力的作用下推挤初次衬砌，进而挤压二次衬砌产生较大位移，拱顶同时会出现下沉，下沉位移较小。

2）与全断面开挖相比，先行洞二台阶开挖二次衬砌最小主应力在仰拱和左拱脚处为拉应力，处于拉剪应力区，该区的应力状态表现为最大主应力受拉，最小主应力受压，所产生的最大压应力为5.27MPa，拉应力为1.13MPa。二次衬砌为钢筋混凝土结构，虽然受力较大，但未发生破坏。围岩在后行洞扰动应力的作用下推挤二次衬砌，仰拱上鼓，拱顶下沉，挤压二次衬砌产生最大12cm的位移。后行洞最大拉应力为738.4kPa，不会出现拉破坏，仰拱及边墙以压应力为主，剪应变和体应变集中区位于仰拱中间位置，可能发生剪胀破坏。

3）V级围岩三台阶开挖，将在先行洞初次衬砌内部产生最大0.5的剪应变增量和最大0.4的体应变增量，后行洞开挖所产生的扰动应力将使先行洞原本不受力的二次衬砌承受围岩压力的作用，最大压应力为5.27MPa，拉应力为1.13MPa；后行洞初次衬砌承担的最大压应力为21.2MPa，最大拉应力为459kPa，均超过了C30喷射混凝土的强度等级，因此后行洞开挖应在恰当的时候施作二次衬砌，使二次衬砌承受一部分围岩压力，避免初次衬砌发生较大规模的破坏。

## 2.8 小净距软岩隧道施工及支护优化技术研究

### 2.8.1 研究背景

由于小净距隧道在工程造价方面与普通分离式隧道相差不大，但较连拱隧道有明显优势，并且施工难度也相对较小。因此，小净距隧道成为处理复杂地质环境下的线路优化及地下空间利用等问题的优选方案之一，并且就目前而言具有很大的发展空间和很好的建设前景。在单洞隧道开挖时，围岩中存在压力拱效应，且在埋深较大时拱效应更明显，小净距隧道也不例外。压力拱是抽象但客观存在的效应，具有拱的力学特性，不仅可以承受自重和上部荷载，还可以抵抗一定的变形。因此，对小净距隧道进行支护技术优化设计具有重要的理论和工程实践意义。

### 2.8.2 软岩隧道开挖支护时机优化

针对大变形等级，拟采用张祉道等提出的判定标准进行划分（表4-2-6），该标准来源于工程实践总结，隧道绝对变形量值仅供参考，但其中的洞壁位移$U_a$/隧洞当量半径$a$，可推广到类似挤压变形隧洞，用于评估不同洞壁计算变形量级下初期支护的破坏情况。

大变形等级判定标准（部分） 表4-2-6

| 大变形等级 | 洞壁位移 $U_a$/隧洞当量半径 $a$ | 隧洞变形（cm） | 初期支护破坏现象 |
|---|---|---|---|
| 轻度 | 3%~6% | 15~25 | 喷射混凝土层开裂，钢架局部与喷层脱离 |
| 中等 | 6%~10% | 25~45 | 喷射混凝土严重开裂，掉块，局部钢架变形，锚杆垫板凹陷 |
| 严重 | >10% | >45 | 锚杆拉断，钢架变形严重 |

开挖变形量随着应力释放率的增大而逐渐增加，应力释放率的本质是支护作用在围岩上的效果，释放率的大小与支护时机密切相关，越早支护，需要预留的变形量越大。因此，应该选择恰当的支护时机（图4-2-28），充分发挥围岩的自承能力，确保支护措施起到应有的效果。

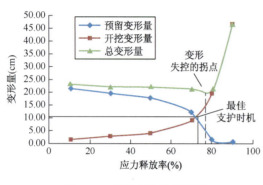

图4-2-28 最佳支护时机的选择

当应力释放率超过80%以后，围岩总的变形量将急剧增加，预留变形量降低到接近0的水平，意味着支护措施应该立刻起作用才有可能控制住围岩变形，可将应力释放率80%视为变形失控的拐点，此刻围岩总变形量已达到22cm。为了保证围岩的稳定性，我们将恰当的支护时机选择在应力释放率为70%左右，开挖变形10cm后为最佳支护时机，此时计算所得预留变形量与开挖变形量大致相当，该点能同时发挥围岩和支护结构的承载能力。

需要指出的是，此处开挖变形10cm仅针对本工程计算条件成立，如果地质条件、地应力、隧道结构等条件发生变化，则变形量需要重新计算。

### 2.8.3 小净距软岩隧道开挖方法优化

1) 典型Ⅳ级围岩地质情况

由2.7节计算结果分析可知，Ⅴ级围岩三台阶开挖有利于围岩稳定性控制和支护结构受力。因此，开挖方法优化仅针对Ⅳ级围岩地段。根据施工组织设计报告，Ⅳ级围岩洞段采用上下断面台阶法开挖，台阶长度10~15m。一般开挖进尺SF4a衬砌段为0.8~1.0m，SF4b衬砌段为1.0~1.2m，SF4c衬砌段为1.2~1.5m。Ⅳ级围岩地段在超前预支护后开挖上台阶土石方，再进行拱部初期支护，拱部采用人工风镐或弱爆破开挖。下台阶土石方采用凿岩钻孔台车钻孔爆破开挖，两边侧墙有50~100cm预留层进行人工开挖和修整，开挖后立即进行初期支护作业，以尽早封闭成环。完成隧道开挖及初期支护后，立即进行仰拱二次衬砌混凝土的浇筑，数值计算结果将模拟该过程。

选取典型Ⅳ级围岩洞段（K131+635~K131+665）作为研究对象，根据超前地质预报资料，该段岩性以弱~强风化泥岩为主，局部夹薄层状砂质泥岩，节理裂隙较发育，岩体较破碎，基本呈中~厚层状结构，围岩自稳性一般。结构面粗糙，有黏土类充填物，无断层、无地下水，地应力以自重应力为主，埋深约116m，自重应力为2.2~2.5MPa，单轴抗压强度为

15~30MPa，完整性系数 $K_v=0.45$，基本质量指标修正值 BQ=276.4，围岩级别判定为Ⅳ2级。

根据勘察报告给出的砂质泥岩的密度为 2.2~2.4g/cm³，内摩擦角为 45°~55°，未给出砂质泥岩的黏聚力，因此，根据《公路隧道设计规范　第一册　土建工程》(JTG 3370.1—2018)中关于各级岩质围岩物理力学参数取值，Ⅳ围岩的黏聚力为 0.2~0.7MPa，内摩擦角考虑岩体结构特性折减后取值 27°~39°，变形模量为 1.3~6GPa，泊松比为 0.3~0.35。由于此处围岩判定为Ⅳ2级围岩，因此，内摩擦角取 33°，黏聚力取 0.45MPa，变形模量取 3.6GPa，泊松比取 3.2，按 SF4b 的方案进行支护。

2) Ⅳ2级围岩二台阶开挖

首先针对Ⅳ2级围岩二台阶开挖过程模拟施工组织设计，对于Ⅳ2级围岩，二台阶开挖产生的塑性区较小，拱顶和边墙部分塑性区深度在 1m 以内，拱脚和仰拱部位围岩塑性区较深，后行洞（左洞）初次衬砌仰拱中间部分局部有少量塑性区。二台阶开挖地表沉降量约为 6~8mm，洞壁最大沉降为 1.92cm，最大压应力为 9.23MPa，最大拉应力为 433kPa，衬砌上的最小主应力为 -6.8MPa，最大主应力为 138kPa。

3) Ⅳ2级围岩全断面开挖

对于Ⅳ2级围岩，全断面开挖产生的塑性区相比二台阶开挖并没有显著加深，拱顶和边墙部分塑性区深度在 1m 以内，拱脚和仰拱部位围岩塑性区相比二台阶开挖略有加深，但后行洞（左洞）仰拱处初次衬砌未像二台阶开挖那样出现局部塑性区。全断面开挖地表沉降量为 8~10mm，相比二台阶开挖增加了约 2mm，洞壁最大位移为 1.94cm，增加不到 1mm，最大压应力为 7.79MPa，最大拉应力为 413kPa，衬砌上的最小主应力为 -6.42MPa，最大主应力为 186kPa。可见，本算例中的Ⅳ2级围岩可以采用全断面开挖。

### 2.8.4　围岩支护方案及支护参数优化

围岩支护方案及支护参数优化的工作十分庞杂，规范的设计方案对于实际工程而言往往会偏于安全，存在较大的优化空间。本项目仅针对管棚、锚杆等措施开展支护参数优化研究，并配合全断面开挖方案，探讨减少锚杆对于全断面开挖的影响。

1) Ⅳ2级围岩二台阶开挖无管棚

去掉管棚后，两洞边墙和拱肩塑性区加深了约 50cm，先行洞（右洞）拱顶塑性区局部加深，拱脚和仰拱处的塑性区均有加深，后行洞（左洞）仰拱处初次衬砌出现局部塑性区。地表沉降量为 10~12.5mm，相比二台阶开挖有超前管棚支护时增加了约 4mm，洞壁最大位移为 2.22cm，增加 3mm，最大压应力为 8.13MPa，最大拉应力为 429kPa，衬砌上的最小主应力为 -4.57MPa，最大主应力为 159kPa。可见，本算例中的Ⅳ2级围岩如采用二台阶开挖，在地表沉降控制没有严格要求的情况下，可以去掉超前管棚。

2) Ⅳ2级围岩二台阶开挖锚杆减少10%

锚杆减少 10% 后，支护体强度参数降低 20%，两洞围岩拱顶、拱肩、边墙、拱脚处塑性区加深了 50~100cm，这是因为锚杆主要分布在这些位置，后行洞（左洞）右拱脚和仰拱处的初次衬砌出现局部塑性区，可能发生破坏。地表沉降量为 12.5~15mm，相比二台阶开挖支护不减时增加了约 6mm，洞壁最大位移为 2.23cm，增加约 3mm，最大压应力为 6.47MPa，最大拉应力为

315kPa,衬砌上的最小主应力为 -4.36MPa,最大主应力为142kPa。可见,本算例中的Ⅳ2级围岩如采用二台阶开挖,在地表沉降控制没有严格要求的情况下,可以将锚杆数量减少10%。

3)Ⅳ2级围岩全断面开挖支护锚杆减少10%

锚杆减少10%后,两洞围岩拱顶、拱肩、边墙、拱脚处塑性区加深了50~100cm,这是因为锚杆主要分布在这些位置,先行洞(右洞)左拱脚在后行洞开挖扰动应力作用下出现局部塑性区。地表沉降量与二台阶锚杆减少10%后的结果相近,均为12.5~15mm,洞壁最大位移为2.26cm,增加约3mm,最大压应力为6.31MPa,最大拉应力为402kPa,衬砌上的最小主应力为 -4.46MPa,最大主应力为210kPa。可见,本算例中的Ⅳ2级围岩如采用全断面开挖,在地表沉降控制没有严格要求的情况下,还可以将锚杆数量减少10%。

### 2.8.5 结论

本节对小净距软岩隧道施工方法及支护措施进行了优化分析,结果表明:

1)应力释放率80%视为变形失控的拐点,为了保证围岩的稳定性,应选择应力释放率为70%左右为恰当的支护时机,开挖变形10cm左右为最佳支护时机,此时计算所得预留变形量与开挖变形量大致相当,该点能同时发挥围岩和支护结构的承载能力;

2)全断面开挖产生的塑性区、地表沉降、洞壁最大位移、最大压应力、最大拉应力等相比二台阶开挖并没有显著加深,因此,Ⅳ2级围岩可以采用全断面开挖;Ⅳ2级围岩如采用二台阶开挖,在地表沉降控制没有严格要求的情况下,可以去掉超前管棚,或将锚杆减少10%,如采用全断面开挖,则可在去掉超前管棚的同时将锚杆减少10%。

## 2.9 小半径特长隧道反坡施工通风技术研究

### 2.9.1 研究背景

修建华丽高速公路五阱明隧道面临小半径曲线、软岩、特长、小净距等一系列隧道工程施工技术重大难题,这些难题也是目前隧道工程领域急需研究的重要课题。小半径曲线隧道内部构造有别于直线隧道,在隧道施工过程中,随着开挖进尺的加深,通风排烟将十分困难。为保障洞内空气清新,创造良好的洞内工作环境,保证施工作业人员的身体健康,提高劳动效率,必须采取措施进行针对性的施工通风设计。国内已施工完成或正在施工的小半径曲线隧道多采用普通直线隧道的通风方式,通风效果相对较差。因此,有必要进行小半径曲线特长隧道反坡施工通风技术研究。

### 2.9.2 通风设计计算

五阱明隧道为一座分离式隧道,隧道右幅起点里程K130 + 920,终点里程K134 + 330,全长3410m;左幅起点里程K130 + 920,终点里程K134 + 385,全长3465m,独头掘进通风管路最长距离可取其中一半1733m。五阱明隧道主要采用光面爆破技术、控制爆破及人工配合机械开挖,炮孔直径$\phi$ = 38~42mm,Ⅳ级围岩时起爆总药量最大,约取450kg,根据现场工作人员配置计划表,隧道内施工人员最多为48人。按Ⅳ级围岩台阶法开挖时面积最大,考虑预留变形量,单次最大开挖断面面积约取90m²。

1)需风量计算

(1)按洞内同时作业的最多人数需要的新鲜空气计算风量(依据人员标准化配置):

$$Q_1 = kmq \tag{4-2-1}$$

式中:$q$——洞内每人每分钟所需新鲜氧气标准($m^3/min$),一般取$3m^3/min$;

　　$m$——洞内同时工作最多人数,取480人;

　　$k$——风量备用系数,一般为$1.1 \sim 1.25$,取1.25。

由此可得需风量为:

$$Q_1 = kmq = 1.25 \times 48 \times 3 = 180 m^3/min$$

(2)按洞内同一时间爆破使用的最大炸药量所产生的有害气体稀释到允许浓度时计算风量,压入式通风计算公式为:

$$Q_2 = \frac{7.8 \sqrt[3]{A \cdot S^2 \cdot L^2}}{t} \tag{4-2-2}$$

式中:$t$——通风时间(min),取30min;

　　$A$——同一时间起爆总药量(kg),取450kg;

　　$S$——单次最大开挖断面面积($m^2$),约取$90m^2$;

　　$L$——通风区长度(m),取出风口至开挖面的距离,按50m计。

由此可得爆破通风需风量为:

$$Q_2 = \frac{7.8 \sqrt[3]{A \cdot S^2 \cdot L^2}}{t} = \frac{7.8 \times \sqrt[3]{450 \times 90^2 \times 50^2}}{30} = 543 m^3/min$$

(3)按隧道内规定的最小风速计算风量:

$$Q_3 = 60 \cdot V \cdot S \tag{4-2-3}$$

式中:$V$——隧道内允许最小风速(m/s),取0.15m/s。

由此可得最小需风量:

$$Q_3 = 60 \cdot V \cdot S = 60 \times 0.15 \times 90 = 810 m^3/min$$

(4)按内燃机械设备废气稀释需要计算风量(依据机械标准化配置,考虑掌子面同时工作内燃机械设备):

$$Q_4 = s \sum_{i=1}^{n} P_i t_i q_i N_i \tag{4-2-4}$$

式中:$s$——内燃机每千瓦所需风量($m^3/min$),取$3m^3/min$;

　　$n$——内燃机械设备总数,取掌子面同时工作的装载机1台、挖掘机1台、自卸车5台,混凝土搅拌运输车2台;

　　$P_i$——平均负荷率,装载机与挖掘机平均负荷率取0.8,车辆平均负荷率取0.4;

　　$t_i$——时间(min),取1min;

　　$q_i$——功率指标(机械利用率),装载机与挖掘机平均负荷率取0.3,车辆平均负荷率取0.3;

$N_i$——内燃机械设备功率(kW),1台 ZLC50B 型装载机 162kW,1台 PC220 挖掘机 134kW,5台自卸车,每台功率为 180kW(洞内同时工作3台),2台混凝土搅拌运输车每台功率为 85kW。

由此可得内燃机械设备废气稀释需要风量为:

$$Q_4 = s\sum_{i=1}^{n} P_i t_i q_i N_i = 3 \times (0.8 \times 0.3 \times 162 + 0.8 \times 0.3 \times 134 + 0.4 \times 0.3 \times 180 \times 5 + 0.4 \times 0.3 \times 85 \times 2) = 598\text{m}^3/\text{min}$$

(5)最大需风量

最大需风量取上述计算值的最大值,即:

$$Q_{\max} = \max\{Q_1, Q_2, Q_3, Q_4\} = 598\text{m}^3/\text{min}$$

2)漏风计算

(1)通风机的供风量除满足上述条件计算所需的风量外,还需考虑漏失的风量,即:

$$Q_{供} = \delta \cdot Q_{\max} \tag{4-2-5}$$

式中:$\delta$——漏风系数,由送风距离及每百米漏风率计算得出。

由设计资料可知,通风管长度按 1733m 计算,每百米漏风率为 1.5%,则漏风系数为:

$$\delta = 1 + \frac{1733}{100} \times 0.015 = 1.26$$

由此可得供风量:

$$Q_{供} = \delta \cdot Q_{\max} = 1.26 \times 598 = 753\text{m}^3/\text{min}$$

(2)由于隧道所处地区为高原,大气压强不足标准大气压,需要进行风量修正:

$$Q_h = \frac{100}{P_h} \cdot Q_{供} \tag{4-2-6}$$

式中:$Q_h$——修正后的风量($\text{m}^3/\text{min}$);

$P_h$——当地大气压(kPa),查阅资料当地海拔高度约 2000m,可取 79.5。

由此可得气压修正后的需风量为:

$$Q_h = \frac{100}{P_h} \cdot Q_{供} = \frac{100}{79.5} \times 753 = 947\text{m}^3/\text{min}$$

3)风压计算

通风过程中,要克服风流沿途阻力,保证将所需风量送到洞内,并达到规定速度,必须有一定风压,需确定通风机本身应具备多大压力才能满足通风需要。气流所受阻力主要有摩擦力 $h_{摩}$、局部阻力 $h_{局}$ 和正面阻力 $h_{其他}$,即:

$$h_{总} = \sum h_{摩} + \sum h_{局} + \sum h_{其他} \tag{4-2-7}$$

(1)摩擦阻力

根据达西公式可导出隧道通风摩擦阻力公式:

$$h_{摩} = \frac{\alpha \cdot L \cdot U \cdot Q_h^2}{S_n^3} \tag{4-2-8}$$

式中:$\alpha$——摩擦因数,查表可取 0.0012;

$L$——风管长度(m),本文取为 1733m;

$U$——风道周长(m),当风管直径为 1.5m 时,由此可算得周长 4.71m;

$S_n$——风管面积($m^2$),本文取为$1.77m^2$。

则可的通风摩阻力:

$$h_{摩} = \frac{\alpha \cdot L \cdot U \cdot Q_h^2}{S_n^3} = \frac{0.0012 \times 1733 \times 4.71 \times \left(\frac{947}{60}\right)^2}{1.77^3} = 440\text{Pa}$$

(2)局部阻力

风流经过风管某些局部地点(断面扩大或缩小,拐弯等),速度方向发生突然变化,导致风流本身剧烈变化,由此产生风流阻力,其计算公式为:

$$h_{局} = 0.612\xi \frac{Q_h^2}{S_n^2} \tag{4-2-9}$$

式中:$\xi$——局部阻力系数,查表取0.46。

计算得:

$$h_{局} = 0.612\xi \frac{Q_h^2}{S_n^2} = 0.612 \times 0.46 \times \left(\frac{947}{60 \times 1.77}\right)^2 = 22.4\text{Pa}$$

(3)其他阻力

其他阻力按局部阻力的5%考虑。

(4)风机风压

$$h_{总} = \sum h_{摩} + \sum h_{局} + \sum h_{其他} = 440 + 22 + 1 = 463\text{Pa}$$

4)风机选型

根据以上计算,风机选取原则:$Q_h > 947\text{m}^3/\text{min}$,$h_{总} > 2463\text{Pa}$。五阱明隧道左、右幅均为独头通风,采用压入式通风。两端洞口分别布置2台55kW射流风机串联,进洞1000m后增加两台同等型号风机和原有风机并联。

### 2.9.3 反坡施工通风监测设计

本项目监测的主要目的是通过对隧道施工作业环境的监测,评估现有通风方式的环境改善效果。主要检测粉尘浓度、有害气体浓度、风速、氧气含量。采用的监测设备见表4-2-7。

监测仪器型号　　　　　　　　　　　　　表4-2-7

| 编号 | 监测内容 | 仪器型号 | 备注 |
|---|---|---|---|
| 1 | 有害气体 | 已有仪器 | 测定有害气体含量 |
| 2 | 粉尘 | 激光粉尘仪 | 测定PM10浓度、总粉尘度 |
| 3 | 风速 | 热球式风速仪QOF-3型 | 测定风速 |
| 4 | 氧气含量 | 便携式氧气检测仪 | 测定氧气含量 |

根据目前施工进度安排,拟将测点布置在右洞进口洞段内,根据目前施工进度安排,分别在距离洞口900m、1100m、1300m、1500m、1700m等断面开展粉尘浓度、有害气体、氧气含量、风速的全面监测。下面分别叙述不同监测项目的监测方法和监测频率。

粉尘浓度、有害气体、氧气含量监测的测点主要布置在掌子面开挖作业区和衬砌作业区,每10m设一个测点。测点高度尽量接近劳动者工作时的呼吸带,距地面高度为1.3~1.5m,测点应设在工作地点的下风侧,远离出风口和可能产生涡流的点。

上述项目分别在爆破(通风)后、喷浆后、正常工作情况下分别测量。其中,爆破后15min开始监测,之后各测点每隔30min测一次,直至数据波动不大为止;喷浆后应立即开始监测,之后各测点每隔30min测一次,直至数据波动不大为止;正常工作情况下择机开始监测,之后各测点每隔30min测一次,直至数据波动不大为止。

根据目前施工进度安排,分别在距离洞口900m、1100m、1300m、1500m、1700m测一次通风管内风速,每隔100m测一次通风管外的风速,通风管外测点位置距地面高度1.3~1.5m。

监测所得数据应填写报表,报表内容包括:测定日期、测定仪器、测定地点(测点的地质、施工进展状况等)、测定结果(有害气体、粉尘、氧浓度与风速)、漏风状态、测定人姓名、建议等。

### 2.9.4 隧道施工环境自适应监测智能调控系统

为解决隧道施工环境恶劣、施工通风与洞内环境不完全同步的问题,本项目设计了一种"隧道施工环境自适应监测智能调控系统",该系统由环境监测系统、数据采集系统、控制系统和通风系统组成。其中,环境监测系统主要通过传感器实时监测隧道内施工环境,采用气体检测仪监测洞内有害气体,如二氧化碳、一氧化氮、二氧化硫、一氧化碳、甲烷等;采用激光粉尘仪监测洞内PM10浓度、总粉尘量;采用氧气检测仪监测洞内含氧量;采用数字式温度计监测洞内温度环境;采用热球式风速仪监测通风管内风速,上述传感器构成环境监测系统。将所采集到的数据通过电缆线传输给数据采集仪,数据采集仪经滤波、放大处理后,将数据传输给计算机,由计算机内的数据处理软件对所得数据进行进一步的分析,软件系统内置规范所规定的有害气体浓度、氧气浓度、粉尘浓度、空气温度控制指标,如果总体环境达标,则软件系统向控制系统发送"达标"指令,控制系统自动断掉通风系统电源,通风系统处于停机状态,监测系统继续工作。如果总体环境不满足规范要求,则根据施工组织安排以及工人作息时间,决定通风系统是否启动。如果非工作时间,则计算通风风速、通风时间,确定通风风机转速等指标参数,于开工前设定时间开启通风系统,给隧道通风直到达标为止;如果是工作时间,则发出环境预警信号,同时开始通风,给洞内送入新鲜空气。

本系统采用树莓派实现对传感器、计算机软件和风机之间的通信,利用python编程实现对传感器数据的分析处理以及预警系统的开发,由此可建立隧道施工环境自适应监测智能调控系统,如图4-2-29所示。

### 2.9.5 结论

针对小半径曲线隧道内部构造有别于直线隧道特点,本节进行小半径曲线特长隧道反坡施工通风技术研究,结论如下:

(1)根据通风计算结果,建议风机选取原则为:采用压入式通风,两端洞口分别串联布置2台55kW射流风机,进洞1000m后增加两台同等型号风机和原有风机并联。

(2)根据施工进度安排,分别在距离洞口900m、1100m、1300m、1500m、1700m测一次通风管内风速,每隔100m测一次通风管外的风速,评估现有通风方式的环境改善效果。

(3)针对隧道施工环境恶劣、施工通风与洞内环境不完全同步的问题,设计了一种"隧道施工环境自适应监测智能调控系统"。

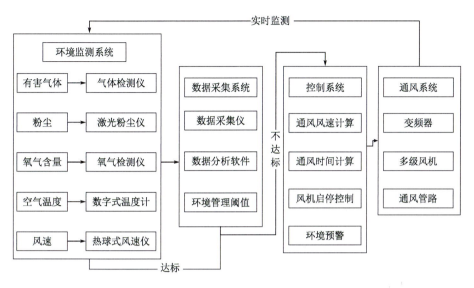

图 4-2-29 隧道施工环境自适应监测智能调控系统

# 第3章 其他技术创新研究

## 3.1 创新技术研究概况

本章主要讲述对项目中的高边坡工程进行试验研究的情况,并阐述 BIM 技术在全线工程中的应用情况,内容包括:①高边坡监测试验研究;②全线 BIM 应用研究。相关施工技术可为类似工程施工提供参考。主要课题项目情况见表 4-3-1。

主要课题项目简介　　　　　　　　表 4-3-1

| 课题 | 研究内容 | 技术创新 |
| --- | --- | --- |
| ① | 高边坡监测试验研究 | 提出了基于监测预警技术的高边坡灾害风险控制技术,对高边坡进行及时的预测预报,可以取得良好的风险控制效果 |
| ② | BIM 技术应用研究 | 提出基于 BIM 的公路工程全寿命周期管理方案及软件工具,极大地减少了公路工程的协同设计、施工建设、运营管理的全寿命周期管理时间与成本 |

## 3.2 高边坡监测试验研究

### 3.2.1 研究背景

滑坡是我国地质灾害中数量最多、分布最广、危害最严重的灾害之一,每年都会有大量滑坡灾害发生。近年代表性的有 2019 年贵州水城特大山体滑坡,造成 26 人遇难、25 人失联。应项目要求,本课题拟采取星地协同监测的方式,实现高速公路边坡的稳定性监测。本项目在利用监测区过去五年的存档数据进行全面的边坡形变普查后,持续对边坡形变进行监测。

### 3.2.2 工作方案及监测意义

为了充分获取公路两侧边坡的当前活动特征,本次监测报告采用从 2019 年 5 月到 2022 年 3 月期间覆盖华坪至丽江高速公路(中交段)的 100 景 Sentinel-lA 升轨数据。每景 Sentinel-lA 数据有 3 个 Swath,8~10 个 burst。本项目由于数据量大,数据覆盖范围不一定为相同的研究区域,需要先对整景 Sentinel-lA 进行提取,然后提取出研究区范围数据,再进行配准和裁剪。本次项目 Sentinel-lA 覆盖范围以及所监测边坡位置如图 4-3-1 所示,其中黄色地图针表示所监测边坡的位置。

图 4-3-1 监测边坡位置情况

本研究的意义在于评价边坡施工及使用过程中的稳定程度,并作出有关预报,为崩塌、滑坡的正确分析评价、预测预报及治理工程等,提供可靠的资料和科学依据。对已经发生滑动破坏的边坡和加固处理后的滑坡,监测结果也是检验崩塌、滑坡分析评价及滑坡处理工程效果的依据。本项目为分析岩体结构与边坡变形破坏的关系,掌握边坡变形特征和规律,研究边坡稳定性的影响因素,指导在边坡发生严重变形条件下的应急处理提供依据。

### 3.2.3 监测结果分析

采用上述所改进的方法和专业处理软件对介绍的研究区域数据进行处理,获取了 G4216 蓉丽高速云南省华丽高速公路(中交段)8 个边坡的年平均形变速率和时间序列累积形变量。

1)边坡一

边坡一位于 K95+107.481~K95+423.74 里程处,经度 100°37′3″、纬度 26°46′12″。区域在 2019 年 5 月到 2022 年 3 月形变平均速率如图 4-3-2 所示,2022 年 3 月累积形变如图 4-3-3 所示。可以看出,边坡一北侧(经度 100°37′00.47″、纬度 26°46′18.75″)滑动量级接近 30mm,需引起警惕。

边坡一的点 1 和点 2 随时间的形变如图 4-3-4 所示。

2)边坡二

边坡二位于 K99+640~K99+860 里程处,经度 100°35′37″、纬度 26°48′16″。区域在 2019

年 5 月至 2022 年 3 月间的形变速率如图 4-3-5 所示,2022 年 3 月的累积形变如图 4-3-6 所示。可以看出,虽然边坡二总体处于稳定状态,但是边坡二顶部山坡(经度 100°35′29.23″、纬度 26°48′09.55″)滑动量级达到 20mm,需引起注意。

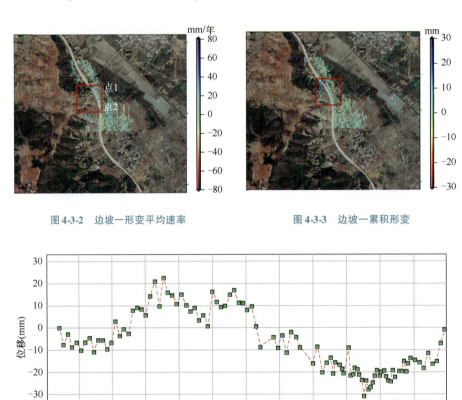

图 4-3-2　边坡一形变平均速率　　　　　　　图 4-3-3　边坡一累积形变

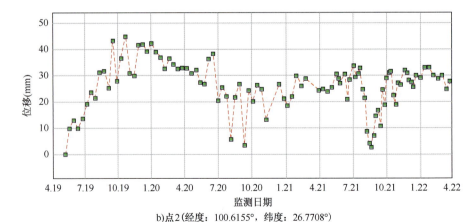

a)点1(经度:100.616°,纬度:26.7735°)

b)点2(经度:100.6155°,纬度:26.7708°)

图 4-3-4　边坡一的点 1 和点 2 随时间的形变

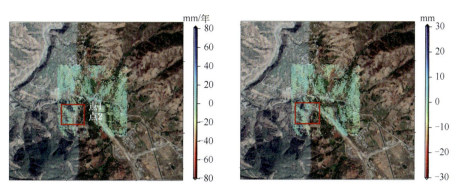

图 4-3-5　边坡二形变平均速率　　　　图 4-3-6　边坡二累积形变

边坡二的点 1 和点 2 随时间的形变如图 4-3-7 所示。

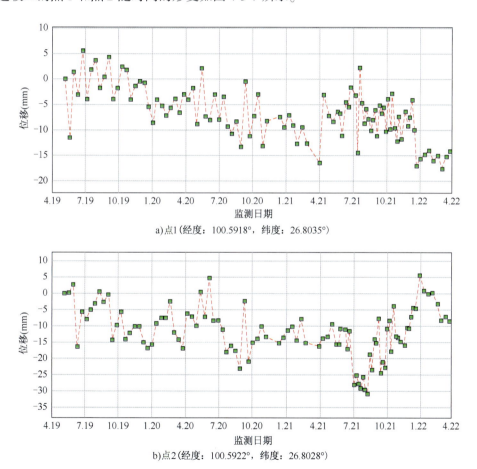

a)点1(经度：100.5918°，纬度：26.8035°)

b)点2(经度：100.5922°，纬度：26.8028°)

图 4-3-7　边坡二的点 1 和点 2 随时间的形变

3）边坡三

边坡三位于 K126+600～K126+700 里程处，经度 100°21′11″、纬度 26°46′27″。该区域在 2019 年 5 月至 2022 年 3 月间的形变速率如图 4-3-8 所示，2022 年 3 月间的累积形变如图 4-3-9

所示。可以看出,边坡三东北侧(经度 100°21′08.70″、纬度 26°46′28.04″)滑动量级接近 10mm,需引起关注。

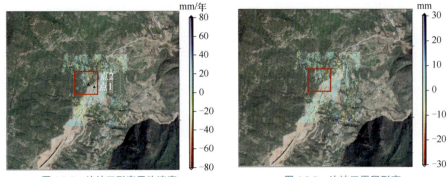

图 4-3-8　边坡三形变平均速率　　　　图 4-3-9　边坡三累积形变

边坡三的点 1 和点 2 随时间的形变如图 4-3-10 所示。

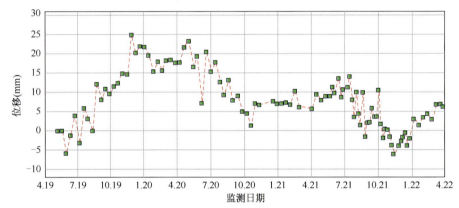

a) 点1 (经度:100.3522°,纬度:26.7746°)

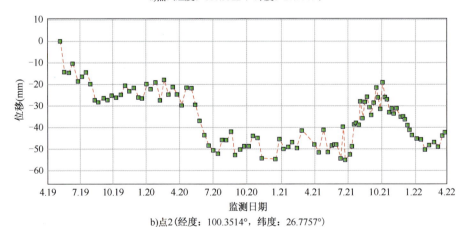

b) 点2 (经度:100.3514°,纬度:26.7757°)

图 4-3-10　边坡三的点 1 和点 2 随时间的形变

4) 边坡四

边坡四位于 K127+170.0～K127+430 里程处,经度 100°20′45″、纬度 26°45′08″。该区域在 2019 年 5 月至 2022 年 3 月间的形变速率如图 4-3-11 所示,2022 年 3 月间的累积形

变如图 4-3-12 所示。可以看出,边坡四东北侧(经度 100°20′59.00″、纬度 26°46′12.50″)有滑动且量级接近 15mm,需引起注意;另外边坡四中部(经度 100°20′56.18″、纬度 26°46′08.43″)有滑动迹象,滑动量级接近 10mm,需持续关注。

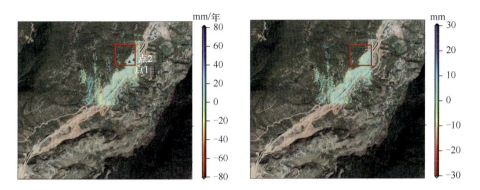

图 4-3-11　边坡四形变平均速率　　　　图 4-3-12　边坡四累积形变

边坡四的点 1 和点 2 随时间的形变如图 4-3-13 所示。

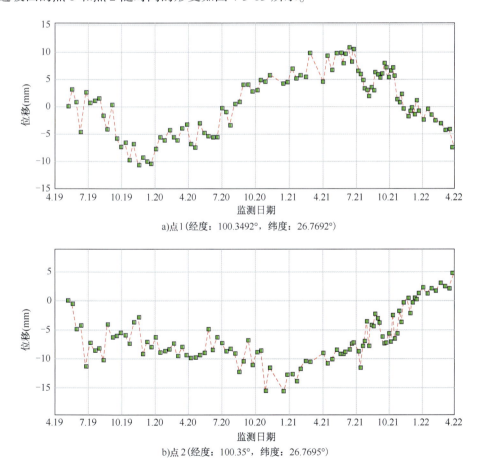

a)点1(经度:100.3492°,纬度:26.7692°)

b)点2(经度:100.35°,纬度:26.7695°)

图 4-3-13　边坡四的点 1 和点 2 随时间的形变

5）边坡五

边坡五位于 AK1+745.4～AK2+093.4 里程处，经度 100°20′51″、纬度 26°46′00″。该区域在 2019 年 5 月至 2022 年 3 月间的形变速率如图 4-3-14 所示，2022 年 3 月累积形变如图 4-3-15 所示。可以看出，边坡五西南侧（经度 100°20′48.84″、纬度 26°46′00.09″）滑动量级超过 30mm，需引起警惕。

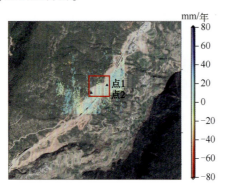 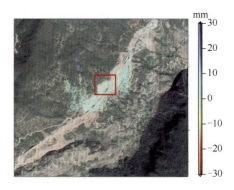

图 4-3-14　边坡五形变平均速率　　　　　图 4-3-15　边坡五累积形变

边坡五的点 1 和点 2 随时间的形变如图 4-3-16 所示。

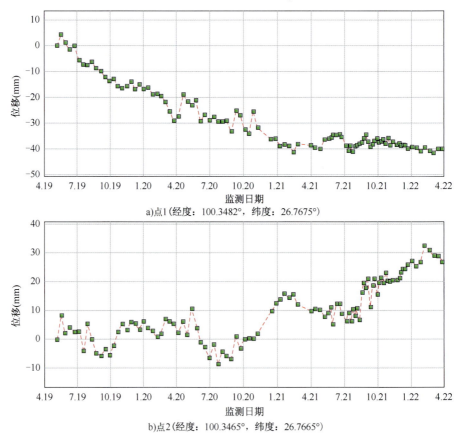

图 4-3-16　边坡五的点 1 和点 2 随时间的形变

## 6）边坡六

边坡六位于 AK0+000～AK0+330 里程处，经度 100°20′42″、纬度 26°45′51″。该区域在 2019 年 5 月至 2022 年 3 月间的形变速率如图 4-3-17 所示，2022 年 3 月的累积形变如图 4-3-18 所示。可以看出，边坡六基本处于稳定状态。

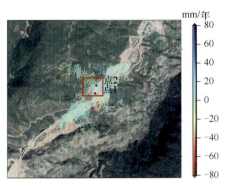
图 4-3-17　边坡六形变平均速率

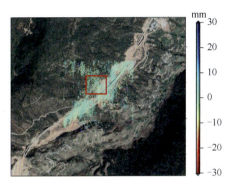
图 4-3-18　边坡六累积形变

边坡六的点 1 和点 2 随时间的形变如图 4-3-19 所示。

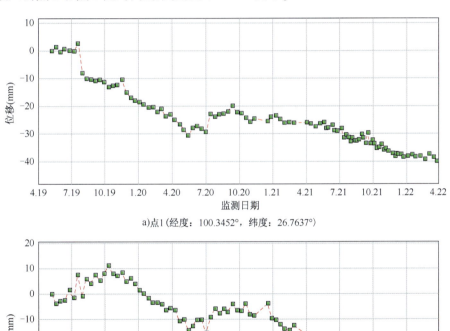

a）点1（经度：100.3452°，纬度：26.7637°）

b）点2（经度：100.3454°，纬度：26.7649°）

图 4-3-19　边坡六的点 1 和点 2 随时间的形变

## 7）边坡七

边坡七位于 K129+574.040~K130+091.960 里程处，经度 100°20′2″、纬度 26°45′10″。该区域在 2019 年 5 月至 2022 年 3 月间的形变速率如图 4-3-20 所示，2022 年 3 月的累积形变如图 4-3-21 所示。可以看出，边坡七北部（经度 100°19′59.49″、纬度 26°45′11.66″）滑动量级接近 10mm，南部（经度 100°19′57.88″、纬度 26°45′02.43″）滑动量级接近 10mm，需持续关注。

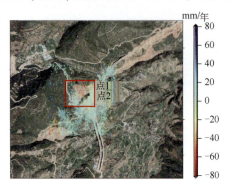
图 4-3-20　边坡七形变平均速率结果

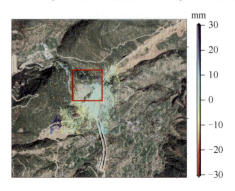
图 4-3-21　边坡七累积形变结果

边坡七的点 1 和点 2 随时间的形变如图 4-3-22 所示。

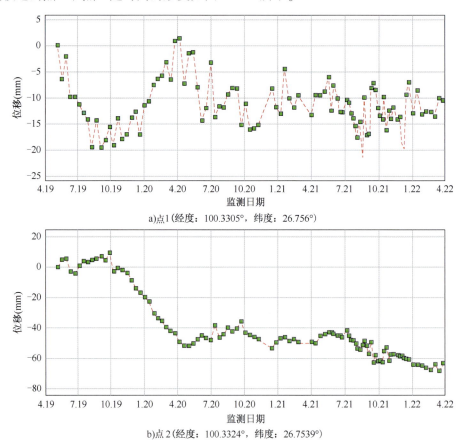

a) 点 1（经度：100.3305°，纬度：26.756°）

b) 点 2（经度：100.3324°，纬度：26.7539°）

图 4-3-22　边坡七的点 1 和点 2 随时间的形变

8) 边坡八

边坡八位于 ZK129+601.54～ZK130+119.960 里程处,经度 100°20′2″、纬度 26°45′12″。该区域在 2019 年 5 月至 2022 年 3 月间的形变速率如图 4-3-23 所示,2022 年 3 月的累积形变如图 4-3-24 所示。可以看出,边坡八上部(经度 100°20′07.46″、纬度 26°45′07.58″),(经度 100°20′05.68″、纬度 26°45′02.47″)滑动量级超过 20mm,需引起注意。

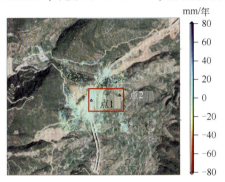

图 4-3-23　边坡八形变平均速率

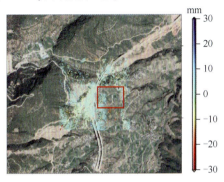

图 4-3-24　边坡八累积形变

边坡八的点 1 和点 2 随时间的形变如图 4-3-25 所示。

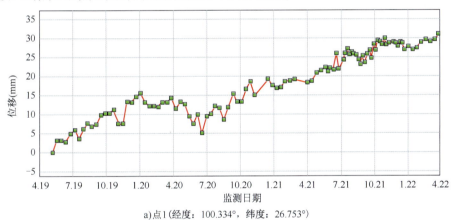

a) 点 1(经度:100.334°,纬度:26.753°)

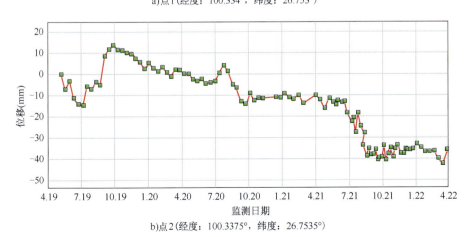

b) 点 2(经度:100.3375°,纬度:26.7535°)

图 4-3-25　边坡八的点 1 和点 2 随时间的形变

### 3.2.4 结论

本次阶段性监测对云南华丽高速公路(中交段)8个边坡进行了形变监测,结论如下:

(1)采用上述方法和专业处理软件对研究区域监测数据进行处理,可有效监测滑坡,保证行车安全。

(2)边坡六基本处于稳定状态,边坡三东北侧(经度100°21′08.70″、纬度26°46′28.04″)滑动量级接近10mm;边坡四中部(经度100°20′56.18″、纬度26°46′08.43″)有滑动迹象,滑动量级接近10mm;边坡七北部(经度100°19′59.49″、纬度26°45′11.66″)滑动量级接近10mm,南部(经度100°19′57.88″、纬度26°45′02.43″)滑动量级接近10mm,需持续关注。

(3)边坡四东北侧(经度100°20′59.0″、纬度26°46′12.50″)有滑动且量级接近15mm;边坡八上部(经度100°20′07.46″、纬度26°45′07.58″),(经度100°20′05.68″、纬度26°45′02.47″)滑动量级超过20mm;边坡二总体处于稳定状态,但是边坡二顶部山坡(经度100°35′29.23″、纬度26°48′09.55″)滑动量级达到20mm,需引起注意。

(4)边坡一北侧(经度100°37′00.47″、纬度26°46′18.75″)滑动量级接近30mm;边坡五西南侧(经度100°20′48.84″、纬度26°46′00.09″)滑动量级超过30mm,需引起警惕。

## 3.3 全线 BIM 应用

### 3.3.1 项目 BIM 应用背景

1)应用背景

云南华丽高速项目基于高原山区地形及复杂结构特点,联合昆明安泰得软件有限公司针对高原山区特大悬索桥及桥隧集群高速公路项目的 BIM 应用技术进行深入探索。BIM 技术在华丽高速项目中的应用贯穿项目设计期、施工期以及运维期。主要应用包含设计三维可视化模型、项目各专业 BIM 模型创建、基于模型的项目建设期管理、基于 BIM 模型的数字化应用、以 BIM 模型为依托的数据共享交换管理以及基于 BIM 的成果汇报展示等。

2)应用概况

(1)总体框架

综合应用 BIM 技术、GIS(地理信息系统)技术、云计算技术、大数据技术、互联网以及物联网感知技术,提出基于 BIM 的公路工程全寿命周期管理平台分层模型思路,提供公路工程的协同设计、施工建设、运营管理的全寿命周期管理多专业数据的共享传递和协同工作完整解决方案与软件工具。

(2)应用流程

本项目依据《云南省交通运输厅关于加快高速公路三维数字路网建设的通知》(云交信息便〔2017〕72号)指导文件,形成涵盖设计、施工过程的基于 BIM 的信息化建设应用,并按交通厅要求形成道路数据资产,最终交付至云南省交通厅构建云南省交通数字路网。

项目模型的创建按照需求分设计阶段和施工阶段两部分,各阶段实施大致思路如下:

①设计阶段利用 GIS 平台融合坐标体系实现项目初步设计的可视化线路比选。依据《公路工程信息模型应用统一标准》(JTG/T 2420—2021)对设计阶段的 BIM 模型要求,利用美国 Bentley 旗下 BIM 软件 PowerCivil(V8i)快速创建精度 LOD200 的项目全线标准模型,实现设计阶段可视化,协助设计人员更高效地完成项目设计。

②施工阶段参照参数化建模平台,对设计阶段模型进行信息转换和数据重组,得到可应用于参数化建模平台的模型设计数据。依据项目桥隧占比高的特点构建参数化桥隧模型库,然后利用参数化平台,通过调用模板并给予设计参数的方式快速创建满足施工阶段要求的精度满足 LOD300(部分重点工程满足 LOD350 要求)的全线 BIM 模型。设计期与施工期模型精度对比如图 4-3-26 所示。

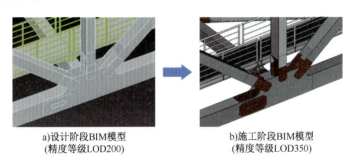

a)设计阶段BIM模型
(精度等级LOD200)

b)施工阶段BIM模型
(精度等级LOD350)

图 4-3-26 设计期与施工期模型精度对比

### 3.3.2 BIM 技术构建数字化高速公路

1)全线 BIM 施工模型参数化创建

华丽高速项目线路起于云南省丽江市华坪县荣将镇,接在建的成都至丽江国家高速公路川滇界至华坪段,止于丽江市玉龙县拉市镇,接大理至丽江国家高速公路丽江连接线,全长 158.5km。项目全线施工 BIM 模型主要包含地形、桥梁、隧道、路基四个专业,含编码构件多达 129002 个。

本项目由于位于高原山区,地形多高山深谷,桥隧占比极高,如何快速创建桥隧 BIM 模型成了项目信息化建设快速推进的关键。经过对项目桥隧结构的全面统计和研读,发现本项目桥梁上部结构大多为预制 T 梁及现浇箱梁,下部结构多为柱式墩和桩基础,隧道多为单幅隧道。为实现桥隧 BIM 模型的快速放置,组织人员对项目桥隧结构进行分析比对,依据复用性、可控性、便捷性原则,搭建桥隧参数化构件库,构件库按桥梁[上部结构、下部结构(桥墩、桥台)],隧道(洞身、洞门、通道)的原则进行分类编辑管理,如图 4-3-27 所示。

项目重点咽喉工程金安金沙江特大桥 BIM 模型按照 LOD350 标准搭建,其余全线工程桥梁、隧道、路基模型采用 LOD300 标准搭建。BIM 模型依据图纸 1∶1 搭建还原,确保模型与地形交互的真实比例。

(1)BIM 建设情况

模型及数据信息创建共分四个阶段进行:初步设计阶段(面)→图纸深化设计阶段(LOD200)→施工模型试验段(LOD300)→全线施工模型(LOD300)→重点工程精细模型(LOD350)。具体建设情况见表 4-3-2。

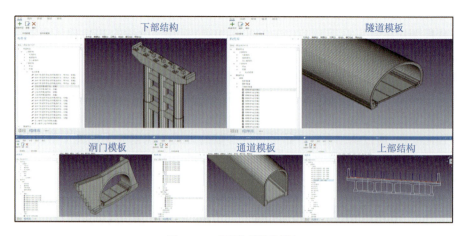

图 4-3-27　参数化桥隧模板库

BIM 建设情况　　　　　　　　表 4-3-2

| 阶　　段 | 模型精度 | 规　　模 | 完成时间 | 说　　明 |
|---|---|---|---|---|
| 初步设计阶段 | LOD100 | 158.5km | 2014/7 | 根据初步线路设计资料,创建全线路面、边坡的贴面模型。根据桥隧布置快速生成桥隧简洁三维模型 |
| 图纸深化设计 | LOD200 | 158.5km | 2015/9 | 根据初步设计资料,按1∶1的比例建立全线梁、隧道、路基的BIM工程模型,精度等级为LOD200 |
| 施工阶段模型创建(试验段) | LOD300 | 桥梁22座、立交3座、路基22km | 2016/9 | 依据设计图纸及设计过程BIM数据快速创建桥梁、隧道、路基LOD300精度模型 |
| 施工阶段全线BIM模型创建 | LOD300 | 158.5km | 2017/11 | |
| 金沙江大桥精细化BIM模型 | LOD350 | 1681m | 2018/2 | 根据施工图纸资料,按LOD350建立金安金沙江大桥的BIM工程模型 |

(2)路基 BIM 精细化模型创建

路基模型采用 PowerCivil 廊道模块创建。利用 PowerCivil 截面编辑器,依据设计路基断面形式种类,创建参数化横断面,基于廊道功能使路基横断面沿线路按设置精度进行采样,断面模板末端条件与地形交互确定采样点边坡高度,相邻采样中间段则采用线性内插法拟合过渡。

路基横断面模板如图 4-3-28 所示。

采用 PowerCivil 廊道功能可实现路基模型的快速放置,断面模板参数化驱动、边坡地形自动交互与自动采样等功能为路基 BIM 模型快速创建提供了可能。参数化断面模板使模板利用率大幅提升,相似结构只需改变相应参数即可实现不同构件实例化,从而降低模板库体量,更加便于管理。

图 4-3-28　路基横断面模板

(3)桥梁 BIM 精细化模型创建

桥梁 BIM 模型依据结构特点及出现频率两种方式创建,对于常规性桥梁,如 T 梁桥、小箱梁桥等,采用自主研发的参数化建模平台进行快速创建。而如金安金沙江大桥非常规性桥梁则采用 PowerCivil 以构件拼装的方式进行创建。金沙江大桥为钢桁加劲梁悬索桥,主跨1386m,由隧道式锚碇、索塔、索鞍、缆索和板桁结合加劲梁等分项工程组成,是目前世界山区峡谷最大跨径的钢桁梁悬索桥。其 BIM 模型创建流程如下:首先按照工程分项将桥梁拆分为各分项结构,再分别建立各分项构件模型并赋予相应编码,将创建好的构件依据桥梁骨架进行拼装,最终得到精度满足 LOD350 的精细化金沙江大桥 BIM 模型(图 4-3-29),LOD350 精度模型可直接用于工艺模拟、施工仿真、可视化交底等应用。

图 4-3-29　金安金沙江大桥构件及全桥模型

(4)隧道 BIM 模型创建

隧道参数化 BIM 模型创建方法整体与桥梁类似,但针对隧道的特殊性进行定制化研发,以实现隧道的快速实例化要求。针对隧道廊道式洞身和异形隧道口的特点,隧道模板分为二维和三维两种造型方式,这样既可以减小模板库的体量,也可以加快模型实例化时的速度。隧道模型的创建首先将衬砌横断面模板赋予相应里程范围,再以参数进行驱动变化,实现隧道洞身的 BIM 模型创建,洞门则是通过直接选取类型再赋予相应参数的方式实现模型的创建,生成的洞门衬砌模型无须再进行人工修改,洞门会与隧道洞身自动进行布尔运算完成拟合。通道的创建也是如此,在创建一般通道时只需选取左右幅里程及通道断面模板即可实现通道放置,对于通道与隧道交接处,系统会自动处理拟合(图 4-3-30)。

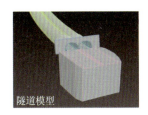
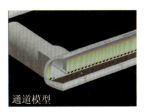

图 4-3-30　隧道及通道模型

针对隧道的定制化研发,隧道模型的创建效率大约提升 50%~80%,大幅减少了隧道模型创建时间和人员配置。

2)高精度 GIS 地形创建

GIS 是一种特定的十分重要的空间信息系统。利用 GIS 云平台将优于 0.5m 的数字正射影像(DOM),叠加数字高程模型(DEM),附加行政区划、路网骨架网等矢量数据合成华丽高速公路沿线 1500 余平方公里高精度三维场景(图 4-3-31),为建立基于 BIM 的项目管理平台提供基础地理信息及基础地理信息编辑展示功能。

图 4-3-31 GIS 地形模型

3) BIM + GIS 综合信息管理平台

BIM + GIS 数字综合信息管理平台以 BIM 模型和 GIS 地形数据为基础,整合三维地理信息、空间对象、高速公路基础设施、主要构筑物、沿线设施、沿线环境和地形地貌等三维数字化信息,构建综合性信息数字集合,为后续各层级交通建设信息化应用提供数字基础设施资源支撑。通过整合建设项目全寿命周期业务信息,构建三维地理信息系统平台,提供三维漫游、飞行浏览、快速定位等功能。BIM + GIS 综合信息管理平台可进行项目综合监测、管理、分析、展示,以支撑管理决策、调度、指挥和资源协调等工作。

### 3.3.3 基于 BIM 技术的设计管理

1) 基于 BIM 的线路筛选

一个项目设计规划的开端必然是线路的确定,以往的选线工作烦琐,且设计成果停留在平面阶段,如果想知道线路与地形交互的真实情况,必须人为想象。利用 BIM 可视化设计进行项目的线路设计则可以优化此问题,基于 GIS 三维地形,结合线路三维初步设计,将线路与真实环境统一呈现在设计人员面前,通过可视化将多条预选线路进行比对优化,从经济性、实用性、驾驶舒适性等综合考虑,确定项目最终设计线路。通过真实的可视化线路比选可以提高方案汇报质量,使汇报成果更加直观地展示在被汇报人员面前,便于决策者理解知晓设计意图。

2) 基于 BIM 的三维可视化设计

以往传统的工程设计工作往往是基于平面图纸的二维设计,设计过程中对于设计人员空间想象能力要求较高。交互较多或者较复杂的地方往往容易出现设计错漏。为尽量减少此类问题对后续施工的影响,华丽高速项目利用 BIM 技术,在设计初期搭建全线三维可视化模型,依据 BIM 模型结合 GIS 地形对设计方案进行优化,并通过三维模型进行成果汇报、方案审批等工作,效果显著。

华丽高速项目 BIM 从初步设计贯穿施工阶段,直至交付至运维。建设过程统一 BIM 服务单位,按照国际 IFC(工业基础类)标准进行信息流转。在初步设计阶段,如果直接搭建 LOD200 精度的 BIM 模型协助初步设计,不仅会花费太多人力而且也会拉长设计周期,而且由于初步设计变更频繁,也会造成数字资源的浪费。华丽高速项目在初步设计阶段利用 BIM + GIS 平台,结合线路快速生成路基边坡路面的贴图平面模型并依附于三维地形,实现初步设计与三维可视化的同步进行,真正做到可视化设计,如图 4-3-32 所示。

图 4-3-32　初步设计简易模型

在图纸设计阶段,设计人员根据初步设计进行深化设计,待设计完成后,可直接利用初步设计 BIM 模型数据结合深化设计数据生成 LOD200 精度交付设计 BIM 三维模型。

LOD200 精度模型要求外形与设计一致,但对内部详细结构要求不高,故采用 LOD200 精度模型既可以满足初步设计时对整体造型的需求,又能实现模型的快速建立,且体量较小。

3) 可视化仿真设计复核

设计过程中为了能更好地反映设计效果,尤其对边坡景观、道路的真实反馈,项目引入了基于 BIM + GIS 的三维可视化飞行浏览及车载仿真模拟,BIM + GIS 构建的虚拟沙盘可实现对项目整体的静态模拟,而虚拟车载视角模拟则是以动态的方式展现项目建成后的驾驶体验。在 BIM 管理平台中,点击车载模拟,视角切换至驾驶视角模拟车辆沿道路行驶的情况,行驶过程中可通过修改车速、车道、天气来感受不同的行车体验,如图 4-3-33 所示。

图 4-3-33　虚拟车载视角模拟

### 3.3.4　基于 BIM 技术的建设管理

BIM 技术不仅仅是三维模型对设计的还原展示,其更多的价值体现在基于 BIM 的项目管理应用及信息流转上。本项目基于 BIM 技术构建了建设项目管理平台和 BIM 管理平台两大平台,用于项目建设常规管理和 BIM 模型信息的管理,两平台侧重方向不同,但又相互联系、信息共用。在项目 BIM 创新型应用过程中,依托两大平台的基础数据支撑,为深入探索 BIM 技术的建设创新应用提供了可能。

1)建设项目管理平台

本项目位于云南山区高原地带,山高水急,地形复杂,自然灾害常发,且项目线路较长、工区分散、工期紧张。根据本项目管理特点及需求,建立建设项目管理平台(图 4-3-34),平台围绕项目进度、质量、安全等方面,实现本项目建设期数字化协同管理。

图 4-3-34　建设项目管理平台首页

为实现建设项目统一化、标准化、规范化、精细化的全过程管理,基于建设管理平台开发出一套适用于全寿命周期管理的子应用系统,包括项目门户网站、OA(办公自动化)办公系统、移动办公平台管理、前期管理、征地拆迁管理、招投标管理、工程划分结构管理、物资管理、质量管理、试验管理、安全管理、计划进度管理、计量支付管理、变更设计管理、技术资料管理、结算/决算管理、竣工档案管理等多个业务管理系统。

2)BIM+GIS 综合展示管理系统

华丽高速项目结构种类多、结构体系复杂、BIM 模型总体数量庞大。如何高效有序地管理全线十二万块 BIM 信息化模型,用于项目 BIM 应用的深入探索,成为本项目 BIM 应用的重难点。对于华丽高速项目 BIM 模型体量大、结构复杂、构件数量多的特点,项目组织建立了 BIM 管理平台(图 4-3-35),以高效、实用、环保为原则,对全线 BIM 模型进行数字化统一管理。BIM 管理平台将全线 BIM 模型进行分块分标段管理,结合项目分部分项工程情况,为每一块 BIM 模型赋予唯一编码,在 BIM 管理平台中依据编码或分部分项可直接查看调用对应模型。同样,BIM 管理平台也可直接导出所有构件的分部分项编码表。BIM 管理平台基于对 BIM 模型的全方位管控,提供了基于 BIM 模型的深化应用,如一键工程量统计、虚拟仿真车载视角模拟、进度模拟、BIM 信息集成交付等功能。

3)建设期 BIM 应用

本项目以 BIM 为基础、以信息化为纽带,结合物联网、大数据、云平台实现高效的 BIM 项目建设期管理应用。依托信息化手段,结合建设期项目管理需求,研发出一套适用于山区峡谷高速公路 BIM 应用体系,为山区峡谷地带高速公路 BIM 应用提供行之有效的解决方案。建设期 BIM 应用于图纸复核、可视化施工进度管理、视频实时监控和 BIM 模型信息集成。其中 BIM 模型信息集成包括构件属性查看、构件预览、安全生产、计量支付及项目质量管理。

图 4-3-35　BIM 管理平台界面

# 第 5 篇
# 管理篇

# 山区桥隧集群高速公路建设关键技术与管理

SHANQU QIAOSUI JIQUN GAOSU GONGLU JIANSHE GUANJIAN JISHU YU GUANLI

# 第1章　项目管理策划

为了实现在 2020 年底前通车的建设目标,项目管理人员在总结全线工程特点的基础上,搭建合理的项目组织机构,明确不同的施工标段,提出了包括安全、技术、质量等在内的项目管理理念。以此为本项目管理理论,指导后续的工程实践,旨在有效统筹整个项目,促进项目的有序运转。

## 1.1 项目组织机构

### 1.1.1 项目公司组织机构

云南华丽高速公路建设开发投资公司(项目公司)由中国交建、中国建筑、云南省交通投资建设集团有限公司联合组成,由项目公司发文成立中交云南华丽高速公路建设指挥部和中建云南华丽高速公路建设指挥部。两个指挥部按照 K89+510 桩号划分,各自承担本标段的施工及运营管理,对本标段的施工质量负责。

### 1.1.2 指挥部组织机构

中交云南华丽高速公路建设指挥部下设七部二室:技术质量部、财务管理部、安全部、环保部、计划合约部、征地拆迁部、纪检部、总监理工程师办公室、综合办公室,履行项目公司的职责。

### 1.1.3 总经理部组织机构

本项目组建了中国交建云南华丽高速公路项目总经理部,下设五部一室:工程管理部、财务资金部、安全部、环保部、计划合约部、综合办公室,履行总承包管理的职责,实行"两块牌子,一套人马"的管理模式。

### 1.1.4 标段项目经理部

总经理部下设 5 个土建施工标段、1 个房建绿化标段、1 个机电标段和 1 个路面标段。

### 1.1.5　监理单位标段

监理单位由项目公司招标后确定,采用"两级监理"模式,由项目公司组建总监理工程师办公室(总监办),沿线设 5 个土建工程驻地监理办公室、1 个路面工程驻地监理办公室(含绿化)、1 个机电交安工程(交通安全设施工程)驻地监理办公室。

### 1.1.6　检测单位标段

施工过程中的试验检测、桩基检测、隧道地质超前预报、监控量测及质量检测、路基与基坑边坡稳定监测等第三方检测、监控单位拟以项目公司名义进行招标确定。管段内设 1 个中心试验室和 7 个检测、监控标段。其中,中心试验室行使业主对项目实施过程中参建各方试验检测的监管职能、施工质量的过程抽检监控和最终质量评定职能(原业主委托的第三方常规试验检测职能),以及行使总监办试验工作职能和监理驻地办试验室的部分职能。对于检测、监控标段,其中,3 个从事隧道施工、路基及基坑边坡稳定监测;2 个从事桩基检测(含桥梁、抗滑桩、挡墙桩基);1 个从事金沙江特大桥施工监控;1 个从事金沙江特大桥钢结构及金安互通钢结构检测。

## 1.2　总体管理目标

在项目建设过程中,项目指挥部始终贯彻"安全、舒适、耐久、环保、美观"的建设理念,并采取"规范化合同协议、专业化技术指导、精心化质量把控、统筹化进度安排、严格化安全管理和绿色化环保施工"六大管理举措进行项目综合管理,为实现"国家优质工程"这一总体目标保驾护航。

### 1.2.1　"规"合约

随着我国市场经济体制的不断完善,建筑施工企业的标准化、规范化、数字化程度不断提高,施工过程管理的精细化程度不断提升。工程分包因其与安全、质量、成本、进度和职业健康等密切相关,成为企业生产经营管理中越来越重要的一环。近年来,我国公路交通事业蓬勃发展,交通运输量增加,公路工程的建设数量逐步增多,合同管理作为公路工程建设中的重要内容,也逐渐受到重视。有效的合同管理能够在一定程度上保障公路工程施工项目的顺利进行,促进企业经济效益及社会效益的提升。

华丽高速项目工程量大,施工工期紧,为了在规定的时间内完成项目建设,项目指挥部根据工程量、工期等特点对其进行分包施工。在项目承包过程中,为了确保工程的顺利推进,达到其预期要求,甲、乙双方将在工程施工前拟定相应合同。实践证明,无论是施工安全还是工程质量都与合同的内容息息相关,因此,要想有效推进项目工程,必须按规定拟定合同协议,保证合同规范合理,合乎法律程序。

### 1.2.2 "专"技术

施工技术管理在工程中是非常重要的,主要包括图纸会审、组织设计、技术交底与工程质量监督四个部分,施工技术应用于整个工程,并且直接影响建筑工程的质量,所以在一开始就要对建筑工程的施工技术进行有力掌控,保证施工技术规范与标准的时效性与准确性。华丽高速项目相对于一般高速公路项目而言,其由于是山区高速公路,穿越多种地质条件,施工难度较大,因此要求专业的技术管理人员对整个工程进行专业技术管理,确保项目施工组织的工作有序推进。

华丽高速项目技术管理具有"专"的特征,体现在专业人员、专业设备以及专业规范。首先要求具有专业知识和技能的技术管理人员以及施工人员,专业的技术管理人员对工程进行全线把控,对施工工序等进行合理安排,而由专业的施工人员完成各个施工工序,通过专业人员的管理与实施,以此保证施工质量满足预期目标;其次要求具有专业的施工设备,在对设备进行采购与维修时,确保其符合要求,避免因其问题拖延施工进度。最后,在技术管理过程中,要求管理人员按照专业规范标准进行组织管理,切勿存在麻痹大意、随心所欲以及不重视的心理,力求工程质量经得起检验。

### 1.2.3 "精"质量

随着我国基础建设的飞速发展,众多基础设施拔地而起,山区高速公路也得到大量建设,但由于以前对施工质量管理不够严格,导致大量的基础设施出现不同程度的病害,这也大大地增加了后续的维护成本。十九大后,我国经济由高速增长阶段转向高质量发展阶段。为此,越来越多的管理人员开始重视质量的问题,也对质量管理提出了新的要求,正式宣告规模速度粗放型管理向质量效率集约管理转变。工程管理要有"精益求精、注重细节"的工匠精神,要实现优质、耐久、功能突出的目标。因此,在工程管理过程中,要求做到精心、精细、精准,确保项目工程成为云南省、中交集团优质工程,并争创国家级优质工程。

华丽高速项目工程质量管理具有"精"的特征,体现在对施工组织进行精心化安排,对工程质量进行精细化管理,对检测评估进行精准化分析与总结。首先,在开工之前,应对项目进行总体把握,精心地安排优秀的管理与施工人员组织施工,确保工程质量的生产品质。其次,在施工过程中,要求管理与技术人员耐心细致、精益求精,做到精细化管理,及时遏制不正确的施工方式,把控施工材料,充分保障工程施工质量。最后,在工程的每个施工工序完成后,安排专业的检测人员对其进行精准化评估,守好最后一道防线,确保施工设施持久耐用。

### 1.2.4 "统"进度

在工程进度的管理中,尤其在管理山区高速公路工程进度时,要求管理人员务必熟悉工程所经过的地质地貌情况、施工工程量及施工周期,采取非常态思维的管理方式,避免出现被动管理。在进行项目管理时,管理人员应做到主动管理、尽早管理和严格管理,统筹各施工组织机构,确保工程进度的有效推进。

华丽高速项目工程量大,沿线地质地貌复杂多变,施工周期长,在确保生产安全可靠、施工技术专业和施工质量合格的前提下,指挥部管理人员应合理统筹人力、材料和机械,以非常态思维管理施工进度，避免施工迟滞、工程延期。

华丽高速项目工程进度管理具有"统"的特征，体现在对总体施工周期的规划统筹，对征地协商的人事统筹，对施工组织的作业统筹。首先，管理人员应统筹总体工程，确定总体施工时长，合理安排各项工作，确保工程进度的推进；其次，对于需要征拆的标段，应安排专业人士进行积极主动协商，保障人民利益，有效推进工程进度；最后，指挥部管理人员统筹各组织机构，合理安排施工组织人员、施工顺序及施工设备，做到物尽其用、人尽其才，保证施工进度的推进工作。

### 1.2.5 "严"安全

华丽高速项目属于山区高速公路，其穿越多种地质地貌，工程施工条件复杂，施工难度较大，想要实现项目的安全生产，必须树立高目标、高起点和高要求的"三高"标准，坚持"安全第一、预防为主、综合治理"的安全管理方针，确保落实一岗双责、党政同责的安全管理要求，以此促使项目管理机制的正常运行，保证各项管理措施有效施行，杜绝一切生产安全责任事故的发生，保障全过程生产的安全。

华丽高速项目安全管理具有"严"的特征，体现在对施工人员、设备的严格管理，对风险管理办法的严格实施，对施工过程中紧急情况的严格把控。首先应严格管理施工人员及设备的进出场，确保施工人员的作业安全和施工设备无任何隐患；其次，严格要求施工技术人员以风险管理办法为指导，按照合理的施工方案组织施工，确保施工顺利进行；最后，严格要求各施工段管理层人员组织召开施工中紧急事故处理办法讨论会，制订切实可行的应急管理办法，确保对紧急情况进行有效把控，保障工程的安全生产，完成云南省"平安工地"考核的全部达标，争创示范项目、争创交通运输部"平安工程"冠名、争创国家AAA级安全文明标准化诚信工地。

### 1.2.6 "绿"环保

随着我国的经济转型，党和国家提出了节约资源、保护环境的基本国策，提出的总体要求是，大力发展循环经济、加大环境保护力度、切实保护好自然生态。旨在建设资源节约型、环境友好型社会，加快转变经济增长的方式，缓解资源约束和环境压力，提高经济增长的质量和效益，实现节约发展、清洁发展、安全发展和可持续发展的重大战略任务。因此，指挥部积极响应党和国家绿色发展的号召，要求项目工程建设必须从提高效能、降低排放、保护生态出发，坚持可持续发展，确保基础设施与自然环境相协调。华丽高速公路在建设初期，就着手谋划全线工程的生态绿化，并请相关单位进行专业设计，力求把该项目打造成人与自然和谐共生的绿色工程。

华丽高速项目工程环保管理具有"绿"的特征，体现在少挖、少弃、少污染，尽量减少工程施工对自然环境的破坏，实现绿色边坡、绿色取弃土场及清新空气的绿色施工目标。首先，在进行边坡、隧道等施工时，应要求技术人员严格控制开挖界限，避免不必要的开挖，以此把控开挖量，减少施工对环境的破坏；其次，要求管理人员对临时构筑物、取弃土场等进行统一规划、合理安排，争取二次利用，减少土石方和其他资源的浪费，提高资源利用率；最后，对全线工程进行绿色管理，加大巡视力度，严控污染物对周边环境的污染，做到进出场干净整洁，保证绿色施工。

## 1.3 集中管理

为加强中国交建云南华丽高速公路项目总经理部的集中管理职能,提升项目管控能力,根据《中国交通建设股份有限公司直属项目管理办法》(中交股战发〔2016〕号)及《中国交建总承包公司(标准化)》,结合项目实际情况,制订本实施细则。本实施细则针对合同、财务、成本、技术质量、进度及安全、宣传与文化六个方面的集中管理,着力提升项目效益及品质。云南华丽高速项目采用"中国交建总承包经营分公司(以下简称总承包公司)→总承包公司云南高速公路总指挥部→项目总承包管理部(以下称为项目总经理部)→项目分部(以下称为项目经理部)"四级管理模式。其中,总承包公司是项目的归口管理单位,代表中国交建对项目施工生产的全过程进行监督管理,中国交建及总承包公司各职能部门负责与本部门对口的相关业务的归口管理;项目总经理部由中国交建组建,代表公司负责项目实施过程中的对外沟通协调和对内控制管理工作,是项目履约的责任主体;项目经理部由各参建单位组建,是项目实施的责任主体,负责具体施工任务,接受项目总经理部管理,履行相应的《项目经营承包协议》的全部责任。

### 1.3.1 合同管理中心

1)机构与职责

合同管理中心由项目总经理部合同人员与项目经理部派驻合同、物资设备管理人员组成。项目总经理部合同管理中心职责为建立健全项目总经理部合同管理体系,制订合同管理的规章制度及合同标准化范本;对业主统一进行主合同计量工作;根据业主计量批复情况,对项目经理部进行计量支付工作;对项目合同进行备案管理;根据《中国交建物资集中采购管理办法》和总承包公司相关管理办法,组织对物资或设备等进行统招分签或授权项目经理部招标并签订对外合同;监督和指导项目经理部物资设备招标工作和合同的签订;对项目经理部管控的合同进行检查、指导、监督,并对有违规行为的合同具有否决权。

项目经理部合同管理职责包括制订项目经理部合同管理实施细则,确定各项合同管理活动的程序;在规定的权限内,监督和指导项目经理部合同招标工作和合同的签订;负责大宗物资集中采购物资现场验收和检验、保管并控制材料的消耗和质量跟踪等管理工作;按集团《物资管理细则》文件的要求开展物资管理工作,服从项目总经理部领导,进行文件管理、记录、数据和报表的存档、报备,分阶段对本项目经理部物资设备管理工作进行分析;定期按要求及时填报各类合同结算和支付报表上报项目总经理部;定期按要求及时填报各类物资设备管理报表和各类合同管理报表并上报项目总经理部。

2)合同备案管理

为加强华丽高速项目建设合同监督管理,规范建设各方合同行为,根据《中华人民共和国合同法》《中华人民共和国招标投标法》《中国交建物资集中采购管理办法》《中国交建总承包公司合同管理办法》等,项目总经理部开展合同备案管理工作。

项目总经理部合同管理中心是合同备案管理的责任部门,对权限内华丽高速项目工程建设相关合同实施备案管理。合同备案分为签订备案、合同变更备案。项目经理部应当在合同签订后 15 个工作日内到合同管理中心办理合同签订备案。在合同执行期间,发生补充、终止、解除等变更,应当订立书面合同,并在变更合同签订后 15 个工作日内到合同管理中心办理合同变更备案。合同备案时,项目经理部应当提供下列资料:

(1)合同签订时的审批流程单。

(2)按照计划合约部要求装订的合同文本。每个单一合同包括合同协议书、廉政合同、安全生产协议书等。

(3)对应合同文本的电子版文件。

(4)采取招投标方式明确的合同行为,提供对应的招标文件、投标文件及招投标过程中的相关资料。

合同管理中心收到合同备案资料并确认资料齐全后,即可备案。如发生有下列情形的,应当在 10 个工作日内一次性改正后进行备案。

(1)合同实质性内容约定不明确或者与招标文件、投标文件不一致的;

(2)项目经理部未按照规定进行招标投标情况备案的;

(3)合同签订不规范的;

(4)违反法律法规及有关规定的其他情形。

合同未经备案或者未按照合同管理中心提出的备案意见进行改正的,项目总经理部不予受理与合同执行有关的事项。此外,合同备案所使用的表格由合同管理中心根据公司的规定统一编制。

3)集中采购

项目经理部根据工程进度计划,及时向合同管理中心上报工程材料的招标采购计划,合同管理中心根据各项目经理部提出的相关计划,安排时间组织开展物资招标采购工作。对大宗材料和特殊材料,由总经理部统招分签,对于其他材料和辅助材料等,总经理部授权项目经理部统一招标,分签合同。各项目经理部物资设备工作人员在货到后及时做好质量和数量验收。由项目总经理集中招标采购的物资和设备,各项目经理部应按合同支付款项,如出现未按合同付款的情况,合同管理中心有权提请财务管理中心代付。

### 1.3.2 财务管理中心

1)机构与职责

财务管理中心在中国交建财务资金部、总承包公司财务部领导下开展工作,纳入中国交建直属项目财务共享中心管理体系,由项目总经理部财务人员与各项目经理部派驻财务人员组成,分工合作。下设资金岗、核算岗、税务岗、报账岗。根据工作需要,可一岗多人或一人多岗。财务管理中心严格按照中国交建直属项目财务共享中心的管理制度、运作模式进行统一核算和管理,主要负责会计核算、资金管理、税务管理、全面预算等工作。

2)资金管理

(1)按照"建设资金专款专用,在建设期结束前在项目封闭运转"的原则,财务管理中心对华丽高速项目货币资金和银行账户统一管理,各项目经理部超过 5 万元(含)的各项付款需经过总经理部审批后方可支付。未经总经理部同意各项目经理部不得私自开立银行账户。

（2）各项目经理部除小额报销以外都必须通过银行账户对外支付。各项目经理部实行备用金报账管理，根据实际需要配备备用金，一般不超过 20 万元，备用金主要用于间接费报销与临时应急，每周整理单据到项目总经理部报销一次并补充备用金。备用金应专人开专户进行管理，并到财务管理中心备案，产生的利息收入归各项目经理部所有。

（3）各项目经理部收到各类保证金、废品回收款，必须按时交回财务管理中心或缴存各项目经理部银行账户，严禁现金坐支，严禁设立小金库。

3）资金支付

（1）项目总经理部收到计量款、预付款后，根据《项目经营承包协议》，扣除项目总经理部统供、代垫等应扣资金后，拨付至各项目经理部银行账户，各项目经理部根据实际需要制订资金使用计划，经项目总经理部审批后执行。如存量资金无法满足资金使用计划的，由各项目经理部自行筹措。

（2）为充分调动各方积极性，本着责权利相结合的原则，付款实行分类审批，具体分为合同类、报销类、突发事件类，合同类付款由合同管理中心会签，报销类实行预算总额控制。

（3）对于费用报销类付款，以预算为依据，项目经理部编制间接费预算，报项目总经理部审批，项目经理部对业务的真实性、票据的合法性负责，财务管理中心负责预算执行与控制。

（4）对于突发事件类付款，项目总经理部与各项目经理部留一定资金做应急储备，一旦出现突发事件电话报项目总经理部领导后启用，突发事件解释权归项目总经理部。

各项目经理部每月上报资金计划，经项目总经理部财务、合约、分管领导审批后执行，资金计划每月只能调整一次，资金计划执行偏差率作为项目经理部考核的一项主要内容。财务管理中心以合同、预算为依据，严格把关，无合同、无预算、无计划不付款。

（5）项目总经理部费用报销支付见项目总经理部现场管理费管理办法，各项目经理部应制订各自费用报销制度，报项目总经理部财务管理中心备案。

（6）如其他管理中心或部门提请项目总经理部代付款项的，财务管理中心核实后，有权代为支付，支付的资金从所属项目经理部的工程款中扣除。

4）会计核算

项目总经理部及各项目经理部会计核算纳入中国交建直属项目财务共享中心统一管理，各项目经理部业务集中在项目总经理部核算办公、统一管理。华丽高速项目在中国交建相关财务管理制度的基础上，统一会计核算口径，统一业务处理流程，统一会计基础工作。制订统一的自制原始凭证、记账凭证、账表、凭证以统一规格打印，统一样式装订，实现会计资料整体化、标准化。制订业务核算说明书，明确各项经济业务对应会计科目的使用规范，实现资金税务中心核算单位的会计核算标准统一。各项目经理部根据本项目经理部的清单细目编制自己项目经理部建造合同，各项目经理部编制建造合同时必须以合同和计量结算为依据，做到真实准确，确保审计通过。

5）税收筹划

积极与税务部门沟通协调，统一谈判各类税费，在项目实施过程中，针对当地税务局提出的各种问题及要求，财务管理中心整体对外，积极与当地及更高一级税务机关沟通，统一谈判。此外，做好项目所得税筹划工作，根据国家有关法规的规定，合理减少在当地预缴所得税。

### 1.3.3 成本管理中心

**1）机构与职责**

成本管理中心由项目总经理部合同、财务人员与各项目经理部派驻的合同、财务人员组成。坚持"综合成本最低化、全面成本控制、责权利相结合"的原则，各项目经理部对项目成本负总责。其是项目成本管理的主要职能部门，任何成本的发生均要以合同、预算为依据。

项目总经理部成本管理中心职责包括建立项目总经理部的成本管理体系，制订成本管理有关规章、制度，并贯彻执行；组织项目整体成本策划，分解下达各项目经理部；建立成本核算对象，进行成本归集，横向对比各分部分项工程，形成成本分析报告；每季度召开全项目成本分析会；整理、汇总项目经理部各分项工程的实际施工成本，依据合同、财务数据，审核项目经理部成本分析报告；检查、指导、监督项目经理部各阶段成本管理。

项目经理部成本管理职责包括贯彻执行项目总经理部成本管理制度，负责制订本项目经理部成本管理办法和相应奖惩措施；编制项目经理部成本计划，报总经理部审核；对分部分项工程成本进行核算，与项目经理部成本计划进行对比；定期进行成本分析，形成分析报告，报总经理部；收集、统计、汇总、分析成本管理资料，并按要求上报有关成本管理报表、资料。

**2）成本控制**

（1）成本计划

项目经理部编制整体、年度、季度成本计划，总经理部在汇总分析的基础上下达相关成本计划。

（2）成本控制措施

以合同为依据、以工程量清单为主线、以预算为手段对项目成本进行管控，项目总经理部对项目经理部成本进行分类管理，主要分为三类：清单内成本、清单外成本、间接费用。

①清单内成本控制措施包括主要劳务分包，项目总经理部单价限价，根据实际完成产值计量；大宗材料由项目总经理部招标，降低采购成本，项目经理部负责量差控制，对量差负责；关键节点工程施工计划由项目总经理部下达，项目经理部负责组织施工，协调各施工队伍，提高工效，降低能耗，降低项目经理部与施工队伍的成本。

②清单外成本控制措施包括各项目经理部发生清单外成本前报备项目总部合同管理中心，项目总经理部审批后签订合同，工程管理部、合同管理中心对方案负责，项目经理部对单价负责，共同降低清单外成本，如出现清单外重大成本，项目经理部需同时报参建局审批；工程量清单未明确的工作内容，未包含在间接费科目里的费用，均按清单外成本管理，对难以控制的小型机具、辅助材料、临时用工实行包干制，包含在分包单价内，尽量减少清单外成本的发生。

③间接费控制措施包括各项目经理部根据参建单位工资、社保水平、费用报销制度，制订本项目经理部费用报销办法，报项目总经理部审批后执行；项目总经理部限定间接费比率上限，各项目经理部编制间接费预算报项目总经理部审批后执行，财务管理中心根据工期、费用比率、人员数量控制间接费预算。

**3）成本分析**

（1）项目经理部每月对项目成本情况进行分析，项目总经理部每季度组织各项目经理部召开成本分析会，对总体成本进行动态管理。

(2)财务管理中心加强成本票据审核,确保项目成本数据真实、可靠。各项目经理部每月将成本分析结果上报项目总经理部,项目经理部要对其当月成本及累计成本进行自查,对成本明显出现异常的情况要及时上报,查找原因,采取应对措施。成本中心结合成本计划执行情况,加强过程管控和成本分析,做好成本事中控制;通过与相关业务部门沟通,建立成本管理的反馈机制,及时制订应对措施。

4) 成本考核

项目总经理部根据标后预算对项目经理部进行考核。项目经理部依据成本分析报告中界定的责任和成本计划出现偏差的原因,对成本计划确定的对象按照定性、定量相结合的原则进行定期考核。

### 1.3.4 技术质量管理中心

1) 机构与职责

技术质量管理中心在公司技术中心、安全质量监督部的指导下开展工作。技术质量管理中心由项目总经理部工程技术人员、各标段项目经理部派驻工程技术人员与独立第三方技术服务人员组成,分工合作,负责项目技术质量管理工作的全过程管理,组织、指导各标段项目经理部开展技术质量管理工作,并对其进行监督检查。

(2)技术质量管理中心下设一名主任、一名副主任、设计变更方案组、施工技术方案组、技术研发创新组、工程测量组、质量监督检查组、工程试验检测组、质量创优及 QC(质量控制)活动组、工程档案管理组,各组在主任及副主任的领导下分工合作。

(3)技术质量管理中心职责包括建立技术质量管理体系,制订技术质量管理有关规章、制度,并贯彻执行;参与编制施工组织设计,编制专项施工技术方案、分部分项工程施工技术方案,检查施工现场技术方案的实施情况;施工图核对、复核工程量;协助业主对各方面提出的设计变更建议进行审核,及时对是否变更提出意见;全线测量与试验检测管理工作;按照国家有关公路工程质量验收评定标准开展质量监督检查,组织交工竣工验收;指导、检查各标段项目经理部竣工资料的收集与整理,组织竣工文件的编制及移交;编制科技研发创新项目计划,制订科研课题实施方案,组织重大科研项目的技术开发工作;负责编制项目整体创优规划,并组织实施。

2) 技术管理

(1)根据《直属项目技术管理办法》,技术质量管理中心牵头组织各标段项目经理部开展图纸会审、技术交底、变更设计、技术创新、技术总结、技术培训与交流等工作。技术质量管理中心根据需要组织人员进行现场考察,并汇总调查资料,编制书面施工调查报告,作为编制项目技术策划或施工组织设计的重要依据。

(2)技术质量管理中心牵头组织开展施工准备阶段的技术准备工作,包括建立项目技术管理的规章制度、列出项目所需现行有效的标准规范清单、建立满足施工要求的施工测量控制网、建立工地试验室、安装调试并检定仪器设备并申请临时资质、组织施工技术人员的岗前培训、准备开工报告中的有关技术资料等。

(3)技术质量管理中心牵头组织做好技术管理过程中的各种原始技术资料的收集整理工作,为项目完工后竣工资料的归档做好准备。

3)质量管理

(1)技术质量管理中心分级建立质量管理领导小组,形成项目总经理部、各标段项目经理部、作业层三级质量管控体系,逐级编制完善适用的项目质量管理制度,厘清管理界面,明确各级职责,落实质量责任。

(2)技术质量管理中心统一制订质量管理目标与创优目标,并进行层层分解,落实到各标段项目经理部,并采取措施在施工过程中组织落实。

(3)技术质量管理中心组织对所有标段的质量管控重点与难点进行充分识别,制订有针对性的管控措施,并分解到各标段项目经理部,技术质量管理中心通过专项检查与不定期巡查等方式检查质量管控措施落实情况及管控效果。

(4)技术质量管理中心组织各标段项目经理部在施工过程中严格执行首件工程制度,推行样板工程制度,开展质量通病专项治理及 QC 小组活动,落实分部分项工程及工序验收检查制度。

(5)项目质量教育培训工作由技术质量管理中心牵头,各标段承办。

### 1.3.5 安全环保与进度管理中心

1)机构与职责

安全环保与进度管理中心负责建立健全安全管理制度及管理体系,全面负责本项目的安全管理工作,接受公司安全质量监督部、项目管理部的检查、指导。项目总经理部安全环保部、工程管理部是安全、环保、进度管理工作的实施部门,负责安全环保与进度管理中心日常工作的组织、协调及开展,负责对各项目经理部安全工作开展情况进行指导、监督和检查。安全环保与进度管理中心由项目总经理部安全总监、安全环保部、生产副总、工程管理部和各项目经理部安全总监、安全管理部门和生产副经理、工程部门人员构成。项目总经理部对本项目的安全进度管理负全面监管责任,各项目经理部对本单位的安全进度管理负总责。

2)安全管理

(1)安全环保与进度管理中心牵头组织各项目经理部对危险源进行集中识别、评价,形成项目重大危险源控制清单,集中制订预控措施并落实。

(2)安全环保与进度集中管理中心牵头组织各项目经理部按"平安工地"创建及其他有关要求开展安全教育培训、安全检查、安全生产标准化建设及安全专项活动等工作,做好过程管控的效果考评,定期召开安全例会及隐患分析会,提升项目整体管理水平。

(3)安全环保与进度集中管理中心牵头组织各项目经理部编制项目综合应急预案、专项应急预案和各专项处置方案,建立"统一、协调、联动"的应急救援体系和响应机制,制订年度应急演练计划,配备应急物资及设备,适时组织开展应急演练。

(4)安全环保与进度管理中心牵头组织各项目经理部编制年度安全生产费使用计划,严格把关,做到足额投入、专款专用,对安全生产费使用情况进行统计、分析。

3)环保与节能减排管理

(1)安全环保与进度管理中心牵头组织各项目经理部对环境及能源因素进行集中识别、评价,形成项目重要环境因素控制清单,制订预控措施并落实。

(2)安全环保与进度管理中心组织各项目经理部制订环保与节能减排集中管控方案,制订实施计划并督促实施。

（3）安全环保与进度管理中心监督指导各项目经理部建立过程管理台账，落实生态环境保护、水土保持、污染源控制及节能降耗措施，加强过程检查及监测，做好阶段性总结及效果评估。

4）进度管理

（1）安全环保与进度管理中心负责制订项目关键节点及整体进度计划，各项目经理部负责按计划执行，安全环保与进度管理中心按计划进行考核。

（2）安全环保与进度集中管理中心实行统一的统计报表格式，包括施工周报、月度、季度、年度计划统计报表等，以确保安全环保与进度管理中心实时了解各标段项目经理部的进度信息。

（3）安全环保与进度管理中心每月组织召开生产协调会议，对各标段项目经理部本月生产计划完成情况、存在的问题及解决措施进行综合分析，结合分解后的季度计划要求布置各标段项目经理部下月进度计划。

（4）安全环保与进度管理中心定期对各标段项目经理部资源配置情况、施工工效进行综合分析，判断各项目经理部进度计划完成的可实施性，敦促各标段项目经理部对施工资源进行动态调整，必要时可对全线现有施工资源进行合理调配，集中资源解决"断点"和"难点"。

（5）对于进度节点不满足工期要求的，安全环保与进度管理中心必须做到靠前管理，必要时分段管理，指定责任人驻各标段项目经理部协助管理。

（6）对重要里程碑节点工期目标，安全环保与进度管理中心采取机动巡查方式，及时发现问题并解决；组织开展月度综合检查、季度综合考评、季度信用评价等工作。

### 1.3.6 宣传与文化管理中心

1）机构与职责

（1）宣传与文化管理中心在中国交建总承包公司和云南高速公路总指挥部的领导下开展工作，按照集团直属项目标准化管理办法和视觉识别手册等开展宣传与项目文化建设工作。

（2）宣传与文化管理中心由总经理部综合办公室牵头，由总经理部、各项目部负责宣传与文化建设的人员组成。

（3）宣传与文化管理中心分设宣传报道与企业文化管理两个小组，每个小组计划配置2～3人，分别负责两个业务板块的日常工作。

（4）宣传报道组：负责对项目进展、重大活动等最新动态的及时宣传与报道。

（5）文化管理组：负责全线施工现场标准化落实情况的监督，中国交建企业文化的推广与建设。

2）宣传报道

（1）宣传信息报送遵循一个口子对外的原则，各部门、项目经理部对外报宣传信息须纳入项目宣传信息报送渠道，由综合办统一修改整理，经报批后根据宣传信息的时效性、重要性进行宣传。

（2）宣传信息的主要内容包括上级单位的重要方针、政策在项目的贯彻落实情况；项目建设过程的大事记、重要节点和最新动态;党、工、团组织的相关活动等。

（3）宣传信息报送渠道包括公司网站及内刊、公开发行的主流媒体、刊物以及网站、微信公众号等。

（4）项目宣传工作要严格遵守宣传工作报送审批程序。各项目经理部整理报送的宣传信息，须经项目领导批准后报管理中心，经整理核对后报领导审批再报送。

3）文化管理

（1）总经理部、各项目经理部办公区域规划布置、员工着装、个人劳保用品等按照集团直属项目标准化管理要求配备。

（2）施工现场标识标牌等设计、安装严格按照中国交建视觉识别手册执行。

（3）总经理部、各项目经理部制作发布的宣传片、宣传册等的设计、排版必须采用视觉识别系统中的元素作为背景，突出中国交建企业文化。

（4）总经理部、各项目开展的党、工、团活动及劳动竞赛、表彰大会、对外交流等大型活动，由宣传与文化管理中心制订统一流程，突出中国交建企业文化。

# 第2章 项目管理实践

## 2.1 概述

在华丽高速公路项目管理过程中,以创"国家优质工程"为目标导向,以"集中管理、分级管控"为基本原则,创新管理措施,严格过程管理,落实"合约、安全、技术、质量、进度、环保"管理制度,确保各项管理工作的有序进行及工程目标的实现。本章对项目总体施工安全、施工技术、施工质量、施工进度及施工环保管理进行阐述,让读者对山区高速公路工程管理有较为全面的认识,能够更好地服务工程实践。

## 2.2 合约管理

### 2.2.1 施工招标

1)施工招标履约担保

(1)在签订合同前,中标人应按招标文件中规定的金额、担保形式和履约担保格式向招标人提交履约担保。联合体中标的,其履约担保由牵头人递交,并应符合招标文件规定的金额、担保形式和招标文件规定的履约担保格式要求。

(2)中标人不能按招标文件要求提交履约担保的,视为放弃中标,其投标保证金不予退还,给招标人造成的损失超过投标保证金数额的,中标人还应当对超过部分予以赔偿。

2)施工招标审查标准

(1)初步审查标准

初步审查的因素一般包括:申请人的名称、申请函的签字盖章、申请文件的格式、联合体申请人、资格预审申请文件的证明材料以及其他审查因素等。审查标准应当具体明确,具有可操作性。比如申请人名称应当与营业执照、资质证书以及安全生产许可证等一致、申请函签字盖章应当有法定代表人或其委托代理人签字或加盖单位公章等。招标人应根据项目具体特点和实际需要,进一步删减、补充和细化。

(2)详细审查标准

详细审查因素主要包括申请人的营业执照、安全生产许可证、资质、财务、业绩、信誉、项目经理资格以及其他要求等方面的内容。审查标准主要是核对审查因素是否有效,或者是否与资格预审文件列明的对申请人的要求相一致。如申请人的资质等级、财务状况、类似项目业绩、信誉和项目经理资格应当与招标文件中的规定相一致。

3)施工招标合同订立

(1)招标人和中标人应当在投标有效期内以及中标通知书发出之日起30日之内,根据招标文件和中标人的投标文件订立书面合同。中标人无正当理由拒签合同的,招标人取消其中标资格,其投标保证金不予退还。给招标人造成的损失超过投标保证金数额的,中标人还应当对超过部分予以赔偿。

(2)发出中标通知书后,招标人无正当理由拒签合同的,招标人向中标人退还投标保证金。给中标人造成损失的,还应当赔偿损失。

(3)法规规定需要向有关行政监督部门备案、核准或登记的,应办理相关备案手续。

### 2.2.2 合同管理

合同管理是指各级政府工商行政管理机关、建设行政主管机关和金融机构,以及工程发包单位、建设监理单位、承包企业依据法律和行政法规、规章制度,采取法律的、行政的手段,对合同关系进行组织、指导、协调及监督,保护合同当事人的合法权益,处理合同纠纷,防止和制裁违法行为,保证合同顺利贯彻实施等一系列活动。

1)合同管理目标

建设工程合同是承包人实施工程建设活动,发包人支付价款或酬金的协议。建设工程合同的顺利履行是建设工程质量、投资和工期的基本保障,不但对建设工程合同当事人有重要的意义,同时对社会公共利益、公众的生命健康都有重要的意义。

(1)发展和完善建筑市场

作为社会主义市场经济的重要组成部分,建筑市场需要不断发展和完善。市场经济与计划经济的最主要区别在于:市场经济主要是依靠合同来规范当事人的交易行为,而计划经济主要是依靠行政手段来规范财产流转关系,因此,发展和完善建筑市场,必须有规范的建设工程合同管理制度。在市场经济条件下,由于主要是依靠合同来规范当事人的交易行为,合同的内容将成为实施建设工程行为的主要依据。依法加强建设工程合同管理,可以保障建筑市场的资金、材料、技术、信息、劳动力的管理,保障建筑市场有序运行。

(2)推进建筑领域的改革

我国建设领域推行项目法人责任制、招标投标制、工程监理制和合同管理制。在这些制度中,核心是合同管理制度。因为项目法人责任制是要建立能够独立承担民事责任的主体制度,而市场经济中的民事责任主要是基于合同义务的合同责任。招标投标制实际上是要确立一种公平、公正、公开的合同订立制度,是合同形成过程的程序要求。工程监理制也是依靠合同来规范业主、承包人、监理人相互之间关系的法律制度,因此,建设领域的各项制度实际上是以合同制度为中心相互推进的,建设工程合同管理的健全完善无疑有助于建筑领域其他各项制度的推进。

(3) 提高工程建设的管理水平

工程建设管理水平的提高体现在工程质量、进度和投资的三大控制目标上,这三大控制目标的水平主要体现在合同中。在合同中规定三大控制目标后,要求合同当事人在工程管理中细化这些内容,在工程建设过程中严格执行这些规定。同时,如果能够严格按照合同的要求进行管理,那么工程的质量就能够有效地得到保障,进度和投资的控制目标也就能够实现。因此,建设工程合同管理能够有效地提高工程建设的管理水平。

(4) 避免和克服建筑领域的经济违法和犯罪

建设领域是我国经济犯罪的高发领域。出现这样的情况主要是由于工程建设中的公开、公正、公平做得不够好,加强建设工程合同管理能够有效地做到公开、公正、公平。特别是健全和完善建设工程合同的招标投标制度,将建筑市场的交易行为置于阳光之下,约束权力滥用行为,有效地避免和克服建设领域的违法犯罪行为。加强建设工程合同履行的管理也有助于政府行政管理部门对合同的监督,避免和克服建设领域的经济违法和犯罪。

2) 合同管理措施

工程合同管理是对工程建设项目有关的各类合同,从条款的拟定、协商、签署、执行情况的检查和分析等环节进行的科学管理工作,以期通过合同管理实现工程项目"三大控制"的任务要求,维护合同当事人双方的合法权益。监理单位可以通过有效的合同控制措施来完成工程项目的"三大控制"目标,不但可以达到业主对整个工程项目的要求,而且可以更好地为业主方提供优质的服务。

合同管理的编写内容一般包括如下几个方面:

(1) 协助业主确定本工程项目合同体系及合同管理制度,包括合同草案的拟定、会签、协商、修改、审批、签署、保管等工作制度。

(2) 协助业主起草与本工程项目有关的各类合同(包括设计、施工、材料和设备订货等合同),并参与各类合同的谈判。

(3) 对各类合同进行跟踪管理,并对合同相关各方在执行过程中的情况检查。

(4) 协助业主处理与本项目有关的索赔事宜和合同的纠纷事宜。

3) 合同评审与订立

(1) 合同策划

强化源头控制,做实做细合同策划。采用合适的劳务分包或专业分包模式,明确分包范围及边界条件、资源配置、时间节点、管控措施等关键要素,注重合法合规性要求、总承包合同相关规定,分包策划应有利于项目管理与实施。依据前期策划及总体施工组织设计,编制出各时间段的合同策划,策划内容包含但不限于乙方资质条件、合同标的、数量、内容、价格控制等。

(2) 加强承包商资格审查

建立管理体系,引领业务优质发展。在进行工程项目的招投标时,要严格对承包商的资格进行审查,审查对方当事人的履约能力和资信情况,审查对方当事人按我方要求提交的书面资料及履约承诺或履约担保,审核对方当事人纳税人资格情况,只有满足相应条件的承包商才能有资格参与竞争,通过评选并获得中标。在前期就应该做好这一准备工作,从根本上消除对公路工程建设不利的问题,这样才能够保证公路建设的顺利进行和保质保量地完成。

（3）合同谈判与起草

①在合同谈判过程中,合同归口部门应积极沟通,争取有利的合同条件。

②合同谈判的情况应有书面记录。对于特别重大、复杂的谈判,或者次数多、时间长的谈判,合同归口部门应及时制作当期谈判纪要。谈判纪要经各参加方签署（签字或盖章）后应作为合同文件归档。

③合同起草时间不晚于合同计划中规定的时间。

④合同清单应实行"量价双控、价税分离"方式,清单数量、单价必须明确且一一对应,在数量不能确定时,可以用暂估数量代替;应签订含税单价合同,明确税票类型和税率（征收率）,并分别列出不含税单价和税金。

⑤合同内容由当事人约定,一般包括以下条款:当事人的名称或者姓名和住所、标的、数量、质量、价款或者报酬、履行期限、地点和方式;双方的权利和义务、违约责任、解决争议的方法、合同清单。

（4）合同审批与订立

对合同内容的审核执行同级相关业务部门评审制度,各相关部门评审人员应针对合同内容提出修改建议;合同通过公司法律部门（审计监督部）的审核,否则不得签订。业务部门评审后呈报归口部门主管领导签批意见。

项目按上级单位对合同的评审意见对合同内容进行修订,修订后的合同作为签约的正式合同。合同签订前应要求对方当事人对合同进行确认,确认无误后双方再正式签订合同。对方的合同签字当事人应具有法定签约资格,提供书面签约资格证明材料（如授权委托书等）作为合同的附件并随同合同一起归档。

合同一般经过双方签字并加盖合同专用章（或公章）后生效。在特殊情况下,签约代理人可以依照明确的授权,直接签字或盖章生效。合同书每页均须由当事人双方签字或加盖合同章。正式书面合同签订后,合同才能正式履行。

4）合同实施控制

（1）对工程投标阶段加强管理

对于建筑施工企业来说,需要加强对工程报价的管理,首先要对招标文件、图纸,以及规范等熟悉,争取做到量力而行,需要综合考虑自己的技术力量,以满足业主的需求,另外,确保工程造价符合招标文件的需要,详细考察工程场地,熟悉地理环境和气候条件、现场施工条件,以及居民的消费和机械台班价格、市场供应量等,深入研究和分析这些因素,同时,进行详细的分析和计算,进而在一定程度上确保判断的正确性。在准备技术投标书的过程中,充分利用公司的技术力量优化施工组织设计,并且对先进的施工、管理技术进行利用,在一定程度上实现科学、高效的要求。

（2）对工程施工合同做好分析

在正常情况下,合同分析是指从执行的角度分析合同,对合同内容和要求进行的具体分析、补充和解释,在合同条款的具体问题和具体的实施时间方面,全面实落实施目标和合同规定等,然后在一定程度上为工作提供具体指导,为了使合同按照工程管理的需要,确保项目按照合同的要求执行,进而为合同执行、控制合同并提供参考依据。

(3)做好施工合同交底工作

企业合同管理部对合同分析后,需要进行相应的"合同交底",组织有关人员学习合同规定。通常,通过技术交底分解项目任务,明确施工质量和技术要求,及会在施工中牵涉到的关键工序和工作等,然后在某种程度上分解安全、成本等目标,同时将责任落实到特定的部门和个人。进行合同交底在某种程度上让大家建立全局意识,熟悉合同条款上有关的内容、程序、管理等,并了解双方在合同上的范围与合同责任,以及需要承担的法律后果,在一定程度上使各项工作保持一致,在施工的过程中避免违约行为、发生违约现象。

(4)开展分包商全寿命周期评价

项目建立分包商资信等级管理制度,制订分包商信用评价管理办法,通过每月度每季度对队伍进行信用评价,奖罚分明,很好地管控分包队伍。根据公司及业主下达的施工进度计划进行分解并下发至各分包队伍,制订合理的奖罚措施,每月对队伍、班组、个人进行评比,对表现好的进行奖励,反之进行处罚。严格执行正反激励标准,充分调动分包商竞争机制,实现优胜劣汰。

(5)抓好过程管理,有效控制分包成本

项目严格分包采购申请审批,所有分包实行限价管理,原则上分包价格不得超过已下发的预算价格或审批通过的限价,过程中不得随意变更,否则需履行变更流程,对变更申请的必要性、合理性和经济性进行论证;合同外变更在业主批复前原则上不得与分包商办理结算与支付。过程中重点关注关键工序和分包金额较大的分包子项,必要时应进行工效分析,以便核实分包成本。

(6)紧盯合法合规,防范分包潜在风险

项目以"规范采购行为、强化过程管控、降低分包风险"为目标,以"过程受控,全程在案,永久追溯"为追求,盯问题、强治理、补短板,抓源头管理,杜绝招标工作流于形式,防范合同管控风险。在实施过程中强化监管,遵循"无合同不结算、无结算不支付"原则,规避超计量、超支付等问题。通过制订农民工工资制度,将农民工工资支付与分包商合同履约评价挂接,督促分包商按时足额支付农民工工资。强化分包商清退管理,谨慎解除分包合同,确有必要解除的,应履行相关审批决策程序,与分包商签订退场协议,对双方权利义务进行明确约定。

(7)做好工程变更、索赔管理

所有工程项目在施工过程中都可能产生变更,工程变更的因素很多,所以变更支付变得相当复杂。当事人双方在实际工作中对单价往往不能达到一致,特别是对变更的费用存有争议,当双方没有达成一致时,需要暂付。而且支付方式在不同条件下的变更也是不同的。

施工合同可以约束当事人的行为,控制项目工程进度和质量,是公路建设管理的一个重要组成部分。业主与承包商在执行合同条款过程中应该秉持诚信的理念,使合同条款执行贯穿整个施工过程。但是,目前的公路工程施工过程中,业主和承包商由于没有规范进行合同管理,导致出现工程问题时责任人不明确,纠纷不断。为了避免施工过程中的种种问题,在施工前就应该进行科学的合同管理,确保后期施工顺利进行,共同实现合同目标,实现最大经济效益。

## 2.3 技术管理

### 2.3.1 技术策划及思路

1)技术管理策划

项目遵循中国交建"崇尚技术、尊重技术、依靠技术"的企业技术文化和"技术为本"的发展理念,严格贯彻落实中国交建技术管理制度,建立健全技术管理体系,制订并完善技术管理制度和集中管理办法,配备经验丰富的技术管理人员,以加强项目技术管理,确保项目技术管理各项工作顺利开展。

管理思路如下:

(1)严格按照科学技术的基本要求

严格按照公路工程施工工艺、操作方法、机具设备安全施工等具体技术要求进行管理。

(2)贯彻国家经济政策

国家经济政策是根据自然资源的特点,依据科学技术发展规律以及国家不同时期的技术经济状况而制定的,必须不折不扣地执行。如节约木材、节约能源、节约土地、保护环境、保护农田、保护历史文物、施工机械化、施工管理科学化等。要把企业和国家、当前和长远经济利益结合起来,全面进行技术经济比较分析,对重要的施工部位进行多方案比较。

(3)动态监管

动态监管就是实时和随时对一些重要的施工工序和细节进行监督检查和管理,包括对工程整体造价的客观评估、工程量的确认与分配、道路施工的各项技术采用、施工路段及其范围的确认、工程队的组织和编制、工程的计划以及验收等工作,通过对上述内容的动态监管,使得公路工程施工的质量以及成本控制得到最大化的满足。

(4)技术服务生产

技术管理要具有前瞻性,需要与生产紧密结合、协调并提前安排。在项目开工前或工点开工前完成总体施工组织设计或方案的编制、修改、报审等工作,且编制的方案需要经济、合理、安全,具有实施性。

技术管理要具有及时性,现场发生与图纸、方案等不符合的情况后,需要变更时,及时赶赴现场,与设计、施工、监理、检测等单位及时解决现场变更问题,并现场签认资料。

(5)集中管理

为提升项目管控能力,提高项目效益及品质,在传统的管理模式基础上,实行了技术的集中管理,即由项目总经理部工程技术人员、各标段项目经理部派驻工程技术人员与独立第三方技术服务人员组成管理中心,分工合作。主要集中组织各标段项目经理部开展图纸会审、技术交底、变更设计、方案编制及论证、技术创新、技术总结、技术培训与交流等工作。

2)项目技术组织机构

为加强技术管理,努力实现"工程建设技术先行"的目标,做好技术服务工作,成立以总工程师为组长,工程部经理、工程部副经理、各标段总工为组员的技术管理组织机构,明确各级管理职责,建立健全技术管理体系,并建立严格的考核制度。

3)技术管理办法

为规范项目技术管理,完善项目技术管理体系,总经理部编制以下技术管理制度并宣贯印发:

《工程项目技术分类、分级管理制度》《工程实施前期技术工作管理制度》《技术策划制度》《施工组织设计/安全专项施工方案的编制和审批制度》《重大技术方案的编制和审批制度》《施工技术交底制度》《设计变更管理办法》《临时工程设计管理办法》《分包工程技术管理办法》《日常技术管理办法》《施工技术总结办法》《技术交流与培训办法》《资料的收集、整理与归档办法》《科技创新与成果转化办法》《技术巡查与技术督导办法》《图纸会审制度》《技术档案管理制度》《交工、竣工验收管理办法》《工程竣工文件编制管理办法》。相关管理办法编制完成后进行了汇编。

### 2.3.2 设计管理

1)设计管理组织机构

设计的质量直接决定了工程费用、安全、质量及进度,为保证设计图纸的质量、进度,指挥部要求设计院派驻设计代表,常驻指挥部。设计代表由一名组长总负责,各专业设计代表组成。同时指挥部指派专人负责对设计进行管理。

2)设计优化管理

(1)设计优化管理流程

在施工现场调查及设计图现场比对阶段,指挥部根据现场情况,组织相关单位,邀请相关专家进行论证,同时积极与交通厅、设计院沟通,合理开展线路及结构优化设计工作。

(2)优化成果

项目共进行了"新民隧道进口端线形调整""阿肯动大桥、十二栏杆坡隧道线形调整"等8项设计优化,既保证了工期,又节约了建设成本(约节省6千万元)。

3)大临设计管理

(1)管理原则

项目的大临设计由各标段项目经理部根据现场实际情况进行设计,同时满足安全、环保、消防等要求,兼顾企业文化。

(2)管理流程

大临设计由设计形成方案,重要设施须第三方复核,必要时召开专家会进行论证,论证完成后报监理和指挥部审批。

### 2.3.3 项目技术管理工作

1)管理内容

(1)施工准备阶段,主要是了解和分析工程特点、进度、要求,根据施工条件编制施工组织设计,合理分配施工力量并制订施工方案,制订和健全各项规章制度,从而充分、及时地从技术、物资、人力和组织等方面保证施工过程连续、均衡、有节奏地进行,保证工程在规定的期限内交付。

（2）建立组织机构

建立各级技术负责制，需要建立和完善以总工程师为首的从上到下统一领导分级管理的工作系统。从总经理部到各标段项目经理部要制订明确的总工程师职责、主任工程师职责、专职工程师职责、技术负责人职责，使各级技术管理机构和管理人员做到明职、明责。

（3）建立健全管理制度

公路工程具有多变和内容繁杂等特点，因而必须通过建立健全严格的技术管理制度，保证管理工作有章可循，把技术管理工作科学地组织起来，使技术活动无论在室内或作业现场，都有明确的目标、具体的内容和严格的检查制度，从而保证技术工作有条理、有目的开展。

（4）技术策划与图纸会审

根据中交集团及总承包公司相关文件要求编制技术策划，策划含概况、特点、组织机构、管理制度、主要施工技术方案、设计变更、典型施工等13项主要内容。技术策划内容全面，切合项目实际情况，符合集团相关要求。

图纸会审是为了避免图纸本身的错误导致施工的严重后果，要有领导、有组织、有步骤地进行，由指挥部组织设计、监理、施工单位参加会审，并作图纸会审记录。会审主要检查：①图纸合法性；②整体性；③主结构、主部位的刚度、强度、稳定性等；④施工技术装备合理性等内容。

（5）设计变更管理

①管理原则

本项目为总价包干项目，从施工成本考虑，原则上鼓励多做负变更，同时兼顾施工现场实际情况，适当增加正变更。

②管理流程

项目制订了《工程设计变更管理实施细则》，明确规定了变更流程。变更由各标段项目经理部提出的设计变更申请，由业主会同监理、设计进行现场确认后予以签认，并由各标段项目经理部完成变更资料。

③过程管理

实施过程中，总经理部要求各项目经理部严格按照相关管理办法处理现场的变更，做到"先论证，后变更；先批准，后施工"，确保工程变更有序进行、工程质量安全可靠，有效控制项目投资。同时建立了QQ群、微信群，及时将现场的情况上报在群里，做到互通有无，及时上传，及时处理变更，并通过集中办公的方式处理变更资料，提升了资料的处理效率。

（6）方案管理

①方案概述

总体施工组织设计及重大技术施工方案由总经理部总工程师组织相关人员，根据中交集团及总承包公司相关管理办法，根据项目特点进行集中编制，经集团评审，由总承包公司、监理驻地办审批后实施(本项目重大技术方案为金安金沙江特大桥上部结构施工技术方案)。方案在实施前由总工程师对项目全体管理人员进行交底，并作交底记录。一般技术方案由各标段总工程师组织各专业技术人员进行编制，报总经理部审核，监理驻地办审批后实施，实施前进行交底。专项方案按照住建部《危险性较大的分部分项工程安全管理规定》(中华人民共和国住房和城乡建设部令第37号)、《住房城乡建设部办公厅关于实施〈危险性较大的分部分项工程安全管理规定〉有关问题的通知》等管理办法进行编制、审批、实施。

②方案策划

按照中交集团技术管理要求,在技术策划阶段便对方案编制进行了策划,组织各标段召开了技术方案专题会,将整个中交集团管段的方案进行整理汇总,编制方案清单,每季度对方案清单进行更新。项目技术方案共 305 个,按照《中国交通建设股份有限公司工程技术方案管理办法》将项目技术方案分为三类,其中,Ⅰ类 3 个、Ⅲ类 302 个。专项施工方案共 163 个,其中 124 个方案为超过一定规模的危险性较大工程专项方案。

③专项方案管理

专项方案管理按照住建部《危险性较大的分部分项工程安全管理规定》(中华人民共和国住房和城乡建设部令第 37 号)、《住房城乡建设部办公厅关于实施〈危险性较大的分部分项工程安全管理规定〉有关问题的通知》及中交集团、总承包分公司相关文件进行管理。方案编制共分为九部分:工程概况、编制依据、施工计划、施工工艺技术、施工安全保证措施、施工管理及作业人员配备和分工、验收要求、应急处置措施、计算书及相关施工图纸。对于超过一定规模的专项施工方案,进行专家论证,项目超过一定规模的分部分项工程方案,全部按照规定组织专家论证。在论证之前,审查组对方案进行了集中内审,审查组由各标段总工、各监理驻地办相关专业人员组成。

④大临设计方案管理

对于标段项目驻地、拌和站、梁场、施工步道、钢结构拼装场地等大型临时设施建设,需要编制方案,并进行报审后实施。

⑤集中管理

项目成立了技术管理中心及方案审查小组。通过集中办公等方式对方案进行集中编制、集中审查、集中论证。方案审查小组根据方案情况及时组织召开方案内部审查会对方案进行集中审查,各单位根据审查意见修改完善。同时建立了重大技术方案评审制度,对重大技术方案进行集中编制、集中审查。项目的《总体施工组织设计》及《金沙江特大桥上部结构技术方案》两个重大技术方案均已完成了中交集团审批工作。同时于 2019 年 9 月,由云南省交通运输厅组织邀请了中国工程院院士、交通运输部总工等专家对金安金沙江特大桥钢桁梁安装方案进行了咨询。

⑥严格审批

方案审批程序为:编制完成→各所属局审批、修改→审查小组集中审查、修改→监理审批→指挥部审批。过程中严格落实审批程序。

⑦管理落实

在日常巡查及月、季度检查过程中,对方案的执行情况进行检查,发现未按照审批的方案执行的情况,立即要求其停工,并重新按照程序上报方案。

(7)技术交底和技术培训

总经理部交底内容含总体施工组织设计交底,其他技术方案、专项施工方案由各标段项目经理部自行进行交底,交底需形成交底记录。

总经理部在技术策划时,根据现场实际情况确定技术培训内容,制订年度培训计划。每年度根据现场实际情况对培训计划进行调整。

(8)首件工程施工

根据现场实际情况,制订《首件工程认可制实施办法》,将首件划分为两类,其中Ⅰ类由业主终评,Ⅱ类由驻地办终评。首件由各标段项目经理部具体实施,总经理部进行审核。

(9)内业资料管理与测量试验

内业资料含项目公司(指挥部)、标段项目经理部、监理驻地办、检测单位等内业资料。资料表格根据相邻项目表格进行整理。同时通过招标确定一家地方资料咨询单位,进行资料整理、归档等工作。

根据中交集团及总承包公司的相关管理要求编制《测量管理制度》。各标段项目经理部配备专人负责测量管理工作,在测量过程中严格执行换手测量制度,确保测量结果准确性。本项目委托中心试验室,并配备试验工程师,依据《试验检测管理办法》开展日常试验管理。

(10)技术总结管理与新技术推广

对于施工过程中重点、难点的分部分项工程,参照《中国交通建设股份有限公司轨道交通工程直属项目技术总结编制实施细则》等文件进行总结。

项目积极推广采用国家推广的新技术、新材料、新设备、新工艺和建筑节能技术,为项目顺利实施及创优奠定基础。

2)管理程序

(1)施工组织设计、专项施工方案和分部分项施工方案由各标段项目部按相关要求完成其内部审批程序后,再上报总经理部审批。

(2)项目总经理部组织技术质量管理中心人员负责编制各标段项目部的专项施工方案,专项施工方案编制完成后,由各标段项目部上报其上级单位审核,再经项目总经理部组织管理中心初审后上报公司总工办审批。对于超过一定规模的危险性较大分部分项工程安全专项施工方案,由项目总经理部或各标段项目经理部组织专家论证,并在专家论证前通知公司总工办,总工办按有关规定组织公司有关部门、单位人员及专家参加论证会。

(3)项目总经理部或各标段项目经理部负责组织编制分部分项施工技术方案。分部分项工程施工技术方案由各标段项目经理部单项技术主管负责编制,项目总工程师与管理中心人员负责审核,对特别重要或技术复杂、施工风险大的分部分项工程施工技术方案,应由项目总经理部组织管理中心人员集中编制,公司总工办按规定组织公司有关部门、单位人员及专家审核。

(4)按规定上报公司的施工组织设计、安全专项施工方案和分部分项工程施工方案,总工办将组织公司相关部门、单位及专家审核,必要时组织召开审核会形成审核意见,报公司总工程师审批。

(5)施工组织设计应在项目开工前一个月编制完成并上报公司总工办审核,专项施工方案和分部分项工程施工技术方案编制、专家论证或初审应在实施前一个月完成并上报公司总工办审核。

(6)项目总经理部或各标段项目经理部根据审批后的施工组织设计、安全专项施工方案和分部分项工程施工技术方案组织现场施工,及时收集、整理并归档相关资料,编制技术总结,并对相关技术创新成果进行总结。

## 2.3.4 "四新"技术应用

为实现本工程预定工程质量目标,建成品质工程示范项目,提高施工工效,在工程实际中采用国家推广的新技术、新材料、新设备、新工艺和建筑节能技术,施工中广泛采用先进适用技术并结合技术创新措施,从而达到保证安全、提高质量、缩短工期、降低成本的目的。项目已应用 31 子项"四新"技术,具体见表 5-2-1。

子项"四新"技术　　　　　　　　　　　表 5-2-1

| 序号 | "四新"技术名称 | 序号 | "四新"技术名称 |
|---|---|---|---|
| 1 | 封闭降水及水收集综合利用技术 | 17 | 二氧化碳气体保护焊机焊接 |
| 2 | 建筑垃圾减量化与资源化利用技术 | 18 | 公路隧道节能照明技术 |
| 3 | 施工现场太阳能、空气能利用技术 | 19 | 隧道洞渣再利用技术 |
| 4 | 绿色施工扬尘控制 | 20 | 混凝土裂缝控制技术 |
| 5 | 施工噪声控制技术 | 21 | 超高泵送混凝土技术 |
| 6 | BIM 技术在金沙江特大桥施工方案应用 | 22 | 液压爬升模板技术 |
| 7 | 基于 BIM 的现场施工管理信息技术 | 23 | 高强钢筋应用技术 |
| 8 | 基于 BIM+3D GIS 的监控软件管理 | 24 | 隧道锚出渣设备 |
| 9 | 全液压自行整体式衬砌台车模板应用 | 25 | 隧道锚施工天缆吊装设备 |
| 10 | 粗直径钢筋直螺纹机械连接技术应用 | 26 | 群洞施工技术 |
| 11 | 施工过程检测和控制技术应用 | 27 | 主缆成品索预应力锚固体系 |
| 12 | 车载式湿喷机应用 | 28 | 板板结合式加劲梁 |
| 13 | 预应力智能张拉设备应用 | 29 | 外八字下抗风稳定板 |
| 14 | 新型超高分子逃生管道应用 | 30 | 正交异性桥面板 U 形肋与面板熔透焊技术 |
| 15 | 无人机图片图像采集应用 | 31 | 设计及施工监控技术创新 |
| 16 | 安全体验馆+VR 虚拟安全体验 | | |

下面分别介绍 BIM 技术、基于 BIM+3D GIS 的监控软件管理平台、RFID 无线射频技术、群洞施工技术 4 个典型新技术在工程中的应用情况。

1)BIM 技术在金安金沙江大桥施工方案中的应用(图 5-2-1)

由于金安金沙江大桥建设技术复杂性较高,运用 BIM 技术主要从安全、质量、技术、进度、投资等方面进行管理,具体包括:

(1)施工工序模拟:主要包括人工挖孔桩施工、主塔施工、施工步道施工、牵引系统施工、缆索起重机施工、钢桁梁架设、吊杆索夹安装、钢桁梁吊安施工、索鞍吊安施工工艺/工序模拟。

(2)临时结构模型:制作包含 3D 场地布置及主要施工工艺/工序模拟对应的临时结构模型,便于展示工程全貌及特点等。

(3)BIM 软件培训及咨询:为项目部相关工程人员提供利用工具软件进行施工模拟用到的 BIM 类工具软件的操作指导与咨询。

图 5-2-1　BIM 技术在金沙江特大桥施工方案应用

2)基于 BIM+3D GIS 的监控软件管理平台(图 5-2-2)

BIM+3D GIS 综合监控系统通过构建基于 BIM 技术及其转换算法兼容机电设备模型的三维可视化综合监控系统,利用 BIM 技术强大的三维可视化展示能力,通过动态数据附加技术实现高低压柜内元器件级别的可视化实时监控,达到状态信息与 BIM 模型联动的目的。最终实现设备智能化管理、设备仿真模拟及后期自动化巡检等工作。

图 5-2-2　BIM+3D GIS 监控软件管理平台

主要创新点如下:

(1)采用最新的云 GIS 技术架构进行部署,以 B/S(浏览器/服务器模式)+APP/S(移动端/服务器模式)结合的架构进行综合开发,实现二三维一体化 GIS 的高效网络化,并通过高性能的服务计算、网络数据传输,以及软件开发加以支持。鉴于目前国内三维 GIS 基本仅实现 C/S(服务器/客户机模式)架构,该项目具有一定的开拓创新性。

（2）在高速公路运维阶段可以直接导入施工阶段已完成的 BIM 模型，不仅可以实时调看模型中设备、属性参数，对机电设备进行实时监视查看和管理控制，针对维护维修方案进行优化。

（3）平台结合施工阶段的 BIM 技术应用，将高速公路工程项目整体信息化。利用整体信息化的 BIM 模型可以针对高速公路所有机电设备进行三维可视化的实时监视查看和管理控制。相对于传统的二维模型有着更加方便、快捷、直观的特点，尤其在机电设备故障的快速定位方面有着传统二维模型无法媲美的优势。

（4）本平台在高速公路工程项目的全寿命周期运维过程当中积累了大量的数据，其中就包含了高速公路工程项目建设阶段的信息和运维阶段的维护维修信息，这些信息的挖掘和利用可以为业主在日后的运营维护提供可靠的依据，针对维护维修方案进行优化。

3）无线射频技术（RFID）应用

本工程地质情况复杂，隧道工程施工过程中安全风险大，采取一定的技术手段实现施工人员的进出隧道考勤（图 5-2-3）及隧道内作业位置的动态管理，有助于进一步提升隧道施工安全管理水平。特别是在紧急情况下对施工人员实现精确定位，对于进行快速营救有着十分重要的意义。RFID 具有非接触、低功耗、低成本、高精度以及较远的传输距离等优点，成为隧道定位的首选技术。

图 5-2-3　隧道人员进出

RFID 利用手持设备发射出的射频信号，可以在远距离批量地获取电子标签的编码信息，并对每条编码对应的数据进行编辑维护。通过修改射频频率可以实现远距离扫描和近场扫描转换，同时电子标签覆盖有 ABS 外壳，防潮、防尘、不易磨损，可以很好地适应现场的恶劣环境。

随着预制加工技术的发展，RFID 技术将在工程物料管理中发挥更加重要的作用。

4）群洞施工技术（图 5-2-4）

由于隧道锚距离石格拉 2 号隧道较近，隧道锚施工时爆破振动对隧道会产生一定影响，在隧道和隧道锚交叉施工过程中加强隧道锚和隧道的实时监控量测，是确保隧道锚和隧道结构安全的必不可少的一项技术措施。在隧道及隧道锚交叉施工过程中运用计算机采用 Excel 软件进行编程，对隧道及隧道锚各项设计参数进行全面复核，并实时监控隧道锚施工对隧道施工的影响，在现场实际操作过程中取得了较好的应用效果。

图 5-2-4 群洞施工

## 2.4 进度管理

施工进度是指在施工过程中各个施工工序与时间的安排顺序,是实现项目的进度目标而进行的计划、组织、指挥、协调和控制的活动。进度管理需要建立组织机构和管理体系,确定进度管理职责及相应程序,规定进度管理职责及要求。进度管理应按照 PDCA 管理循环过程来执行,即编制计划(Plan)、执行计划(Do)、检查(Check)和措施处理(Action),通过 PDCA 循环管理,控制关键线路,保证节点工期,确保合同履约,利于项目进度管理的规范化、科学化和标准化,不断提高进度管理水平,并通过管理最终实现生产进度目标。

华丽高速项目进度管理是根据华丽高速公路建设总工期及各标段的工期要求、工程数量及工程特点,按总经理部工作分解结构逐级管理,实行分阶段目标管理,以阶段目标确保总工期目标。除进行阶段目标考核管理外,同时对各标段项目经理部进行年、季、月度目标计划管理,下达年、季、月度计划任务,并检查各标段项目经理部完成情况,督促各标段项目经理采取相应的措施。此外,进度控制采用赢得值法和工程网络计划技术方法,实现进度管理的目标。

项目高度重视团队合作,通过开展 8 次劳动竞赛活动(表 5-2-2),项目完成时间比合同工期提前一年多完成;通过开展质量月、技能比武等活动(图 5-2-5),加强了项目的质量管理意识,提升了质量管理水平,项目完成了交工一次验收合格的目标。

开展的劳动竞赛主题  表 5-2-2

| 序 号 | 年 度 | 主 题 |
| --- | --- | --- |
| 1 | 2017 | 百日劳动竞赛 |
| 2 | 2018 | 抢抓黄金施工期,确保完成关键节点任务目标 |
| 3 | 2018 | 砥砺前行全力冲刺 90 天,确保完成年度任务目标 |
| 4 | 2019 | 重整行装再出发,中交华丽争先锋 |
| 5 | 2019 | 奋战雨季不放松,确保节点争先锋 |

续上表

| 序 号 | 年 度 | 主 题 |
|---|---|---|
| 6 | 2019 | 紧扣节点目标,完成大桥合龙 |
| 7 | 2020 | 抗疫生产争先锋,攻坚克难保贯通 |
| 8 | 2020 | 汇聚先锋力量,打赢'能通全通'攻坚战 |

图 5-2-5　技能比武

### 2.4.1　施工进度计划

施工进度计划主要包括项目总进度计划、年度、月(季)度进度计划、单位工程进度计划、重要分部工程进度计划、采购和供货进度计划等。

1)进度计划编制程序

(1)项目总进度计划:由项目总经理部牵头,依据施工总承包合同的工期目标、施工重难点、征地拆迁、设计文件情况、前期工作进展情况以及总体施工部署等情况,会同各标段项目经理部共同完成,报监理单位和业主单位审批后作为整个项目进度管理控制纲领性文件。

(2)标段总进度计划:由各标段项目经理部对项目总进度计划进行分解,结合本标段实际情况自行编制本标段的总进度计划,经项目经理批准后,上报项目总经理部审核、汇总,由项目总经理部统一上报监理单位审批。

(3)年度、季度及月度计划:各标段项目经理部根据总进度计划、经批准后的《总体施工组织设计》及项目业主的具体要求,结合现场实际情况编制本标段项目年度、季度、月度进度计划,上报项目总经理部工程管理部,年度计划经项目总经理部审核、汇总后,形成项目总经理部年度计划,上报监理单位和业主单位批准后执行。季度及月度计划经项目总经理部审核后,上报监理单位审批。

2)进度计划的编制内容及注意事项

进度计划内容应主要包括编制说明、进度计划表、资源需要量及带有逻辑关系的横道图、网络计划图。

(1)编制说明应包括进度计划关键目标说明、实施中的关键点和难点、保证条件的重点、要采取的主要措施等；

（2）进度计划表是施工计划的主要内容，必须在合理的施工方案前提下编制，明确控制进度的关键线路，明确分项工程及阶段性生产进度目标。

（3）计划工期必须根据合同要求及项目总经理部下达的具体要求进行安排；计划工期必须按期或提前于要求完成。

（4）进度计划编制充分考虑施工期间季节、气候、外围环境、征地拆迁等综合因素对进度计划的影响。

（5）由于设计变更、施工条件改变、投资计划及其他因素发生重大变化导致无法完成进度计划时，项目总经理部工程管理部牵头组织各标段项目经理部对进度计划进行调整，且调整后的进度计划经项目总经理部审核，报监理单位及项目业主审批。

3）进度计划执行程序

（1）进度计划的下达

项目总经理部根据总进度计划分解、业主下达的生产任务，并结合上年度、季度、月度完成情况，下发各标段项目经理部的年度、季度、月度生产任务。

（2）进度计划上报

各标段项目经理部于每月 25 日前将下一月度计划上报项目总经理部工程管理部；于每季末 25 日前将下一季度计划上报项目总经理部工程管理部；于每年 12 月 10 日前将下一年度计划上报项目总经理部工程管理部。

（3）进度计划的审批

进度计划的审批过程为：各标段项目经理部工程部编制→各标段项目经理部项目经理审核→项目总经理部工程管理部审核→项目总经理部分管生产副总经理审核→监理驻地办批准→总监办批准→项目业主批准。

（4）进度计划的组织实施

各标段项目经理部根据项目总经理部下达的进度计划任务及管理体系文件的要求，组织开展施工生产活动。

①根据下达的进度计划组织人员、材料、机械等资源。

②对项目总经理部下达的年度、季度、月度计划及节点工期要求进行分解，制订符合本标段实际情况的实施性月度计划和周计划以及分项工程进度指标和阶段性工程进度指标。

③制订保障重、难点工程项目和关键工序施工工艺的进度措施。

④如实记录和反馈施工生产进展情况。

⑤各标段项目经理部负责对施工进度进行统计，定期进行分析；施工实际进度一旦落后，应尽快查找影响工程进度的原因，采取针对性措施实施纠偏改正，并对纠偏措施的实施效果及时进行评价并予以补充完善。

⑥施工进度连续三天不能按计划完成时，各标段项目经理部应自行组织召开专题会议，查找原因并制订相应具体措施。

（5）进度计划的控制

进度计划管理是为了准确分析施工中存在的问题编制而成的，并制订切实有效的措施。确保施工正常、均衡、快速、有序地推进，以达到预期目标。

①年度计划

年度计划将作为项目总经理部对各标段项目经理部进行年度考核的依据。各标段项目经理部应在每年12月10日之前,及时将本标段下一年度施工建议计划以及对施工过程中可能遇到的问题和分析说明上报项目总经理部工程管理部。工程管理部于本年12月31日前将汇总、审核的年度生产计划提交项目总经理部领导班子工作会审查,并于下一年度1月15日前将审查通过的年度计划下发至各标段项目经理部遵照执行。

②季度计划

季度计划将作为项目总经理部对各标段项目经理部进行季度绩效考核的最基本依据。各标段项目经理部在每季度最后一个月的20日之前,及时将本标段下一季度施工建议计划和施工过程中可能遇到的问题以及分析说明上报项目总经理部工程管理部。工程管理部负责将汇总、审定的季度计划报分管生产的副总经理审核批准,然后于次月5日前下达各标段项目经理部执行。

③月度计划

月度计划作为各标段项目经理部实施性进度计划,按照项目总经理部规定时间要求(当月20日前)上报项目总经理部工程管理部审核;经审核通过的月度计划将作为工程管理部对各标段项目经理部进行施工进度管理的依据。

④周计划

周计划作为各标段项目经理部实施性计划,按照项目总经理部规定时间要求(一般在周日)由项目经理部领导班子工作会审核;审核通过后与周报一起上报总经理部工程管理部,周计划将作为总经理部工程管理部评价各标段项目经理部施工工效、要求各标段项目经理部调整施工资源、对施工进度实施动态监督管理的依据。

⑤计划控制措施

a. 借助信息化手段对计划进行控制,建立进度日报群、中交华丽内部管理群。

b. 实行周报制度、月度生产例会制度,分析本月生产情况,解决影响生产进度的相关问题。

c. 适时组织劳动竞赛,在竞赛中加大奖惩力度,重奖重罚,提高各单位的主观能动性。

⑥进度计划的预警管理

对处于或应当处于正常施工阶段的各标段项目经理部在连续三周不能完成周计划工程量75%的情况,项目总经理部应当对该标段施工进度进行预警管理,防患于未然。

a. 各标段项目经理部应当在项目总经理部工程管理部组织的月例会上汇报未完成月计划的原因及改正措施。

b. 项目总经理部工程管理部将汇总各标段项目经理部的周计划完成情况,在监理单位组织召开的生产周例会上作整体汇报,并根据会议决定起草相应文件,对相关标段项目经理部发出提醒或警告通知。

c. 各标段项目经理部收到施工进度预警通知后,按通知要求上报相应的整改措施,由相应部门督促落实。

d. 提醒通知:各标段项目经理部应当在项目总经理部组织的月度生产调度会上汇报月度计划完成情况。处于或应当处于正常施工阶段的各标段,当月实际完成工程量不到月度计划工程量的75%时,在月度生产调度会上,由项目总经理部对相应标段项目经理部作出提醒通知。该标段项目经理部收到施工进度预警通知后,按通知要求在下月的施工生产计划中制订相应的整改措施,由项目总经理部工程管理部督促落实。

e. 警告通知:如果连续两个月实际完成工程量不到月度计划工程量的75%时,由相应标段项目经理部上报未完成计划的详细原因及整改措施的书面资料,报项目总经理部工程管理部。在月度生产调度会被认定为属于非客观因素导致计划不能实现的,项目总经理部将按调度会要求对相应标段项目经理部发出警告通知。

f. 如果连续三个月完不成计划时,将视情况约谈标段相应的公司领导。

g. 提醒通知、警告通知均不进行经济处罚,警告通知会同时报相应标段上级单位。

⑦进度计划的调整

a. 影响合同总工期的进度计划调整

项目总经理部应认真分析合同条款,定期对进度计划和控制目标进行评价,当出现允许合同工期合理调整时,应及时向监理、业主单位提交《项目调整计划报告》,经监理、业主单位审批后,同时向公司项目管理部报备。属于合同总工期合理调整的原因包括业主和监理单位要求的及合同中约定的其他原因、不可抗力的影响及非乙方原因导致的重大或较大设计变更等。

b. 合同总工期不变的进度计划调整

尽管发生了影响到项目进度的诸多因素,当项目业主根据合同约定不同意调整合同总工期时,项目总经理部仍需对进度计划进行动态调整,以确保按合同工期履约。属于合同总工期不变的进度计划调整原因包括施工方原因导致的关键项目或控制性工程进度滞后、产生一般性设计变更、公司批准的其他原因等。

### 2.4.2 人、材、机管理

各项目经理部按总经理部下达的阶段目标任务精心组织、科学管理,充分调度好人、财、物等各种资源,确保目标进度计划任务的完成。人员的因素直接决定着工程的质量、安全、进度和效益,而材料与机械设备又占用工程成本的很大比例,因此应着力抓好人员、材料、机械设备等关键因素的管控,旨在减少合同采购的风险以及加强工程成本的控制,杜绝疏漏、提升效益。

1) 人员管理

人员作为管理结构中最基本的单元,也是最活跃和最富有积极性、创造性的因素。因此想要做好一件事,必须先抓好人员管理。人员管理方法从以下几个方面进行:

(1)提升管理层建设,促进团队凝聚力。定期召开项目工作会议,开展批评与自我批评,悉心听取一线工作者的意见,项目成员必须廉洁自律、定期沟通、使工作思路清晰与透明,不断总结工作中存在的问题,及时进行研究并加以有效解决。

(2)加强员工基本技能、专业技能学习培训。鼓励员工对基本技能及专业技能进行学习,使职工能够更好地适应市场的需要,同时培养职工由专业型人才向复合型人才的转变。

2) 材料管理

(1)在总合同签订盖章流程审核时,并附上工程量表或人、材、机汇总表,便于检查考核落实。

（2）根据施工图设计要求，结合现行定额材料消耗，核定项目主材和地材的用量以及采购合同总量与合同规定量的关系。

（3）若人、材、机合同量超过预算量，项目部应补充设计变更或工程签证或相应的会议纪要，作为附件。

（4）各项目经理部将对材料合同进行严格管理，在保证质量的基础上力争节约，以确保项目的经济指标的顺利完成；如材料超出核定用量，由责任人组织赔偿。

（5）建立采购（核价）台账，并实行季度复查制度。

### 2.4.3　施工进度控制

施工进度控制是保证施工总工期和实现节点目标的重要措施，进度控制机构通过组织措施、管理措施、技术措施、经济措施等手段进行全面管理，确保每一个节点目标的实现，用小节点目标的实现来确保总工期目标的实现。

1）进度计划检查

（1）各标段项目经理部对内部实际施工情况和进度情况作出详细记录，对于实际完成工程数量情况、机械设备运转情况、现场投入人力情况和影响工程进度的特殊情况等，每周要对进度检查情况作一次总结，总结施工中存在的进度问题和采取的解决措施。

（2）各标段项目经理部每半个月进行一次施工进度自检，自检要邀请驻地监理工程师参加，主要检查关键线路和控制工程的实际进度情况、非关键线路和控制工程与计划进度的对比情况，结合每日进度检查制度进行总结，针对检查中存在的问题及时采取措施改正。

（3）项目总经理部工程管理部采取不定期抽查的形式，主要检查各标段项目经理部施工进度是否符合总体进度计划、控制性工程施工进度是否符合生产计划要求，资源配置是否满足生产需要。

2）进度计划考核

（1）实行安全质量事故一票否决原则：凡是考核期间出现重大以上安全质量事故或被项目总经理部、项目业主（或项目公司）、政府职能部门点名通报批评的安全质量事故所属标段项目经理部，将直接定为最后一名。

（2）客观、公正原则：为了充分发挥进度计划考核在施工生产管理中的积极作用，项目总经理部将根据各标段项目经理部现场实际情况不同，分别下达考核目标。

（3）执行严格原则：为了使本考核办法不流于形式、产生消极后果，项目总经理部考核小组将严格遵照本办法对各标段项目经理部进行考核；各标段项目经理部要严肃认真对待。

（4）结果公开原则：为了保证考核结果公平合理，防止考核过程中可能出现的种种偏差，考核结果将对各标段明确公布。

3）进度计划考核

（1）各标段项目经理部根据项目总经理部进度管理办法要求，每季度最后一个月20日上报本标段下一季度进度计划，项目总经理部根据各标段项目经理部上报计划结合总进度计划以及节点工期要求于次月5日前制订并下达各标段季度考核生产计划。

（2）各标段项目经理部按照项目总经理部管理要求按时上报月度调度报表。工程管理部负责对各标段项目经理部上报的月度调度报表进行核实统计,并对各标段项目经理部计划完成情况提出考核意见和建议。

(3)计划考核小组讨论研究工程管理部统计结果及考核意见,决定考核结果,并予以公布。

(4)计划考核小组依据考核结果完成奖罚兑现。

4)进度计划考核标准及奖惩标准

(1)考核标准

①以完成的实物工程量为主,将实物工程量换算出产值进行分析评价。由于施工现场所处地理位置不同,使得各标段项目经理部现场施工条件差异很大。故考核基准为项目总经理部向各标段项目经理部下达的季度进度计划;考核标准为完成计划工程量的百分比;全项目各标段统一评比。

②对由于不可抗力造成工程施工无法正常进行的标段,经项目公司办公会讨论决定,该标段项目经理部可以不参与评比。

(2)奖惩标准

项目总经理部结合本项目的具体情况自行拟定。在项目总经理部与各标段项目经理部签订《内部经营承包协议》时,暂扣各标段项目经理部建安费的1%作为奖励基金,通过季度综合考评的方式全额返还各标段项目经理部,其中进度计划考核作为项目总经理部对各标段项目经理部进行季度综合考评的重要内容之一,并采取一票否决制,即季度产值计划完成比例低于80%的标段项目经理部,不参与季度奖励分配;同时对季度产值计划完成比例低于70%的标段项目经理部,给予一定的经济处罚。

## 2.5 安全管理

### 2.5.1 安全风险特征

由于项目全线位于滇西北,限于施工环境和工程特点,面临"四大"安全风险特征。

(1)地质条件差,桥隧比例大。项目地质条件复杂,选线选址困难;桥隧群集,连续24.5km路段桥隧比高达98.6%;隧道围岩破碎,存在突泥、涌水、流沙、堆积体等不良地质;线路属深切高山峡谷地貌,高墩、高支架施工特点凸显,阿肯动大桥处V形峡谷;全线三级以上路堑高边坡数量达56处。

(2)结构形式多,技术难度大。项目处于地震带,全线14座隧道包括双连拱、小净距、分离式等多种结构形式;金沙江大桥主跨1386m,两岸索塔高度分别为222m和186m,距离江面达335m。钢桁梁拼装场地狭小,峡谷效应明显,吊装困难,两岸锚碇采用隧道锚设计方案,开挖倾角达49°,出渣困难;危大工程共需编制安全专项方案134个,超过一定规模的危大工程多达102个,需进行专家论证。

(3)特种设备多,管理难度大。全线共有塔式起重机、门式起重机、架桥机等特种设备150余台套,设备交叉施工多,管理难度大。

(4)施工便道险,安全风险大。全线仅一条两车道山区道路双向通行,车流量大;施工便道依山而建,紧临悬崖峭壁,建设维修困难;雨季道路边坡常发生滑坡、落石,安全风险大。

### 2.5.2 安全管理思路

1)安全目标

针对项目特点,在开工初期确定整体的安全控制目标、管理目标及创优目标,具体内容如下:

(1)安全控制目标

①本单位职工生产安全责任事故率为零;

②杜绝发生一般(含)以上道路交通责任事故;

③杜绝发生一般(含)以上火灾责任事故;

④杜绝发生一般(含)以上突发环境责任事件;

⑤杜绝发生一般(含)以上职业病危害责任事故。

(2)创优目标

①年度内云南省"平安工地"考核全部达标,争创示范项目;

②年度内集团信用评价全部B级(含)以上;

③争创全国建设工程项目施工安全生产标准化工地;

④争创交通运输部"平安工程"冠名。

2)安全管理策略

项目建设期间充分发挥PPP项目管理的特色,积极贯彻落实"集中管理、分级管控"、创建"平安工地"和打造"品质工程"、加强科研技术攻关保证本质安全、加强班组建设强化管理落地的管控思路。以"平安工地"建设为载体,大力推进安全生产标准化建设,全面落实安全生产责任制。以风险管控为主线,构建安全风险分级管控和事故隐患排查治理双控体系,从严、从细管理,扎实做好各项安全管理工作,保证项目实现"零事故、零伤害"。

### 2.5.3 平安工地建设

项目以"平安工地"建设为载体,大力推进安全生产标准化,打造PPP项目平安工地典范。

1)安全集中管理

充分分析PPP建设项目特点及管理模式,项目成立集中管理领导小组,设置合同、财务、成本、技术质量、安全与进度、宣传与文化等六个管理中心,明确分管领导、归口部门及管理职责,做到全面覆盖,自上而下实行穿透式集中管理。

安全与进度管理中心组织各项目经理部统一规范管理制度,制订下发专项管理规定及标准,从人员配备、风险管控、教育培训、费用管理、检查考评、应急管理等方面实现集中管理,统筹组织各项工作,达到安全管理的"同一个标准、同一个要求、同一个水平"的目标。

2)标准化建设

(1)制度标准化

基于各标段隶属不同施工局、安全管理制度及要求不统一的客观情况,总经理部组织召开了专题会,从安全生产目标确定、安全管理体系构建、安全管理工作流程、具体事项安全管理规定等方面规范统一安全管理制度,实现了华丽高速项目全线的安全管理"同一个标准、同一个要求",在提高项目安全管理整体水平的同时,有效降低管理责任风险。

(2)人员标准化

项目要求各施工单位必须按照合同额及有关要求配备安全总监,足额配备专职安全管理人员,各监理单位配备安全专监,专职安全管理人员在通过闭卷考试考核及格后方可上岗。

(3)过程标准化

①教育培训标准化

作业人员进场后,项目总经理部督促各标段及时组织开展三级安全教育,进行安全风险告知、签订安全风险告知卡;积极落实集团"主要负责人讲一堂安全课"的要求,项目总经理、安全总监分别进行安全讲课;按半年度组织各监理驻地办及各标段主要负责人开展安全知识考试,及时清退考试不合格的人员,督促学习、提高安全知识水平;牵头组织防震减灾安全知识培训,邀请丽江市地震局资深专家进行授课。

②会议标准化

项目每月召开安全生产及隐患分析会,要求各参建单位负责人及安全总监必须参加,对各项目本月安全生产情况进行汇报,进行安全隐患分析,研究解决办法。

③检查考核标准化

④班组建设标准化

按照"集中管理、分级管控"原则,项目总经理部监督各标段制订班组安全管理制度,加强班组建设、强化安全管理落地。施工过程中,各标段坚持利用每日班组班前会讲解安全注意事项,在现场设置班组信息公示牌,通过实行首件安全工作确认、严格过程检查、实行月度安全考核奖惩等措施,强化安全管理落地,有效提高项目安全管理水平。

⑤费用管理标准化

严格把关各单位安全生产费投入计量的审核工作,确保各单位安全生产费的投入均满足有关法律法规要求,投入比例均达到1.5%,为现场生产提供安全条件;对于各单位上报的安全生产费资料及时审核,并配合做好安全生产费的及时支付工作。

⑥应急管理标准化

按照"统筹、协调、联动"的原则,项目建立健全了应急救援体系,制订应急预案,做到各标段与项目总经理部的有效衔接;组织项目综合应急预案和隧道坍塌、高处坠落、山体滑坡、高边坡坍塌、防汛等重大风险的专项应急预案的演练,检验应急机制及响应能力,提高应急管理水平。

3)平安工地建设实效

(1)优化设计,确保本质安全

一是隧道设计优化,充分考虑桥隧相接、场地狭小、与铁路既有线交叉等客观困难,组织设计优化,有5座隧道采取双连拱/小净距设计形式,新民隧道进口端缩短连拱长度,降低施工安全风险;大龙潭隧道出口端缩短明洞,保障铁路既有线行车安全;马王岩隧道与十二栏杆坡隧道之间设置遮光棚,保障高速公路行车安全。二是桥梁设计优化,阿肯勐大桥桥区处于 V 形峡谷之间,两岸为悬崖峭壁,与隧道相接处岩体破碎,施工难度及风险极大。通过调整线路,变更上部结构设计形式,降低施工难度及安全风险;增加两端隧道洞口防护棚洞及周边山体主被动防护网,有效防止两岸边坡及隧顶上方岩石滚落,保障后期运营安全。三是交安工程设计优化,在长 20km、高差 500m、坡度为 2.44% 的长下坡路段,优化交安工程,除增加振荡减速标线、连续下坡提示标志和剩余长度标志外,在桥隧相接段、隧道进洞端增加防撞混凝土矮墙,提升工程本质安全水平,保证运营通车安全。

(2)科技兴安,提升技术安全

一是研发智能化缆索起重机控制技术,金沙江大桥研发设计 1500m 跨、220t 级、集分布式数据采集、视频监控、集中控制等于一体的智能化缆索起重机装备及控制技术,具备人脸识别、双人双锁、自动上锁等功能,通过对系统监测数据查询、系统管理、监测预警,实时、动态、远程对构件进行空间姿态监测,技术提升高空作业安全。二是采用桥面板 U 肋全熔透焊接技术,金沙江大桥桥面板 U 肋采用智能机械臂,实现自动焊接、自动清理焊渣,为世界首次整桥采用此技术,焊接全程仅需一名技术人员进行电脑端控制,焊接合格率达到 100%,技术提升质量安全水平。三是实施高边坡卫星监测,高边坡采用 InSAR(干涉雷达)自动监测系统,无人化自动运行,实现数据采集、传输、处理及分析报警等功能。遇边坡体位移变化速率超过预警值等紧急异常情况,及时发出预警信息,直观显示数据的历史变化过程及当前状态,为实时掌握边坡整体运行安全提供技术保障。

(3)小微创新,注重细节安全

一是创新隧道锚受限空间作业,金沙江大桥两岸隧道锚受施工场地及洞内情况所限,项目设计研制循环牵引入锚系统和大角度有轨出渣牵引系统,实现洞内受限空间区域的机械化作业,有效降低作业人员风险。二是创新悬索桥上部结构施工,在金沙江大桥上部结构施工时,项目研制整体式施工步道变位钢架,实现可装配化安拆;研制大型索夹运输小车,实现平稳、安全运输;主缆防护利用缠丝机、缠带机及除湿机的高度机械化作业,减少高空作业风险。三是创新隧道高分子逃生管道胎架,隧道仰拱施工时,采用增设胎架、增加吊耳等方式,有效克服应急逃生管道因安装及使用受限经常出现的不安装或安装不到位等情况。四是创新桥梁工程机电、交安工程施工高处作业平台,研制桥梁外侧电动高处作业滑车和专用安全带挂架,用于桥梁外侧机电交安工程高处安装作业,实现了安全带固定系挂、作业人员自行操控作业滑车等功能。五是创新隧道内机电工程交通安全设施,设计制作隧道内机电工程移动作业台架的 LED 三角警示灯,配合运用频闪梅花灯、LED 箭头灯、爆闪灯等主动发光警示的交通安全设施,有效保障了隧道内施工安全。

### 2.5.4 安全风险管控

1)风险分级管控体系

在采用 LEC 法(一种常用的风险评估方法)对风险进行识别、分级的基础上,对现场排查出的隐患进行对应分级,并根据整改治理的责任主体及监理进行了对应分级,形成了包含指挥部、监理单位在内的五级风险管控和隐患排查治理体系(表 5-2-3)。

安全风险分级管控和隐患排查治理分级划分表　　　　表 5-2-3

| 序　号 | $D$ 值<br>（危险性指标） | 风险管控等级 | 隐患等级 | 整改治理分级 |
|---|---|---|---|---|
| 1 | >320 | Ⅴ级 | Ⅴ级 | 指挥部主管部门、停工整改 |
| 2 | 320>$D$≥160 | Ⅳ级 | Ⅳ级 | 总经理部主管部门、局部停工整改 |
| 3 | 160>$D$≥70 | Ⅲ级 | Ⅲ级 | 项目主要负责人 |
| 4 | 70>$D$≥20 | Ⅱ级 | Ⅱ级 | 工区/部门负责人 |
| 5 | $D$<20 | Ⅰ级 | Ⅰ级 | 班组负责人 |

2）风险管控手段

（1）优化设计。充分考虑现场实际情况，项目从隧道、桥梁、交安工程等方面进行了设计优化，保证了本质安全。

（2）强化安全技术管理。一是强化技术方案管理，建立危大工程清单，对照清单组织编制专项施工方案，对于超过一定规模的危大工程专项施工方案，组织进行专家论证及评审。二是强化安全技术交底，各标段均按照三级交底要求将安全专项施工方案进行了交底，开展交底与反交底。

（3）严格开工安全许可。一是实行开工安全条件许可，各标段按单位工程划分，开工前均须完成开工安全条件核查，并进行逐级报审，同意后方可开工。二是实行危险作业安全许可，按照危险性较大的分部分项工程清单和危险作业范围，工程部门组织相关部门检查作业安全条件后，经生产副经理、总工和安全总监同意后签发具有一定时限的危险作业安全许可，超过期限后再次进行验收报审。

（4）实行风险动态管理。根据重大事故隐患清单、生产任务计划和隐患排查治理清单，每月发布安全风险管控重点，建立隐患排查治理清单，制订风险管控重点和管控措施。

（5）实施专项管理规定。一是加强隧道步距管理，实行日报预警制度。本项目隧道施工点多，控制隧道步距是安全管控重点之一，项目总经理部实行了隧道步距日报预警制度，每日对隧道步距情况分"红、橙、黄"三色预警，不定期现场抽查核实、严惩弄虚作假和严重超标等手段，使得全线 14 座隧道共计 40 个洞口的安全步距得到了持续性有效控制。

二是落实隧道和桥梁施工安全管理规定。从隧道五大系统、开挖支护、安全步距和桥梁下部结构施工的人工挖孔桩安全防护、孔内通风、墩柱施工的安全爬梯、作业平台及临边防护搭设等方面，制订管理办法，对全线隧道和桥梁下部结构施工安全管理做出强制性规定，实现隧道和桥梁下部结构施工的安全生产标准化，有效降低安全风险。

（6）加强教育培训。作业人员进场后，项目总经理部督促各标段及时组织开展三级安全教育，进行安全风险告知、签订安全风险告知卡；施工过程中，要求各标段积极开展每日 5min 班组班前会安全教育并录制视频；积极开展"一月一主题"项目负责人讲安全课活动，坚持组织每日班组班前会、推行安全交底与反交底制度，有效提高管理人员和作业人员的安全意识；每年组织一次安全知识培训，邀请外部专家进行授课，并按半年度组织各监理驻地办及各标段主要负责人开展安全知识考试，及时清退考试不合格的人员，有效提高项目整体的安全管理水平。

（7）强化隐患排查治理。项目除落实安全"三检"（日常巡检、定期/专项检查、综合考核）制外，主要采取了以下几项措施：

①开展"一月一主题"的安全专项整治活动。结合现场施工及进度计划安排,项目明确了"一月一主题"安全专项整治工作思路,持续开展了隧道、桥梁下部结构、特种设备、雨季汛期、临时用电、火工品等安全专项整治,使项目安全管理基础工作得到有效夯实,隐患治理能力和管理水平得到了提高。

②进行隐患分析,做到持续改进。建立了月度事故隐患清单,分析解决施工过程中存在的突出问题、重大隐患,利用月度事故隐患分析会按类别、部位对隐患进行了统计、分析,组织各标段研究制订了治理及预控措施,落实整改措施和责任人,减少了隐患数量和发生次数,做到了项目安全管理的持续改进及提高。

③加大奖罚力度,开展考核评比。制订安全生产奖惩办法,实行季度"流动红旗"、年度"安全管理先进单位"和"安全卫士"的考核评比,通过加大奖惩力度等有效的经济刺激手段,提高了安全管理积极性;季度安全考核中,要求各标段安全总监参与检查,取长补短,共同提高;月度检查中,要求各标段派出一名领导作为特邀专家参与检查及评分,保证了考核的公平性和有效性。

④引入"安质保"手机APP及微信小程序等信息化管理手段。在全面落实安全生产责任制的基础上,引入"安质保"手机APP并全线推广应用,实现了全员参与管安全,缩短了安全检查时间,有效提高了隐患排查治理工作效率;引入了特种设备管理微信小程序、多媒体安全培训工具箱和VR(虚拟现实)安全体验馆等微创新手段,提高了工作效率。

(8)保证安全生产费足额投入。开工初期,充分认识到项目安全风险大的客观实际,项目总经理部统一组织,召开会议专题研讨,明确投入统计范围,制订资料整理要求,规范计量支付程序,严格审核把关,有效保证了项目安全生产费的足额投入、专款专用。

(9)统筹协调,建立健全应急管理体系。按照"统筹、协调、联动"的原则,项目建立健全了应急救援体系,制订了应急预案,做到各标段与总经理部的有效衔接;结合项目施工实际,总经理部统筹协调,每年组织至少一次大型应急演练,开工后主要开展了项目综合应急预案和隧道坍塌、高处坠落、山体滑坡、高边坡坍塌、防汛等重大风险的专项应急预案的演练,检验了应急机制及响应能力,提高了应急管理水平。

3)风险管控成果

项目已完成交工验收,提前一年顺利建成通车。建设期间,项目安全生产形势平稳受控,未发生任何生产安全责任事故,获得了各级政府主管部门及上级单位的认可,并先后获得了中国交建2018—2019年度"青年安全生产示范岗"、中建协"2019年度全国建设工程项目施工安全生产标准化工地"、中国交建"2019年度中国交建平安工地"、交通运输部2020年度公路工程"平安工程"冠名等多项省部级荣誉。

## 2.6 质量管理

工程质量是指在国家现行的有关法律、法规、技术标准、设计文件和合同中,对工程的安全、适用、经济、环保、美观等特性的综合要求。

质量管理则是通过运用一系列的管理方法和手段来保证和提高工程质量,把质量问题消灭在它的形成过程中。工程质量的问题以预防为主,并确保手续完整,在全过程多环节中提高工程质量。工程质量管理的重点,是把事后检查和把关为主变为预防和改正为主,在组织施工前要制订科学的施工组织设计,从管结果变为管因素,把影响质量的诸多因素查找出来,发动全员、全过程和多部门参加,并依靠科学理论、程序和方法,使工程建设全过程都处于受控制状态。

山区高速公路的质量管理因地质、地理环境等因素,导致其施工难度大、施工风险高。在质量管理过程中,根据实际情况制订施工管理措施。本节从施工前、施工中和施工后三方面介绍山区高速公路施工质量控制管理办法。

### 2.6.1 质量目标

(1)分项工程一次验收合格率100%,主要分项工程评分95分以上;
(2)各合同段交工验收的质量等级评定:合格(质量综合评定得分大于等于90分);
(3)建设项目竣工验收的质量等级鉴定:优良(质量综合评定得分大于等于90分);
(4)杜绝发生重大质量事故和一般质量事故,确保严重及以上质量事故为零;
(5)竣工文件真实可靠,规范整齐,实现一次交验合格。

### 2.6.2 管理原则及体系

1)管理原则
(1)坚持质量第一、以人为本、预防为主的原则;
(2)坚持科学、客观、公正,严守质量标准的原则;
(3)坚持全寿命理念,质量终身负责制的原则。

2)管理体系
(1)质量管理职责
根据本项目工程情况,总经理及各项目经理部质量管理领导小组(图5-2-6)的主要职责如下:

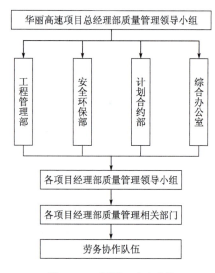

图5-2-6 质量管理部门结构图

项目总经理部质量管理领导小组主要职责:
①贯彻国家有关工程质量的方针政策、法律法规以及中国交建的有关要求,制订总经理部工程质量管理的有关规定和办法;
②负责主持整个工程项目的全面质量管理工作;
③负责组织各项目经理部开展工程质量策划工作及管理资源的整合,高效组织安排各项目经理部开展质量管理工作,切实指导各项目经理部解决工程质量管理工作中存在的问题,并监督检查各项目经理部落实质量管理责任的情况,全面提升工程质量管理水平;
④组织重大工程质量事故调查处理,协调解决重大质量问题和争端;
⑤审定领导小组办公室编制的新开工项目创优初步方案,确定该项目应实现的创优目标;

⑥考核和评价各单位工程质量管理工作,研究决定奖罚方案。

项目总经理部工程质量管理归口部门为工程管理部,负责质量领导小组的日常工作,并对各项目经理部工程质量进行监督管理。项目总经理部工程部对项目工程质量监督管理负主要责任。

各项目经理部质量管理领导小组主要职责:
①各项目经理部是工程质量现场管理的实施主体,对现场工程质量负有全面管理责任;
②负责建立健全工程质量管理体系,落实项目质量管理的具体工作;
③接受项目总经理部的协调监督管理。

各项目经理部项目负责人是工程质量第一责任人,对承建的工程质量负主要领导责任;项目总工程师或技术负责人负直接领导责任。

各项目经理部按要求设立工程质量管理部门,配备总工程师及满足要求的专(兼)职质量管理人员。根据国家、行业有关规定逐级制订有关质量管理的分级监管体系、分级责任体系和质量管理手册等规章制度,加强工程质量管理工作,确保质量管理体系的有效运行。

(2)质量保证体系

根据本项目工程特点,质量保证体系如图5-2-7所示。

### 2.6.3 施工质量控制

1)施工前质量控制

项目按ISO9001标准,严格执行公司《标准化管理手册》和相关管理办法,做好各项施工准备工作,创造有利的施工条件,使施工能连续、均衡、有节奏、有计划地进行,确保按质、按量、按期完成施工任务。

(1)测量准备

项目总经理部及各项目经理部参加建设方组织的现场交桩会,项目总经理部牵头组织各项目经理部依据设计院交桩及线路设计编制测量工作规划,并开展全线导线点、水准点的复测和加密工作,按程序报监理单位审批。

(2)施工技术、安全专项施工方案准备

根据项目实际情况、标准规范、设计图纸、相关强制性文件,完成分部分项及单位工程划分清单,在单位工程及分部分项工程正式开工前编制审批完成相应的施工技术方案。

针对确定的施工技术方案及安全专项施工方案编制项目,项目总经理部组织各项目经理部细化各自管段的方案清单及编制计划,按照程序适时完成方案编制及审批,确保现场施工。

(3)设计交底

项目总经理部和各项目经理部与设计院进行沟通交流和现场踏勘,开展设计优化工作。随着施工进度,项目总经理部协调设计院每月的月中、月末召开设计图纸问题答疑会,及时解决施工过程中遇到的设计问题,确保生产顺利。

(4)试验、标定工作准备

为加强项目试验检测管理工作的科学性、规范性和准确性,项目应以"控制材质、科学配比、提高工艺、确保质量、保证进度"为目标,根据国家有关法律、法规的规定,依据工程建设技术标准、规范、规程,对所用材料、构件、工程制品、工程实体的质量和技术指标等进行编制试验检测计划,并依据试验检测计划编制试验检测实施工作细则。试验检测计划包括:标准试验、材料检测试验、工艺试验、现场检测试验。同时加强现场仪器的标定工作,按照相关标准定期进行送检标定,保证计量的准确性。

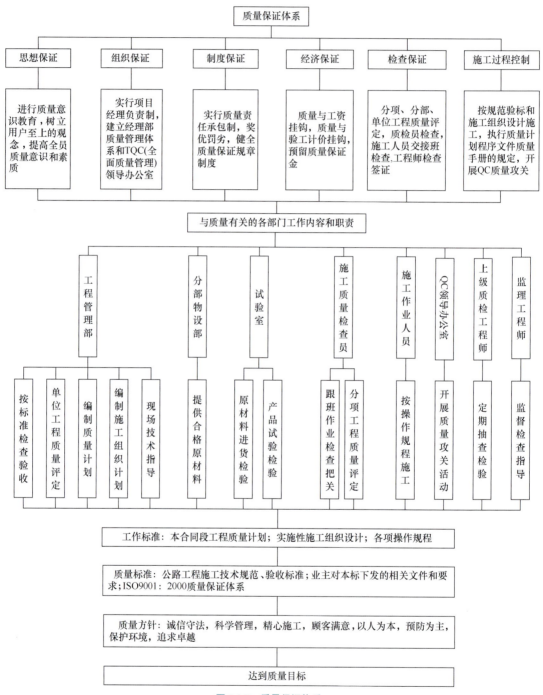

图 5-2-7 质量保证体系

(5)分包单位资质审查

分包单位的选择应根据工程需要进行招投标确定,如果发现分包单位与投标时的情况不符,必须采取有效措施予以纠正。工程开工前,按相关规定对分包单位的资质、有关证书等进行核查,分包单位的技术等级应符合工程要求,并在其规定的资质范围内施工,不允许分包单位将承包项目再分包(除专业工程外)。在确定分包单位核查后,立即与其签订质量管理协议书。

2)施工过程中质量控制

(1)施工人员控制

施工人员开工前必须进行技术交底,必须实行持证上岗制度,并根据现场情况进行教育培训。

(2)原材料质量控制

原材料供应厂家必须符合招标要求,出厂入场材料必须证件齐全。现场应建立材料管理制度,采用质量抽检等检验方法进行入场检测,原材料应分类进行码放。对于检验不合格的原材料按处置的难易程度、对下道工序的影响程度、对工期和费用的影响程度及对工程安全性或使用性能的影响,可分为轻微、一般及严重不合格品,并进行对应处治。

(3)机械设备控制

机械设备进场后需进行设备入场检验,必须满足定人、定机、定岗的三定原则。

(4)工序质量控制

工序上严格执行"三检制",在施工过程中,凡被下一道工序掩盖的隐蔽工程,应全部组织检查验收,合格后办理签认记录,然后才允许进行下道工序施工。关键工序的过程控制直接影响到工程质量,需重点把控,如金沙江大桥钢桁梁高强度螺栓的施拧质量,直接关系到大桥整体质量,遂引入专业的咨询单位进行现场指导。

(5)严格执行首件制

项目立足于"预防为主、先导试点"的原则,根据首件工程的施工工艺及各项质量指标进行综合评价,对施工工艺及施工质量存在的不足之处进行分析,并提出改进措施,规范施工工艺,以指导后续规模化施工或批量生产,及时预防和防止后续施工或生产可能产生的质量问题。首件制着眼抓各分项(分部)工程的首件工程质量,通过首件优良工程的示范作用,带动、推进和保障后续工程的质量,确保后续工程的质量不能低于首件工程标准。根据现场实际情况,制订《首件工程认可制实施办法》,将首件划分为两类,其中Ⅰ类由业主终评,Ⅱ类由驻地办终评。首件由各标段项目经理部具体实施,项目总经理部进行审核。

(6)标段化亮点施工

项目在全线推行创建标准化施工亮点的活动,大力培养全员标准化管理、自觉规范化施工行为,使得"软件"管理与硬件设施同样标准化。切实起到亮点引路、提升质量安全水平的作用。

(7)成品保护

成品保护需融入技术交底,同时加强培训教育,以提高成品保护意识,施工过程中严格执行交接检,明确成品保护责任,建立成品保护制度。

3)施工后质量控制

项目应先行组织各监理及施工单位对已完工程进行质量检验,发现问题及时整改,待检验合格后报上级质量监督局进行交工检测,交工检测单位按合同要求进行完工检测,根据检查结果以及未完成的工作和缺陷,及时解决质量问题。

### 2.6.4 质量创优管理

(1)创优目标

为坚持"百年大计、质量第一"的方针,华丽高速项目制定创优目标为:确保中国交建优质工程,争创鲁班奖(国家优质工程)或国家级优质工程奖。

(2)创优思路

为创优总体目标顺利实现,项目先后制订了前期的《质量创优规划》以及《创优与科研策划》等创优方案和指导性文件。并按照中国交建优质工程、国家级优质工程奖(国家优质工程)的顺序进行申报。

国家级优质工程奖、鲁班奖申报前提是需要获得工程所在地或所属行业省(部)级最高质量奖。为此,华丽高速公路指挥部及总经理部力争获得"中国交建优质工程奖"(所属行业)奖项,并将创优目标进一步分解,制订切实可行的创优策划方案:依次从申请云南省建协会员→省级(含)以上质量管理QC小组奖、省级工法申报→省级(含)以上绿色施工示范工程→中国交建优质工程奖、省部级科技进步奖励、优秀工程设计奖→国家级优质工程奖励(鲁班奖、国家优质工程)方面开展工作。

(3)创优策划

项目总经理部从项目难点、特点入手,根据创优目标、《质量创优规划》以及《创优与科研策划》,编制《创优策划》,明确实施路径,制订科技攻关重点,形成申报的科技研发项目、重大装备的科技攻关项目、工法开发项目、专利、技术标准等事项,量化科技论文数量,确定总体计划,过程中严格管控,积极落实。并制订《创优管理办法》,对科研课题、工法、论文、专利等不同奖励标准进行不同规定。

①组织机构

项目成立以总经理为组长的创优领导小组,全面负责华丽高速项目工程创优管理工作。创优领导小组组成如下:

组长:项目总经理。

副组长:项目书记、总工、副总经理、总会计师。

成员:总经理助理、各部门负责人、各标段项目负责人。

工程创优领导小组下设工程创优工作办公室,负责工程创优管理的日常工作,工程创优工作办公室设在工程管理部。创优工作小组组成如下:

组长:工程部负责人。

成员:各部门负责人、各标段总工。

②创优计划

工程创优奖项申报对工程竣工验收并投入使用年限有要求,按照2020年12月交工验收时间进行控制,于2021年12月投入使用满1年,于2024年12月投入使用满4年,据此制定创优申报时间节点计划,见表5-2-4。

工程创优时间节点计划    表5-2-4

| 序号 | 创优名称 | 申报时间要求 | 最早申报时间 | 频率 | 渠道 |
|---|---|---|---|---|---|
| 1 | 省部级及以上绿色施工示范工程 | 工程开工前 | 2019年 | 一年一次 | 中交集团 |
| 2 | 中国交建科学技术进步奖 | 所有课题完成结题、验收评审和鉴定后 | 2021年 | 一年一次 | 中国交建技术中心 |
| 3 | 中国公路学会科学技术进步奖 | 在中国交建获得科技进步奖励以后 | 2021年 | 一年一次 | 中国公路学会 |
| 4 | 省部级及以上优秀工程设计奖 | 交竣工验收并经1年以上使用 | 2022年 | 一年一次 | 云南省住房城乡建设厅 |
| 5 | 中国交建优质工程奖 | 投入使用1年以上2年以内 | 2022年 | 一年一次 | 中交集团 |
| 6 | 国家优质工程奖 | 投入使用1年以上4年以内,获得省优一等奖或交建优质奖及优秀设计奖以后 | 2023年 | 一年一次 | 中国施工企业管理协会 |
| 7 | 鲁班奖 | 投入使用1年以上,获得省优一等奖或交建优质奖以后 | 2024年 | 两年一次(偶数年) | 中国建筑业协会 |

（4）管理过程

①创优途径——技术创新

作为桥隧集群工程,本项目的突出特点包括:金安金沙江大桥主跨1386m,为世界最大跨径山区钢桁梁悬索桥,桥址位于高烈度深切峡谷环境,设计、施工、装备等面临重重困难。沿线包括分岔型公路隧道、无中导洞双连拱隧道、Ω形小半径曲线隧道等,并包括新材料、新工艺、新技术应用。

基于上述项目特点的认识,项目总经理部多次召开科研课题研讨会,最终拟定从特大桥梁、复杂隧道切入,完成《高烈度深切峡谷桥隧集群工程关键技术研究与示范》项目研究。并针对特大桥梁设计、施工关键技术,从结构体系、关键结构、装备研发及施工技术四方面,以"高烈度深切峡谷区超大跨钢桁梁悬索桥关键技术研究"为题,积极申报中交集团科技研发项目,并于2018年成功列为中国交建2018年度重点科技研发项目。该课题由中国交建总承包公司牵头负责,中交公路长大桥建设国家工程研究中心有限公司、中交第二航务工程局有限公司、中交第二公路工程局有限公司参与。针对隧道建设,以"隧道建养关键技术研究"为题展开了研究。

根据研究进展情况,适时组织课题的结题及评价会议,对研究内容进行评价,并申报中国交建及中国公路学会科技进步奖。

②创优基石——现场质量

现场的实体质量直接关系到创优成败,在管理过程中需加强现场实体质量管理,及时建立健全质量管理体系,明确质量管理目标,并进行逐级分解、落实。全面推行质量集中管理,配足管理骨干,完善各项管理体系及相关制度。在日常管理工作中严格落实质量重、难点管控;加强日常检查管理工作,每季度、月度进行综合大检查,对于发现的问题落实到相关责任人,限期整改,并回头看,要整改到位、落实到位,同时关键指标可根据现场实际情况进行提高,达到创优的目的。

③创优基础——档案管理

档案资料的真实性、完整性、有效性、便捷性可直接影响到创优结果,在建设过程中需注重过程资料的收集归档,同时按照不同类别进行分类收集,以保证其完整性。收集的资料应真实,与实际相符合,不得弄虚作假,以保证其真实性;各类资料需在有效期内,如各单位的资质等资料,以保证资料的有效性;同时按照交通运输部及地方相关归档要求,进行组卷和编目,遵循组卷规律,以保证取用资料的便捷性。

## 2.7 环保管理

### 2.7.1 环境保护

1)生态环境保护

根据华丽高速项目《环境影响报告书》中对工程主要环境影响因素的识别分析及总经理部组织的环境因素识别评价结果,华丽高速项目施工过程中主要面临的环境影响因素为:道路交通、水泥搅拌、碎石加工等引起的粉尘污染,生产、生活污水排放引起的水体污染,路基、边坡施工及弃渣场等引起的水土流失,金沙江流域施工排放污水、丢弃垃圾引起的金沙江水土污染,工程占地、施工便道、边坡工程、路基挖填方等涉及的生态环境破坏。

为切实做好生态环境保护工作,有效控制上述主要环境影响因素,华丽高速项目在施工过程中,积极采取了洒水降尘、封闭作业、设置污水沉淀池及收集池、分类回收垃圾桶、废料重复利用等有效措施,并重点做好了以下几项工作:

(1)有害气体及粉尘防治

①搅拌站、碎石场等场所选择低污染、高性能设备,安装除尘系统,采用碎石水洗工艺,加强设备维修保养,有效降低烟尘、粉尘排放。

②隧道初期支护作业采用湿喷机,有效降低粉尘。

③隧道、碎石加工场、预制梁场等场地引入多功能雾泡一体机、自动喷淋系统洒水降尘,有效控制粉尘。

(2)金沙江水体保护

①金沙江两岸设置了三级沉淀池,施工污水、废水经沉淀后重复利用,用于场地的洒水降尘。

②金安金沙江大桥的桩基施工采用人工挖孔桩+爆破施工工艺,不使用施工用水,从而杜绝了桩基施工废水的产生;产生的废渣集中堆放、日产日清,有效避免了雨水冲刷排入金沙江。

③金安金沙江大桥索塔施工采用塑料薄膜进行混凝土养护,减少养护废水。

④金安金沙江大桥人工挖孔桩施工现场及液压爬模作业平台、施工步道、钢桁梁等均设置垃圾桶/垃圾池,避免垃圾随意丢弃污染金沙江。

⑤金沙江两岸索塔侧均设置储量1040m³的径流事故收集池,对日常径流污染进行沉淀、隔油处理,避免运行后危化品泄漏污染金沙江水体。

(3)其他环境保护

①充分利用当地资源,工人驻地多采用房屋租赁形式,有效减少占地;自建驻地在不破坏生态环境的基础上,优先使用已有植被等进行驻地周边的边坡防护及临边防护。

②做好场地清表及边坡的表土剥离工作,在互通立交三角区进行表土存放,并将表土用于边坡绿化及弃渣场、临时用电的复垦复耕。

③路基、边坡、沿线设施施工时,优先采用机械作业,优化爆破设计,减少爆破扰动对生态环境的破坏。

④工程完工后,拆除本合同段范围内的临时设施,及时恢复用地原貌;桥区范围具有条件的,及时进行场地恢复工作。

2)水土保持

(1)优化设计,弃渣场数量从原设计22个减少到18个,减少占地和水土流失面积;合理选址,及时施作拦挡及截排水设施,按设计方案弃渣、分级整形工作,开展专项检查,加大检查和处罚力度,做好弃渣场水土保持工作。

(2)施工临时设施修建时,尽量利用原有边坡和植被防护,尽力减少水土流失;对可能造成的水土流失采取有针对性的防护措施,做好临时设施的水土保持工作。

(3)施工过程中,对部分搅拌站、钢筋加工区进行混凝土硬化处理,施工便道采取了碎石硬化处理,并对易滑坡线路的边坡进行了喷锚处理,有效避免水土流失。

(4)做好高边坡、路基的截排水工作,及时施作路堤边坡排水沟、高边坡防护等,做好边坡绿化防护、坡面喷护,避免水土流失。

### 2.7.2 绿色施工

1)绿色施工策略

(1)节材与材料利用

①废弃物分类存放,提高废弃物的回收率,充分回收利用钢材、木材等下脚料。

②利用BIM技术建立全线机电系统模型,通过碰撞检查,优化用电设备位置及管道路由,减少电缆及管道的使用数量,同时可将电缆的损耗率控制在1%的极小范围内。

③合理优化变电所位置,减少电缆及管道数量

原设计变电所位置为线路外侧,优化设计后将变电所位置调整至中分带洞口位置,将变电所至洞口主供电电缆长度从250m减少到100m以内,同时取消一半的横穿过路管道。

(2)隧道洞渣再利用

对符合要求的洞渣再加工,实现隧道洞渣再利用,节约材料实现绿色施工,做到土石方平衡。

①优化钢筋配料和钢构件下料方案。钢筋及钢结构制作前应对下料单及样品进行复核,无误后方可批量下料。

②优化混凝土配合比,满足设计要求前提下,尽量减少原材料使用量。

③在周转材料利用方面,加强废旧材料利用。采用钢管少支架、新型盘扣式支架、定型标准化爬梯,降低周转材料损耗率。

④将废旧钢筋加工成防护网片,利用废旧竹胶板加工鞋架等简易家具供工人使用。

(3) 节水与水资源利用

①加强节水教育培训和用水设备的日常维护管理,提高职工和作业人员节约用水意识,严禁"跑冒漏滴",避免"长流水"。

②办公区、生活区均采用节水系统和节水器具,提高节水器具配置比率。

③施工中采用先进的节水施工工艺。现场混凝土严禁无措施浇水养护,预制梁场全部采用自动喷淋+土工布覆盖等措施进行养护,桥面铺装采用覆盖海绵、土工布等方式进行养护,桥梁高墩采用包裹塑料薄膜方式养护,隧道二次衬砌采用了扬尘台车进行养护。

④施工现场建立可再利用水的收集处理系统,使水资源得到梯级循环利用。

⑤非传统水资源利用方面,优先采用了中水搅拌、中水养护;现场机具、设备、车辆的冲洗和喷洒路面、绿化浇灌等用水,优先采用非传统水源;施工现场建立雨水收集利用及污水处理收集利用系统,并充分用于施工场地的洒水降尘。

(4) 节地与施工用地保护

①批复的水土保持方案弃渣场数量22个,经优化设计减少到18个;弃土场均选择在邻近的低洼地,避免占用农田,防止堵塞沟渠、河道,减少了用地。

②红线外临时占地尽量使用荒地、废地,少占用农田;及时对红线外用地恢复原地形、地貌,使施工活动对周边环境的影响降至最低;优化设计,合理布置,严格管控临时加工厂、现场作业棚、材料堆场、办公生活设施等的占地指标。

③由于项目地处山区,森林覆盖率高,为减少对林地占用,采用铁塔替代传统电杆;同时铁塔有效高度为13m,大于电杆8m的有效高度,可以减少对线路路由范围内树木的砍伐数量。

④将原设计部分线路外侧的变电所调整到线路中分带之间,完全不占用高速公路红线外土地;将变电所合理划分为有人值守变电所和无人值守变电所,合理缩小无人值守变电所规模,有效地节约了土地占用。采用非晶合金干式变压器替代传统变压器,既节约了使用时变压器电能损耗,又取消了原设计的变电所变压器室,有效减少变电所占地面积。

⑤优化施工总平面布置,施工现场搅拌站、仓库、加工厂、作业棚、材料堆场等布置应尽量靠近已有交通线路或即将修建的正式或临时交通线路,缩短运输距离。

⑥施工便道要充分利用乡村既有道路、农用机耕路等。便道宽度严格控制,要做到少占土地,少破坏植被。

(5) 节能与能源利用

①合理安排施工顺序、工作面,减少作业区域的机具数量,相邻作业区充分利用共有的机具资源。

②根据丽江强紫外线、日照充足特点,充分利用太阳能可再生能源进行照明等。

③优化临时用电方案,综合考虑公路工程线路长、负荷大等特点,合理布设变压器,长大隧道设置增压变压器减少电损;优先选用节能电线和节能灯具,临电线路合理设计、布置,临电设

备采用自动控制装置、LED 照明、太阳能爆闪灯、空气能热水等。

④就地取材,隧道内洞渣循环利用实行"两步走"策略:一是洞渣用作路基填筑,二是选择质量相对较好的洞渣加工成砂石料,用作混凝土原材料。

⑤采用聚氨酯桥架替代玻璃钢管箱及镀锌桥架,聚氨酯桥架原材料的使用量比传统玻璃钢管箱减少 60%,极大降低主要原材料的生产过程中的能源损耗,同时减少原材料生产过中的大气排放物。

⑥全线照明采用 LED 灯代替传统高压钠灯用于公路照明,LED 隧道灯具有功耗低、寿命长、发光效率高、启动时间短、显色指数高等优点,辅以智能可调光模块和智慧控制系统,可以根据需要调整光源亮度,减少照明电能损耗 50%,电缆线径(金属铜损耗)约减少 40%,灯具维护工作量减少约 60%。

⑦本项目金沙江大桥地处山区峡谷地带,常年风速较大,在桥梁照明上采用低位护栏灯进行照明,替代传统中杆灯照明。新型低位护栏灯无需灯杆,减少了大量灯杆钢材,同时在保证照度的情况下灯具功率减小约 50%,节能效果显著。

⑧在机械设备与机具使用方面,选择功率与负载相匹配的施工机械设备,避免大功率施工机械设备低负载长时间运行。机电安装可采用节电型机械设备,如逆变式电焊机和能耗低、效率高的手持电动工具等,以利节电。机械设备宜使用节能型油料添加剂,在可能的情况下,考虑回收利用,节约油量。

2)绿色施工成效

项目按照绿色施工策划方案,积极开展了各项绿色施工工作,取得了较为明显的经济效益,具体见表 5-2-5 和表 5-2-6。

绿色施工节约折算标准煤汇总　　　　　表 5-2-5

| 序号 | 绿色施工内容 | 折合标准煤(t) |
| --- | --- | --- |
| 1 | 洞渣利用方量产生的运输燃油消耗情况 | 85.60 |
| 2 | 弃土场整平,碾压机械耗能节约 | 490.46 |
| 3 | 洞渣运输缩短距离节约标准煤 | 897.43 |
| 4 | 聚氨酯桥架替代玻璃钢管箱及镀锌桥架 | 1491.83 |
| | 合计 | 2965.35 |

绿色施工经济效益分析汇总　　　　　表 5-2-6

| 序号 | 绿色施工内容 | 经济效益(万元) |
| --- | --- | --- |
| 1 | 机械连接、洞渣再利用、自动喷淋系统 | 650.0 |
| 2 | LED 隧道灯节能照明 | 373.0 |
| 3 | BIM 技术应用节约电缆及管道 | 169.3 |
| 4 | 多功能扫地作业车及多功能雾炮一体机 | 199.6 |
| | 合计 | 1391.9 |

## 参 考 文 献

[1] 中华人民共和国交通运输部.公路悬索桥设计规范:JTG/T D65-05—2015[S].北京:人民交通出版社股份有限公司,2015.

[2] 中华人民共和国交通运输部.公路隧道设计细则:JTG/T D70—2010[S].北京:人民交通出版社,2010.

[3] 中华人民共和国交通运输部.公路钢结构桥梁设计规范:JTG D64—2015[S].北京:人民交通出版社股份有限公司,2015.

[4] 国家铁路局.铁路隧道设计规范:TB 10003—2016[S].北京:中国铁道出版社,2016.

[5] 靖洪淼.山区峡谷桥位风场特性数值模拟和现场实测研究[D].成都:西南交通大学,2020.

[6] 刘晨光.基于车致振动响应的梁式桥结构动力检测与状态诊断方法[D].哈尔滨:哈尔滨工业大学,2019.

[7] He G, Shao X, Chen Y, et al. Preliminary design of a steel-uhpfrc composite truss arch bridge and model tests of K-joints[J]. Journal of Bridge Engineering, 2022, 27(10): 04022090.

[8] Li Y, Lai Y, Lu G, et al. Innovative design of long-span steel-concrete composite bridge using multi-material topology optimization[J]. Engineering Structures, 2022, 269: 114838.

[9] Li C, Zhang G, Zhang Q, et al. Preliminary design method for absorber pipe length of tunnel lining ground heat exchangers based on energy efficiency of heat pump[J]. Underground Space, 2022, 7(6): 1156-1174.

[10] 张俊儒,吴洁,严丛文,等.中国四车道及以上超大断面公路隧道修建技术的发展[J].中国公路学报,2020,33(1):14-31.

[11] 韩华轩.印尼雅万高铁隧道设计技术标准的选择研究[J].隧道建设(中英文),2020,40(6):831-858.

[12] 宋艳彬.山区高速公路隧道设计关键技术[J].市政技术,2015,33(2):85-89.

[13] 郑文博,蔡永昌,石湛,等.连拱隧道设计计算荷载合理取值研究[J].现代隧道技术,2012,49(5):44-50.

[14] 李玉文.公路隧道设计纵坡探讨[J].公路,2002(11):130-132.

[15] 《中国公路学报》编辑部.中国道路工程学术研究综述:2013[J].中国公路学报,2013,26(3):1-36.

[16] Du D, Lei D, Liu K, et al. Design of quasi-rectangular tunnel built in the rock masses following Hoek-Brown failure criterion[J]. Buildings, 2022, 12(10): 1578.

[17] Kim G J, Kwak H G. Feasibility assessment for design of a circular one-cell concrete submerged floating tunnel structure[J]. Ocean Engineering, 2022, 245: 110481.

[18] Kim G J, Kwak H G, Jin C, et al. Three-dimensional equivalent static analysis for design of

submerged floating tunnel[J]. Marine Structures, 2021, 80: 103080.

[19] Rtishcheva A S. Computational studies to determine the design of prototype heater for a hypersonic wind tunnel[C]//Journal of Physics: Conference Series. IOP Publishing, 2021, 2057(1): 012003.

[20] 陈志贵,王雪松,张晓春,等.山区高速公路驾驶人加减速行为建模[J].中国公路学报, 2020,33(7):167-175.

[21] 李淑庆,彭囿朗.基于道路安全保障度的山区公路交通事故机理研究[J].公路,2016,61 (2):154-161.

[22] 《中国公路学报》编辑部.中国桥梁工程学术研究综述:2021[J].中国公路学报,2021,34 (2):1-97.

[23] 葛胜锦,王学军.山区高速公路桥梁的设计方法与实践[J].公路,2008(9):237-244.

[24] Han W, Jiang Y, Li N, et al. Failure behavior and reinforcing design of degraded tunnel linings based on the three-dimensional numerical evaluation[J]. Engineering Failure Analysis, 2021, 129: 105677.

[25] Golian M, Sharifi Teshnizi E, Tavasoli Rostami H, et al. Advantages of employing multilevel monitoring wells for design of tunnels subjected to multi-aquifer alluvial[J]. Journal of Mountain Science, 2021, 18(1): 219-232.

[26] Aguirre M A, Bracco R, Milanese F, et al. Design of an external six-component wind tunnel balance with floating frame[J]. International Journal of Aerodynamics, 2021, 7(2): 105-126.